Ina Hochreuther
Frauen im Parlament

Ina Hochreuther

Frauen im Parlament

Südwestdeutsche Parlamentarierinnen
von 1919 bis heute

Hrsg. v. Landtag von Baden-Württemberg

© Landtag von Baden-Württemberg und Autorin, Stuttgart 2012
Aktualisierte und fortgeschriebene 3. Auflage

Umschlag-Gestaltung:
Werbeagentur Summerer / Thiele, Stuttgart

Unter Verwendung der Fotos folgender Parlamentarierinnen:

Marianne Weber, Anna Blos, Clara Zetkin, Luise Rist, Maria Beyerle, Elly Heuss-Knapp, Anna Haag, Margarete Fischer-Bosch, Friedlinde Gurr-Hirsch, Katrin Altpeter, Heiderose Berroth, Brigitte Lösch

Innenseiten-Gestaltung, Satz:
büro punkt. für visuelle gestaltung, Rechberghausen

Druck:
Pfitzer GmbH & Co. KG, Renningen

ISBN 978-3-923476-16-9

Inhalt

Geleitwort 7

Vorbemerkung 8

Demokratie und Gleichberechtigung 10

Fragmente zum politischen Stellenwert des
Deutschen Reichstags 27

Die südwestdeutschen Parlamentarierinnen
im Deutschen Reichstag 1919–1933 33

Stationen des Badischen Landtags 1919–1933 44

Parlamentarierinnen des Landtags von Baden 1919–1933 49

Stationen des Württembergischen Landtags 1919–1933 69

Parlamentarierinnen des Württembergischen Landtags 1919–1933 73

Vom parlamentarischen Neubeginn nach 1945 bis zur Bildung des
Südweststaats Baden-Württemberg 1952 95

Die Parlamentarierinnen der drei südwestdeutschen Nachkriegsländer
1946–1952 101

Bemerkungen zum Landtag von Baden-Württemberg 127

Die Parlamentarierinnen des Landtags von Baden-Württemberg
1952–2012 137

Bemerkungen zum Deutschen Bundestag 275

Die südwestdeutschen Parlamentarierinnen im Deutschen Bundestag
1949–2012 281

Bemerkungen zum Europäischen Parlament 409

Die südwestdeutschen Parlamentarierinnen
im Europäischen Parlament 1979–2012 419

Literatur 439

Index:
Parlamentarierinnen nach Parteizugehörigkeit 446
Parlamentarierinnen nach Parlamentszugehörigkeit 450
Alphabetisches Verzeichnis der Parlamentarierinnen 462

Fotonachweis 466

Geleitwort

Aus Anlass des 60-jährigen Bestehens unseres Bundeslandes kann der Landtag von Baden-Württemberg nunmehr die dritte, überarbeitete und fortgeführte Auflage der Dokumentation „Frauen im Parlament. Südwestdeutsche Parlamentarierinnen von 1919 bis heute" der Öffentlichkeit vorlegen.

Dieses Buch, das dankenswerterweise – wie bereits die zweite Auflage im Jahre 2002 – wiederum von Frau Ina Hochreuther M. A. verfasst wurde, enthält Kurzbiografien über sämtliche Parlamentarierinnen Südwestdeutschlands von der Einführung des Frauenwahlrechts im Jahre 1919 bis in die Gegenwart.

In den Darstellungen von Frau Hochreuther wird anerkannt, dass heute mehr Frauen als früher an der parlamentarischen Tätigkeit in den politischen Bereichen der Landtage, des Deutschen Bundestags und des Europäischen Parlaments sowie auch in den kommunalen Gremien mitwirken und -gestalten. Gleichwohl besteht auf diesem Gebiet immer noch erheblicher Nachholbedarf.

Ich wünsche dieser Veröffentlichung eine gute Resonanz sowohl in der landeskundlichen Forschung als auch bei unseren Bürgerinnen und Bürgern. Und ich wünsche mir, dass sich immer mehr Frauen für politische Mandate gewinnen lassen.

Stuttgart, im Oktober 2012

Guido Wolf MdL
Präsident des Landtags von Baden-Württemberg

Vorbemerkung

Seit über neunzig Jahren gibt es in Deutschland das aktive und passive Wahlrecht für Frauen. Mit diesem Schritt wurde Frauen ein Recht zugestanden, das sie sich unter Anstrengungen lang hatten erkämpfen müssen. Mit der Durchsetzung einer Forderung, die uns heute selbstverständlich ist, wurde die Position der Frau und alles, was damit zusammenhängt, erstmals ins Bewusstsein einer breiteren Masse gerückt. Diese Zusammenstellung von Frauen, die, aus dem Gebiet des heutigen Baden-Württemberg kommend, parlamentarisch aktiv waren und sind, soll Anreiz für Frauen sein, sich ihre Rechte zu nehmen und zu nutzen.

Der äußere Anlass für die 3. Auflage des 1992 zum ersten Mal erschienen Buches ist das 60-jährige Jubiläum des Bundeslandes Baden-Württemberg. Der Aufbau entspricht der ersten und zweiten Auflage, wobei die einführenden Texte zu den Parlamenten Europa, Bundestag und Landtag fortgeschrieben wurden. Viele neue Biografien kamen hinzu, die vorhandenen wurden überarbeitet und ergänzt. Das Thema des Buches ist gleich geblieben, um keine Missverständnisse aufkommen zu lassen: es handelt sich jeweils um gewählte weibliche Abgeordnete aus Südwestdeutschland zwischen 1919 und 2012. Damit finden sich hier keine Ministerinnen oder Staatssekretärinnen ohne Parlamentsmandat. Das erklärt, warum beispielsweise die aktuelle Kultusministerin von Baden-Württemberg Gabriele Warminski-Leitheußer nicht auftaucht, während die ehemalige baden-württembergische Kultusministerin und heutige Bundesbildungsministerin Dr. Annette Schavan, die ursprünglich ebenfalls berufen wurde, in den darauffolgenden Wahlperioden aber in hiesigen Wahlkreisen kandidierte und sie auch gewann, hier verzeichnet ist.

Das Problem von Büchern dieser Art ist immer, dass sie bei Erscheinen fast schon überholt sind. Aber selbst wenn die nächste Wahl die Konstellationen bereits wieder verändert, bleiben auch für die Vergangenheit noch viele Dinge zusammenzutragen. Und unabhängig davon versteht sich dieser Band auch nicht nur als wissenschaftliches Handbuch, sondern als hoffentlich lesbare Arbeit für ein zeitgeschichtlich interessiertes Publikum.

Mein besonderer Dank beim Zustandekommen dieses Buches gilt Landtagsvizepräsidentin Brigitte Lösch, die den Anstoß zur dritten Auflage gab, Ralf Münnich-Mück für die kundige Beratung und die feinsinnige, sorgfältige Redaktion, Dr. Günther Bradler für sein Engagement zur Realisierung der ersten wie der zweiten Auflage, Klaus Kehl für die Organisation, dem hilfsbereiten Team im

Landtagsarchiv, der Landtagspressestelle, den Parlamentarierinnen, die mir in eMails und Telefongesprächen Informationen und Material zukommen ließen, sowie meinem Mann Erwin Holl fürs geduldige Zuhören und die moralische Unterstützung.

Stuttgart, im Sommer 2012 *Ina Hochreuther*

„Es gibt kein Geschichtsgesetz, das den Gang der Dinge im Ganzen bestimmt. Es ist die Verantwortung der Entschlüsse und Taten von Menschen, woran die Zukunft hängt."

Karl Jaspers

„Du sollst den Mut der Überzeugung, aber nicht den Eigensinn des Fanatismus haben"[1] – Demokratie und Gleichberechtigung

Die Wegbereiterinnen der Frauenbewegung hatten die Bedeutung des Frauenstimmrechts als wichtiges Instrument der Einflussnahme auf die politische Willensbildung früh erkannt, waren sich aber in Taktik und Tempo uneinig. Eine Gruppe, repräsentiert durch die Führung des Allgemeinen Deutschen Frauenvereins unter Helene Lange sowie den Bund Deutscher Frauenvereine, meinte, dass sich die Frauen zunächst durch soziales Engagement in Verbänden und Gemeinden Anerkennung verschaffen müssten. Mit der so verbundenen Stärkung ihrer gesellschaftlichen Position würde ihnen das Wahlrecht schließlich von selbst zufallen. Eine andere Gruppe aber drängte auf die sofortige Aufnahme des Kampfes um das Frauenstimmrecht, da dieses Recht auch für andere Frauenforderungen als politisches Druckmittel unerlässlich sei. Diese Erkenntnis des radikalen Flügels der Frauenbewegung führte 1902 zur Gründung des „Deutschen Verbands für Frauenstimmrecht". Zu den Führungsmitgliedern gehörten unter anderen Minna Cauer, Helene Stöcker, Anita Augspurg und Lida Gustav Heymann. Mit dieser Organisierung der Frauen schlug die eigentliche Stunde der Frauenstimmrechtsbewegung in Deutschland.

Seitens der politischen Parteien wurden die Frauen einzig von den Sozialdemokraten vorbehaltlos unterstützt. Schon 1883 hatte sich August Bebel in „Die Frau und der Sozialismus" für das Frauenwahlrecht eingesetzt: „Mit dem Einwand, dass bisher die Frauen der politischen Bewegung nur schwaches Interesse entgegenbrachten, ist nichts bewiesen. Bekümmerten sich die Frauen nicht um Politik, so ist damit nicht bewiesen, dass sie es nicht müssten. Diesel-

---

1 Nummer IX der „10 Gebote zum Frauenwahlrecht", aus: Zahn-Harnack von, Agnes: Die Frauenbewegung. Berlin 1928.

ben Gründe, die gegen das Stimmrecht der Frauen angeführt werden, wurden in der ersten Hälfte der sechziger Jahre gegen das allgemeine Stimmrecht der Männer geltend gemacht. ... In dem Augenblick, in dem die Frauen die gleichen Rechte mit den Männern erlangen, wird auch das Bewusstsein der Pflichten in ihnen lebendig werden. Aufgefordert, ihre Stimmen abzugeben, werden sie sich fragen: Wozu? Für wen?"[2]

In ihrem Erfurter Programm von 1891 forderte die SPD ein gleiches und allgemeines Wahlrecht unabhängig vom Geschlecht. 1895 brachten die Sozialdemokraten im Reichstag den ersten Antrag auf Stimmrechtsgewährung für Frauen ein. Alle anderen Parteien aber zeigten sich noch bis Oktober 1918 dieser Forderung gegenüber ablehnend, da sie Stimmengewinne seitens der Sozialisten und des Klerus befürchteten.[3]

Doch am 12. November 1918 war es dann soweit: Der durch die revolutionäre Bewegung eingesetzte Rat der Volksbeauftragten verkündete in Berlin das Frauenstimmrecht: „Alle Wahlen zu öffentlichen Körperschaften sind fortan nach dem gleichen, geheimen, direkten, allgemeinen Wahlrecht aufgrund des proportionalen Wahlsystems für alle mindestens zwanzig Jahre alten männlichen und weiblichen Personen zu vollziehen."[4] Das Frauenwahlrecht wurde in die Verordnung über die Wahl zur Verfassunggebenden Nationalversammlung vom 30. November 1918 aufgenommen und schließlich in der Weimarer Reichsverfassung 1919[5] als neues Recht festgelegt. Über den betreffenden Grundrechtsartikel gab es Auseinandersetzungen. Der zweite Entwurf sah für Artikel 109 Absatz II vor: „Männer und Frauen haben *grundsätzlich* dieselben staatsbürgerlichen Rechte und Pflichten". Das bedeutete, dass Ausnahmen vom Grundsatz der Gleichberechtigung möglich sein sollten, und wurde dahingehend begründet, dass Frauen nicht zur Wehrpflicht heranzuziehen seien. In Wahrheit aber befürchtete man die Konsequenzen, die ein so weit gehender Gleichberechtigungsartikel für alle übrigen Rechtsfragen haben könnte.[6] Der von den Frauen aus SPD und USPD vorgetragene Antrag auf Streichung des Wortes „grundsätzlich" wurde von der Mehrheit abgelehnt, darunter auch von

---

2 Bebel, August, a. a. O., S. 324f.
3 Vgl.: Bremme, Gabriele, a. a. O., S. 24.
4 Zit. nach Gerhard, Ute: Unerhört ..., a. a. O., S. 324.
5 Im europäischen Vergleich waren die skandinavische Länder früher dran: z. B. Finnland 1906, Island 1915 oder Norwegen 1913; Österreich (1918) ähnlich, aber die Schweiz mit dem berühmten letzten Kanton erst 1971; Großbritannien 1928, Frankreich und Italien 1946, Belgien 1948, Niederlande ebenfalls 1919, Portugal 1974. Quelle: Nohlen, Dieter: Wahlrecht und Parteiensystem. Opladen 1990.
6 Vgl.: Gerhard, Ute: Unerhört ..., a. a. O., S. 341.

den meisten Frauen des Zentrums, während drei der DDP-Parlamentarierinnen der Abstimmung gleich ganz fernblieben.[7]

Die Hamburger Frauenrechtlerin Lida Gustava Heymann (1868–1943), die sich selbst vergeblich um ein Mandat in der Hamburger Bürgerschaft bemüht hatte, kommentierte das Ergebnis der ersten Wahlen, an denen Frauen teilnehmen konnten, sehr sarkastisch: „Der alte Reichstag und die neue Nationalversammlung haben ein verflucht ähnliches Aussehen. Viele der alten Abgeordneten aus dem selig dahingeschiedenen Reichstage kehren wieder zurück. Sie

---

7 Ebd.

haben sich, so unglaublich das auch scheint, von ihrer alten Partei unter neuer Firma aufstellen lassen und sind, was noch unglaublicher ist, von deutschen Männern – und leider auch von Frauen – wiedergewählt worden. Dieselben altersschwachen Greise, dieselben Parteigötzen, die seit Jahrzehnten an jedem Kuhhandel, zu jeder Konzession bereit waren, die sich von der verflossenen preußisch-monarchistischen, militärischen Regierung so schmachvoll hatten betrügen lassen, die deren verbrecherische Kriegspolitik mitgemacht haben und dadurch eine nie wieder gut zu machende Schuld auf sich luden, diese Männer ziehen wieder in die Nationalversammlung ein"[8]. Es gehört zu den Ironien der Geschichte, dass manche der ersten Parlamentarierinnen Frauen waren, die das Frauenwahlrecht zuvor abgelehnt hatten, während keine der radikalen Feministinnen es schaffte, in den von Männern dominierten Parteien, über „ein listengebundenes, von der Parteiwillkür bestimmtes Proportionalwahlrecht"[9] in den Reichstag zu kommen.

Als der Rat der Volksbeauftragten den Frauen das Wahlrecht gewährte, hatte er nicht im Sinn, mit der Einführung der Demokratie in Deutschland zugleich die traditionelle Geschlechterordnung und Arbeitsteilung – vor allem die in der Familie – zu ändern. Denn trotz staatsbürgerlicher Gleichberechtigung der Frauen blieb die Vormachtstellung der Männer in Familie, Beruf und Politik unangetastet. Die Gesetze, die den Ehemännern das alleinige Entscheidungsrecht in allen familiären Angelegenheiten sowie die Verfügungsmacht über Arbeit und Körper ihrer Frauen garantierten, blieben auch nach 1919 in Kraft. Dies zeigt sich zum Beispiel im Bürgerlichen Gesetzbuch von 1900 mit seinem patriarchalischen Eherecht. Die Auseinandersetzungen um den Paragraphen 218 veranschaulicht ebenfalls die Kontroverse um die Selbstbestimmung von Frauen. „Familienpatriarchalismus, systematische Benachteiligungen auf dem Arbeitsmarkt und doppelte Lasten unterliefen auf diese Weise von vornherein die formale Möglichkeit, aktiv Politik zu treiben und entscheidend und gestaltend einzugreifen".[10] Ein zeitgenössisches Zitat: „Die Gleichberechtigung der Frauen ... stand in der Verfassung, war auf dem Papier vorhanden, das war aber auch alles. Die Wirtschaft, die Finanzen, Verwaltung, der gesamte Staatsapparat, der bei Revolutionen und Umwälzungen ausschlaggebender Faktor ist, befanden sich ausschließlich in den Händen der Männer. Nicht einmal bei den Wahlen hatten

---

8 Heymann, Lida Gustava: Das erste Wahlergebnis der deutschen Republik. In: Die Frau im Staat (1919), Nr. 2, S. 4f.
9 Vgl.: Kirchheimer, Otto: Weimar – und was dann? In: ders.: Politik und Verfassung. Frankfurt a. M.. 1964, S. 23 u. 49.
10 Vgl.: Gerhard, Ute: Unerhört ..., a. a. O., S. 336.

Frauen die gleiche Möglichkeit freier Auswirkung wie die Männer. Denn diese allein beherrschten wiederum den Parteiapparat wie die Parteikassen und damit die Propaganda."[11]

Mit der nationalsozialistischen Machtergreifung fand die zumindest formale rechtliche Gleichstellung der Frauen in der Weimarer Republik ein schnelles Ende, „denn in der faschistischen Ideologie war für politisch aktive Frauen kein Raum, und folglich wurde Frauen nach 1933 – sozusagen auf kaltem Weg – das passive Wahlrecht genommen."[12] Nach der zwölfjährigen „Zwangspause" arbeiteten Frauen ab 1946 wieder im parlamentarischen Bereich mit. 1949 hat der Parlamentarische Rat mit der Verabschiedung des Grundgesetzes ein entscheidendes Votum für die Gleichberechtigung von Frauen und Männern gegeben, das Gesetzgebung und Rechtsprechung unmittelbar binden sollte: erst hier fand die rechtlich uneingeschränkte Gleichberechtigung der Frauen ihren Niederschlag. Zu verdanken ist die Aufnahme des Gleichberechtigungsartikels den vier „Müttern"[13] des Grundgesetzes, die neben 61 Männern im Parlamentarischen Rat (1948–1949) vertreten waren. Vor allem die Juristin Elisabeth Selbert forderte, „das Grundgesetz müsse weiter gehen als die Weimarer Verfassung von 1919 mit ihrem Gebot der staatsbürgerlichen Gleichheit."[14] Der Artikel 3 Absatz 2 lautete schlicht und ergreifend: „Männer und Frauen sind gleichberechtigt". Mit dieser Formulierung wurden zahlreiche Bestimmungen des Ehe- und Familienrechts ungültig beziehungsweise verfassungswidrig. Damit waren die politischen Parteien und ihre Vertreterinnen und Vertreter im Parlament aufgerufen, die rechtliche Gleichstellung durchzusetzen.

Mit dem Verfassungsauftrag waren frauenpolitische Bereiche berührt, die erst Jahre später nach vielen Auseinandersetzungen Reformen erfuhren. Es handelt sich unter anderem um die Themen: Anpassung des Ehe- und Familienrechts an Art. 3 GG durch das sogenannte Gleichberechtigungsgesetz von 1957, die Reform des Nichtehelichenrechts Ende der sechziger Jahre und die Reform des Ehe- und Familienrechts mit der Novellierung des Scheidungsrechts 1976/77.[15] Der Gesetzgeber kam dem Anpassungsgebot nur zögerlich nach. Immer wieder

---

11 Heymann, Lida Gustava / Augspurg, Anita: Erlebtes – Erschautes. Deutsche Frauen kämpfen für Freiheit, Recht und Frieden 1850-1940. Hrsg. v. M. Twellmann. Meisenheim 1977, S. 187.
12 Hoecker, Beate: Politische Partizipation ..., a. a. O., S. 41.
13 Elisabeth Selbert (SPD), Friederike Nadig (SPD), Helene Weber (CDU) und Helene Wessel (zu diesem Zeitpunkt Zentrum, dann fraktionslos, ab 1957 SPD). Außer Elisabeth Selbert waren alle im 1. Bundestag vertreten.
14 Zit. nach Hoecker, Beate: Politische Partizipation ..., a. a. O., S. 42.
15 Vgl.: Meyer, Birgit: Frauenpolitiken und Frauenleitbilder der Parteien in der Bundesrepublik. In: Aus Politik und Zeitgeschichte (1990), B34–35, S. 17.

mussten Frauen und Frauenverbände den Weg zum Bundesverfassungsgericht einschlagen, um die entsprechenden gesetzlichen Regelungen zu erzwingen. Das Gleichberechtigungsgesetz von 1957 bedeutete eine Reform des Bürgerlichen Gesetzbuches (BGB), das nach wie vor Punkte enthalten hatte, die schon die Frauenrechtlerinnen um die Jahrhundertwende heftig kritisiert hatten, wie den „Gehorsamsparagraphen", das eheliche Güterrecht oder die faktische väterliche Gewalt über die Kinder. Und erst mit der Familienrechtsreform von 1977 fand die gesetzliche Verpflichtung der Frau zur Haushaltsführung ein Ende. Seitdem sind beide Ehepartner berechtigt, erwerbstätig zu sein. Die Möglichkeit für Frau und Mann nach der Heirat den Geburtsnamen beizubehalten, gibt es seit 1992. Dass mit der rechtlichen Gleichstellung nicht zugleich eine wirkliche Gleichberechtigung verbunden war, zeigte sich daran, dass Jahrzehnte nach der Verabschiedung des Grundgesetzes die Verwirklichung der Gleichberechtigung von Frauen immer noch auf der politischen Tagesordnung stand. So ergänzte man am 27. Oktober 1994 folgenden zweiten Satz im GG, Artikel 3, Absatz 2: „Der Staat fördert die tatsächliche Durchsetzung der Gleichberechtigung von Frauen und Männern und wirkt auf die Beseitigung bestehender Nachteile hin."

Abgesehen von den familienrechtlichen Reformen konnten auch sozial- und arbeitsrechtliche Veränderungen durchgesetzt werden. Dazu gehören Instrumente zur Förderung von Frauenerwerbstätigkeit, die arbeitsrechtliche Absicherung von Teilzeitarbeit oder die rentenrechtliche Anerkennung von Erziehungszeiten. Mit dem Gesetz zur Elternzeit, das die rot-grüne Koalition Anfang 2001 auf den Weg brachte, wurde außerdem eine Regelung geschaffen, die Müttern und Vätern mit dem rechtlichen Anspruch auf Teilzeitarbeit zumindest theoretisch andere Möglichkeiten bei der Gestaltung der Aufgabenverteilung in der Familie gibt. Das seit Frühjahr 2012 geplante und diskutierte Betreuungsgeld[16], auch „Herdprämie" genannt, findet selbst in der schwarz-gelben Regierungskoalition so manche Gegner. Denn aus bildungspolitischer Sicht erscheint es sinnvoller, stattdessen in Betreuungseinrichtungen zur frühkindlichen Bildung zu investieren.

Neben den klassischen Themen der Frauenbewegung – wie dem Abtreibungsparagrafen oder Gewalt gegen Frauen – ist die bessere Vereinbarkeit von

---

16 Das Betreuungsgeld soll nach den bisherigen Plänen der Koalition vom 1. Januar 2013 an ausgezahlt werden. Es soll Familien zugutekommen, die ihr Kleinkind nicht in eine Kindertagesstätte bringen, sondern bis zum dritten Lebensjahr zu Hause betreuen möchten. 2013 sollen junge Familien demnach monatlich 100 Euro für das zweite Lebensjahr des Kindes bekommen, vom 1. Januar 2014 an 150 Euro für das zweite und dritte Lebensjahr. Das Betreuungsgeld soll unabhängig von Erwerbstätigkeit und Einkommen garantiert werden.

Beruf und Familie ein zentraler Gegenstand: Die Aufhebung der alten Arbeitsteilung, damit Frauen und Männer für alle Lebensbereiche gleich und gemeinsam Verantwortung tragen – sei es im Erwerbsleben, in der Politik oder in der Familie. Frauen sind in der Arbeitswelt nach wie vor benachteiligt, verdienen im Schnitt weniger als Männer, arbeiten oft unter ihrer Qualifikation, sind tendenziell stärker von Arbeitslosigkeit betroffen und sozial oft schlechter abgesichert. Das Statistische Landesamt Baden-Württemberg teilte etwa 2011 mit: „Der Vergleich der monatlichen Nettoeinkommen von vollzeitbeschäftigten Männern und Frauen zeigt, dass Frauen selbst bei gleichen beruflichen Ausbildungsabschlüssen durchweg ein niedrigeres Nettoeinkommen haben als Männer. So hatten im Jahr 2010 nur gut 32 Prozent der vollzeitbeschäftigten Akademikerinnen, aber rund 65 Prozent ihrer männlichen Kollegen ein Nettoeinkommen von 2.600 Euro und mehr. Umgekehrt musste fast jede zehnte vollzeitbeschäftigte Frau mit abgeschlossener Lehre mit einem monatlichen Nettoeinkommen von weniger als 900 Euro auskommen – eine Situation, von der nur gut drei Prozent ihrer männlichen Kollegen betroffen waren. Sogar von den Erwerbstätigen, die keine Berufsausbildung haben, verdienen Männer mehr als Frauen: So befanden sich von den männlichen Vollzeitbeschäftigten ohne berufliche Ausbildung immerhin noch knapp sechs Prozent in der Einkommensklasse 2.600 Euro und mehr."[17]

Auch in Führungspositionen sind Frauen nach wie vor eklatant unterrepräsentiert, selbst wenn sich eine kontinuierliche Zunahme feststellen lässt, weshalb die immer wieder aufflammende Diskussion um eine gesetzliche Quote durchaus Berechtigung hat: „Nach den Ergebnissen des Mikrozensus, der größten amtlichen Haushaltsbefragung in Deutschland, übten im Jahr 2011 in Baden-Württemberg knapp 320.000 Erwerbstätige (das sind rund 6 Prozent aller Erwerbstätigen) eine Führungsposition aus. Chefinnen stellen unter den Führungskräften noch immer eine Minderheit dar. Wie das Statistische Landesamt feststellte, hatten rund 245.000 Männer, jedoch nur knapp 75.000 Frauen eine Führungsposition inne. Gemessen am Frauenanteil unter den Erwerbstätigen insgesamt, der im Jahr 2011 bei etwa 46 Prozent lag, sind weibliche Führungskräfte mit gut 23 Prozent an allen Führungskräften, noch immer deutlich unterrepräsentiert. Drei von vier Führungspositionen sind mit Männern besetzt. Wesentliche Ursachen für die unterdurchschnittliche Präsenz von Frauen in Führungspositionen dürften u. a. im durchschnittlich niedrigerem beruflichen

---

17 Zit. nach „Erwerbstätigkeit von Männern und Frauen in Baden-Württemberg", Statistik-Ausgabe 2011, unter www.statistik-bw.de, Stand: August 2012.

Qualifikationsniveau der älteren Frauen, der wesentlich höheren Teilzeitbeschäftigung und in familiär bedingten beruflichen Ausfallzeiten begründet sein. Der längerfristige Vergleich zeigt dennoch, dass immer mehr Frauen im Land Führungspositionen aufrücken: Im Jahr 1996 waren unter den Berufstätigen in leitender Position knapp 14 Prozent Frauen, im Jahr 2000 waren es rund 16 Prozent, 2007 knapp 22 Prozent und 2011 gut 23 Prozent.

Im Vergleich der Bundesländer und Deutschland insgesamt zeigt sich in Baden-Württemberg in Sachen Frauen in Führungspositionen jedoch noch Nachholbedarf: So liegt Baden-Württemberg mit einem Anteil von Frauen in Führungspositionen von gut 23 Prozent unter dem Bundesdurchschnitt von knapp 26 Prozent. Überdurchschnittliche Frauenanteile sind vor allem in den Stadtstaaten Berlin und Hamburg sowie in den Neuen Ländern zu finden."[18]

Mehr als neunzig Jahre nach der Einführung des Frauenwahlrechts hat sich also viel verändert. Die Schwierigkeiten sind subtilerer Art. Fest steht, dass Frauen, die in besonderen Positionen wie in Parlamenten aktiv sind, immer noch ein hohes Maß an Idealismus mitbringen müssen. Es gibt unsichtbare Hürden für Frauen in der Politik. „So ist die Einbindung in informelle Entscheidungs- und Machtstrukturen für die Karriere von entscheidender Bedeutung. Gerade Frauen aber sind von diesen informellen Kreisen, sei es in Parteien oder Parlamenten oftmals ausgeschlossen. Hier üben Männer den Schulterschluss gegenüber den Ansprüchen ihrer Parteikolleginnen und verweigern eine angemessene Unterstützung."[19] Frauen sind – je nach Generation und Umfeld – teilweise geprägt vom Kampf um ihre Anerkennung bei den männlichen Kollegen und haben – anders als Männer – stärker das Problem der Vereinbarkeit von Beruf und Familie. Auch wenn über die Jahre eine gewisse Annäherung zwischen Männern und Frauen in der Politik sich beim Familienstand abzeichnet, gibt es nach wie vor die Tendenz, dass mehr weibliche Abgeordnete alleinstehend sind. Vor allem Berufspolitikerinnen, die sich bereits Elite-Positionen erarbeitet haben, aber auch junge Parlamentarierinnen mit klaren Karriere-Vorstellungen sind oft nicht liiert, von Kindern ganz zu schweigen (abgesehen von spektakulären Ausnahmen). Genauso gibt es das Phänomen, dass Frauen erst nach der sogenannten Familienphase den Sprung in die aktive Politik machen.

Frauen müssen generell fester und repräsentativer Bestandteil an den politischen Willenbildungs- und Entscheidungsprozessen sein, um Begriffe wie

---

18 Zit. nach „Frauen rücken verstärkt in Führungspositionen auf", Newsletter des Statistischen Landesamts Baden-Württemberg vom 09.07.2012 – Nr. 213/2012.
19 Vgl.: Hoecker, Beate: 50 Jahre Frauen in der Politik, a. a. O., 2008, S. 17.

Kultur, Pluralität, Freiheit und schließlich Demokratie mit Leben zu füllen. Innerhalb der ablaufenden Prozesse und den auf die Gesellschaft als Ganzes zukommenden Veränderungen muss ein demokratischer Staat sicherstellen, dass die physischen und psychischen Verwirklichungsmöglichkeiten seiner Mitglieder so groß wie möglich sind. In Diskussionen taucht immer wieder das Begriffspaar Staat und Gesellschaft auf. Unmittelbar damit verbunden sind die Begriffe Macht und damit Gewalt wie auch Stabilität. Folgt man der politologischen Literatur, dann gelten freie, d. h. demokratische, Gesellschaften als periodisch instabil. Um Instabilitäten zu überwinden, müssen Parlamente und Regierungen, also die direkt sichtbaren Formen des Staates, Verfahren entwickeln, um auf Kritik zu reagieren. Kritik ist dabei innerhalb einer regelgeleiteten Auseinandersetzung ein wesentlicher Beitrag zur Entwicklung und notwendigen Erneuerung des Staates und der Gesellschaft. Wenn Staaten keine Wege finden, auf innere Auseinandersetzungen, aber auch auf Ansprüche der Gesellschaft zu reagieren, laufen sie Gefahr, ihre Rolle als Handlungszentrum einer Gesellschaft und damit ihre Legitimität zu verlieren. Es ergibt sich somit zwischen Staat und Gesellschaft eine notwendige Wechselbeziehung, die häufig mit den Begriffen Actio und Reactio, also einem bestimmten Gleichgewicht belegt ist. Die Wechselbeziehungen, die zwischen Entwicklungen innerhalb der Gesellschaft als solcher und des Staates als Zentralgewalt ablaufen, bedürfen bestimmter Regelungsinstrumente. Die Geschichte Deutschlands zeigt, dass ein bloßes Beharren auf Herrschaft innerhalb der Beziehung zwischen freien und gleichen Bürgerinnen und Bürgern einerseits und des Eingreifen des Staates mittels dessen legislativer und exekutiver Kraft andererseits, Konflikte unterschiedlicher Couleur produziert. Alle Auseinandersetzungen der Geschichte zeigen so die Notwendigkeit, innerhalb staatlicher Strukturen innovativ und evolutionär zu denken und zu handeln. In diesem Kontext lässt sich die Flexibilität innerhalb von Entwicklungen zwischen Gesellschaft und Staat, unabhängig von zeitlichen Symptomatiken, auch begreifen als die jeweilige Fähigkeit des Staates und seiner Repräsentanten, aber auch der Gesellschaft, Frauen als real gleichgestellte Mitglieder auf allen Ebenen zu akzeptieren und in den einzelnen Wertordnungen entsprechend zu internalisieren.

Die Disharmonien in Bezug auf die Gleichberechtigung von Frau und Mann sind offenkundig. Im Vordergrund steht die normative Aussage der Verfassung über die Gleichheit der Geschlechter, diese ist erfassbar und direkt benannt. Bei Wertordnungen und Orientierungsgrößen ist die Gleichheit der Geschlechter schwerer fassbar. Wäre die Gleichberechtigung als solche vorhanden und als Maßstab innerhalb der einzelnen Wertordnungen als auch der Orientierungsgrößen selbstverständlich, müsste sie nicht als singulärer Wertordnungspunkt genannt werden. Plastisch wird dies durch die Notwendigkeit der Einrichtung von speziellen Ministerien oder Gleichstellungsstellen, durch die Ungleichheiten nivelliert werden sollen.

Zentrales Element der Gleichberechtigung sind die Partizipationsmöglichkeiten. Unter Partizipation wurde lange die Beteiligung von Bürgerinnen und Bürgern an gegebenen Formen bürgerlicher Öffentlichkeit und parlamentarischer Demokratie verstanden.[20] Neuere Ansätze hingegen fragen nach dem Realitäts- und Ideologiecharakter bürgerlicher Beteiligungskonzepte. Als Konsens zwischen neueren Partizipationsmodellen und -überlegungen kann festgestellt werden, dass ihnen gemeinsam ist, Partizipation als einen umfassenderen Begriff zu verstehen als die bloße Möglichkeit einer Parlamentswahl. Partizipation kann als Weg verstanden werden, politische Apathie abzubauen. Politische Apathie zeigt sich in dem sogenannten „Schweigen der Mehrheit". Voraussetzung für Gleichberechtigung ist die Zulassung von Partizipation in allen Ebenen. Einer möglichen Zulassung steht oft die Aussage gegenüber, dass vorhandene Mitwirkungsrechte nicht oder nur unzureichend ausgeschöpft werden. Dies lässt sich – soweit es zutrifft – darauf zurückführen, dass demokratische Handlungsspielräume und die ihnen quasi vorgelagerten Bereiche wie Familie, Schule oder Arbeitsplatz nicht als demokratische Sozialisationsfelder direkter Partizipation erschlossen werden. Ist Partizipation aber nicht Gegenstand der alltäglichen Sozialisation in den einzelnen Sozialisationsebenen, so können die potentiellen Partizipationsmöglichkeiten auch nicht ausreichend wahrgenommen werden. Demokratische Partizipation kann sich folgerichtig nur demjenigen und derjenigen erschließen, der bzw. die die Möglichkeit zur Wahrnehmung von Rechten geboten bekommt und sich aufgefordert sieht, sie auch wahrzunehmen.

In Baden-Württemberg richtete man innerhalb der Landesregierung 1980 ein Referat mit dem sperrigen Namen „Angelegenheiten der Frau in Familie, Beruf und Gesellschaft" ein, das 1985 zu einer Leitstelle für Frauenfragen ausgebaut wurde.[21] Das 1992 geschaffene Ministerium für Familie, Frauen, Weiterbildung und Kunst war ein Kompromiss der Großen Koalition und wurde 1996 nicht mehr fortgesetzt. Seitdem ist das Sozialministerium die zentrale Koordinierungsstelle für frauenpolitische Angelegenheiten, insbesondere auch für die – seit dem In-Kraft-treten des Landesgleichberechtigungsgesetzes (LGIG)

---

20 Vgl.: Baden-Württemberg. Eine kleine politische Landeskunde, a. a. O., S. 96.
21 Ebd.

1996 – fast eintausend gewählten Frauenvertreterinnen der Landesbehörden und Schulen Baden-Württembergs. Bundesweit als eines der letzten Länder ist man damit der verfassungsmäßigen Verpflichtung einer aktiven Gleichstellungspolitik in Form eines eigenen Landesgesetzes nachgekommen.[22] Mit der Einführung des „Gender Mainstreaming" als Leitlinie der Landespolitik im Jahr 2002 beschränkte sich Gleichberechtigung nicht mehr nur auf Sondermaßnahmen für Frauen. Das Konzept „basiert auf einem Paradigmenwechsel, der politisches und Verwaltungshandeln in der Wirkung auf beide Geschlechter in den Blick nimmt. ... Die Ausrichtung an vermeintlich neutralen Normen und Bedürfnissen soll überwunden werden und durch eine geschlechtsdifferenzierte Perspektive ersetzt werden. ... Entsprechend treten seit 2005 an die Stelle des früheren Frauenfördergesetzes ein Chancengleichheitsgesetz und an die Stelle der Landesfrauenbeauftragten einen Chancengleichheitsbeauftragte des Landes."[23] Ein sinnvoller Ansatz, da gleiche Rechte zu haben noch lange nicht Chancengleichheit bedeutet.

---

22 Ebd.
23 Vgl.: Baden-Württemberg. Eine kleine politische Landeskunde, 2008, a. a. O., S. 123f.

60 Jahre Baden-Württemberg und der (zahlenmäßige) Anteil der Landes-Parlamentarierinnen

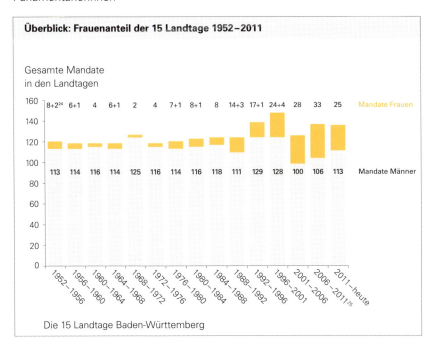

24 Plus eine Zahl x markiert die Nachrückerinnen.
25 Die Zahlen zum 14. Landtag von Baden-Württemberg stammen aus: Kühnel, Frank-Roland: Landtage, Abgeordnete und Wahlkreise in Baden-Württemberg 1946 bis 2009. Hrsg. v. Landtag von Baden-Württemberg, Stuttgart 2009.

Überblick über die Anzahl[26] der Parlamentarierinnen in den einzelnen Fraktionen[27]

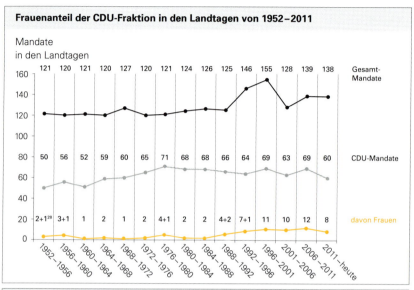

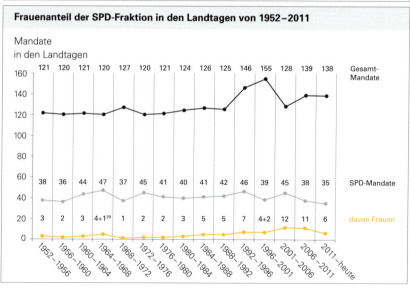

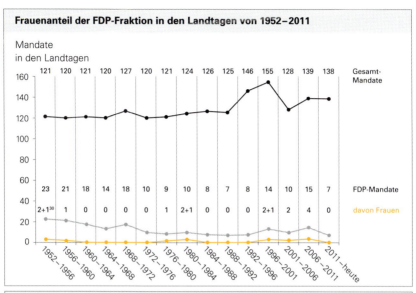

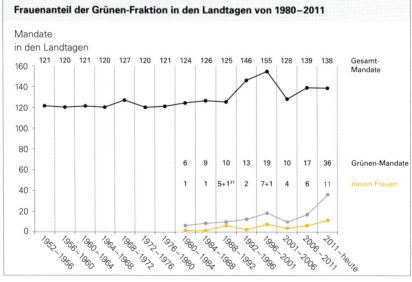

Der durchschnittliche prozentuale Anteil von Frauen in der CDU-Fraktion während der 15 Landtage beträgt 7,2 Prozent, der in der SPD-Fraktion 11,5 Prozent, bei der FDP-Fraktion 7,04 Prozent und der bei der Grünen-Fraktion von der 8. bis zur 15. Wahlperiode 29,48 Prozent. Obwohl die FDP in acht von insgesamt 15 Landtagen überhaupt keine Frauen zu ihrer Fraktion zählt, ist der Durchschnittsanteil an Parlamentarierinnen nur minimal niedriger als der der CDU. (Aber das hängt natürlich mit den absoluten beziehungsweise prozentualen Zahlen zusammen.) Die CDU verzeichnet über die Jahre hinweg mehr Mandats-Nachrückerinnen als die anderen Parteien, was einfach damit zu tun haben kann, dass sie im Landtag von Baden-Württemberg immer die größte Fraktion stellt, aber auch die Interpretation zulässt, dass Frauen hier manchmal lieber in der „zweiten Reihe" aufgestellt werden. Ab 1988 ist in Baden-Württemberg ein kontinuierlicher Anstieg an weiblichen Abgeordneten zu konstatieren.[32] Alle im Landtag vertretenen Parteien (außer der da gerade wieder „frauenlosen" FDP) verzeichnen ab der Wahl 1992 prozentual immerhin schon zweistellige Ergebnisse. Die Grünen hatten 2001 mit vier Parlamentarierinnen in ihrer zehnköpfigen Fraktion sogar einen Frauenanteil von 40 Prozent, der 2006 allerdings auf 35 und 2011 gar auf rund 30 Prozent schrumpfte. Gegenüber 2006 mit einem fast 24-prozentige Frauenanteil insgesamt im baden-württembergischen Landtag sank dieser Part nach der letzten Wahl wieder unter die 20-Prozent-Marke. Auf Bundesebene liegt der Frauenanteil seit der Wahl 2009 bei 32,8 Prozent, wobei auch hier Bündnis 90/Die Grünen mit 54,4 Prozent führend sind gegenüber der Partei Die Linke mit 52,6 Prozent, der SPD mit 38,3 Prozent, der FDP mit 24,7 Prozent sowie der CDU, die bei 20 Prozent liegt.[33]

---

26 Quelle: Frank-Roland Kühnel, der mir 2001 freundlicherweise eine Übersicht in Tabellenform zum Anteil der weiblichen Abgeordneten einschließlich Nachrückerinnen zu den Mandaten der jeweiligen Fraktionen zusammengestellt hat.
27 Berücksichtigt sind ausschließlich die Fraktionen CDU, SPD, FDP/DVP und Bündnis 90/Grüne. Die NPD, die (einmalig) im 5. Landtag von Baden-Württemberg mit 9,8% vertreten war, zählte keine Frauen zu ihrer Fraktion. Im 11. und 12. Landtag von Baden-Württemberg gab es eine Fraktion der „Republikaner", die von 1992–1996 eine weibliche Abgeordnete zu verzeichnen hat.
28 Plus eine Zahl x markiert die Nachrückerinnen.
29 Plus eine Zahl x markiert die Nachrückerinnen.
30 Plus eine Zahl x markiert die Nachrückerinnen.
31 Plus eine Zahl x markiert die Nachrückerinnen.
32 Das ist ein bundesweiter Trend, der mit der Einführung von Quotenregelungen bei den Grünen und der SPD seit Mitte der 80er Jahre zusammenhängt und auch Auswirkungen auf die anderen etablierten Parteien zeitigte.
33 Quelle: www.bpb.de/gesellschaft/gender/frauen-in-deutschland/49424/frauenanteil-nach-fraktionen, Stand: August 2012.

Um eine gleichberechtigte politische Partizipation und Repräsentation von Frauen irgendwann zu erreichen – beispielsweise, dass jeder zweite Abgeordnete eine Frau ist – gelten nach wie vor folgende Entwicklungen:[34] Auf der Ebene des individuellen Bewusstseins muss ein weiterer Abbau der Geschlechtsrollen-Ideologie und gleichzeitig eine Ausweitung egalitärer Einstellungen stattfinden. Auf der gesellschaftlichen Ebene geht es um eine Reduzierung der geschlechtsspezifischen Arbeitsteilung, also insbesondere um eine Umverteilung bezahlter und unbezahlter Arbeit. Auf der Ebene des politisch-administrativen Systems schließlich sind Strukturveränderungen notwendig, die Frauen eine authentische, also an eigenen Vorstellungen orientierte Politikgestaltung, ermöglichen sowie die Implementierung beziehungsweise konsequente Anwendung verbindlicher Maßnahmen zur Frauenförderung. Alle diese Strategien, die längst im Gange sind, setzen langfristige gesellschaftliche Lern- und Wandlungsprozesse voraus.

---

34 Nach Hoecker, Beate: Politische Partizipation ..., a. a. O., S. 192.

Fragmente zum politischen Stellenwert des Deutschen Reichstags

Die Novemberrevolution hatte Deutschland die Republik und den Frauen durch ein Dekret des Rates der Volksbeauftragten vom 12. November 1918 das Wahlrecht gebracht. Noch auf der Titelseite der Zeitschrift „Gleichheit"[1] vom 8. November 1918 war ein Brief vom 25. Oktober an den Reichskanzler abgedruckt, in dem das Wahlrecht gefordert wurde. Ende November 1918 beschloss der Kongress der Arbeiter- und Soldatenräte, eine Verfassunggebende Nationalversammlung wählen zu lassen. Dies erfolgte am 19. Januar 1919. Damit waren die Frauen in einer politisch labilen Situation gefordert, ihr aktives und passives Wahlrecht wahrzunehmen und sich gemeinsam mit den Männern den Herausforderungen und Schwierigkeiten einer parlamentarischen Staatsform zu stellen.

Die Verfassunggebende Deutsche Nationalversammlung im Jahre 1919 im Nationaltheater Weimar

---

1 Siehe unter „Clara Zetkin", S. 39 in diesem Band.

Berlin. Das Reichstagsgebäude in den zwanziger Jahren

Die politische und sozio-ökonomische Situation der Jahre zwischen 1919 und 1933 wirkt einigermaßen chaotisch. Die Weimarer Republik entwickelte sich auf einer schwierigen materiellen Grundlage und geriet in den Sog einer politischen Entwicklung, die man in drei verschiedene Phasen einteilen könnte, und die in keiner dieser Phasen ihre innere Zerrissenheit verlor. Sowohl im politischen und sozialen wie im kulturellen Bereich zeichnet sich die krisenhafte Entwicklung einer Demokratie ab, in der liberale, sozialistische und faschistische Strömungen um die Macht konkurrieren.

Die parlamentarische Demokratie mit der starken Präsidialmacht, die 1919 installiert wurde, orientierte sich ideell an den liberalen Träumen von 1848, was durch die neuen Nationalfarben – Schwarz-Rot-Gold anstelle von Schwarz-Weiß-Rot – und die neue Nationalhymne, die von 1841 stammte, betont wurde. Man hatte eine Republik geschaffen, aber wer identifizierte sich mit ihr? Sicher nicht die Linken, die in ihr eine „Schieber-Republik" oder „Bürger-Republik" sahen, aber ebenso wenig die Rechten, von denen weite Kreise noch in einer autoritär-monarchistischen Gesinnung befangen waren. Selbst das mittlere Bürgertum empfand sie nicht als „seine" Republik. Diesen Schichten erschien sie als ein mehr schlechter als rechter Kompromiss, dem man aus Angst vor der „Bolschewisierung" Deutschlands zugestimmt hatte, um den revolutionären Elementen etwas Wind aus den Segeln zu nehmen. Verteidiger dieser Republik waren anfangs nur die der SPD vertrauenden Arbeitermassen und die liberalen

Intellektuellen, die sich die Aufgabe stellten, inmitten des verschärften Klassenkampfes eine freiheitliche Grundordnung zu schaffen, die auf den Idealen einer aufgeklärten, aber vorindustriellen Bourgeoisie beruhte.

Die Unzufriedenheit im rechten und linken Lager wurde rasch größer. Bereits die Wahlen zum ersten deutschen Reichstag am 6. Juni 1920 deuteten eine Polarisierung an, bei der die so genannte Weimarer Koalition aus SPD, DDP und Zentrum Stimmen einbüßte, während rechts- und linksradikale Parteien Stimmengewinne verbuchen konnten. Im ersten Reichstag hatte die SPD nur noch 113 statt 165, die DDP nur noch 45 statt 74, das Zentrum nur noch 69 statt 89 Sitze. Andererseits stieg die Zahl der Mandate bei der DVP von 22 auf 62, bei der DNVP von 42 auf 66, bei der USPD von 22 auf 81. Auch die vielen nationalen und lokalen Putschversuche, die in der ersten Phase der Weimarer Republik, die man zwischen Januar 1919 und November 1923 festmachen kann, stattfanden, unterstreichen den Eindruck der Unzufriedenheit in weiten Schichten der Bevölkerung. Als problematisch für die Stabilität der Republik erwies sich die Parteilichkeit von Justiz und Armee, die noch stark in einem monarchistisch-autoritärem Denken verhaftet waren und die Aufstandsversuche von links sehr viel härter ahndeten als die von rechts. Für die 314 politischen Morde, die von 1919 bis 1921 von Rechten an Linken verübt wurden, erhielten die Täter lediglich 31 Jahre Gefängnis. Für die 13 politischen Morde, die im gleichen Zeitraum von Linken an Rechten verübt wurden, wurden dagegen acht der Täter zum Tode verurteilt, während die übrigen insgesamt 176 Jahre Gefängnis bekamen.[2]

Mitverantwortlich für die Unruhen in dieser ersten Phase war sicher auch die unnachsichtige Politik der westlichen Siegermächte, die Deutschland durch ihre weitergeführte Blockade, die Abtrennung industriell wichtiger Randgebiete, die Rheinlandbesetzung und die übermäßigen Reparationszahlungen zu einer erst schleichenden und dann galoppierenden Inflation verurteilten. Diese erreichte im Spätherbst 1923 ihren Höhepunkt, als der Wert des US-Dollars die Billionengrenze überschritt. Erst die Einführung der Rentenmark im November 1923 setzte dieser Entwicklung ein Ende und bewirkte im Laufe des Jahres 1924 eine relative Stabilisierung des wirtschaftlichen Gefüges. Damit begann der Zeitraum, den man als zweite Phase der Weimarer Republik bezeichnen kann, und der bis 1929 andauerte. Der 1924 von den USA eingebrachte „Dawes-Plan" mit

---

2 Vgl.: Hermand, Jost / Trommler, Frank: Die Kultur der Weimarer Republik. Frankfurt am Main 1988, S. 23f.

seinem weitreichenden Anleihesystem hatte das Ziel, die deutsche Wirtschaft, die aus der Währungsreform gestärkt hervorgegangen war, da ihr Kapital hauptsächlich aus Sachwerten und nicht aus Sparbeträgen bestand, wieder auf Hochtouren zu bringen. So sollte Deutschland einerseits in die Lage versetzt werden, die unterbrochenen Reparationsleistungen fortzusetzen, und andererseits sollte ein wirtschaftlich starkes Deutschland gegen den Kommunismus immunisiert werden. Die wirtschaftliche Stabilisierung gelang, doch die Modernisierung und Rationalisierung der deutschen Wirtschaft stieß nur im mittleren und gehobenen Bürgertum auf Akzeptanz, während sich die Kleinbürger und Angestellten, die in der Währungsreform von 1923 ihre Ersparnisse verloren hatten, betrogen fühlten und sich in den Dunstkreis nationalistischer Ideologien ziehen ließen. Dementsprechend gewannen die Parteien am rechten und linken Rand bei der 2. Reichstagswahl am 4. Mai 1924 weiter an Wählerstimmen, während die Weimarer Koalition Stimmenverluste erfuhr: Die Mandate der SPD gingen von 113 auf 100, die der DDP von 45 auf 28, die der DVP von 62 auf 44 zurück. Nur das Zentrum konnte seinen Stand behaupten. Dagegen stiegen die Sitze der NSDAP von 0 auf 32, die der DNVP von 66 auf 106 und die der KPD von 2 auf 62.

Angesichts dieser Polarisierung sahen sich die Weimarer Koalitionsparteien 1924 zu einer Öffnung nach rechts veranlasst und beteiligten bei den nächsten Regierungsbildungen auch die DVP und die DNVP, um überhaupt regierungsfähige Mehrheiten zustande zu bringen. Die Politik der rechten Mitte konzentrierte sich auf die Steigerung der Industrieproduktion und die Verminderung der Arbeitslosigkeit. Sie wurde in den Wahlen zum 3. Reichstag, die am 7. Dezember 1924 stattfanden, durch die Wähler bestätigt. Diese Jahre, die man oft die „goldenen" genannt hat, waren Jahre einer geborgten Prosperität, hinter deren glitzernder Fassade viel Not und Armut weiterbestanden. Der steigenden Produktionsrate stand die allmähliche Wiederabnahme der Arbeitsplätze sowie Kurzarbeit gegenüber, was durch die fortschreitende Rationalisierung verursacht wurde. Überdies gab es eine starke Monopolisierungswelle: 1927 beherrschten die Konzerne, Kartelle und Trusts 65 Prozent des gesamten deutschen Aktienkapitals. Bei der 4. Reichstagswahl, am 20. Mai 1928 verschob sich das Stimmengewicht wieder etwas nach links, so dass es nach den Jahren des Rechtsblocks erneut zu einer großen Koalition kam.

Als sich am 24. Oktober 1929 die dramatischen Kurseinbrüche an der New Yorker Börse ereigneten, wurde Deutschland von dieser Krise am stärksten mitbetroffen, da nicht nur die amerikanischen Kredite ausblieben, sondern auch jeder Export nach den USA eingestellt werden musste, was zu enormen Auftragseinbußen führte. Einem solchen krisenhaften Zustand war die relativ gefestigte Weimarer Koalition nicht gewachsen.

In der dritten und letzten Phase der Republik nahmen die Spannungen zwischen rechts und links extrem zu. Konkurse, galoppierende Inflation, Preisverfall und die rapide anwachsende Arbeitslosenzahl musste bei Arbeitern und Kleinbürgern, denen jahrelang automatisch steigender Wohlstand versprochen worden war, republikfeindliche Stimmungen hervorrufen. Die politische Spannung wuchs 1930 von Monat zu Monat. Bei den Neuwahlen am 14. September 1930 stieg die Zahl der Sitze bei der KPD von 54 auf 77, bei der NSDAP von 12 auf 107. Trotzdem setzte sich die Regierung aus einem bürgerlichen Rechtsblock unter dem Zentrumskanzler Brüning zusammen, der einerseits mit der stillen Duldung der SPD, andererseits mit der Unterstützung des Reichspräsidenten Hindenburg regierte, dem im Rahmen der Weimarer Verfassung durch den Paragraphen 48 ein erhebliches Mitspracherecht zustand. Das Regierungsprogramm beschränkte sich fast ausschließlich auf wirtschaftspolitische Maßnahmen in Form einer Reihe von Notverordnungen, die eine deflationistische Wirkung haben sollten. Dazu gehörten unter anderem eine drastische Steuererhöhung, die Senkung der Ausgaben für Arbeitslose, Kürzungen der

Sitzung des Deutschen Reichstags in Berlin, 13. Oktober 1931

Löhne und Gehälter und eine Herabsetzung der Preise. Während solche drakonischen Maßnahmen in anderen westlichen Demokratien zu einer allmählichen Beruhigung der Situation führten, konnten sie die immer bürgerkriegsähnlicher werdenden Zustände in Deutschland nicht verhindern. Die Regierung Brüning konnte sich nur bis Sommer 1932 halten. Bei den Wahlen am 31. Juli 1932 hatten die radikalen Flügelparteien wiederum einen starken Stimmenzuwachs. Die Nationalsozialisten wurden zur stärksten Fraktion im 6. Reichstag.

Hinter dem nächsten Kabinett mit Franz von Papen stand nur eine parlamentarische Minderheit, das die immer gespannter werdende Lage nicht meistern konnte. Am 6. November 1932 wurden daher nochmals Reichstagswahlen abgehalten, bei denen die NSDAP nur 196 statt 230 Sitze gewann, während die KPD die Zahl ihrer Mandate von 89 auf 100 erhöhen konnte.

Die folgende Regierung unter General Kurt von Schleicher wurde zur Interimslösung, da sowohl die ostelbischen Junker als auch manche Großindustriellenverbände Hindenburg drängten, endlich Hitler die Macht zu übergeben, um damit die Gefahr von links ein für allemal zu bannen. Am 30. Januar 1933 übertrug Hindenburg einer Koalition aus NSDAP und DNVP mit Hitler an der Spitze die Regierungsgewalt. Was folgte, waren der Reichstagsbrand, das Ermächtigungsgesetz, das Verbot von KPD und SPD, die Auflösung beziehungsweise „Gleichschaltung" aller anderen Parteien und Gewerkschaften und die Erhebung der NSDAP zur offiziellen Staatspartei. Nicht die fortschrittlichen Kräfte hatten gesiegt sondern die Reaktion. Und die Frauen? – Sie waren wieder weitgehend ausgeschlossen vom öffentlichen Leben, waren zurückverwiesen auf ihre Rolle im Heim und am Herd am Ende der ersten parlamentarischen Demokratie Deutschlands und am Beginn der Diktatur, des nationalsozialistischen Terror-Regimes.

Die südwestdeutschen Parlamentarierinnen im Deutschen Reichstag von 1919–1933

Anna Blos

Anna Blos (geb. Tomascewska) war entsprechend ihrer großbürgerlichen Herkunft zuerst in der bürgerlichen Frauenbewegung engagiert. Sie wurde am 4. August 1866 als Tochter eines Oberstabsarztes in Liegnitz (Schlesien) geboren. Ihre Schulausbildung absolvierte sie unter anderem über das Viktoria-Pensionat in Karlsruhe, das unter dem Protektorat der Großherzogin stand und einen guten Ruf hatte. Der Schülerinnenkreis erstreckte sich eher auf auswärtige und ausländische Mädchen als auf Karlsruherinnen. Die Schule war ideal als Vorbereitung für die typische standesgemäße Erwerbsmöglichkeit bürgerlicher Frauen, nämlich den Lehrerinnenberuf. Auch Anna Blos schlug diesen Weg ein, machte eine entsprechende Ausbildung am Lehrerinnenseminar in Berlin und schloss mit dem Oberlehrerinnenexamen ab. An der Universität Berlin hörte sie nebenbei Vorlesungen zu Geschichte und Literatur. Die nächsten fünfundzwanzig Jahre ihres Lebens sind einigermaßen schwer zu rekonstruieren. Sie unterrichtete vermutlich an verschiedenen Schulen, vielleicht auch in Stuttgart.

Der weitere Lebensweg von Anna Blos ist, was für viele Frauenbiografien ihrer Zeit symptomatisch zu sein scheint, durch die Heirat mit einem berühmten Mann wieder bekannt: Sie heiratete 1905 den Schriftsteller und späteren ersten und einzigen sozialdemokratischen Ministerpräsidenten beziehungsweise Staatspräsidenten von Württemberg, Wilhelm Blos.[1] Das Paar lebte in Stuttgart. Anna Blos war ab dieser Zeit ständige Mitarbeiterin der von Clara Zetkin geleiteten SPD-

Frauenzeitschrift „Gleichheit"[2] und anderer sozialdemokratischer und bürgerlicher Blätter. Überdies publizierte sie mehrere Bücher über Frauen und ihr Wirken in Geschichte und Gegenwart. Ihre schriftstellerischen und ihre gesellschaftspolitischen Aktivitäten gingen Hand in Hand: Sie war Gründerin und Vorsitzende des Stuttgarter Hausfrauenverbands und ab 1918 Vorsitzende auf Landesebene[3]. Ihr Interesse an der Geschichte von Frauen, ihr Wunsch nach sozialer Gerechtigkeit und der Austausch mit Menschen aus dem linkspolitisch orientierten Umfeld in Stuttgart führten dazu, dass sie sich nun eher der proletarischen Frauenbewegung zuwandte. So schreibt sie in dem Buch „Die Frauenfrage im Lichte des Sozialismus": „Trotzdem haben wir auch heute noch keine wahre Gleichberechtigung der Geschlechter. Noch ist die Forderung des Kommunistischen Manifests auf gemeinschaftliche Ausbeutung der Produktionsinstrumente nicht durchgeführt. Noch haben wir das kapitalistische Ausbeutungssystem nicht überwunden. Dieses Ausbeutungssystem erfasst sogar immer weitere Schichten unseres Volkes. Solange dieses System dominiert, besteht auch die Stellung der Frauen als bloße Produktionsinstrumente weiter. Dem Kampfe gegen dieses System gilt der Kampf der sozialistischen Frauenbewegung. Soviel Gemeinschaftliches auch die gesamte Frauenbewegung umfassen mag, hier trennen sich die Wege. Hier liegt der Grund dafür, dass es eine gesonderte sozialistische Frauenbewegung gibt, deren Endziel neben der Befreiung des Geschlechts die Befreiung der Klasse ist."[4]

Eine andere wichtige Herausforderung war für sie ihre Tätigkeit als Stuttgarter Ortsschulrätin. Württemberg war das erste Land in Deutschland, das mit seinem am 1. April 1910 beschlossenen Volksschulgesetz Frauen als Mitglieder des Ortsschulrats zuließ. Die Stadt Stuttgart erwies sich in diesem Zusammenhang als besonders fortschrittlich, indem der Gemeinderat als eine der beiden Vertreterinnen eine Sozialdemokratin berief, die überdies ihre damit verbundenen politischen Vorstellungen klar formulierte: „In dem Bericht über meine Tätigkeit erklärte ich: Einfluss bekommen auf Schul- und Erziehungsfragen unserer Volksschüler und -schülerinnen, der Jugend unseres Proletariats so viele Bildungsmöglichkeiten zuwenden, wie nur für sie erreichbar sind, dass die Volksschule aus dem Aschenbrödel zum wichtigsten Faktor unserer Gemeinde erhoben wird, das erscheint mir als eine der wichtigsten Aufgaben der Sozialistinnen. Möchte bald die Zeit kommen, in der es als selbstverständlich erscheint, dass überall Frauen in die Ortsschulräte gewählt werden, von denen man weiß, dass die Interessen der minder bemittelten Bevölkerung die ihren sind."⁵

Von 1916 bis 1918 gehörte Anna Blos dem Landesvorstand der SPD von Württemberg an. Es entsprach ihrer konsequenten Vorgehensweise, dass sie nach der Durchsetzung des Frauenwahlrechts als Kandidatin für den Reichstag zur Verfügung stand: Sie wurde 1919 in die Verfassunggebende Nationalversammlung von Weimar gewählt, zog sich aber 1920 aus der Politik auf Reichsebene zurück. Vielleicht empfand sie es als frustrierend, dass neben den vielen gleichgültigen Frauen so viele Frauen im harten Existenzkampf Parteien nahe standen, deren Interessen den ihren völlig entgegengesetzt waren.

Als 1933 die Nationalsozialisten an die Macht kamen, war Anna Blos bereits seit längerem unheilbar krank. Sie konnte sich an der Organisierung von Widerstand nicht mehr beteiligen und verlor den Kontakt zu früheren Freunden⁶. Am 27. April 1933 ist sie in Stuttgart gestorben.

Literatur:
Blos, Anna: Frauen in Schwaben. 15 Lebensbilder. Stuttgart 1929.
Dies.: Kommunale Frauenarbeit im Kriege. Berlin 1917.
Dies. / Schreiber, Adele / Schroeder, Louise / Geyer, Anna: Die Frauenfrage im Lichte des Sozialismus. Dresden 1930.
Riepl-Schmidt, Maja: Anna Blos, geborene Tomascewska – Pionierin der Frauengeschichte. In: dies., Wider das verkochte und verbügelte Leben. Frauenemanzipation in Stuttgart seit 1800. Stuttgart 1990, S.173–182.
SPD-Landesverband Baden-Württemberg (Hg.): Unser Land und seine Sozialdemokraten. Wilhelm und Anna Blos. Stuttgart o. Zt.

1 Sogar der Nachlass von Anna Blos im Bundesarchiv Berlin bzw. Koblenz enthält nur Unterlagen über ihr Leben an der Seite von Wilhelm Blos.
2 Siehe S. 39ff. in diesem Band.
3 Juchacz, Marie: Sie lebten für eine bessere Welt. Lebensbilder führender Frauen des 19. und 20. Jahrhunderts. Berlin/Hannover 1955, S. 111.
4 Blos, Anna / Schreiber, Adele u. a., a. a. O., S. 11.
5 Blos, Anna / Schreiber, Adele u. a., a. a. O., S. 81.
6 SPD-Landesverband Baden-Württemberg (Hg.): Unser Land und seine Sozialdemokraten. Wilhelm und Anna Blos. Stuttgart o. J.

Klara Philipp

Klara Philipp (geb. Elbs) gehört zu den Frauengestalten im parlamentarischen Betrieb, bei denen sich die Quellenlage als besonders dürftig erweist: Sie wurde am 11. März 1877 in Karlsruhe geboren und besuchte dort das Humanistische Mädchengymnasium. 1897 heiratete sie Karl Philipp,¹ der später badischer Landesforstmeister war.²

Im kirchlichen Bereich fand sie ihr erstes gesellschaftspolitisches Aktionsfeld: Ab 1909 hatte sie Vorstandsfunktionen im Katholischen Deutschen Frauenbund sowohl in ihrer Heimatstadt Karlsruhe als auch auf Landesebene inne. 1919 gehörte sie

zu den Mitbegründerinnen des Landesverbands Baden des katholischen Frauenbunds, war Schriftführerin und zweite Landesvorsitzende.

Ab 1922 war Klara Philipp Beisitzerin im Reichsparteivorstand der Deutschen Zentrumspartei und Mitglied des Reichsparteiausschusses. Auch auf kommunaler Ebene engagierte sie sich: von 1919 bis 1922 als Stadtverordnete in Pforzheim und ab 1922 im Kreistag in Karlsruhe.[3] Als Berufsbezeichnung wird im biografischen Handbuch der deutschen Reichstage Hausfrau angegeben. Sie war aber auch journalistisch tätig als Mitarbeiterin verschiedener Tageszeitungen wie der „Kölnischen Volkszeitung", dem „Badischen Beobachter" oder der „Sozialen Revue" sowie bei der Monatsschrift „Frauenland".[4]

Im April 1926 rückte sie für den verstorbenen Abgeordneten Constantin Fehrenbach innerhalb der Zentrumsfraktion in den Reichstag nach, dem sie bis 1928 angehörte. Redebeiträge sind nicht von ihr verzeichnet. Mit anderen Parlamentarierinnen ihrer Partei veröffentlichte sie ein Buch, das sich mit der gesellschaftlichen Stellung der Frauen beschäftigt. Darin schreibt sie aus der Perspektive einer Großmutter an den kleinen Enkel: „Ich komme von meinen Einkäufen heim. Manche Mark ist heute durch meine Hände gegangen. Recht bedacht, erkenne ich mich als den Verwalter des größten Teils unseres Familieneinkommens. So steht es auch mit den andern. Dreiviertel des Volkseinkommens ist uns Hausfrauen anvertraut. Ungefähr 16 Milliarden haben wir alljährlich zu verwalten. Welch große wirtschaftliche Verantwortung ist damit auf unsere Schultern gelegt! Ich bin eine von den 13 Millionen Haushaltleiterinnen unseres deutschen Volkes. Ein winziges Teilchen also nur von der großen Schar. Aber welche Bedeutung haben wir in unserer Gesamtheit!"[5] Ihr gesamter Aufsatz ist auf wertkonservative Art darauf bedacht, das Selbstwertgefühl der Hausfrau und Mutter zu stärken.

Klara Philipp verstarb am 19. Januar 1949 in Konstanz.

1 Prégadier, Elisabeth: Politik als Aufgabe – Engagement christlicher Frauen in der Weimarer Republik; Aufsätze, Dokumente, Notizen, Bilder. Annweiler/Essen 1990, S. 437.
2 Haunfelder, Bernd: Reichstagsabgeordnete, a. a. O., S. 343.
3 Ebd.
4 Ebd.
5 Philipp, Klara: Hausfrau und Volk. In: Siebert, Klara (Hg.): Frau und Volk. Beiträge zu Zeitfragen. Freiburg i. Br. 1929, S. 11–22.

Klara Siebert

Klara Sieberts (geb. Ritter) Denk- und Arbeitsweise war stark von ihrem katholischen Glauben geprägt. Der Grundstein dazu wurde sicher in ihrer Schulzeit gelegt. Die Arzttochter kam am 2. August 1873 in Schliengen bei Müllheim zur Welt. Zuerst besuchte sie gemeinsam mit ihren beiden Geschwistern die Schulen in Müllheim, Rheinheim, Konstanz, Messkirch und Ettenheim. Dieser Wechsel hing mit den Versetzungen ihres Vaters als verbeamteter Bezirksarzt zusammen.[1] Von 1885 bis 1887 lebte sie in der Klosterschule „Unsere liebe Frau" in Offenburg. Ihre Berufsausbildung absolvierte sie an einem Basler Lehrerinnenseminar. 1897 heiratete sie den damaligen Finanzassessor und späteren Oberregierungsrat Dr. Albert Siebert (1866–1948). Das Paar hatte einen Sohn.

Über die katholische Frauenbewegung fand Klara Siebert den Weg in die Politik. 1909 übernahm sie die Schriftleitung im Katholischen Frauenbund. Sie war Vorsitzende des badischen Landesausschusses des Katholischen Deutschen Frauenbunds in Köln und Mitglied des Diözesanvorstands der christlichen Müttervereine. Nach Beginn des Ersten Weltkriegs sah sie sich vor neue Aufgaben gestellt: Von 1914 bis 1916 war sie im Karlsruher Lazarett St. Franziskusheim tätig. Von 1917 an hatte sie das Frauenfürsorgereferat des XIV. Badischen Armeekorps inne.

Mit der Einführung des aktiven und passiven Wahlrechts für Frauen nach dem Ersten Weltkrieg war Klara Siebert mit drei Kolleginnen in der Zentrumsfraktion des Badischen Landtags vertreten. Sie behielt dieses Mandat bis 1933 bei. In der Eröffnungssitzung 1919 hielt sie eine Ansprache. Sie erzählt davon in einem Artikel, der mit „Die Frau in der Volksvertretung" überschrieben ist: „Angesichts der Gräber draußen und der Not im Inneren wusste ich nur das zu sagen, was in mir lebte, seit ich wusste, dass ich in die Volksvertretung kommen sollte: ‚Wir wollen Mutter- und Schwesternarbeit in das Gemeinschaftsleben tragen. Wir beginnen unsere Arbeit mit Gott.' Denn das war die Entscheidung für mich. Wenn denn schon die Hand an den Pflug gelegt werden musste, und man nicht mehr oft umschauen durfte nach dem, was man an Pflichten und Arbeit aufgab, dann aber nur mit dem Ziel, als Frau zu arbeiten. ... So bedeutete für mich das Eintreten der Frau in die Politik nicht ein Hineindrängen in männliche Denkweise, aber ein Hineintragen von weiblichen Seelenwerten in die Formbildung unseres Gemeinschaftslebens. Der Sinn des Wortes von der Gleichberechtigung der Geschlechter ist nur die Berechtigung, die dem Frauentum wesentliche Züge als Gestaltungskräfte für die erweiterte Familie, für Staat und Gemeinde anzuerkennen."[2] In diesem Artikel betont sie auch, dass die Frauen im Badischen Landtag interfraktionell immer ein gutes Verhältnis zueinander hatten: „Es gab manche Fragen, die wir über alles Gegensätzliche hinweg gemeinsam berieten, lediglich vom Gesichtspunkt der Frau und Mutter aus." Klara Siebert war Mitglied des geschäftsführenden Vorstands der badischen Zentrumspartei und des Vorstands der badischen Zentrumsfraktion. Mit dem Vorsitzenden, dem Prälaten Dr. Josef Schofer, verband sie eine enge Zusammenarbeit. Auf drei Katholikentagen und in zahlreichen Versammlungen trat sie als Rednerin auf und sprach in ihrer engen kirchlichen Verbundenheit im Geist der Versöhnung und der christlichen Nächstenliebe. Sie wirkte auch im Friedensbund deutscher Katholiken mit, dessen Reichsvorstand sie zeitweilig angehörte.[3]

Die letzten Wochen der Republik erlebte sie als Reichstagsabgeordnete: Im Juli 1932 wurde sie in den Reichstag gewählt. In einem Brief vom 13. Oktober 1960 beschreibt sie ergreifend, wie ihre Fraktion im März 1933 mit der Entscheidung gerungen hat, dem Ermächtigungsgesetz zuzustimmen. Die Beschreibung ist authentisch, da sie sich die Notizen aus diesen Tagen als einzige Aufzeichnungen ihrer Abgeordnetenzeit auch über die Machtübernahme hinaus aufbewahrt hatte. „Der Grund aber dieser Notizen war die Pflicht der Rechenschaft meinem lieben Sohn gegenüber, für ihn habe ich sie geschrieben – ich habe seelisch so unter dem Gedanken gelitten, dass ich die einzige Mutter war, die ihr Votum für das Ermächtigungsgesetz abgab."[4] Mit dem Beginn der NS-Zeit musste sie ihre politische Tätigkeit beenden. 1944 wurde sie acht Tage lang von der Gestapo in „Schutzhaft" genommen. Auch nach 1945 hat sie nie wieder in politischen Gremien mitgearbeitet, sondern im gesellschaftspolitischen Bereich sich allenfalls noch karitativ betätigt. Auch ihre schriftstellerische Tätigkeit – sie veröffentlichte beispielsweise eine Biografie über die Kunstmalerin Maria Ellenrieder – beschränkte sie auf die Mitarbeit in katholischen Zeitungen und Zeitschriften. Am 23. März 1963 ist sie in Karlsruhe fast neunzigjährig verstorben.

Literatur:
Siebert, Klara: Marie Ellenrieder. Freiburg i. Br. 1916.
Dies. (Hg.): Frau und Volk. Freiburg i. Br. 1929.
Dies.: Heilige Zeit der Kindheit. o. O. 1930.
Bopp, Linus: Klara Siebert – Versuch ihrer Lebensbeschreibung und der Würdigung ihrer Lebensleistung. Freiburg 1971.
Siebler, Clemens: Clara Siebert. Mann und Frau ihrer Natur nach auf Ergänzung angelegt. In: Knorr, Birgit / Wehling, Rosemarie (Hg.): Frauen im deutschen Südwesten. Hrsg. v. der Landeszentrale für politische Bildung. Stuttgart 1993, S. 198–203.

---

1 Siebler, Clemens: Clara Siebert, a. a. O., S. 199.
2 Nachlass Klara Siebert im Badischen Generallandesarchiv, Karlsruhe, Abt. N.
3 Siebler, Clemens: Clara Siebert, a. a. O., S. 201.
4 Nachlass Klara Siebert im Badischen Generallandesarchiv, Karlsruhe, Abt. N.

Clara Zetkin

„Ich will da kämpfen, wo das Leben ist!"[1] war das Motto Clara Zetkins (geb. Eißner), die, als sie 1920 Reichstagsabgeordnete der KPD-Fraktion wurde, bereits die Zeitspanne einer Generation politischen Kampfes hinter sich hatte. Am 5. Juli 1857 in Wiederau in Sachsen geboren, wuchs sie in einem freiheitlich gesinnten Elternhaus auf. Nach der Schule besuchte sie von 1874 bis 1878 das Leipziger Lehrerinnenseminar. Während dieser Zeit stand sie in engem Kontakt mit Vertreterinnen der bürgerlichen Frauenbewegung wie Auguste Schmidt und Louise Otto-Peters. Doch sie schloss sich dieser Richtung nicht an, sondern entwickelte ihr politisches Denken über die Werke von Marx und Lasalle, mit denen sie über einen Kreis russischer Studenten in Berührung kam. 1878 war das Jahr, in dem die Sozialistengesetze in Kraft traten. Die junge Lehrerin trat der SPD bei und lernte den russischen Revolutionär Ossip Zetkin kennen, mit dem sie die Solidarität zur Arbeiterklasse verband. Ossip Zetkin wurde 1880 nach einer durch die Polizei entdeckten geheimen Funktionärssitzung festgenommen und als Ausländer ausgewiesen. Clara Zetkin war 1881 als Erzieherin

erst in Österreich, anschließend in der Schweiz tätig. In Zürich beteiligte sie sich am Versand des illegalen „Sozialdemokraten". Ende 1882 zog sie nach Paris, um wieder mit Ossip Zetkin zusammen zu sein. Sie nannte sich von da an mit Nachnamen Zetkin, heiratete aber nicht, damit sie die deutsche Staatsbürgerschaft behalten konnte[2]. Das Paar bekam zwei Söhne und fristete ein einigermaßen schwieriges Emigrantendasein. Nach zweijähriger Krankheit starb Ossip im Januar 1889. Clara Zetkin bewältigte ihre Trauer mit noch größerem Engagement. Noch im selben Jahr hielt sie auf dem Gründungskongress der II. Internationale in Paris das Referat über die proletarische Frauenbewegung: Sie forderte Beteiligung der Frauen am Massenkampf, da nur durch die sozialistische Umwandlung der Gesellschaft die wahre Befreiung der Frau erreicht werden könne.

Nach der Abdankung Bismarcks und der Aufhebung der Sozialistengesetze kehrte sie mit vielen anderen Emigranten 1890 nach Deutschland zurück. Über verschiedene Wege verschlug es sie nach Stuttgart, wo sie ab 1892 „Die Gleichheit. Die Zeitschrift für die Interessen der Arbeiterin" herausgab, bis sie 1917 wegen ihrer von der SPD abweichenden politischen Meinung entlassen wurde. Zuerst wohnte sie in der legendären Rotebühlstraße, nur ein Haus entfernt von der Familie Robert Bosch, mit der sie in Kontakt kam. In demselben Haus wohnte auch Karl Kautsky[3], der 1891 das Erfurter Grundsatzprogramm der SPD konzipiert hatte. Sie nahm bis 1913 an allen Parteitagen der SPD und an allen Kongressen der II. Internationale teil. Von 1895 bis 1917 war sie Mitglied der Kontrollkommission, von 1909 bis 1917 war sie im Parteivorstand und von 1906 bis 1917 gehörte sie dem Bildungsausschuss der SPD an. 1904 hielt sie das Referat über Schulfragen auf der Frauenkonferenz in Bremen, das zur Richtlinie der Partei auf diesem Gebiet wurde. Im Rahmen des Internationalen Sozialistenkongresses in Stuttgart organisierte sie die 1. Internationale Frauenkonferenz (18. bis 24. August 1907) in der Liederhalle. Daraus ging das Internationale Frauensekretariat hervor, dessen Sekretärin sie wurde. Auf ihre Initiative hin beschloss die Internationale Frauenkonferenz in Kopenhagen 1910 die Durchführung des Internationalen Frauentags am 8. März als Kampftag für Gleichberechtigung, Demokratie, Frieden und Sozialismus.

Nicht nur politisch, sondern auch mit ihrem Privatleben sorgte Clara Zetkin für Aufsehen, als sie 1899 den vierundzwanzigjährigen Maler Georg Friedrich Zundel heiratete. Als die finanziellen Verhältnisse der beiden sich durch Ausstellungen und Publikationen normalisierten, bauten sie sich 1903 in Stuttgart-Sillenbuch ein Haus, das zum Treffpunkt vieler Freunde wurde, darunter Rosa Luxemburg, August Bebel, Franz Mehring, Jean Jaurés und sogar Lenin. Clara Zetkin wurde zum Mittelpunkt einer Gruppe linker Sozialdemokraten, die entscheidenden Einfluss in der Stuttgarter Parteiorganisation ausübten. In der „Gleichheit" warnte sie vor den Kriegsplänen der „deutschen Großbourgoisie" und arbeitete an der von Rosa Luxemburg und Franz Mehring 1915 herausgegebenen „Internationale" mit. In diesem Jahr organisierte sie in Bern eine illegale Konferenz sozialdemokratischer Frauen der am Krieg beteiligten Länder als Reaktion auf die auch von der SPD-Fraktion am 1. August 1914 im Reichstag bewilligten Kriegskredite. Wegen des dort beschlossenen Manifests, das zum Kampf gegen den Krieg aufrief, war sie von Juli bis August 1915 wegen Landesverrats inhaftiert. Die Abspaltung von der SPD war unvermeidlich, und so agitierte sie als Mitglied der USPD gegen den Krieg. Als Vertreterin dieser Partei wurde sie in die Verfassunggebende Landesversammlung von Württemberg gewählt, wo sie als eine der ersten Frauen in einem deutschen Parlament am 29. Januar 1919 das Wort ergriff, um der Regierung Revisionismus und die Unterdrückung der sozialen Revolution vorzuwerfen.

Noch 1919 wechselte sie von der USPD zur KPD. Es erfolgte ihre Wahl in den Reichstag, dem sie von 1920 bis 1932 angehörte.

Unter ihrer Redaktion erschien seit Mai 1919 die Zeitschrift „Die Kommunistin". In den folgenden Jahren widmete sie sich der kommunistischen Frauenbewegung. Sie nahm an den Kongressen der Kommunistischen Internationale teil, deren Exekutivkomitee und Präsidium sie angehörte. Ihre letzten Jahre standen im Zeichen des Kampfs gegen die wachsende Gefahr des Nationalsozialismus. Den 1932 neu gewählten Reichstag eröffnete sie als Alterspräsidentin am 30. August 1932 mit einem Appell an die Arbeiterklasse zur Einheit und zum gemeinsamen Kampf gegen Faschismus und Krieg.

Clara Zetkin ist am 20. Juni 1933 in Archangelskoje bei Moskau gestorben und musste so nicht mehr erleben, dass ihre schlimmsten Erwartungen für die folgende Zeit von der Realität weit übertroffen wurden.

Literatur:
Zetkin, Clara: Regierungspolitik und Generalstreik in Württemberg. Stuttgart 1919.
Dies.: Die Frauen und die Kommunistische Partei. Hrsg. v. Frauen-Reichs-Sekretariat d. V.K.P.D. Leipzig 1921.
Dies.: Zu den Anfängen der proletarischen Frauenbewegung in Deutschland. Berlin/DDR 1956.
Clara Zetkin. Eine Auswahlbibliographie der Schriften von und über Clara Zetkin. Schriftenreihe der gesellschaftswissenschaftlichen Beratungsstellen an den dem Staatssekretariat für Hochschulwesen unterstellten wissenschaftlichen Bibliotheken. Heft 4. Berlin/DDR 1957.
Dornemann, Luise: Clara Zetkin Leben und Wirken. 9. überarb. Auflage, Berlin 1989.
Riepl-Schmidt, Maja: Clara Zetkin, geborene Eißner, verheiratete Zundel – Die „rote Emanze". In: dies., Wider das verkochte und verbügelte Leben. Frauen-Emanzipation in Stuttgart seit 1800. Stuttgart 1990.
Clara-Zetkin-Haus, Waldheim Sillenbuch, 90 Jahre. Hrsg. v. Waldheim Stuttgart e. V., Clara-Zetkin-Haus. Red.: Claudio Sperandio. Stuttgart 1999.

---

1 Reutlinger General-Anzeiger, 27.10.1987.
2 Riepl-Schmidt, a. a. O., S. 164.
3 Siehe S. 103ff. in diesem Band.

Anna Ziegler

„Der ‚Sozialdemokrat' meldet: Genosse Crispien[1], der sowohl in Württemberg als auch in Berlin in den Reichstag gewählt wurde, hat sich für die Annahme seines Berliner Mandats entschieden. Dadurch tritt die auf unserem württembergischen Wahlvorschlag an dritter Stelle stehende Genossin Anna Ziegler, Heilbronn, in den Reichstag ein. Wir gratulieren – dem Reichstag."[2]

Wer ist diese hier einigermaßen humorig vorgestellte Abgeordnete? Aus dem Reichstags-Handbuch über die 1. Wahlperiode 1920 ist folgendes über sie nachzulesen: „Ziegler, geb. Strauss, Anna; Hausfrau in Heilbronn (Neckar). Wahlkreis 34 (Württemberg). Unabhängige Sozialdemokratische Partei. Geboren am 10. Juni 1882 zu Backnang; konfessionslos. Besuchte die Volksschule in Backnang und war nach der Schulentlassung als Hausangestellte tätig. Trat 1906 in die SPD ein und schloss sich Frühjahr 1915 der USPD an; agitatorisch tätig in der Partei. – In Heilbronn seit 1913 ehrenamtlich Waisenpflegerin, seit Juni 1919 Mitglied des Gemeinderats." Diese dürren Worte lassen einigen Interpretationsspielraum zu: Sie scheint sehr eigenwillig gewesen zu sein, selbstbewusst und überzeugt von ihrer Position im linken Flügel der Sozialdemokraten.

Am 18. Mai 1919 wurde sie als erste Frau in den Gemeinderat der Stadt Heilbronn gewählt, in die sie vermutlich durch ihre 1905 erfolgte Heirat gekommen ist. Sie war dort bis zu ihrem freiwilligen Ausscheiden im August 1924 aktiv, wobei sie vier Jahre lang, nämlich von 1920 bis 1924, ein Doppelmandat für Gemeinderat und Reichstag innehatte.[3] Mehrere Jahre lang engagierte sie sich als Vorstandsmitglied der Heilbronner SPD beziehungsweise USPD.[4] Der Heilbronner Abend-Zeitung vom 19. Juni 1924 ist zu entnehmen, dass Anna Ziegler ihr Mandat zurückgab, um in Leipzig als Parteisekretärin die „Frauenagitation" zu übernehmen. Private Gründe haben möglicherweise die parteipolitischen Gründe für ihren Weggang unterstützt. Sie ließ sich von ihrem Mann Hans Ziegler[5], ebenfalls ein Parlamentarier, der von 1919 bis 1924 dem Württembergischen Landtag und von 1930 bis 1933 dem Deutschen Reichstag angehörte und von 1945 bis 1948 Oberbürgermeister in Nürnberg war, irgendwann in den zwanziger Jahren scheiden.

Bis zum Beginn der NS-Zeit arbeitete sie im Leipziger Frauensekretariat. Es ist nicht ganz klar, wann sie aus Sachsen wieder in ihre württembergische Heimat zurückkehrte. Ab 1938 lebte sie auf jeden Fall in Schwäbisch Hall und nahm im Juni des darauffolgenden Jahres wieder ihren Geburtsnamen Strauss an.[6] Am 27. Dezember 1942 ist sie im Schwäbisch Haller Diakonissenkrankenhaus gestorben. Wie sie ihre letzten Jahre unter der nationalsozialistischen Herrschaft verbracht hat, ist nicht bekannt.

---

1 Arthur Crispien, siehe bei Schumacher, Martin (Hg.): M.d.R., a. a. O., S. 166.
2 Neckar-Zeitung, 21.06.1920.
3 Heilbronn Journal (1985), Nr. 9, S. 34.
4 Haunfelder, Bernd: Reichstagsabgeordnete, a. a. O., S. 816.
5 Hans Ziegler, siehe bei Schumacher, Martin (Hg.): M.d.R., a. a. O., S. 633 oder Haunfelder, Bernd: Reichstagsabgeordnete, a. a. O., S. 817.
6 Ebd.

Stationen des Badischen Landtags von 1919 bis 1933

„Welch tragisches, aber auch tröstliches Schauspiel! Ein unterlegenes, halbverhungertes Volk rettete sich aus nackter Verzweiflung, aus einem Übermaß von Anspannung mit ungeschwächter Energie in neue rastlose Betriebsamkeit: der Ersatz der Monarchie, die den verlorenen Krieg zu verantworten hatte, durch die Republik; als deren Rechtsgrundlage eine neue freiheitliche Verfassung; dann, soweit wie möglich, eine neue Gesellschaftsordnung mit Sicherungen einer menschenwürdigen Existenz für die handarbeitenden Massen; Heilung der Kriegsschäden, Bekämpfung der schweren Not; das waren die gemeinsamen Ziele, an denen sich die tätigen Volksgenossen aus dem Abgrund der Verzweiflung empor rangen. ... Nun kamen Personen zu politischem Einfluss, die bis dahin beiseite gestanden hatten. Jugend und Frische strömten herzu, unversehens auch die Frauen. Der Umbruch von links warf ihnen in den Schoß, was sie zwar gefordert, aber noch lange nicht erwartet hatten: politische Mündigkeit und Mitverantwortung. Aber die Führerinnen der Bewegung waren noch wie Offiziere ohne Heer. Nun hieß es sofort, die passiven Massen in Bewegung zu bringen, sie von der Bedeutung ihrer neuen Rechte und Pflichten zu überzeugen. ... Es war Ehrensache, auch die Frauenmassen an die Wahlurnen zu bringen."[1] Dieses Zitat einer Zeitzeugin[2] zeigt anschaulich die Umstände, aus denen das demokratische Land Baden geboren wurde.

Wenige Tage nach der Abdankung des Großherzogs und der Konstituierung einer Volksregierung unter dem Sozialdemokraten Anton Geiß erging der Auftrag an ein Viererkremium, eine neue republikanische Verfassung auszuarbeiten. Vorausgegangen waren revolutionäre Unruhen und die Bildung von Soldatenräten in den Städten Mannheim, Lahr und Offenburg, die aber außerhalb der Industriezentren wenig Wirkungsmöglichkeiten hatten. Als Wahltag wurde der 5. Januar 1919 festgelegt. Ganze vier Wochen hatten die Parteien Zeit, ein Wahlkampfprogramm auszuarbeiten und ihre Kandidaten aufzustellen. Alle taten sich schwer damit: das Zentrum und die Deutschnationalen, die bis zuletzt auf eine Wiederherstellung der Monarchie bauten, die neu konstituierte DDP, deren Kandidaten sich aus den Kreisen der ehemaligen Nationalliberalen bzw. der Fortschrittlichen Volkspartei zusammensetzten, und die Sozialdemokraten, die zum eigentlichen staatstragenden Element geworden waren und sich dabei gegen die anderen politischen Modelle der radikalen sozialistischen Parteien

---

1 Weber, Marianne: Lebenserinnerungen. Bremen 1948, S.81f.
2 Siehe „Marianne Weber", S. 65 in diesem Band.

Das Ständehaus in Karlsruhe. Sitz des Landtags von Baden bis 1933

abzugrenzen suchten. Unsicherheiten gab es bei den Männern im Umgang mit den Frauen, die aber, wie auch das einleitende Zitat zeigt, völlig selbstverständlich in den Wahlkampf einstiegen. Vielleicht hängt das ein Stück weit damit zusammen, dass das liberale Badische Vereinsrecht von 1900 Frauen immerhin die Parteimitgliedschaft erlaubte, im Gegensatz zum Preußischen Vereinsgesetz, das Frauen bis 1908 die Teilnahme an politischen Versammlungen und Organisationen untersagte. Wahlberechtigt waren alle, die ihren Wohnsitz in Baden hatten und am Wahltag das zwanzigste Lebensjahr vollendet hatten, wählbar waren alle über 25 Jahre alten Wahlberechtigten. Das Land war in sieben Wahlkreise eingeteilt. Die Wahlhandlung lief nach den Vorschriften des Landtagswahlgesetzes von 1904 ab. Bei einer Wahlbeteiligung von 88 Prozent erhielt das Zentrum 39, die SPD 36, die DDP 25, die DNVP 7 Mandate. Überraschenderweise ging die USPD leer aus.

Am 13. April 1919 gab es eine Volksabstimmung über die neue badische Verfassung, die eine große Mehrheit für das Gesetz ergab und auch für die ergänzende Frage, ob die am 5. Januar gewählte Verfassunggebende Nationalversammlung als Landtag bis zum 15. Oktober 1921 gelten solle. Mit dieser Ver-

Während die Badische Verfassunggebende Nationalversammlung 1919 im Nationaltheater in Mannheim tagte, ist hier die Deutsche Nationalversammlung vor dem Theater in Weimar zu sehen, wohin man sie im Februar 1919 wegen Unruhen in Berlin berief.

fassung war Baden innerhalb einiger Monate zu einer demokratischen Republik geworden. Zur Verfassung ist noch formal anzumerken: „Träger der Staatsgewalt ist das badische Volk. Die Gesetzgebung übt teils das Volk unmittelbar aus im Weg des Volksvorschlagsrechts (Volksinitiative) und der Volksabstimmung (Referendum), teils wird sie durch die vom Volk gewählte Volksvertretung – den Landtag – ausgeübt. Die Minister werden aus den zum Landtag wählbaren Staatsbürgern in öffentlicher Sitzung des Landtags gewählt. Aus dem Kreis der Minister ernennt der Landtag alljährlich den Präsidenten, der die Bezeichnung „Staatspräsident" führt, und seinen Stellvertreter. Die Minister bilden zusammen mit den nach Paragraph 52 Absatz 2 eventuell durch den Landtag beigeordneten Staatsräten das Staatsministerium. Diesem obliegt die Vertretung des Staats und die Vollziehung und Verwaltung, also die eigentliche Regierung. Der Paragraph 9 sieht vor, dass alle Badener ohne Unterschied des Geschlechts vor dem Gesetz gleich sind, Vorrechte des Standes, der Geburt oder der Religion werden nicht mehr anerkannt."[3]

In der badischen Geschichte fällt auf, dass die Regierungsverhältnisse in der Zeit der Weimarer Republik relativ stabil waren: Von 1919 bis 1925 regierte eine Koalition aus Zentrum, DDP und SPD, anschließend eine aus Zentrum und SPD, wobei ab 1931 noch die DVP partizipierte und die Sozialdemokraten die Koalition 1932 über einen Streit im kirchlichen Bereich verließen. Fast immer verfügte die Regierung über eine gesicherte Mehrheit im Landtag.

Die gesamte Epoche hindurch hatte Baden besonders wirtschaftlich unter dem Vertrag von Versailles zu leiden. Es war nicht mit der Wiederherstellung der Ordnung im Inneren des Landes getan, die eigentlichen Probleme kamen von außen, wie der Abschneidung Badens von der Rheinschifffahrt, den Reparationen, dem Ruhrkampf mit der französischen Besetzung von Offenburg und den Häfen in Kehl und Mannheim durch die Franzosen 1923; alle diese Probleme bildeten Dauerbrenner in den Debatten des Landtags im Karlsruher Ständehaus. Neben dem Versuch, die Krisen zu bewältigen, sind die herausragenden Punkte der parlamentarischen Arbeit – wie auch immer man sie aus heutiger Sicht bewerten mag – die Entwicklung der demokratischen Gemeindeordnung von 1921, der Ausbau der beruflichen Schulbildung, die Sicherung der Stromversorgung des Landes durch Kraftwerke, der Beginn der Neckarkanalisierung und die Vorarbeit für die Rheintalautobahn.

---

3 Zier, Hans Georg: Politische Geschichte Badens 1918 bis 1933. In: Badische Geschichte. Vom Großherzogtum bis zur Gegenwart. Stuttgart 1987, 2. Aufl., S.147.

1929 zogen zum ersten Mal die Nationalsozialisten in den Landtag von Baden ein. Die Landtagswahl vom 27. Oktober 1929 stand zwischen den Reichstagswahlen von 1928 und 1930 und war geprägt durch ein Volksbegehren der Rechtsparteien gegen den Youngplan, für das die Einzeichnungsfrist am Tag vor der Wahl ablief. Die badischen Regierungsparteien hatten sich, wie auch diejenigen im Reich und die in Württemberg und Bayern, gegen das Volksbegehren gewandt, während NSDAP, DNVP und Stahlhelm die groß angelegte Kampagne gegen den amerikanischen Reparationsplan mit ihrem Wahlkampf verbanden. Während das Zentrum und die SPD ihren Mandatsanteil halten konnten, verloren die Deutschnationalen sechs Mandate, die an die NSDAP fielen. Der Ton im Karlsruher Ständehaus änderte sich. Es gab rüde Auftritte – nicht nur verbaler Art – seitens der NSDAP-Abgeordneten, Affairen und Skandale[4]. Es waren schwierige Jahre, doch was folgte, war bekanntermaßen schlimmer. Am 9. Juni 1933 kam es zur letzten Sitzung des Landtags, in der über das badische Ermächtigungsgesetz abgestimmt wurde. Die verbliebenen fünf Sozialdemokraten stimmten mit Nein, während das Zentrum der neuen Regierung seine Loyalität zusagte. Beide Parteien wurden kurz danach aufgelöst, die kommunistische Partei war bereits verboten. Viele Abgeordnete der liberalen und linken Parteien waren der Verfolgung durch die neuen Machthaber ausgesetzt. Das Karlsruher Ständehaus, das viele Jahre badischer Landtagsgeschichte beheimatet hatte, fiel 1943 dem Bombenkrieg zum Opfer.

---

4 Schwarzmaier, Hansmartin: Der badische Landtag. In: Bradler, Günther/Quarthal, Franz: Von der Ständeversammlung zum demokratischen Parlament. Die Geschichte der Volksvertretungen in Baden-Württemberg. Hrsg. v. der Landeszentrale für politische Bildung. Stuttgart 1982.

Parlamentarierinnen des Landtags von Baden 1919–1933

Marie Bernays

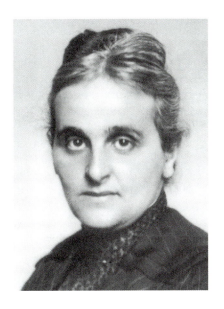

Eine der ersten Studentinnen an der Universität Heidelberg war Marie Bernays, die Tochter eines Münchner Universitätsprofessors namens Michael Bernays, jüdischen Glaubens, der zum Protestantismus konvertierte. Am 13. Mai 1883 in München geboren, zog Marie Bernays 1890 mit ihrer Familie nach Karlsruhe. Hier besuchte sie bis 1901 das Victoria-Pensionat. 1904 legte sie die Prüfung am Lehrerseminar in München[1] ab und übersiedelte 1905, wieder mit ihrer Familie, nach Heidelberg, wo sie am Humanistischen Gymnasium das Abitur machte und sich dann für Nationalökonomie immatrikulierte, nebenbei aber auch Vorlesungen über Philosophie und Theologie besuchte. 1908 begann sie mit ihrer Promotion über „Auslese und Anpassung der Arbeiterschaft der geschlossenen Großindustrie". Diese Arbeit ist aus empirischen Erhebungen entstanden, welche die Doktorandin in monatelanger Tätigkeit als Arbeiterin der Gladbacher Spinnerei und Weberei AG in Mönchen-Gladbach durchführte.

Während des Ersten Weltkriegs engagierte sich Marie Bernays, die seit 1915 in Mannheim lebte, in der Kriegsfürsorge und gründete gemeinsam mit Elisabeth Altmann-Gottheimer dort eine „Soziale Frauenschule", die im Oktober 1916 mit dreißig Schülerinnen in der seit Kriegsausbruch für Fürsorgezwecke zur Verfügung stehenden Ladenburgschen Villa den Unterricht aufnahm. Ihr Ziel war die theoretische und praktische Ausbildung junger Frauen für verschiedene soziale Berufe. Marie Bernays unterrichtete Volkswirtschaftslehre in Verbindung mit Rechtskunde und Wohlfahrtswesen und war Leiterin der Schule, die zunächst von einem „Verein Frauenbildung – Frauenstudium" getragen wurde, 1921 die staatliche Anerkennung erhielt und 1925 durch die Einrichtung einer zweijährigen vorbereitenden Frauenschule erweitert wurde. 1928 wurde die Schule, die als älteste dieser Art Badens gilt, mit ca. 160 Schülerinnen, drei haupt- und zwölf nebenamtlichen Kräften in städtische Regie übernommen und ist heute in Mannheim-Lindenhof unter dem Namen Friedrich-Fröbel-Schule – Fachschule für Sozialpädagogik zu finden.[2]

1920 kandidierte Marie Bernays auf der Reichsliste der DVP[3] für den Reichstag und machte in der Mannheimer Presse auf die Bedeutung des Frauenwahlrechts und die sich verändernde Rolle der Frau in Familie, Beruf und Politik aufmerksam, um damit gegen die Gleichgültigkeit von Frauen gegenüber politischen Fragen anzugehen und für das Interesse der Frauen am wirtschaftlichen und politischen Neuaufbau zu werben. Für die DVP vertrat sie von 1921 bis 1925 den Wahlkreis Mannheim im Badischen Landtag. Ihr Schwerpunkt bei der parlamentarischen Arbeit lag im sozialen Bereich wie in der Kinder- und Jugendfürsorge, vor allem aber in der Frauenthematik. So setzte sie sich für den Ausbau des Frauenschulwesens ein und für verbesserte Berufschancen von Frauen. Marie Bernays gehörte dem Landesvorstand ihrer Partei an und war Mitglied im Vorstand des Reichsfrauenausschusses der DVP.[4]

Mit Beginn der NS-Zeit wurde sie vom Schuldienst suspendiert und von der NS-Presse diffamiert. Hintergrund war ihre jüdische Abstammung. Ende 1933 verließ sie die Stadt, die nicht mehr die ihre war, und suchte auf Vermittlung eines Benediktiner-Abtes in Beuron Zuflucht, wo sie die öffentliche Bibliothek der Gemeinde leitete und den ins Ausland gehenden Benediktiner-Patres Englischunterricht erteilte. Am 22. April 1939 starb sie überraschend. Ihr schriftlicher Nachlass wurde auf ihre eigene Anweisung hin nach ihrem Tod verbrannt.

Literatur:
Bernays, Marie: Auslese und Anpassung der Arbeiterschaft der geschlossenen Großindustrie. Leipzig 1910.
Dies.: Die deutsche Frauenbewegung. Leipzig/Berlin 1920.
Asche, Susanne: Bürgerrechte haben (k)ein Geschlecht. Frauen in der Geschichte des badischen Ständehauses. In: Badische Heimat 73, 1993, S. 419–429.

---

1 Viele Informationen zu Marie Bernays Ausbildungsgang bis an diese Stelle verdanke ich Hans-Peter Becht, der mir 2002 aus seiner bis jetzt unveröffentlichten Arbeit: „Biografisches Handbuch der Badischen Landtagsabgeordneten zwischen 1815 und 1933", freundlicherweise Auszüge zur Verfügung stellte.
2 Hermann Schäfer: Marie Bernays. In: Badische Biografien, Neue Folge Bd. 1.
3 Deutsche Volkspartei.
4 Diese und andere differenzierte Informationen erhielt ich freundlicherweise von Becht, Hans-Peter: Badische Landtagsabgeordnete, a. a. O. (noch nicht publiziert).

Maria Beyerle → siehe „Südwestdeutsche Nachkriegsländer 1946 bis 1952", S. 101

Therese Blase

Therese Blase (geb. Knauf) hat ihr Leben dem sozialen Fortschritt gewidmet. Sie wurde am 6. Mai 1873 in Craula in Thüringen als Tochter eines Landwirts (Adam Knauf) geboren. 1900 zog sie nach Ludwigshafen und 1903 nach Mannheim. Zu dieser Zeit war sie Hausfrau, deshalb ist anzunehmen, dass sie schon mit ihrem Mann, einem Kupferschmied, verheiratet war. Das Paar bekam drei Kinder.[1]

Ab 1911 war Therese Blase in der Armenpflege tätig. Ihr soziales und gesellschaftspolitisches Engagement gestaltete sich umfangreich: Schon vor 1901 war sie Mitglied der SPD. 1905 gehörte sie zu den Gründerinnen der Frauenabteilung des Sozialdemokratischen Vereins und war lange Jahre dessen Vorsitzende. Außerdem war sie Vorsitzende des Krüppelvereins Baden[2], ab 1912 bis 1930 Mitglied der Armenkommission im Jugendamt, ab 1917 Mitglied der Zentrale für Kriegsfürsorge und ab 1925 bis 1930 Mitglied der Krankenhauskommission in Mannheim. Mit der Einführung des aktiven und passiven Wahlrechts für Frauen, erscheint es für jemanden wie sie nur

konsequent, als Parlamentarierin für soziale Verbesserungen zu kämpfen. Von Anfang an bis zu ihrem Tod, am 2. Mai 1930, war sie Abgeordnete im Badischen Landtag. Nebenbei gehörte sie auch ab 1919 dem Mannheimer Bürgerausschuss an. Sie war Vorsitzende der sozialdemokratischen Frauen Badens und über lange Jahre, die vieles an Veränderungen brachten, im Landesvorstand ihrer Partei, was zu dieser Zeit eine seltene Position für Frauen war. 1919, 1920 und 1924 kandidierte sie auch für den Reichstag und war 1910, 1911, 1919 und 1920 Delegierte bei den SPD-Parteitagen.³

1 Schröder, Wilhelm Heinz: Sozialdemokratische Parlamentarier, a. a. O.; S. 372.
2 Verhandlungen des Badischen Landtags. 1926/27, Heft 550, S. 148.
3 Schröder, Wilhelm Heinz: Sozialdemokratische Parlamentarier, a. a. O., S. 372.

Kunigunde Fischer

Politik hieß für die Wahl-Karlsruherin Kunigunde Fischer (geb. Bachmeyer): helfen. Sie war 1919 die erste weibliche Abgeordnete, die mit zwei Kolleginnen vom Zentrum und der DDP¹ in das Karlsruher Stadtparlament einzog. Sie blieb bis 1922 Stadträtin und arbeitete später – von 1946 bis 1959 – wieder in dieser Funktion. Vierzehn Jahre lang wirkte sie als Parlamentarierin der SPD im Badischen Landtag.

Sie wurde am 10. November 1882 in Speikern in Mittelfranken als Tochter eines Mühlenbesitzers und Landwirts geboren. 1904 heiratet sie den Buchdrucker Kaspar Fischer, der bei dem SPD-Blatt „Der Volksfreund" beschäftigt war² und zog mit ihm nach Karlsruhe.

Ihre Politisierung erfolgte über den ausgeprägten Wunsch nach sozialem Engagement. Schon vor dem Ersten Weltkrieg engagierte sie sich in der Kinder- und Jugendfürsorge und saß ab 1912 im Armen- und Waisenrat der Stadt³, hatte also Mitwirkungsmöglichkeiten bei kommunalpolitischen Entscheidungen schon im Kaiserreich, noch bevor Frauen das Wahlrecht hatten. Bis 1914 leitete sie dort die Kinderschutzkommission.⁴

Sie legte den Grundstein dazu, dass die örtliche Kindererholung in Karlsruhe eine selbstverständliche Einrichtung wurde. In den Kriegsjahren gehörte sie von 1914 bis 1916 dem Städtischen Kriegsfürsorgeausschuss an und war 1921 stellvertretendes

Mitglied im Beirat der Hauptfürsorgestelle für Kriegsopfer. Mit anderen zusammen baute sie in Karlsruhe die Arbeiterwohlfahrt auf und war von 1925 bis 1933 deren Vorsitzende. Außerdem war sie in der Tuberkulosenfürsorge engagiert.

Während ihrer Abgeordnetentätigkeit, 1919 in der badischen Verfassunggebenden Nationalversammlung und ununterbrochen bis 1933 im Badischen Landtag, arbeitete sie in zahlreichen Ausschüssen mit und setzte sich, wann immer es ihr möglich war, für soziale Belange ein.

Mit Beginn der NS-Zeit 1933 kam sie mit zahlreichen Gesinnungsgenossen ins Gefängnis. Im Zusammenhang mit dem missglückten Attentat auf Hitler 1944 wurde sie nochmals im Zuge der „Aktion Gewitter" drei Wochen inhaftiert.[5] Trotz der bitteren Jahre stellte Kunigunde Fischer 1946 ihre politischen und organisatorischen Erfahrungen für den demokratischen Neubeginn zur Verfügung und engagierte sich wieder ungebrochen für die ihr so wichtigen sozialen Belange. Ihrer Initiative ist beispielsweise das Altersheim am Klosterweg in Karlsruhe zu verdanken. 1957 erhielt sie das Bundesverdienstkreuz und 1965 wurde sie Ehrenbürgerin von Karlsruhe. Als sie am 21. Februar 1967 starb, hätte man den Satz als Nachruf auf sie bringen können, den die Badischen Neuesten Nachrichten fünf Jahre zuvor an ihrem achtzigsten Geburtstag schrieben: „So verwirklichte sie ein ganzes Leben lang bescheiden und ohne persönlichen Aufwand die Idee des Sozialismus weit über jeden Parteihorizont hinaus, und aus allen Kreisen wird ihrer Lebensleistung Respekt gezollt."[6]

Literatur:
Guttmann, Barbara: Kunigunde Fischer. Wir Frauen geben den Ausschlag, wie sich das Rad der Geschichte für die Zukunft drehen wird. In: dies.: „Zwischen Trümmern und Träumen". Karlsruherinnen in Politik und Gesellschaft der Nachkriegszeit. Karlsruhe 1997, S. 17–21.

1 Karlsruher Frauen 1715–1945. Eine Stadtgeschichte. Hrsg. v. Stadt Karlsruhe – Stadtarchiv. Karlsruhe 1992, S. 299.
2 Guttmann, Barbara: Kunigunde Fischer, a. a. O., S. 17.
3 Ebd.
4 Becht, Hans-Peter: Badische Landtagsabgeordnete, a. a. O. (noch nicht publiziert).
5 Ebd.
6 Badische Neueste Nachrichten, 10.11.1962.

Luise Kräuter

Luise Kräuter trat für kurze Zeit in die Fußstapfen ihres Vaters, Ernst Kräuter, eines selbstständigen Sägenfeilers[1], der von 1905 bis 1912 Landtagsabgeordneter der SPD in Baden war. Sie wurde am 3. Februar 1891 in Freiburg geboren, besuchte die Volkschule und die höhere Mädchenbürgerschule in Freiburg. Zwischen 1912 und 1914 machte sie eine Ausbildung zur Verkäuferin. In diesem Zusammenhang kam sie zum ersten Mal mit einem Verband in Berührung: Sie wurde Mitglied und Schriftführerin des Verbandes der Handlungsgehilfinnen in Freiburg. Von 1914 bis 1919 leitete sie in Freiburg eine Filiale des „Lebensbedürfnis- und Produktivvereins", einer Konsumgenossenschaft der Arbeiterbewegung.[2]

Familiär geprägt, war sie Mitglied der SPD und gehörte 1919 zu den ersten Frauen im Badischen Landtag beziehungsweise noch zur Verfassunggebenden Nationalversammlung, denn sie legte ihr Mandat gleich wieder nieder. Möglicherweise hängt es mit ihrer danach erfolgten Heirat mit dem Freiburger Gastwirt Josef Müller zusammen, dass sie nur ein so kurzes parlamentarisches Gastspiel abgab. Jedenfalls erklärte die „Volkswacht", dass ihr neben ihrer beruflichen Arbeit und „neben den Arbeiten in der Familie für die Ausübung des Landtagsmandats nicht genügend Zeit" blieb.[3] Mit erst 46 Jahren ist sie dann am 21. Dezember 1937 ebenfalls in Freiburg gestorben.

---

1 Becht, Hans-Peter: Badische Landtagsabgeordnete, a. a. O. (noch nicht publiziert).
2 Heidtke, Birgit/Rössler, Christina: Margarethas Töchter, a. a. O., S. 277.
3 Ebd.

Antonie Langendorf → siehe „Südwestdeutsche Nachkriegsländer 1946 bis 1952", S. 114

Mathilde Otto

Mathilde Otto, am 18. Dezember 1875 in Oberweier als Kaufmannstochter geboren, ist ein klassisches Beispiel dafür, wie Frauen Jahrhunderte lang in erster Linie über religiöses Engagement eine gewisse Form von Eigenständigkeit leben konnten.

Erstaunlich, vielleicht aber auch einfach konsequent, ist vor diesem Hintergrund ihr kurzes Gastspiel im öffentlichen politischen Leben.

Ihre Schulausbildung erfolgte zwischen 1885 und 1891 in katholischen Internatsschulen der Städte Freiburg und Genf, in denen neben der religiösen Ausbildung besonderer Wert auf den sprachlichen und den musischen Bereich gelegt wurde. 1891 kehrte sie nach Oberweier zurück, um ihre Familie bei der Pflege des kranken Vaters zu unterstützen. In diesen Jahren engagierte sie sich stark in der Kirchengemeinde und spielte sogar mit dem Gedanken, ins Kloster einzutreten.

Nach einem Privatstudium legte Mathilde Otto 1907 die erste Lehrerinnenprüfung ab.[1] Zwischen 1910 und 1913 machte sie eine Zusatzqualifikation als Religionslehrerin in Freiburg und besuchte volkswirtschaftliche und staatswissenschaftliche Vorlesungen an der Universität. Als Jugendsekretärin beim Diözesan-Präsidium der katholischen weiblichen Jugendvereine in Freiburg hielt sie Vorträge und veranstaltete sogenannte „Soziale Kurse" für Arbeiterinnen und fürsorgerisch tätige Frauen. Ab 1918 war sie Referentin für die Armen- und Familienpflege beim Deutschen Caritasverband. Ein ihr entsprechendes Arbeitsfeld fand sie auch 1925 als Gründerin und Vorsitzende der Schwesternschaft St. Elisabeth, in dem sie im Freiburger Raum einen gewissen Bekanntheitsgrad erlangte.

In der Einführung des passiven und aktiven Wahlrechts für Frauen sah Mathilde Otto 1919 eine Chance, auf politischer Ebene die Not der Bevölkerung ins Blickfeld zu ziehen und an ihrer Bekämpfung zu arbeiten. Als Kandidatin für das Zentrum wurde sie bei der Wahl zur badischen Nationalversammlung am 5. Januar 1919 in das Karlsruher Parlament gewählt. Sie gehörte dem Geschäftsordnungsausschuss an. Bereits ein Jahr später gab sie ihr Mandat zurück. Im Parlament hatte sie nur einmal das Wort ergriffen, als über Maßnahmen zur Linderung der Wohnungsnot debattiert wurden. „In ihrer Rede setzte sie sich dafür ein, die Finanzierung repräsentativer Regierungsbauten zugunsten des Wohnungsbaus zurückzustellen, denn die rasche Beseitigung des Wohnungselends sei unumgänglich, um dem gesundheitlichen und sittlichen Elend der Nachkriegszeit entgegenzutreten."[2] Möglicherweise empfand sie die Strukturen, wie sie im Landtag entstanden, in ihrer Abstraktheit als zu entfremdend für sich im Unterschied zu ihrer sonstigen praktisch orientierten Arbeit.

Sie zog es vor, in kommunalen politischen Gremien in Freiburg mitzuarbeiten, wo örtliche Bezüge und persönliche Beziehungen bestanden, die in einem engeren Zusammenhang zu ihrer sonstigen Arbeit standen. So engagierte sie sich zwischen 1922 und 1926 als Stadträtin in Freiburg. 1929 gründete sie ein „Wöchnerinnenheim für mittellose Mütter des Mittelstandes und des Arbeiterstandes" und 1931 die Reichsgemeinschaft der Elisabeth- und Frauenvinzenzvereine Deutschlands, deren stellvertretende Vorsitzende sie bis 1932 war. 1924 hatte sie den päpstlichen Orden „Pro Ecclesi et Pontifice" erhalten.

Bis zu ihrem Tod, am 20. August 1933 in Freiburg, war sie in verschiedenen anspruchsvollen kirchlichen und sozialen Ämtern aktiv.

Literatur:
Elisabethgeist und Elisabetharbeit. Zum VII. Centenarium den deutschen Elisabeth- und Frauenvinzenzvereinen gewidmet von Mathilde Otto, Oberin der Schwesternschaft St. Elisabeth. Freiburg 1931.
Oechsler, Joseph: Ein reich erfülltes Leben im Dienste der Familie. Mathilde Otto und ihr Werk. Freiburg 1963.
Wollasch, Hans Josef (Hg.): Mathilde Otto (1875–1933) „Armenfürsorgerin" eine fast vergessene Frau der Caritas. Freiburg 1988.

---

1 Diese und andere differenzierte Informationen erhielt ich freundlicherweise von: Becht, Hans-Peter: Badische Landtagsabgeordnete, a. a. O. (noch nicht publiziert).
2 Zit. nach Heidtke, Birgit / Rössler, Christina: Margarethas Töchter, a. a. O., S. 279.

Helene Platenius

Zu den Parlamentarierinnen, über die nur noch wenige Fragmente in Erfahrung zu bringen waren, gehört Helene Platenius (geb. Stoll). Sie wurde am 12. Mai 1874 in Waldshut geboren, wo ihr Vater Albert Stoll Stuhlfabrikant war.[1] Sie besuchte die höhere Mädchenschule. Helene Platenius gehörte der Deutschen Demokratischen Partei (DDP) an und war von Februar bis November 1920 als Nachrückerin für einen ausgetretenen Abgeordneten im Badischen Landtag vertreten. Da sie in den Verhandlungen des Badischen Landtags als „Kriegsgerichtsratswitwe" aufgeführt wird, war sie Hausfrau und ihr Mann, Dr. Otto Platenius[2], zu dieser Zeit schon nicht mehr am Leben. Am 2. März 1961 ist sie in Freiburg gestorben.

---

1 Becht, Hans-Peter: Badische Landtagsabgeordnete, a. a. O. (noch nicht publiziert).
2 Ebd.

Sofie Regenscheit

1 Becht, Hans-Peter: Badische Landtagsabgeordnete, a. a. O. (noch nicht publiziert).
2 Ebd.
3 Akten im ehemaligen SED-Archiv in Berlin/DDR, heute: Archiv für die Geschichte der deutschen Arbeiterbewegung, Berlin.

Sofie Regenscheit (geb. Kaut) wurde am 18. Mai 1893 in Winterspüren bei Konstanz geboren. Ihr Vater Friedrich Kaut war Landwirt und Ortsdiener.[1] Sie besuchte die dortige Volksschule. Im Alter von 20 heiratete sie den Singener Schlosser Karl Gustav Regenscheit und zog mit ihm in seine Heimatstadt, wo sie bis 1934 und wieder ab 1943 als Arbeiterin tätig war.

Politisch hatte sie sich bereits 1913 der SPD angeschlossen, war gleichzeitig dem Fabrikarbeiterverband beigetreten und engagierte sich seitdem auch in der Frauenbewegung.[2] Von 1919 bis 1921 war sie im Badischen Landtag vertreten. Im Zusammenhang mit ihrer Parteizugehörigkeit ist sie offensichtlich während der NS-Zeit überprüft worden. Aus Gestapo-Akten geht hervor, dass sie zu dieser Zeit in Worblingen bei Konstanz lebte und nicht berufstätig war: „Einer Beschäftigung geht die Regenscheit nicht nach. Sie versieht ihren Haushalt. Politisch ist sie nicht mehr hervorgetreten."[3]

Sie hat ein zweites Mal geheiratet, ihr zweiter Mann hieß Stefan Speck und war zuletzt Rentner in Worblingen im Kreis Konstanz. Am 5. September 1969 ist sie in Singen gestorben.

Johanna Richter

Johanna Richter (geb. Laule) war die einzige Parlamentarierin aus Südwestdeutschland, die der Deutschnationalen Volkspartei (DNVP) angehörte. Diese Partei wurde im No-

57

vember 1918 als Sammelbecken verschiedener rechter Gruppierungen gegründet. Ihre Programmatik war autoritär-monarchistisch, christlich-national, industriell und großagrarisch ausgerichtet. Der politische Einfluss kam insbesondere aus Großgrundbesitz und Schwerindustrie, von denen die Finanzierung der Partei weitgehend abhing[1].

Johanna Richter wurde am 17. März 1871 in Neckargemünd geboren, wo ihr Vater Johann Adam Laule als Steuereinnehmer tätig war.[2] Nach der Volks- und Realschule in Achern (Ortenaukreis) ging sie auf die Luisenschule in Karlsruhe, dann auf die dortige Frauenarbeitsschule. Anschließend besuchte sie das Seminar für Handarbeitslehrerin in Karlsruhe und schloss mit dem Examen ab. Danach war sie zu Studienaufenthalten drei Jahre in Frankreich und ein Jahr in England. 1906 heiratete sie den Oberzahlmeister August Richter, lebte als Hausfrau in Heidelberg und wurde 1916 Witwe.

Von 1921 bis 1930 gehörte sie dem Heidelberger Bürgerausschuss an. In ihrer Partei war sie die Vorsitzende des Landesfrauenausschusses[3]. Von 1921 bis 1933 war sie Abgeordnete im Badischen Landtag und engagierte sich in erster Linie im sozialen und wirtschaftlichen Bereich. Von 1922 bis 1924 war sie Schriftführerin des Landtags, von 1929 bis 1933 Schriftführerin der DNVP-Gruppe. Sie kandidierte mehrfach für den Reichstag, fünf Mal für die DNVP und 1933 für die „Kampffront Schwarz-Weiß-Rot". Johanna Richter gehörte dem Deutschen Offiziersbund an, dem Hausfrauenverein sowie dem landwirtschaftlichen Hausfrauenverein.

1942 zog sie nach Pforzheim um. Am 4. November 1943 ist sie in Konstanz gestorben.

---

1   Vgl.: Meyers Großes Taschenlexikon. Mannheim/Wien/Zürich, 2. neubearb. Auflage 1987, Band 5.
2   Diese und andere differenzierte Informationen erhielt ich freundlicherweise von Becht, Hans-Peter: Badische Landtagsabgeordnete, a. a. O. (noch nicht publiziert).
3   Die badischen Landtagsabgeordneten 1905–1929. Bearb. v. Alfred Rapp. Hg.: Badischer Landtag, Karlsruhe 1929.

Maria Rigel

Die Schul- und Berufsausbildung von Maria Rigel ist über die Verhandlungen des Badischen Landtags relativ gut dokumentiert: Sie wurde am 11. September 1869 in Adelsheim (Neckar-Odenwald-Kreis) geboren, wo ihr Vater (Cornel Anton Patricius Rigel[1]) als Notar tätig war. Nach der Volksschule besuchte sie die höhere

Mädchenschule in Mannheim und von 1884 bis 1887 das Klosterinstitut Offenburg, wo sie eine Mitschülerin der späteren Reichstagsabgeordneten Klara Siebert war.² Von 1887 bis 1890 machte sie eine Ausbildung am Lehrerinnenseminar in Karlsruhe und schloss mit dem Staatsexamen ab. In den darauf folgenden vier Jahren war sie in Forst und in Überlingen an der

Höheren Mädchenschule als Lehrerin tätig. Ab 1894 arbeitete sie als Schulverwalterin in Waldshut und wechselte noch im selben Jahr als Unterlehrerin auf die Reichenau. Ab 1896 war sie in dieser Position in Mannheim tätig, ab 1925 als Oberlehrerin und ab 1927 als Rektorin. 1932 wurde sie pensioniert.

In dieser Stadt war sie 1918 an der Gründung des Bürgerrats beteiligt und gehörte von 1919 bis 1926 zu den ersten weiblichen Stadtverordneten. Zu dieser Zeit engagierte sie sich auch im Hauptvorstand des Vereins Badischer Lehrerinnen. Sie war Mitglied des Katholischen Deutschen Frauenbundes und von 1912 bis 1933 Vorsitzende des Mannheimer Zweigvereins. Innerhalb der Zentrumsfraktion war Maria Rigel von 1919 bis 1933 Parlamentarierin im Badischen Landtag. Hier engagierte sie sich entsprechend ihrer Ausbildung und Berufserfahrung vor allem im bildungspolitischen Bereich.

Da sie der katholischen Kirche nahestand, versuchte sie ihre daher stammenden Wertvorstellungen in ihr politisches Leben zu integrieren. Dies geht aus einer Diskussion hervor, die sie aufgezeichnet und publiziert hat. In der Einleitung dazu schreibt sie: „Für zwei kurze Abendstunden war das Deutsche Vaterland, soweit es den Vortragssaal gefüllt hatte, einig, geschlossen und einig. Wie nach langer Kerkerhaft atmeten alle die Höhenluft, die den herrlichen Gedanken des bescheidenen Mönches entströmte, und alle fühlten sich für kurze zwei Stunden in der Sicherheit seiner Grundsätze geborgen, beruhigt in dem Frieden und der Einheit, mit der der Redner das eigene persönliche und des Volkes Leben aufzubauen gewillt war."³

Mit dem Beginn der NS-Zeit war ihre parlamentarische Arbeit wie bei allen anderen Frauen ihrer Zeit abgeschnitten. Wie sie ihre letzten Jahre verbracht hat – sie zog 1934 nach Ludwigshafen, wo sie am 10. September 1937 verstarb – ist nicht bekannt.

---

1 Diese und andere differenzierte Informationen erhielt ich freundlicherweise von Becht, Hans-Peter: Badische Landtagsabgeordnete, a. a. O. (noch nicht publiziert).
2 Siehe S. 37 in diesem Band.
3 Rigel, Maria: Die Frau in der Volksgemeinschaft – ein Gespräch. In: Frau und Volk. Beiträge zu Zeitfragen. Freiburg i. Br. 1929, S. 1–10.

Marie Schloß

Marie Schloß (geb. Haas[1]) ist eine der Parlamentarierinnen, deren Biografie nur lückenhaft rekonstruierbar ist. Sie wurde am 31. Januar 1872 in Freiburg geboren. Ihr Vater Julius Haas war Kaufmann, der Bruder Ludwig Leo Haas arbeitete als promovierter Rechtsanwalt in Karlsruhe und war 1919 ebenfalls für die DDP Landtagsabgeordneter. Die ursprünglich jüdische Familie konvertierte zur evangelischen Brüdergemeinde.

Marie Schloß besuchte in Freiburg und Landau die Höhere Mädchenschule und machte anschließend in Volkswirtschaftslehre und Fremdsprachen Privatstudien. 1893 heiratete sie den Emmendinger Tabakfabrikanten Adolf Schloß und lebte als Hausfrau in Emmendingen. Nach dem Tod ihres Mannes 1907 arbeitete sie als Journalistin in Karlsruhe und war im sozialen Bereich aktiv. So auch ab 1912 als Fürsorgebeamtin in Königsfeld (Schwarwald-Baar-Kreis), wo sie gleichzeitig als Schriftstellerin arbeitete. 1931 zog sie nach Gnadau zu ihrem Sohn Erwin Schloß, der dort Pfarrer war. Sie gehörte der Deutschen Friedensgesellschaft an und war Mitglied des Vereins für soziale Hygiene und des Vereins für Bodenreform.

Zum Zeitpunkt ihrer parlamentarischen Tätigkeit war sie 47 Jahre alt und verwitwet. Sie schloss sich der DDP[2] an und war ab 1919 Kreisabgeordnete von Villingen, wo sie im Sonderausschuss für Armenkinderpflege vertreten war. Diese Funktion hängt möglicherweise mit ihrer Tätigkeit als Fürsorgebeamtin in der Brüdergemeinde Königsfeld zusammen[3]. Im Oktober 1919 rückte sie für einen ausgeschiedenen Abgeordneten in den Badischen Landtag nach. Hier hatte sie bis 1921 ein Mandat inne. Ihre Anträge, Eingaben und Stellungnahmen zeugen von sozialem Engagement.

Auf welche Art und wo sie die zwanziger Jahre verbracht hat, ist nicht bekannt. 1934 ging sie gemeinsam mit ihrem Sohn ins Schweizer Exil und verstarb am 19. Oktober 1952 in Bern.

---

1   Diese und andere differenzierte Informationen erhielt ich freundlicherweise von Becht, Hans-Peter: Badische Landtagsabgeordnete, a. a. O. (noch nicht publiziert).
2   Deutsche Demokratische Partei
3   Die badischen Landtagsabgeordneten 1905–1929. Bearb. V. Alfred Rapp. Hg.: Badischer Landtag. Karlsruhe 1929.

Klara Siebert → siehe „Südwestdeutsche Parlamentarierinnen im Reichstag", S. 37

Johanna Straub

Die Freiburgerin Johanna Straub gehörte ebenfalls zu der großen Gruppe von Parlamentarierinnen dieser Zeitspanne, die aus dem sozialfürsorgerischen Bereich kamen. Sie wurde am 31. Mai 1864 als Johanna Zipp in Freiburg geboren. Ihr Vater Ernst Karl Josef Zipp arbeitete dort als Gymnasialprofessor.[1] Nach der Volksschule besuchte sie eine private Handelsschule und anschließend eine Krankenpflegeschule. Über Kurse für soziale Fürsorge bildete sie sich weiter aus und wurde Leiterin eines Kinderhorts des Badischen Frauenvereins, dessen Mitglied sie war. Sie arbeitete weiter mit Kindern und gründete und leitete eine Ferienkolonie für Mädchen. 1906 erhielt sie die Friedrich-Luisen-Medaille.

In ihrer Heimatstadt war sie Mitglied des Arbeiterbildungsvereins und innerhalb des Badischen Frauenvereins Mitglied des Hausfrauenbundes. Irgendwann heiratete sie den Notar Karl Josef Straub, war aber zur Zeit ihrer parlamentarischen Tätigkeit bereits verwitwet.

Sie gehörte der DDP[2] an und war von 1921 bis 1929 Abgeordnete im Badischen Landtag. Sie engagierte

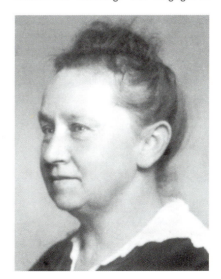

sich in einem sehr weiten Themenspektrum, vor allem aber in frauenspezifischen Fragestellungen, in kulturpolitischen und sozialen Aufgabengebieten. Von 1921 bis 1925 war sie Schriftführerin des Landtags.

Vielleicht waren es gesundheitliche Gründe, dass sie sich aus dem öffentlichen Leben zurückgezogen hat. Ihre Spur verliert sich. Am 12. Juli 1956 ist sie in Freiburg gestorben.

---

1   Diese und andere differenzierte Informationen erhielt ich freundlicherweise von Becht, Hans-Peter: Badische Landtagsabgeordnete, a. a. O. (noch nicht publiziert).
2   Deutsche Demokratische Partei

als Stadtverordnete und von 1922 bis 1930 als Stadträtin in Pforzheim. Sie war SPD-Mitglied und Vertreterin des Landesausschusses für Arbeiterwohlfahrt. Als stellvertretendes Mitglied gehörte sie dem Beirat des badischen Jugendamtes an. Innerhalb ihrer langjährigen Erfahrungen im kommunalpolitischen Bereich hatte sie ein kurzes parlamentarisches Zwischenspiel als Nachrückerin im Badischen Landtag, von April 1928 bis 1929. Zuvor hatte sie schon 1921 und 1925 für den Badischen Landtag kandidiert und 1920 für den Reichstag.

Am 8. Juli 1967 ist sie in Karlsruhe, wohin sie 1950 gezogen war, gestorben. Die Jahre dazwischen, wie sie die NS-Zeit überstand, den Zweiten Weltkrieg und wie sie den Wiederaufbau erlebte, liegen im Dunkel.

---

1   Diese und andere differenzierte Informationen erhielt ich freundlicherweise von Becht, Hans-Peter: Badische Landtagsabgeordnete, a. a. O. (noch nicht publiziert).

Edith Trautwein

Die Bibliothekarin Edith Trautwein (geb. Malm) wurde am 17. Dezember 1882 in Hannover geboren, wo ihr Vater Gustav Malm Geheimer Kriegsrat war[1]. Sie besuchte die Höhere Mädchenlehranstalt. 1905 machte sie in Berlin ihr Examen als staatliche Bibliothekarin. Durch ihren Ehemann, den Rechtsanwalt Dr. Karl Trautwein, kam sie nach Pforzheim, wo sie als Hausfrau lebte. Ab 1919 engagierte sie sich

Frieda Unger

Frieda Unger (geb. Eckert) erlebte die Monarchie nicht als die „gute alte Zeit". Die kleinbürgerliche Familie der am 9. Juli 1888 in Schopfheim Geborenen verarmte, da das Steinhauergewerbe, dem Vater und Großvater nachgingen, durch das Aufkommen der Zementindustrie zum Erliegen kam. Mit drei Jahren Waise, wuchs Frieda Unger im Haushalt ihrer Großmutter auf, bis sie mit vierzehn Jahren „in Stellung" kam: zuerst arbeitete sie als Gehilfin in einem kleinen Gemischtwarengeschäft, dann als Verkäuferin in einem Warenhaus ihrer Heimatstadt. Fünf Jahre verbrachte sie als Dienstmädchen in Basel und in Freiburg im Breisgau. Mit ihrem Mann, dem Maurer Karl Unger, zog sie 1914 nach Lahr[1].

Durch ihren Mann, der seit 1910 SPD-Mitglied war, wurde sie mit sozialistischen Schriften vertraut, wodurch ihr die krassen Gegensätze der Vorkriegsgesellschaft, an denen sie bis dahin eher gefühlsmäßig Anstoß genommen hatte, zu einem Problem wurden, gegen das man angehen musste. Auf einer Versammlung streikender Arbeiter entdeckte sie ihre Begabung als Rednerin und Agitatorin. 1911 trat sie in die SPD ein. Bei deren Spaltung 1917 stand sie entschieden auf der Seite der USPD und wechselte 1922 zur KPD. Ihr Vorbild war Rosa Luxemburg, mit Clara Zetkin war sie persönlich bekannt[2]. 1921 erhielt sie eines der beiden Mandate der USPD im Badischen Landtag. Von 1922 bis zum Ende der Legislaturperiode 1925 arbeitete sie mit den KPD-Abgeordneten zusammen.

Frieda Unger wurde im Mai 1926 vom Reichsgericht wegen Vorbereitung zum Hochverrat nach dem Gesetz „zum Schutz der Republik" vom Juli 1922 zu zweieinhalb Jahren Haft und einer Geldstrafe verurteilt.[3] Vorausgegangen waren Unruhen durch KPD-Mitglieder im Herbst des Inflationsjahres 1923 in den badischen Städten Lahr, Lörrach und Schopfheim, an denen Frieda Unger maßgeblich beteiligt war. Sie und ihre Genossen setzten sich mit der Organisation von Streiks, Demonstrationen und öffentlichen Reden für die Errichtung einer deutschlandweiten Räterepublik ein, wobei aus Briefen von Frieda Unger hervorgeht, dass sie auch dem bewaffneten Kampf nicht abgeneigt war. Es ist heute schwierig einzuschätzen, inwiefern der Wunsch nach bewaffnetem Kampf vielleicht eher eine verzweifelte, hilflose schriftlich ausgedrückte Reaktion war auf das nicht eben zimperliche Vorgehen der Polizei in einem Staat, der trotz Demokratiestatus immer noch von den monarchistisch gesinnten Machthabern – zumindest was die Justiz anbelangt – dominiert war. Aus den Tagebuchaufzeichnungen der badischen Landtags- und Reichstagsabgeordneten Klara Siebert[4] geht hervor, dass die Frauen im Badischen Landtag sich interfraktionell für die wegen dieses Vergehens bereits im November 1923 in Untersuchungshaft sitzende Frieda Unger eingesetzt haben.[5] Der Staatsgerichtshof zum Schutz der Republik beim Reichsgericht in Leipzig eröffnete gegen sie zu diesem Zeitpunkt ein Verfahren wegen Hochverrats. Da sie als Abgeordnete Immunität genoss, wurde sie im Frühjahr 1924 aus der Untersuchungshaft entlassen, um an den Sommersitzungen des Parlaments in Karlsruhe teilnehmen zu können. Nachdem ihr Mandat 1925 erloschen war, tauchte sie unter. Ihre Kinder ließ sie von Verwandten versorgen. Zu einem geregelten Familienleben fand sie selbst nicht mehr zurück. Die 1926 verhängte Strafe trat sie im gleichen Jahr in Bruchsal an. Dort ging sie 1927 mit dem Lahrer Arbeiter Max Haas, der an den Unruhen von 1923 ebenfalls beteiligt war, eine zweite Ehe ein. (Von Karl Unger war sie zwei Jahre zuvor geschieden worden.) Auf ein Gnadengesuch hin erhielt sie noch im selben Jahr Straferlass. Das Ehepaar lebte zunächst einige Jahre in Lahr und zog dann 1931 nach Berlin-Neukölln. Von politischen Aktivitäten hielt sich Frieda Unger/Haas offenbar zurück, auch während der NS-Zeit, weshalb sie damals zunächst unbehelligt blieb. 1937 wurde sie allerdings von der Gestapo verhaftet, drei Monate im Polizeigefängnis in „Schutzhaft" gehalten und zwei weitere Monate in Untersuchungshaft in Moabit, dann aber wieder freigelassen.

Nach 1945 stellte sie sich dem Aufbau des „anderen Deutschlands" zur Verfügung: Sie war Abteilungsleiterin der Zentralverwaltung Landwirtschaft und Forst für die SBZ[6]. Nach der Konstituierung der DDR-Regierung wurde diese Verwaltung zum Landwirtschaftsministerium. Frieda Unger/Haas musste kurz vorher wegen einer Erkrankung ausscheiden. In der folgenden Zeit, von 1948 bis 1958, war sie Leiterin der Ortsgruppe Johannisthal der Nationalen Front. Als Siebzigjährige zog sie sich aus gesundheitlichen Gründen aus dem öffentlichen Leben zurück. Am 12. April 1975 verstarb sie in Berlin (Ost).

Literatur:
Liessem-Breinlinger, Renate: Unger, Frieda, Politikerin. In: Badische Biografien. Neue Folge Bd. 2, hrsg. v. Bernd Ottnand.
Dies.: Die Lahrer Hungerunruhen. Die Vorgänge vom Herbst 1923 nach Prozessakten und Zeitungsberichten. Die Rolle der Abgeordneten Frieda Unger. In: Geroldseckerland 17 (1975), S. 141–160.
Dies.: Frieda Unger. Die Lahrer Rosa Luxemburg. In: Knorr, Birgit / Wehling, Rosemarie (Hg.): Frauen im deutschen Südwesten. Hrsg. v. der Landeszentrale für politische Bildung Baden-Württemberg. Stuttgart 1993, S. 222–229.

---

1 Liessem-Breinlinger, Renate: Unger, Frieda, Politikerin, a. a. O.
2 Liessem-Breinlinger, Renate: Die Lahrer Hungerunruhen, S. 141–160.
3 Vgl.: „Akten des Oberstaatsanwalts in der Strafsache gegen Herbster und Genossen", Zentrales Staatsarchiv, Potsdam, heute Bundesarchiv Berlin.
4 Siehe S. 37ff. in diesem Band.
5 Nachlass Klara Siebert, Badisches Generallandesarchiv, Karlsruhe.
6 Sowjetische Besatzungszone.

Marianne Weber

„Suche deine Sonderbestimmung als Weib mit deiner menschlichen Bestimmung zu vereinen. Suche, echte Frau zu sein." Diese Worte stammen von Marianne Weber (geb. Schnitger), die sich unentwegt, theoretisch und praktisch, mit der Stellung der Frau im öffentlichen Leben auseinandersetzte.

Sie wurde am 2. August 1870 in Oerlinghausen (Kreis Lippe) geboren. Ihr Vater Eduard Schnitger war Arzt. Nach dem Tod ihrer Mutter 1873 und einer psychischen Erkrankung des Vaters wuchs sie bei ihrer Großmutter in Lemgo (ebenfalls Kreis Lippe) auf. Ihre Schulausbildung absolvierte sie in einem international anerkannten Mädchenpensionat in Hannover, dessen Ausbildungsschwerpunkt auf Fremdsprachen und dem musischen Bereich lag. 1892 zog sie nach Berlin, wo sie sich im Malen weiterbilden wollte. Dort lernte sie den Soziologen Max Weber kennen, den sie im Jahr darauf heiratete. Sie schreibt in ihren Lebenserinnerungen, dass sich durch ihren Mann für sie neue Horizonte öffneten: sie wollte studieren und wissenschaftlich arbeiten, um eine ebenbürtige Partnerin zu sein. Nach drei Jahren der Unentschlossenheit, des Unbefriedigtseins einer finanziell abgesicherten Tochter aus gutem Hause, empfand sie dies als beglückend. Ab 1896 studierte sie als eine der ersten Frauen in Freiburg Philosophie und Nationalökonomie. 1900 und 1904 machte sie verschiedene größere Reisen in die USA, nach England und nach Frankreich. In den Jahren danach veröffentlichte sie ihre ersten wissenschaftlichen Arbeiten.

Schon während ihrer Freiburger Zeit war sie sehr an der bürgerlichen Frauenbewegung interessiert: „Alsbald trat freilich neben den Antrieb zur Eigenentwicklung die Forderung nach sozialer Verwertung meiner Fähigkeiten. Die junge Frauenbewegung drängte zur Ausbreitung und brauchte dringend Zuwachs, im besonderen auch die Zierde junger, glücklich verheirateter Frauen, damit sie von ihrer erdrückend großen Gegnerschaft nicht zum Anliegen der zu kurz gekommenen, unverheirateten Frau gestempelt werden konnte."[1] Nach dem Umzug nach Heidelberg war sie dann stark in der Frauenbewegung engagiert. Der Vorsitz im Heidelberger Verein Frauenbildung und Frauenstudium und besonders die Mitarbeit bei der Rechtsschutzstelle für Frauen veranlassten sie zur Publikation des Buches „Ehefrau und Mutter in der Rechtsentwicklung", wo sie die Problematik des Frau- und Mutterseins in verschiedenen Epochen und verschiedenen Völkern nebeneinander stellt. Mit großer Energie setzte sich dafür ein, dass alle Frauen ein Recht auf Ausbildung ihrer geistigen Fähigkeiten haben und auf allen Gebieten des öffentlichen Lebens mitarbeiten können, in der Überzeugung, dass „die Frau in ihrer seelischen Eigenart eine besondere Kulturaufgabe" habe[2]. 1919 wurde sie als Nachfolgerin von Gertrud Bäumer zur Vorsitzenden des Bundes deutscher Frauenvereine gewählt. Dies war auch das Jahr, in dem sie von Januar bis Oktober der DDP-Fraktion[3] des Badischen Landtags angehörte und dort in der ersten Sitzung des neuen Landtags am 15. Januar 1919, als es um die Aufgaben und Probleme der jungen Republik ging, als erste Frau das Wort ergriffen hat: „Wir Frauen können nur unserer hohen Freude und Befriedigung darüber Ausdruck geben, dass wir zu dieser Aufgabe mitberufen sind, und ich glaube sagen zu dürfen, dass wir besser für sie vorbereitet sind, als vielleicht die meisten von Ihnen glauben." Trotz dieser ermunternden Worte hat sie ihr Mandat niedergelegt, war dann noch zwischen 1922 und 1926 als Stadtverordnete in Heidelberg politisch aktiv.[4]

Nach dem Tod ihres Mannes zog sie sich aus dem öffentlichen Leben zurück. Sie ging auf ihre Art und Weise mit dem Verlust um und gab die gesammelten und nachgelassenen Schriften ihres Mannes heraus, wofür ihr die Universität Heidelberg den Ehrendoktortitel verlieh.

Später adoptierte sie vier verwandte elternlose Kinder. Ihr Haus in Heidelberg war Mittelpunkt eines Kreises, in dem Leute wie Karl Jaspers und Ernst Robert Curtius verkehrten. Bis zu ihrem Tod, am 12. März 1954, arbeitete und publizierte sie weiter zu frauenspezifischen und allgemein gesellschaftlichen und menschlichen Fragestellungen.

Literatur:
Weber, Marianne: Ehefrau und Mutter in der Rechtsentwicklung. o. O. 1907.
Dies.: Frauenfragen und Frauengedanken. Gesammelte Aufsätze. Tübingen 1919.
Dies.: Die Formkräfte des Geschlechtslebens. o. O. 1919.
Dies. (Hg.) Max Weber – Aufsätze zur Religionssoziologie. O. O. 1921.
Dies.: Fichtes Sozialismus und sein Verhältnis zur Marxschen Doktrin. o. O. 1923, 2. Aufl.
Dies. (Hg.): Max Weber – Gesammelte Schriften. Tübingen 1924.
Dies.: (Hg.) Max Weber – Aufsätze zur Sozial- und Wirtschaftsgeschichte. o. O. 1924.
Dies.: Typenwandel der studierenden Frau. o. O. 1926.
Dies.: Die Idee der Ehe und die Ehescheidung. Frankfurt/M. 1929.
Dies.: Erfülltes Leben. Heidelberg 1946.
Dies.: Lebenserinnerungen. Bremen 1948.
Dies.: Gestalten und Geschehen. o. O. 1948.
Dies.: Max Weber, ein Lebensbild. o. O. 1950.
Dies.: Die Ideale der Geschlechtsgemeinschaft. o. O. 1950.
Dies.: Die Frauen und die Liebe. o. O. 1950.
Fügen, Hans Norbert (Hg.): Max Weber-Monographie in Selbstzeugnissen und Bilddokumenten. Reinbek 1985.
Krüger, Christa: Max und Marianne Weber. Eine Ehe zwischen Leidenschaft und Vernunft. Zürich/München 2001.
Roth, Guenther: Max Webers deutsch-englische Familiengeschichte 1800–1950. Mit Briefen und Dokumenten. Tübingen 2001.

---

1 Lebenserinnerungen, S. 55
2 Weber, Marianne: Die besonderen Kulturaufgaben der Frau. In: Frauenfragen und Frauengedanken, S. 238–261.
3 Deutsche Demokratische Partei
4 Diese und andere differenzierte Informationen erhielt ich freundlicherweise von Becht, Hans-Peter: Badische Landtagsabgeordnete, a. a. O. (noch nicht publiziert).

Stationen des Württembergischen Landtags von 1919 bis 1933

Krieg – Revolution – Demokratie und die institutionalisierte Mitgestaltungsmöglichkeit der Frauen – auch für Württemberg war 1918 das Ende der Monarchie gekommen. Am 12. Januar 1919 fanden die Wahlen zur Verfassunggebenden Landesversammlung statt. Wahlberechtigt waren alle Württembergerinnen und Württemberger, die das zwanzigste Lebensjahr vollendet hatten, wählbar alle über 25 Jahre alten Wahlberechtigten. Das Wahlergebnis zeigte eine Akzeptanz der Mehrheitssozialdemokraten (die SPD war in Württemberg von 1915 bis 1922 in eine gemäßigte und eine radikale Gruppe gespalten, den Mehrheitssozialdemokraten und den Unabhängigen Sozialdemokraten) und der bürgerlichen Mittelparteien. Von den insgesamt 150 Mandaten erlangte die MSPD 52, die DDP 38, das Zentrum 31, die Bürgerpartei 14, der Bauern- und Weingärtnerbund 11 und die USPD 4 Mandate. 13 dieser Mandate entfielen auf Frauen. Die im November 1918 gebildete provisorische Regierung mit dem sozialdemokratischen Ministerpräsidenten Wilhelm Blos sah sich durch das Votum des Volkes bestätigt und nannte sich jetzt „Staatsregierung".

Die von der Verfassunggebenden Landesversammlung beratene Landesverfassung trat am 25. September 1919 in Kraft. Sie bezeichnete Württemberg als freien Volksstaat und als Glied des Deutschen Reichs und umschrieb es als eine parlamentarische Republik, in der alle Gewalt vom Volk ausgeht. Alle in der Verfassung des Königreichs über 100 Jahre hinweg bewahrten altständischen Relikte, wie beispielsweise der ständische Ausschuss, wurden abgeschafft[1]. Der Landtag, über dessen Zusammensetzung die Bürgerinnen und Bürger alle vier Jahre in allgemeinen, gleichen, unmittelbaren und geheimen Wahlen zu entscheiden hatten, besaß neben der Gesetzgebung die Aufgabe, die ihm verantwortliche Regierung zu bestellen und zu überwachen. Im Unterschied zu Baden berief der führende Ministerpräsident, der vom Landtag gewählt wurde und die Amtsbezeichnung Staatspräsident trug, die Ressortminister selbst, die mit ihm zusammen das Staatsministerium bildeten. Die wenigen plebiszitären Elemente in der Verfassung konnten auf die stark repräsentativ ausgerichtete Demokratie kaum Einfluss haben.

---

1 Sauer, Paul: Der Württembergische Landtag. In: Bradler, Günther / Quarthal, Franz: Von der Ständeversammlung zum demokratischen Parlament, a. a. O., S. 205 – 223.

Der Halbmondsaal des Württembergischen Landtags in Stuttgart

Die Zuständigkeiten des Reichs in den einzelnen Staaten waren stärker als zu Monarchie-Zeiten: Die Verwaltung des Heerwesens, der Eisenbahn, der Post und der Wasserstraßen wurden zentralisiert und gingen auf das Reich über.

Der Schwerpunkt der parlamentarischen Arbeit bestand zunächst darin, mit den Kriegsfolgen adäquat umzugehen, also beispielsweise den Kriegsversehrten und sonstigen Kriegsopfern Hilfestellungen zu geben, die zurückkehrenden Truppen zu demobilisieren, die Ernährung zu sichern, die Wirtschaft in Gang zu bringen, die Voraussetzungen für die Reparationsleistungen zu schaffen und anderes mehr. Durch die Inflation von 1923 kam es zu einer sozialen Umschichtung mit weit reichenden Folgen. In der Staatsverwaltung wurden einschneidende Sparmaßnahmen notwendig. Im gleichen Jahr erfolgte die gesetzliche Trennung von Kirche und Staat. Die Evangelische Landeskirche löste sich damit von der im Reformationszeitalter geschaffenen staatlichen Leitung, und auch die katholische Kirche konnte künftig ihre Beziehungen zum Staat freier gestalten. Dank der landwirtschaftlich geprägten Sozialstruktur wurde das Land von der 1929 heraufziehenden Wirtschaftskrise zunächst weniger betroffen als andere Reichsteile. Nach dem Gutachten des Reichssparkommissars waren im

Sitzung des Württembergischen Landtags. Foto aus dem Nachlass von Wilhelm Keil

Jahr 1930 Württembergs Staatsfinanzen und seine Verwaltung die besten im Reich[2].

Die Regierungsverhältnisse in Württemberg gestalteten sich streckenweise problematisch, da die Koalitionen wiederholt wechselten: Von 1919 bis 1920 und von 1921 bis 1923 regierte eine Koalition aus Zentrum, SPD und DDP, dazwischen und danach, von 1920 bis 1921 und von 1923 bis 1924, eine aus Zentrum und DDP. Von 1924 bis 1933 waren das Zentrum, die Bürgerpartei mit dem Bauern- und Weingärtnerbund, seit 1930 auch die DDP und DVP, an der Regierung. In der Landtagswahl von 1932 wurden die bis dahin kaum vertretenen Nationalsozialisten zur stärksten Fraktion. Danach kam keine verfassungsmäßige Regierung mehr zustande. Koalitionsverhandlungen mit den bürgerlichen Parteien scheiterten am Anspruch der NSDAP auf die Ämter des Staatspräsidenten und des Innenministers. Eine Verbindung zwischen den bürgerlichen Parteien und der SPD war nicht mehr möglich, da der weltanschauliche Graben, der die beiden Lager trennte, inzwischen zu breit war. Die bisherige Regierung blieb als

---

2 Vgl.: Das Land Baden-Württemberg. Amtliche Beschreibung nach Kreisen und Gemeinden. Band 1, allgemeiner Teil, S. 245.

geschäftsführendes Kabinett im Amt und regierte wie die Reichsregierung mit Notverordnungen. Doch der Versuch, das Land mittels einer geordneten Verwaltung durch die Krise hindurchzusteuern, war zum Scheitern verurteilt. Die zu autoritäre Staatsführung trug der politisch-gesellschaftlichen Entwicklung kaum Rechnung und versäumte es, die demokratischen Kräfte für die Abwehr des verfassungsfeindlichen Ansturms von rechts zu mobilisieren. Sechs Wochen nach der nationalsozialistischen Machtergreifung im Reich war auch der demokratische Volksstaat Württemberg zerstört. Das Landesparlament, zu einer Einrichtung ohne Sinn degradiert, trat noch einmal am 8. Juni 1933 zusammen, um den neuen Machthabern durch die Verabschiedung des Landesermächtigungsgesetzes nahezu unbegrenzte Vollmachten auf den Gebieten der Gesetzgebung und der Staatsverwaltung einzuräumen. Gegen dieses ominöse Gesetz stimmte lediglich die SPD-Fraktion.

Für die Politikerinnen und Politiker, die auch nach der Machtübernahme in Reich und Land an ihrer kompromisslos ablehnenden Haltung gegenüber den Nationalsozialisten festhielten, brachen schwere Zeiten an. Sie wurden beruflich und gesellschaftlich diskriminiert und nicht wenige von ihnen monate- oder gar jahrelang in Gefängnissen und Konzentrationslagern drangsaliert. Es sollte zwölf schreckliche Jahre dauern, bis ein demokratischer Neubeginn möglich wurde.

Parlamentarierinnen des Württembergischen Landtags 1919–1933

Mathilde Brückner

Mathilde Brückner (geb. Schwahn) war die erste Gemeinderätin in Göppingen. 1922 wurde die am 5. November 1868 in Göppingen als Tochter eines Korsettwebers[1] geborene Frau von der SPD als Kandidatin für die Gemeinderatswahl nominiert. Mit 5.721 Stimmen erzielte sie das fünfthöchste Ergebnis aller Bewerber. Bei ihrer Wiederwahl 1928 vereinigte sie mit 6.793 Stimmen sogar die höchste Stimmenzahl auf sich. Bis 1933 gehörte sie ab da durchgehend dem Göppinger Gemeinderat an. Ihre Arbeitsbereiche waren – wie bei den meisten Frauen ihrer Zeit – vorwiegend sozial orientiert. Sie war beispielsweise Mitglied des Volksküchenbeirats, der für die ausreichende Ernährung der ärmsten Bevölkerungsschichten zu sorgen hatte. Außerdem war sie im Beirat der Städtischen Kinderkrippe und der Kinderschulen sowie ordentliches Mitglied der Jugendkommission des Bezirksjugendamtes. Mehr als zehn Jahre gehörte sie dem „Kleinen Fürsorgeausschuss" der Stadt Göppingen an, der ihrem Wunsch, die sozial Schwächeren zu unterstützen, mit am meisten entsprach. Ihre Arbeit im Gemeinderat wurde allgemein anerkannt, auch bei den Vertretern anderer Parteien, wie aus den Gemeinderatsprotokollen der Zeit hervorgeht[2].

Mathilde Brückner hatte 1894 den wie sie selbst aus einfachen Verhältnissen stammenden Metalldrucker und Sozialdemokraten Julius Brückner geheiratet. Das Paar engagierte sich nach dem Ersten Weltkrieg auf sehr unterschiedliche Weise politisch, wobei auffällt, dass Mathilde Brückner in dieser gesellschaftlichen Umbruchsituation den traditionell männlichen Part übernahm: Julius Brückner, ein Vertreter des Revisionismus, der 1913 aus der SPD ausgeschlossen worden war[3], aber zu diesem Zeitpunkt wieder Mitglied war, engagierte sich bei den „religiösen Sozialisten"[4], während Mathilde Brückner die für Frauen neue Möglichkeit wahrnahm, in die aktive Politik einzusteigen. Nachdem die Hausfrau im November 1918 schon Mitglied des Arbeiterrats in Göppingen war[5], kandidierte sie für die am 12. Januar 1919 stattfindende Wahl zur Verfassunggebenden Landesversammlung und sprach in zahlreichen Wahlkampfveranstaltungen über die Aufgabe der Frau „im neuen Staatswesen". Nach ihrer Wahl arbeitete sie unter anderem im Ausschuss für das Diätengesetz und im Sonderausschuss für den Entwurf eines Jugendfürsorgegesetzes mit. Bis 1920 war sie zuerst Landtagsabgeordnete. In den darauffolgenden Jahren verlagerte sich ihr politischer Arbeitsschwerpunkt auf die kommunale Ebene in ihrer Heimatstadt, wobei sie 1924 für den Reichstag kandidierte.[6] Ab 1932 war sie im Landtag von Württemberg als Nachrückerin für einen verstorbenen Abgeordneten vertreten. Nach dem 30. Januar 1933 erfuhr sie die Willkür der neuen Machthaber und erlebte nun die von Überheblichkeit und Hass zeugenden Reden des nationalsozialistischen Landtagspräsidenten Christian Mergenthaler und des NSDAP-Fraktionsvorsitzenden Wilhelm Murr. In der letzten Sitzung konnte sich ihre Fraktion einer drohenden Verhaftung nur mittels Flucht durch einen rückwärtigen Ausgang des Landtagsgebäudes entziehen.

Mathilde Brückner hat die NS-Zeit überstanden, obwohl sie ihre demokratisch-sozialistische Gesinnung nie aufgegeben hat. Am 10. April 1958 ist sie in hohem Alter in Göppingen gestorben.

---

1 Schröder, Wilhelm Heinz: Sozialdemokratische Parlamentarier, a. a. O., S. 392.
2 Viele Informationen über Mathilde Brückner stammen aus dem aus organisatorischen Gründen auch 2002 noch unveröffentlichten Manuskript „Christlicher Glaube und Sozialdemokratie. Ein Beispiel in Göppingen. 1900–1933" von Karl-Heinz Welter, das dieser mir 1991 freundlicherweise zur Verfügung stellte. In: „Dokumentation über die Parlamentarierinnen aus Südwestdeutschland", Landtagsarchiv von Baden-Württemberg.
3 Der Ausschluss beruhte nach den Recherchen Welters auf einem ständigen Konflikt zwischen den Revisionisten in Göppingen, zu denen der christlich geprägte Julius Brückner zählte, und den Radikalen um Gottfried Kinkel herum.
4 Welter schreibt hierzu: „Die einzelnen Gruppen der ‚religiösen Sozialisten' hatten sich unabhängig voneinander fast zur gleichen Zeit gebildet.... Um das Gedankengut wirkungsvoller vermitteln zu können, schlossen sich die über das Reich verteilten Kreise im Jahr 1926 zu einem ‚Bund der religiösen Sozialisten Deutschlands' zusammen. Der ‚Bund' ... sollte sich ausdrücklich auf seine Aufgabe im religiös-christlichen Bereich beschränken, wenn auch seine Anhänger zumeist Mitglieder in den sozialistischen Parteien waren."
5 Schröder, a. a. O., S. 392.
6 Ebd.

Sophie Döhring

Die Stuttgarterin Sophie Döhring[1], am 30. Juni 1885 hier geboren (ev., später aus der Kirche ausgetreten), machte nach der Volksschule eine Trikotweberlehre. Von Juli 1916 bis Februar 1933 war sie als Gewerkschaftsangestellte Geschäftsführerin des Textilarbeiterverbandes in Stuttgart.

Politisch schloss sie sich der SPD, 1917 der USPD an, für die sie 1919 zur Weimarer Nationalversammlung kandidierte. 1920 war sie Reichstags- und Landtagskandidatin der USPD. 1922 wechselte sie wieder zur SPD und gehörte ab Mitte der 20er Jahre dem Landesvorstand an. Von 1928 bis 1933 war sie im Landtag von Württemberg vertreten. Gleich zu Beginn der NS-Zeit, 1933, wurde die Gewerkschaftsfrau für drei Monate in sogenannter „Schutzhaft" im KZ Heuberg interniert.

Nach der NS-Diktatur arbeitete Sophie Döhring in der Oberverwaltung des Württembergischen Gewerkschaftsbundes und war gleichzeitig Vorsitzende des Textilarbeiterverbandes in Stuttgart. Im Herbst 1947 trat sie in den Ruhestand ein. Zwischen 1945 und 1949 gehörte sie dem Gewerkschaftsbund Württemberg-Baden als Vorstandsmitglied an. Außerdem war sie Arbeitsrichterin in Stuttgart.

Sophie Döhring verstarb am 25. August 1977 in Stuttgart und ist auf dem Pragfriedhof bestattet.

---

[1] Viele Informationen aus: Raberg, Frank: Biographisches Handbuch, a. a. O., S. 148.

Elisabeth Eberhardt

Elisabeth Eberhardt, am 3. November 1885 in Stuttgart als Tochter des Hutmachers Emil Theodor Eberhardt und seiner Frau Maria Friederike Regina geboren, engagierte sich vor 1914 im Vorstand des württembergischen Vereins für das Frauenstimmrecht.[1] Die Geschäftsführerin des Verbands der weiblichen Handels- und Büroangestellten in Stuttgart war Gründungsmitglied der Deutschen Demokratischen Partei (DDP)[2]. 1925 wurde sie erste Vorsitzende der Angestellten-Versicherung in Stuttgart.

1920 kandidierte sie für den Landtag, 1924 für den Reichstag. Im November 1926 rückte sie für den ausgeschiedenen Abgeordneten Fritz Elsas während der zweiten Wahlperiode in den Landtag von Württemberg nach und war bis 1928 Mitglied der DDP-Fraktion. In dieser Funktion gehörte sie dem Oberbewertungsausschuss beim Landesfinanzamt an und war Mitglied des Finanzgerichts.

Am 7. Dezember 1952 ist sie in Freudenstadt gestorben.

---

1 Viele Informationen aus: Raberg, Frank, Biographisches Handbuch, a. a. O., S. 153.
2 Ebd.

von Württemberg, wo sie sich vor allem mit frauenspezifischen Fragestellungen beschäftigte, aber auch im kulturpolitischen und wirtschaftlichen Bereich engagiert war.

Am 28. Januar 1952 ist sie in Zürich gestorben.

---

1 Vgl.: Raberg, Frank, Biographisches Handbuch, a. a. O., S. 164.
2 Deutsche Demokratische Partei

Ella Ehni

Die Kaufmannstochter[1] Ella Ehni (geb. Mayer, ev.-luth.) wurde am 17. März 1875 in Brooklyn, New York geboren. Sie heiratete ebenfalls einen Kaufmann, den zehn Jahre älteren Gustav Georg Ehni, und bekam mit ihm einen Sohn. Ihr Mann verstarb 1918.

Ende der zwanziger Jahre war sie als Vorsitzende des Verbandes Württembergischer Frauenvereine aktiv am kulturpolitischen Leben Stuttgarts beteiligt.

Politisch schloss sie sich der DDP[2] an und war von 1919 bis 1922 Stuttgarter Gemeinderätin und von 1920 bis 1924 Abgeordnete des Landtags

Elisabeth Heyd

Elisabeth Heyd wurde am 12. März 1876 als Emma Marie Elisabeth Goldenberg[1] in Hamburg geboren. Sie war in Stuttgart mit einem Fabrikdirektor verheiratet, aber zur Zeit ihres parteipolitischen Engagements bereits verwitwet.

Sie war Gründungsmitglied der DVP[2] in Württemberg und seit Februar 1920 stellvertretende Vorsitzende des DVP-Landesausschusses Württemberg.[3] 1920 und 1924 kandidierte sie für den Reichstag. Im November 1926 rückte sie für einen anderen Abgeordneten in den Landtag nach und war bis 1928 Mitglied. Sie setzte sich vor allem im sozialen Bereich ein und war im Petitionsausschuss vertreten. Bei der Wahl 1928 wurde ihr Mandat nicht bestätigt.

1955 ist sie nach Braunschweig[4] gezogen, wo sie am 29. September 1957 verstarb.

---

1 Raberg, Frank, Biographisches Handbuch, a. a. O., S. 352.
2 Deutsche Volkspartei
3 Raberg, a. a. O., S. 352.
4 Ebd.

Emilie Hiller

Emilie Hiller gelang es über eine große Zeitspanne ihres Lebens hinweg, Privat- und Berufsleben sowie politisches Engagement zu verbinden.

Sie wurde am 27. Dezember 1871 in Ludwigsburg als Tochter des langjährigen Heilbronner Gemeinderatmitglieds und Schreinermeisters Gustav Kittler geboren. Die schon seit früher Jugend politisch und sozial aktive Frau heiratete 1890 den Heilbronner Gastwirt Heinrich Hiller, der ebenfalls der Arbeiterbewegung nahestand, und trat um die Jahrhundertwende der SPD bei. In der Zeit des Ersten Weltkriegs war sie sozial und karitativ tätig. Die Einführung des passiven und aktiven Wahlrechts für Frauen eröffnete ihr die Möglichkeit, institutionell-parlamentarisch zu arbeiten. Sie gehörte 1919 zusammen mit ihrem Vater der Verfassunggebenden Landesversammlung Württemberg an und war von 1920 bis 1933 Abgeordnete des Landtags von Württemberg, wo sie unter anderem Mitglied im Finanz-, Petitions-, und Rechtsausschuss war. Sie engagierte sich vor allem im sozialen Bereich, wobei ihr die Humanisierung des Strafvollzugs ein besonderes Anliegen war[1]. Emilie Hiller

war die einzige Parlamentarierin, die dem Württembergischen Landtag ununterbrochen von 1919 bis zu seiner Auflösung angehörte. Daneben gründete und leitete sie mehrere Jahre lang die erste SPD-Frauengruppe der Stadt Heilbronn, wobei die von den Familien Kittler und Hiller betriebenen Gaststätten als Lokale für die Zusammenkünfte dienten[2]. Ihre gesamte politische Arbeit war auf Besserung der sozialen Verhältnisse bei den unteren Bevölkerungsschichten und auf die Emanzipation und Gleichberechtigung der Frauen ausgerichtet. Sie gehörte zum Beispiel zu denjenigen, die sich in den zwanziger Jahren entschieden für die Abänderung des Paragraphen 218 einsetzten. „Sie prangerte aber vehement die soziale Lage der Proletarierfamilien als Ursache für die hohe Abtreibungsquote an: Die schlechten, beengten Wohnverhältnisse der Arbeiter, ihre wirtschaftliche Not, die mangelnde staatliche Fürsorge für deren Kinder und die fehlende Sexualaufklärung als Ursache für die hohe Geburtenzahl (während im Bürgertum schon lange die Zwei-Kinder-Ehe üblich sei). Aus ihren Reden war der Vorwurf herauszuhören, dass das Bürgertum bewusst die Verelendung der Arbeiterklasse in Kauf nehme, oder sie sogar qua Gebärzwang weiter hinein treiben wolle. In dieses Schema passten die Polizeischikanen und Verhaftungen von Frauen, die wegen Abtreibung denunziert worden waren. Hillers Empörung resultierte aber nicht nur aus dem Klassengegensatz, sondern in diesem Fall vor allem aus der Tatsache, ‚weil noch Frauen verfolgt und geahndet werden, die einer großen Kinderzahl das Leben geschenkt haben'."[3]

Lange Jahre war sie als Vertreterin der Frauen im Landesvorstand der SPD Württemberg-Hohenzollern tätig. Die NS-Zeit beendete ihre politische Laufbahn abrupt. Emilie Hiller zog sich ganz ins Privatleben zurück und fristete unter zunehmenden Schwierigkeiten ein bescheidenes Dasein als Gastronomin bis zu ihrem Tod am 14. April 1943.

---

1 Vgl.: Verhandlungen des Landtags von Württemberg 1920–1933.
2 Vgl.: Großhans, Albert: 100 Jahre SPD Heilbronn 1874–1974. Heilbronn 1974.
3 Lenz, Sonja: sprache – macht – geschlecht, a. a. O., S. 64.

Thekla Kauffmann

Die einzige Parlamentarierin jüdischer Konfession im Landtag von Württemberg war Thekla Kauffmann. Sie wurde am 18. Januar 1883 in Stuttgart geboren und war wie viele Vertreter ihrer Partei, der DDP, gutbürgerlicher Herkunft. Ihr Elternhaus in der Schloßstraße, „Gebrüder Kauffmann, mechanische Baumwollweberei", war ein Begriff im Stuttgarter Wirtschaftsleben[1]. Thekla Kauffmann gelang es „sowohl im traditionellen Gemeindeleben als auch ... in der beruflichen Welt ‚ihre Frau zu stehen'. ... Sie war die erste Vorsteherin des Israelitischen Mädchenvereins."[2] Schon vor dem ersten Weltkrieg war sie in der Frauenbewegung aktiv und arbeitete im „Verein für Frauenstimmrecht" mit. „Frauen! Frauen! Wer hat uns dahin geführt? Das waren die Konservativen, die uns 40 Jahre lang zum Unsegen regiert haben!" So warb der Wahlaufruf der Deutschen Demokratischen Partei am 15. Januar 1919 im Schwäbischen Merkur um die Stimmen der Frauen. Thekla Kauffmann wurde Abgeordnete der Verfassunggebenden Landesversammlung von Württemberg. Sie arbeitete im Petitionsausschuss und im Sonderausschuss für den Entwurf eines Jugendfürsorgegesetzes mit. Die zweite Kandidatur 1920 scheiterte. Sie übernahm die amtliche Leitung der Hilfsstelle für Frauenarbeit und richtete beim Arbeitsamt Stuttgart eine neue Abteilung für Frauen ein.

1931 kandidierte sie auf einer unabhängigen Frauenliste für den Stuttgarter Gemeinderat. Diese Liste war ein Protest gegen die etablierten Parteien, von denen keine eine Frau aufgestellt hatte. Niemand von den Frauen wird in den Gemeinderat gewählt.[3] 13 Monate später sind die Nationalsozialisten an der Macht.

Thekla Kauffmann wird als städtische Arbeitsvermittlerin entlassen und ist fortan in vielen jüdischen Organisationen tätig.

Sie leitete die Stuttgarter Auswanderungsorganisation, die sich von einem bescheidenen Büro im Laufe der Jahre angesichts der sich ständig verschlimmernden Zustände zu einem umfangreichen Apparat entwickelte. Sie arbeitete eng mit dem amerikanischen Konsulat zusammen, um Visa für die Juden aus Süddeutschland zu erhalten, die gezwungen waren, ihrem Heimatland den Rücken zu kehren. Viele süddeutsche jüdische Bürger verdanken es ihr, dass sie Deutschland rechtzeitig verlassen konnten.

1935 beispielsweise organisierte sie die Kinderverschickung, die „German Jewish Children's Aid", in die USA, die von amerikanischen Juden initiiert und finanziert wurde: „Es mögen etwa 200 Kinder aus dem Gebiet des amerikanischen Konsulats Stuttgart gewesen sein, die das Glück hatten, auf diese Weise aus Deutschland zu entkommen."[4] Nach der Pogromnacht vom November 1938 steigerte sich die Arbeit nochmals enorm. Thekla Kauffmann war zu dieser Zeit auf einer Dienstreise in den Vereinigten Staaten, um sich über die Schwierigkeiten und Perspektiven der deutsch-jüdischen Immigranten zu informieren und „nützliche Vorbereitungen vorschlagen zu können."[5] Man riet ihr ab, zurück nach Deutschland zu gehen, sie tat es trotzdem: „So durfte ich noch zwei Jahre, von 1939 bis 1941 auf meinem Posten arbeiten und wir konnten – auch noch während des Krieges – vielen Menschen in bedrängter Lage mit Rat und Hilfe beistehen. ... Ich hatte öfters den Eindruck, dass z. B. Beamte durch mein derbes Schwäbisch stutzig wurden und gar nicht recht verstehen konnten, dass ‚der jüdische Fremdkörper im deutschen Land' genau so spricht wie sie selbst und alle anderen Württemberger. ... Es war im Spätjahr 1940, dass Konsul Teller mir die Frage stellte, ob es nicht an der Zeit wäre, an meine eigene Auswanderung zu denken. Zu meiner Schande muss ich gestehen, dass meine erste Reaktion Erschrecken und Ablehnung war. Ich fühlte mich so verbunden mit meiner schönen schwäbischen Heimat, so zugehörig zu meiner Geburtsstadt Stuttgart, wo ich seit meiner Jugend zuerst ehrenamtlich, dann vollberuflich auf verschiedenen sozialen Gebieten gearbeitet hatte, aktives Mitglied in den Vereinen der Frauenbewegung, der demokratischen Partei, Mitglied des Württembergischen Landtags gewesen war."[6] Sie war eine der letzten, die aus Stuttgart entkommen konnten, bevor die Deportation in den Osten begann. „Im April 1941, im 2. Kriegsjahr, waren nur noch spanische und portugiesische Häfen für die Auswanderung offen, Schiffspassagen waren kaum mehr zu haben. Durch einen Glücksfall bekamen wir (sie und ihre Mutter, Anm. d. A.) noch 2 Kabinenplätze auf der S.S. Siboney, die als letztes amerikanisches Schiff von Lissabon ausfuhr. Da ganz Frankreich von deutschen Truppen besetzt war, konnte man auf privatem Weg Lissabon nicht mehr erreichen. Wir mussten von Stuttgart nach Berlin reisen und von dort im plombierten Wagen unter Aufsicht eines Nationalsozialisten nach Lissabon fahren. In Paris, wo wir den Zug nicht verlassen durften, wurden uns vom Hilfsverein Lebensmittelpakete und frisches Trinkwasser ins Abteil gereicht. An der Grenzstation zwischen Frankreich und Spanien ging es nach stundenlangem Anstehen noch einmal durch eine Nazikontrolle und dann, spät in der Nacht, passierten wir die Grenze nach Spanien, in die Freiheit."[7]

Als sie 1941 im Alter von 58 Jahren in den USA ankam, siedelte sie sich zuerst in Chicago an, wo zu jener Zeit ihre unmittelbaren Familienangehörigen lebten. In Chicago wurde sie Leiterin eines großen Heims für arbeitende Mütter. Nachdem sie das Ruhestandsalter erreicht hatte, arbeitete sie in der Chicago Public Library, der Stadtbücherei. 1960 zog sie nach New York, wo sie viele Jahre mit ihrer Schwester zusammenlebte[8]. Am 21. Dezember 1980 ist sie dort gestorben. In einem Nachruf heißt es: „Thekla war eine tief religiöse Person

– nicht im Sinne ritueller Handlungen, sondern vielmehr in der Art, dass sie eine Verpflichtung gegenüber ihren Mitmenschen fühlte, dass sie eine Aufgabe und eine Herausforderung in jeder Situation sah, in der sie sich befand."[9]

Literatur:
Niess, Wolfgang: Thekla Kauffmann. Verpflichtung gegenüber den Mitmenschen in schwerster Zeit. In: Frauen im deutschen Südwesten. Hrsg. v. Birgit Knorr und Rosemarie Wehling. Landeszentrale für politische Bildung Baden-Württemberg. Stuttgart 1993, S. 180–185.

---

1 Zelzer, Maria: Weg und Schicksal der Stuttgarter Juden. Stuttgart 1964, S. 90f.
2 Zit. nach Fern, Jetti: „Verkannte Bürgerinnen – verschwiegene Schicksale. Jüdische Frauen in ihrer Stadt. In: Stuttgart für Frauen. Entdeckungen in Geschichte und Gegenwart. Hrsg. v. der Gleichstellungsstelle und dem Amt für Touristik der Landeshauptstadt Stuttgart. Stuttgart 1992, S. 93.
3 Vgl.: Niess, Wolfgang: Thekla Kauffmann, a. a. O., S. 182.
4 Zit. nach: Kauffmann, Thekla: Erinnerungen 1933–1947. i. A. des Leo Baeck Institute New York. 1967. Manuskript in Kopienform „Dokumentation Parlamentarierinnen aus Südwestdeutschland", Landtagsarchiv Baden-Württemberg, S. 3.
5 Ebd., S. 10.
6 Ebd., S. 16.
7 Ebd., S. 17.
8 Vgl.: Dokumentation „Parlamentarierinnen aus Südwestdeutschland", Landtagsarchiv Baden-Württemberg.
9 Zit. nach Niess, Wolfgang: Thekla Kauffmann, a. a. O., S. 184.

Maria Keinath

Maria Keinath, wurde am 2. Dezember 1887 in Esslingen a. N.[1] als Tochter eines Lehrers und späteren Kaufmanns geboren. Sie hatte elf Geschwister, von denen drei, darunter ihre Zwillingsschwester Martha, schon früh starben.

Sie war Mitglied der Deutschen Demokratischen Partei. Von 1919 bis 1920 gehörte sie als jüngste der weiblichen Abgeordneten der Verfassunggebenden Landesversammlung Württemberg an. Sie war Schriftführerin im Fraktionsvorstand, gehörte dem Ausschuss für das Diätengesetz an, dem zur Beratung des Entwurfs eines Wohnungsbürgschaftsgesetzes sowie dem Volksschulausschuss. 1920 wurde ihr Landtagsmandat nicht bestätigt.

Beruflich folgte sie den Fußstapfen ihres Vaters und wurde ebenfalls Lehrerin. Sie arbeitete als Hauptlehrerin in Esslingen und ab 1919 als Mittelschullehrerin in Stuttgart. Nach dem Zweiten Weltkrieg schloss sie sich 1946 der CDU an, kandidierte aber nicht mehr für ein Landtagsmandat.

Am 20. November 1969 ist sie in Stuttgart gestorben.

1 Viele Informationen aus: Raberg, Frank: Biographisches Handbuch, a. a. O., S. 428f.

Klara Klotz

Eine württembergische Sonderbildung ist die Partei, der Klara Klotz angehörte, die WBB. Diese Partei entstand aus dem ursprünglichen Bauern- und Weingärtnerbund, der sich um 1890 gründete, konservativ orientiert war und vorwiegend berufsständische Interessen vertrat. Nach 1918 schloss er sich eng an die Bürgerpartei an. Die Bürgerpartei wiederum war die besondere württembergische Form der reichsweiten Deutschnationalen Volkspartei[1]. Der seit 1918 bestehende lose Verbund „WBB" ist als „Württembergische Bürgerpartei und Bauernbund" zu verstehen.

Klara Klotz wurde am 31. Oktober 1878 in Dresden geboren. Sie war mit einem Oberstleutnant verheiratet[2], in den Landtagsprotokollen wird sie als „Offiziersgattin in Buoch" (bei Waiblingen) geführt.

Sie war die einzige Frau, die jemals der WBB-Fraktion im Württembergischen Landtag angehörte. Von 1920 bis 1924 und von 1931 bis 1932 hatte sie ein Mandat inne. Das zweite Mandat bekam sie als Nachrückerin für einen verstorbenen Abgeordneten. Sie engagierte sich im wirtschaftlichen und im sozialen Bereich in ihrer parlamentarischen Arbeit und fällt in den Landtagsprotokollen durch zahlreiche Anfragen zu diesen Themengebieten auf.

Sie verstarb am 21. April 1965 in Schorndorf.

1 Siehe S. 57f. in diesem Band.
2 Raberg, Frank: Biographisches Handbuch, a. a. O., S. 450.

Mathilde Kühnert

Nur aus Fragmenten bestehen die biografischen Notizen zu Mathilde Kühnert. Sie wurde am 10. September 1874 in Talheim bei Ehingen[1] geboren und kommt aus einfachen Verhältnissen. Ihr Vater, Johannes Dillenz, war Arbeiter. Sie hatte fünf Geschwister und zwei Halbgeschwister. Aufgewachsen ist sie in Talheim, Göffingen und Ulm, nachdem ihr Vater 1884 zum zweiten Mal geheiratet hatte. Sie selbst ist 1900 eine Ehe mit dem Eisenbohrer Paul Kühnert eingegangen. Die beiden hatten eine Adoptivtochter. In Ulm war Mathilde Kühnert als Fabrikpflegerin[2] tätig, worunter wir uns eine Sozialarbeiterin vorstellen können.

Mathilde Kühnert war im Vorstand des Landesausschusses der Württembergischen Katholischen Arbeiterinnenvereine. Als Mitglied der Zentrumsfraktion gehörte sie von 1919 bis 1920 der Verfassunggebenden Landesversammlung Württemberg an und war stellvertretendes Mitglied im Verfassungsausschuss.

Sie verstarb am 10. August 1957 in Schussenried.

---

1   Laut Frank Raberg, Biographisches Handbuch, a. a. O., S. 484, ist unklar, ob sie am 10., 16. oder 17.9.1874 geboren wurde. Auch viele weitere Informationen über Mathilde Kühnert entstammen diesem Band.
2   Diese Berufsbezeichnung ist in den Landtagsprotokollen angegeben. Nach Meyers Lexikon 1926 ist damit die „Fürsorge für Reinlichkeit und Ordnung", für „Erkrankte und Verletzte" sowie die „Mitarbeit bei der Wohnungsfürsorge" gemeint.

Ella Müller-Payer

Ella Müller-Payer, Tochter aus württembergischem Hause mit liberaler Tradition, wurde am 13. Oktober 1879 in Stuttgart geboren. Ihr Vater, Friedrich Payer (1847–1931), Rechtsanwalt von Beruf, war Abgeordneter im Stuttgarter Gemeinderat, im Württembergischen Landtag und mit führenden Funktionen im Deutschen Reichstag. Unter seiner intensiven Mitgestaltung erfolgte 1910 der Zusammenschluss der drei linksliberalen Parteien „Freisinnige Volkspartei", „Deutsche Volkspartei" und „Freisinnige Vereinigung", wobei letztere 1903 von Friedrich Naumann gegründet worden war, zur „Fortschrittlichen Volkspartei"[1].

Aus dem Briefwechsel zwischen Ella Müller-Payer und ihrem Vater während dessen Tätigkeit im Reichstag in Berlin geht hervor, dass sie ein sehr herzliches, vertrauensvolles Verhältnis hatten[2]. Sie heiratete 1901 den Juristen Dr. Albert Müller, der in die Rechtsanwaltskanzlei seines Schwiegervaters eintrat, um diesen zu entlasten[3]. Bis zu deren Auflösung 1912 führte er maßgeblich die Geschäfte. Das Paar bekam 1902 den Sohn Hans Georg.

Ella Müller-Payer schloss sich nach Einführung des Frauenwahlrechts der neugegründeten DDP[4] an und war 1919 in der Verfassunggebenden Landesversammlung Württemberg vertreten. Dort gehörte sie dem Legitimationsausschuss an, dem für den Entwurf eines Gesetzes zum Gemeindewahlrecht und der Gemeindevertretung sowie dem zur Beratung des Entwurfs eines Landtagswahlgesetzes. Ihr Vater schreibt dazu später: „Auch meine Tochter Ella, die 1919 in die württembergische verfassunggebende Landesversammlung gewählt worden war, aber im parlamentarischen Betrieb nicht so viel Befriedigung gefunden hatte als ihr Vater, nahm, als gleichzeitig auch diese aufgelöst worden war, kein Mandat mehr an. Wir beteiligten uns noch an der Wahlagitation für beide Parlamente[5] und machten zum Schluss miteinander eine kleine Erholungstour in das württembergische Allgäu."[6]

In der Gänsheidestraße in Stuttgart bauten die beiden Familien Payer und Müller-Payer 1926 ein Zweifamilienhaus, weil sie „gerne beieinander wohnen und der Sorgen und Verdrießlichkeiten einer Mietswohnung enthoben sein"[7] wollten.

Abgesehen von Ella Müller-Payers Todesdatum, dem 5. Juli 1957 in Stuttgart, gibt es leider keine weiteren greifbaren biografischen Hinweise über sie.

---

1 Vgl.: Bradler, Günther: Friedrich Payer (1847–1931) – Autobiographische Aufzeichnungen und Dokumente. Göppinger Akademische Beiträge Nr. 83, 1974.
2 Vgl.: Nachlass, Friedrich von Payer (Q 1/12), Hauptstaatsarchiv Stuttgart.
3 Bradler, Günther: Friedrich Payer, a. a. O.
4 Deutsche Demokratische Partei
5 Bezüglich seiner Tochter spricht er vom Württembergischen Landtag und in Bezug auf sich vom Reichstag. Anm. d. Autorin.
6 Bradler, a. a. O., S. 236.
7 Bradler, a. a.O., S. 238.

Mathilde Planck

Lebenslanges Engagement charakterisiert Mathilde Plancks Biografie. Sie wurde am 29. November 1861 in Ulm geboren. Ihr Vater, der Theologe und Rechtsphilosoph Karl Christian Planck, unterrichtete an einem Ulmer Gymnasium, bevor er 1869 ans kirchliche Seminar in Blaubeuren kam und 1879 dann Ephorus am Evangelisch-theologischen Seminar in Maulbronn wurde.[1] Ein Jahr später starb er. Bis ins hohe Alter setzte sich Mathilde Planck mit der Rechtsphilosophie ihres Vaters auseinander und publizierte noch mit 89 Jahren eine Biografie über ihn. Nach dem Schulbesuch in Ulm und Blaubeuren musste sie sich – bedingt durch den Tod ihres Vaters – mit um ihre jüngeren Geschwister kümmern. Deshalb konnte sie erst mit

23 Jahren eine Ausbildung beginnen, um schließlich 1886 das Lehrerinnenexamen in Stuttgart abzulegen. 15 Jahre lang unterrichtete sie an privaten Schulen und am damaligen Stuttgarter Mädchengymnasium, dem heutigen Hölderlin-Gymnasium.[2] Dann konzentrierte sie sich stark auf frauen- und sozial-politische Aktivitäten, die sie schon während ihrer Lehrerinnen-Tätigkeit verfolgt hatte: Mit

zahlreichen Vorträgen und Aufsätzen engagierte sie sich im Rahmen der bürgerlichen Frauenbewegung für die Gleichberechtigung und den sozialen Schutz von Frauen sowie für deren unbeschränkte Bildungs- und Wirkungsmöglichkeiten. Sie gehörte zu den Gründerinnen des Stuttgarter Frauenclubs und des Verbandes württembergischer Frauenvereine und war von 1906 bis 1916 Vorsitzende des Württembergischen Lehrerinnenvereins. Als Mitglied der Deutschen Friedensgesellschaft stand sie auf der Seite derer, die den Ersten Weltkrieg zu verhindern versuchten. „Es gehört zum Schlimmsten, was einem Volk angetan werden kann: wenn seine Autoritäten sein Gewissen einschläfern"[3].

1918 war sie Mitbegründerin der DDP[4] in Württemberg und auf Reichsebene und gehörte zur ersten Generation von Parlamentarierinnen nach der Einführung des Frauenwahlrechts: Sie war in der Verfassunggebenden Landesversammlung Württemberg vertreten und von 1920 bis 1928 Abgeordnete im Landtag von Württemberg, wo sie weiterhin für die Interessen von Frauen eintrat und sich im sozialen Bereich engagierte. „Auch die frauenspezifischen Interventionen Plancks waren von dem Bemühen, das Staatswesen als obersten Regulator weiter auszudifferenzieren, bestimmt: Ob die gesetzliche Regelung des Hebammenwesens oder die Verwendung von Lehrerinnen, im Hintergrund stand der Gedanke, dass der Staat regelnd und ausgleichend agieren müsse. Sozialer Unfrieden wurde als eine Art Krankheitsherd im Organismus Staat gesehen. Das implizierte aber auch, dass Frieden zwischen den Geschlechtern herrschen müsse,

Frauen müssten gemäß ihrer sachlichen und moralischen Kompetenz die gleichen Rechte als Staatsbürgerinnen haben. Ihre Interessen müssten vom Staat vermehrt wahrgenommen werden, sie sollten aus der privaten Verantwortlichkeit der einzelnen Frau herausgehoben werden."[5] Mathilde Planck war Mitglied im Finanzausschuss, später Vorsitzende des Petitionsausschusses, gehörte vier Jahre dem Fraktionsvorstand an und war Mitglied des Oberbewertungsausschusses beim Landesfinanzamt. Bei diesen für die Zeit ungewöhnlichen Positionen ist es merkwürdig, dass sie bei der Wahl 1928 nur den Listenplatz 6[6] bekam und damit nicht mehr in den Landtag einzog. 1919 und 1920 war sie auch Reichtstagskandidatin.

In den 20er Jahren arbeitete sie als Redakteurin der Frauenbeilage „Die Rosa Frau" des „Stuttgarter Neuen Tagblatts". Mit ihrem Gesinnungsfreund, Georg Kropp aus Wüstenrot, entwickelte sie die Bausparidee[7]. Sie gehörte 1921 zum Gründerkreis der „Gemeinschaft der Freunde" – später Wüstenrot-Bausparkasse – und hat sich viele Jahre lang in den Organen dieser Gesellschaft für die Verwirklichung des Eigenheimgedankens eingesetzt. Bis 1936 war sie Vorstandsmitglied und gehörte dem Aufsichtsrat an.[8]

Besonders kümmerte sie sich um das Wohlergehen älterer Mitbürger und Mitbürgerinnen und gründete in diesem Zusammenhang in Ludwigsburg ein Altenheim. Dieses „Mathilde-Planck-Haus" wurde – Ironie der Geschichte – während der NS-Zeit von den Nazis für militärische Büros zweckentfremdet[9].

Zu ihrem 90. Geburtstag erhielt sie das Bundesverdienstkreuz. 1953 kandidierte sie für den Bundestag im Wahlkreis Ludwigsburg auf der Liste der Gesamtdeutschen Volkspartei im Alter von 91 Jahren – als bundesweit älteste Kandidatin.[10]

Am 31. Juli 1955 ist sie in Gochsen bei Heilbronn[11] gestorben.

Literatur:
Planck, Mathilde: Arbeit und Recht im neuen Deutschland. Stuttgart 1917.
Dies.: Ottilie Hoffmann. Ein Beitrag zur Geschichte der deutschen Frauenbewegung. Bremen 1930.
Dies.: Vom Sinn des Lebens. Ulm 1947.
Dies.: Vom unsichtbaren Reich. Stuttgart 1946.
Dies.: Karl Christian Planck. Leben und Werk. Stuttgart 1950.
Mehner, Johannes: Mathilde Planck. Wenn etwas nötig ist, muss es getan werden. In: Frauen im deutschen Südwesten. Hrsg. v. Birgit Knorr und Rosemarie Wehling. Landeszentrale für politische Bildung Baden-Württemberg. Stuttgart 1993, S. 292–298.
Riepl-Schmidt, Maja: Mathilde Planck – Gegen jede Falschheit. In: dies., Wider das verkochte und verbügelte Leben. Frauenemanzipation in Stuttgart seit 1800. Stuttgart 1990, S. 150–156.
Biografischer Text von Maja Riepel-Schmidt zu Mathilde Planck, hrsg. v. d. Landeszentrale für politische Bildung Ba-Wü, findet sich als PDF zum Herunterladen unter http://www.lpb-bw.de/publikationen/menschenausdemland/planck.pdf

---

1 Vgl.: Raberg, Frank: Biographisches Handbuch, a. a. O., S. 670.
2 Vgl.: Mehner, Johannes: Mathilde Planck, a. a. O., S. 293.
3 Planck, Mathilde: Vom unsichtbaren Reich. Stuttgart 1946.
4 Deutsche Demokratische Partei

5 Lenz, Sonja: sprache – macht – geschlecht, a. a. O., S. 66f.
6 Raberg, a. a. O., S. 670.
7 Vgl.: Ludwigsburger Kreiszeitung, 29.11.1961.
8 Raberg, a. a. O., S. 670.
9 Vgl.: Stuttgarter Nachrichten, 29.11.1961.
10 Raberg, a. a. O., S. 670.
11 Ebd.

Luise Rist

Aus einer christlich geprägten Überzeugung heraus entwickelte sich das gesellschaftspolitische Engagement der am 28. Februar 1877 in Rottweil zur Welt gekommenen Luise Rist (geb. Freyler). Zehn Jahre ihrer Kindheit verbrachte sie in Düneberg bei Hamburg, wohin ihr Vater versetzt wurde. Zurück in Rottweil, besuchte sie dort die höhere Töchterschule und bis 1896 das Internat der Englischen Fräulein in Lindau am Bodensee. Im Alter von 20 Jahren heiratete sie in Stuttgart Josef Rist (1865–1932), der später Professor an der Kunstakademie Stuttgart wurde. Die Ehe blieb kinderlos.[1]

Sie nahm aktiven Anteil an der katholischen Frauenbewegung. Von 1918 bis 1928 war sie Vorsitzende des Landesausschusses des Katholischen Frauenbunds der Diözese Rottenburg, bis 1922 des Stuttgarter Zweigvereins und gehörte dem Zentralrat in Köln an.[2] 1928 übernahm sie die Leitung der Hausfrauenvereinigung des Katholischen Frauenbundes, die sie bis 1933 beibehielt. Ab 1927 redigierte sie die Frauenbeilage des „Deutschen Volksblatts".[3]

Nach der Durchsetzung des aktiven und passiven Wahlrechts für Frauen wurde Luise Rist gemeinsam mit Mathilde Kühnert[4] und Amélie von Soden[5] von der Zentrumspartei auf die Landesliste gesetzt. Es ging um die Stimmen der Wählerinnen, die, so spekulierte man, möglicherweise lieber ihre Geschlechtsgenossinnen wählen würden. Die Parteiorganisation war noch nicht so weit ausgebaut und so setzte man auf Kandidatinnen, die sich in katholischen Institutionen einen Namen gemacht hatten. Luise Rist wurde 1919 in die Verfassunggebende Landesversammlung Württemberg gewählt. Sie war ununterbrochen bis 1933 Abgeordnete im Landtag von Württemberg, gehörte dem Vorstand ihrer Fraktion an, war im Petitions- und im Finanzausschuss sowie in zahlreichen Sonderausschüssen vertreten. Ab 1920 gehörte sie dem Fraktionsvorstand ihrer Partei an. Damit hatte sie eine ungewöhnliche machtpolitische Karriere als Frau in dieser Zeit gemacht. Sonja Lenz konstatiert: „Die Zentrumsfrau erarbeitete sich in männlicher Manier – unter Vernachlässigung von frauenspezifischen Inhalten – eine solide Machtbasis innerhalb ihrer Partei beziehungsweise ihres Milieus."[6] Und an anderer Stelle: „Sie geriet jedoch zunehmend in einen Konflikt zwischen Frauen- und Parteiinteressen, aus dem sie sich mit der Verlagerung ihres Agierens auf sittlich-religiöse und konfessionelle Themen zurück zu ziehen versuchte. Es scheint, Rist habe mit der expliziten Betonung der traditionellen Geschlechterdifferenz ihr gegen die traditionelle Frauenrolle verstoßendes politisches Agieren zu entschuldigen und zu kompensieren versucht."[7]

Die NS-Zeit schnitt ihre politischen Aktivitäten vorläufig ab. Als ihre Stuttgarter Wohnung 1944 bei einem Bombenangriff zerstört wurde, zog sie zu ihrer Schwester nach Rottweil. Dort wurde sie anlässlich des Stauffenberg-Attentats auf Hitler als frühere Zentrumsabgeordnete in Rottweil für einige Wochen in Rottenmünster in sogenannte „Schutzhaft" genommen.

Im Herbst 1945 kehrte sie nach Stuttgart zurück und übernahm erneut den Vorsitz des Diözesanverbandes des Katholischen Frauenbundes (bis 1948). Ebenso beteiligte sie sich am Neuaufbau des politischen Lebens. So unterschrieb sie den Aufruf zur Gründung der „Christlich-sozialen Volkspartei", der späteren CDU-Nordwürttemberg, und war von 1946 bis 1952 Mitglied des Landesvorstands und stellvertretende Vorsitzende des Frauenausschusses. Auf erneute Landtagskandidaturen verzichtete sie nach 1946 aus Altersgründen.[8]

Luise Rist wurde 1925 das päpstliche Ehrenzeichen „Pro Ecclesia et Pontifice" und 1953 das Bundesverdienstkreuz verliehen. Sie starb am 10. September 1955 nach längerer Krankheit in einem katholischen Altenheim in Stuttgart.

Literatur:
Lamparter, Eva-Maria: Lusie Rist. Aus Christlicher Verantwortung für die Gleichberechtigung. In: Frauen im deutschen Südwesten. Hrsg. v. Birgit Knorr und Rosemarie Wehling. Landeszentrale für politische Bildung Baden-Württemberg. Stuttgart 1993, S. 211–221.

---

1 Vgl.: Lamparter, Eva-Maria: Luise Rist, a. a. O., S. 211.
2 Vgl.: Raberg, Frank: Biographisches Handbuch, a. a. O., S. 729.
3 Ebd.

4 Siehe S. 82f. in diesem Band.
5 Siehe S. 91f. in diesem Band.
6 Lenz, Sonja: sprache – macht – geschlecht, a. a. O., S. 72.
7 Ebd., S. 70.
8 Vgl.: Raberg, a. a. O., S. 729.

Laura Schradin

„Wir haben ja nur Ketten zu verlieren, wenn wir in das Reich der Erkenntnis eindringen, und dazu brauchen wir nur: ‚Mehr Licht!'"[1] Dieser Satz ist bezeichnend für die agile Frau, die zuweilen in agitatorischer aber auch in überaus pragmatischer Weise auf der Seite der Unterdrückten kämpfte[2].

Laura Schradin (geb. Pfenning) wurde am 7. September 1878 in Reutlingen geboren. Aus einer finanzschwachen Winzerfamilie stammend, musste sie als Kind durch Heimarbeit zum Familienunterhalt beitragen und lernte so schon früh die Hungerlöhne in der Textilbranche kennen. Nach dem Besuch der Volksschule – eine höhere Schulbildung war ihr aus ökonomischen Gründen vewehrt – arbeitete sie mit im Weinberg der Familie. Sie begann, sich für Gewerkschaftsarbeit zu interessieren, versuchte sich weiterzubilden und las, wann immer es ihr möglich war, von Bebel über Heine zu Nietzsche alles, was ihr interessant erschien. 1896 wechselte sie in die Fabrik, nicht nur um von daheim unabhängig zu sein, sondern auch um die Arbeitsbedingungen der Weber und Weberinnen kennenzulernen. Sie mietete sich ein eigenes Zimmer in der Tübinger Straße 67 und trat als Weberin in die Firma „Hecht und Gross" ein, die 1851 gegründet und ab 1865 maschinell betrieben wurde.

Ab 1897 engagierte sie sich in der SPD und blieb dort auch nach ihrer Eheschließung im Jahr 1905 mit dem Prokuristen Fritz Schradin aktiv. Frauenrechte – Kinderschutz – Bildungsproblematik, die zentralen Themen der 3. Konferenz sozialdemokratischer Frauen 1904 in Bremen waren auch die ihren, die sie auf Parteiversammlungen vertrat. Beim Internationalen Sozialistenkongress im August 1907 in Stuttgart lernte sie Rosa Luxemburg kennen und erlebte den Konflikt zwischen August Bebel und Jean Jaurès in der Frage, wie Krieg verhindert werden könne. Nach dieser Konferenz trafen sich Delegierte aus zwölf Ländern zur ersten internationalen Konferenz der sozialistischen Jugendorganisationen. Den Vorsitz führte Karl Liebknecht, der über den Kampf gegen den Militarismus sprach. Anschließend wurde Laura Schradin aufgefordert, eine Ortsgruppe des Verbands junger Arbeiter und Arbeiterinnen in Reutlingen zu gründen. Sie stand in diesen Jahren mit Genossinnen und Genossen auf internationaler Ebene in Verbindung, doch steht die daraus resultierende Korrespondenz leider nicht mehr zur Verfügung, da sie in der NS-Zeit vernichtet wurde.

1910 kam ihre Tochter Hedwig zur Welt, weshalb sie sich eine Zeitlang stärker der Familie widmete, um dann aber angesichts der drohenden Kriegsgefahr wieder überaus aktiv zu werden. Ihre mitreißenden Art zu sprechen ist heute noch teilweise dokumentiert: „Die Frauen haben zwar das Recht, Kinder zu gebären und dem Staat Soldaten zu liefern, ihnen aber das Recht zu geben, an den Geschicken des Volkes mitzuarbeiten, dazu kann man sich nicht entschließen. An der Schwelle des 20. Jahrhunderts steht die Frau und verlangt ihr Recht. Immer noch ist es der Kapitalismus, der an dem grenzenlosen Elend der unteren Schichten die Schuld trägt. Erst wenn der Kapitalismus durch den Sozialismus abgelöst ist, können andere Zustände geschaffen werden. Nicht nur in den Parlamenten, die sich über uns Frauen lustig machen, auch in den Gemeinden muss unser Einfluss gestärkt werden."[3]

In der folgenden Zeit arrangierte sie sich auf ihre Art mit den Verhältnissen: Die kriegsbedingte Arbeitslosigkeit in der Reutlinger Textilindustrie zwang die beschäftigungslosen Arbeiterinnen, zu Minimallöhnen in der mit Heeresaufträgen ausgelasteten Konfektionsindustrie zu arbeiten. Diesem Beschäftigungszweig stellte sie die gemeinsam mit ihrem Mann gegründeten und finanzierten „Kriegsflickwerkstätten" entgegen, in denen die Frauen ein Mehrfaches an Lohn erhielten. 1917 setzten 2.200 Frauen in zehn Flickwerkstätten, die ihren Arbeitsraum in den leeren Sälen der Gastwirtschaften fanden, Soldatenwäsche und Uniformen instand, wobei auch das soziale Leben in Form von Veranstaltungen mit den Kindern der Arbeiterinnen integriert war.

Kriegsende, Revolution und Demokratie brachten das lang erkämpfte Frauenwahlrecht mit sich. Am 13. Januar 1919 wurde Laura Schradin in die Verfassunggebende Landesversammlung von Württemberg gewählt. Sie gehörte unter anderem dem Fraktionsvorstand, dem Volkswirtschaftlichen Ausschuss und dem Volksschulausschuss an. Frauenfragen und der soziale Bereich entsprachen ihr am meisten. 1920 kandidierte sie für die SPD auf Platz 5 der württembergischen Reichstagswahlliste[4]. Der Stimmverlust der Partei verhinderte ihren Einzug in den Reichstag. 1924 kandidierte sie wieder für den Landtag, wurde aber nicht gewählt. Von 1919 bis 1925 war sie als Stadträtin in Reutlingen aktiv. Ab Anfang der 30er Jahre engagierte sie sich für die Volksrechtspartei und kandidierte in diesem Zusammenhang 1932 für den Landtag.[5] Sie setzte sich weiterhin für die sozial Schwachen ein, sowohl durch praktische Hilfestellungen als auch durch überzeugende Plädoyers in öffentlichen Versammlungen.

Selbst in der NS-Zeit hielt sie mit ihren Ansichten nicht hinter dem Berg und wurde in ihrem neuen Wohnort Tübingen denunziert und trotz Haftunfähigkeit zu drei Monaten Gefängnis verurteilt[6], wovon sie sich körperlich nicht mehr erholte. Am 8. März 1937 ist sie in Reutlingen gestorben. Die Grabrede ihres Schwiegersohns, Gustav Adolf Rieth, wurde als Privatdruck an Freunde und Gesinnungsgenossen verteilt, durfte aber nicht bei ihrer Beerdigung gehalten werden[7].

Literatur:
Reitz, Adolf / Schradin, Laura (Hg.): Frauenarbeit im Krieg. Führer von der Leitung der Kriegsflickwerkstätten. o. O. 1917.
Rieth, Gustav Adolf: Laura Schradin, ein Leben für das Recht der Frau. In: Reutlinger Geschichtsblätter. (1978) Heft 2, Nr. 17 (Neue Folge). S. 7–37.

---

1 Laura Schradin: Wissen ist Macht. Reutlingen 1909. In: Rieth, Gustav Adolf s. o. S.18.
2 Einige Informationen sind dem Interview entnommen, das Kathrin Kusch-Wagner für das Haus der Geschichte Baden-Württemberg am 28.03.1990 in Tübingen mit Hedwig Rieth, der Tochter von Laura Schradin, führte, und mir 1991 freundlicherweise zur Verfügung stellte.
3 Vgl.: Freie Presse, 09.03.1914. In: Georg Bayer: Dabei, Bd.1, o. O.1975.
4 Vgl.: Reutlinger General-Anzeiger, 11.05.1920.
5 Raberg, Frank: Biographisches Handbuch, a. a. O., S. 835.
6 Tübinger Chronik, 18.03.1936.
7 Vgl.: Rieth, Adolf Gustav, a. a. O. S.35.

Amélie von Soden

Ein nicht sehr langes parlamentarisches Zwischenspiel gab die am 25. Mai 1869 geborene Amélie von Soden, über deren Leben leider nicht viel bekannt ist. Ihr Geburtsname lautete Amélie Freiin Hugo von Spitzemberg, ihr Vater, ein General der Infanterie und Generaladjudant, hieß Wilhelm Freiherr Hugo von Spitzemberg. 1890 heiratete sie Franz Ludwig Freiherr von Soden[1], einen General.

Amélie von Soden war stellvertretende Vorsitzende des Landesausschusses des Katholischen Frauenbunds in Württemberg und Mitglied der Zentrumspartei. Sie wurde in die Verfassunggebende Landesversammlung Württemberg gewählt, legte aber bereits am 2. Juni 1919 ihr Mandat nieder. Die Begründung war, dass sie davon ausgegangen wäre, die Verfassunggebende Landesversammlung würde nur wenige Monate bestehen.[2]

Am 21. Februar 1953 ist sie in Überlingen am Bodensee gestorben.

---

1 Vgl.: Raberg, Frank: Biographisches Handbuch, a. a. O., S. 870.
2 Ebd.

Fanny Vorhölzer

Fanny Vorhölzer wurde am 25. Juni 1869 als Franziska Klimmer in Altrandsberg in Bayern[1] geboren, wo ihr Vater ein Kleinbauer war. Nach dem Besuch der Volksschule arbeitete sie als Hausangestellte, vermutlich auch noch nach ihrer Heirat mit Karl Vorhölzer in Stuttgart. Karl Vorhölzer (1872-1934) hatte den Handwerksberuf des Spenglers gelernt, war aber ab 1902 Angestellter des Metallarbeiterverbands in Hannover und ab 1904 Bezirksleiter des Metallarbeiterverbands für Württemberg mit Sitz in Stuttgart. Von 1919 bis 1920 gehörte er der Verfassunggebenden Landesversammlung von Württemberg an – genau wie seine Frau.

Fanny Vorhölzer war 1918 Mitglied der Ernährungskommission des Vollzugsausschusses im Arbeiterrat Groß-Stuttgart, 1919 Vorsitzende der Filiale des Hausangestelltenverbandes in Stuttgart.

Sie gehörte der SPD an. 1919, als sie in die Verfassunggebende Landesversammlung Württemberg gewählt wurde, firmierte sie als „Verbandsbeamtengattin". Fanny Vorhölzer gehörte dem Petitionsausschuss an und dem für den Entwurf eines Gesetzes das Gemeindewahlrecht und die Gemeindevertretung betreffend sowie ab Juli 1919 dem Volkswirtschaftlichen Ausschuss. 1920 kandidierte sie auf dem aussichtslosen Listenplatz 25 für den Landtag von Württemberg. Nach 1933 wurde sie von der Gestapo überwacht.

Am 18. Dezember 1941 ist sie in Stuttgart gestorben.

---

1 Viele Informationen aus: Schröder, Wilhelm Heinz: Sozialdemokratische Parlamentarier, a. a. O., S. 785 sowie Raberg, Frank: Biographisches Handbuch, a. a. O., S. 959.

Maria Walter

Maria Walter (geb. Harm), am 27. September 1895 in Stuttgart geboren, hat den größten Teil ihres Lebens in dieser Stadt verbracht. Nach dem Besuch der Volksschule von 1901 bis 1909 in den Stadtteilen Degerloch und Bad Cannstatt arbeitete sie bis 1926 bei der Firma Haueisen in Cannstatt. Von 1928 bis 1933 war sie als Leiterin des Frauensekretariats „Angestellte" der KPD tätig.

Wann und über welche Kontakte eine Politisierung bei ihr stattgefunden hat, lässt sich aus dem vorliegenden Material nicht nachvollziehen. Seit April 1929 gehörte sie jedenfalls der Württembergischen Bezirksleitung der KPD an und war seit 1928 im Stuttgarter Gemeinderat vertreten. 1928 kandidierte sie sowohl für den Landtag als auch für den Reichstag.[1] Von 1932 bis 1933 war sie Abgeordnete im Landtag von Württemberg. Sie gehörte dem Vorstand ihrer Fraktion an und war Mitglied des Steuerausschusses.

Ihre politischen Aktivitäten lassen sich noch bruchstückhaft rekonstruieren. Aus Gestapoakten vom Juni 1934[2] geht hervor, dass sie Mitglied im „Bund gegen den Gebärzwang" war bis zu dessen Auflösung 1929, die aufgrund einer Verordnung des Württembergischen Innenministeriums erfolgte. Außerdem war sie Mitglied des Komitees, das am 11. Dezember 1931 in Stuttgart den Volkskongress gegen Faschismus organisiert hat.

Nach dem Verbot der KPD im März 1933 war es ihr nicht mehr möglich, ihre Wohnung zu betreten, da die Gestapo das Haus beobachtete, um sie in Haft zu nehmen[3]. Unter großen Schwierigkeiten schlug sie sich zur Schweizer Grenze durch und überschritt diese illegal. Da sie mittellos war, war sie gezwungen, für Essen und Unterkunft irgendwelche Arbeiten zu verrichten, die sie nicht mit der Fremdenpolizei in Berührung brachten. Gesundheitlich zermürbt kehrte sie im August 1934 aus der Schweizer Emigration zurück. Wie sie sich während der NS-Zeit in Deutschland über Wasser gehalten hat, ist nicht ganz klar. Aus den Akten geht hervor, dass sie 1939 einen Monat lang in Haft war und immer wieder bettlägrig und arbeitsunfähig war[4].

Nach dem Krieg kehrte sie nicht wieder in die politische Öffentlichkeit zurück, sondern verbrachte ein wohl eher zurückgezogenes Leben in Stuttgart, wo sie am 1. Mai 1988 verstorben ist.

---

1 Raberg, Frank: Biographisches Handbuch, a. a. O., S. 985.
2 Vgl.: Institut für die Geschichte der Deutschen Arbeiterbewegung, Berlin (ehemaliges Institut für Marxismus/Leninismus, SED-Archiv, Berlin/DDR).
3 Vgl.: Akte 105 jR bei VVN, Bund der Antifaschisten, Bad.-Württ. e. V., Stuttgart.
4 Ebd.

Eugenie Willig

Eugenie Willig wurde am 8. September 1879 in Bietigheim geboren. Ihr Vater, Wilhelm Christoph Willig, war Stadtschultheiß dieses Städtchens.[1] Von Beruf war Eugenie Willig Postgehilfin.

Politisch schloss sie sich der Deutschen Demokratischen Partei an und war in der Verfassunggebenden Landesversammlung Württemberg vertreten, wo sie sich vor allem mit frauenspezifischen Fragestellungen auseinandersetzte.

Am 20. September 1954 ist sie in Göppingen gestorben.

---

[1] Vgl.: Raberg, Frank: Biographisches Handbuch, a. a. O., S. 102.

Zetkin, Clara → siehe „Südwestdeutsche Parlamentarierinnen im Reichstag", S. 39

Vom parlamentarischen Neubeginn nach 1945 zur Bildung des Südweststaats Baden-Württemberg 1952

Am Wiederaufbau, der vom Chaos der Nachkriegszeit in die relative Normalität der fünfziger Jahre führte, hatten die Frauen einen entscheidenden Anteil. Die politischen, wirtschaftlichen und gesellschaftlichen Institutionen waren weitgehend außer Kraft gesetzt. Dies war einerseits durch die Kriegszerstörungen bedingt, andererseits durch die Maßnahmen von Seiten der Militärregierung im Hinblick auf Vorgänge, die mit alter NSDAP-Ideologie zusammenhingen. Überdies hatten die staatlichen Funktionen allgemein in der Bevölkerung stark an Ansehen und Vertrauen eingebüßt. Zu diesem Zeitpunkt war die Familie fast als einzige tragende, wenn auch nicht mehr intakte Institution übriggeblieben. Evakuierungen und Flucht hatten viele Menschen durcheinandergewirbelt und an neuen Orten zusammengeführt. Große Verluste in der Zivilbevölkerung durch die Bombardierungen hatten viele Bindungen wie Vereine, Nachbarschaften und Verwandtschaftskreise aufgelöst. Das Alltagsleben konnte sich nur in dieser kleinsten Gruppe, der Familie, die in den Wirren dieser Zeit den einzigen Fluchtpunkt bot, wieder reorganisieren. Hier fiel den Frauen die Hauptlast zu. Viele Männer waren gefallen oder in Kriegsgefangenschaft. In dieser Zeit, in der „soziale Typisierungen nach Schicht, Beruf, Bildung, Religion ... gegenüber Schicksalskategorien wie Heimkehrer, Flüchtling, Kriegsgefangener, Kriegerwitwe, Displaced person, KZ-Häftling"[1] in den Hintergrund traten, verfügten Frauen durch ihre besondere soziale Konditionierung auch über besondere Fähigkeiten zur Bewältigung dieser Situation. Pragmatisch orientiert, versuchten sie das Nächstliegende zu tun, wie Nahrungsmittel zu besorgen, Wohnraum instand zu setzen und die Sorge für die Familienmitglieder zu tragen.

Die Schlagworte der Zeit waren Hunger, Wohnungsnot, Trümmer, Schwarzmarkt, Prostitution und Besatzungsmächte, aber auch demokratischer Neubeginn. Die uneingeschränkte gesetzgeberische, richterliche und vollziehende Gewalt war an die Siegermächte übergegangen. Baden und Württemberg waren im März 1945 durch amerikanische und französische Truppen besetzt worden. Die letztendliche Abgrenzung ihrer Besatzungszonen regelten die Alliierten erst in

---

1 Tenbrück, Friedrich H.: Alltagsnormen und Lebensgefühle in der Bundesrepublik. In: Löwenthal, Richard / Schwarz, Hans-Peter (Hg.), Die zweite Republik. Stuttgart 1974, S. 291.

Historisches Kaufhaus in Freiburg. Tagungsort des Landtags von Baden, 1946–1952

den folgenden Monaten. Über diese Regelung ergab sich die weitere politische Entwicklung der badischen und württembergischen Landesteile. Sie wurden in drei Länder aufgeteilt: Württemberg-Baden mit Stuttgart, Württemberg-Hohenzollern mit dem Regierungssitz Tübingen und dem Parlamentssitz Bebenhausen und Baden mit Freiburg i. Br. als Regierungssitz, Ersteres unter amerikanischer, die beiden Letzteren unter französischer Besatzungsherrschaft. Die ersten Nachkriegsregierungen wurden von den Besatzungsmächten eingesetzt und hatten deren Anordnungen umzusetzen. Ab dem 16. Januar 1946 stand der württemberg-badischen Regierung mit beratender Funktion ein Gremium von Repräsentanten der Bevölkerung, die Vorläufige Volksvertretung, zur Seite. Dieselbe beratende Funktion hatte die Verfassunggebende Landesversammlung in Württemberg-Baden sowie die Beratenden Landesversammlungen in Baden und Württemberg-Hohenzollern inne. Nach dem Inkrafttreten der Landesverfassungen wählten die Landtage in Württemberg-Baden den Ministerpräsidenten und in den anderen beiden Ländern den Staatspräsidenten. Die dem Parlament verantwortliche Regierung hatte sich weiterhin den Anordnungen der Militärregierung zu fügen, doch besaß sie bei der „ihr obliegenden Wahrnehmung

Bebenhausen bei Tübingen. Sitz des Landtags von Württemberg-Hohenzollern, 1946–1952

Furtbachhaus in Stuttgart. 1946 tagten hier Regierungsbeauftragte von Württemberg-Baden mit Besatzungsmacht; die Verfassunggebende Landesversammlung verabschiedete hier am 24.11.1946 die erste südwestdeutsche Landesverfassung nach dem Zweiten Weltkrieg.

der Interessen der Bevölkerung gegenüber der Besatzungsmacht nunmehr den Rückhalt des Parlaments"[2]. Unter der amerikanischen Militärregierung gründeten sich bereits im August 1945 auf kommunaler Ebene politische Parteien, unter der französischen Militärregierung erst im Dezember desselben Jahres. Zu diesem Zeitpunkt gestanden die Amerikaner bereits den Zusammenschluss der Parteien auf Landesebene zu. 1945 und 1946 gab es vier erfolgreiche Parteigründungen: Die KPD und die SPD wurden wiedergegründet, neu gegründet wurden die DVP[3], in der sich die Liberalen zusammenfanden und die CDU, die zunächst unter verschiedenen Namen auftrat, wie Christlich-Soziale Volkspartei oder Christliche Demokratische Partei. Sie vereinte christlich orientierte Menschen beider Konfessionen. 1949 kam als politische Interessenvertretung der Heimatvertriebenen und Flüchtlingen die DG/BHE[4] hinzu.

Die Infrastruktur der Städte und Dörfer war weitgehend zerstört, die industrielle Produktion auf dem Nullpunkt und die Ernährungslage katastrophal. Die Aktivitäten der Landtage konzentrierten sich zunächst auf die Bewältigung dieser Nachkriegsprobleme. Sie mussten versuchen, im Hinblick auf Ernährung, Wohnraumbeschaffung und Versorgung der Bevölkerung mit Heizmaterial, der schlimmsten Not entgegenzuwirken. Es ging um die Ankurbelung der Wirtschaft und darum, das Transportwesen wieder in Gang zu bringen. Von zentraler Bedeutung waren außerdem die „Wiedergutmachung nationalsozialistischen Unrechts", die Versorgung der Kriegsopfer, der Wiederaufbau des Schul- und Bildungswesens und die Lösung sozialer und finanzpolitischer Probleme im Zusammenhang mit der von den Westalliierten im Juni 1948 durchgeführten Währungsreform. Auch der Umgang mit den Besatzungsmächten erwies sich oft als schwierig. In der Frage der Demontage wirtschaftlicher Betriebe, wie sie von den Alliierten angeordnet wurde, kam es zu zähen und langwierigen Auseinandersetzungen zwischen den Landesparlamenten und den Militärregierungen.

Die drei südwestdeutschen Nachkriegsländer wurden oft als Provisorien empfunden. Die Möglichkeit, Veränderungen zu bewirken, gab es ab dem 1. Juli 1948, als die Militärgouverneure den deutschen Regierungschefs einräumten, Vorschläge über eine territoriale Neugliederung der Länder in den drei Westzonen zu machen. Bis zur Gründung des „Südweststaats" Baden-Württemberg 1952 sollte allerdings noch einiges an Wasser die Donau, den Rhein und den

---

2 Landtag von Baden-Württemberg. Aufgaben – Geschichte – Daten. Aktueller Leitfaden. Hrsg. V. Präsidenten des Landtags von Baden-Württemberg. 1988, S. 121f.
3 Demokratische Volkspartei
4 Deutsche Gemeinschaft/Block der Heimatvertriebenen und Entrechteten

Neckar hinunterfließen, was nicht nur mit organisatorischen Schwierigkeiten zusammenhing, sondern mit den unterschiedlich geformten politischen Kulturen der lange Jahre hindurch selbständigen Staaten Baden und Württemberg. Lang gehegte Vorurteile kamen in allen Schichten und allen politischen Institutionen zum Vorschein, die den Zusammenschluss nicht unbedingt leicht machten.

Die Frauen waren an den Diskussionen um die Südweststaatbildung aktiv beteiligt: Beispielsweise bestand Klara Sieberts[5] einziges Auftreten im öffentlichen politischen Rahmen nach dem Zweiten Weltkrieg darin, mit Flugblättern vor der Volksabstimmung am 9. Dezember 1951 in Karlsruhe gegen die Südweststaatgründung aufzurufen[6]. Allerdings hatten die Frauen in den Jahren von 1945 bis 1952 innerhalb der Parlamente nie so hohe Funktionen inne, dass ihre

Eduard-Pfeiffer-Haus in Stuttgart. Sitzungsgebäude des Landtags von Württemberg-Baden, 1947–1952, dann bis 1961 des Landtags von Baden-Württemberg

5 Siehe S. 37ff. in diesem Band.
6 Vgl.: Nachlass Klara Sieberts im Generallandesarchiv Karlsruhe.

Stellungnahmen so einfach rezipierbar wären wie die der männlichen Minister und Präsidenten. Die Parlamentarierinnen waren pragmatischer orientiert und stellten sich vorzugsweise den sozialen Aufgaben. Auffallend ist, dass der prozentuale Anteil von Frauen in den Landtagen dieser Zeitspanne deutlich höher ist als in den Jahren der Konsolidierung, der Restauration und der Reformbewegungen danach. Erst 1988 ergibt sich wieder eine annährend „große" Repräsentanz von Frauen im Landtag von Baden-Württemberg.

Die Parlamentarierinnen der drei südwestdeutschen Nachkriegsländer von 1946 bis 1952

Maria Beyerle

Als Politikerin und Pädagogin war Maria Beyerle in Konstanz ein Begriff. Sie wurde am 21. August 1882 in dieser Stadt geboren und verstarb hier auch vierundachtzigjährig am 18. Dezember 1968. Die Konzentration auf Beruf, ständige Weiterbildung und eine interessante Karriere ließ sie in jüngeren Jahren oft den Wohnort wechseln, so dass man bei dieser Flexibilität von einer geradezu „modernen" Existenz sprechen möchte.

Ihr Vater, Karl Beyerle, war Rechtsanwalt in Konstanz.[1] Sie besuchte die Volksschule und die Höhere Mädchenschule des Dominikanerinnenklosters Zoffingen in Konstanz. Nach dem Besuch des Lehrerinnenseminars, ebenfalls dort, machte sie 1900 die erste Lehrerinnenprüfung. Dann besuchte sie ein Jahr das Pensionat St. Joseph in Ferney-Voltaire in Frankreich. Sie nahm an einem Ausbildungskurs zur Berufsschullehrerin teil und absolvierte 1902 die höhere Lehramtsprüfung. Von 1904 an arbeitete sie zunächst zwei Jahre lang als Hauslehrerin in Padberg (Hochsauerlandkreis), ab 1906 als Hilfslehrerin an der Höheren Mädchenschule in Freiburg und von 1907 bis 1908 als Unterlehrerin in Neckargemünd. Anschließend studierte sie zwei Jahre lang privat an der Universität Freiburg und legte 1910 die Reifeprüfung ab. Ab 1911 arbeitete sie als Lehrerin in Konstanz-Petershausen. 1919 stieg sie zur Hauptlehrerin auf, 1924 zur Fortbildungsschulhauptlehrerin und 1926 schließlich zur Oberlehrerin. Sie wechselte nach Freiburg, wo sie 1928 Rektorin der Mädchenfortbildungsschule wurde, dann aber gleich an die Lehrerbildungsanstalt abgeordnet wurde, wo sie ab 1929 als Studienrätin arbeitete. Als diese Ausbildungsstätte 1932 geschlossen wurde, kam sie als Rektorin an die Mädchenfortbildungsschule in Karlsruhe. Kurz darauf, 1933, ging es wieder zurück in ihre Heimatstadt Konstanz, als Studienrätin an die dortige Mädchenoberrealschule. 1935 wurde sie aus gesundheitlichen Gründen frühzeitig pensioniert.

Gesellschaftspolitisch engagiert, wurde Maria Beyerle 1910 Vorsitzende des Katholischen Frauenbundes, 1914 zählte sie zu den Gründerinnen des Vereins „Katholischer Deutscher Lehrerinnen" im Bezirk Konstanz und 1920 war sie Gründerin und Vorsitzende desselben auf Landesebene. Während des Krieges, ab 1941, betätigte sie sich karitativ als Vorsitzende des Katholischen Fürsorgevereins in Konstanz. Dieses Amt behielt sie bis 1960 inne. 1964 erhielt sie den päpstlichen Ehrenorden „Pro Ecclesia et Pontifice".[2]

Als die Frauen die Möglichkeit hatten, das politische Geschehen aktiv mitzugestalten, schloss sie sich der Zentrumspartei an und war von 1919 bis 1925 und von Juli 1926 bis Februar 1928 Abgeordnete im Badischen Landtag. Dort gehörte sie dem Ausschuss für Schulangelegenheiten an. Der Schwerpunkt ihrer Abgeordnetentätigkeit lag vor allem auf dem wirtschaftlichen und dem bildungspolitischen Sektor. Nach dem Zweiten Weltkrieg gehörte sie zu den Frauen „der ersten Stunde" und war Mitbegründerin der Konstanzer CDU. Zwischen 1946 und 1948 war Maria Beyerle Stadträtin in Konstanz und von 1947 bis 1952 Abgeordnete des Badischen Landtags. Ihre Arbeitsthemen glichen denen ihrer früheren parlamentarischen Tätigkeit.

---

1 Diese Information und weitere zum differenzierten Werdegang von Maria Beyerle verdanke ich Hans-Peter Becht, der mir 2002 freundlicherweise Auszüge aus seinem bis jetzt unveröffentlichten Biografischen Handbuch „Badische Abgeordnete von 1815 bis 1933" zur Verfügung stellte.
2 Ebd.

Juliane Freiin von Campenhausen

Die Rechtsanwältin Juliane von Campenhausen wurde am 6. Februar 1902 in Riga geboren.

Von 1946 bis 1950 war sie Abgeordnete im Württemberg-Badischen Landtag und gehörte zur CDU-Fraktion. Aus den Sitzungsprotokollen ist zu entnehmen, dass sie sich beispielsweise für Unterhaltsbeihilfe für

Angehörige von kriegsgefangenen Männern aus dem öffentlichen Dienst eingesetzt hat. Dieser und andere Beiträge lassen den Schluss zu, dass ihr soziale Belange am Herzen lagen, die sich mit ihren juristischen Fachkenntnissen in Verbindung bringen ließen.

Sie verstarb am 13. Februar 1990 in Heidelberg.

Emmy Diemer Nicolaus → siehe „Südwestdeutsche Parlamentarierinnen im Bundestag" S. 297ff.

Ursula Falck

Ursula Falck wurde am 12. Oktober 1907 in Berlin geboren.

Die Recherchen über sie ergaben nichts über die Information hinaus, dass sie vom 27. Juni 1951 bis 1952 Abgeordnete im Badischen Landtag war, als Nachfolgerin für Katharina Seifried[1] in der Fraktion der KPD.

---

1 Siehe Seite 122f. in diesem Band

Margarete Fischer-Bosch

Die Tochter des berühmten Industriellen Robert Bosch wurde am 2. August 1888 in Stuttgart geboren. Die Familie wohnte damals in der Rotebühlstraße 145, wo auch Karl Kautsky zeitweise lebte und Clara Zetkin eine Nachbarin war[1]. Margarete Fischer-Bosch war zu diesem Zeitpunkt ungefähr fünfzehn Jahre alt. Möglicherweise bekam sie einiges von Clara Zetkins Denken und Engagement mit. Dafür würde sprechen, dass sie und ihre Schwester, als es 1913 zu einem Arbeitskampf bei der Firma Bosch kam, eine durchaus

"sozialistische" Stellungnahme abgaben und sich damit gegen ihren Vater stellten, der doch auch einigermaßen fortschrittlich gesinnt war[2], was sich bei ihm auf den Kontakt mit Karl Kautsky zurückführen lässt[3]. Margarete Fischer-Bosch hatte ein kritisches aber durchaus herzliches Verhältnis zu ihrem Vater, wie sich aus ihrer dem Vater gewidmeten Publikation ableiten lässt.

Sie studierte in Tübingen Staatswissenschaften und schloss 1920 mit einer Dissertation ab, die sich historisch mit den ökonomischen Bedingungen der Klassengesellschaft auseinandersetzt. Sie schreibt in der Vorrede: „Ich beabsichtigte, eine Geschichte der Entstehung des modernen Massenproletariats in Deutschland zu schreiben. Heute liegt eine Untersuchung der Grundlagen für die Entstehung dieses Massenproletariats vor mir: eine Untersuchung der Befreiungsbewegung des Bauernstandes, die sich zudem auf das westliche Deutschland beschränkt. Trotzdem bin ich letzten Endes nicht vom Weg abgeirrt. Das Ziel meiner Arbeit wurde nur während der Arbeit selbst näher gerückt. Das war kein Zufall, sondern eine Notwendigkeit, die sich gründet auf die entscheidende Tatsache, dass die Werdens- und Lebensbedingungen des modernen Proletariats in ihrer ursächlichen Verknüpfung nur erkannt werden können im Zusammenhang mit der Bauern- bzw. der Landfrage." Sie arbeitete im wissenschaftlichen Bereich weiter und publizierte während der NS-Zeit eine Arbeit zur „Geschichtlichen Notwendigkeit einer Gestaltung der Wirtschaft", die trotz eines an die gegenwärtigen Machthaber angepassten Vorworts kritische Ansätze in Bezug auf die Rüstungsproduktion zeigt, zwar nicht in einer Analyse auf die gesellschaftspolitischen Folgen hin aber in einer sachlichen Deskription, die diese Schlüsse dem Leser überlässt.

In der Nachkriegszeit schloss sich Marianne Fischer-Bosch der FDP an. Als eine von insgesamt nur drei Frauen war sie vom 25. Mai 1950 bis 1952 als Abgeordnete im Landtag von Württemberg-Hohenzollern vertreten. Sie gehörte dem Wirtschafts- und Sozialausschuss und dem Sonderausschuss für das Bodenreformgesetz an.

Am 19. Januar 1972 ist sie in Stuttgart gestorben. Darüber, wie sie die Jahre nach dem Ablauf ihres Landtagsmandats verbracht hat und wie ihr Privatleben verlief, liegen keine Informationen vor. Offizielle Anfragen bei der Robert-Bosch-Stiftung und beim Firmenarchiv von Bosch ergaben keine weiteren Hinweise[4].

Literatur:
Fischer-Bosch, Margarete: Jugenderinnerungen an meinen Vater. o. O. o. Zt.
Dies.. Die wirtschaftlichen Bedingungen der Befreiung des Bauernstandes im Herzogtum Kleve und in der Grafschaft Mark im Rahmen der Agrargeschichte Westdeutschlands. Berlin/ Stuttgart / Leipzig 1920 (zugleich Dissertation).

Dies.: Gelenkte Marktwirtschaft. Die geschichtliche Notwendigkeit einer Gestaltung der Wirtschaft. Stuttgart / Berlin 1939.

---

1 Siehe S. 39ff. in diesem Band.
2 Heuss, Theodor: Robert Bosch. Leben und Leistung. Stuttgart 1986, S. 239ff.
3 Ebd., S. 101f.
4 Vgl.: Dokumentation über die „Parlamentarierinnen aus Südwestdeutschland", 2002, Landtagsarchiv von Baden-Württemberg.

Maria Friedemann

Die promovierte Juristin Maria Friedemann (geb. Fritzle) wurde am 22. Mai 1912 in Stuttgart geboren. Nach dem Besuch der Mädchenoberrealschule studierte sie Rechtswissenschaften. Während der NS-Zeit war sie als Sekretärin beschäftigt. Ab 1941 machte sie allerdings ihr Referendariat. Nach dem Krieg arbeitete sie als Amtsgerichtsrätin im Justizministerium.

1946 schloss sie sich der CDU an und war Mitglied in der Verfassunggebenden Landesversammlung Württemberg-Baden. Von 1946 bis 1949 hatte sie ein Mandat als Abgeordnete im Landtag von Württemberg-Baden inne, das sie zum 1. Februar 1949 aus gesundheitlichen Gründen niederlegte. Sie setzte sich in ihrer parlamentarischen Tätigkeit intensiv mit Verfassungs- und Konfessionsfragen auseinander. In ihrer Eigenschaft als Vorsitzende der CDU-Frauengruppe Nordwürttemberg bemühte sie sich, möglichst viele Frauen zur politischen Mitarbeit zu bewegen. Parteiintern setzte sie sich im Wahljahr 1956 dafür ein, dass Frauen als Kandidatinnen zur Landtagswahl aufgestellt würden.

Maria Friedemann lebte zuletzt in Stuttgart. Sie starb am 31. Mai 1999.

Literatur:
Fritzle, Maria: Friede und Gerechtigkeit durch das Befreiungsgesetz? Schriftenreihe „Neue Politik" Stuttgart, Heft 4 (vermutl. 1946).

Gertrud Frühschütz

Die Stuttgarterin Gertrud Frühschütz, am 16. April 1906 geboren, war seit frühester Jugend in der kommunistischen Bewegung aktiv. Während sie die Volks- und dann die Handelsschule besuchte, war sie in der Kinderorganisation und später im Jugendverband der KPD organisiert. Von 1930 bis Anfang 1932 arbeitete sie als Büroangestellte im „Verein für Kinder-Ferienheime" in der Hauptstätter Straße 96 in Stuttgart. Zu Beginn des Jahres 1933 ging sie nach Halle zu ihrem Verlobten Fritz Rau, der dort als Redakteur an der KPD-Zeitung tätig war. In einem Brief[1] schreibt sie: „Als ich von Stuttgart aus gewarnt wurde, weil die Gestapo mein dortiges Zimmer (Löwenstraße 80, Stuttgart-Degerloch/Anm. d. A.) durchsucht hatte, verblieb ich bis Juni 1933 unter illegalen Verhältnissen in Halle. Einkommen hatte ich während dieser Zeit keines. Mein Verlobter und ich lebten von sporadisch gegebenen Beiträgen, die aus einem Solidaritätsfonds stammten. Als wir beide Halle wegen Gefährdung verlassen mussten, begab er sich nach Berlin, während ich nach der Feststellung, dass die Polizei mich in Stuttgart immer noch suchte, mich in Mühlacker unangemeldet aufhielt. Dort hatte ich keinerlei Einkommen und arbeitete um das Essen und die Unterkunft. Ende August 1933 in Berlin lebte ich bei Bekannten meines Verlobten. Es ging vor allem darum, den Grund der Verhaftung von Fritz Rau und seinen Aufenthalt festzustellen. Nach einiger Zeit erhielt ich in Berlin den Auftrag und das Fahrgeld, um in Süddeutschland am Widerstand mitarbeiten zu können. Ich lebte kurze Zeit illegal in München und wurde dort am 2.11.1933 verhaftet."

Die Gestapo ermordete ihren Verlobten am 20. Dezember 1933 in Berlin. Gertrud Frühschütz war bis zum 11. Juni 1938 in München-Stadelheim in „Schutzhaft" und anschließend in den Konzentrationslagern Moringen und Lichtenburg bei Torgau an der Elbe. Schwer krank kehrte sie nach ihrer Haftentlassung nach Stuttgart zurück, arbeitete aber trotzdem ab Dezember 1942 in der mechanischen Werkstätte Theodor Krafft in der Kanzleistraße 11.

Sie lernte den nach zehn Jahren politischer Haft aus dem KZ Dachau entlassenen Georg Frühschütz kennen, und sie heirateten noch während des Krieges. Nach der NS-Zeit baute er das Amt für Wiedergutmachung mit auf und wurde zum Regierungsrat ernannt – im August 1949 starb er an den Folgen der KZ-Haft. Sie arbeitete nach 1945 als Sekretärin bei der Bezirksleitung der KPD. Ihre politischen Prägungen und die Erfahrungen der NS-Zeit ließen sie aktiv an einem politischen Neubeginn in der sich konstituierenden Bundesrepublik teilnehmen. 1946 war sie Mitglied der Verfassunggebenden Landesversammlung Württemberg-Baden. Diese Abgeordnetentätigkeit auf Landesebene setzte sie bis 1950 fort und engagierte sich – soweit dies aus den entsprechenden Landtagsprotokollen ersichtlich ist – in erster Linie im sozialen Bereich. Auf kommunaler Ebene arbeitete sie als Gemeinderätin der Stadt Stuttgart von 1951 bis 1958 weiter. Auch in späteren Jahren zog sie sich nicht aus dem gesellschaftlich-politischen Leben zurück: sie war aktives Mitglied bei den Naturfreunden und der Arbeiterwohlfahrt.

Am 16. Juli 1990 ist sie im Pflegeheim St. Blasien gestorben.

---

1 Brief vom 06.04.1960 an das Landesamt für Wiedergutmachung in Stuttgart.

Marta Giesemann → siehe „Parlamentarierinnen im Landtag von Baden-Württemberg", S. 168f.

Anna Haag

Das Leben der Schriftstellerin und Politikerin Anna Haag umfasst entscheidende politische Umbrüche in der deutschen Geschichte: es erstreckt sich von der Kaiserzeit bis weit in die Bonner Republik hinein. Anna Haag (geb. Schaich), am 10. September 1888 in Althütte bei Backnang geboren, wuchs in bescheidenen Verhältnissen in einer kinderreichen Familie auf. Nach der Volksschule musste sie im elterlichen Haushalt mitarbeiten und konnte ihren Bildungshunger nur durch viel Lektüre stillen. Mit 21 Jahren heiratete sie den Mathematik- und Physiklehrer Albert Haag.

Das Paar zog 1912 nach Bukarest. In Rumänien begann Anna Haag für deutsche Zeitungen Berichte über Land und Leute zu schreiben. Während des Ersten Weltkriegs blieb sie in Bukarest und kümmerte sich um den Lebensunterhalt für sich und ihre beiden Kinder, während ihr Mann interniert war. 1919 kehrte die Familie nach Württemberg zurück, zunächst nach Nürtingen. Anna Haag setzte ihre schriftstellerische Tätigkeit fort, schrieb jetzt Romane, und ihr Mann unterrichtete wieder.

Zur Zeit der Weimarer Republik trat sie der SPD bei, „aufgrund ihrer Überzeugung, dass die Partei am ehesten dazu imstande sei, ein demokratisches Deutschland Wirklichkeit werden zu lassen, ein Deutschland, das den Frieden im Innern und nach außen anstrebte. Ihre Erlebnisse im Ersten Weltkrieg hatten in ihr eine Friedensliebe hervorgerufen, die sie zeitlebens prägte."[1] Deshalb schloss sie auch gleich der Internationalen Frauenliga für Frieden und Freiheit an, die 1915 gegründet, ab 1919 auch eine deutsche Sektion hatte.

Die NS-Zeit erlebte Anna Haag in Stuttgart, wohin die Familie 1926 gezogen war. Ihr Mann wurde wegen pazifistischer Äußerungen strafversetzt, sie hatte Publikationsverbot. „Der Nationalsozialismus bedeutete für sie die Verneinung jeglicher Werte, für die man lebt. Sie sah in ihm die Reduzierung des Menschen auf die Bestie Mensch durch die Verherrlichung von Krieg und Sterben sowie von falschem Heldentum, durch die Auslöschung individueller Freiheit, durch die Gleichschaltung im Tun und Denken, durch die Hörigkeit gegenüber der Propaganda, durch die Vergöttlichung des Führers"[2].

Der Neubeginn nach 1945 ließ sie in die aktive Politik eintreten: Sie gehörte bis 1946 dem Gemeinderat der Stadt Stuttgart an, wo sie sich zusammen mit anderen Kommunalpolitikern der ersten Stunde darum kümmerte, dass die Bürger mit dem Nötigsten versorgt wurden. Schon 1945 hatte sie die Stuttgarter Gruppe der Internationalen Frauenliga für Frieden und Freiheit wieder gegründet und den Vorsitz übernommen. 1949 schuf sie die Arbeitsgemeinschaft „Stuttgarter Frauen helfen bauen" und wirkte mit am Aufbau der Stadt. Dank ihrer Initiative wurde 1951 ein Mädchen- und Frauenwohnheim samt Freizeiträumen und Bibliothek in der Gnesener Straße in Bad Cannstatt errichtet, das später nach ihr benannt wurde und heute noch, inzwischen als Mehrgenerationenhaus[3], existiert. In diesen Nachkriegsjahren unternahm Anna Haag Vortragsreisen in die USA und versuchte, dem durch die Nationalsozialisten geprägten Negativbild von Deutschland ein anderes entgegenzusetzen. Unter dem Eindruck dieser Reisen vermehrte sie ihre Aktivitäten hier: Sie wirkte mit im Rat der Europäischen Bewegung und war Mitbegründerin einer Reihe von Frauenverbänden, beispielsweise des Deutsch-Amerikanischen Frauenclubs und des Hausfrauenverbands. Außerdem engagierte sie sich in sozialen Einrichtungen wie dem Paritätischen Wohlfahrtsverband, dem Verein „Haus für Neurosekranke" und war beteiligt an der Errichtung der Psychotherapeutischen Klinik in Stuttgart-Sonnenberg.

Als SPD-Mitglied gehörte Anna Haag der Verfassunggebenden Landesversammlung an und war von 1946 bis 1950 Abgeordnete im Landtag von Württemberg-Baden. Dort setzte sie sich beispielsweise für die einstweilige Aussetzung von Strafverfahren im Zusammenhang mit dem Paragraphen 218 ein. Bedingt durch die schwierigen soziologischen Umstände und aus materieller Not kam es in dieser Zeit zu vielen Schwangerschaftsabbrüchen. 1947 brachte Anna Haag den Initiativ-Gesetzentwurf ein, dass niemand zum Kriegsdienst mit der Waffe gezwungen werden dürfe. Der Entwurf war von den anderen Parlamentarierinnen interfraktionell mitunterzeichnet. Obwohl die Schrecken des Krieges allen noch deutlich vor Augen standen, gab es unter den männlichen Kollegen eine erbitterte Kontroverse über diese Vorlage. Im April 1948 wurde sie schließlich vom Stuttgarter Landtag angenommen. Bei der späteren Übernahme ins Grundgesetz ergänzte man: „Niemand darf gegen sein Gewissen zum Kriegsdienst mit der Waffe gezwungen werden" (Art. 4, Abs. 3), was dann zu anderen Kontroversen in der bundesrepublikanischen Wirklichkeit geführt hat. Anna Haags pazifistische Überzeugung war letzten Endes wohl der Grund dafür, dass sie 1951 nicht mehr für den Landtag kandidierte. Die SPD strebte danach, eine Volkspartei zu werden und verstand sich nicht als pazifistische Partei. Die andere Seite strebte mit dem damaligen Bundeskanzler Adenauer ab 1951 offen die Wiederbewaffnung an.

Anna Haag ist am 20. Januar 1982 in Stuttgart gestorben. Sie war eine überzeugte und kritische Demokratin, deren Engagement immer am Menschen orientiert war.

Sie erhielt das Bundesverdienstkreuz, die goldene Verdienstmedaille von Baden-Württemberg und die Bürgermedaille der Stadt Stuttgart. In ihrem Geburtshaus in Althütte gibt es ein kleines Heimatmuseum, das einen Teil seiner Ausstellung Anna Haag gewidmet hat.

Literatur:
Haag, Anna: Die vier Rosenkinder. Geschichten aus einem Waldschulhaus. Heilbronn 1926.
Dies.: Der vergessene Liebesbrief und andere Weihnachts- und Silvestergeschichten. Stuttgart 1926.
Dies.: Frau und Politik. Karlsruhe 1946.
Dies.: Ich reise nach Amerika. Stuttgart ca. 1949.
Dies.: Gesucht: Fräulein mit Engelsgeduld. Ein vergnüglicher Roman. Stuttgart 1969.
Dies.: Zu meiner Zeit. Mühlacker 1978.
Dies.: Das Glück zu leben. Erinnerungen und Begebenheiten aus neun Jahrzehnten. Stuttgart 1978.
Gallasch, Christa: Anna Haag – Schriftstellerin, Frauenrechtlerin, Politikerin und Pazifistin. In: Schwäbische Heimat 4/1990, S. 342–352.
Dies.: Anna Haag. Pazifistin und Weltbürgerin. In: Knorr, Birgit / Wehling, Rosemarie (Hg.): Frauen im deutschen Südwesten. Hrsg. v. der Landeszentrale für politische Bildung Baden-Württemberg. Stuttgart 1993, S. 217–221.
Riepl-Schmidt, Maja: Anna Haag, geborene Schaich. Die Friedensfrau. In: Dies., Wider das verkochte und verbügelte Leben. Frauenemanzipation in Stuttgart seit 1800. Stuttgart 1990, S. 247–254.

1 Gallasch, Christa (1993), a. a. O., S. 217.
2 Gallasch, Christa (1990), a. a. O., S. 344.
3 Das 1951 eröffnete Anna-Haag-Haus zog im Jahr 2007 in einen Neubau an der Martha-Schmidt-mann-Straße um. Der Anna Haag Mehrgenerationenhaus e. V. ist seit 35 Jahren Träger und Betreiber des Hauses. Intergeneratives Leben steht im Mittelpunkt. Das Sozialunternehmen mit drei Tochtergesellschaften bietet außerdem Dienstleistungen in den Bereichen Hauswirtschaft, häusliche Pflege und Betreuung an (Vgl.: Stuttgarter Zeitung, 30.01.2012).

Anna-Auguste Hartnagel → siehe „Parlamentarierinnen im Landtag von Baden-Württemberg", S. 181f.

Elly Heuss-Knapp

Elly Heuss-Knapp wird oft nur unter dem Aspekt ihrer Lebensgemeinschaft mit Theodor Heuss und ihrem Amt als „erste Frau der Bundesrepublik" wahrgenommen. Aber sie war schon vor ihrer Heirat eine sehr eigenständige Persönlichkeit und bewahrte sich ihre Selbständigkeit ihr Leben lang. Sie wurde am 25. Januar 1881 in Straßburg als Tochter der Armenierin Lydia von Karganow und des bekannten Nationalökonomen Friedrich Georg Knapp geboren. Die Kreise, in denen sie verkehrte, waren sehr intellektuell geprägt. Nach der höheren Mädchenschule besuchte Elly Heuss-Knapp das Lehrerinnenseminar und schloss mit dem Examen ab. Mit knapp zwanzig Jahren war sie in ihrer Heimatstadt als Lehrerin tätig, gründete dort die erste Fortbildungsschule für schulentlassene Mädchen. Dies war ein wichtiger Impuls für das Bildungssystem. Nebenbei widmete sie sich noch ehrenamtlich der

Armenpflege. Später studierte sie in Freiburg, dann in Berlin Volkswirtschaft. 1908 war ihre Heirat mit Theodor Heuss erfolgt. (Getraut wurden sie übrigens von Albert Schweitzer.) Die beiden hatten sich im Hause des

gemeinsamen Freundes Friedrich Naumann kennengelernt. Sie zogen nach Berlin, hier kam später der Sohn Ludwig zur Welt.

Nach dem Ersten Weltkrieg arbeitete Elly Heuss-Knapp als Lehrerin an verschiedenen Schulen Berlins. In dieser Zeit wurde sie politisch aktiv. Zur ersten Wahl der neuen Republik schrieb sie den überparteilichen Wahlspot „Frauen werbt und wählt, / jede Stimme zählt, / jede Stimme wiegt, / Frauenwille siegt!", der an den Berliner Litfasssäulen prangte. Sie und ihr Mann waren bei den Wahlen zur Nationalversammlung 1919 und zum Reichstag 1920 Kandidaten der Deutschen Demokratischen Partei (DDP), sie in Berlin, er in Württemberg. Beide schafften den Sprung in den Reichstag nicht. Während Theodor Heuss später ein Reichstagsmandat innehatte, zog sich Elly Heuss-Knapp 1923 aus der Parteiarbeit zurück. Der Grund dafür war eine parteipolitische Auseinandersetzung um die Konfessionsschulen, die sie im Gegensatz zu der in der DDP vorherrschenden Meinung befürwortete.

Mit Beginn der NS-Zeit verlor sie ihre Lehrbefugnis und ihr Mann sein Lehramt an der Deutschen Hochschule für Politik und sein Reichstagsmandat. Elly Heuss-Knapp erfand kurzerhand den Beruf der „Reklamefachfrau für Rundfunkwerbung"[1] und ernährte die Familie als Texterin erfolgreicher Werbefilme und Werbeschallplatten für diverse Produkte von deutschen und schweizerischen Firmen, wie beispielsweise für Persil, Knorr-Würze und Reemstma-Zigaretten.

Nach 1945 war Elly Heuss-Knapp bereit, am demokratischen Wiederaufbau mitzuwirken. Das Paar lebte inzwischen in Württemberg. Sie arbeitete bei der FDP/DVP mit und wurde 1946 in den Landtag von Württemberg-Baden gewählt. Hier konnte sie ihre Erfahrungen in der Wohlfahrtsgesetzgebung umsetzen. In den sozial-

und kulturpolitischen Ausschüssen machte sie immer wieder deutlich, dass neben der Gesetzgebung der karitative Geist nicht vergessen werden dürfe. Im Rahmen von Vorträgen und Tagungen ergriff sie das Wort, um demokratisches Gedankengut, aber auch um Trost und Mut zu vermitteln. Für viele Menschen, Deutsche, Emigranten und Ausländer, verkörperte sie damals das „andere" und bessere Deutschland. 1949 legte sie ihr Mandat nieder und ging mit ihrem Mann, der in diesem Jahr zum ersten Bundespräsidenten gewählt worden war, nach Bonn. Dort setzte sie – neben ihren Repräsentationspflichten als Präsidentenehefrau – ihr soziales Engagement fort. 1950 rief sie das Müttergenesungswerk ins Leben. Es sollte den Frauen, die im Krieg und in der Nachkriegszeit Schweres durchgemacht hatten, helfen, sich zu regenerieren, in Form von Erholungskuren, die auf die Bedürfnisse der einzelnen zugeschnitten wurden.

Sie starb am 19. Juli 1952 in Bonn und ist auf dem Stuttgarter Waldfriedhof begraben.

In der Stadt Stuttgart gibt es seit März 2002 in dem bescheidenen Haus, das sich Heuss 1959 bauen ließ, eine Mischung aus Wohnsitz und Museum, aus Authentizität und Dokumentation zu sehen. Die Stiftung Bundespräsident-Theodor-Heuss-Haus hat diese Einrichtung im Feuerbacher Weg 46 finanziert.

Literatur:
Heuss-Knapp, Elly: Bürgerkunde und Volkswirtschaftslehre für Frauen. Leipzig 1917 (4. Aufl.).
Dies.: Schmale Wege. Tübingen 1946.
Dies.: Ausblick vom Münsterturm. o. O., o. Zt.
Gollwitzer, Helmut: Elly Heuss-Knapp zum Gedächtnis. Bonn 1952.
Haug, Gerda: Elly Heuss-Knapp – ein Lebensbild. Stuttgart 1958.
Kaufmann, Friedrich (Hg.): Rat und Tat. Elly Heuss-Knapp. Nachklang eines Lebens. Tübingen 1964.
Klaer, Walter: Ahnenliste von Elly Heuss-Knapp. Saarbrücken 1979.
Paulsen, Anna (Hg.): Elly Heuss-Knapp. Zeugnisse ihres Wirkens. Stuttgart 1959.
Rudolph, Hermann (Hg.): Elly Heuss-Knapp und Theodor Heuss: So bist du mir Heimat geworden. Eine Liebesgeschichte in Briefen aus dem Anfang des Jahrhunderts. Stuttgart 1986.
Salentin, Ursula: „Frauen werbt und wählt, Frauenwille siegt!" – Elly Heuss-Knapp (1881–1952). In: Lieselotte Funcke (Hg.): Frei sein, um andere frei zu machen. Stuttgart 1984.
Dies.: Fünf Wege in die Villa Hammerschmidt. Elly Heuss-Knapp, Wilhelmine Lübke, Hilda Heinemann, Mildred Scheel, Veronica Carstens. Freiburg 1986.
Vater, Margarete: Bürgerin zweier Welten. Elly Heuss-Knapp. Ein Leben in Briefen und Aufzeichnungen. Tübingen 1961.

---

1 Zit. nach Stuttgarter Zeitung vom 12.07.2002.

Rosa Kamm

Rosa Kamm (geb. Baumhauer) wurde am 26. Juli 1907 in Schwäbisch Gmünd geboren. Ihr Vater war Schriftsetzer[1]. Nach der Volksschule besuchte sie die Höhere Töchterschule. Sie arbeitete viele Jahre lang als Kontoristin. Auch nach ihrer Eheschließung mit Gottlob Kamm im Jahre 1925, dem späteren Minister für politische Befreiung von Württemberg-Baden, war sie berufstätig – als Pächterin des Schorndorfer Bahnhofskiosks.[2]

Während der NS-Zeit gestaltete sich Rosa Kamms Leben ziemlich problematisch: Sieben Mal durchsuchte die Gestapo ihr Haus. Eines Morgens dann wurde ihr Mann trotz schwerer Kriegsverletzung aus dem Ersten Weltkrieg abgeholt und in das Konzentrationslager Oberer Kuhberg bei Ulm verschleppt und mehrere Jahre lang festgehalten.[3] Ihre vier Kinder musste Rosa Kamm in dieser Zeit alleine ernähren.

Rosa Kamm war 1946 innerhalb der SPD-Fraktion Mitglied der Verfassunggebenden Landesversammlung von Württemberg-Baden. Ihr Mann wurde vom damaligen Ministerpräsidenten Reinhold Maier zum Entnazifizierungsminister berufen. Für die Familie erwies sich das als zwiespältige Ehre, wie sich Ursel Kamps, jüngste Tochter von Rosa und Gottlob Kamm, gegenüber der Stuttgarter Zeitung erinnert: „Was wir an Bombendrohungen bekommen haben!"[4] Sie erzählt hier auch, dass ihre Mutter den Führerschein gemacht habe, um den Vater von Schorndorf nach Stuttgart zu fahren, wo sie vor dem Ministerium mit Berufs-Chauffeuren gewartet habe. Ursel Kamps beschreibt ihre Mutter als zeitlebens engagiert in Vereinen und in der Politik.[5]

Am 4. Januar 1996 ist Rosa Kamm in einem Pflegeheim in Winterbach verstorben. Der SPD-Kreisverband Rems-Murr schrieb in seiner Todesanzeige vom 09.01.1996: „Wir verlieren mit Rosa Kamm eine ebenso treue wie engagierte und kompetente Sozialdemokratin, die auch in Zeiten der Diktatur für die Demokratie eingetreten ist. Ihr Lebensweg war geprägt von der Solidarität mit den Schwächeren in unserer Gesellschaft."

---

1 Vgl.: Stuttgarter Zeitung, 26.07.2007.
2 Ebd.
3 Ebd.
4 Ebd.
5 Ebd.

Edith Kelber

Edith Kelber wurde am 22. August 1904 in Geiswed geboren. Sie war Ärztin von Beruf.

Politisch schloss sie sich der CDU an und war 1946/47 in der Beratenden Landesversammlung Baden vertreten.

Trotz brieflichem Kontakt während der Arbeit an der ersten Auflage, 1989, war es leider nicht möglich, mehr an biografischen Informationen über sie zu bekommen[1]. Am 08.12.1992 ist Edith Kelber in Seelbach verstorben.

---

[1] Vgl.: Dokumentation „Parlamentarierinnen aus Südwestdeutschland", 1992, Landtagsarchiv von Baden-Württemberg.

Antonie Langendorf

Antonie Langendorf (geb. Glanzmann) stammt aus einer sozialdemokratischen Familie in Leipzig. Am 3. Januar 1894 kam sie zur Welt, besuchte die Volks- und die Handelsschule und war vor 1933 als Kontoristin und als Redakteurin tätig.

Über nicht mehr rekonstruierbare Wege kam sie nach Lörrach, wo sie bei der AOK arbeitete. Dort lernte sie ihren Mann, Rudolf Langendorf, kennen, der im damaligen Arbeiter- und Soldatenrat aktiv war. Beide gehörten zu den dortigen Mitbegründern der

KPD. Das Paar lebte mit den beiden Söhnen ab ca. 1922 in Mannheim. Im Zusammenhang mit den badischen Unruhen 1923[1] wurde Ihr Mann zu drei Jahren Haft verurteilt. In dieser Zeit hielt sie sich und ihre Kinder mit ihrer Tätigkeit als Redakteurin der Mannheimer Arbeiterzeitung über Wasser. Rudolf Langendorf bekam nach der Haft eine Anstellung beim Buchbetrieb der Partei. In den 20er Jahren gehörten die beiden zum geistigen Mittelpunkt der KPD in Mannheim. Sie war ab 1921 im kommunalen Bereich aktiv und gehörte von 1929 bis 1933 dem Badischen Landtag an.

In der NS-Zeit wurde sie mit ihrem Mann im Zusammenhang mit der Entdeckung der Lechleiter-Widerstandsgruppe, die im Bereich Lörrach, Schopfheim und Mannheim aktiv war, festgenommen, aber wieder freigelassen. Rudolf Langendorf wurde am 15. September 1942 hingerichtet. Als Antonie Langendorf sich gegen die Behauptung verwahrte, ihr Mann habe für seine Taten um Verzeihung gebeten, wurde sie selbst drei Tage später erneut verhaftet.[2] Am 20. Juli 1944 wurde sie ins KZ Ravensbrück verschleppt, wo sie mit Erika Buchmann[3] Kontakt hatte. Beide Frauen versuchten dort mit heimlichen Schulungszirkeln und dem Verstecken von gefährdeten Genossinnen Solidarität unter den Frauen aufzubauen und Widerstand zu leisten.

1945 stellte sie sich ungebrochen wieder der parlamentarischen Verantwortung. Sie gehörte der Vorläufigen Volksvertretung Württemberg-Baden an und 1946 der Verfassunggebenden Landesversammlung Württemberg-Baden. Von 1947 bis 1950 war sie Abgeordnete im Landtag von Württemberg-Baden. In ihrer parlamentarischen Arbeit beschäftigte sie sich mit den verschiedensten Themen im wirtschaftlichen und sozialen Bereich. Sie war einige Jahre lang Fraktionsvorsitzende der KPD im Gemeinderat der Stadt Mannheim. Nach dem Verbot der Partei gehörte sie dem Gemeinderat noch bis 1959 als Parteilose an, dann verzichtete sie auf eine Nominierung bei den Nachfolgeorganisationen.

Am 23. Juni 1969 ist Antonie Langendorf in Mannheim gestorben.

---

1 Liessem-Breinlinger, Renate: Die Lahrer Hungerunruhen. Die Vorgänge vom Herbst 1923 nach Prozessakten und Zeitungsberichten. Die Rolle der Abgeordneten Frieda Unger (S. 63 in diesem Band). In: Geroldseckerland 17 (1975), S. 141–160.
2 Mannheimer Morgen, 25.06.1969.
3 Siehe S. 156 in diesem Band.

Lena Maurer → siehe „Parlamentarierinnen im Landtag von Baden-Württemberg", S. 205f.

Gertrud Metzger

Gertrud Metzger wurde am 14. März 1908 in Berlin geboren. Sie besuchte in Berlin und Celle die Schule und machte 1926 das Abitur. Wegen finanzieller Schwierigkeiten konnte sie nicht sofort ein Studium beginnen, sondern arbeitete erst als Bürohilfe in Hannover, danach fertigte sie im Auftrag der Notgemeinschaft der Deutschen Wissenschaft in Hannover eine Karthotek an[1]. 1929 begann sie in Berlin ein Medizinstudium als Werkstudentin und machte 1932 das Vorexamen. Sie stand in Verbindung mit Mitgliedern der sozialistischen Studentengruppe Berlin. 1933 setzte sie ihr Studium in Freiburg, 1934 in Köln fort. 1935 heiratete sie und nahm 1942 in Tübingen das Studium wieder auf. 1944 erfolgten Staatsexamen und Promotion.

Seit 1946 arbeitete sie aktiv in der SPD mit und wurde in die Beratende Landesversammlung von Württemberg-Hohenzollern berufen. Sie gehörte dem Landesvorstand der SPD an. Von 1947 bis 1952 war sie Abgeordnete des Landtags von Württemberg-Hohenzollern und gehörte dem kulturpolitischen Ausschuss, dem Geschäfsordnungs- und Petitionsausschuss, dem Sonderausschuss für das Schulgesetz und dem Finanzausschuss an.

Gertrud Metzger lebte zuletzt in Rottweil. Sie starb am 26. Januar 1993.

Literatur:
Metzger, Gertrud: Medizinische Photographie mit „Agfa Spektralplatten" (Diss.). Universität Tübingen 1944.

---

1 Vgl.: Archiv der sozialen Demokratie, Berlin, Persönlichkeitendokumentation

Maria Raiser → siehe „Parlamentarierinnen im Landtag von Baden-Württemberg", S. 224f.

Stefie Restle → siehe „Parlamentarierinnen im Landtag von Baden-Württemberg", S. 229f.

Maria Scherer

Maria Scherer, am 11. November 1902 in Mannheim geboren, stammt aus einer kinderreichen, christlich geprägten Familie. Nach der Volksschule machte sie von 1918 bis 1921 eine Ausbildung als Damenschneiderin mit anschließender Gesellenprüfung. Nebenbei besuchte sie Fortbildungskurse und die Kochschule. Sie arbeitete nur kurz in ihrem Beruf, da sie im elterlichen Haushalt ihre kranke Mutter unterstützen musste.

Von Jugend an war sie gesellschaftspolitisch aktiv: Im Alter von 15 Jahren gehörte sie dem Vorstand der Jugendgruppe der Marianischen Jungfrauenkongregation an. Mit 22 Jahren war sie Vorsteherin des katholischen Arbeiterinnen- und Handwerkerinnenvereins von Mannheim-West, mit 25 Jahren Bezirksleiterin von Mannheim und dem nordbadischen Bezirk.

Seit dem 16. Lebensjahr arbeitete sie als Wahlhelferin bei der Zentrumspartei mit, der sie später als Vorstandsmitglied angehörte. Ihr Einzug als Stadtverordnete in das Mannheimer Rathaus zerschlug sich durch den Beginn der NS-Zeit. Es folgte für sie eine Pause der politischen Aktivitäten bis zur Gründung der CDU nach dem Krieg[1]. 1946 wurde sie Stadträtin in Mannheim. Ab 1948 gehörte sie dem Landesvorstand der CDU Nordbaden an und wurde noch im gleichen Jahr stellvertretende Landesvorsitzende, was sie bis 1951 blieb. Außerdem war sie seit 1948 im Vorstand der Frauenarbeitsgemeinschaft der CDU und seit 1950 Ausschussmitglied der Soforthilfe in Karlsruhe. Als Nachrückerin hatte sie drei Monate lang ein Mandat für den Landtag von Württemberg-Baden inne, vom 20. Februar 1952 bis zur „Abschiedssitzung" am 30. Mai 1952, nachdem Württemberg-Baden durch die Bildung der ersten provisorischen Regierung am 25. April dieses Jahres in dem größeren Bundesland Baden-Württemberg aufgegangen war.

Maria Scherer war viele Jahre lang im Caritasverband tätig, insbesondere im Bereich der Kinder- und Erholungsfürsorge.

Am 16. April 1981 ist sie in Mannheim gestorben.

---

1 Vgl.: Dokumentation „Parlamentarierinnen aus dem deutschen Südwesten", 1992, Landtagsarchiv von Baden-Württemberg.

Dora Schlatter

Dora Schlatter, am 22. August 1890 in Greifswald in Pommern geboren, war die Tochter des Professors der Neutestamentlichen Theologie Adolf Schlatter (1852–1938) und lebte ab 1898 in Tübingen.

Das christlich geprägte Elternhaus trug sicher dazu bei, dass sie den demokratischen Neubeginn in der frisch gegründeten CDU aktiv unterstützte. Sie war 1946/47 in der Beratenden Landesversammlung Württemberg-Hohenzollern vertreten und dort Mitglied des Geschäftsordnungsausschusses. Länger als auf Landesebene engagierte sie sich im kommunalen Bereich, nämlich von 1946 bis 1956 als Vertreterin im Tübinger Gemeinderat, wo sie sich vor allem sozialen und kulturellen Aufgabenstellungen widmete[1].

Am 10. Oktober 1969 ist sie in Tübingen gestorben.

Literatur:
Schlatter, Dora: Von edlen Frauen – Sechs Biographien für die reifere Jugend. Basel o. Zt.

---

1 Schwäbisches Tagblatt, 14.10.1969

Gerda Schlayer von Puttkamer

Gerda Schlayer von Puttkamer wurde am 20. Februar 1901 in Kiel geboren. Von 1920 bis 1927 studierte sie in Berlin und Heidelberg Philosophie. Fünf Jahre später entschloss sie sich zu einem Zweitstudium und studierte bis 1938 in Freiburg Medizin. Von einer politischen Tätigkeit vor der NS-Zeit ist bei ihr nichts bekannt[1]. 1946 machte sie sich als Ärztin selbständig und begann gleichzeitig, sich politisch zu engagieren. Sie schloss sich der SPD an und wurde Stadträtin in Freiburg. Parallel dazu arbeitete sie auch auf Landesebene, als Mitglied der Beratenden Landesversammlung Baden von 1946 und von 1947 bis 1952 als Abgeordnete im Badischen Landtag, wo sie dem Haushalts-, dem Gesuch- und Beschwerde- und dem Sozialausschuss angehörte.

Am 22. November 1953 ist sie in Freiburg gestorben.

---

1 Köhler, Werner: Freiburg i. Br. 1945 bis 1949. Politisches Leben und Erfahrungen in der Nachkriegszeit. Freiburg 1987, S. 278.

Franziska Schmidt

Die Publizistin Franziska Schmidt, am 31. August 1899 in Mannheim geboren, kommt aus einer vielseitig begabten bürgerlichen Familie. Nach der Realschule besuchte sie die Handelshochschule und machte eine kaufmännische Lehre. Nach den Schrecken des Ersten Weltkriegs sah sie in der sozialistischen Bewegung das mögliche Gegengewicht, solche Entwicklungen zukünftig zu vermeiden. Sie trat 1927 der SPD bei und war von diesem Jahr an bis 1933 Sekretärin beim SPD-Landesbezirk Baden und nebenbei Mitherausgeberin einer Frauenbeilage der Mannheimer Volks-Stimme[1].

Nachdem sie 1933 arbeitslos geworden war, setzte sie – beispielsweise durch Kurierdienste ins Saarland und ins Elsass – illegal die Arbeit für ihre Partei fort. 1938 fand sie bei der „Reederei Schwaben" in Heilbronn eine Anstellung[2]. Wie für die meisten Menschen in Heilbronn bedeuteten für sie die Zerstörung der Stadt 1944 und die letzten sinnlosen Kampfhandlungen im Frühjahr 1945 schlimme Erfahrungen.

Franziska Schmidt gehörte 1946 beim Aufbau einer demokratischen Presse dem ersten Redaktionskollegium der neu gegründeten „Heilbronner Stimme" an. Als das traditionsreiche sozialdemokratische Blatt „Neckar-Echo" von der Besatzungsmacht wieder zugelassen wurde, war sie dort von 1949 bis 1964 als verantwortliche Lokalredakteurin tätig. Sie nutzte diese Zeitung als Diskussionsforum für die Themen, mit denen sie sich während ihrer Abgeordnetentätigkeit von 1946 bis 1952 im Landtag von Württemberg-Baden auseinandersetzte. 1950 protestierte sie beispielsweise im Landtag gegen die „Lösung des Dienstverhältnisses von weiblichen Lehrkräften im öffentlichen Schuldienst"[3], und teilte dazu der Leserschaft des Neckar-Echos folgendes mit: „... Einer Witwe mit einer Tochter wurde ebenfalls die Stellung als Lehrerin gekündigt mit der Begründung, sie habe Anspruch auf eine Hinterbliebenen-Rente. Die Kultverwaltung müsse darauf bestehen, nicht nur verheiratete Lehrerinnen, sondern auch solche, die Versorgungsansprüche stellen könnten, zu entlassen, um dafür männliche Lehrkräfte wieder einzustellen. (...) Im Landtag kamen derartige Entscheidungen auch schon zur Sprache, aber die Kultverwaltung setzt sich über alle Proteste hinweg und verfolgt weiterhin den von ihr eingeschlagenen Weg, die mit Familie belasteten Frauen ohne Unterschied ob verheiratet oder verwitwet, aus dem Amt zu entfernen. Wenn wir so die Dinge des täglichen Lebens betrachten und sehen, wie gleichgültig die Frauen den ihnen gegebenen Rechten gegenüberstehen, dann müssen wir uns nicht wundern, dass diese Rechte nur auf dem Papier stehen bleiben. Die Männer werden diese Rechte nicht im Gesetz verankern, wenn sie nicht von den Frauen dazu immer wieder aufgefordert werden, wenn die Frauen nicht immer wieder auf diese, ihnen durch die Demokratie verliehenen Rechte pochen. Es sind in allen Parlamenten viel zu wenig Frauen. Wie sollen sich in Bonn 29 Frauen gegen 371 Männer durchsetzen, oder im Landtag Württemberg-Baden 8 Frauen gegen 92 Männer behaupten?"[4] Die Gleichberechtigung von Frauen, die „Wiedergutmachung" an Geschädigten des Nazi-Regimes, die Sicherung nötigster existentieller Grundlagen und anderes mehr waren Franziska Schmidts Arbeitsschwerpunkte während ihrer Abgeordnetentätigkeit.

In Heilbronn war sie an der Gründung der SPD-Frauengruppe und der Arbeitsgemeinschaft Heilbronner Frauen wesentlich beteiligt und wirkte bereits ab August 1947 im städtischen Wohnungsausschuss mit, bevor sie ab Januar 1948 in den Gemeinderat kam, dem sie ununterbrochen bis Oktober 1971 angehörte. In diesen Jahren war sie im Verwaltungsausschuss, im Ortsschulrat und im Kulturausschuss aktiv. Ihre Interessen für soziale und kulturelle Belange zeigten sich noch bei anderen Aufgaben: sie arbeitete ab 1951 im Vorstand des „Kleinen Theaters" in Heilbronn mit, gehörte zum Kreis der „Freunde der Kilianskirche" und widmete sich dem Tierschutz. Ihre politischen Konzeptionen vertrat sie auch in der Europa-Union, deren zweite Vorsitzende sie lange Jahre war[5].

Als Franziska Schmidt am 10. November 1979 starb, würdigte sie der damalige SPD-Landesvorsitzende Erhard Eppler als „unerschrockene Publizistin und stets für unseren demokratischen Staat leidenschaftlich engagierte Politikerin"[6].

---

1 Grosshans, Albert: 100 Jahre SPD Heilbronn 1874–1974. Heilbronn 1974, S. 143f.
2 Ebd.
3 Verhandlungen des Württ.-Bad. Landtags, WP 1946–1950, Sitzungsprotokoll Nr. 143.
4 Neckar-Echo, 14.01.1950.
5 Grosshans, Albert: a. a. O.
6 Ludwigsburger Kreiszeitung, 13.11.1979.

Luitgard Schneider

Luitgard Schneider (geb. Schnurr), am 17. August 1893 in Karlsruhe geboren, kommt aus einem Elternhaus, das sich an christlich-humanistischen Werten orientierte. Schon während ihrer Schulzeit befasste sie sich mit der griechischen Philosophie und dem antiken Menschenbild. Sie war eine der ersten Frauen, die in Karlsruhe das Abitur ablegten. Ihr Beruf entsprach ihrer Neigung, praktisch helfend tätig zu sein: Sie studierte in München, Tübingen und Freiburg Medizin und war nach ihrer Promotion als Frauenärztin und als allgemein praktizierende Ärztin tätig. Den Beginn der NS-Zeit erlebte sie als Frau, die beruflich fest etabliert war, und Wertvorstellungen und Lebensprinzipien hatte, die der vorherrschenden Ideologie zuwiderliefen. Sowohl sie als auch ihre Familie versuchten, soweit es ihnen möglich war, Unterdrückten zu helfen und sich für humanitäre Rechte einzusetzen. Während des Zweiten Weltkriegs leitete sie das Rote Kreuz in Reutlingen.

Nach 1945 war es ihr ein Anliegen, am demokratischen Neubeginn mitzuarbeiten. Sie gehörte zu den Gründungsmitgliedern der CDU in Württemberg-Hohenzollern. Von 1946 bis 1948 wirkte sie als Gemeinderätin in Reutlingen an der Lösung der vordringlichsten Probleme der Stadt mit. Sie gehörte damals den Flüchtlings-, Schul-, Wiederaufbau- und Wirtschaftskommissionen des Gemeinderats an. 1946 und 1947 war sie Mitglied in der Beratenden Landesversammlung Württemberg-Hohenzollern, wo sie im Verfassungsausschuss mitarbeitete.

Luitgard Schneider führte bis zu ihrem siebzigsten Lebensjahr eine Arztpraxis in Reutlingen. Während der Besatzungszeit hatte sie auch französisches Militär als Patienten. Dies war ein Anstoß für sie, in Reutlingen die Deutsch-Französische Freundschaft mitzugestalten.

Sie war kurzzeitig verheiratet, ließ sich aber scheiden und hatte keine Kinder. Um so enger war wohl der Bezug zu ihrer Schwester und deren Familie. Ihre Nichte[1] schildert sie als warmherzige, tatkräftige und impulsive Frau, die bis zu ihrem Tod, am 2. Dezember 1972 in Rastatt, immer für die Familie da war.

---

1 Frau Agnes Feldhaus aus Rastatt stellte mir freundlicherweise die im Familienbesitz vorhandenen Materialien über ihre Tante zur Verfügung.

Katharina Seifried

„Lever dod als Sklav"[1] war das Leitmotiv von Katharina Seifried, die sich unermüdlich für eine humane Gesellschaft, für Frieden und soziale Gerechtigkeit einsetzte. Am 29. Mai 1904 als ältestes Kind einer zehnköpfigen Arbeiterfamilie in Bad Vilbel geboren, erfuhr sie soziale und ökonomische Probleme am eigenen Leib. Da ihr Vater SPD-Mitglied war, war sie früh mit dem Gedankengut des Sozialismus vertraut, trat selbst aber erst 1928 der SPD bei. 1930 wechselte sie zur KPD und trat in die RGO (Revolutionäre Gewerkschafts-Organisation) ein[2]. Als aktives Mitglied sprach sie in öffentlichen Versammlungen gegen den Faschismus. Im Zusammenhang mit der Diskussion um den Panzerkreuzerbau, der für sie die Perspektive Krieg bedeutete, wurde sie 1932 wegen „staatsfeindlichen Äußerungen" einmal zu neun und einmal zu sechs Monaten Haft verurteilt, trat für sieben Tage in den Hungerstreik und erreichte so ihre Freilassung. Mit Beginn der NS-Zeit wurde sie steckbrieflich gesucht und musste untertauchen. Trotzdem wurde sie im Oktober 1933 in Leipzig verhaftet und ins KZ Hohenstein gebracht. Dort erlitt sie schwere Misshandlungen, von denen sie sich nie wieder ganz erholte und wurde sehr krank im Mai 1934 entlassen. Um erneuten Verhaftungen zu entgehen, wechselte sie häufig den Wohnort.

Durch ihre 1939 erfolgte Heirat mit Karl Seifried kam sie in den süddeutschen Raum. Ihr Mann wurde als Kriegsgefangener 1946 an der Kanalküste zur Räumung von Minen eingesetzt, wo er tödlich verunglückte.

Katharina Seifried stellte sich nach dem Krieg dem Wiederaufbau eines demokratischen Staates zur Verfügung. Sie kam 1946 nach Freiburg, wo sie mitgeholfen hat, die KPD zu organisieren. Sie gehörte der Beratenden Landesversammlung Baden an und war von 1947 bis Juni 1951 Abgeordnete im Landtag von Baden. Zusammen mit Erwin Eckert, Max Faulhaber und Fritz Eiche bildete sie die KPD-Fraktion im Badischen Landtag, der im großen Saal des historischen Kaufhauses auf dem Münsterplatz zusammentrat. Als sie ihr Mandat niedergelegte, wurde Ursula Falck ihre Nachfolgerin[3]. Bis 1956 war Katharina Seifried als Kommunalpolitikerin im Stadt- und im Kreisrat vertreten. In den Jahren danach setzte sie sich in außerparlamentarischen Organisationen und Bewegungen für Frieden und soziale Gerechtigkeit ein, wobei sie ihrer politischen Richtung treu blieb und nach dem Verbot der KPD der 1968 neugegründeten DKP beitrat.

Sie muss eine ungebrochen optimistisch denkende Frau gewesen sein. 1976 schrieb sie in einem Brief[4] „Trotz alledem, Alfred, ist das Leben für uns eine Freude, denn wir sehen, es geht trotz böser Nachrichten auf allen Kontinenten vorwärts, auch bei uns. (...) Dabei kann man auch die Farbensinfonie des Herbstes und das Spiel der Sonne, der Vögel und Tiere genießen, die Menschen stärken und manches gute Buch lesen... ."

Sie lebte bis zu ihrem Tod, am 16. März 1991, mit ihrer Lebenskameradin Sofie Gerstmeier zusammen in Freiburg.

---

1 ZU (Unsere Zeit), 29.05.1984.
2 VVN, Kreis Freiburg (HG.): Verfolgung, Widerstand, Neubeginn in Freiburg 1933–1945. Freiburg 1989, S. 261.
3 Siehe S. 103 in diesem Band.
4 Brief vom 10.10.1976 an Alfred Hausser, Geschäftsstelle der VVN, Bund der Antifaschisten in Stuttgart.

Hildegard Teutsch

Hildegard Teutsch ist die südwestdeutsche Parlamentarierin der Nachkriegszeit, über die mit den klassischen Recherchemethoden fast nichts in Erfahrung zu bringen war.

Sie wurde am 3. April 1898 in Wilhelmshaven geboren und war Studi-

Anna Walch

"Die Sozialarbeit hat es ihr angetan. Deshalb war sie auch 1945 gleich mit dabei, als es galt, durch mutiges Zupacken der Nachkriegsnot Herr zu werden." So würdigten die Badischen Neusten Nachrichten die CDU-Politikerin Anna Walch.[1]

Anna Walch wurde am 20. November 1887 in Weiler im Kreis Sinsheim geboren. Nach dem frühen Tod des Vaters zog sie mit ihrer Mutter und den Geschwistern nach Karlsruhe. Sie besuchte die Volks- und die Handelsschule und absolvierte anschließend eine kaufmännische Ausbildung. Im Alter von 25 Jahren war sie bereits enrätin von Beruf. Sie hatte promoviert, aber weder Universität noch Fachrichtung sind bekannt.

Politisch schloss sie sich der Demokratischen Partei (DP) an. Von 1947 bis 1952 war sie Abgeordnete im Badischen Landtag, arbeitete als Vorsitzende des Sozialausschusses und gehörte dem Gesuch- und Beschwerdeausschuss an.

Zwischen dem 20. und 23. Mai 1977 ist sie in Heidelberg gestorben.

Abteilungsleiterin in einem Karlsruher Kaufhaus.[2] „Nach nur fünf Ehejahren verlor sie im Ersten Weltkrieg ihren Mann. Der einzige Sohn fiel im Zweiten Weltkrieg. Diese schmerzhaften Verluste mögen mit eine Antriebsfeder für ihr sozialpolitisches Engagement gebildet haben."[3]

Bereits zur Zeit der Weimarer Republik war Anna Walch in der katholischen Frauenarbeit und in der Sozialfürsorge aktiv. Nach dem Zweiten Weltkrieg engagierte sie sich in der Erholungsfürsorge für Kinder und in der Flüchtlingsfürsorge. Sie initiierte nach der Währungsreform 1948 gemeinsam mit konfessionellen Frauenverbänden und dem Roten Kreuz eine Vermittlungsstelle für Notkäufe bzw.

Notverkäufe in der Durlacher Allee 60 in Karlsruhe.[4]

Als katholisch geprägte, sozial engagierte Frau fand sie in der CDU ihre politische Heimat. „Man holte mich einfach. Ich wurde geradezu in die CDU hineingeboren", sagte sie später.[5] 1946 war sie in der Verfassunggebenden Landesversammlung Württemberg-Baden vertreten. Um ihre karitative Arbeit entsprechend in der städtischen Politik zu verankern, kandidierte sie für den Karlsruher Gemeinderat, dem sie von 1947 bis 1956 angehörte.

1956 erhielt sie das Bundesverdienstkreuz.

Am 17. März 1966 ist sie in Karlsruhe gestorben.

Literatur:
Guttmann, Barbara: Anna Walch. ... geradezu in die CDU hineingeboren. In: dies.: „Zwischen Trümmern und Träumen". Karlsruherinnen in Politik und Gesellschaft der Nachkriegszeit. Karlsruhe 1997, S. 112—115.

1 Zit. nach Guttmann, Barbara, a. a. O., S. 113.
2 Ebd., S. 114.
3 Ebd.
4 Ebd., S 113.
5 Badische Neueste Nachrichten, 10.07.1954.

Bemerkungen zum Landtag von Baden-Württemberg[1]

Seit 1952, nach einem siebenjährigen Prozess der Einigungsversuche, gibt es den „Südweststaat" Baden-Württemberg. Schwierigkeiten ergaben sich daraus, dass drei durch strategische und taktische Überlegungen der zwei Besatzungsmächte geschaffene Länder einen politischen Konsens finden mussten. Noch gravierender war der Umstand, dass Besatzerwillkür historisch gewachsene und landsmannschaftlich begründete Grenzen missachtet und die alten Länder Baden und Württemberg längs der Autobahn von West nach Ost einfach durchgeschnitten hatte. Eigensinn, konservative Beharrlichkeit und parteiisches Statusdenken erleichterten die Entwicklung nicht. Dazu kam die Vorstellung im „einfachen Volk" – nachdem gerade wieder demokratische Institutionen geschaffen waren – je kleiner ein Staatengebilde sei, um so demokratischer könne es funktionieren[2]. Doch allen Problemen zum Trotz: Das Bundesland Baden-Württemberg wurde geschaffen. Maßgeblich beteiligt waren Männer – Frauen tauchten in diesem Zusammenhang nirgends auf – wie Wilhelm Keil, Alex Möller, Reinhold Maier, Carlo Schmid und Gebhard Müller. Der Auslöser für die Neuordnung war letztlich ein Bundesgesetzgebungsverfahren, das eine Volksabstimmung festlegte. Diese fand am 9. Dezember 1951 statt und bescherte den Anhängern des Südweststaates in Nordbaden, Nord- und Südwürttemberg einen Erfolg, den die Gegner, welche die Mehrheit nur in Südbaden hatten, nicht verhindern konnten[3].

Am 9. März 1952 wurde die Verfassunggebende Versammlung des neuen Landes gewählt. Die anschließenden Verfassungsberatungen gestalteten sich schwierig: Dem Verfassungsausschuss lagen zwei Beratungsentwürfe vor, wobei der eine von der Regierungskoalition, bestehend aus SPD, FDP/DVP und BHE[4], stammte, und der andere von der CDU-Opposition. Die beiden Entwürfe unterschieden sich sowohl in Fragen zur eigentlichen Staatsorganisation als auch in Einzelfragen, die Religion und Religionsgemeinschaften sowie den Bereich Erziehung und Unterricht betrafen. Nach dem Regierungswechsel 1953 vereinfachten sich die Beratungen. Es gab jetzt eine Große Regierungskoalition

---

1 Ständig aktualisierte Informationen im Internet unter „www.landtag-bw.de"
2 Vgl.: Simon, Klaus: Ein Ordnungsland oder Wie der Bürger denkt und der Staat lenkt. In: Reschl, Willy (Hg.): Das Land im Südwesten. Stuttgart 1987.
3 Vgl.: Schneider, Herbert: Der Landtag von Baden-Württemberg seit 1952. In: Bradler, Günther/Quarthal, Franz: Von der Ständeversammlung zum demokratischen Parlament, a. a. O., S. 296–334.
4 Block der Heimatvertriebenen und Entrechteten

*Stuttgart: Die Landtagsgebäude von Baden-Württemberg
Haus des Landtags (oben), Haus der Abgeordneten (unten)*

Landesregierung Baden-Württemberg 1972 mit der 1. Ministerin Annemarie Griesinger

aus CDU, SPD, FDP/DVP und BHE. Einzig die KPD stellte eine kleine Opposition. Die CDU nahm von ihrem Vorschlag zur Staatsorganisation Abstand und in der umstrittenen Schulfrage fand man einen Kompromiss: In den ehemaligen Ländern Württemberg-Baden und Baden blieb die Christliche Gemeinschaftsschule als alleinige Schulform und in Südwürttemberg-Hohenzollern wurde das Nebeneinander von Bekenntnisschulen und Christlichen Gemeinschaftsschulen aufrechterhalten.

Das Grundgesetz der Bundesrepublik Deutschland schreibt den Bundesländern für ihre Verfassungen nur wenig Grundsätze vor. So kommt es, dass sich die Landesverfassungen, was die Wahl der Regierung, deren Abberufung, die Richtlinienkompetenz und die Funktionen des Staatsoberhaupts betrifft, zum Teil erheblich unterscheiden. Beispielsweise enthält die baden-württembergische Landesverfassung abweichend vom Grundgesetz auch einige wenige plebiszitäre Elemente wie die Parlamentsauflösung durch Volksabstimmung in Art. 43, Abs. 2 LV und die Volksgesetzgebung in Art. 59 und 60 LV[5].

---

5 Vgl.: Baden-Württemberg. Eine kleine politische Landeskunde. Hrsg. v. der Landeszentrale für politische Bildung. 6., vollständig überarbeitete Aufl., Stuttgart 2008, S. 22.

Alterspräsidentin Toni Menzinger eröffnete die konstituierende Sitzung der Legislaturperiode 1976–1980 (2.6.1976)

Mit einer Mehrheit von zwei Dritteln kann der Landtag die Verfassung verändern, wovon er gelegentlich Gebrauch gemacht hat. Solche Veränderungen betrafen vor allem den schulischen Bereich – beispielsweise sind die öffentlichen Bekenntnisschulen abgeschafft worden – und die Staatsorganisation. Das Verhältnis von Parlament und Regierung ist im Bereich des Petitionsrechts, bei den Befugnissen der parlamentarischen Untersuchungsausschüsse, auf dem Gebiet der Finanzkontrolle und in den Notstandskompetenzen dahingehend neu bestimmt worden, dass jeweils die Entscheidungs- und Kontrollrechte des Parlaments gestärkt wurden. 1974 wurde das Volksgesetzgebungsverfahren, das heißt die Gesetzesinitiative des Volkes mit der Möglichkeit einer nachfolgenden Volksabstimmung, in die Landesverfassung aufgenommen. Weitere wichtige Veränderungen betrafen die Verlängerung der Wahlperiode des Landtags auf fünf Jahre (1995), im selben Jahr die Beteiligung des Landtags an den für das Land bedeutsamen Vorhaben im Rahmen der europäischen Union und die Einführung des kommunalen Wahlrechts für EU-Bürger. Drei neue Staatsziele wurden ebenfalls in die Verfassung aufgenommen: In Art. 3 a der Schutz der natürlichen Lebensgrundlagen (1995), in Artikel 3 b der Schutz der Tiere als Lebewesen und Mitgeschöpfe (2000) sowie in Art, 3 c die Förderung des kulturellen Lebens und des Sports durch den Staat und die Gemeinden (2000).[6]

Kompliziert – mit vielen rechtlichen Gutachten und Gegengutachten – gestaltete sich die Volksabstimmung zu „Stuttgart 21" am 27. November 2011. Ende Juli 2011 wurde dazu ein Entwurf, das „Gesetz über die Ausübung von Kündigungsrechten bei den vertraglichen Vereinbarungen für das Bahnprojekt Stuttgart 21 (S 21-Kündigungsgesetz)", vorgelegt, das die Landesregierung verpflichtet hätte, Kündigungsrechte bei den vertraglichen Vereinbarungen mit finanziellen Verpflichtungen des Landes Baden-Württemberg für das Bahnprojekt „Stuttgart 21" auszuüben. Da von den im Parlament vertretenen Parteien einzig die Grünen gegen „Stuttgart 21" waren, wurde das Gesetz am 28. September 2011 erwartungsgemäß im Landtag abgelehnt. Dies eröffnete die Möglichkeit zur Volksabstimmung. Rechtliche Grundlage bildete das Gesetz über Volksabstimmung und Volksbegehren (Volksabstimmungsgesetz – VAbstG) in der Fassung der Bekanntmachung vom 27. Februar 1984. Bei der Abstimmung konnten die Wähler entweder mit „Ja" oder „Nein" votieren. Das Kündigungsgesetz zu „Stuttgart 21" wäre angenommen gewesen, wenn die Mehrheit der abstimmenden Bürger – mindestens jedoch ein Drittel aller Stimmberechtigten (das entsprach einem Quorum von rund 2,5 Millionen Stimmberechtigten) – mit „Ja" gestimmt hätte.

Die ersten Landesregierungen spiegelten die vielfältigen politischen Strömungen wieder. Das änderte sich später. Vom ersten – wegen der noch auszuarbeitenden Landesverfassung – nur vorläufigen Kabinett unter Reinhold Maier (25.4.1952 – 7.10.1953) über die von Gebhard Müller (7.10.1953 – 17.12.1958) und Georg Kiesinger (1958 – 1966) bis zur zweiten Regierung Filbinger (1966 – 1972) sind alle Stuttgarter Kabinette Koalitionsregierungen gewesen.

---

6 Vgl.: Baden-Württemberg. Eine kleine politische Landeskunde. Hrsg. v. der Landeszentrale für politische Bildung. 6., vollständig überarbeitete Aufl., Stuttgart 2008, S. 23.

Wahlplakate von dreien der im Landtag von Baden-Württemberg vertretenen Parteien – alle Ende der achtziger Jahre

Zunächst dominierten kurz die Liberalen zusammen mit den Sozialdemokraten und der Vertriebenenpartei (BHE). Aber schon seit Gebhard Müller ab 1953 dem Kabinett vorstand, bestimmte die CDU als stärkste politische Kraft die Regierungspolitik. Dies erfolgte mit wechselnden Koalitionen und dreimal im Vorsitz von sogenannten Allparteienregierungen, ein unzutreffender Begriff, da die KPD bis zu ihrem Verbot nie in einer baden-württembergischen Regierung vertreten war. Während der verbleibenden Amtszeit Filbingers (1972–1978), über die Ministerpräsidentenzeit von Lothar Späth (1978–Januar 1991) bis zu Erwin Teufel (ab 1991) gab es dann eine zwanzig Jahre dauernde kontinuierliche Alleinregierung der CDU.

Bei der Wahl 1992 sank die CDU unter die 40 Prozent-Grenze. Auch die SPD war auf der Verliererseite mit unter 30 Prozent. Nutznießer dieser Verluste beider großen Parteien waren die „Republikaner", die als drittstärkste Fraktion in den Landtag einzogen. Wahlforscher führten das Wahlergebnis auf eine weitverbreitete Verunsicherung der Wähler und auf Zukunftsängste angesichts einer drohenden (und dann auch eingetretenen) Wirtschaftsrezession zurück. Sie werteten die Entscheidung des Wählers insgesamt als Ausdruck einer verbreiteten Parteien- und Politikverdrossenheit."[7] Zum dritten Mal kam es in der Geschichte von Baden-Württemberg zur Bildung einer Großen Koalition.

1996 verfehlte die CDU zwar die absolute Mehrheit, blieb jedoch mit 41,3 Prozent die entscheidende politische Kraft und bildete mit der FDP die Regierung. Im Jahr 2001 (seit 1996 beträgt die Wahlperiode fünf anstelle von vier Jahren) konnte die CDU dann wieder 44,8 Prozent der Wählerstimmen für sich verbuchen und regierte nach wie vor zusammen mit der FDP. (Die „Republikaner" verfehlten ab dieser Wahlperiode wieder die Fünf-Prozent-Klausel.) In dem männerdominierten neuen Kabinett, wurden neben Annette Schavan als einziger Ministerin und der politischen Staatssekretärin Johanna Lichy, dann noch zwei Frauen Landtagsvize-Präsidentinnen: Christa Vossschulte für die CDU und Beate Fauser für die FDP. Zum Schluss hin besserte sich die Bilanz für weibliche Regierungsmitglieder: Im Juli 2004 wurde die damalige Bundestagsabgeordnete Tanja Gönner von Ministerpräsident Erwin Teufel als Sozialministerin ins Land geholt. Nachdem Erwin Teufel im April 2005 den Platz für seinen Nachfolger Günther Oettinger frühzeitig freigab, wurde Tanja Gönner Umweltministerin und Andreas Renner Minister für Arbeit und Soziales. Am Ende dieser Legislaturperiode folgte ihm Monika Stolz in dieses Amt.

---

7 Landtag von Baden-Württemberg. Ein Leitfaden zu Aufgaben und Geschichte des Landtags. Hrsg. v. Präsidenten des Landtags. 11. erw. u. aktualisierte Auflage. Stuttgart 1998, S. 144.

Die Regierung von Baden-Württemberg während der Großen Koalition ab 1992 mit den Ministerinnen Brigitte Unger-Soyka, Marianne Schultz-Hector und Helga Solinger

Die Regierung von Baden-Württemberg unter Ministerpräsident Erwin Teufel seit 2001 mit Ministerin Dr. Annette Schavan (rechts) und Staatssekretärin Johanna Lichy (links)

Aus der Landtagswahl 2006 mit Ministerpräsident Günther Oettinger als CDU-Spitzenkandidat ging die CDU mit einem Stimmenanteil von 44,2 Prozent als stärkste Partei hervor, die SPD erhielt 25,2 Prozent, Bündnis 90/Die Grünen 11,7 Prozent und die FDP/DVP 10,7 Prozent. Der Union fehlte lediglich ein Mandat zur absoluten Mehrheit. Trotz kurzem Liebäugeln mit den Grünen setzte Oettinger die Koalition mit der FDP fort. Die Ministerinnen Stolz und Gönner behielten ihre Ämter bei. Im Februar 2010 ernannte Stefan Mappus, der im selben Monat als Nachfolger des nach Brüssel berufenen Günther Oettinger vom baden-württembergischen Landtag zum neuen Ministerpräsidenten gewählt worden war, Tanja Gönner zusätzlich zur Verkehrsministerin.

Bei der Landtagswahl 2011 kam viel zusammen: Regional in der Landeshauptstadt und darüber hinaus das Brodeln der Bürger wegen des umstrittenen Bahnhofprojekts „Stuttgart 21", weltweit die Atomreaktorkatastrophe im japanischen Fukoshima, welche die Bundes-CDU zu einer Kehrtwende in Sachen Energiepolitik veranlasste – zu spät für die Wahl hier – und nicht zuletzt der ungeliebte Ministerpräsident Stefan Mappus, dessen „EnBW-Deal" am Parlament vorbei inzwischen sogar die Staatsanwaltschaft interessiert. Und doch hat nicht einmal der SWR, der im Wahlkampf ein „Fernsehduell" der Spitzenkandidaten Stefan Mappus und Nils Schmid von der SPD anstelle mit Winfried Kretschmann initiierte, mit diesem historischen Wahlergebnis gerechnet. Die CDU blieb zwar stärkste Fraktion im Landtag, allerdings mit nur noch 39 Prozent. Auch die SPD verlor Stimmen und kam auf 23,1 Prozent. Das Ergebnis der Liberalen halbierte sich gar auf 5,3 Prozent der Stimmen. Strahlende Gewinner waren die Grünen mit 24,2 Prozent, womit klar war, wer der „große" Koalitionspartner in der Landesregierung sein würde.[8] Fünf von zwölf Ministerposten blieben im grün-roten Regierungsbündnis von Anfang an Frauen vorbehalten – eine gute Quote! Und um den berühmten Slogan nochmals zu bemühen: Wir können alles, sogar nach fast sechzig Jahren die Regierungsmacht der CDU brechen und den bundesweit ersten grünen Ministerpräsidenten wählen.

Eben den möchten wir hier zitieren. Winfried Kretschmann sagte anlässlich von sechzig Jahren „Südweststaat": „Unser Wohlstand in Baden-Württemberg beruht darauf, dass wir unsere Premiumprodukte in alle Welt exportieren. Dazu muss man weltoffen sein. Insofern muss man immer auch ein Stück Kant'scher Weltbürger sein. Gleichzeitig gilt: Wenn ich mich nirgendwo sicher und be-

---

8 Quelle: Statistisches Landesamt unter www.statistik-bw.de/wahlen/landesdaten/Landtagswahlen/LRLTW. asp, Stand: Juli 2012.

Die grün-rote Landesregierung im Jahr 2011

haust fühle, kann ich auch den Schritt in die weite Welt praktisch und geistig nicht wagen."[9] Und: „Denken und schaffen, das macht die Menschen in Baden-Württemberg aus, und dass sie das, was sie erdacht haben, auch gerne umsetzen."[10] Längst identifiziert man sich mit diesem Bundesland. Vor allem die junge Generation käme gar nicht mehr auf die Idee, zwischen Baden und Württemberg zu differenzieren. Viele fühlen sich in erster Linie als Europäer, entspannt lebt sich mittlerweile – vielleicht dank großer Fußball-Events – selbst die nationale Identität. Aber egal ob man gebürtig, zugezogen oder eingewandert in Freiburg, Karlsruhe, Mannheim, Ulm oder Stuttgart beheimatet ist, man empfindet sich hier mittlerweile als „Baden-Württemberger".

---

9 Zit. nach Staatsanzeiger, 13.07.2012.
10 Ebd.

Die Parlamentarierinnen des Landtags von Baden-Württemberg zwischen 1952 und 2012

Brigitte Adler → siehe „Südwestdeutsche Parlamentarierinnen im Bundestag", S. 281f.

Katrin Altpeter

Sie hat eine für Politiker eher untypische Karriere hingelegt. Seit April 2001 ist die Lehrerin für Pflegeberufe und erfahrene Kommunalpolitikerin SPD-Abgeordnete im Landtag von Baden-Württemberg. Seit Mai 2011 ist Katrin Altpeter baden-württembergische Ministerin für Arbeit und Sozialordnung, Familien, Frauen und Senioren.

Waiblingen ist ihre Heimatstadt. Hier wurde sie am 6. November 1963 geboren und lebt auch hier als alleinerziehende Mutter mit ihrer Tochter in dem Haus ihrer Urgroßeltern, in dem sie selbst aufwuchs.[1] Nach dem Abitur machte sie eine Ausbildung zur staatlich anerkannten Altenpflegerin und arbeitete dann einige Jahre im ambulanten und stationären Pflegebereich. Nach einer Weiterbildung zur Lehrerin für Pflegeberufe leitete sie zwischen 1992 und 2001 als Angestellte einen ambulanten Pflegedienst und unterrichtete an einer Altenpflegeschule. Ab Mai 2001 war sie freiberuflich als Lehrerin für Pflegeberufe beim Berufsfortbildungswerk des DGB in Stuttgart-Bad Cannstatt tätig, ein mittlerweile ruhendes Arbeitsverhältnis.

Ende der 70er Jahre gründete Katrin Altpeter mit anderen Jugendlichen zusammen das selbstverwaltete Jugendzentrum „Pumphäusle" in Waiblingen-Neustadt und avancierte über dieses Engagement zur Vorsitzenden des Dachverbandes der Jugendzentren im Rems-Murr-Kreis. Zehn Jahre lang, zwischen 1984 und 1994 war sie Vorsitzende des Kreisjugendrings Rems-Murr e. V. und als solche auch Mitglied im Jugendhilfeausschuss. Mit ihrem Eintritt in die SPD 1989 wurde sie in Waiblingen-Neustadt Ortschaftsrätin und stellvertretende Ortsvorsteherin. Diese Ämter behielt sie bis 1999 inne, parallel dazu war sie ab 1994 Gemeinderätin in Waiblingen. Sie gehörte viele Jahre dem Kreisvorstand der SPD Rems-Murr und dem SPD-Vorstand in Waiblingen an. Sie engagiert sich als stellvertretende Vorsitzende des Stiftungsrats der Stiftung Kinderland Baden-Württemberg. Außerdem ist sie Mitglied von Verdi und in verschiedenen lokalen Vereinen.

Katrin Altpeter wird als selbstbewusst, direkt und zupackend beschrieben.[2] Die Ministerin will das Thema „soziale Gerechtigkeit" im Blick behalten, für einen Mindestlohn kämpfen, für bezahlbare Kinderbetreuung und dafür, Bildung und Selbstständigkeit zu ermöglichen.[3] Natürlich liegt ihr das Thema Pflege am Herzen. Immer mehr Menschen wollten in ihrer häuslichen Umgebung alt werden, diesem Wunsch müsse Rechnung getragen werden.[4] Überhaupt ist ihr wichtig, den Bürgern das Gefühl zu vermitteln, dass Politik in konkreten Fragen auch konkret für sie da sei. Das versucht sie allein und im Team umzusetzen: „Ich bin eine Mannschaftsspielerin, aber ich bin auch eine Kämpferin", beschreibt Katrin Altpeter sich selbst.[5]

---

[1] Stuttgarter Nachrichten, 29.04.2011.
[2] Vgl.: Badisches Tagblatt, 18.06.2011, Südwest Presse, 15.11.2011.
[3] Badisches Tagblatt, 18.06.2011.
[4] Ebd.
[5] Zit. nach Badisches Tagblatt, 18.06.2011.

Muhterem Aras

Mit zwölf Jahren kam Muhterem Aras aus einem ostanatolischen Dorf nach Baden-Württemberg. Bei der Landtagswahl 2011 holte die selbstständige Steuerberaterin nicht nur das Direktmandat im Wahlkreis Stuttgart I sondern wurde mit 42,5 Prozent gleich Stimmenkönigin der Grünen im Land. Die Süddeutsche Zeitung schrieb damals: „Sie ist das Gesicht einer neuen Zeit, die in Stuttgart angebrochen ist, eine Symbolfigur gelungener Integration dazu: Türkischstämmig, Muslimin, Grüne."[1]

Geboren 1966 in Elmaagacaw[2] in der Türkei, hieß ihre neue Heimat

1978 dann Filderstadt, nachdem ihr Vater hier Arbeit gefunden hatte und die Familie herholte. Muhterem Aras schloss die Mittlere Reife in Nürtingen ab und machte 1989 Abitur am beruflichen Gymnasium Friedrich-von-Cotta-Schule in Stuttgart. Anschließend studierte sie Wirtschaftswissenschaften an der Uni Hohenheim und jobbte nebenher in der Fraktionsgeschäftsstelle der Grünen im Stuttgarter Rathaus. Von 1994 bis 1999 arbeitete sie als angestellte Steuerberaterin, seit 1999 betreibt sie ihre eigene Kanzlei mit mehreren Angestellten in Stuttgart-Mitte.

Die ausländerfeindlichen Anschläge in Rostock-Lichtenhagen und Mölln gaben den Ausschlag für sie, 1992 Mitglied der Grünen zu werden:

"Mich hat überzeugt, wie die Grünen mit Minderheiten umgegangen sind. Das Thema Ökologie kam bei mir dann erst später hinzu," erklärt sie.[3] Von 1999 bis 2011 engagierte sie sich im Stuttgarter Gemeinderat, ab 2007 als Fraktionsvorsitzende der Grünen. Mitglied des Landtags von Baden-Württemberg ist sie seit April 2011. Sie gehört dem Bildungsausschuss an, ist Vorsitzende des Arbeitskreises Finanzen und Wirtschaft und finanzpolitische Sprecherin der Landtagsfraktion Grüne. "Meine Themen sind Bildung und Finanzen. Einwanderer müssen sich nicht immer um Integrationspolitik kümmern", erklärt sie dazu.[4]

Außerdem ist sie Mitglied der Heinrich-Böll-Stiftung Baden-Württemberg e. V., im Bund für Umwelt und Naturschutz Deutschland, beim Tollhaus e. V. (Eltern-Kind-Initiative), bei Freunde und Förderer des Altenzentrums Zamenhof und Haus Hasenberg e. V., des Fördervereins der Nesinstiftung (FöNes) e. V. und beim MTV Stuttgart 1843 e. V.

Sie engagiert sich als Mitglied des Aufsichtsrats der staatlichen Toto-Lotto GmbH sowie als Mitglied des Beirats Süd der SV Sparkassen-Versicherungen.

Muhterem Aras ist Mutter eines Sohnes und einer Tochter. Sie unternimmt mit den beiden gerne lange Spaziergänge und kocht am liebsten schwäbisch.

1 Süddeutsche Zeitung, 29.03.2011.
2 So lautet der Name des Geburtsorts laut FAZ vom 01.04.2011.
3 Ebd.
4 Ebd.

Birgit Arnold

Als Birgit Arnold 2006 im Wahlkreis Weinheim für die FDP ein Zweitmandat errang, gab die promovierte Historikerin sogar ihre Stelle im Mannheimer Stadtarchiv auf, um sich voll und ganz der Politik widmen zu können.

Birgit Arnold, geboren am 24.7.1951 in Wiedelah, Kreis Goslar (Niedersachsen), besuchte die Volksschule in Lengde, die Realschule in Vienenburg und machte das Abitur in Goslar. Von 1970 bis 1972 studierte sie an der PH Niedersachsen, Abteilung Hildesheim, anschließend bis 1978 Germanistik und Geschichte in Marburg und Heidelberg. 1977/78 schloss sie mit dem Staatsexamen für Lehramt an Gymnasien an der Universität Heidelberg ab. Nach einer Familienpause erfolgte 1994 die Promotion zum Dr. phil. (Geschichte) an der Philosophischen Fakultät der Universität Heidelberg. Seit 1995 arbeitete sie als Historikerin im Stadtarchiv Mannheim.

1993 trat sie der FDP bei, war von 1995 bis 2002 Vorsitzende des Ortsvereins Schriesheim und von 1994 bis 2002 Mitglied des Kreisvorstandes Rhein-Neckar als Pressereferentin und stellvertretende Kreisvorsitzende. Sie zählt zu den Gründungsmitgliedern der „Liberalen Frauen Baden Württemberg" und war zwischen 1999 und 2001 deren stellvertretende Landesvorsitzende. Parallel engagierte sie sich von 1999 bis 2006 als Stadträtin in Schriesheim. Von 2004 bis 2006 war sie Kreisrätin im Rhein-Neckar-Kreis, von 2006 bis 2010 Bezirksvorsitzende der Liberalen Frauen Kurpfalz.

Im Landtag wirkte sie als bildungs- und frauenpolitische Sprecherin. Dabei fuhr sie gelegentlich dem CDU-Koalitionspartner der Landesregierung in die Parade. So setzte sie sich für die integrative Schule ein, in der behinderte Kinder mit Nichtbehinderten gemeinsam lernen[1] und warf dem damaligen Kultusminister Helmut Rau gar „Beratungsresistenz"[2] vor, als der sich fraktionsgemäß dagegenstellte, einzelnen Gymnasien zu erlauben, parallel zum achtjährigen einen neunjährigen Zug anzubieten.

2009 wurde Birgit Arnold stellvertretende Vorsitzende der FDP/DVP-Landtagsfraktion. Ihre Partei nominierte sie für die Landtagswahl 2011 erneut für den Wahlkreis Weinheim, doch gaben ihr die Wähler kein weiteres Mandat.

Birgit Arnold ist verheiratet und hat drei erwachsene Kinder.

---

1 Vgl.: taz, 08.12.2008.
2 Vgl.: Südwest Presse, 10.07.2009.

Theresia Bauer

Der Ministerin für Wissenschaft, Forschung und Kunst wurde wenige Monate nach Amtsantritt bescheinigt, dass sie eine „Zupackerin" sei: „Theresia Bauer (...) fackelte nicht lange: Das von ihrem Vorgänger im Wissenschaftsressort durchgepeitschte und von ihr und den Unikliniken heftig kritisierte Universitätsmedizingesetz wird gar nicht erst wirksam – die Heidelbergerin hat es schon überarbeitet. Im Sommer 2012 werden zudem keine Studiengebühren mehr erhoben, auch dafür gibt es bereits Ersatz. Und

2.000 zusätzliche Studienplätze für die wachsende Zahl von Erstsemestern sind auch angedacht. Ein Blitzstart."[1].

Seit April 2001 ist die Grünen-Politikerin Landtagsabgeordnete, bei der Wahl im Jahr 2011 schaffte sie es, das Direktmandat in ihrem Wahlkreis Heidelberg zu holen. Ihre langjährige Erfahrung als Vertreterin der Grünen im Ausschuss für Wissenschaft, Forschung und Kunst und ihrer Zuständigkeit für Wissenschaft und Hochschule, Forschungs- und Technologiepolitik, Zuwanderungs- und Integrationspolitik innerhalb der Grünen-Landtagsfraktion machten sie zu idealen Kandidatin für den Wissenschaftsministerposten.

Theresia Bauer, geboren am 6. April 1965 in Zweibrücken/Pfalz, lebt seit langem in Heidelberg – seit vielen Jahren mit Mann und zwei Söhnen. Nach dem Abitur in Homburg/Saar hat sie in Mannheim und Heidelberg die Fächerkombination Politikwissenschaft, Volkswirtschaftslehre und Germanistik studiert und 1993 den Magisterabschluss gemacht. Parallel war sie zwischen 1989 und 1991 Geschäftsführerin des Kreisverbandes Heidelberg der Grünen, dann ein Jahr lang wissenschaftliche Mitarbeiterin im Amt für Frauenfragen der Stadt Heidelberg. Von 1993 bis 1995 arbeitete sie als Referentin für politische Bildung der Gesellschaft für politische Ökologie. Anschließend war sie Geschäftsführerin der Heinrich-Böll-Stiftung Baden-Württemberg – ein seit längerem ruhendes Arbeitsverhältnis.

Seit 1988 gehört Teresia Bauer den Grünen an; sie war von 1991 bis 1992 und ist seit 2001 im Kreisvorstand der Grünen in Heidelberg und seit Juni 2001 Mitglied des Landesvorstands Bündnis 90/Die Grünen.

Aktuell ist sie Vorsitzende der Stiftungsverwaltung der Carl-Zeiss-Stiftung und Mitglied des Aufsichtsrats der Dualen Hochschule Baden-Württemberg sowie stellvertretende Vorsitzende des Aufsichtsrats von Baden-Württemberg International – Gesellschaft für internationale wirtschaftliche und wissenschaftliche Zusammenarbeit mbH., stellvertretende Vorsitzende des Aufsichtsrats der BioPro Baden-Württemberg GmbH, Vorsitzende des Aufsichtsrats der e-mobil BW GmbH, stellvertretende Vorsitzende des Aufsichtsrats der Staatlichen Toto-Lotto GmbH sowie Mitglied des Aufsichtsrats der Baden-Württemberg Stiftung gGmbH.

Die künftige Struktur der Hochschulen stellt sich Teresia Bauer so vor: „Die Frage ist, wie man freie Hochschulen organisieren kann, die ihre Verantwortung in der Gesellschaft wahrnehmen. Das ist ein Leitgedanke, den wir umsetzen wollen. Es geht darum, die Gesellschaft in die Hochschule hineinzunehmen und abzubilden und über Rechenschaftsregeln zu signalisieren, dass sich Hochschulen der öffentlichen Debatte stellen. Elfenbeintürme will niemand. Das Ziel ist, eigenständige handlungsstarke Einrichtungen auf den Weg zu bringen, die effektiv arbeiten können – auch mit begrenzten Ressourcen."[2]

---

1 Stuttgarter Zeitung, 17.08.2011
2 Zit. nach Stuttgarter Zeitung, 27.03.2012.

Birgitt Bender → siehe „Südwestdeutsche Parlamentarierinnen im Bundestag", S. 287f.

Else Berkmann

Bereits ihre Jugend stand im Zeichen der Politik. Das sozialdemokratische Elternhaus schärfte ihren Blick für politisches Handeln. Schon als Neunzehnjährige trat sie der SPD bei.

Else Berkmann (geb. Schlüter) wurde am 31. März 1904 in Itzehoe geboren. Sie besuchte in Hamburg die Volksschule, machte eine Fachausbildung in Hauswirtschaftslehre und besuchte die Handelsschule. 1923 schloss sie sich der SPD an und fand ihre erste Anstellung 1924 im SPD-Parteibüro Hamburg-Altona. Zwei Jahre später wechselte sie als Statistikerin zur GEG-Kakao- und Schokoladenfabrik. Vor 1933 war sie die jüngste Abgeordnete in der „Hamburger Bürgerschaft". Der Tag in

Hamburg, als die Nationalsozialisten das Parlament besetzten, ist ihr unauslöschbar bewusst als Beispiel für den Schrecken, den Menschen unter Menschen verbreiten können. Der Beginn der NS-Zeit bedeutete für sie und ihren Mann, Kurt Berkmann, Verlust des Arbeitsplatzes, Hausdurchsuchungen, Verhaftungen, Gestapo-Verhöre und illegale Tätigkeit für die verbotene SPD. Die gesellschaftliche Diskriminierung führte das Ehepaar schließlich von Hamburg über Chemnitz nach Tübingen.

Es war für Else Berkmann nur konsequent, nach dem Krieg beim Wiederaufbau des politischen Lebens dabei zu sein. Zusammen mit Carlo Schmid und Fritz Erler gründete sie 1946 in Tübingen und Reutlingen die neue SPD Württemberg-Hohenzollern. „In der Politik mitsprechen wollen und können" war das Ziel, zu dem sie Frauen aller politischen Richtungen führen wollte, als sie die „Arbeitsgemeinschaft Tübinger Staatsbürgerinnen" ins Leben rief, eine Organisation, die in der Nachkriegszeit alle Parteien ernst zu nehmen lernten.

Als ihr Mann in den ÖTV-Hauptvorstand nach Stuttgart berufen wurde, zogen sie 1950 in die Landeshauptstadt. Auch hier beteiligte sie sich aktiv am demokratischen Neuaufbau als Dozentin und Mitarbeiterin an Volkshochschulen und in Institutionen wie dem Amerikahaus. Sie reiste durch das Land, hielt Vorträge, leitete Seminare und Veranstaltungen, in denen sie sich auch stets für die Gleichberechtigung der Frau einsetzte.

Von 1960 bis 1968 gehörte sie dem Landtag von Baden-Württemberg an. Im Rahmen ihrer Abgeordnetentätigkeit war sie Mitglied des Präsidiums, des kulturpolitischen Ausschusses, des Rechts- und des Büchereiausschusses sowie stellvertretendes Mitglied des Finanzausschusses, des Wirtschafts-, des Verwaltungs-, des Petitions-, des Jugend- und Sportausschusses und des Sozialausschusses. Sie beschäftigte sich besonders mit Sujets wie Alters- und Pflegeheime, Denkmalschutz, Erwachsenenbildung und politische Bildung, Fernsehen als Lernmittel, Strafvollzug, juristische Ausbildung und Schulwesen.

Else Berkmann war Mitglied der ÖTV und des Hauptausschusses des Verbandes Württembergischer Volkshochschulen.

„Frauen und Politik" war bis zu ihrem Tod, am 30.11.2001 in Stuttgart, immer ein Thema, an dem sie gearbeitet hat und für das sie motivieren wollte. Bei der Trauerfeier am 4. Dezember 2001 sagte Evelyne Gebhardt[1]: „Mit Else Berkmann haben die sozialdemokratischen Frauen in Baden-Württemberg ihre Ehrenvorsitzende verloren. Mit uns trauern über die Parteigrenzen und über die Landesgrenzen hinaus viele Frauen um eine herzensgute, treue Freundin und aufrechte Kämpferin für die Rechte der Frau."[2]

---

1 Siehe S. 421f. in diesem Band.
2 Vgl.: Dokumentation Parlamentarierinnen 2001/02, Landtagsarchiv.

Heiderose Berroth

Sie ist selbstständige Unternehmensberaterin, war drei Wahlperioden lang FDP-Landtagsabgeordnete, war Gemeinderätin auf einer Frauenliste und Vorsitzende der Landesvereinigung

liberaler Frauen in Baden-Württemberg. Aber vom „extremen Emanzentum" hält Heiderose Berroth wenig: „Nicht gegen, sondern mit den Männern" müssten Frauen Politik machen, findet sie.[1]

„Die weltoffene Schwäbin mit Waldenserblut", wie sie sich selbst einmal bezeichnete[2], wurde am 2. Juni 1947 in Stuttgart geboren, ist evangelisch, verheiratet, hat zwei erwachsene Söhne und lebt seit 1981 in Renningen bei Leonberg. Auf Abitur und eine kaufmännische Lehre folgte ein betriebswirtschaftliches Studium in Stuttgart und Würzburg, das sie 1973 mit dem Titel „Diplomkaufmann" abschloss. Sie absolvierte ein Traineejahr im Personalwesen eines Industriebetriebs und war anschließend als Unternehmensberaterin tätig, seit 1979 selbstständig. Auf freiberuflicher Basis ist sie seit 1985 Leiterin des Beratungsdienstes für das Kfz-Gewerbe in Baden-Württemberg und betriebswirtschaftliche Beraterin von Familienbetrieben anderer Branchen.

Heiderose Berroth ist Mitglied des Beirats für den Schülerwettbewerb, den die Landeszentrale für politische Bildung Baden-Württemberg im Auftrag des Landtags von Baden-Württemberg durchführt, stellvertretende Vorsitzende des Beirats der Kunststiftung Baden-Württemberg, Mitglied des Kuratoriums und des Beirats der Stiftung Akademie Schloss Solitude sowie des Kuratoriums der Internationalen Bachakademie, des Kuratoriums der Landesakademie des Handwerks, des Kuratoriums und Ausschuss der Stiftung Theaterhaus Stuttgart sowie im Kuratorium Zweckverband Flugfeld Böblingen-Sindelfingen.

Seit 1992 ist sie Mitglied des FDP-Kreisvorstands Böblingen, von 1998 bis 2002 als Kreisvorsitzende. Von 2001 bis 2006 war sie Beisitzerin im FDP-Landesvorstand, von 1999 bis 2001 Landesvorsitzende der „Liberalen Frauen", bis 2006 Mitglied des LIF-Bundesvorstands. Sie ist Gründungs- und Ehrenvorsitzende der überparteilichen Wählerinneninitiative „Frauen für Renningen", für die sie zwischen 1994 bis 2001 im Renninger Gemeinderat saß. Seit 1999 gehört sie dem Kreistag des Landkreises Böblingen an, seit 2009 als Fraktionsvorsitzende.

1996 wurde sie in den Landtag gewählt. In ihrer ersten Amtsperiode war sie bildungspolitische Sprecherin der FDP-Fraktion. Sie hat sich stark für die „verlässliche Halbtagsschule" mit festem Zeitblock von 7.30 bis 13 Uhr eingesetzt. Nicht nur, weil es die elterliche Planung erleichtern würde, sondern auch „weil ein festes Zeitraster pädagogisch wichtig" sei.[3] Nach der Landtagswahl im März 2001 und den Verlusten der Liberalen sei ihr Arbeitsaufwand noch einmal erheblich gestiegen.[4] Sie war damals gleichzeitig für die Ressorts Umwelt und Verkehr sowie Frauenpolitik zuständig. Von 2006 bis 2009 gehörte sie dem Landtagspräsidium an. Von 2004 bis 2009 war sie stellvertretende Vorsitzende und von 2006 bis 2009 Parlamentarische Geschäftsführerin der FDP/DVP-Fraktion. Sie engagierte sich als Sprecherin der Fraktion für Finanz-, Kultur- und Sportpolitik und war Obfrau in der Enquetekommission „Fit fürs Leben in der Wissensgesellschaft – berufliche Schulen, Aus- und Weiterbildung".

Bei der Landtagswahl im Jahr 2011 war sie wieder nominiert, errang aber kein Mandat.

Literatur:
Berroth, Heiderose: Frauen in Führungspositionen, Diplomarbeit 1973.

---

1 Zit. nach Schwäbisches Tagblatt, 11.03.2000.
2 Vgl.: Dokumentation „Frauen im Parlament 2001/02", Landtagsarchiv von Baden-Württemberg.
3 Zit. nach Südkurier, 13.06.2000.
4 Vgl.: Leonberger Kreiszeitung, 22.09.2001.

Ingrid Blank

Ingrid Blank kam im April 1995 als Nachfolgerin für die aus familiären Gründen scheidende CDU-Politikerin Barbara Schäfer-Wiegand[1] in den Landtag, mit der sie zuvor schon eng zusammengearbeitet hatte.[2] Die Mutter von drei Kindern, geboren am 22. Februar 1954 in Darmstadt, katholisch, verheiratet, gab ihren Beruf mit „Familienfrau" an und ist seit 1974

Mitglied der CDU. Sie war seit 1992 stellvertretende Kreisvorsitzende der CDU Karlsruhe Stadt und gehörte dem Landesfachausschuss Familie und Soziales der CDU Baden-Württemberg an.

Nach dem Gymnasium besuchte die gebürtige Hessin eine Fachoberschule für Wirtschaft und absolvierte anschließend eine Ausbildung mit Abschluss als geprüfte Sekretärin (BDS) in Darmstadt. In diesem Beruf arbeitete sie für ein Immobilienunternehmen in Darmstadt und war dann von 1974 bis 1978 Vorstandssekretärin einer Bank. Darauf folgte eine Familienpause bis 1985. Bis zu ihrem Umzug nach Karlsruhe 1987 war sie zwei Jahre Geschäftsführerin eines mittelständischen Wohnungsbauunternehmens.

Parallel zu ihrer Abgeordnetentätigkeit war sie Bezirksvorsitzende des Volksbundes für Kriegsgräberfürsorge Nordbaden und Kuratoriumsmitglied der Landeszentrale für politische Bildung. Von Juni 1994 bis April 1995 war sie Mitglied des Staatsgerichtshofs vom Land Baden-Württemberg. Sie gehörte dem Aufsichtsrat der Sparkasse Karlsruhe, dem Verwaltungsrat des Badischen Staatstheaters an, war Vertrauensfrau bei der Landesbausparkasse Baden-Württemberg sowie stellvertretendes Mitglied im Verwaltungsrat der Landesbank Baden-Württemberg.

Im Landtag machte sich die CDU-Politikerin einen Namen in der Drogenpolitik und wurde im November 1998 zur stellvertretenden Fraktionsvorsitzenden gewählt, womit sie für die gesamte Palette der sozialpolitischen Themen ihrer Fraktion zuständig war.[3] Bei der Landtagswahl 2001 wurde Ingrid Blanks Mandat nicht mehr bestätigt. Langweilig würde es ihr trotzdem nicht werden, meinte sie damals, da sie weiterhin im CDU-Landesvorstand aktiv sei und „so viele Ehrenämter" habe.[4]

---

1 Siehe S. 235 in diesem Band.
2 Vgl.: Badische Neueste Nachrichten, 19.04.1995
3 Vgl.: Badische Neueste Nachrichten, 04.11.1998.
4 Vgl.: Stuttgarter Nachrichten, 29.03.2001.

Beate Böhlen

Nach ihrer Wahl in den Landtag legte sich die überzeugte Handy-Gegnerin Beate Böhlen erst einmal ein Smartphone zu.[1] Denn seit April 2011 heißt es für die Grünen-Parlamentarierin, nicht nur ständig zwischen Baden-Baden und Stuttgart zu pendeln, sondern auch stets erreichbar zu sein.

Geboren am 29. November 1966 in Baden-Baden lebt sie nach wie vor in der Bäderstadt, ist verheiratet und hat zwei Kinder. Nach der Schule absolvierte sie eine Ausbildung zur staatlich anerkannten Erzieherin an der Elly-Heuss-Knapp-Schule in Bühl und war in einem Kinder- und Jugendheim in Baden-Baden tätig. Es folgte ein Studium der Sozialarbeit an der Katholischen Fachhochschule in Freiburg im Breisgau. Bis Ende 2011 führte sie als selbstständige Kauffrau ein Fachgeschäft in ihrer Heimatstadt.

Seit 1995 gehört Beate Böhlen den Grünen an. Seit 1996 ist sie Mitglied des Arbeitskreises Wirtschaft des Kreisverbands Rastatt/Baden-Baden. Von 1999 bis 2004 war sie Vorsitzende des Ortsverbands Baden-Baden und von 2001 bis 2003 Vorsitzende des Kreisverbands Rastatt/Baden-Baden. Seit 2004 ist sie Stadträtin im Gemeinderat der Stadt Baden-Baden und seit 2007 Vorsitzende der Grünen-Fraktion. Dort engagiert sie sich als Mitglied des Ältestenrats, des Haupt- bzw. Finanzausschusses, des Bauausschusses, des Jugendhilfeausschusses und der Spielplatzkommission. 2002 kandidierte sie für den Bundestag im Wahlkreis Rastatt, 2006 vergeblich für den Landtag im Wahlkreis Baden-Baden. Fünf Jahre später errang sie ein Mandat. In ihrem neuen Wirkungskreis arbeitet sie seit November 2011 als Vorsitzende des Petitionsausschusses und als Mitglied des Europaausschusses.

Sie zählt zu den Gründungsmitgliedern der Bürgerinitiative Bertholdbad, des Tagesmuttervereins Maxi & Moritz e. V. und des Fördervereins Jugendbegegnungsstätte Baden-Baden

e. V. Außerdem ist sie Mitglied der Aufsichtsräte der Gesellschaft für Stadterneuerung und Stadtentwicklung Baden-Baden mbh, der Gewerbeentwicklung Baden-Baden GmbH, der Baden-Baden Kur & Tourismus GmbH und der Kongresshaus Baden-Baden Betriebsgesellschaft mbh.

Ihre Arbeit in Stuttgart und im Wahlkreis gebe ihr viel, sagte Beate Böhlen ein paar Monate nach der Wahl gegenüber dem Badischen Tagblatt, und sie hoffe, „viel zurückgeben zu können".[2]

---

1 Vgl.: Badisches Tagblatt, 22.07.2011.
2 Ebd.

Frauenunion Rottenburg, Mitglied des Bezirksvorstands der CDU Südwürttemberg, sowie des Bezirksvorstands der CDU-Frauenunion Südwürttemberg und im Kreisvorstand der CDU-Frauenunion Tübingen sowie seit 2004 im Kreistag vertreten. Im Februar 2010 verzichtete Monika Bormann auf eine Kandidatur zur Landtagswahl 2011.[1]

Geboren am 22. Oktober 1953 in Rottenburg am Neckar schloss sie an die Realschule St. Klara in Rottenburg eine Ausbildung zum gehobenen Verwaltungsdienst und ein Studium an der Fachhochschule für öffentliche Verwaltung in Kehl an. 1975 machte sie das Staatsexamen zur Diplomverwaltungswirtin. Von 1975 bis 1983 war sie in der zentralen Verwaltung der Universität Tübingen tätig, von

Monika Bormann

Im Januar 2008 rückte die Verwaltungsfachfrau Monika Bormann für einen ausgeschiedenen CDU-Abgeordneten in den Landtag nach. Sie gehörte dem Innen- und dem Petitionsausschuss an. Zu diesem Zeitpunkt konnte die damals 55-Jährige auf ein langjähriges, durchaus frauenpolitisch geprägtes Engagement zurückblicken. Sie war Vorsitzende der CDU-

1993 bis 1997 beim Bischöfliches Schulamt der Diözese Rottenburg-Stuttgart. Von 1998 bis 1999 war sie Frauenbeauftragte in der Diözese Rottenburg-Stuttgart. Zwischen 1999 und 2007 arbeitete sie als stellvertretende Abteilungsleiterin der Abteilung Zentrale Verwaltung der Diözese Rottenburg-Stuttgart.

In ihrer kurzen Abgeordnetenzeit vertrat Monika Bormann gemeinsam mit zwei anderen Frauen den Tübinger Wahlkreis im Landtag. Rita Haller-Haid[2] von der SPD, Ilka Neuenhaus[3] von den Grünen und sie hatten inhaltliche Differenzen, aber ein gutes Verhältnis untereinander, geprägt von Respekt und Fairness im Umgang.[4]

Monika Bormann ist katholisch, verheiratet und hat zwei Kinder.

---

1 Schwäbisches Tagblatt, 26.02.2010.
2 Siehe S. 178.
3 Siehe S. 218.
4 Vgl.: Reutlinger Generalanzeiger, 23.02.2010.

Sandra Boser

Seit April 2011 sitzt Sandra Boser, verheiratet und Mutter von Zwillingen, für die Grünen im Landtag. Sie ist bildungspolitische Sprecherin ihrer Fraktion und zuständig für Verbraucherschutz und den ländlichen Raum.

Geboren am 20. Juni 1976 in Spaichingen machte sie nach der Grund- und Realschule in Wolfach auf einem Wirtschaftsgymnasium in Hausach ihr Abitur. Von 1995 bis 1998 folgte ein Studium an der Berufsakademie in Mannheim zur Diplom-Betriebswirtin. Teilweise parallel, wie an Berufsakademien, den heutigen dualen Hochschulen üblich, arbeitete sie von 1995 bis 2008 bei der Sparkassenversicherung Mannheim. Von 2010 bis 2011 war sie Mitarbeiterin im Büro des damaligen Bundestagsabgeordneten Alexander Bonde.

Seit 2007 ist sie Sprecherin des Ortsverbands Kinzigtal, von 2008 bis 2011 war sie Geschäftsführerin des Kreisverbands Ortenau von Bündnis 90/Die Grünen.

Sandra Boser gehört dem Stiftungsrat der Stiftung Kinderland Baden-Württemberg an, ist stellvertretendes Mitglied des Verwaltungsrats des Badischen Staatstheaters Karlsruhe, Mitglied des Kuratoriums der

Bundesakademie für musikalische Jugendbildung Trossingen e. V., des Beirats für den Schülerwettbewerb des Landtags von Baden-Württemberg zur Förderung der politischen Bildung, des Beirats der Stiftung „Singen mit Kindern", des Vereins Kultur im Schloss Wolfach e.V., des Elternbeirats des Katholischen Kindergartens St. Laurentius Wolfach sowie Mitglied des Beirats der Verbraucherzentrale Baden-Württemberg e. V.

„Gute Schule geht nur im Einvernehmen mit den Eltern", erklärte Sandra Boser[1], als die grün-rote Landesregierung sich anschickte, die verbindliche Grundschulempfehlung durch Lehrer abzuschaffen und den Eltern zu überlassen, auf welche weiterführende Schule sie ihren Nachwuchs schicken. Zur bildungspolitischen Zukunft erklärt sie auf ihrer Homepage: „Mein oberstes Ziel ist es, für jedes Kind, jeden Schüler und jede Schülerin die beste individuelle Förderung zu ermöglichen. Unser Wunsch und unsere Herausforderung für die kommenden Jahre ist es, den Bildungserfolg eines Kindes von seiner sozialen Herkunft zu entkoppeln. Darüber hinaus streben wir an, Schulstandorte – besonders im ländlichen Raum – zu erhalten und vor Ort ein breiteres Abschlussspektrum an einer Schule guter Qualität anzubieten. Wir lassen die Schule im Dorf."[2]

1 Zit. nach Südwest Presse, 11.11.2011.
2 www.sandraboser.de, Stand Mai 2012.

Carla Bregenzer

Die Sonderschullehrerin Carla Bregenzer, von April 1992 bis April 2008 SPD-Landtagsabgeordnete, ist immer wieder durch ihre Politik der „gläsernen Taschen" positiv in der Öffentlichkeit aufgefallen. Um etwas gegen die „Politikerverdrossenheit"[1] zu tun, legte sie jährlich ihre Finanzen offen und verschickte an 3.000 Personen

in ihrem Wahlkreis Kirchheim – Vereinsvorsitzenden, Schulleitern, Elternbeiräten, Pfarrern, Erzieherinnen, Firmen-Chefs, SPD-Mitgliedern und Medienvertretern – ihren Rechenschaftsbericht.

Carla Bregenzer, am 4. Dezember 1946 in Kaiserslautern geboren, studierte nach dem Abitur in Stuttgart, an den Pädagogischen Hochschulen Ludwigsburg und Reutlingen für das Lehramt an Volksschulen. Nach zweijähriger Unterrichtspraxis in Neuffen und Stuttgart machte sie von 1971 bis 1973 ein Zusatzstudium in Sonderpädagogik. Ab 1973 arbeitete sie als Sonderschullehrerin an der Johannes-Wagner-Schule in Nürtingen für schwerhörige und sprachbehinderte Jugendliche – und auch während ihrer gesamten Abgeordnetenzeit immer noch mit einem 25-prozentigen Deputat. Denn die Arbeit mit den Kindern mache ihr „unendlich viel Spaß" und außerdem komme sie mit Eltern zusammen, die mit ihren alltäglichen Problemen dafür sorgten, dass die Landtagsabgeordnete nicht ihre „Bodenhaftung" verliere, erklärte sie 1992.[2] 2008 stockte sie dann auf fünfzig Prozent auf.[3]

Sie ist unter anderem Mitglied der Gewerkschaft Erziehung und Wissenschaft (GEW), der AWO, bei den Naturfreunden und den Landfrauen und war Mitglied des Verwaltungsrats der Württembergischen Staatstheater.

Von 1979 bis 1996 war sie SPD-Gemeinderätin in Frickenhausen, von 1988 bis 1996 als Fraktionsvorsitzende. Zwischen 1979 und 1996 war sie außerdem im Kreistag von Esslingen vertreten. Im Landtag gehörte sie zeitweise dem Präsidium an und war zehn Jahre im Ausschuss für Wissenschaft, Forschung und Kunst aktiv. Sie profilierte und exponierte sich als wissenschafts- und sektenpolitische Sprecherin der SPD-Fraktion.

Nach sechzehn Jahren Parlamentsarbeit entschied sie sich mit 61 Jahren, das Landtagsmandat in jüngere Hände zu geben. Sabine Fohler, die Zweikandidatin ihres Wahlkreises, rückte im April 2008 nach.[4] In einer Pressemeldung teilte sie damals mit, sie wolle die „schönen und spannenden Jahre" im Landtag nicht missen, doch sei ihr wichtig, „selbstbestimmt zu gehen, wenn die Arbeit noch gut läuft".

Carla Bregenzer ist mit dem ehemaligen, langjährigen Sprecher der Landes-SPD, Albrecht Bregenzer, verheiratet. Das Paar hat eine Tochter und lebt in Frickenhausen.

Literatur:
Frickenhausen mit Linsenhofen und Tischardt : Bilder aus alter Zeit. Hrsg. v. SPD Ortsverein Frickenhausen-Linsenhofen. Red.: Carla Bregenzer. Gomaringen 1990.

---

1 Vgl.: Stuttgarter Nachrichten, 24.05.1997.
2 Vgl.: Stuttgarter Nachrichten, 28.08.1992.
3 Vgl.: Nürtinger Zeitung, 30.04.2008.
4 Siehe S. 167 in diesem Band.

Carmina Brenner

Carmina Brenner, „die basisverbundene Politikerin, die unbekümmert-fröhlich und geistvoll drauflosplaudert"[1], seit 1982 CDU-Mitglied, errang bei den Landtagswahlen 1996, 2001 und 2006 jeweils das Direktmandat ihres Wahlkreises Freudenstadt.

Geboren am 8. Januar 1957 in Horb, katholisch, lebt sie mit Ihrem Mann, Peter Renz, in Horb-Altheim. Sie hat Betriebswirtschaft, Volkswirtschaft und Germanistik in Tübingen und Ann Arbor/USA studiert und nach Staatsexamen und Diplomprüfung zum Dr. rer. pol. an der Universität Tübingen promoviert. 1986 verbrachte sie einen Forschungsaufenthalt an der Harvard University in Cambridge/USA. Von 1985 bis 1988 unterrichtete sie an der Fachhochschule für Technik und Wirtschaft in Reutlingen. Zwischen 1988 bis 1996 war sie Referentin für Europapolitik im Wirtschaftsministerium Baden-Württemberg.

Seit 1989 ist sie Gemeinderätin in Horb, seit 1994 Kreisrätin in Freudenstadt, seit 1995 Vorsitzende des CDU-Stadtverbands in Horb sowie seit 1997 Vorsitzende des CDU-Kreisverbands Freudenstadt.

Mit ihrem Start als Landtagsabge-

ordnete im Jahr 1996 musste sie ihre Arbeit als Regierungsrätin im Wirtschaftsministerium aufgeben. Auf die Frage eines Journalisten, ob die Politikerin Brenner meint mehr erreichen zu können als die Regierungsrätin, antwortete sie damals: „Natürlich. Als Regierungsrätin war meine Arbeit auf Sachthemen beschränkt. Als Abgeordnete ... wird der Aktionsradius für mich wesentlich weiter und interessanter."[2] Carmina Brenner war während ihrer Parlamentarierinnenzeit im Landtag Mitglied im Wirtschaftsausschuss, im Ausschuss Ländlicher Raum, im Fraktionsvorstand sowie energiepolitische Sprecherin ihrer Fraktion.

Im Sommer 2007 wurde sie als Präsidentin des Statistischen Landesamts berufen und gab ihr Landtagsmandat auf. Sie folgte damit auf Gisela Meister-Scheufelen, die im Juli jenes Jahres als Amtschefin ins Finanzministerium wechselte.[3] Auf die Frage, was sie an ihrer neuen Tätigkeit besonders reize, erwiderte sie: „Das Erheben von Zahlen und deren Auswertung ist nur eine Seite der Medaille. Sehr interessant ist, Entwicklungen aufzuzeigen, die Politik zu beraten. Gerade für den Wirtschaftsstandort Baden-Württemberg halte ich das für sehr wichtig."[4]

Literatur:
Brenner, Carmina: Die Berücksichtigung von Unsicherheiten in ausgewählten Bereichen der strategischen Planung, Tübingen 1993 (Diss.).

1 Vgl.: Schwarzwälder Bote, 17.07.1995.
2 Zit. nach Schwarzwälder Bote, 29.05.1996.
3 Siehe S. 207f. in diesem Band.
4 Zit. nach bwWoche, 13.08.2007.

Elke Brunnemer

Die sportliche Oberstudienrätin Elke Brunnemer ist seit April 2001 in der CDU-Fraktion des Landtags vertreten. Als ursprüngliche Nachfolgerin des politischen Urgesteins Landtagsvizepräsident Gerhard Weiser gewann

sie drei Mal nacheinander das Direktmandat im Wahlkreis Sinsheim. Im Wahlkampf 2001 versprach sie, sich in Stuttgart für den ländlichen Raum stark machen zu wollen und bekannte sich in der Bildungs- und Familienpolitik zum Leistungsprinzip.[1] Da ist es stimmig, dass sie bis heute Mitglied im Ausschuss Ländlicher Raum und Verbraucherschutz ist sowie anfangs in dem für Schule, Jugend und Sport war. Im Letztgenannten setzte sie sich zum Beispiel für die Stärkung des Sportunterrichts im Fächerkanon ein.[2] Eine ihrer ersten Aktivitäten als Parlamentarierin war die Mitarbeit in der Vorbereitungskommission ihrer Fraktion, mehr als bisher für die Förderung von Kinderbetreuungseinrichtungen auszugeben und die Empfehlungen mit der Regierung abzustimmen.[3] Heute gehört sie außerdem dem Ausschuss für Arbeit, Sozialordnung, Familie, Frauen und Senioren an.

Elke Brunnemer, geboren am 1. Oktober 1952 in Neckarbischofsheim, ist auf dem elterlichen Bauernhof in Adersbach aufgewachsen. Noch heute wohnt sie mit ihrem Mann Dieter Brunnemer in Sinsheim-Adersbach. Das Paar hat drei erwachsene Kinder. „Wenn es die Zeit erlaubt, dann bin ich sportlich aktiv, besonders gerne spiele ich Volleyball", sagt sie von sich.[4] Nach dem Abitur 1971 studierte Elke Brunnemer bis zum ersten Staatsexamen 1976 Biologie und Sport an der Universität Heidelberg. Nach dem Referendariat und dem zweiten Staatsexamen unterrichtete sie von 1978 bis1995 am Auguste-Pattberg-Gymnasium in Neckarelz und wechselte dann ans Wilhelmi-Gymnasium in Sinsheim. Seit Beginn ihrer Abgeordneten-Tätigkeit ist sie beurlaubt.

Mit der Gründung des CDU-Ortsverbands Adersbach, 1990, ist sie dessen erste Vorsitzende, seit 1993 Mitglied im Kreisvorstand und seit 2005 stellvertretende Kreisvorsitzende der CDU Rhein-Neckar und Mitglied im Bezirksvorstand Nordbaden.

Außerdem engagiert sie sich als Vorsitzende der Arbeitsgemeinschaft Ländliche Erwachsenenbildung Baden-Württemberg e. V., ist Mitglied im Kuratorium der Landeszentrale für politische Bildung, im Aufsichtsrat der Baden-Württemberg Stiftung gGmbH und des Verwaltungsrats der hiesigen Verbraucherzentrale.

Im Wahlkreis präsent zu sein, sei ihr wichtig, erklärt Elke Brunnemer. Dort erfahre sie hautnah die Probleme der Menschen und finde so Anregungen und Denkanstöße für ihre parlamentarische Arbeit.[5]

Literatur:
Brenner, Carmina: Die Berücksichtigung von Unsicherheiten in ausgewählten Bereichen der strategischen Planung, Tübingen 1993 (Diss.).

---

1 Vgl.: Rhein-Neckar-Zeitung, 28.03.2000.
2 Presse-Erklärung der CDU-Landtagsfraktion vom 19.11.2001.
3 Presse-Erklärung der CDU-Landtagsfraktion vom

4 28.11.2001.
Zit. nach der Homepage „www.elkebrunnemer.
de", Stand März 2001.

Erika Buchmann

Erika Buchmann stammt aus einer in der sozialistischen Politik aktiven Familie. Sie wurde am 19. November 1902 in München geboren. Ihr Vater, Rudolf Schollenbruch, war Arzt und seit 1880 in der SPD aktiv. Während der bayrischen Räterepublik wurde er zum Minister für Gesundheitswesen ernannt. Nach der Gründung der KPD traten er und seine Frau dieser Partei bei. Erika Buchmann hat also die Zeit der Räterepublik sehr bewusst miterlebt. Sie gehörte dem kommunistischen Jugendverband, dem KJVD, an und war in der Münchner Parteiorganisation der KPD aktiv, nachdem sie zuvor als Stenotypistin in der Redaktion der USPD-Zeitung „Der Kampf" gearbeitet hatte. Später arbeitete sie als Sekretärin der KPD-Landtagsfraktion in München und war Frauenleiterin des KPD-Landessekretariats Südbayern.

Aus Akten der Oberstaatsanwaltschaft beim Landgericht Stuttgart während der NS-Zeit[1] geht hervor,

dass sie zu Beginn des sogenannten „Dritten Reiches" in Korntal im Kreis Ludwigsburg lebte. Sie war mit dem ehemaligen Reichstagsabgeordneten der KPD, Albert Buchmann, verheiratet und hatte genau wie dieser unter massiven Bedrohungen durch die damaligen politischen Machthaber zu leiden. Als ihr Mann im Mai 1933 verhaftet wurde, setzte sie den vorher gemeinsam geleisteten Widerstand, bei dem es wohl in erster Linie darum ging, den Kontakt zwischen den Parteimitgliedern nicht abreißen zu lassen und Informationen weiterzuleiten, fort. Auch sie wurde verhaftet und 1935 zu dreieinhalb Jahren Gefängnis verurteilt. Nach Absitzen dieser Haftstrafe kam sie ins Frauen-Konzentratinslager Ravensbrück in Mecklenburg, aus dem sie 1940 wieder entlassen wurde. Sie nahm ihre illegale Arbeit sofort wieder auf und wurde 1941 erneut in das KZ Ravensbrück eingeliefert, wo sie bis zur Befreiung am 30.04.1945 verblieb. Auch dort leistete sie Widerstand, hielt heimlich politische Schulungen ab und versuchte, ihren Mithäftlingen zu helfen und sie zu schützen[2].

Nach dem Krieg arbeitete sie am demokratischen Neubeginn mit. Vom 26. Mai 1945 bis 1949 war sie Gemeinderätin in Stuttgart. Außerdem gehörte sie der Verfassunggebenden Landesversammlung Baden-Württemberg an und war im ersten Landtag von Baden-Württemberg Abgeordnete in der KPD-Fraktion, wo sie sich in sehr verschiedenen Themenbereichen engagierte.

Vermutlich hat die überzeugte Kommunistin das KPD-Verbot von 1956 so getroffen, dass sie es vorgezogen hat, in die damalige DDR überzusiedeln. Sie ist am 19. November 1971 in Ost-Berlin gestorben.

Literatur:
Buchmann, Erika: Frauen im Konzentrationslager. Stuttgart 1946.
Dies. (Hg.): Die Frauen von Ravensbrück. Berlin/DDR 1961.

---

1 Vgl.: Dokumentation „Parlamentarierinnen aus dem deutschen Südwesten", 1992, Landtagsarchiv von Baden-Württemberg.
2 Aus Berichten von anderen Frauen im KZ Ravensbrück, VVN Bund der Antifaschisten, Stuttgart, D 943.

Lieselotte Bühler

Politisches Engagement war für Lieselotte Bühler eine Selbstverständlichkeit. Als jüngste Stadträtin Bayerns saß sie einst in Fürth, wo sie am 6. Juni 1922 geboren wurde, im kommunalen Parlament.

Sie besuchte nach der Volksschule die Frauenfachschule und die Handelsschule und machte dann eine Ausbildung als Industriekauffrau. Bis 1955 war sie in verschiedenen Betrieben beschäftigt, später neben ihrer parlamentarischen Tätigkeit Hausfrau.

Nach dem Krieg trat sie in Fürth der SPD bei und hatte dort und im Regierungsbezirk Mittelfranken verschiedene politische Funktionen inne, bis sie 1955 nach Stuttgart zog. Hier war sie in den Jahren 1964 bis 1974 Mitglied des Kreisvorstandes der SPD Stuttgart und von 1965 bis 1976 Stadträtin, davon ab 1968 als Mitglied des Fraktionsvorstands.

Von 1976 bis 1992 war sie Abgeordnete im Landtag von Baden-Württemberg. Sie gehörte dem Präsidium an und war Mitglied im kulturpolitischen Ausschuss, Stellvertretendes Mitglied im Verwaltungs-, Sozial-, Jugend- und Sportausschuss sowie im Petitionsausschuss. Die Schwerpunkte ihrer politischen Arbeit inner- und außerhalb des Parlaments lagen vor allem auf dem frauen-, jugend- und familienpolitischen Sektor. Es ging ihr dabei besonders um die Ausbildungs- und Berufschancen der Mädchen, aber auch um die Wiedereingliederung von Frauen, die wegen der Erziehung ihrer Kinder aus dem Beruf ausgeschieden waren und wieder in den Beruf zurück wollen. Die Verwirklichung echter Partnerschaft von Mann und Frau in Familie, Beruf und Gesellschaft war ihr ein wichtiges Anliegen. Sie setzte sich deshalb mit Nachdruck für die Verbesserung der Lebenssituation von Familien, besonders junger Familien ein. Als zweite Alterspräsidentin eröffnete sie am 7. Juni 1988 die konstituierende Sitzung des 10. Baden-Württembergischen Landtags.

Sie war u. a. Mitglied der ÖTV bzw. Verdi, der Arbeiterwohlfahrt, der Naturfreunde, des Deutschen Kinderschutzbundes, des Vereins „Lebenshilfe", des Deutschen Familienverbands, von pro familia und von Amnesty International. Sie engagierte sich viele Jahre lang als Elternbeirat und von 1965 bis 1968 als Vorsitzende des Gesamtelternbeirats der Stadt Stuttgart.

Lieselotte Bühler war verheiratet und hat zwei Töchter. Als sie 1992 nicht mehr für den Landtag kandidierte, verwies sie darauf dass das Ehepaar Bühler sich nun gemeinsam private Wünsche erfüllen wolle wie

Wandern und Reisen zu wichtigen Stätten der alten Geschichte. Sie bekannte „Ich würde alles wieder so machen." Sich politisch äußern und betätigen würde sie auch weiterhin ohne Mandat.[1] Und das tat sie, beispielsweise als Vorsitzende der Landesstiftung „Familie in Not".[2] Am 27. Februar 2003 ist sie in Stuttgart gestorben.

---

1 Vgl.: Stuttgarter Zeitung, 25.02.1992.
2 Vgl.: Stuttgarter Zeitung, 29.10.1997.

Monika Chef

Eine Wahlperiode lang, von 2006 bis 2011, gehörte die Bürgermeisterin von Gemmrigheim, Monika Chef, dem Landtag an. Sie errang im Wahlkreis Bietigheim-Bissingen das Zweitmandat für die FDP und war Sprecherin ihrer Fraktion für Verbraucherschutz, Jugendpolitik und Weinbau.

1958 geboren, machte sie nach dem Abitur am Otto-Hahn-Gymnasium in Ludwigsburg eine Ausbildung zur Diplom-Verwaltungswirtin. Sie arbeitete bei der Stadt Stuttgart und am Landratsamt Ludwigsburg. 1994 wurde sie zur Bürgermeisterin der Gemeinde Gemmrigheim gewählt und 2002 wiedergewählt. Im darauffolgenden Jahr trat sie der FDP bei und kam bei der Kommunalwahl vom Juni 2004 in den Ludwigsburger Kreistag.

Während ihrer Landtagsabgeordnetentätigkeit war sie Mitglied des Kuratoriums der Kleeblatt Pflegeheime gGmbH in Ludwigsburg sowie Mitglied der Verbandsversammlung folgender Zweckverbände: Besigheimer Wassergruppe, Industriegebiet „Ottmarsheimer Höhe", Klärwerk Neckarwestheim, Neckarelektrizitätsverband, Gemeindeverwaltungsverband Besigheim und Mitglied im Gasbeirat der EnBW Energie Baden-Württemberg AG.

Monika Chef ist in zweiter Ehe verheiratet und hat einen Sohn aus erster Ehe. Während ihrer ersten Ehe hieß sie Monika Tummescheit[1], nach der Scheidung zu Beginn des Jahres 2005 nahm sie wieder ihren Geburtsnamen an. Anfang Mai 2006 kündigte sie an, ihrem Lebensgefährten Michael Bauer, der damals gerade zum Bürgermeister von Ingelfingen gewählt worden war, dorthin zu folgen und nach Ablauf ihrer Amtszeit im Jahr 2010 nicht mehr für das Bürgermeisteramt in Gemmrigheim zu kandidieren.[2] Vier Jahre später fand sie aber, dass sich die beiden Bürgermeisterämter und das Familienleben gut vereinbaren ließen. So stellte sie sich 2010 erneut und mit Erfolg zur Wahl für das

Bürgermeisteramt in Gemmrigheim.[3] Im Mai 2012 gaben sich Monika Chef und Michael Bauer das „Ja-Wort".[4]

---

1 Laut Wikipedia-Artikel über sie, Stand: Juni 2012.
2 Vgl.: Stuttgarter Nachrichten, 12.05.2006.
3 Vgl.: www.stimme.de/heilbronn/nachrichten/neckar-zaber/sonstige-Gegenkandidat-fuer-Monika-Chef;art1910,1749519, Stand: Juni 2012.
4 Glückwunsch auf www.gemmrigheim.de zu finden, Stand: Juni 2012.

Heike Dederer

Als Heike Dederer im April 2001 Landtagsabgeordnete in der Grünen-Fraktion wurde, konnte die am 28. Dezember 1969 in Ulm Geborene bereits auf ein langjähriges Engagement in dieser Partei zurückblicken. 1991 gründete sie mit anderen jungen Menschen zusammen die Grün-Alternative Jugend (GAJ) Baden-Württemberg und trat gleichzeitig in die Partei Bündnis 90/Die Grünen ein. Von 1991 bis 1992 war sie als Schatzmeisterin im Vorstand der GAJ, anschließend ein Jahr lang Mitglied im Landesvorstand der Grünen Baden-Württemberg. Ab 1994 sammelt sie kommunalpolitische Erfahrung als Stadträtin der Grün-Alternativen Liste in Bietigheim-Bissingen und war ab 1999 Fraktionsvorsitzende der GAL.

Nach dem Abitur 1989 in dieser Stadt machte Heike Dederer eine Ausbildung zum gehobenen Dienst in der Finanzverwaltung mit dem Fachhochschulabschluss Diplom-Finanzwirtin. Ab 1992 arbeitete sie ein Jahr lang als Steuerinspektorin beim Finanzamt Bietigheim-Bissingen und lernte von 1993 bis 1995 als Angestellte in einem Steuerbüro die andere Seite kennen. Dann kam die Gelegenheit,

das „Hobby zum Beruf"[1] zu machen: Bis 1998 leitete sie das Wahlkreisbüro des damals noch Ludwigsburger Bundestagsabgeordneten Cem Özdemir. Von 1999 bis 2000 leitete sie das Büro einer Handelsagentur und war bis 2001 schließlich Personalleiterin der Gerhardt Braun GmbH & Co.

An Mitgliedschaften gab sie im Landtagshandbuch der 13. Wahlperiode an: das Pädagogisch-Kulturelle Centrum ehemalige Synagoge Freudental, den BUND, den ADFC, den Eishockey-Club Bietigheim-Bissingen, den e.V. Hilfe für Bessarabien/Ukraine, die Nichtraucherinitiative sowie die Partnerschaft der Parlamente.

Im Landtag war sie Mitglied des Finanzausschusses sowie stellvertretendes Mitglied im Petitionsausschuss. Auf Anhieb wurde sie finanzpolitische Sprecherin ihrer Fraktion, ein Wunschbereich, „weil alles am Geld hängt."[2] Finanzen beschrieb sie damals als ihre „echte Leidenschaft".[3] Außerdem war die Ausdauersportlerin (Rennradfahren, Joggen, Inline-Skaten) sportpolitische Sprecherin der Grünen.

Für negative Schlagzeilen sorgte Heike Dederer erstmals im Jahr 2004, als sie dem Frankfurter Politikberater Moritz Hunzinger Protokolle aus dem dem Flowtex-Untersuchungsausschuss weiterreichte.[4] Ein daraufhin eingeleitetes Ermittlungsverfahren wegen einer möglichen Verletzung von Dienstgeheimnissen wurde eingestellt, da es sich um eine öffentliche Ausschusssitzung gehandelt habe.[5]

Im Januar 2005 dann trat Heike Dederer zur CDU über – und nahm ihre Mandate im Landtag sowie im Ludwigsburger Kreistag mit. Die Stuttgarter Zeitung kommentierte damals: „Ihr Wechsel von der Grünen- zur CDU-Fraktion ist rechtlich nicht zu beanstanden, politisch ist er instinktlos. Geradezu unsäglich ist, dass sie allen Ernstes versucht, ihre persönlichen Motive politisch zu bemänteln. Wenn sie mit der Politik der Grünen nicht einverstanden ist, soll sie ihren Sitz aufgeben. Doch die Fachfrau für Finanzen hat sich nach ihrer fragwürdigen Hilfe für den PR-Berater Moritz Hunzinger, dem sie geheime Akten zuschusterte, zu Recht ausgerechnet, dass sie bei den Grünen kaum noch Chancen haben würde, erneut für die Landtagswahl aufgestellt zu werden. (...) Dederers gestrige Botschaft bedeutet also nur eines: Wenn sie für sich noch eine Zukunft sieht, dann bei der starken CDU, die wenn schon kein Mandat, so doch schöne Posten zu vergeben hat."[6]

Die CDU-Landtagsfraktion entsandte Heike Dederer als Mitglied in den Finanzausschuss, in den Innenausschuss, in den Umwelt- und Verkehrsausschuss sowie in den Petitionsausschuss. Die Basis-CDU allerdings nominierte sie nicht als Kandidatin für die Landtagswahl 2006. Mit einem Job im Staatsministerium wurde sie Ende 2006 dennoch belohnt, als Leiterin der Projektgruppe „Urbanes Leben".

Im August 2008 wechselte Heike Dederer zur hessischen CDU. Bis

Juni 2009 war sie Pressesprecherin sowohl des dortigen CDU-Landesverbands als auch der hessischen CDU-Landtagsfraktion.[7] Ein neues Berufskapitel schlug sie im Juli 2009 auf, als sie die Leitung des Präsidialbüros des Hessischen Landtags übernahm und Landtagspressesprecherin wurde.[8]

---

1 Vgl.: Bewerbungsrede um die Kandidatur im Wahlkreis Bietigheim, Landtagsarchiv.
2 Zit. nach Bietigheimer Zeitung, 19.10.2001.
3 Zit. nach Stuttgarter Zeitung, 05.09.2001.
4 Z. B. in der taz vom 09.07.2004: „Zack, sitzt man im Sack von Hunzinger", Südwest Presse vom 22.06.2004: „Gefallene Moralapostel", Badische Zeitung, 22.06.2004: „Grüne stolpert über Hunzinger".
5 Vgl.: Stuttgarter Zeitung, 14.12.2004.
6 Stuttgarter Zeitung, 21.01.2005.
7 „Ideologisch flexibel – Die ehemalige Grüne Heike Dederer ist neue Pressesprecherin der hessischen CDU" überschrieb die Süddeutsche Zeitung am 21.08.2008 einen Artikel.
8 Vgl.: Stuttgarter Nachrichten, 08.07.2009.

Emmy Diemer-Nicolaus → siehe „Südwestdeutsche Parlamentarierinnen im Bundestag", S. 297f.

Paula Doell

Eine ungewöhnliche Karriere fällt bei Paula Doell auf: Von der Kunst in die Politik. Sie wurde am 29. Juni 1900 in Mannheim geboren. Nach der Volksschule besuchte sie die Handels- und die Handelshochschule, dann die Hochschule für Musik, wo sie Klavier, Orgel und Gesang studierte. Die Mittel zum Musikstudium hat sie sich durch die Tätigkeit in einer leitenden Stellung im Verlagswesen erworben. Nach der Opernschule bestand sie die Eignungsprüfung zum Bühnenberuf, Kunstgattung Oper, am Frankfurter

Opernhaus mit Auszeichnung. Beim Reichssender Stuttgart legte sie die Mikrofonprüfung ab. Sie machte Karriere als Oratorien-Sängerin mit bedeutenden Engagements im In- und Ausland.

Der Schritt in die Politik lässt sich wohl vor allem durch ein Ereignis erklären: Als sie 1940 einen Pfarrer heiratete, gab das ihrem Leben eine andere Richtung. Es folgte eine „sesshaftere" Periode, die – nach der NS-Zeit – von kirchlichen und politischen Aktivitäten geprägt war: Nach dem Krieg war sie in Kehl am Rhein Mitbegründerin der CDU. Als Leiterin des evangelischen Frauenkreises, des Kinderkreises, des Kinder- und des Kirchenchors war sie aus dem kirchlichen Leben dieser Stadt nicht wegzudenken. Außerdem amtierte sie als Vorsitzende des Verwaltungsrats der „Evangelischen Altershilfe" e.V. Kehl.

Von 1955 bis 1956 und von 1957 bis 1959 engagierte sie sich als Parlamentarierin im Landtag von Baden-Württemberg, wo sie viele lokale Angelegenheiten aus ihrem Wahlkreis einbrachte. Selbstverständlich gehörten kirchliche Fragestellungen zu ihrem Ressort. Genauso aber machte sie Eingaben zu infrastrukturellen Problemen und wirtschaftspolitischen Themen. Sie war stellvertretende Vorsitzende des Landesfrauenbeirats und Mitglied des engeren Landesvorstands der CDU.

Nach ihrer Abgeordnetentätigkeit zog sie sich aus dem öffentlichen Leben zurück. Sie verstarb am 1. März 1983 in Heidelberg.

Marianne Engeser

Der überraschende Wahlerfolg von Grün-Rot im Jahr 2011 wirbelte auch das Berufsleben der CDU-Frau Marianne Engeser durcheinander. Als Zweitkandidatin von Stefan Mappus übernahm sie im September dessen

Landtagsmandat, nachdem der Ex-Ministerpräsident in die freie Wirtschaft gewechselt war.

Die promovierte Apothekerin, geboren 1957, katholisch, verheiratet, mit vier Kindern im Alter von 18 bis 25 Jahren, empfand das als gutes Timing: „Zum Glück kommt diese unvorhersehbare neue Aufgabe für mich zu einem persönlich guten Zeitpunkt. Meine Kinder sind schon sehr selbstständig. Und die Mitarbeit in der Hausarztpraxis meines Mannes haben wir schon seit dem aufwändigen Wahlkampf neu organisiert."[1]

Am Reuchlin-Gymnasium in Pforzheim machte Marianne Engeser Abitur und studierte von 1976 bis 1981 Pharmazie an der Universität Heidelberg. Anschließend arbeitete sie als Apothekerin und promovierte 1986 zum Dr. rer. nat. an der Universität Marburg.

Zu ihren weiteren Mitgliedschaften gehören die in den Aufsichtsräten der SWP Stadtwerke Pforzheim GmbH & Co. KG, der Baugenossenschaft Familienheim Pforzheim eG und der Gesellschaft für Beschäftigung und berufliche Eingliederung mbH Pforzheim (gBE) sowie im Beirat der Q-Prints & Service gemeinnützige GmbH.

Nach den großen Fußstapfen ihres Mandatsvorgängers gefragt, erklärte sie: „Politik lebt immer von den Menschen, die sie gestalten. Ich werde dies als Marianne Engeser tun."[2]

1 Zit. nach Pforzheimer Zeitung, 02.09.2011.
2 Ebd.

Marianne Erdrich-Sommer

Eine Wahlperiode lang, von 1996 bis 2001, war Marianne Erdrich-Sommer Landtagsabgeordnete in der Fraktion Bündnis 90/Die Grünen und als Parlamentarische Geschäftsführerin und stellvertretende Vorsitzende ihrer Fraktion aktiv. Die finanzpolitische Sprecherin der Grünen engagierte sich beispielsweise zum Thema Haushalts-Strukturgesetz mit einleuchtenden Sparvorschlägen, die als Oppositionspartei damals natürlich leichter zu formulieren waren: „Wir denken beispielsweise, die Auflösung der Oberschulämter steht einfach an. Da könnte man die ein oder andere Lehrerstelle neu schaffen, oder eben hier auch Stellen einsparen. Das Gleiche gilt für die Regierungspräsidien. ... Also im ganzen Verwaltungsbereich bis hin zu den Ministerien sind in unseren Augen noch Stellen anzubauen."[1]

Marianne Erdrich-Sommer trat 1986 – nach der Tschernobyl-Katastrophe – in die Grünen-Partei ein. Zwischen 1988 und 1995 war sie im Ortsvorstand der Grünen in Wendlingen, seit 1989 ist sie im Kreistag Esslingen und seit 1990 Vorsitzende der Kreistagsfraktion. Im Landtagshandbuch

der 12. Wahlperiode sind folgende Mitgliedschaften von ihr verzeichnet: GEW, VCD, Bürgerinitiative „Schnellbahntrasse" e. V. Kirchheim sowie der e. V. „Frauen helfen Frauen" in Kirchheim.

Die Berufsschullehrerin lebt mit Ihrem Mann in Wendlingen. Das Paar hat zwei erwachsene Söhne. Sie ist am 25. April 1952 in Offenburg geboren und machte dort 1971 Abitur. Dann folgte ein Ausbildungspraktikum im Einzelhandel und von 1972 bis 1976 studierte sie an der Berufspädagogischen Hochschule Stuttgart im Fachbereich Wirtschaftswissenschaften. Nach dem Vorbereitungsdienst absolvierte sie 1977 die zweite Staatsprüfung und war von 1978 bis 1987 Berufsschullehrerin an der gewerblichen Berufsschule „Im Hoppenlau" in Stuttgart. Ab 1987 war sie Studienrätin an der gewerblichen „Max-Eyth"-Berufsschule in Kirchheim unter Teck. Nach ihrem Landtagsmandat war sie bis 2007 Abteilungsleiterin an der Philipp-Matthäus-Hahn-Schule in Nürtingen und ist nun Schulleiterin an die Jakob-Friedrich-Schöllkopf-Schule in Kirchheim.[2]

2003 kandidierte sie erfolglos für die Bürgermeisterwahl in Wendlingen, ein Jahr später für den dortigen Gemeinderat, dessen Fraktionsvorsitz sie seitdem innehat. 2006 stellte sie sich wieder einer Landtagswahl, allerdings ohne ein Mandat zu erringen.[3]

---

1 SDR Landesschau Journal, 12.11.1997.
2 Quelle: www.jfs.de/schule/frameset_sek.htm, Stand: Juni 2012.
3 Quelle: www.marianne-erdrich-sommer.de, Stand Juni 2012.

Beate Fauser

„Ich möchte in Baden-Württemberg eine Politik mitgestalten, die den Wirtschaftsstandort langfristig sichert und damit auch Zukunftsperspektiven für unsere Jugend schafft. Wir haben eine Tochter ... und ich möchte ihr weder Müllberge noch Schuldenberge hinterlassen. Die Mitbürger haben mehr als mancher Politiker erkannt, dass eine Umverteilungspolitik kombiniert mit noch mehr Verbürokratisierung der absolut falsche Weg ist"[1] – Beate Fauser zwei Monate nach ihrer Wahl zur Landtagsabgeordneten im April 1996.

Die am 14. Oktober 1949 in Stuttgart geborene FDP-Frau ist in der Kommunalpolitik verwurzelt. Seit 1988 ist sie Kreisvorsitzende der Calwer FDP, seit 1994 Mitglied im Kreistag. Die ehemalige verkehrspolitische Sprecherin ihrer Fraktion war Mitglied im Petitionsausschuss und wurde im Juni 2001 Landtagsvizepräsidentin, ein Amt, das sie „mit Power, Originalität und Präsenz ausfüllen" wollte.[2] Das hat in den Jahren bis 2006 Mal mehr, Mal weniger gut geklappt. Einen Eklat verursachte sie, als sie bei einem Empfang in Calw vor Unternehmern und Bürgern sagte: „Verlassen Sie sich nicht auf die Politik, sonst sind sie verlassen."[3] Letztendlich hatte sie einfach einen höchst umstrittenen Posten inne. Es gab zuvor nur zwei Landtagsvizepräsidenten, die FDP erstritt sich 2001 einen eigenen dritten Stellvertreter – eben Beate Fauser. Seit der 14. Wahlperiode ist man wieder auf den früheren Stand mit zwei Stellvertretern zurückgekehrt.[4] Im Wahljahr 2011 wurde Beate Fausers Landtagsmandat nicht mehr bestätigt.

Beate Fauser machte nach der Mittleren Reife und dem Besuch einer Handelsschule das Abitur auf dem zweiten Bildungsweg. Anschließend studierte sie in Tübingen Politikwissenschaft und Volkskunde und schloss 1988 mit dem Magister Artium ab. Seit 1985 arbeitet sie als Geschäftsführerin einer Handels GmbH.

Sie ist Mitglied des Kuratoriums der Stiftung Opferschutz in Baden-Württemberg und im Weißen Ring. Sie ist aktiv im Tageselternpflegeverein Calw, im dortigen Verein „Frauen helfen Frauen", im Kinderschutzbund und außerdem u. a. Mitglied in der Schutzgemeinschaft Deutscher Wald, im Heimatgeschichtsverein Neuhengstett, im Schwarzwaldverein und im Verein zur Förderung des gewerblichen Nachwuchses VFGN in Nagold.

Die selbstständige Kauffrau, evangelisch, hat eine erwachsene Tochter und lebt mit ihrem Mann in Althengstett bei Calw.

---

1 Zit. nach Schwarzwälder Bote, 17.06.1996.
2 Zit. nach Pforzheimer Zeitung, 14.05.2001.
3 Zit. nach Stuttgarter Nachrichten, 30.01.2004.
4 Vgl.: Pforzheimer Zeitung, 31.05.2006.

Sabine Fohler

Am „Tag der Arbeit", dem 1. Mai 2008, zog Sabine Fohler in den Landtag ein. Sie rückte für Carla Bregenzer aus dem Wahlkreis Kirchheim nach, die kurz zuvor ihr Mandat zurückgegeben hatte[1]. Die Zweitkandidatin hatte zu diesem Zeitpunkt bereits sechzehn Jahre mit der scheidenden Abgeordneten zusammengearbeitet.

Sabine Fohler, am 28. Oktober 1963 in Reichenbach geboren, machte 1983 ihr Abitur am Gymnasium Plochingen. Anschließend ging sie als Au-pair für ein Jahr nach England. Von 1984 bis 1990 studierte sie in Stuttgart Politikwissenschaften, Volkswirtschaftslehre und Soziologie und schloss mit dem Magister Artium ab. Seit dieser Zeit kennt sie sich im Landtag aus. Denn von 1990 an arbei-

tete sie als wissenschaftliche Mitarbeiterin in der SPD-Landtagsfraktion, wechselte bald ins Büro des damaligen Fraktionsvorsitzenden Dieter Spöri und war ab 1992 persönliche wissenschaftliche Mitarbeiterin von Carla Bregenzer.

Der SPD trat Sabine Fohler 1991 bei. Bei ihrer ersten Pressekonferenz als Landtagsabgeordnete erklärte sie: „Ich komme aus sogenannten einfachen Verhältnissen." Und dass ihr Großvater siebzig Jahre in der Eisenbahner-Gewerkschaft war und ihre Mutter sich aufgrund der ländlichen Herkunft in ihren beruflichen Möglichkeiten beschränkt sah, habe sie politisch geprägt. Die SPD habe sie als Partei der sozialen Gerechtigkeit erfahren.[2]

Seit 1999 ist sie Gemeinderätin in Reichenbach sowie seit 2005 Beisitzerin im Kreisvorstand der SPD in Esslingen. Den Vorsitz im SPD-Ortsverein Reichenbach gab sie nach vier Jahren mit ihrem Eintritt in den Landtag ab.

Im Landtag gehörte die Politologin dem Ausschuss für Wissenschaft, Forschung und Kunst sowie dem Europaausschuss an und arbeitet als sektenpolitische Sprecherin ihrer Fraktion. Außerdem war sie in der Enquetekommission „Fit fürs Leben" und im Sonderausschuss „Amoklauf Winnenden".

Sabine Fohler ist evangelisch, verheiratet und hat drei Kinder. Bei der Landtagswahl 2011 wurde ihr Mandat nicht bestätigt.

---

1   Siehe S. 151 in diesem Band.
2   Zit. nach Esslinger Zeitung, 03.05.2008.

Marta Giesemann

Anteilnahme und Einsatzbereitschaft auf sozialem Gebiet kennzeichnet das Leben von Marta Giesemann (geb. Borchers). Sie wurde am 4. September 1897 in Hildesheim geboren. Nach dem Besuch von Mittelschule und Lyzeum war sie an der Frauenschule und besuchte technische Kurse am Oberlyzeum in Hildesheim. 1917 machte sie ihr Examen als Hauswirtschaftslehrerin und ein Jahr später das als Handarbeitslehrerin. Sie war zunächst bis zu ihrer Heirat 1923 im Schuldienst tätig. Diese Arbeit nahm

sie später wieder auf, so dass sie während des Krieges und darüberhinaus bis 1947 wieder lehrte. 1927 war sie ins württembergische Leonberg-Eltingen umgezogen.

Seit 1920 gehörte sie der SPD an und war bis 1933 Funktionärin für Jugend- und Frauenarbeit. Wie viele Menschen erlebte sie die NS-Zeit als Bruch in ihrer Biografie. Sie verlor das politische Arbeitsfeld im institutionalisierten Rahmen, bemühte sich aber, gefährdeten Freunden zu helfen, die den Verfolgungen des Unrechtsregimes ausgesetzt waren. Nach dem Krieg engagierte sie sich wieder innerhalb ihrer Partei. Bis 1960 war sie Vorsitzende des Landesfrauenausschusses, zuerst in Württemberg-Baden und ab 1952 in Baden-Württemberg. Danach übernahm sie das Amt der stellvertretenden Vorsitzenden der Arbeitsgemeinschaft sozialdemokratischer Frauen (AsF) in Baden-Württemberg und war als Vertreterin der Frauen im Landesvorstand der SPD. Von 1950 bis 1952 gehörte sie dem württemberg-badischen Landtag an und war in der Verfassunggebenden Landesversammlung Baden-Württemberg. Nach der Verabschiedung der Landesverfassung war sie bis 1956 Abgeordnete im ersten Landtag von Baden-Württemberg. Sie hatte dort den Vorsitz des Büchereiausschusses inne. Sie trat mit zahlreichen Anträgen und Anfragen hervor, die oft sehr praktisch auf die Probleme der Nachkriegswirklichkeit bezogen waren wie beispielsweise der Sicherstellung des Nahrungsbedarfs.

Im Gemeinderat der Stadt Leonberg setzte sie ihre politische Arbeit im Zeichen sozialen Engagements fort. Bis zu ihrem Tod, am 19. November 1974 in Spetisbury in Großbritannien, war sie u. a. als Vorstandsmitglied der Familienbildungsstätte aktiv.

Rosemarie Glaser

Über sehr unterschiedliches gesellschaftspolitisches Engagement fand die am 14. Mai 1949 in Remshalden-Geradstetten geborene Rosemarie Glaser den Weg zu den Grünen. Nach der Mittleren Reife besuchte sie in Waiblingen die hauswirtschaftliche Berufsfachschule, arbeitete aber anschließend als Angestellte im technischen Betriebsdienst der Deutschen Bundespost. Daran schlossen sich Bürotätigkeit und der Besuch einer Sekretärinnenschule an. Über den zweiten Bildungsweg machte sie ab 1972 eine Ausbildung zur Grund- und Hauptschullehrerin an der Pädagogischen Hochschule Schwäbisch Gmünd. Zu dieser Zeit war sie als

Vorsitzende des Allgemeinen Studierendenausschusses (AStA) aktiv. Es folgten elf Jahre Schuldienst an der Grundschule Beutelsbach. Nebenbei arbeitete sie als Dozentin für Frauenkurse an verschiedenen Volkshochschulen. Als Mitglied der Gewerkschaft Erziehung und Wissenschaft (GEW) hatte sie Funktionen auf Kreisebene inne.

Seit 1970 ist sie in der Frauenbewegung aktiv. Sie gehörte zu den Mitgliedern der ersten Frauenpartei bis zu deren Spaltung im Jahr 1978. Sie war Gründungsmitglied des „Frauen helfen Frauen e.V." Schorndorf und parteilose Gemeinderätin. 1983 schloss sie sich der Partei der Grünen an und hatte bald Vorstandsfunktionen auf Kreisebene. Sie war Kreisrätin der Grünen im Rems-Murr-Kreis und Mitglied im Regionalverband Mittlerer Neckar. 1983 und 1987 engagierte sie sich in Bürgerinitiativen gegen die Volkszählung. Sie ist Mitglied im Freundeskreis Radio Dreyeckland e.V. und Gründungsmitglied des UVP- (Umweltverträglickeitsprüfungs-) Fördervereins in Dortmund.

Im April 1988 wurde sie in den Landtag von Baden-Württemberg gewählt. Im Frühjahr des darauffolgenden Jahres machte sie als Strafvollzugsbeauftragte der Grünen-Landtagsfraktion von sich reden. Sie unterstützte die Forderungen der Häftlinge der Rote-Armee-Fraktion (RAF), die in Stammheim durch Hungerstreik ihre Zusammenlegung erreichen wollten. Fünf ihrer Fraktionskollegen und -kolleginnen, darunter die damalige Sprecherin, Birgitt Bender, distanzierten sich öffentlich von einem Antrag, den sie in diesem Zusammenhang verfasst hatte, und warfen ihr vor, „sich die Wortwahl der RAF zu eigen gemacht zu haben"[1].

Als innenpolitische Sprecherin ihrer Fraktion setzte sie sich bei den Kommunalwahlen im Herbst 1989 für die „rechtliche Gleichstellung ausländischer MitbürgerInnen"[2] ein. Sie formulierte dazu pointiert: „Anfang Juni brachte die ‚Ampel-Opposition' aus SPD, GRÜNEN und FDP/DVP gemeinsam einen Antrag in den Landtag ein, der zumindest das kommunale Wahlrecht für Staatsangehörige der

EG-Länder zum Ziel hat, sofern sie sich in der Bundesrepublik mindestens 3–5 Jahre aufgehalten haben. Die CDU-Fraktion lehnte den Antrag prompt kategorisch ab. ... Nur: pikanterweise handelte es sich bei dem Antrag wortgleich um den Text, der im Frühjahr im Europaparlament von einer großen Mehrheit beschlossen worden war – darunter auch von allen fünf anwesenden CDU-Abgeordneten aus Baden-Württemberg"[3]. Bei der Kandidatenkür im Wahlkreis Freiburg-West für die Landtagswahl 1992 schickte ihre Partei dann an ihrer Stelle den Freiburger Stadtrat und heutigen Oberbürgermeister der Stadt, Dieter Salomon, ins Rennen. Ihr wurde damals vorgeworfen, sich in ihrer parlamentarischen Arbeit hauptsächlich um ihre „Lieblingsthemen" gekümmert zu haben.[4]

---

1   Vgl.: Esslinger Zeitung, 04.04.1989.
2   Grüne Blätter aus dem Landtag, 9/89.
3   Ebd.
4   Vgl.: Badische Zeitung, 18.09.1991

Tanja Gönner → siehe „Südwestdeutsche Parlamentarierinnen im Bundestag", S. 313f.

Renate Götting

Ein eher kurzes Gastspiel im Landtag von Baden-Württemberg gab die FDP-Politikerin Renate Götting. Im September 2004 rückte sie für den verstorbenen Abgeordneten Horst Glück aus dem Wahlkreis Hechingen-Münster nach. Im Kommunalbereich liegt ihr Schwerpunkt in der Sozial- und Gesundheitspolitik[1], was sich im Landtag bemerkbar machte. In der FDP-Landtagsfraktion engagierte sie sich auch als frauenpolitische Sprecherin. Im November 2004 etwa stellte sie in einer Pressemitteilung

die Studie des Bundesfamilienministeriums zum Thema „Gewalt gegen Frauen" vor. Sie mahnte: „Wir brauchen ein Umdenken in den Beziehungen zwischen Männern und Frauen, sie müssen mehr von Rücksicht und Partnerschaft geprägt sein."[2]

Renate Götting, am 20. September 1954 in Lahr geboren, besuchte in dem Schwarzwaldstädtchen auch die Grundschule und das Gymnasium. Anschließend studierte sie Rechtswissenschaften in Freiburg und Tübingen. Nach dem ersten Staatsexamen in Tübingen arbeitete sie in einer Rechtsanwaltskanzlei und bei einer Rechtsschutzversicherung.

Renate Götting war von 1997 bis 2005 Vorsitzende des FDP-Ortsverbandes Hechingen. Als sie in ihrem Wahlkreis bei der Nominierung zur anstehenden Landtagswahl knapp einem Gegenkandidaten unterlag, trat sie vom Amt als Vorsitzende zurück. Mit dem Ende der 13. Wahlperiode am 22. Februar 2006 schied sie aus dem Landtag aus.

Renate Götting ist evangelisch, verheiratet und Mutter dreier Söhne.

---

1 Vgl.: Reutlinger Generalanzeiger, 17.08.2004.
2 Zit. nach einer Pressemeldung der FDP-Landtagsfraktion vom 25.11.2004, Vgl.: Parlamentarierinnen-Dokumentation im Landtagsarchiv, 2012.

Inge Gräßle → siehe „Südwestdeutsche Parlamentarierinnen im Europaparlament", S. 423f.

Annemarie Griesinger → siehe „Südwestdeutsche Parlamentarierinnen im Bundestag", S. 317f.

Rosa Grünstein

„Alles wirkliche Leben ist Begegnung." Dieses Wort von Martin Buber ist der Politikerin Rosa Grünstein eine Art Lebensmotto.[1] Am 4. Januar 2000 rückte sie für den SPD-Abgeordneten Karl-Peter Wettstein vom Wahlkreis Schwetzingen in den baden-württembergischen Landtag nach. Ihr Mandat wurde bei den Wahlen 2001, 2006 und 2011 bestätigt. Auf die Frage, was sie an der Landtagsarbeit reize, sagte sie damals: „Nach 30 Jahren politischer Kommunalarbeit in den verschiedensten Gremien macht es Spaß, dieses Wissen direkt zum Wohle der Menschen in ein Entscheidungsgremium einzubringen und an der positiven Entwicklung für die Menschen direkt beteiligt zu sein."[2]

Rosa Grünstein kam am 24. August 1948 in Berlin (West) als Tochter eines polnischen Juden aus Warschau und einer christlichen Mutter aus Schlesien[3] zur Welt. Hier besuchte sie die private Evangelische Schule Charlottenburg, die Technische Oberschule und dann ein Mädchengymnasium in Weiden/Oberpfalz. Sie arbeitete im elterlichen Betrieb mit, war Sachbearbeiterin am Arbeitsamt Schwandorf, Chefsekretärin in der Fakultät Biologie

an der Universität Kaiserslautern und ab 1985 selbstständige Immobilienkauffrau in Sandhausen.

Ihr politisches Engagement reicht weit zurück. So war sie von 1979 bis 1983 Stadträtin in Dransfeld/ Niedersachsen. Zwischen 1985 und 1989 war sie stellvertretende Kreisvorsitzende der Arbeitsgemeinschaft sozialdemokratischer Frauen (AsF), dann bis 1998 Vorsitzende und auf Landesebene sechs Jahre (von 1993 bis 1999) Beisitzerin. Zwischen 1996 und 2003 war sie stellvertretende Vorsitzende der SPD Rhein-Neckar und ab 1994 Beisitzerin der Sozialdemokratischen Gemeinschaft für Kommunalpolitik Rhein-Neckar. Dem Landesvorstand der SPD gehörte sie von 1999 bis 2001 an. Außerdem ist sie Vorstandsmitglied der Carlo-Schmid-Stiftung sowie Gründungs- und Vorstandsmitglied der Deutsch-Israelischen Gesellschaft Pfalz in Speyer. Des Weiteren zählen zu ihren Mitgliedschaften die in der Arbeiterwohlfahrt, im Bund für Umwelt und Naturschutz Deutschland und im Verein für kommunale Kinder- und Jugendarbeit in Neulußheim.

Im Landtag engagierte sie sich anfangs im Innen- und im Petitionsausschuss: „Im Innenausschuss werden so viele, das tägliche Leben tangierende Punkte bearbeitet wie zum Beispiel die innere Sicherheit, Maßnahmen gegen Rechtsextremismus, das Feuerwehrwesen oder kommunale Gebühren. Und im Petitionsausschuss konnte ich ... einigen Menschen direkt und unspektakulär helfen."[4] Inzwischen setzt sie sich im Integrationsausschuss dafür ein, das interkulturelle und interreligiöse

Miteinander zu stärken und die Partizipation von Migrantinnen und Migranten in Wirtschaft und Gesellschaft im Land zu verbessern. Im Umweltausschuss ist sie für Abfallwirtschaft und nicht verkehrsbedingte Lärm- und Luftreinhaltungsproblematiken zuständig.[5] Außerdem ist sie für die SPD-Landtagsfraktion und den Landtag als Mitglied in die Landesanstalt für Kommunikation Baden-Württemberg (LFK) entsandt.

Rosa Grünstein ist verwitwet, hat zwei Kinder und lebt in Sandhausen in der Kurpfalz.

umfangreiche Fächerkombination Neuere Geschichte, Allgemeine Rhetorik, Slawistik, Anglistik und Politikwissenschaft in Tübingen, Oxford und Paris und schloss 1993 als Magistra Artium ab. Es folgten von 1994 bis 1996 interdisziplinäre Frankreich-Studien mit dem Schwerpunkt Wirtschaft und Recht in Freiburg bis zum Diplom. Begleitend waren praktische Erfahrungen bei Presse und Rundfunk

1 Vgl.: Vorwärts BW 03/2000.
2 Zit. nach: Rhein-Neckar Zeitung, 03.03.2001.
3 Vgl.: Rhein-Neckar-Zeitung, 04.06.2008.
4 Ebd.
5 Quelle: Homepage www.rosa-gruenstein.de, Stand: Juni 2012.

Stephanie Günther

Zu den ihrer aktiven Zeit jüngsten Abgeordneten zählt die Historikerin Stephanie Günther, die von April 1996 an eine Wahlperiode lang in der Landtagsfraktion Bündnis 90/Die Grünen vertreten war. Geboren am 14. Dezember 1966 in Breisach/Rhein studierte sie nach dem Abitur die sowie im französischen Verkehrsministerium und bei der französischen Eisenbahngesellschaft SNCF.

Nach einem knappen Jahr parlamentarischer Arbeit konnte Stephanie Günther sich durchaus vorstellen wieder zu kandidieren, auch wenn sie den parlamentarischen Betrieb als schwerfällig und ineffizient, Plenarsitzungen nicht als Diskussionsforum sondern als Show für die Medien empfand. Und die vielen Termine aus Repräsentationsgründen: „Da bleibt für die inhaltliche Arbeit viel zu wenig Zeit." Viele Abgeordnete, fand sie, hätten gar nicht den Anspruch, Politik zu gestalten: "Das überlassen sie der Regierung."[1]

Im Juli 2000 schickten die Grünen im Wahlkreis Breisgau, Markgräflerland, Kaiserstuhl sie zum zweiten Mal ins Rennen um einen Sitz im Landtag. Sie kündigte einen „lebensweltlichen Wahlkampf" mit Themen an, die „Grünen zugeordnet werden können" wie ökologischen Landbau, Naturschutz, regenerative Energien oder die Verbindung von Familie und Beruf. Und dass sie nach der kommenden Legislaturperiode in die Wirtschaft wechseln und nicht wie andere Jahrzehnte im Landtag verbringen wolle.[2] Diesen Plan konnte sie dann bereits ab März 2001 umsetzen.

---

1 Zit. nach Badische Zeitung, 06.03.1997.
2 Vgl.: Badische Zeitung, 06.07.2000.

Friedlinde Gurr-Hirsch

Seit ihrem 17. Lebensjahr ist die ehemalige „Jung-Unionistin" Friedlinde Gurr-Hirsch politisch aktiv. Geboren am 21. Juni 1954 in Untergruppenbach studierte sie nach dem Abitur in Heilbronn für das Lehramt an Beruflichen Schulen. An der Berufspädagogischen Hochschule in Hohenheim belegte sie die Fächer Volks- und Betriebswirtschaft, Politik und evangelische Theologie. Zuletzt als Studienrätin, hatte sie an einer kaufmännischen Berufsschule in Heilbronn ein halbes Deputat inne. Seit September 2001

ist die im April 2001 zum ersten Mal in den Landtag gewählte CDU-Politikerin beurlaubt. Ihr Mandat wurde 2006 und 2011 bestätigt.

Über zwei Jahrzehnte lang, von 1980 bis 2004, war Friedlinde Gurr-Hirsch Gemeinderätin in Untergruppenbach und dort seit 1983 Fraktionsvorsitzende der CDU-Bürgerliste. Von 1984 bis 2004 war sie auf Kreistagsebene aktiv und stellvertretende Vorsitzende der CDU Heilbronn. Zwischen 1994 und 2004 gehörte sie der Regionalverbandsversammlung an, war dort im Planungsausschuss tätig und stellvertretende Fraktionsvorsitzende der CDU-Regionalverbandsfraktion.

Von Juli 2004 bis Mai 2011 war sie Parlamentarische Staatssekretärin im Ministerium für Ernährung und Ländlichen Raum und schätzte die „unglaubliche Vielfalt" der Arbeitsbereiche in diesem Amt.[1] Als die Kultusministerin Annette Schavan in die Bundespolitik wechselte, wurde Friedlinde Gurr-Hirsch als Nachfolgerin gehandelt.[2] Bekanntlich bekam dann Helmut Rau den Posten. Seit April 2011 ist Friedlinde Gurr-Hirsch stellvertretende Vorsitzende der CDU-Landtagsfraktion. Als sie sich in einer Parlamentsdebatte für eine schärfere Gangart in Sachen Gleichstellung aussprach, um Frauen „Zugangswege zu Spitzenpositionen in der Wirtschaft" zu ebnen, stimmte die CDU-Frau in vielen Punkten mit Rednerinnen von Grünen und SPD überein. Ihre eigenen Leute allerdings verweigerten der Vize-Chefin hier die Gefolgschaft.[3]

Seit 2001 ist die heimatverbundene Politikerin Vorsitzende des Blasmusik-Kreisverbands Heilbronn e.V. und seit April 2011 Vorsitzende des Arbeitskreises Heimatpflege im Regierungsbezirk Stuttgart e.V. Die Südwestpresse bemerkte dazu: „Die frühere deutsche Weinkönigin engagiert sich mit reichlich Herzblut im sogenannten vorpolitischen Bereich und hat sich damit viel Bürgernähe gesichert."[4]

Friedlinde Gurr-Hirsch lebt in Untergruppenbach bei Heilbronn, ist seit 1978 mit Karl Heinz Hirsch, dem Direktor des Weinbauverbands Württemberg, verheiratet, Mutter dreier erwachsener Kinder und vierfache Großmutter. Sie schreibt auf ihrer Homepage, dass sie ein „vielfaltiges Familienglück" erlebe, aber auch die täglichen Herausforderungen des Familienalltags kenne. „Daher ist es mir ein Anliegen, Alltagskompetenzen wie gesunde Ernährung und selbständiges Haushalten in Familie und auch Schule zu vermitteln um gute Voraussetzungen für ein gelingendes Familienleben zu schaffen."[5]

---

1 Zit. nach Heilbronner Stimme, 06.03.2006.
2 FAZ, 28.09.2005.
3 Vgl.: Badisches Tagblatt, 01.07.2011.
4 Südwest Presse, 08.04.2011.

[5] Zit. nach ihrer Homepage www.gurr-hirsch.de, Stand: Juni 2012.

Petra Häffner

Als drittes von vier Kindern erblickte Petra Häffner am 2. Mai 1964 in Schorndorf das Licht der Welt, wo sie auch aufwuchs. Nach der Schule absolvierte sie eine Ausbildung zur staatlich anerkannten Sport- und Gymnastiklehrerin in Waldenburg. Ihr Berufsweg begann als Sportlehrerin in einem anthroposophischen Internat für mehrfachbehinderte, Menschen. Nach acht Jahren Arbeit, „gefüllt mit vielen Eindrücken und großer Neugierde"[1], ließ sie sich ab 1992 zur Physiotherapeutin ausbilden. In diesem Beruf arbeitete sie bis 1998 am Krankenhaus Bethel in Welzheim, zuletzt als leitende Physiotherapeutin. Als sie mit Osteopathie in Kontakt kam, schloss sie eine Ausbildung zur Heilpraktikerin an. Seit 2001 betreibt sie eine eigene Praxis mit den Schwerpunkten Osteopathie und Homöopathie. Außerdem unterrichtete sie von 2001 bis 2011 einer Physiotherapeutenschule in Fellbach-Schmiden.

Petra Häffner hat zwei Kinder und ist seit 2007 verwitwet.

Sie engagiert sich in der Kommunalpolitik und ist seit 2004 Stadträtin der Grünen in Schorndorf. Bei der Landtagswahl 2011 errang sie im Wahlkreis Schorndorf das Zweimandat für die Grünen. Hier ist sie Mitglied im Ausschuss für Kultus, Jugend und Sport und im Innenausschuss sowie Sprecherin der Grünen-Fraktion für Entwicklungspolitik und Sport.
Sie ist Mitglied im Bund für Umwelt und Naturschutz Deutschland und stellvertretende Präsidentin des Vereins „Politik mit Frauen e.V." im Rems-Murr-Kreis.

Nach den ersten hundert Tagen im Amt zog Petra Häffner eine positive Bilanz: „Einige Auswirkungen des Politikwechsels seien schon auf kommunaler Ebene angekommen. Häffner zählt dazu die Umweltpolitik: ‚Für kommunale Energieversorger wie etwa die Stadtwerke Schorndorf eröffnet der forcierte Ausbau erneuerbarer Energien neue Entwicklungsmöglichkeiten. Sie sind als Partner beim Ausbau einer dezentralen Energieversorgung stark gefragt.' Häffner ergänzte, dass vom Neubau dezentraler Kraftwerke oder Windräder, von Maßnahmen zur Altbausanierung und vom Einbau effizienter Technologien auch Industrie- und Handwerksunternehmen vor Ort profitieren werden."[2]

---

[1] Zit. nach ihrer Homepage: www.petrahaeffner.de, Stand: Juni 2012.
[2] Pressemeldung von Petra Häffner, 16.08.2011, als PDF auf ihrer Homepage zu finden, Stand: Juni 2012.

Rita Haller-Haid

Die Sozialpädagogin und Erzieherin Rita Haller-Haid ist seit April 2001 Landtagsabgeordnete des Wahlkreises Tübingen. Sie war mehrere Jahre lang frauenpolitische Sprecherin der SPD-Fraktion und in diversen Ausschüssen aktiv. Aktuell gehört sie dem Ausschuss für Forschung, Wissenschaft und Kunst, dem Innenausschuss, dem Ausschuss für Europa und Internationales, dem Ausschuss nach Artikel 62 der Verfassung (Notparlament) sowie dem Untersuchungsausschuss zum „EnBW-Deal" an.

Der SPD schloss sich Rita Haller-Haid 1988 an, arbeitete in verschiedenen Gremien der Partei mit und war von 1995 bis 2004 Mitglied des Landesvorstands der Arbeitsgemeinschaft sozialdemokratischer Frauen (AsF) sowie von 1997 bis 2004 Mitglied des SPD-Landesvorstands. Zwischen 1995 und 1999 war sie und seit 2004 ist sie wieder Kreisrätin in Tübingen.

Rita Haller-Haid wurde am 8. Dezember 1950 in Rottweil geboren. Nach dem Abitur dort absolvierte sie an der Universität Tübingen ein Sozialpädagogikstudium und arbeitete zwischen 1977 und 1981 als Erzieherin in einem Jugendheim. Es folgten ein paar Jahre als Hausfrau, bevor sie ab 1985 die Leitung des Edith-Stein-Wohnheims in Tübingen übernahm (beurlaubt seit 2003). Parallel dazu war sie von 1996 bis 2001 Abgeordneten-Mitarbeiterin.

Zu ihren weiteren Mitgliedschaften gehören die im Verwaltungsrat des Landestheaters Württemberg-Hohenzollern, die im Vorstand von pro familia Tübingen-Reutlingen sowie die im Landesfamilienrat. Außerdem ist sie Landesvorsitzende des Verbands allein erziehender Mütter und Väter.

Ein Jahr nach dem Regierungswechsel von 2011 sagte sie gegenüber dem Schwäbischen Tagblatt, dass die Kommunen nun viel stärker auf die SPD zukämen als zu Oppositionszeiten. „Man hat als Regierungsabgeordnete eine andere Herangehensweise, man weiß, man kann auch was durchsetzen und nicht nur fordern, man hat mehr Gewicht."[1]

Rita Haller-Haid – evangelisch, geschieden, zwei erwachsene Kinder – lebt in Tübingen.

---

1 Zit. nach Schwäbisches Tagblatt, 03.04.2012.

Annemarie Hanke

„Den Belangen der Bürger den Vorrang einräumen" lautet Annemarie Hankes Vorsatz in der institutionalisierten politischen Arbeit. Sie wurde am 27. Februar 1935 in Stuttgart geboren. Nach dem Abitur, 1954, machte sie eine Lehrerinnenausbildung am Pädagogischen Institut Stuttgart. 1956 absolvierte sie die erste Dienstprüfung für das Lehramt an Volksschulen, 1961 die Zweite. Von 1956 bis 1968 war sie im Schuldienst tätig. Danach war sie Hausfrau und hat sich nebenbei immer im Rahmen kommunaler Arbeit für die Bedürfnisse älterer Menschen eingesetzt wie beispielsweise als ehrenamtliche Mitarbeiterin im Seniorenkreis Leinfelden[1].

Engagement dieser Art war ihr auch weiterhin ein Anliegen: Entschieden lehnte sie das „Abschieben der Senioren in Altersheime auf der „Grünen Wiese" ab. „Unsere älteren Mitbürger müssen am täglichen Geschehen teilhaben"[2].

Politisch schloss sie sich der CDU an. Von 1968 bis 1975 war sie in der Stadt Leinfelden Gemeinderätin sowie von 1980 bis 1984 in der neugebildeten großen Kreisstadt Leinfelden-Echterdingen. Ab 1971 war sie Mitglied des Kreistages Böblingen, seit 1975 des Kreistages Esslingen und stellvertretende Vorsitzende der CDU-Kreistagsfraktion. Im Mai 1988 rückte sie für den verstorbenen Abgeordneten Friedrich Volz in den Landtag von Baden-Württemberg nach. Ihr Arbeitsschwerpunkt lag im sozialen Bereich. Sie hat sich zum Beispiel gleich zu Beginn ihrer parlamentarischen Arbeit für die Schaffung neuer Kindertagesstätten eingesetzt.

Annemarie Hanke, die mit ihrem Mann und der Mutter in Leinfelden-Echterdingen lebte, starb am 16. Februar 1992. Der damalige Landtagspräsident Schneider sagte in seiner Traueransprache: „Die Würde des Menschen und seine Chance, sich in unserer Gesellschaft frei entfalten zu können, nahmen in ihrem Denken und Handeln einen hohen Stellenwert ein. Unsere Kollegin hatte die besondere Begabung, wunde Stellen in unserer Gesellschaft aufzuspüren und sie war dann auch mit ganzer Kraft und mutig um Lösungen bemüht. ... Mit ihrem Tod verliert unser Parlament eine Abgeordnete, die es in bewundernswerter Weise verstanden hat, Politik mit Herz, aber immer auch mit hohem Sachverstand zu gestalten."[3]

---

1 Vgl.: Reutlinger General-Anzeiger, 08.06.1988.
2 Vgl.: Esslinger Zeitung, 07.06.1988.
3 Vgl.: Pressemitteilung Landtag von Baden-Württemberg, 21.02.1992.

Anna Auguste Hartnagel

Anna Auguste Hartnagel wurde am 8. Februar 1900 in Heidelberg geboren. Nach der Volksschule besuchte sie die höhere Mädchenschule und anschließend das Lehrerinnenseminar, das sie mit dem Examen abschloss. Sie arbeitete dann im Verlagswesen, erwarb die Prokura und hatte im Alfred-Hütling-Verlag Heidelberg eine leitende Position inne. Nach der NS-Zeit machte sie sich als Inhaberin des Ähren-Verlags Heidelberg selbständig.

Von 1927 bis 1933 war sie Mitglied der Deutschen Volkspartei, zwischen 1933 und 1945 parteilos, und ab 1946 engagierte sie sich in der FDP/DVP. Als Nachfolgerin für Theodor Heuss zog sie im Oktober 1949 in den Landtag von Württemberg-Baden ein. Dort fällt sie durch zahlreiche Anträge und Anfragen auf dem wirtschaftlichen und sozialen Sektor auf. Beispielsweise setzte sie sich gegen das manchmal rigide Vorgehen der amerikanischen Besatzungsmacht zu Wehr, wenn diese ohne Absprache mit den sich allmählich konstituierenden deutschen Verwaltungen, Bauvorhaben umsetzten wollten und dafür landwirtschaftlich genutzten Boden vorsahen[1]. Nach der Gründung des Südweststaats war sie noch eine Wahlperiode lang (bis 1956) im Landtag von Baden-Württemberg aktiv.

Anna Auguste Hartnagel lebte zuletzt in Heidelberg und verstarb am 19.06.1991.

---

1   Württ.-Bad. LT, 2. WP, Sitzungsprotokolle Nr. 16 u. 17.

Ursula Haußmann

„Frauen sollten sich noch viel mehr einmischen"[1], meinte Ulla Haußmann energisch, wenige Wochen, nachdem sie für Ulrich Pfeifle als SPD-Zweitkandidatin des Wahlkreises Aalen Anfang November 1997 in den Landtag nachrückte. Und sie wusste, wovon sie sprach. 1989 wurde sie in ihrem Stadtteil Ebnat als erste und einzige Frau in den Ortschaftsrat gewählt. Mitstreiterinnen fand sie im Aalener Gemeinderat. Über die Parteigrenzen hinweg hätten die Frauen dort zusammengearbeitet, erzählte sie, etwa wenn es darum ging, eine Beratungsstelle für Opfer von sexuellem Missbrauch durchzusetzen: „Wir Frauen waren neben den vier Parteien die fünfte Fraktion."[2] Seit 1992 gehörte sie dem SPD-Ostalbkreis-Vorstand an, von 1994 bis Beginn ihrer Landtagsarbeit war sie Stadträtin in Aalen und Kreisvorsitzende der Sozialdemokratischen Gemeinschaft für Kommunalpolitik (SGK) e. V. Ostalb. Außerdem war sie Mitglied bei Verdi, der AWO und beim NABU. Und – als ehemalige langjährige aktive Torfrau der Handballerinnen des TSV Neckartenzlingen – war sie stellvertretende Vorsitzende beim Turngau Ostwürttemberg.

Geboren wurde Ulla Haußmann am 17. Mai 1953 in Neckartenzlingen als ältestes von fünf Kindern einer Gastwirtsfamilie. Nach dem Realschulabschluss in Nürtingen ließ sie sich in Esslingen a. N. zur Krankenschwester ausbilden und machte 1973 das Staatsexamen. Bis zur Geburt ihrer zwei Kinder arbeitete sie als Krankenschwester, später als teilzeitbeschäftigte Nachtschwester im Ostalbklinikum Aalen. Von 1996 bis 1997 war sie Wahlkreismitarbeiterin des Aalener Oberbürgermeisters Ulrich Pfeifle, dessen Landtagsmandat sie übernahm. Bei den Landtagswahlen 2001 und 2006 wurde ihr dieses Mandat durch die Wählerinnen und Wähler bestätigt.

Ulla Haussmann war gesundheits- und sozialpolitische Sprecherin und Vorsitzende des Arbeitskreises Sozialpolitik der SPD-Landtagsfraktion und engagierte sich in verschiedenen Ausschüssen, etwa im Sozial- und im Petitionsausschuss des Landtags von Baden-Württemberg und im Ausschuss für Schule, Jugend und Sport.

2011 trat die Politikerin wieder an. Der Wahlkampf war bereits im Gange, als eine schwere Krankheit sie zwang, das Ringen um einen erneuten Einzug ins Landesparlament ihrem Zweitkandidaten Josef Mischko zu überlassen. Am 19. Mai 2012 ist sie in Aalen gestorben. Die Schwäbische Post würdigte sie in einem Nachruf: „Ulla Haußmann war eine ganz besondere Politikerin. Eine Frau, die auf Menschen zugehen konnte, die eine ungeheure Herzlichkeit ausstrahlte und durch ihre Menschlichkeit selbst ihre politischen Gegner für sich einnehmen konnte."[3]

---
1 Zit. nach Stuttgarter Zeitung, 22.12.1997.
2 Ebd.
3 Schwäbische Post, 20.05.2012.

Helen Heberer

Die Mannheimer Landtagsabgeordnete Helen Heberer hat schon in einem breiten beruflichen Spektrum gearbeitet. Nach einer Ausbildung zur Bürokauffrau und dem Erlangen des Diploms am Institut für Wirtschaftskommunikation und Welthandelssprachen war die am 28. Dezember 1950 in Mannheim Geborene zunächst als Übersetzerin und Dolmetscherin tätig. Berufsbegleitend absolvierte sie ein Pädagogikstudium und wurde an der Waldorfschule Mannheim an-

gestellt. 1980 entschied sie sich für eine Ausbildung zur Sprachtherapeutin und Sprecherzieherin. Seit 1990 ist sie Dozentin für Sprecherziehung und Theaterpädagogik, zum Großteil freiberuflich im Wirtschafts- und Medienbereich sowie mit einem kleinen Deputat an der Akademie für Waldorfpädagogik in Mannheim.

In die SPD trat Helen Heberer 1995 ein. Von 2001 bis 2008 engagierte sie sich als SPD-Kreisvorsitzende in Mannheim. Aktuell ist sie hier Stadträtin. Dem Landtag von Baden-Württemberg gehört sie seit April 2006 an. Sie ist Vorsitzende des Ausschusses für Wissenschaft, Forschung und Kunst, Mitglied im Europaausschuss und kulturpolitische Sprecherin der SPD-Landtagsfraktion.

Sie ist Mitglied der Kulturpolitischen Gesellschaft e.V., des Frauen-Kulturrats Mannheim, des Verwaltungsrats der Württembergischen Staatstheater Stuttgart, des Fachbeirats „Kulturelle Bildung" der Landesregierung sowie des Kulturunterausschusses der Baden-Württemberg Stiftung gGmbH, des Verwaltungsrats der Mannheimer Abendakademie und Volkshochschule Mannheim GmbH, des Kuratoriums der Staatlichen Toto-Lotto GmbH Baden-Württemberg und des Aufsichtsrats der Popakademie Baden-Württemberg GmbH. Außerdem engagiert sie sich als Vorsitzende des Beirats der Kunststiftung Baden-Württemberg gGmbH.

Helen Heberer ist evangelisch und verheiratet. Auf ihrer Homepage nennt sie in der Rubrik „Was mir wichtig ist" folgende politische Ziele: „Arbeitsplätze erhalten und schaffen – gerade in Zeiten der Krise, Bildung und Ausbildung stärken, Kultur und Sport fördern, Integration voranbringen, Politik für Frauen gestalten, die Schwachen nicht vergessen."[1]

---

[1] Quelle: Homepage www.heberer.info, Stand: Juni 2012.

Renate Hellwig → siehe „Südwestdeutsche Parlamentarierinnen im Bundestag", S. 329f.

Edeltraud Hollay

Edeltraud Hollay, am 17. März 1946 in Ravensburg geboren, hat sich über lange Jahre stark in der Kommunalpolitik engagiert. Nach der Mittleren Reife an der Höheren Handelsschule in Ravensburg arbeitete Edeltraud Hollay zunächst als Sekretärin. Danach bildete sie sich zur Hauswirtschaft-

lichen Elektroberaterin und später zur Technischen Lehrerin weiter. Sie arbeitete im Schuldienst und bei der Verbraucherzentrale Baden-Württemberg in Stuttgart. Bei der Leonberger Bausparkasse war sie danach für die Redaktion der Kunden- und der Mitarbeiterzeitschrift zuständig. Seit 1991 arbeitet sie als freiberufliche Journalistin.

1979 schloss sie sich der SPD an. Von 1982 bis 1985 war sie Mitglied des Kreisvorstands Stuttgart und von 1992 bis 1997 Bezirksbeirätin. Dem Gemeinderat der Landeshauptstadt Stuttgart gehörte sie von 1989 bis 2004 an, ab 1996 war sie hier stellvertretende Vorsitzende der SPD-Fraktion. Sie engagierte sich als kulturpolitische Sprecherin sowie im Ausschuss für Wirtschaft und Wohnen ihrer Fraktion. Mitglied der Regionalversammlung des Verbands Region Stuttgart war sie von 2004 bis 2009.

Am Ende der 13. Wahlperiode gab sie vom 18. Oktober 2005 bis zur letzten Sitzung am 22. Februar 2006 als Nachfolgerin für den zur WASG übergetretenen Ulrich Maurer ein Gastspiel als Landtagsabgeordnete. Auf ihrer Homepage stand damals zu lesen, dass sie sich sehr für Stadtplanung- und Stadtentwicklung interessiere.[1]

Während ihrer Abgeordnetenzeit und darüber hinaus war beziehungsweise ist sie Mitglied in vielen Vorständen und Beiräten kultureller Trägervereine in Stuttgart, zum Beispiel: Merlin, Junges Ensemble Stuttgart, Theater Rampe, Theaterhaus, Produktionszentrum Tanz und Performance, Internationale Bachakademie. Mitglied Kunststiftung Baden-Württemberg, Württembergischer Kunstverein, Zeichen der Erinnerung, Freunde der Weißenhofsiedlung, Schwäbischer Heimatbund, AWO, Naturfreunde, Gewerkschaft Verdi.

Edeltraud Hollay ist katholisch und seit 1971 mit Ignaz Hollay verheiratet, dem früheren Redakteur der Architekturzeitschrift „db deutsche bauzeitung".

---

1 Quelle: ihre damalige Homepage www.edeltraud-hollay.de, Stand: April 2006; Ausdruck im Landtagsarchiv.

Claudia Hübner

„Politische Senkrechtstarterin", „Seiteneinsteigerin", „schönste Politikerin Stuttgarts" – Attribute, die immer wieder auftauchten, wenn von Claudia Hübner in den Medien berichtet wurde. Die gebürtige Balingerin (06. August 1948) hat nach dem Abitur in Tübingen und München Jura studiert und 1975 mit dem Zweiten Staatsexamen abgeschlossen. Anschließend arbeitete sie als Staatsanwältin, später als Richterin am Amtsgericht in Strafsachen und am Landgericht in Zivilsachen, bevor sie 1981 als Professorin Dr. jur. für Zivil- und Strafrecht an die Fachhochschule für Verwaltung in Ludwigsburg wechselte.

1989, kurz nach ihrem Eintritt in die CDU, errang die Juristin einen Sitz im Stuttgarter Gemeinderat, den sie bis zu ihrem Sprung in den Landtag im April 1992 beibehielt. Im Rathaus war sie stellvertretende Fraktionsvorsitzende und Sprecherin im Sozialausschuss ihrer Partei. Sie ist Mitglied im Kreisvorstand der CDU Stuttgart. Im Landtag agierte sie im Ausschuss für Frauen, Familie, Weiterbildung und Kunst sowie in dem für Wissenschaft und Forschung. Sie war medienpolitische Sprecherin ihrer Fraktion, engagierte sich für die Einrichtung der Film- und Mediengesellschaft[1] im Land und wirkte u. a. an der Kinder-Enquête-Kommission mit. Im Sommer 1995 überraschte Claudia Hübner, die im Wahlkreis Stuttgart I das Direktmandat gewonnen hatte, die Öffentlichkeit mit ihrer Entscheidung, aus privaten Gründen nicht mehr für den Landtag kandidieren zu wollen: „Daheim bin ich nicht ersetzbar, sonst halte ich mich nicht für unersetzlich"[2], sagte die Mutter einer damals 13-jährigen Tochter, deren Mann Walter Hübner als Rechtsanwalt ebenfalls viel unterwegs sei. Danach wurde immer wieder über ihre Rückkehr in ein politisches Amt spekuliert, sei es 1996 als Kultur-Bürgermeisterin für Stuttgart[3] oder 2001 als Bundestagskandidatin.[4] Dabei hat sie während und nach ihrer Zeit als Parlamentarierin sich immer gesellschaftspolitisch engagiert. Beispielsweise konnte sie im Jahr 2000 das zehnjährige Bestehen ihrer Initiative „Frauen in Verantwortung" (FiV) feiern, die sie mit dem damaligen Ministerpräsidenten Lothar Späth und einem Kreis bedeutender Wirtschaftsunternehmen der Region Stuttgart gründete. Mit kreativen Ideen setzte sie sich dafür ein, dass sich der Frauen-Anteil in Führungspositionen der Wirtschaft erhöht.

1990 gründete sie auch den „Freundeskreis Wilhelma Theater", dessen erste Vorsitzende sie war und sie ist Gründungsmitglied des Vereins der Freunde der Hebräischen Universität Jerusalem.[5]

2006 schließlich ging sie wieder in die Politik. Der damalige Ministerpräsident Günther Oettinger holte sie in sein Kabinett und berief sie im Juni zur Ehrenamtlichen Staatsrätin für demographischen Wandel und für Senioren im Staatsministerium Baden-Württemberg.[6] Vier Jahre später, am 18. Februar 2010 gab das Staatsministerium Baden-Württemberg bekannt, dass Claudia Hübner die bevorstehende Regierungsbildung zum Anlass nehmen wird, ihr Ehrenamt vorzeitig zur Verfügung zu stellen: „Eine veränderte Lebensplanung und die durch den Wechsel des Ministerpräsidenten[7] ausgelöste neue Regierungsbildung sind Anlass dafür, dass ich auf mein Amt als Staatsrätin vorzeitig verzichte."[8]

Literatur:
Hübner, Claudia: Allgemeine Verfahrensgrundsätze, Fürsorgepflicht oder fair trial?: Ein Beitrag zur Darstellung nichtpositivierter Belehrungspflichten im Strafprozess. Tübingen 1983, zugl.: Tübingen, Univ., Diss., 1981.

---

1 Vgl.: Stuttgarter Zeitung, 17.11.1994; heute: „Medien- und Filmgesellschaft (MFG)".
2 Zit. nach Stuttgarter Zeitung, 22.06.1995.
3 Vgl.: Stuttgarter Nachrichten, 14.11.1996.
4 Vgl.: Stuttgarter Nachrichten, 10.04.2001.
5 Vgl.: Stuttgarter Wochenblatt, 30.11.2000.
6 Das Amt der Staatsrätin ist eine baden-württembergische Besonderheit. Gem. Art. 45 der baden-württembergischen Verfassung können neben Ministerpräsident, Ministern und Staatssekretären als weitere Mitglieder der Regierung ehrenamtliche Staatsräte ernannt werden.
7 Stefan Mappus löste damals Günther Oettinger als Ministerpräsidenten ab, weil Letzterer nach Brüssel wechselte.
8 Quelle: http://www.baden-wuerttemberg.de/sixcms/detail.php?id=225157, Stand: Juni 2012.

Marianne Jäger

Grüne Politik im Porsche? Für Marianne Jäger war diese Kombination nie ein Widerspruch. In ihrem Wahlkreis Böblingen leben rund 30.000 Menschen von der Auto-Industrie. Sie selbst arbeitete als Maschinenbautechnikerin beim berühmten Rennwagen-Hersteller und war Sachgebietsleiterin in der Entwicklungsabteilung. Engagement und Ehrgeiz hatten sie dahin gebracht. Am 8. April 1949 in Dumrösel/Pommern geboren, kam sie als Achtjährige im Rahmen der Familienzusammenführung nach Niedersachsen. Dem Hauptschulabschluss 1965 folgte eine Lehre als technische Zeichnerin bei Volkswagen in Wolfsburg, anschließend holte sie auf der Abendschule die Mittlere Reife nach. 1973 zog sie nach Baden-Württemberg und arbeitete ein Jahr in der Karosseriekonstruktion der Firma Porsche in Zuffenhausen. Die Technikerschule in Stuttgart schloss sie dann zwei Jahre später als staatlich geprüfte Maschinenbautechnikerin ab. Sie ist der Firma Porsche in Weissach treu geblieben.

„Ich habe meine ganze Berufslaufbahn mit Männern verbracht," erzählte sie im Jahr 2000 und habe dabei gelernt sich durchzusetzen.[1]

Das ist praktisch für die Politik. Ab 1990 engagierte sich Marianne Jäger für den Umweltschutz. Anlass war der geplante Bau einer Sonder- und Hausmüllverbrennungsanlage in Sindelfingen. 1994 wurde sie Mitglied der Grünen, ein Jahr später gehörte sie dem Kreisvorstand von Bündnis 90/Die Grünen in Böblingen an. Im Mai 2000 rückte sie für den Abgeordneten Reinhard Hackl in den Landtag nach und war im Petitionsausschuss vertreten. Innerhalb ihrer Fraktion war sie friedenspolitische Sprecherin und Ansprechpartnerin der Initiative „Mehr Demokratie".[2] Ihren Beruf übte sie weiterhin aus. Schon weil sie sich in ihrem kleinen Wahlkreis Böblingen, für den sie als Kandidatin für die Landtagswahl 2001 nominiert wurde, wenig Chancen für eine Mandatsbestätigung versprach, was dann auch so war.

---

1 Zit. nach Stuttgarter Nachrichten, 27.05.2000.
2 Vgl.: Leonberger Kreiszeitung, 12.03.2001.

Hedwig Jochmus → S. 337f.

Birgit Kipfer

Ärger über einen unhaltbaren Zustand brachte Birgit Kipfer, die 21 Jahre lang im Landtag aktiv war, in die Politik. Als das älteste ihrer inzwischen längst erwachsenen drei Kinder 1972 in die Schule kam, musste sich seine Klasse die Lehrerin mit der Parallelklasse teilen. Für die damalige Hausfrau ein „Anstoß, etwas tun zu müssen."[1]

Birgit Kipfer, am 20. Juli 1943 in St. Andreasberg im Harz geboren, machte in Bremen das Abitur und begann in Berlin an der Hochschule für Musik ein Studium. Nach einem einjährigen Aufenthalt am Florida Southern College studierte sie von 1963 bis 1966 in Hamburg und München die Fächer Germanistik und Anglistik. Nach ihrer Heirat 1966 war sie zwei Jahre lang Hausfrau, woran sich ein berufsbedingter dreijähriger Aufenthalt in Großbritannien anschloss. 1971 kam sie nach Baden-Württemberg, lebte vier Jahre lang in Ehningen, Kreis Böblingen. Seit 1975 ist sie in Gärtringen-Rohrau zu Hause.

Birgit Kipfer bekleidete verschiedene Funktionen im öffentlichen Leben. So war sie von 1977 bis 1982 Elternbeiratsvorsitzende an einem Herrenberger Gymnasium. Beim Landgericht Stuttgart war sie zwischen 1980 und 1985 Jugendschöffin. Im Mai 1986 kehrte sie ins Berufsleben zurück und nahm beim SPD-Landesverband eine Stelle als Referentin für Organisation an. Gleichzeitig trat sie der Gewerkschaft Handel, Banken und Versicherungen (HBV) bei.

Ihr parteipolitisches Engagement begann, hervorgerufen durch das eingangs erwähnte Erlebnis, 1972 mit dem Eintritt in die SPD. Sie war einige Jahre lang erst in Ehningen, dann in Gärtringen Ortsvereinsvorsitzende. Im Kreis Böblingen gründete sie 1976 die Arbeitsgemeinschaft sozialdemokratischer Frauen (AsF) und übernahm den Vorsitz. Von 1979 bis 1981 war sie Mitglied im AsF-Landesvorstand und hatte die Leitung des AK Kommunalpolitik inne. Von 1979 bis 1994 gehörte sie dem Kreistag Böblingen, zwischen 1980 und 1988 dem Gärtringer Gemeinderat an. 1988 gelang ihr der Sprung in den Landtag von Baden-Württemberg. Von 1992 bis 2001 war sie, für die „Politik das Beackern von steinigen Feldern ist"[2] stellvertretende Vorsitzende der SPD-Landtagsfraktion. Danach war sie u. a. Mitglied im ständigen Ausschuss und in dem für ländlichen Raum und Landwirtschaft. Kurz vor der Landtagswahl 2001, bei der ihr Mandat wie auch im Jahr 2006 wieder bestätigt wurde, resümierte sie über ihre Landtagstätigkeit: „Fünf Jahre im Parlament sind wie im Flug vergangen. Die fünfjährige Legislaturperiode ermöglicht, mit längerem Atem bestimmte Themen kontinuierlich zu verfolgen. ... Es war mir ein besonderes Anliegen, Jugendlichen zu zeigen, wie Politik funktioniert und wie vielfältig die Aufgaben sind. ... Als medienpolitische Sprecherin der SPD-Fraktion gab es jede Menge Arbeit. Gleich zu Beginn begleitete ich als stellvertretende Vorsitzende der Enquête-Kommission ‚Rundfunkneuordnung' die Fusion von SWF und SDR. Als verbraucherpolitische Sprecherin meiner Fraktion standen Verbraucherschutz, Ernährungsberatung, Gentechnologie, Nahrungsmittelkontrolle ständig auf der Tagesordnung."[3]

Im Dezember 2009 trat sie von ihrem Mandat zurück, auch um ihren Zweitkandidaten und Nachfolger, Tobias Brenner, vor der Landtagswahl 2011 „vom Abgeordnetenbonus profitieren" zu lassen.[4]

Birgit Kipfer war immer auch außerhalb des Landtags aktiv: So war sie ehrenamtlich von 1989 bis 1999 stellvertretende Vorsitzende der Verbraucherzentrale Baden-Württemberg und von 1999 bis 2011 Landesvorsitzende von pro familia. Außerdem gehörte sie dem Aufsichtsrat der Landesstiftung Baden-Württemberg gGmbH an, dem Rundfunkrat des Südwestrundfunks und war stellvertretende Vorsitzende des Landesrundfunkrats Baden-Württemberg.

„Es ist ein mühsames Geschäft", sagte sie 2010 über ihre 21 Jahre Landtagserfahrung. „Aber wenn man die Themen richtig anpackt, kommt man doch ein Stück voran".[5]

---

1 Zit. nach Leonberger Kreiszeitung, 23.02.2006.
2 Zit. nach Leonberger Kreiszeitung, 10.05.2000.
3 Zit. nach Leonberger Kreiszeitung, 22.03.2001.

4 Vgl.: Leonberger Kreiszeitung, 07.01.2010.
5 Ebd.

Berta Konrad

Ein enger Bezug zur katholischen Kirche, gepaart mit sozialem Engagement prägt das Leben von Berta Konrad. Sie wurde am 5. September 1913 in München geboren. Nach der Volksschule besuchte sie eine höhere Schule und machte 1933 in England das Abitur. Daran schloss sich eine Verlagslehre mit Buchhandelsprüfung an. 1935 wechselte sie in den sozialen Bereich. Von 1939 bis 1941 besuchte sie die Soziale Frauenschule in München und schloss mit dem Fürsorgerinnenexamen ab. In diesem Beruf arbeitete sie, bis sie 1942 zu studieren begann. An den Universitäten Tübingen, Freiburg und München absolvierte sie ein Rechts- und Sozialwissenschaftliches Studium, das sie 1947 mit einer Promotion in Tübingen abschloss. Ab 1949 war sie an der Höheren Fachschule für Sozialarbeit in Heidelberg, erst als Dozentin, ab 1951 als Leiterin tätig.

Sie übernahm ab 1955 den Vorsitz des Katholischen Frauenbundes in Heidelberg und war Mitglied des Diözesanvorstandes des Katholischen Frauenbundes innerhalb der Diözese Freiburg.

1950 schloss sie sich der CDU an. Bald gehörte sie dem Kreisvorstand Heidelberg sowie dem Landesvorstand Nordbaden an. Von 1956 bis 1960 war sie Abgeordnete im Landtag von Baden-Württemberg. Als Vorsitzende des Sozialausschusses, als Mitglied des Rechts- und stellvertretendes Mitglied des Kulturpolitischen Ausschusses, des Verwaltungs- und des Petitionsausschusses konnte sie in einer Bandbreite Aktivitäten entfalten, die ihrer vielseitigen Ausbildung und Berufserfahrung entsprachen. Prädestiniert für sozialpolitische Probleme, bei der es ihr „in erster Linie um die Stärkung der Eigenkräfte und um ein ausgewogenes Verhältnis zwischen behördlicher und freier Wohlfahrtspflege"[1] ging, lagen ihr Fragen der Rechtsordnung am Herzen. Sie beschäftigte sich zusätzlich mit Fragen der Außenpolitik, wobei sie sich um die europäische Verständigung bemühte.

Zuletzt lebte Berta Konrad als Ordensschwester im „Orden von der Heimsuchung Mariens" in Niedernfels[2]. Am 5. Januar 1992 ist sie verstorben.

---

[1] Vgl.: Frau und Politik (1965), Nr. 7.
[2] Vgl.: Dokumentation „Parlamentarierinnen aus dem deutschen Südwesten", 1992, Landtagsarchiv von Baden-Württemberg.

Andrea Krueger

„Für das Können gibt es nur einen Beweis: das Tun." Diesen Satz von Marie von Ebner-Eschenbach stellte Andrea Krueger gleichsam als Motto auf ihre Homepage während ihrer Parlamentarierinnenzeit im Landtag.[1] Sie wurde am 4. November 1957 in Heilbronn geboren, legte das Abitur in Metzingen ab und studierte an der Fachhochschule für öffentliche Verwaltung in Stuttgart. 1981 erfolgte die Staatsprüfung zur Diplomfinanzwirtin.

Anschließend arbeitete sie drei Jahre lang bei der Oberfinanzdirektion Stuttgart und von 1984 bis 2006 beim Wirtschaftsministerium. Von dieser Stelle musste sie sich beurlauben lassen, als sie 2006 im Landtagswahlkreis Stuttgart I das Direktmandat für die CDU errang. Denn Bedienstete des Landes dürfen nicht gleichzeitig im Landtag sitzen.[2] Im Landtag von Baden-Württemberg vertrat Andrea Krueger ihre Partei im Ausschuss für Schule, Jugend und Sport, im Sozialausschuss und im Petitionsausschuss. Sie war Sprecherin für Chancengleichheit und sektenpolitische Sprecherin ihrer Fraktion. Von 2009 bis 2011 war Andrea Krueger Vorsitzende der Enquête-Kommission „Fit fürs Leben in der Wissengesellschaft – berufliche Schulen, Aus- und Weiterbildung" des baden-württembergischen Landtags.

Im Mai 2010 wurde Andrea Krueger auf der Vertreterversammlung der CDU Stuttgart in Stuttgart-Vaihingen erneut für den Wahlkreis Stuttgart-Mitte nominiert, errang jedoch bei der Landtagswahl 2011 kein Mandat mehr.

Andrea Krueger war ab 1995 viele Jahre lang Vorsitzende der Frauenunion Nordwürttemberg und ist Mitglied des Landesvorstands der CDU Baden-Württemberg. Seit 2004 engagiert sie sich als ehrenamtliche Bezirksvorsteherin von Stuttgart-Nord, zuvor war sie von 1996 bis 2004 ehrenamtliche Bezirksvorsteherin von Stuttgart-Mitte. Seit 2008 gehört sie dem Rundfunkrat des Südwestrundfunks (SWR) an.

Andrea Krueger ist verheiratet und hat zwei Kinder.

---

1 Als Ausdruck in der Parlamentarierinnen-Dokumentation im Landtagsarchiv vorhanden.
2 Vgl.: Stuttgarter Zeitung, 12.06.2006.

Ursula Kuri

„Du bist nicht nur verantwortlich für das, was du tust, sondern auch für das, was du nicht tust" ist das Lebensmotto der Familienfrau Ursula Kuri. Sie kam am 27. September 1935 in Freiburg zur Welt, wo sie auch das Gymnasium und die Frauenfachschule besuchte. Die zweite Lehramtsprüfung zur Hauswirtschafts-, Handarbeits- und Techniklehrerin (HHT) legte sie 1959 ab und unterrichtete bis zur Geburt ihres zweiten Kindes. Die fünffache Mutter und Ehefrau engagierte sich als katholische Pfarrgemeinderätin und Leiterin des Bildungswerks in der Pfarrgemeinde St. Blasius und war dreizehn Jahre lang Vorsitzende des Gesamtelternbeirats Freiburger Schulen. Sie war Mitglied im Kuratorium Landeszentrale für politische Bildung, in dem der Handwerksakademie sowie im Beirat der Universität Freiburg.

Nachdem ihre Kinder erwachsen waren, engagierte sie sich in der Politik: ab 1989 als stellvertretende CDU-Kreisvorsitzende und ab 1994 als Stadträtin in Freiburg. Im April 1996 errang sie das Direktmandat im Wahlkreis Freiburg II und arbeitete im Landtag in den Ausschüssen Schule, Jugend und Sport sowie Wissenschaft, Forschung und Kunst mit. Sie beschrieb sich damals selbst als „engagiert, zielstrebig und basisnah" – „bei meiner politischen Arbeit brauche ich den Kontakt zur Bevölkerung. In einem Turm zu sitzen, war noch nie meine Welt."[1] Gerne hätte sie weitere fünf Jahre Freiburger Anliegen in Stuttgart hochgehalten, zumal sie mittlerweile gelernt hatte, wie die Mechanismen funktionieren, um etwas zu erreichen: „Da wäre es von Vorteil, im Kader mitspielen zu können und nicht von außen Briefe schreiben zu müssen."[2] Zwar wurde sie von ihrer Partei mit großer Mehrheit nominiert, den Wahlkreis zu verteidigen, doch ging das Direktmandat im März 2001 dann an die SPD-Stadträtin Margot Queitsch.[3]

1 Interview in der Badischen Zeitung, 01.03.2001.
2 Zit. nach Badische Zeitung, 17.03.2001.
3 Seite 221 in diesem Band.

Sabine Kurtz

Sabine Kurtz stammt aus Bad Hersfeld und ist in einem mittelständischen Familienbetrieb aufgewachsen. Geboren am 8. August 1961 in der hessischen Kurstadt, legte sie hier auch ihr Abitur ab. Anschließend studierte sie Politologie, Germanistik und Romanistik in Freiburg und Straßburg. 1986/1987 schloss sie mit dem ersten Staatsexamen und dem Magister Artium ab. Von 1987 bis 1989 machte sie ein Volontariat mit Weiterbeschäftigung in einer Agentur für Presse- und Öffentlichkeitsarbeit. 1989/1990 arbeitete sie als Referentin eines Landtagsabgeordneten. 1991/1992 war sie Parlamentarische Beraterin der CDU-Landtagsfraktion und von 1998 bis 2002 wieder. Dazwischen arbeitete sie von 1993 bis 1997 als wissenschaftliche Mitarbeiterin eines Bundestagsabgeordneten. Ihr Arbeitsverhältnis als Referentin im Staatsministerium Baden-Württemberg, 2002 begonnen, ruht wegen ihres Landtagsmandats seit 2006.

1990 schloss sich Sabine Kurtz der CDU an. Sie ist seit 2003 Vorsitzende des CDU-Stadtverbands Leonberg und gehört seit 2007 dem Vorstand

des CDU-Bezirksverbands Nordwürttemberg an. 2006 und 2011 errang sie jeweils das Direktmandat im Landtagswahlkreis Leonberg. Im Landtag engagiert sie sich in den Ausschüssen für Kultus, Jugend und Sport sowie für Wissenschaft, Forschung und Kunst und ist im Präsidium vertreten.

Sie ist Vorsitzende des Kuratoriums der Kunststiftung Baden-Württemberg gGmbH, Mitglied des Verwaltungsrats der Württembergischen Staatstheater Stuttgart, des Kuratoriums der Landeszentrale für politische Bildung Baden-Württemberg, Vorsitzende des Beirats für den Schülerwettbewerb des Landtags von Baden-Württemberg zur Förderung der politischen Bildung, Mitglied des Medienrats der Landesanstalt für Kommunikation Baden-Württemberg, des Kuratoriums und des Beirats der Stiftung Akademie Schloss Solitude sowie des Beirats des Theaterhauses Stuttgart e. V.

Sabine Kurtz ist evangelisch und mit dem Forstdirektor Frieder Kurtz verheiratet. Die drei Kinder der beiden kamen 1990, 1992 und 1995 zur Welt.[1]

---

1 Quelle: Homepage www.sabine-kurtz.de, Stand: Juni 2012.

Hanne Landgraf

„Ohne die Mitwirkung der Frauen kann keine gesunde Politik betrieben werden"[1] stellte Hanne Landgraf 1982 fest, als sie schon auf ein langes Leben mit vielfältigem gesellschaftspolitischem Engagement zurückblicken konnte. Die tatkräftige Sozialdemokratin wurde am 14. Oktober 1914 in Karlsruhe als erstes von insgesamt sechs Kindern des Schlossers Karl Siebert und seiner Frau Frieda geboren „und wuchs in einem von der sozialistischen Arbeiterbewegung geprägten Milieu auf".[2] Nach dem Schulbesuch half sie in verschiedenen Firmen aus, besuchte parallel Kurse in Stenografie und Maschineschreiben und arbeitete dann bis 1933 als Angestellte bei der Eisenbahner-Gewerkschaft. Ihre Arbeit im öffentlichen Leben begann im Sport: Sie leitete die Kinder- und Jugendabteilung bei der „Freien Turnerschaft" und sorgte dafür, dass auch die Frauen auf den bis dahin nur Männern vorbehaltenen Turntagen zum Zuge kamen[3]. Verbot und Verfolgung der Arbeiterbewegung mit Beginn der NS-Zeit trafen die Familie Siebert sehr. Ihr Vater wurde mehrmals verhaftet, beide verloren sie ihre Arbeit.[4] 1936 fand sie schließlich eine Anstellung als Kontoristin und Sekretärin in einer Großhandlung. 1942 heiratete sie Rolf Landgraf, der seit 1939 als Soldat eingezogen war und erst 1948 aus der Gefangenschaft zurückkehren sollte. Im Juli 1945 kam ihre Tochter zur Welt.[5]

Nach dem Kriegsende 1945 entwickelte Hanne Landgraf zahlreiche sozialpolitische Aktivitäten: So arbeitete sie ehrenamtlich in einer Bezirksstelle der Stadtverwaltung Karlsruhe und war ab 1947 Mitglied des städtischen Schul- und Jugendwohlfahrtsausschusses. Als Helferin der Arbeiterwohlfahrt (AWO) betreute sie 1946/47 während der Schulferien die Kinder im Waldheim und wurde bald Leiterin des Waldheims, das bis zu fünfhundert von Krieg und Hunger geschwächte Kinder betreute.

Hanne Landgraf kam in den Vorstand der AWO Karlsruhe, half hier eine Nähstube, dort einen Kindergarten gründen und erledigte fünfzehn Jahre lang die Buchhaltung des wachsenden Apparats[6]. Sie wurde zweite Vorsitzende der AWO im Bezirk Nordbaden und Mitglied des Landesausschusses.

Ab 1954 war sie Jugendschöffin und von Anfang an Mitglied des 1955 gegründeten „Vereins für Jugendschutz und Bewährungshilfe". Sie gehörte ab 1956 dem Verwaltungsrat des Landeswohlfahrtswerks Baden-Württemberg an und war seit Gründung des Landeswohlfahrtsverbands Baden im Oktober 1963 Mitglied von dessen Landesversammlung. Außerdem war sie immer in diversen Frauenorganisationen aktiv.

1946 schloss sie sich der SPD an und war ab 1947 Vorsitzende der örtlichen Frauengruppe. Ab 1953 gehörte sie dem Karlsruher Gemeinderat an. Dieses Mandat musste sie abgeben, als sie 1966 als Nachrückerin in den Landtag von Baden-Württemberg einzog, dem sie zehn Jahre lang angehörte. In der SPD-Landtagsfraktion war sie Sprecherin für Jugendfragen, setzte sich insbesondere für ein modernes Jugend- und Jugendhilferecht ein und gab in Fragen der Vorschulerziehung, der Förderung von Kindergärten, der Suchtbekämpfung und auf dem Gebiet der Behindertenhilfe entscheidende Impulse.

„Nur wenn man die Nöte der Menschen kennt, kann man entsprechende Politik machen"[7] war ihre Devise. In diesem Zusammenhang steht auch ihre zwölfjährige Tätigkeit als Vorsitzende des Landesausschusses des Müttergenesungswerks. Der Anspruch des Müttergenesungswerks, die Gesundheit im umfassenden und ganzheitlichen Sinne auf Körper, Seele und Soziales bezogen zu verstehen, stellte für sie eine Herausforderung dar. Dass dessen Geschicke in Baden-Württemberg nicht mehr nur in Frauenhänden, sondern auch in denen von Männern liegen, interpretierte sie positiv. Als sie den Vorsitz im Landesausschuss des Müttergenesungswerks abgab, sagte sie: „Wir haben jetzt etwa fünfzig Prozent männlicher Vertreter im Landesausschuss des Müttergenesungswerks. Ich würde mir dieses Verhältnis auch für die Politik wünschen"[8].

Hanne Landgraf lebte in Karlsruhe. Für ihr umfangreiches Engagement erhielt sie zahlreiche Ehrungen, zum Beispiel die Marie-Juchacz-Plakette der AWO, die Elly-Heuss-Medaille, das Bundesverdienstkreuz erster und zweiter Klasse, die Verdienstmedaille des Landes Baden-Württemberg und 1993 verlieh ihr die Stadt Karlsruhe die Ehrenbürgerwürde. In Karlsruhe verstarb sie am 19. Januar 2005.

Literatur:
Guttmann, Barbara: Hanne Landgraf. Man ist einfach gebraucht worden. In: dies.: „Zwischen Trüm-

mern und Träumen". Karlsruherinnen in Politik und Gesellschaft der Nachkriegszeit. Karlsruhe 1997, S. 64–73.

Schwarzwald, ist für mich Heimat und Oase der Erholung zugleich."[2]

---

1 Zit. nach Stuttgarter Nachrichten, 28.04.1982.
2 Guttmann, Barbara: Hanne Landgraf, a. a. O., S. 66.
3 Vgl.: Stuttgarter Zeitung, 10.09.1971.
4 Guttmann, Barbara: Hanne Landgraf, a. a. O., S. 67.
5 Ebd., S.68.
6 Ebd.
7 Vgl.: Badische Neueste Nachrichten, 30.04.1976.
8 Zit. nach Stuttgarter Nachrichten, 28.04.1982.

Ursula Lazarus

„Wenn man etwas für Recht hält, muss man es auch tun", zitiert die CDU-Abgeordnete Ursula Lazarus Hermann Hesse.[1] In Baden-Baden am 19. September 1942 geboren und zur Schule gegangen, lebt und engagiert sie sich auch heute noch in ihrer Heimatstadt. Ab 1975 war sie dort Stadträtin, seit 1989 Vorsitzende der CDU-Stadtratsfraktion. Von 1977 bis 1990 war sie Kreisvorsitzende der Frauen-Union Baden-Baden und seit 1979 stellvertretende Vorsitzende des CDU-Kreisverbandes. Die Schwerpunkte ihrer kommunalpolitischen Arbeit lagen in der Finanz-, Sozial- und Kulturpolitik. „Unsere Region, der

Nach dem Abitur 1961 studierte sie Mathematik und Physik in Freiburg und Innsbruck und schloss 1968 mit dem zweiten Staatsexamen ab. Anschließend arbeitete sie bis 1983 als Lehrerin am Tulla-Gymnasium in Rastatt. Von 1983 an war sie stellvertretende Schulleiterin am Windeck-Gymnasium in Bühl, aufgrund des Landtagsmandats wurde sie ab 1992 beurlaubt.

In der Landespolitik machte sich die Studiendirektorin von 1992 bis 2011 als Bildungs- und Finanzpolitikerin einen Namen. Über viele Jahre hinweg war sie Mitglied im Ausschuss Schule, Jugend und Sport sowie stellvertretende Vorsitzende des Finanzausschusses: „Finanzen, Haushalt, Steuern gelten als spröde Materie, doch für mich als Mathematikerin sind die Zahlen im Landeshaushalt etwas sehr Lebendiges, zeigen Entwicklungen auf. Alle ‚Finanzer' im Landtag haben das Ziel, sparsam zu wirtschaften. Doch jedes Bundesland hat über vierzig Prozent Personalkosten, davon über die Hälfte für Lehrer, außerdem große Anteile für Polizei und Wissenschaft, wo sogar steigender Finanzbedarf besteht."³ Ursula Lazarus war im Vorstand der CDU-Landtagsfraktion und Mitglied im Parlamentarischen Beirat „Neue Steuerungsinstrumente". Zu ihrem weiteren Engagement gehörten die Mitgliedschaft im Stiftungsrat eines Altenheimes, der Kuratoriumsvorsitz in der Eberhard-Schöck-Stiftung „Wandel durch Ausbildung", die Mitgliedschaft im grenzüberschreitenden Oberrheinrat, die im Rundfunkrat des Südwestrundfunks und der stellvertretende Vorsitz im Fernseh-Ausschuss.

Als es im Januar 2010 in den CDU-Kreisverbänden Baden-Baden und Rastatt um die Kandidatenfrage für die nächste Landtagswahl ging, ließ sich Ursula Lazarus nicht mehr aufstellen: „Alles hat seine Zeit," kommentierte sie ihre Entscheidung.⁴ Die nicht verheiratete, katholische Politikerin hält es mit Konrad Adenauer, der am Tage seines Abschieds aus dem Kanzleramt auf die Frage eines Journalisten nach der wichtigsten Eigenschaft für einen Politiker antwortete: ⁵ „Das Wichtigste ist der Mut".

---

1 Auf ihrer Homepage www.ursula-lazarus.de, Stand 2001.
2 Ebd.
3 Ebd.
4 Zit. nach Badisches Tagblatt, 29.01.2010.
5 Ebd.

Johanna Lichy

Johanna Lichy, ehemalige Staatssekretärin und frühere Frauenbeauftragte der Landesregierung, die Frau, die „Politik mit dem Herzen macht"¹ erzählte 1999 über ihre Politisierung: „Als ich 1968 in den Zeiten der größten studentischen Unruhen in Heidelberg mit dem Studium begann, wurde mir schnell bewusst, dass es nicht ausreicht, sich von politisch radikal Denkenden innerlich zu distanzieren, sondern dass man sich aktiv in die Politik einbringen muss, will man nicht zusehen, wie Minderheiten schweigende Mehrheiten bestimmen. Die Erlebnisse in Heidelberg waren für mich Anlass, in die CDU einzutreten und mich fortan politisch zu enga-

gieren. Zwar war ich schon während meiner Schulzeit, die ich im schönen Unterland verbrachte, als Schulsprecherin und Mitherausgeberin der Schülerzeitung aktiv. Als ich dann jedoch nach meiner Heirat mit meiner jungen Familie in Heilbronn lebte, war es die Kindergartenfrage, die mich in die Politik brachte. Wir jungen Mütter gründeten einen Kindergarten-Gesamtelternbeirat, den ersten in Baden-Württemberg und trugen dazu bei, dass die Kommunen den Kindergarten nicht nur als Freiwilligkeitsleistungen der Kirchen betrachteten, sondern als Aufgabe der öffentlichen Gemeinschaft ernst nahmen."[2]

Geboren am 8. Mai 1949 in Heilbronn, römisch-katholisch, studierte sie nach dem Abitur am Albert-Schweitzer-Gymnasium in Neckarsulm die Fächer Germanistik und Anglistik an der Universität Heidelberg, widmete sich dann aber ihrer Familie. Sie hatte den Architekten Gerhard Lichy geheiratet, unterstützte ihn im Büro, war Mutter zweier Söhne und fühlte sich voll ausgelastet.[3] 1975 wurde sie dann als damals jüngstes Mitglied in den Heilbronner Gemeinderat gewählt, dem sie bis Frühjahr 1996 angehörte, die letzten drei Jahre als Fraktionsvorsitzende. Von 1997 bis 2006 war sie Vorsitzende des CDU-Stadtverbandes, ab 2005 stellvertretende Vorsitzende des CDU-Kreisvorstands Heilbronn, inzwischen fungiert sie hier als Ehrenmitglied.[4]

Landesweit wurde sie bekannt, als es ihr bei der Landtagswahl im März 1996 gelang, dem SPD-Spitzenkandidaten Dieter Spöri das Direktmandat im Wahlkreis Heilbronn abzunehmen. Diesen Erfolg führte Johanna Lichy auf ihren jahrelangen Einsatz „für die Bürger" und ihre Neigung und Fähigkeit zurück, sich „Zugang zu den Leuten" zu verschaffen.[5] Zu diesem Zeitpunkt absolvierte sie – nach der Familienphase – gerade ein Zweitstudium der Geschichte und Politischen Wissenschaft und arbeitete an ihrer Magisterarbeit über Gesetzgebungsprozesse am Beispiel der Pflegegesetzgebung. Die dabei erworbenen Erkenntnisse kamen ihr in der Praxis sicher zugute, doch aus dem Abschluss wurde nichts mehr. Denn am

12. Juni 1996 ernannte Ministerpräsident Erwin Teufel sie zur politischen Staatssekretärin im Sozialministerium von Baden-Württemberg und gleichzeitig wurde sie die erste Frauenbeauftragte der Landesregierung. Die Politikerin begriff die letztgenannte Funktion als „Querschnittsaufgabe": „Ich will auch in den Belangen anderer Ressorts mitreden", sagte Lichy damals dazu.[6]

Ihr Direktmandat hat sie bei den Landtagswahlen 2001 und 2006 verteidigt. Bei der Landtagswahl 2011 trat sie nicht mehr an. Ihr Nachfolger als direkt gewählter Abgeordneter des Wahlkreises Heilbronn wurde der CDU-Kandidat Alexander Throm.

Im November 2002 fand im Landtag von Baden-Württemberg der erste „Frauenplenartag" eines deutschen Parlaments statt.[7] Johanna Lichy erklärte damals, es sei eine Aufgabe des Staates, die tatsächliche Gleichberechtigung durchzusetzen. Chancengleichheit bestehe erst dann, wenn Frauen sich nicht mehr zwischen Karriere und Familie entscheiden müssten, wenn Väter und Mütter die gleiche Chance hätten, die Arbeit in Familie und Beruf zu vereinbaren.[8]

Bei der Regierungsbildung im Mai 2006 berief der neue Ministerpräident Günther Oettinger Johanna Lichy nicht mehr zur Sozialstaatssekretärin. Ihre Aufgabe als Frauenbeauftragte wurde der damaligen Sozialministerin Monika Stolz[9] quasi als „Nebenjob" übertragen.[10]

---

1 Zit. nach Heilbronner Stimme, 10.05.1999.
2 Zit. nach ihrer Homepage www.johanna-lichy.de, Stand 2001.
3 Vgl.: Heilbronner Stimme, 08.05.1999.
4 Quelle: http://cduheilbronn.de/index.php?page=312, Stand: Juni 2012.
5 Vgl.: Stuttgarter Zeitung, 22.10.1996.
6 Zit. nach Reutlinger Generalanzeiger, 20.06.1996.
7 Vgl.: Staatsanzeiger Baden-Württemberg, 25.11.2002.
8 Ebd.
9 Siehe S. 259 in diesem Band.
10 Vgl.: Südkurier, 09.05.2006.

Andrea Lindlohr

Als „Wahlschwäbin" bezeichnet sich Andrea Lindlohr.[1] Im Rheinland, genauer gesagt in Königswinter, am 19. Februar 1975 geboren und in Erpel am Rhein aufgewachsen, studierte sie nach dem Abitur 1994 Politikwissenschaft und Soziologie in Tübingen und Leicester (UK) mit den Schwerpunkten Politische Wirtschaftslehre und Vergleichende Wohlfahrtsstaatforschung und schloss als Magistra Artium ab.

In die Partei der Grünen trat sie 1998 ein. Von 2002 bis 2011 arbeitete sie als Parlamentarische Beraterin für Wirtschaft, Arbeit und Energie in der Grünenfraktion des Landtags. Seit 2003 ist Andrea Lindlohr Mitglied des Landesvorstands der Grünen, seit 2008 im Vorstand des Kreisverbands Esslingen. 2006 kandidierte sie vergeblich im Wahlkreis Stuttgart III für den Landtag, 2009 für den Bundestag im Wahlkreis Esslingen. 2011 schließlich errang sie das Landtagszweitmandat in Esslingen. Als frisch gebackene Landtagsabgeordnete hätte sie im Mai desselben Jahres die Möglichkeit gehabt, in den Bundestag nachzurücken, weil sie, wie die Stuttgarter Zeitung formulierte, „das Vakuum, das durch den Wechsel der Grünen-Bundestagsabgeordneten Winfried Hermann und Alexander Bonde in das Landeskabinett entstanden war,

nach Berlin gesogen" hätte.[2] Sie entschied sich, hier zu bleiben, wo sie gewählt wurde. Im Landtag engagiert sie sich als stellvertretende Fraktionsvorsitzende und wirtschaftspolitische Sprecherin der grünen Landtagsfraktion sowie als Mitglied im Finanz- und Wirtschaftsausschuss, im Ständigen Ausschuss und im Landtagspräsidium.

Außer dem ist sie Mitglied des Kuratoriums der Landesakademie des Handwerks, Vorsitzende des Fördervereins der Volkshochschule Esslingen a. N. e. V., Mitglied u. a. in der Vereinigung der Freunde der Universität Tübingen e. V., des Verkehrsclubs Deutschland, der Heinrich-Böll-Stiftung Baden-Württemberg und bei Amnesty International.

Andrea Lindlohr, katholisch, verheiratet, sagt von sich: „Ich habe begonnen, mich politisch zu engagieren, um die Welt zu verbessern: Dieser Satz gilt für mich und hoffentlich für die meisten anderen Feierabend- wie BerufspolitikerInnen. Dabei bleibe ich immer realistisch, weil ich nur so wirklich etwas ändern kann."[3]

1 Auf ihrer Homepage www.andrea-lindlohr.de, Stand: Juni 2012.
2 Vgl.: Stuttgarter Zeitung, 24.05.2011.
3 Auf ihrer Homepage www.andrea-lindlohr.de, Stand: Juni 2012.

Brigitte Lösch

Die Grünen-Politikerin Brigitte Lösch ist Vizepräsidentin des Landtags von Baden-Württemberg. Als sie 2001 zum ersten Mal in Stuttgart kandidierte, auf Anhieb mit Erfolg, beschrieb sie ihre Einstellung zur parlamentarischen Arbeit so: „Wichtig ist für mich auch die Art wie Politik gemacht wird. Ich suche das Gespräch mit den Menschen, nehme deren Wünsche und Sorgen ernst und will eine ‚Politikerin zum Anfassen' sein, denn Politik lebt vom Mitwirken und Engagement der Bürgerinnen und Bürger. Ich setze mich für mehr Demokratie bei politischen Entscheidungen ein. Für mich hat Politik nur Zukunft, wenn wir ‚Akteure' lernfähig und stark genug sind, uns selbst zu hinterfragen."[1]

Sie wurde am 3. Juli 1962 in Kuchen bei Göppingen geboren und ist mit vier Geschwistern aufgewachsen. Nach dem Abitur, 1981 am Michelberggymnasium in Geislingen an der Steige, studierte sie Sozialpädagogik an der Berufsakademie in Stuttgart und schloss 1984 mit dem Diplom ab. Als Sozialpädagogin hat sie über fünfzehn Jahre in verschiedenen Bereichen der Kinder- und Jugendarbeit gearbeitet, zehn davon in der offenen Kinder- und Jugendarbeit und fünf Jahre als Beauftragte für Suchtprophylaxe beim Kreisjugendamt Göppingen. Zwischen 1997 und März 2001 war sie Parlamentarische Beraterin bei der Landtagsfraktion Bündnis 90/Die Grünen und dort vor allem für die Bereiche Frauen-, Kinder- und Familienpolitik zuständig.

Jede Menge kommunalpolitische Erfahrung sammelte Brigitte Lösch neun Jahre lang im Gemeinderat der Stadt Geislingen, in den sie mit 27 Jahren, als jüngstes Mitglied, gewählt wurde. Von 1996 an war sie zwei Jahre lang Kreisvorsitzende der Grünen in Göppingen, ab 2000 einige Jahre lang in Stuttgart. Von 1999 bis 2001 gehörte sie dem Bezirksbeirats Mitte in Stuttgart an. Seit April 2001 ist sie

Landtagsabgeordnete, war zwischen 2001 und 2006 stellvertretende Fraktionsvorsitzende und Parlamentarische Geschäftsführerin sowie im Sozialausschuss vertreten. Aktuell ist sie Mitglied im Ausschuss für Europa und Internationales. Im März 2010 bewarb sich die Sozialexpertin vergeblich als Oberbürgermeisterin von Ravensburg. Ein Jahr später fuhr sie bei der Landtagswahl einen großen Erfolg ein und errang im Wahlkreis Stuttgart IV das Direktmandat. Ihre Freudentränen, die am 27. März 2011 in den Tagesthemen zu sehen waren, galten wohl weniger der persönlichen Bilanz als vielmehr der Tatsache, dass in Baden-Württemberg an diesem Wahlabend der Regierungswechsel samt einem bundesweit ersten grünen Ministerpräsidenten in greifbare Nähe rückten.

Im Mai desselben Jahres gelang ihr eine weitere Premiere: Mit ihrer Wahl zur Landtagsvizepräderitin besetzt zum ersten Mal die Ökopartei dieses Amt im Land. Brigitte Lösch „schwingt hier gerne die große Glocke"[2], um das Plenum zur Disziplin aufzurufen. Vor allem aber liegt ihr eine lebendige Parlamentskultur am Herzen. Ihrer Meinung nach gehört dazu auch ein Bürgerparlament, das gegenüber der Öffentlichkeit mehr Transparenz über die politische Arbeit herstellt und den Landtag als „Ort der politischen Willensbildung" erfahrbar macht.[3]

Weitere Funktionen übt Brigitte Lösch beispielsweise als Mitglied des Stiftungsrats der Stiftung „Zeit für Menschen" aus, als stellvertretende Vorsitzende des Beirats der Kunststiftung Baden-Württemberg gGmbH, als Mitglied des Verwaltungsrats der Württembergischen Staatstheater Stuttgart sowie des Kuratoriums der Stiftung „Akademie Schloss Solitude", als Vorstandsvorsitzende des Kulturzentrums Merlin e.V. und als Mitglied in weiteren verschiedenen sozialen, gesellschaftlichen und kulturellen Einrichtungen. 2009 initiierte sie den „Stuttgarter Grünen Salon" als Austausch zwischen Politik und Kultur.

Brigitte Lösch lebt mit ihrem Mann, dem Musiker und Lehrer Wolfgang Kallert, in Stuttgart.

---

1 Zit. nach ihrer Homepage www.brigitte-loesch.de, Stand: 2001.
2 Zit. nach Stuttgarter Zeitung, 13.07.2011.
3 Zit. nach ihrer Homepage www.brigitte-loesch.de, Stand: Juni 2012.

Lena Maurer

Lena Maurer, aus einem gewerkschaftlich orientiertem Elternhaus stammend, wurde am 9. April 1904 in München geboren. In Mannheim besuchte sie die Volks- und die Handelsschule. Sie schloss sich früh der Sozialistischen Arbeiterjugend an, trat der Gewerkschaft bei und der SPD. Von 1921 bis 1927 war sie als Kontoristin in einer Eisengroßhandlung beschäftigt. Von 1927 bis 1933 war sie Abteilungsleiterin in der Unterbadischen Verlagsanstalt Heidelberg, dann wurde sie wegen ihrer Parteizugehörigkeit arbeitslos. Zu der bis 1945 während politischen Zwangspause finden sich zwei biografische Notizen: Sie übernahm in Mannheim ein Lebensmittelgeschäft und heiratete 1938.

Nach Kriegsende engagierte sie sich wieder innerhalb der SPD und wurde Vorstandsmitglied in Mannheim und Vorsitzende der Frauengruppe. Von 1946 bis 1949 war sie Stadträtin in ihrer Heimatstadt. Sie gehörte von 1949 bis 1952 dem Landtag von Württemberg-Baden an und nahm an der Verfassunggebenden Landesversammlung Baden-Württemberg teil. Von 1952 bis 1968 war sie Abgeordnete des Landtags von Baden-Württemberg. Sie arbeitete in zahlreichen Ausschüssen mit, zum Beispiel im Wirtschafts-, im Sozial- und im Landwirtschaftsausschuss. Außerdem war sie Mitglied im Präsidium des Landtags und wurde zur ersten Vorsitzenden des Petitionsausschusses berufen, wo sie sich im Laufe der Jahre mit vielen Bittgesuchen und Beschwerden der Bürgerinnen und Bürger auseinandersetzte. Als ihren eigentlichen Schwerpunkt betrachtete sie sozialpolitische Fragestellungen, denen sie sich beispielsweise im Bereich des Gesundheits- und Krankenhauswesens sowie im Lebensmittel- und Preisrecht widmete.

Lena Maurer lebte zuletzt in Mannheim und ist dort am 25.12.1990 verstorben.

Marianne Maurer

Marianne Maurer wurde am 12. März 1903 in Stuttgart-Bad Cannstatt geboren. Während ihrer Schulzeit gehörte sie der evangelischen Jugendbewegung an. Nach dem Mädchengymnasium begann sie ein Medizinstudium, das sie nach dem Vorexamen wegen einer längeren Krankheit abbrechen musste. 1929 heiratete sie Hermann Maurer, der in den fünfziger Jahren Stadtrat und Geschäftsführer im Evangelischen Hilfswerk war. Aus der Verbindung gingen vier Kinder hervor, um deren Erziehung sich Marianne Maurer während der nächsten Jahre kümmerte.

Nach der NS-Zeit engagierte sie sich in kirchlichen und sozialen Organisationen. Sie war Mitglied des Gesamtkirchengemeinderats in Bad Cannstatt, Vorsitzende des Ortsverbandes des evangelischen Frauenbundes und Mitglied des Ausschusses für Frauenarbeit der Evangelischen Landeskirche Württemberg. Außerdem gehörte sie dem Landesvorstand des Deutschen Familienverbandes an.

1949 schloss sie sich der CDU an und war von 1956 bis 1960 Abgeordnete des Landtags von Baden-Württemberg. Der Schwerpunkt ihrer parlamentarischen Arbeit lag, wie aus den Landtagsprotokollen hervorgeht, im familien- und bildungspolitischem Bereich. Sie formulierte einmal, dass es ihr Anliegen sei, die Kräfte und Erfahrungen, die ihr als Frau und Mutter zufließen, für die Allgemeinheit wirksam zu machen. Sie wollte das Bewusstsein wecken, dass über die Erziehung hinaus noch eine Verpflichtung bestehe, politisch tätig zu sein, um den Raum abzuschirmen, in dem die heranwachsenden Kinder einmal leben sollen[1].

Marianne Maurer lebte zuletzt in Stuttgart und ist am 2. August 1995 verstorben.

---

1 Vgl.: Dokumentation „Parlamentarierinnen aus dem deutschen Südwesten", 1992, Landtagsarchiv von Baden-Württemberg.

Gisela Meister-Scheufelen

Eine Frau mit steiler Karriere ist die promovierte Juristin Gisela Meister-Scheufelen. Die gebürtige Stuttgarterin (am 20. Juni 1956) studierte nach dem Abitur an der Universität Heidelberg Rechtswissenschaften, legte 1979 das erste Staatsexamen ab, 1982 das Assessorexamen und schloss gleichzeitig ihre Promotion ab. Sie arbeitete als Assistentin an der Universität Hohenheim, war Leiterin der Baurechts- und Immissionsschutzbehörde des Landratsamts Göppingen, Referentin im Regierungspräsidium Stuttgart und Bundesratsreferentin des Sozialministeriums Baden-Württemberg. Mit 31 Jahren wurde sie 1987 jüngste Bürgermeisterin des Landes und gleichzeitig Frauenbeauftragte. Zu ihrem Dezernat in Ludwigsburg gehörten das Fremdenverkehrsamt, das Kommunalamt und die Ausländerbetreuung. Nur vier Jahre später berief sie die Landesregierung zur ersten Präsidentin in der Geschichte des 150 Jahre alten Landesgewerbeamts[1], das bis zu diesem Zeitpunkt noch nicht einmal eine Frau an der Spitze eines der 18 Referate hatte. Das Thema Frauenförderung blieb für die Präsidentin besonders wichtig. Außerdem nutzte sie die neue Plattform, um sich intensiv um Fragen des Mittelstand zu kümmern.

Dieses Thema führte sie nach ihrer Direktwahl in den Landtag 1996 engagiert weiter. Da Amt und Mandat unvereinbar waren, musste sie mit ihrer Wahl im April des Jahres das Landesgewerbeamt verlassen. Gisela Meister-Scheufelen, die seit 1991 Mitglied im Landesvorstand der CDU Baden-Württemberg und im Vorstand der Frauen-Union des Landes war, gehörte im Landtag dem ständigen Ausschuss sowie dem Sozialausschuss an und war frauenpolitische Sprecherin der CDU-Landtagsfraktion. „Allenthalben wurden ihr klarer analytischer Verstand, ihre Eloquenz und ihre ökonomische Sachkunde gelobt."[2] So war sie die ideale Vorsitzende, als der Landtag im März 1999 eine Enquetekommission zur Lage des Mittelstands einrichtete, ein Gremuim, das im Stillen wirkte, aber wesentliche Grundlagenarbeit leistete.

Immer wenn es im Südwesten ein wichtiges Amt zu besetzen galt, ein Minister oder Staatssekretär gesucht wurde, fiel auch der Name von Gisela Meister-Scheufelen, die übrigens mit dem bekannten Lenninger Papierfabrikanten Dr. Ulrich Scheufelen verheiratet ist und mit 40 Jahren auch noch glückliche Mutter eines Sohnes wurde. Doch dann berief man sie an die Spree: im März 2000 legte sie ihr Landtagsmandat nieder und zog nach Berlin, als Staatssekretärin im damals schwarz-roten Senat, zuständig für Technologie und Tourismus, bei dem CDU-Wirtschaftssenator Wolfgang Branoner. „Berlin mit Rückfahrkarte": Die Landesregierung stimmte zu, ihr Beamtenverhältnis vorläufig bestehen zu lassen.[3] Eine glückliche Entscheidung für die CDU-Politikerin. Denn bekanntlich platzte die Berliner Koalition im Sommer 2001 und die CDU wurde bei der vorgezogenen Wahl im Oktober in die Opposition verbannt. Damit hieß es in Baden-Württemberg, eine adäquate Stelle für die beurlaubte Beamtin mit entsprechender Besoldungsgruppe finden. Gisela Meister-Scheufelen wurde wieder Präsidentin – und zwar die des Statistischen Landesamtes. Eine Juristin als Chefstatistikerin in der 800-Mitarbeiter-Behörde? „Kein Problem", antwortete die damalige neue Leiterin. Sie werde sich da „sehr schnell einarbeiten". Gefragt sei schließlich „Kompetenz in der Behördenleitung", und die könne sie fraglos vorweisen.[4]

2007 schaffte sie es, als zweite Frau in der Geschichte Baden-Württembergs in die Männerriege der elf höchsten Landesbeamten zu gelangen: Ministerpräsident Günther Oettinger berief sie zur Ministerialdirektorin des Finanzministeriums. Diesen Posten behielt sie bis zum grün-roten Regierungswechsel 2011 inne. Anschließend arbeitete sie als Lehrbeauftragte der Universität Konstanz und des Karlsruher Instituts für Technologie (KIT).[5] Im Dezember desselben Jahres wählte man sie zur Kanzlerin der Dualen Hochschule Baden-Württemberg (DHBW).[6] Diese Amt trat sie im April 2012 an.

Literatur:
Meister, Gisela: Drittbezogene Amtspflichten bei der staatlichen Aufsicht über Banken und Versicherungen. Frankfurt a. M./Bern 1982. (Europäische Hochschulschriften, Reihe 2, Rechtswissenschaft. Zugl.: Heidelberg, Univ., Diss.
Dies.: Die wirtschaftliche Entwicklung von Baden-Württemberg: Daten und Fakten. Stuttgart 2006.

---

1 Als "Königliche Zentralstelle für Gewerbe und Handel" wurde hier um 1850 der Weg ins Industriezeitalter mitgeebnet, bis man für die umfangreichen Mustersammlungen und Anschauungsstücke für die heimische Wirtschaft 1896 das „Landesgewerbemuseum" baute, das in den 80er Jahren des 20. Jahrhunderts zu einem modernen Forum für neue Technologien, Mode und Design umgestaltet wurde. Getreu dem

Prinzip „Hilfe zur Selbsthilfe", das von den geförderten Unternehmen Eigeninitiative und Engagement verlangt, werden kleine und mittelständische Unternehmen in Baden-Württemberg gefördert.
2   Stuttgarter Zeitung, 03.03.2000.
3   Vgl.: Südwest-Presse, 31.03.2000.
4   Zit. nach Stuttgarter Zeitung, 31.01.2002.
5   Quelle: Werdegang auf ihrer Homepage www.meister-scheufelen.de, Stand: Juni 2012.
6   Pressemitteilung der DHBW: www.dhbw.de/fileadmin/user/public/Dokumente/Presse/Pressemitteilung_14_2011_wahl_kanzler.pdf, Stand: Juni 2012.

Toni Menzinger

Die Wahl-Karlsruherin Toni Menzinger hat über Jahrzehnte hinweg die Kommunalpolitik ihrer Stadt mitgeprägt. Sie wurde am 17. März 1905 in Düsseldorf geboren und wuchs in einem rheinisch-katholischen Elternhaus auf, dessen Charakteristika Weltoffenheit, Bildung und Kultur waren. Nach dem Abitur studierte sie in Bonn Psychologie und schloss mit dem Staatsexamen für das höhere Lehramt am Gymnasium ab. Danach war sie mehrere Jahre lang im Schuldienst tätig. Seit 1931 – nach ihrer Heirat mit dem Karlsruher Kaufmann Willy Menzinger – lebte sie in dieser Stadt.

Von 1935 bis 1953 engagierte sie sich als ehrenamtliche Vorsitzende in karitativen Organisationen. „Die Arbeit in kirchlichen, nicht ‚gleichgeschalteten' Gruppen war ihr auch in der Zeit des Nationalsozialismus ein wichtiges Anliegen. Um die Idee lebendig zu halten, gründete sie nach der nationalsozialistischen Machtübernahme eine Jung-Elisabethen-Konferenz. Diese Aktivitäten brachten sie unter die Aufsicht der Gestapo. Die folgenden Jahre waren für Toni Menzinger eine Gratwanderung, waren doch ihre drei Söhne und die Familie zu schützen."[1]

Unmittelbar nach Kriegsende gründete sie zusammen mit einem Jesuiten-Pater die „Katholischen Arbeitsgemeinschaft" in Karlsruhe, die sich als geistige Erneuerungsbewegung verstand und neben Diskussionsabenden in den zum Teil zerstörten Räumen der Technischen Hochschule auch praktische Anstöße gab, wie beispielsweise zur Wohnraumbeschaffung von Flüchtlingen. Daraus entwickelte sich unter anderem mit Hilfe der Amerikaner das Studentenwohnheim in der Hirschstraße, das heute „Albertus-Magnus-Haus" genannt wird, aber auch die „Kunstgemeinde", ein Filmclub und die Christliche Wohnungshilfe.[2]

Toni Menzinger war ab 1947 Mitglied des Landesschulbeirats von Württemberg-Baden und später von Baden-Württemberg. 1949 gehörte sie zu den Gründungsmitgliedern der Katholischen Elternschaft Deutschlands (KED), wo sie auch lange Jahre im Präsidium war. Auf internationaler Ebene war sie Mitglied der Kommission „Parents et Maîtres" im Rahmen der „Union Internationale Organismes Familiaux" seit deren Gründung im Jahre 1951 sowie seit 1974 deren Vizepräsidentin.

Aufgrund ihrer zahlreichen Aktivitäten und ihrem damit verbundenen Bekanntheitsgrad trug ihr die CDU zu den Stadtratswahlen 1953 eine Kandidatur an. Sie nahm die Bitte schließlich an, weil sie in dem Mandat eine Möglichkeit sah, „ihrer sozialen und kulturellen Arbeit zu mehr Nachdruck zu verhelfen."[3] Trotz eher schlechtem Listenplatz wurde sie auf Anhieb in den Karlsruher Gemeinderat gewählt, dem sie bis 1980 angehörte. Lange Jahre war sie die familienpolitische Fachfrau der Karlsruher CDU, gründete das „Elternseminar" in dieser Stadt und arbeitete in verschiedenen Ausschüssen mit wie dem Jugendwohlfahrtsausschuss, dem Krankenhausausschuss und dem Wohnungsbauausschuss, um nur einige wenige zu nennen.

Zehn Jahre lang war sie Parlamentarierin im Landtag von Baden-Württemberg. Als Nachfolgerin von Otto Dullenkopf, der nach seiner Wahl zum Karlsruher Oberbürgermeister sein Mandat niedergelegt hatte, kam sie 1970 in den Stuttgarter Landtag. Als Expertin für Fragen der Vorschulerziehung in der CDU-Landtagsfraktion prägte sie das Kindergartengesetz und das Erzieherinnen-Ausbildungsgesetz mit. Sie vertrat die CDU in zahlreichen Ausschüssen, u. a. im Kulturpolitischen Ausschuss, im Sozial-, Petitions-, Finanz- und im Jugend- und Sportausschuss. Soziale Fragen, wie der Schutz der Familie und der arbeitenden Frau sowie die Jugendpflege, waren ihr immer ein besonderes Anliegen. Am 2. Juni 1976 eröffnete sie als erste Alterspräsidentin die konstituierende Sitzung des 7. Landtags von Baden-Württemberg.

1980 nahm sie Abschied von der aktiven Politik. Sie sagte von sich: „Ich habe immer versucht, durch meine Arbeit dafür zu sorgen, dass es mehr Licht als Schatten für den einzelnen gibt"[4].

Für ihre Verdienste wurde Toni Menzinger vielfach ausgezeichnet, so u. a. mit dem Bundesverdienstkreuz, dem Großen Bundesverdienstkreuz, dem päpstlichen Orden „Pro Ecclesia et Pontifice" und der Ehrenbürgerwürde der Stadt Karlsruhe. Am 27. Dezember 2007 verstarb sie 102-jährig in Karlsruhe.

Literatur:
Guttmann, Barbara: Toni Menzinger. Mut und Hilfe für einen neuen Anfang geben. In: dies.: „Zwischen Trümmern und Träumen". Karlsruherinnen in Politik und Gesellschaft der Nachkriegszeit. Karlsruhe 1997, S. 74–81.

1 Guttmann, Barbara: Toni Menzinger, a. a. O., S. 76
2 Ebd., S. 78
3 Ebd., S. 79
4 Vgl.: Badische Neueste Nachrichten, 16.03.1985.

Bärbl Mielich

Die Sozialpädagogin und Grünen-Politikerin Bärbl Mielich erblickte am 22. Mai 1952 in Wuppertal das Licht der Welt. Im westfälischen Bocholt besuchte sie das Gymnasium und ließ sich anschließend zur Erzieherin ausbilden. An der evangelischen Fachhochschule Düsseldorf-Kaiserswerth studierte sie Sozialpädagogik. Sie absolvierte eine Zusatzausbildung zur Frauenbeauftragten und Familienmediatorin und betreibt im Breisgau eine eigene Praxis. Außerdem arbeitet sie als Lehrbeauftragte für Supervision und Mediation an der Katholischen Fachhochschule Freiburg. Bärbl Mielich ist verheiratet, Mutter dreier erwachsener Kinder und Oma zweier Enkelkinder.

Den Grünen schloss sie sich 1984 an. Im Herbst 1987 rückte sie in den Kreistag nach, von 1988 bis 2006 war sie Fraktionsvorsitzende der Grünen Kreistagsfraktion und bis 2009 Mitglied des Kreistages Breisgau-Hochschwarzwald. Von 1996 bis 2000 gehörte sie zusätzlich dem Landesvorstand Baden-Württemberg an. Seit 2000 ist sie Sprecherin der Bundesarbeitsgemeinschaft der Grünen für die Bereiche Arbeit, Soziales, Gesundheit. Ihre Aufgabe in dem Gremium sei es, schreibt sie auf ihrer Homepage, „die inhaltliche Diskussion in den Fachgremien der Partei zu moderieren und wenn es gut läuft, in Konzepte zu gießen."[1]

1998 und 2002 kandidierte sie im Wahlkreis Müllheim/Lörrach vergeblich für den Bundestag. 2006 wurde sie in den Landtag von Baden-Württemberg gewählt und 2011 wurde ihr Mandat bestätigt. Bei der grün-roten Regierungsbildung durfte sie sich bei ihren Kompetenzen im Sozialbereich durchaus Hoffnung auf einen Stuhl am Kabinettstisch machen. Den erhielt dann allerdings die SPD-Koalitionskollegin Katrin Altpeter.[2] Bärbl Mielich fungiert in dieser Legislaturperiode als gesundheitspolitische Sprecherin der Grünen im Landtag und als Vorsitzende des Sozialausschusses.

---

1 Homepage www.baerbl-mielich.de, Stand: Juni 2012.
2 Siehe S. 137 in diesem Band.

Elsbeth Mordo

Die Stuttgarterin Elsbeth Mordo wurde am 10. Januar 1929 geboren. Nach der Realschule arbeitete sie als Stenotypistin in einem Dolmetscherbüro. Danach war sie als Sekretärin beim Süddeutschen Rundfunk in der Musikabteilung beschäftigt. Ab 1961 widmete sie sich in erster Linie der Erziehung ihres Kindes.

1979 schloss sie sich den Grünen an. Sie war zweite stellvertretende Vorsitzende im Stuttgarter Kreisverband und wurde 1980 in den Landtag von Baden-Württemberg gewählt. Hier gehörte sie dem Ausschuss für Wissenschaft und Kunst sowie dem Ständigen Ausschuss an. Als Schwerpunkte ihrer parlamentarischen Arbeit galten ihr die Sachbereiche Datenschutz, Medienpolitik, Ausländerfragen, Strafvollzug, Drogenproblematik, Genforschung, Hochschulen, Kunst und Kultur. Wegen interner Spannungen legte sie im Juni 1984 ihr Mandat nieder und trat aus der Partei aus[1].

Elsbeth Mordo ist verwitwet. Sie war mit dem Musikredakteur Peter Mordo verheiratet und hat einen Sohn.

Nach dem überraschenden Landtagswahlerfolg der Grünen 2011, rannten Journalisten der zu diesem

Art, mit der er heute so viele Sympathien sammelt, die hat er erst nach und nach erworben. Aber heute, ja, sagt sie, heute kann er das. Rechtschaffen, ehrlich, ernsthaft – sie weiß viele Adjektive für den alten Freund, den ersten grünen Ministerpräsidenten Deutschlands. Er fährt jetzt eine Ernte ein. An deren Saat sie mitgewirkt hat."

Literatur:
Mordo, Elsbeth: Auf der Suche nach einem sanften Weg. Hg.: Die Grünen im Landtag, Stuttgart 1983.

1 Vgl.: Stuttgarter Zeitung, 09.06.1984.

Zeitpunkt 82-jährigen Stuttgarterin förmlich die Bude ein. Denn mit ihr, Winfried Kretschmann und drei weiteren Grünen war die Ökopartei 1980 zum ersten Mal im Landtag vertreten. So schrieb der Tagesspiegel am 03. April 2011 in einer längeren Geschichte über die Anfänge der Grünen im Parlament sowie über sie und den grünen Ministerpräsidenten: „Manchmal läutet bei Elsbeth Mordo das Telefon und Winfried Kretschmann ist dran. Will etwas mit ihr besprechen, einen Rat holen. Er ist ein Freund geworden, über 31 Jahre hinweg. Dabei hatte sie es ganz am Anfang nicht gerade leicht mit ihm. Ein Hitzkopf ist er gewesen damals, als ‚Bildungsbürgerin' hat er sie beschimpft wegen ihrer Klavierspielerei. Die ausgleichende

Christine Muscheler-Frohne

Die unbequeme Christine Muscheler-Frohne gehörte von 1988 bis 1992 als Abgeordnete der Grünen dem Landtag von Baden-Württemberg an. Gleich zu Beginn ihrer Amtszeit kam es zu einem Konflikt innerhalb der Grünen-Landtagsfraktion, als der in der Bundessatzung festgeschriebene Rechtsanspruch auf Mindestquotierung für Frauen abschlägig beschieden wurde, und sie keinen Sitz in den von ihr angestrebten Ausschüssen bekam. Christine Muscheler-Frohne schrieb dazu in der taz: „Bei der Wahl des Grünen Fraktionsvorstandes und der Besetzung der Ausschüsse für den baden-württembergischen Landtag rangierte Strömungspolitik vor Frauensolidarität und Sachkompetenz und dem Willen zu thematisch begründeter politischer Offensive. ... Nicht Kompetenz war gefragt, sondern die Verhinderung einer unliebsamen Kritikerin"[1]. Die Fraktion nahm sich die Kritik damals zu Herzen: Christine Muscheler-Frohne wurde zur energiepolitischen Sprecherin und als stellvertretendes Mitglied in den Umweltausschuss gewählt. Unnötig zu sagen, dass sie zu den basisnahen Vertreterinnen und Vertretern ihrer Partei gehört.

Zu einem weiteren Zusammenstoß mit der Parteispitze kam es im Mai 1991, als sie zusammen mit Barbara Schroeren-Boersch[2] an der Gründungsveranstaltung der „ökologischen Linken" um Jutta Ditfurth teilnahm. Dort wurde über ein Papier abgestimmt, in dem von einer „politischen Feindschaft" mit den Grünen die Rede ist.[3]

Christine Muscheler-Frohne wurde am 2. April 1950 in Beuren im Kreis Konstanz geboren. Nach der Realschule machte sie eine Kindergärtnerinnenausbildung und arbeitete mehrere Jahre lang in Betriebskindergärten. Über den zweiten Bildungsweg erfolgte eine Ausbildung zur Grund- und Hauptschullehrerin an der Pädagogischen Hochschule Freiburg mit der Fächerkombination Kunsterziehung und Deutsch. Im Kreis Rottweil war sie dann mehrere Jahre lang im Schuldienst tätig.

Seit Mitte der siebziger Jahre ist sie in der Ökologiebewegung und in Bürgerinitiativen gegen Atomkraftwerke aktiv. Sie gehört zu den Gründungsmitgliedern der Grünen in Baden-Württemberg und war von 1980 bis 1984 als Sprecherin im Landesvorstand. Bis 1988 war sie Mitglied im Landesarbeitskreis Frauen und bis Anfang 1991 als Delegierte der Grünen im Landesfrauenrat. Sie gehört dem Bund für Umwelt und Naturschutz (BUND) an. Außerdem

ist sie Gründungsmitglied der „Nach-Tschernobyl-Bürgerinitiative für eine Welt ohne atomare Bedrohung" und der „Initiative Freie Energiestadt Rottweil".

Vermutlich in den 1990er Jahren muss Christine Muschler-Frohne aus der Partei ausgetreten sein. Denn unter dem Datum vom 16.05.1999 fand sich im Internet ein von ihr unterzeichneter Aufruf, dessen Eingangsstatement sich schon fast diffamierend von Bündnis 90/den Grünen distanziert: „Liebe Freundinnen und Freunde, Pazifisten, Umweltschützer! Wir meinen, dass jetzt die Zeit reif ist, ein Netzwerk für Pazifismus und Umweltschutz zu gründen, um in der Öffentlichkeit eine erkennbare, lebendige Alternative zur immer tiefer verkommenden Partei der Grünen aufzuzeigen. Bündnis 90/Die Grünen haben nicht erst jetzt mit der Aufgabe des Pazifismus und der Gewaltfreiheit eine ihrer Grundlagen, eine ihrer Wurzeln amputiert. Auch in anderen Bereichen ihrer vor 20 Jahren gelegten Grundlagen ist ihre Glaubwürdigkeit bis weit in unpolitische Kreise sowie der Mehrheit derer, die sie noch letztes Jahr gewählt haben, auf Null gesunken."[4]

Doris Natusch

„Zum Wesen liberaler Politik müssen Fantasie und Offenheit für neue Ideen gehören"[1], stellte die FDP-Politikerin Doris Natusch anlässlich der Landtagswahl 1984 fest.

Doris Natusch wurde am 15. Oktober 1946 in Stuttgart geboren. Nach dem Abitur studierte sie in Tübingen die Fächerkombination Politische Wissenschaften, Neuere Geschichte und Soziologie. 1971 schloss sie mit dem Magister Artium ab. Als Berufsbezeichnung gibt sie Hausfrau an. Sie ist verheiratet und hat ein Kind.

---

1 Vgl.: taz, 05.05.1988.
2 Siehe S. 243 in diesem Band.
3 Vgl.: Reutlinger Generalanzeiger, 14.05.1991.
4 Vgl.: www.netzwerk-regenbogen.de, Stand: 2001.

Ab 1974 war sie Vorsitzende des FDP-Ortsverbands Bietigheim-Bissingen und stellvertretende Vorsitzende des Kreisverbands Ludwigsburg. Sie gehörte ab 1975 dem Stadtrat von Bietigheim-Bissingen[2] an und war ab 1982 Mitglied des Landesvorstands der Vereinigung Liberaler Kommunalpolitiker. 1983 rückte sie für den in den Bundestag gewählten Abgeordneten Wolfgang Weng in den Landtag von Baden-Württemberg nach. Sie war dort Mitglied im Finanzausschuss, jugendpolitische Sprecherin der FDP-Landtagsfraktion und zuständig für Gymnasien, berufliche Bildung und Ausbildung. In diesem Zusammenhang sagte sie den „Stuttgarter Nachrichten": „Gerade die Freien Demokraten sind aufgerufen, die Frage der Ausbildung unserer geburtenstarken Jahrgänge und die Jugendarbeitslosigkeit zu einem zentralen Thema zu machen. Wohlstand ist wichtig, darf aber nicht der einzige Maßstab für unsere Politik sein."[3] Bei der Landtagswahl 1984 wurde ihr Mandat nicht bestätigt.

---

1 Vgl.: Stuttgarter Nachrichten, 20.02.1984.
2 Vgl.: „www.bietigheim-bissingen.de/stadt/politik_verwaltung/gemeinderat.html", Stand: 24.10.1999.
3 Ebd.

Veronika Netzhammer

„Politik ist das Bohren dicker Bretter"[1], sagte die CDU-Parlamentarierin Veronika Netzhammer. Seit April 1996 war die Oberstudienrätin aus dem Wahlkreis Singen im Landtag aktiv. Sie engagierte sich viele Jahre lang als Mitglied im Finanzausschuss und als Vorsitzende des Wirtschaftsausschusses. Im März 2000 war sie einstimmig zur neuen Vorsitzenden der Enquetekommission „Situation und Chance mittelständischer Betriebe" gewählt worden, nachdem die Vorgängerin, Gisela Meister-Scheufelen[2], ihr Mandat niedergelegt hatte. Im Dezember desselben Jahres legte die Kommission dem Landtag ihren 600 Seiten umfassenden Bericht einschließlich Empfehlungskatalog zur Förderung des Mittelstands vor.

Vielseitige kommunalpolitische Aktivitäten verzeichnet das Landtagshandbuch zur 14. Wahlperiode: Damals war Veronika Netzhammer seit 1990 Stadträtin in Singen/Hohentwiel, seit 1994 CDU-Fraktionsvorsitzende und Kreisrätin im Landkreis Konstanz sowie Vorsitzende des CDU-Kreisverbands Konstanz.

„Trotz eines vollen Terminkalenders und eines hektischen Politikeralltages versuche ich, ‚Freizeit' für

meine Familie und Freunde zu erübrigen. Denn Muße und Kreativität ist nötig, um anstehende Probleme intelligent zu meistern. Die Anliegen der Region Hegau-Bodensee, seine 18 Gemeinden und seine Bürgerinnen und Bürger liegen mir am Herzen. Politik heißt für mich, sich für die Interessen, Hoffnungen und Wünsche der Menschen in meinem Wahlkreis einzusetzen. Dafür engagiere ich mich in meiner Arbeit ... sowohl im Parlament als auch in meinem Wahlkreis. Der Wahlkreis Singen-Stockach ist meine politische Heimat und das Rückgrat meiner Arbeit in Stuttgart,"[3] war 2001 auf ihrer Homepage zu lesen.

Veronika Netzhammer, geboren am 13. Januar 1952 in Achern/Schwarzwald – katholisch, verheiratet – studierte nach dem Abitur Wirtschaftswissenschaften und Wirtschaftspädagogik an der Universität Mannheim. 1975 legte sie das Diplom-Examen, zwei Jahre später das Assessorexamen ab. Von 1977 bis 1996 unterrichtete sie an den Kaufmännischen Schulen in Radolfzell, zuletzt als Oberstudienrätin. Nebenbei absolvierte sie ab 1984 ein Zusatzstudium in Englisch und schloss 1986 in Mannheim mit dem Examen ab.

Bei der Nominierungsversammlung 2010 wurde sie von ihrer Partei nicht mehr als Kandidatin für die Landtagswahl 2011 aufgestellt. CDU-Mitglieder entschieden sich für ihren Herausforderer Wolfgang Reuther, dem sie mit 172 Stimmen unterlag.[4]

1 Zit. nach ihrer Homepage www.veronika-netzhammer.de, Stand: 2001.
2 Siehe S. 207 in diesem Band.
3 Zit. nach ihrer Homepage a .a. O., Stand 2001.
4 Vgl.: Südkurier, 29.03.2010.

Ilka Neuenhaus

Als Boris Palmer im Mai 2007 Oberbürgermeister von Tübingen wurde und sein Landtagsmandat aufgeben musste, rückte Ilka Neuenhaus für ihn nach. Damals war sie seit drei Jahren Stadträtin für AL/Grüne in Tübingen. Kommunalpolitisch engagierte sie sich zu dieser Zeit außerdem als Beirätin im Frauenprojektehaus Tübingen, als Elternbeirätin an der Albert-Schweitzer-Realschule in Tübingen sowie als Mitglied der Kommunalpolitischen Vereinigung GAR Baden-Württemberg (Grüne und Alternative in den Räten von Baden-Württemberg). Im Landtag war sie Mitglied des Petitionsausschusses.

Geboren am 2. Mai 1964 in Tönisvorst (Nordrhein-Westfalen), besuchte Ilka Neuenhaus die Grund- und Realschule in Krefeld. Zwischen 1981 und 1983 ließ sie sich zur Rechtsanwaltsgehilfin ausbilden. 1984 erfolgte ein einjähriger Auslandsaufenthalt in den USA. Anschließend ging sie an das Wilhelm-Heinrich-Riehl-Kolleg in Düsseldorf und machte das Abitur. Nach Tübingen kam sie über das Studium der Rechtswissenschaften: zwischen 1988 und 1995 an der dortigen Universität. Nach dem ersten Staatsexamen folgte von 1995 bis 1997 ein Rechtsreferendariat in Tübingen mit dem Abschluss als Diplom-Juristin. Nach zwei Jahren Erziehungszeit arbeitete sie als Pressesprecherin in einem mittelständischen Unternehmen in Tübingen. Dann studierte sie von 2001 bis 2003 an der Evangelischen Fachhochschule Ludwigshafen und schloss als Diplom-Mediatorin (FH) ab. Zwischen 2004 und 2007 leitete sie den Kreisverband Bündnis 90/Die Grünen in Tübingen als Geschäftsführerin. Anschließend war sie als Diplom-Mediatorin freiberuflich tätig. Auf eine Landtagskandidatur für die Wahl 2011 verzichtete sie überraschend, weil sie sich „neuen beruflichen Herausforderungen" stellen wollte.[1]

Ilka Neuenhaus ist verheiratet und hat zwei Kinder.

1 Vgl.: Schwäbisches Tagblatt, 06.10.2010.

Elisabeth Nill

Die ehemalige Sozial- und Kulturpolitikerin Elisabeth Nill ist der Meinung, dass das demokratische System stets so gut sei wie die politische Bildung und die Mitbestimmungsrechte der Bevölkerung[1]. Nach sechzehnjähriger Landtagserfahrung auf der Oppositionsbank wusste sie, wovon sie sprach.

Elisabeth Nill wurde am 26. Februar 1932 in Stuttgart geboren. Nach dem Abitur, 1951, studierte sie in München und Tübingen die Fächer Geschichte, Englisch und Deutsch. Vor und während des Studiums war sie im sozialen Bereich tätig und verrichtete gelegentlich Büroarbeit. In Tübingen absolvierte sie das wissenschaftliche und das pädagogische Staatsexamen. Von 1959 bis 1976 war sie im Schuldienst tätig, zuerst in Freudenstadt, später in Esslingen.

Sie war Mitbegründerin der „Bürgeraktion demokratischer Initiativen", die sich z. B. mit dem Phänomen der NPD auseinandersetzte oder dem Thema Entwicklungshilfe in Theorie und Praxis. Ab 1968 war sie in der Kommunalpolitik aktiv, zuerst in Freudenstadt und ab 1979 als Mitglied des Kreistags in Esslingen.

Zeitweise war sie Kreisvorsitzende und Landesvorstandsmitglied der SPD. Sie arbeitete im Landesvorstand der Arbeitsgemeinschaft sozialdemokratischer Frauen (AsF) mit. Überdies hatte sie noch zahlreiche ehrenamtliche Tätigkeiten inne: Sie war beispielsweise stellvertretende Vorsitzende des Beirats der Kunststiftung Baden-Württemberg, Mitglied des Theaterbeirats der Württembergischen Staatstheater, Mitglied des Beirats der Aktion Jugendschutz Baden-Württemberg, des

Kuratoriums der Landeszentrale für politische Bildung und des Frauenhauses Esslingen.

Von 1972 bis 1988 war sie als Abgeordnete im Landtag von Baden-Württemberg in zahlreichen Sachgebieten engagiert. Der Schwerpunkt ihrer parlamentarischen Arbeit war die Bildungs- und die Kulturpolitik. Als Kulturpolitische Sprecherin der SPD-Landtagsfraktion setzte sie sich immer wieder für die Förderung sozio-kultureller Zentren und für die Unterstützung kultureller Ansätze in der Provinz ein. Die spektakuläre, auf Repräsentation bedachte Kulturkonzeption der Landesregierung kritisierte sie.

Im Sommer 1988 kehrte sie in den Lehrerberuf zurück und engagierte sich weiter politisch auf Kreis- und Landesebene. Seit nunmehr zehn Jahren ist die mittlerweile 80-Jährige „frei von Amt und Macht"[2], aber nach wir vor aktiv. Sie malt und schreibt und bereitete Anfang 2012 ihre zweite Ausstellung vor, deren Verkaufserlöse nicht etwa ihr sondern dem Esslinger Hospizhaus zugute kommen sollte.[3] Elisabeth Nill verweist auf die Lyrikerin Rose Ausländer: „Sei, was du bist. Gib, was du hast."[4]

---

1 Vgl.: Esslinger Zeitung, 04.08.1988.
2 Zit. Nach Stuttgarter Nachrichten, 09.05.2000.
3 Vgl.: Esslinger Zeitung, 25./26.02.2012.
4 Ebd.

Liane Offermanns

Liane Offermanns war nicht nur einzige weibliche „Republikaner"-Abgeordnete, sondern in ihrer Parlamentarierinnenzeit von 1992 bis 1996 auch das jüngste Mitglied im baden-württembergischen Landtag. Auf große Erfahrung als Politikerin konnte sie, die 1990 dieser Partei beigetreten war, nicht verweisen. Eher im Gegenteil: ihre politische Karriere begann für sie erst mit dem überraschenden Abschneiden der Rechtsextremen als drittstärkste Kraft bei der Landtagswahl 1992. So kam sie in

den Ausschuss für „Familie, Frauen, Weiterbildung und Kunst" und nahm sich vor, mit „gesundem Menschenverstand" Politik mitzugestalten.[1]

Als alleinerziehende Mutter dreier Töchter, ohne Berufsausbildung, verdiente sich die am 28. Juli 1964 in Haslach geborene Südbadenerin nach ihrem Realschulabschluss, 1983 in Freiburg i. Br., mit Aushilfsjobs als Verkäuferin und Serviererin ihren Unterhalt. „Über Bekannte" kam sie zu den Freiburger „Republikanern" als Halbtagssekretärin in Büro. Sie half beim Plakatekleben und stand hinter Infoständen. Dabei habe sie viel mitbekommen, meint die Tochter einer aktiven Sozialdemokratin.[2] Als es zu personellen Engpässen bei der Nominierung der Landtagsbewerber kam, entschloss sie sich spontan zur Kandidatur und zog für den Wahlkreis Rottweil in den Landtag ein.

„Es gibt zu viele Berufspolitiker und zuviele Studierte," äußerte sie gegenüber den Stuttgarter Nachrichten. Sie habe als alleinerziehende Mutter hingegen allerhand Lebenserfahrung. Im sogenannten „Mutter-Kind-Projekt" habe sie die nach ihrer Einschätzung unzureichende Arbeitsweise des Sozialamts kennengelernt. So gehörte es zu ihren Plänen, sozialpolitische Missstände aufzudecken.

---

1 Vgl.: Stuttgarter Nachrichten, 24.08.1992.
2 Ebd.

Margot Queitsch

Die „schwäbische Bayerin oder bayerische Schwäbin"[1] Margot Queitsch ist am 12. Juni 1946 in Lindau im Bodensee geboren und verbrachte einige Jahre ihrer Kindheit in Niederbayern, bevor sie mit ihren Eltern und zwei Geschwistern nach Ebingen zog. Dort machte sie eine Ausbildung zur Industriekauffrau. In dieser Zeit war sie sportlich sehr aktiv und hatte für den TSV Ebingen an zahlreichen Meisterschaften und Wettkämpfen als Schwimmerin teilgenommen. Bald nach ihrer Heirat mit Karl-Heinz Queitsch 1966, mit dem sie 1967 nach Freiburg ging, war sie Hausfrau und Mutter. 1967, 1974 und 1982 kamen ihre Kinder Regina, Annika und Philipp zur Welt.

Politisiert hat die SPD-Frau mit der langen kommunalpolitischen Erfahrung das Misstrauensvotums gegen Willy Brandt, weshalb sie 1972 in diese Partei eingetreten ist.[2] Von 1976 bis 1986 war sie Vorsitzende des SPD-Ortsvereins Freiburg St. Georgen und ebenfalls zehn Jahre stellvertretende Vorsitzende des SPD-Kreisverbands Freiburg, bis sie dann 1986 zur Kreisvorsitzenden gewählt wurde. Bei den Gemeinderatswahlen 1980 zog sie in den Freiburger Gemeinderat ein. Nach

der Eisvögel e.V. (USC Basketball-Erstligisten der Frauen), zweite Vorsitzende des SV Blau Weiß Wiehre, Mitglied im Vorstand des Jugendhilfswerks Freiburg e.V.

2010 entschied sie sich, nicht mehr zur Landtagswahl im darauffolgenden Jahr anzutreten, weil sie mehr Zeit für ihre Familie haben wollte, zu der sich inzwischen auch Enkel gesellen.[3]

---

1 Vgl.: ihre Homepage: www.margot-queitsch.de, Stand 2001
2 Ebd.
3 Vgl.: Badische Zeitung, 06.05.2010.

der Kommunalwahl 1989 wurde sie, nach dem sie mit dem besten SPD-Ergebnis aus der Wahl hervorging, was sich 1994 und 1999 wiederholte, zur Fraktionsvorsitzenden gewählt und legte ihr Amt als Kreisvorsitzende nieder. Den SPD-Fraktionsvorsitz im Freiburger Gemeinderat hatte sie bis 1999 inne.

Am 25. März 2001 errang sie im Wahlkreis Freiburg II das Direktmandat für das baden-württembergische Parlament, fünf Jahre später das Zweitmandat. Hier war sie Mitglied im Finanzausschuss und in dem für Schule, Jugend und Sport.

Neben ihren politischen Funktionen war und ist sie ehrenamtlich engagiert als Vorsitzende des Kinder- und Jugendtreff Haslach, als Beirat

Johanna Maria Quis

Weil der private Lebensbereich in der Politik zu kurz komme, hatte sich die Grünen-Politikerin Johanna Maria Quis um ein Parlamentsmandat beworben. Bei der Landtagswahl 1988 traten sie und Barbara Schroeren-Boersch[1] im Wahlkreis Freiburg I gemeinsam mit der Überlegung an, dass jede das Mandat zwei Jahre lang innehaben solle und so noch genügend Zeit für familiäre Ansprüche verbliebe. Die Wählerinnen und Wähler bestätigten sie.

Johanna Maria Quis, am 8. Mai 1959 in Schwabmünchen geboren, machte nach der Realschule verschiedene Praktika in Behinderteneinrichtungen und Kindergärten. Von 1977 bis 1978 besuchte sie die Fachakade-

mie für Sozialpädagogik in Augsburg und war dann als Erzieherin tätig. Von 1980 bis 1985 studierte sie in Freiburg Religionspädagogik und war seit 1983 parallel dazu mit Haushalt und Kindererziehung in Anspruch genommen. Johanna Maria Quis ist mit einem Realschullehrer verheiratet und hat zwei Kinder.

Sie gehörte dem AStA der katholischen Fachhochschule Freiburg an und war seit 1983/84 Mitglied des Kreisvorstands der Grünen im Kreis Breisgau-Hochschwarzwald.

Im Landtag hatte sie das Amt der stellvertretenden Fraktionssprecherin inne. Wie vereinbart übergab sie in der Mitte der Legislaturperiode, im Juli 1990, das Mandat für die folgenden zwei Jahre an Barbara Schroeren-Boersch. Dieser Rotation waren allerdings unschöne Querelen vorausgegangen, da Johanna Maria Quis – selbst Mutter – „mit frühkapitalistisch gestimmten Arbeitgeber-Argumenten"[2] versuchte, ihren Platz gegenüber einer gerade schwangeren anderen Mutter zu verteidigen, weil die politische Arbeit in Gefahr sei.

Die beiden aktiven Jahre im Parlament haben ihre Meinung nicht geändert. Auch nach dieser Erfahrung fand sie[3], dass die allgemeine Politik das Alltagsleben vernachlässige, also den privaten und häuslichen Bereich. Deshalb müssten mehr Frauen in die Parlamente, auf alle Fälle mehr Abgeordnete, die das Zusammenleben mit Kindern, die Anliegen der Familien stärker vertreten.

---

1 Siehe S. 243f. in diesem Band.
2 Vgl.: Badische Zeitung, 07.03.1990.
3 Vgl.: Badische Zeitung, 30.06.1990.

Maria Raiser

Die Stuttgarterin Maria Raiser war jahrzehntelang in kirchlicher und sozialer Arbeit engagiert. Sie wurde am 10. November 1885 in dieser Stadt geboren. Während des Ersten Weltkriegs war sie beim Roten Kreuz mit der Ausgabe von Lebensmittelkarten betraut und war als Vertrauensfrau für den Besuchsdienst der Johannes-Kirchengemeinde in Stuttgart zuständig. Bald darauf wurde sie in den Vorstand der Frauenabteilung des Evangelischen Volksbunds berufen. Als sich 1923 mehrere große evangelische Frauenverbände, Ausbildungsstätten und Mutterhäuser in der Frauenarbeit der evangelischen Landeskirche in Württemberg zusammenschlossen, wurde sie zunächst zweite Vorsitzende dieser Organisation, die sie dann von 1935 bis 1961, also über die NS-Zeit hinweg, leitete. Seit 1927 Mitglied des Landeskirchentags, hat sie nach 1933 dem engeren Beirat des Landesbischofs Wurm angehört[1]. Ihre Funktion im Württembergischen Evangelischen Landeskirchentag behielt sie bis 1954 bei. Daneben widmete sie sich der Arbeitsgemeinschaft evangelischer Hausfrauen, deren Vorsitz sie ebenfalls lange Jahre geführt hat. Sie war darüber hinaus im Landesverband der Inneren Mission, der Zentralleitung für Wohltätigkeit und im Kuratorium der Hoover-Speisung tätig[2].

Die Erfahrung der gemeinsamen Bedrohung beider christlicher Konfessionen während des „Dritten Reichs" brachte sie der Idee einer Union der Christen auch im Bereich der Politik nahe, so dass sie sich der CDU anschloss und Mitglied der Verfassunggebenden Landesversammlung von Württemberg-Baden wurde. 1946 war sie Mitbegründerin des CDU-Landesfrauenausschusses und auch Mitglied des CDU-Bundesausschusses. Von 1946 bis 1952 war sie Abgeordnete des Landtags von Württemberg-Baden sowie von 1952 bis 1956 des Landtags von Baden-Württemberg, wo sie vor allem im Sozial- und Kulturpolitischen Ausschuss aktiv war. Beispielsweise setzte sie sich in der Nachkriegszeit für die Fortführung der Schulspeisung ein[3] oder für eine verbesserte Finanzierung diverser Krankenhäuser.

Bis zu ihrem Tod am 25. Februar 1966 Stuttgart hat sie mit Anteilnahme das Geschehen in Kirche und Staat verfolgt.

---

1 Vgl.: Stuttgarter Nachrichten, 09.11.1965.
2 Vgl.: Badische Volkszeitung, 28.02.1966.
3 Württ.-Bad. LT, 1946–1950, Sitzungsprotokoll Nr. 175.

ment an und war von 1997 bis 2001 stellvertretende Fraktionsvorsitzende. Die Realschullehrerin setzte sich im Landtag für die Schulpolitik und den Tierschutz ein. Sie war schulpolitische Sprecherin der Bündnis 90/Grünen-Fraktion und Mitglied im Ausschuss Schule, Jugend und Sport.

Gegenüber dem Staatsanzeiger sagte Renate Rastätter 2009 in einem Interview: „Wir brauchen ein integratives Schulsystem ohne Dreigliedrigkeit, in dem Kinder mit Migrationshintergrund aufgrund besserer sozialer Integration vom längeren gemeinsamen Lernen sowie individueller Förderung profitieren."[1] Dieses Thema verfolgte die Bildungspolitikerin bis zum Ende ihrer Amtszeit:

Renate Rastätter

Renate Rastätter, geboren am 16. September 1947 in Karlsruhe, wo sie auch heute noch lebt, ist Grünen-Mitglied der ersten Stunde. Zehn Jahre lang, von 1984 bis 1994, engagierte sie sich im Gemeinderat der Stadt Karlsruhe, sieben davon als Fraktionssprecherin der Grünen. Zuvor war sie zwischen 1980 und 1984 im Kreisvorstand der Grünen in Karlsruhe. Von April 1996 bis März 2011 gehörte sie dem baden-württembergischen Parla-

„Jedes Kind hat Anspruch auf seinen individuellen Lernweg mit passender Unterstützung an allen Schularten. Enormes Potenzial sehe ich hier in einer Gemeinschaftsschule für alle Kinder bis Klasse 10. Denn in einer solchen Schule gibt es aufgrund der größtmöglichen Vielfalt an differenzierten Lernangeboten pro Standort den meisten Raum für die Förderung jedes einzelnen Kindes. Gemeinschaftsschulen sind dabei keineswegs ‚beliebig'. Auch sie orientieren sich verpflichtend an den Bildungsplänen und Bildungsstandards, lediglich ohne Verengung auf eine einzige Schulart. Wir Grünen werden solche Schulen allerdings nicht gegen den Willen der Beteiligten von oben verordnen. Diese innovative Schulpolitik soll dort genehmigt werden, wo Gemeinden und Schulgemeinden es selber wünschen und anspruchsvolle pädagogische Konzepte vor Ort passgenau erarbeitet haben."[2]

Ab 1963, nach der Volksschule und Handelsschule in Karlsruhe-Durlach, übte Renate Rastätter bis 1971 verschiedene berufliche Tätigkeiten aus, darunter ein Fortbildungsaufenthalt in Cambridge/GB mit dem Abschluss „Proficiency in English". Danach studierter sie bis 1975 an der PH Karlsruhe für das Lehramt an Grund- und Hauptschulen mit Aufbaustudium für das Lehramt an Realschulen. Bis 1996 arbeitete sie als Lehrerin an der Realschule Königsbach-Stein und war seit ihrer Abgeordneten-Tätigkeit beurlaubt.

Sie ist Mitglied bei der Gewerkschaft Erziehung und Wissenschaft (GEW), im Bund für Umwelt und Natur Deutschland (BUND) sowie in mehreren Fördervereinen und Tierschutzorganisationen.

Literatur:
Renate Rastätter. „Staatsziel Tierschutz zwischen Anspruch und politischer Umsetzung". In: Tierrechte – Eine interdisziplinäre Herausforderung. Hg.: Interdisziplinäre Arbeitsgemeinschaft Tierethik, Erlangen 2007.

---

1   Zit. nach Staatsanzeiger, 13.03.2009.
2   Zit. nach Schwäbische Zeitung, 26.02.2011.

Nicole Razavi

Die CDU-Politikerin Nicole Razavi, am 20. Mai 1965 im fernen Hongkong geboren, ist katholisch und ledig. Gymnasium und Abitur brachte sie in Ebersbach a. d. Fils hinter sich und studierte dann Anglistik, Politologie und Sportwissenschaft in Tübingen und Oxford. 1991 erfolgte das erste Staatsexamen, 1993 das zweite. Den Lehrerberuf übte sie bis 1995 aus, zuerst als Assessorin, später als Studienrätin am Wirtschaftsgymnasium in Stuttgart-Feuerbach. Anschließend leitete sie sechs Jahre lang die Presse- und Marketingabteilung der Nahverkehrsgesellschaft Baden-Württemberg. Von 2001 bis 2004 arbeitete sie als persönliche Referentin des Staatssekretärs im Ministerium für Umwelt und Verkehr. 2005 leitete sie das Ministerbüro. Im selben Jahr wechselte sie in die Leitung des persönlichen Büros vom damaligen CDU-Landtagsfraktionsvorsitzenden Stefan Mappus. Diese Funktion behielt sie bis April 2006 inne. Zu diesem Zeitpunkt begann ihr Landtagsmandat und seitdem ruht das Dienstverhältnis der Parlamentsrätin a. D.[1] Bei der Landtagswahl 2011 wurde Nicole Razavis Direktmandat im Wahlkreis Geislingen bestätigt. Sie gehört dem Ausschuss für Umwelt, Klima und Energiewirtschaft an. Außerdem ist sie Vorsitzende des Arbeitskreises Verkehr und Infrastruktur sowie verkehrspolitische Sprecherin der CDU-Fraktion.

Auf kommunaler Ebene engagiert sie sich seit 1997 als Vorsitzende des CDU-Kreisverbands Göppingen, ist stellvertretendes Mitglied des Verwaltungsrats der Kreissparkasse Göppingen sowie Mitglied des Beirats des Alb-Elektrizitätswerks Geislingen-Steige eG. Außerdem amtiert die „staatlich geprüfte Skilehrerin"[2] als Präsidentin des Turngaus Staufen e. V.

Auf ihrer Homepage ist zu lesen: „Jeder von uns muss seinen Beitrag leisten, damit unser Zusammenleben funktioniert. Diese Überzeugung ist für mich der Antrieb, mich in der Politik zu engagieren und Verantwortung zu übernehmen. Politik kann aber nur mit den Menschen gelingen. Deshalb möchte ich als Abgeordnete zu aller erst für die Bürgerinnen und Bürger da sein und mich um ihre großen und kleinen Anliegen kümmern. Ebenso wichtig sind mir aber auch die Kommunen und Unternehmen, die Kirchen und sozialen Einrichtungen, Vereine und Verbände. Für sie gilt es, Perspektiven aufzuzeigen und Türen zu öffnen. Die Menschen erwarten zurecht eine glaubwürdige und verlässliche Politik. Eine Politik, die mit Vernunft und Augenmaß das Kost-

bare unserer Heimat bewahrt und die Chancen und Stärken unseres Landes für eine gute Zukunft nutzt."³

---

1 In Baden-Württemberg wurden die Amtsbezeichnungen „Parlamentsrat" und „Leitender Parlamentsrat" durch Landesrecht für Beamte, die beim Landtag tätig sind, als äquivalente Amtszeichnungen zum Ministerialrat bzw. zum Ministerialdirigenten eingeführt.
2 Vgl.: Handbuch des Landtags, 14. und 15. Wahlperiode.
3 Quelle: ihre Homepage www.nicole-razavi.de, Stand: Juni 2012.

Annemie Renz

Eine Wahlperiode lang, ab April 1996, war die Reutlingerin Annemie Renz Landtagsabgeordnete von Bündnis 90/Die Grünen im Landtag. Sie gehörte dem Sozialausschuss an, war Strafvollzugsbeauftrage ihrer Fraktion und arbeitete in der Enquete-Kommission „Jugend – Arbeit – Zukunft" mit. Dass die Politik im Kabinett gemacht wird, ist der erfahrenen Kommunalpolitikerin, die von 1989 bis 1997 im Gemeinderat Reutlingen aktiv war, bewusst gewesen. Aber ihrem Anspruch, aus der Opposition heraus im Parlament Impulse zu geben, wurde sie ihrer Einschätzung nach gerecht. Beispielsweise, was die Krankenhäuser auf dem Land angeht, oder der Strafvollzug, bei dem es an Resozialisierungsmöglichkeiten mangele oder beim Thema Jugendarbeitslosigkeit, das auch in Baden-Württemberg zu einem Problem geworden sei.[1]

Annemie Renz, am 28. Juli 1950 in Großköllnbach geboren, war katholisch, verheiratet und hatte zwei Kinder. Nach der Fachhochschulreife studierte sie Sozialpädagogik in Reutlingen. Ab 1983 war sie als Sozialarbeiterin beim Gesundheitsamt in Reutlingen beschäftigt. Parallel dazu arbeitete sie ab 1993 als Lehrbeauftragte an der Ev. Fachhochschule für Sozialwesen in Reutlingen.

Darüber hinaus engagierte sie sich als Aufsichtsratsmitglied der Volkshochschule Reutlingen, der Musikschule und der Reutlinger Altenheimgesellschaft und war Vorstandsmitglied des Vereins für Volksbildung in Reutlingen.

Kurz nach Beginn ihrer parlamentarischen Arbeit erkrankte Annemie Renz an Krebs, musste fünf Monate pausieren, um sich dann umso energischer in ihr Aufgabenfeld zu stürzen.[2] Die Auseinandersetzung mit ihrer Krankheit und die daraus resultierende Lebenssituation bewogen sie, im März 2000 nicht erneut zu kandidieren.[3] Eineinhalb Jahre später trat sie auch aus der Partei aus.[4] Am 21. April 2003 ist sie verstorben.

1 Vgl.: Schwäbisches Tagblatt, 28.12.1996.
2 Vgl.: Reutlinger Generalanzeiger, 03.03.2000.
3 Vgl.: Schwäbische Zeitung, 04.07.2001.

Stefie Restle

Aus Beuron auf der Schwäbischen Alb stammt die am 24. Dezember 1901 geborene Sozialdemokratin Stefie Restle. Sie hatte neun Geschwister, ihr Vater war Förster. Ihre Mutter starb, als sie gerade eingeschult wurde.[1] Sie besuchte die Volksschule, ein Klosterinternat und die kaufmännische Fachschule. Ihr kaufmännisches Praktikum absolvierte sie in einer Großhandelsfirma. Anschließend war sie als Kontoristin und Stenotypistin tätig. Von 1921 bis 1925 arbeitete sie in Norwegen. Nach ihrer Rückkehr ist die Fünfundzwanzigjährige der SPD beigetreten und hat sich vor allem in Jugend-, Kultur- und Frauenfragen engagiert. In den Jahren ab 1925 war sie beim Arbeitsamt Durlach, dann beim badischen Innenministerium beschäftigt. Schließlich wurde sie zum Badischen Landesamt für Arbeitsvermittlung versetzt und 1928 – nach Überführung ihrer Dienststelle in die Reichsanstalt für Arbeitsvermittlung und Arbeitslosenversicherung – vom Landesarbeitsamt Südwestdeutschland übernommen und kam so nach Stuttgart. 1933 wurde sie aus politischen Gründen arbeitslos, war eines der vielen Opfer nationalsozialistischer Ausgrenzungspolitik und fand erst im November 1934 wieder eine Stelle beim jüdischen Kaufhaus Tietz & Co. in Stuttgart.[2] Im Januar 1935 wechselte sie als Buchhalterin zur Firma Auto-Staiger, wo sie bis 1947 arbeitete. Von 1945 bis 1947 war sie dort Betriebsratsvorsitzende. 1948 übernahm sie die Bibliotheks-Betreuung im damaligen Landeswirtschaftsamt, bis sie ein Jahr später als Vermittlerin beim Arbeitsamt Stuttgart eingestellt wurde, wo sie bis zur ihrer Pensionierung 1966 beschäftigt war.

Nach dem Krieg stellte sie sich dem demokratischen Neubeginn: Von 1947 bis 1951 war sie als Stadträtin in Stuttgart aktiv. Achtzehn Jahre lang engagierte sie sich als direkt gewählte Abgeordnete auf Landesebene, von 1950 bis 1952 im Landtag von Württemberg-Baden, dann als Mitglied der Verfassunggebenden Landesversammlung von Baden-Württemberg und von 1952 bis 1968 als Abgeordnete des Landtags von Baden-Württemberg. Während dieser Zeit war sie Mitglied des Ständigen Ausschusses, des Petitions-, des Sozial- und des Kulturpolitischen Ausschusses. Sie hat sich im Parlament besonders mit sozialen Problemen beschäftigt. Ein großes Anliegen war ihr beispielsweise die Kriegsopferversorgung, die Blindenfürsorge und der soziale Wohnungsbau[3]. Auch wenn es um die NS-Vergangenheit ging, fand sie deutliche Worte. Als der Landtag über Mittel zum beschleunigten Ausbau eines Heims für behinderte Kinder kontrovers diskutierte, rief sie den anderen ins Gedächtnis, „dass während der NS-Zeit solche Heime schnell leer gemacht worden seien und von den Insassen nur ein Häufchen Asche, von den Müttern Tränen und vom Rest der Bevölkerung Schweigen übriggeblieben sei!"[4]

Stefie Restle ist am 9. Oktober 1978 in Stuttgart gestorben.

Literatur:
Wolfgang Schmierer: Stefanie (Stefie) Restle. Für soziale Gerechtigkeit und Völkerfrieden. In: Frauen im deutschen Südwesten. Hrsg. v. Birgit Knorr und Rosemarie Wehling, Landeszentrale für politische Bildung Baden-Württemberg. Stuttgart 1993.

1 Schmierer, Wolfgang: Stefanie Restle, a. a. O.; S. 230.
2 Ebd.
3 Vgl.: Dokumentation „Parlamentarierinnen aus dem deutschen Südwesten", 1992, Landtagsarchiv von Baden-Württemberg.
4 Becker, Otto Heinrich: Hohenzollern. Der Berg – das Haus – das Land, S. 350–382. In: Wehling, Hans-Georg u. a. (Hg.): Baden-Württemberg. Vielfalt und Stärke der Regionen, a. a. O., S. 377.

Stefanie Roeger

Politik, die auf christlich-ethischen Vorstellungen basiert, hatte in der Familie von Stefanie Roeger Tradition. Schon ihre Tante, Luise Rist, war in der Zentrumsfraktion badische Landtagsabgeordnete und später in der CDU[1].

Stefanie Roeger wurde am 31. März 1904 in Markdorf in Baden geboren. Nach der Realschule machte sie von 1922 bis 1924 eine Ausbildung als Bankkauffrau, wechselte dann aber in den sozialen Bereich und schloss eine Ausbildung in Säuglings-, Kinderkranken- und Erwachsenenkrankenpflege daran an. Sie war zehn Jahre lang als Kranken- und Operationsschwester tätig. Aus gesundheitlichen Gründen musste sie zu ihrem ursprünglichen Beruf zurückkehren und arbeitete von 1942 bis 1946 bei der Industrie- und Handelskammer in Stuttgart als Sachbearbeiterin.

Ihr politisches Engagement begann nach der NS-Zeit in der CDU: Ab 1946 war sie Frauenreferentin im Landesverband der CDU Nordwürttemberg. Von 1954 an war sie Mitglied des Vorstands im Bundesfrauenausschuss und von 1958 bis 1962 Vorstandsmitglied der Bundesfrauenvereinigung der CDU. Dort arbeitete sie in den Fachausschüssen für Kultur-, Sozial- und Wirtschaftspolitik sowie für Verbraucherfragen mit. Von 1963 bis 1968 gehörte sie dem Landtag von Baden-Württemberg an, wo sie Mitglied des Präsidiums war. Ihre Arbeit im Kulturpolitischen, Sozial- und Rechtsausschuss markiert die Schwerpunkte ihrer politischen Tätigkeit. Sie nahm in ihrer parlamentarischen Arbeit sehr oft und nachdrücklich zu bildungspolitischen Themen Stellung. Nach ihrem Ausscheiden aus dem Landtag stellte sie ihre Erfahrungen der CDU-Landtagsfraktion als parlamentarische Beraterin zur Verfügung[2].

Stefanie Roeger starb am 22. Februar 1992 in Heilbronn.

[1] Siehe S. 87f. in diesem Band.
[2] Vgl.: Stuttgarter Nachrichten, 23.09.1970.

dann aktiv in die SPD-Politik eingestiegen. Mich überzeugt auch heute noch die SPD als Mitmachpartei, die beim menschlichen Fortschritt auch immer die Überwindung sozialer Probleme im Auge hat."[1]

Gabi Rolland

Die Freiburger Verwaltungsfachfrau Gabi Rolland wurde 2011 in den Landtag von Baden-Württemberg gewählt. Hier ist sie Mitglied im Ausschuss für Wissenschaft, Forschung und Kunst, in dem für Umwelt, Klima und Energiewirtschaft sowie im Petitionsausschuss und im Oberrheinrat. Außerdem engagiert sie sich als umweltpolitische Sprecherin ihrer Fraktion. 1984 trat die Abgeordnete der SPD bei und übt seitdem verschiedene Funktionen auf Orts- und Kreisebene aus. So war sie etwa von Juli 1997 bis Sommer 2011 Gemeinderätin in Freiburg. Seit 2005 ist sie Beisitzerin im SPD-Landesvorstand. Auf die Frage, warum sie sich für die SPD entschieden habe, antwortete sie: „Mein politisches Engagement begann mit dem Erhalt eines Feuerwehrgerätehauses als Jugendzentrum. Damals hat uns die SPD in unseren Anliegen unterstützt und über die Realisierung des Projektes bin ich

Geboren am 6. Dezember 1963 in Kenzingen, absolvierte sie nach Schule und Abitur in Emmendingen von 1983 bis 1987 den Vorbereitungsdienst für den gehobenen Dienst des Landes Baden-Württemberg mit Studium an der Fachhochschule für öffentliche Verwaltung in Kehl und schloss 1987 mit dem Staatsexamen ab. Seit Dezember desselben Jahres ist sie beim Landratsamt Emmendingen beschäftigt und zuständig für Umweltrecht, grenzüberschreitende

Zusammenarbeit, Pressearbeit sowie Europabeauftragte – und wegen des Landtagsmandats seit Mai 2011 beurlaubt.

Sie ist Mitglied folgender Einrichtungen: AWO, BUND, DLRG, Dt. Frauenring Breisgau e.V., Europa-Union, Gewerkschaft Verdi, Jugendberatung Freiburg e.V., Kreisverkehrswacht, Mieterverein, Nachbarschaftswerk Freiburg, Obdach für Frauen, Ortsältestenrat der Kreuzkirche Freiburg, VCD, West-Ost-Gesellschaft und weiteren (Förder-)Vereinen.

Als ihr momentan wichtigstes politisches Anliegen nannte sie im Wahlkampf die Bildungspolitik: „Bildung ist der Schlüssel zu Integration, technischem Fortschritt und sozialem Aufstieg. Deshalb brauchen wir ein neues Bildungsverständnis und Schulstrukturen, die sich nach den Bedürfnissen der Kinder richten."[2]

Gabi Rolland ist evangelisch und verheiratet.

---

1 Am 25.03.2011 im „Kandidaten-Fragebogen" von „Fudder – Neuigkeiten aus Freiburg" (http://fudder.de/artikel/2011/03/25/kandidaten-fragebogen-gabi-rolland-spd-freiburg-ii/, Stand: Juni 2012).
2 Ebd.

Christine Rudolf

Die Politologin Christine Rudolf, geboren am 2. Februar 1965 in Ludwigsburg, stammt aus einem sozialdemokratisch geprägten Elternhaus. Nach dem Abitur in Freiberg a. N., studierte sie an der Universität Stuttgart die Fächerkombination Politik, Volkswirtschaft, Linguistik und schloss 1994 mit dem Magister Artium ab. Es folgte ein einjähriger Studienaufenthalt in Thessaloniki/Griechenland, wo es ihr vor allem darum ging, neben Englisch und Französisch noch eine dritte Fremdsprache zu lernen. Gelernt hat

sie dort auch, „wie viel Spaß ganz normale Leute an der Tagespolitik haben können."[1] Sie war freie Mitarbeiterin bei einem Fachbuchverlag, Abteilung Öffentliche Verwaltung. 1995 wurde sie persönliche Referentin der Landtagsabgeordneten Birgit Kipfer[2], eine Arbeit, die mit dem Beginn ihrer eigenen parlamentarischen Karriere im Juni 1996 beendet war.

Mit 19 Jahren in die SPD eingetreten, wurde die Juso-Sprecherin 1984 als jüngste Gemeinderätin Baden-Württembergs in das Freiberger Ortsparlament gewählt und war bis 1990 dort Stadträtin. Von 1988 bis 1990 war sie stellvertretende Juso-Kreisvorsitzende, seit 1994 gehört sie dem SPD-Kreisvorstand an. Zwischen 1996 und 1999 war sie stellvertretende Fraktionsvorsitzende der SPD Kreistagsfraktion Ludwigsburg.

Unverhofft rückte die damals 31-jährige am 5. Juni 1996 als Zweitkandidatin für Harald Schäfer in den Landtag nach. Sie musste nicht lange überlegen, ob sie das Mandat annehmen sollte: „Für einen politischen Menschen ist es eben überaus reizvoll, selber Politik machen zu können."[3] Wobei es ihr nicht darum ging, sich schnell einen Namen zu machen, wie sie es bei einigen Männern mit Skepsis beobachtete. Sie ist für längerfristiges Agieren: „Mich fasziniert nicht, was heute aufkommt und morgen wieder vergessen ist. Das Thema Gerechtigkeit in der Gesellschaft, etwa zwischen Mann und Frau, verliert nie an Aktualität."[4] Bei den Wahlen 2001 und 2006 wurde Christine Rudolf im Wahlkreis Bietigheim-Bissingen das Mandat bestätigt. Sie war während ihrer Abgeordnetenzeit Mitglied im Finanzausschuss und zuvor sportpolitische Sprecherin der SPD-Fraktion im Ausschuss für Schule, Jugend und Sport. Nach fünfzehn Jahren Landtag kandidierte sie 2011 nicht mehr: „Als alleinerziehende Mutter von zwei Kindern wolle sie eine berufliche Zukunft haben, die ihr eine verantwortungsvolle Fürsorge für ihre Kinder und persönliche Entwicklungschancen ermögliche. Die sehe sie als Abgeordnete nicht."[5]

Politisch ist Christine Rudolf bei der Gender-AG von Attac aktiv und als Mitglied im wissenschaftlichen Beirat von efas, Netzwerk feministische Ökonomie. Außerdem ist sie Ehrenvorsitzende der pro familia Ludwigsburg und stellvertretende Vorsitzende des Kuratoriums der Landeszentrale für politische Bildung Baden-Württemberg. Aktuell schreibt sie an ihrer Dissertation zu „Chancen der Implementierung von neuen Instrumenten der Haushaltsführung auf Länderebene" und hält Vorträge rund um die Themen Geschlechtergerechtigkeit, Finanzen und Geld.[6]

Literatur:
Frauen und Geld: Wider die ökonomische Unsichtbarkeit von Frauen. Hrsg. von R. Johanna Regnath und Christine Rudolf. Helmerverlag 2008.

1 Zit. nach Badisches Tagblatt, 12.09.1997.
2 Siehe S. 189 in diesem Band.
3 Zit. nach Bad. Tagblatt, a. a. O.
4 Ebd.
5 Zit. nach Ludwigsburger Kreiszeitung, 09.12.2009.
6 Laut ihrer Homepage www.christine-rudolf.de, Stand: Juni 2012.

Barbara Schäfer-Wiegand

Die Neigung, mit Menschen zusammen zu sein, hat sie in ihrem ganzen bisherigen Leben, in ihrer beruflichen und politischen Laufbahn motiviert[1]. Am 18. Oktober 1934 im westfälischen Borken geboren, hat Barbara Schäfer ihre Kindheit im Kreis Höxter an der Weser verlebt. Nachhaltig prägten sie die in einer Klosterschule verbrachten Jahre. Nach dem Abitur studierte sie in Göttingen, Freiburg i. Br. und in Poitiers/Frankreich Geschichte, Französisch und Latein. 1959 machte sie das erste Staatsexamen und 1961 das Assessorexamen. Von 1961 bis 1984 war sie in Karlsruhe und Pforzheim im Schuldienst tätig.

Nach dem Tod ihres ersten Mannes begann sie, sich in der CDU zu engagieren. Sie war stellvertretende Kreisvorsitzende des CDU-Kreisverbands Karlsruhe, Mitglied des CDU-Bundesvorstands und des Landesvorstands der CDU Baden-Württemberg. 1979 rückte sie für den verstorbenen Justizminister Bender in den Landtag nach und bekam ihr Mandat bei der Landtagswahl 1984 von den Wählerinnen und Wählern bestätigt. Nach der Landtagswahl 1984 bildete der damalige Ministerpräsident Späth die Regierung um und berief Barbara Schäfer als Ministerin für Arbeit, Gesundheit, Sozialordnung und Familie in die neue Landesregierung. Barbara Schäfer hatte schon vorher im Sozialausschuss des Landtags mitgearbeitet sowie im Schul-, im Petitionsausschuss und im Präsidium.

Die Ministerin erhielt im März 1987 über das Bundesland hinaus anerkennende Schlagzeilen im Zusammenhang mit den von Bayerns Innenstaatssekretär Gauweiler angestrebten Regelungen, als sie sich entschieden gegen jegliche Diskriminierung von Aids-Kranken wandte. In einer Radiosendung von „Südwest 3" antwortete sie auf die vom Moderator gestellte Frage, nach dem ungewöhnlichen Beifall für eine CDU-Ministerin seitens der Opposition: „Ich glaube, Aids ist ein Thema, das sich nicht für parteipolitische Kontroversen eignet, sondern es ist ein Thema, das eine Koalition der Vernunft auch im Landtag erforderlich macht."[2]

Von 1985 bis 1995 saß sie der CDU-Frauenvereinigung vor. Sie verfocht eine durchaus liberale Frauenpolitik, was sich beispielsweise in ihrem Engagement für die Frauenförderung zeigt.

Zu den vier umfangreichen Ressorts ihres Ministerium meinte sie: „Ein Minister wird durch seine Mitarbeiter selbstverständlich von vielerlei organisatorischen Aufgaben entlastet – nicht aber von der Verpflichtung, sich immer wieder neue Gedanken zu machen, wie den Problemen abgeholfen werden kann." Und: „Die soziale Landschaft ist immer in Bewegung: Wenn man an einer Stelle ein Loch gestopft hat, tut sich an anderer Stelle ein neues auf. Aber es geht nicht nur darum, Löcher zu stopfen, sondern diese Politik auf dem Boden einer bestimmten Wertvorstellung voranzutreiben – dem einer christlich fundierten Sozialpolitik."[3]

1992 schied sie nach Bildung der Großen Koalition aus der Landesregierung aus. Als normale Abgeordnete wurden ihre Schwerpunkte dann vor allem für die Themen „Recht und Verfassung" sowie „Wissenschaft und Forschung".[4] Im April 1995 legte sie aus privaten Gründen ihr Mandat nieder. Nachfolgerin wurde Ingrid Blank.[5] Barbara Schäfer-Wiegand hatte 1993 wieder geheiratet und ist mit ihrem Mann, dem Verfahrensingenieur Bernd Wiegand, in ein Dorf in die Südpfalz gezogen. Nach wie vor engagiert sie sich in der Stiftung „Hänsel & Gretel", die gegen Kindesmissbrauch kämpft.

---

1 Vgl.: Das Parlament (1986), Nr. 24–25.
2 Südwest 3, Politik Südwest – Bericht aus Stuttgart, 12.03.1987.
3 Das Parlament, a. a. O.
4 Vgl.: Badische Neueste Nachrichten, 19.04.1995.
5 Siehe S. 146 in diesem Band.

Annette Schavan → siehe „Südwestdeutsche Parlamentarierinnen im Bundestag", S. 382f.

Sabine Schlager

„Eine Demokratie, in der die Hälfte der Menschen mit ihren Interessen nicht angemessen vertreten ist, ist noch verbesserungsbedürftig. Deshalb werbe ich überall dort, wo ich gerade aktiv bin, dafür, dass Frauen sich einmischen und in die Politik gehen, auch wenn es nur für eine begrenzte Zeitspanne ist."[1] Sabine Schlager hat sich eingemischt. Als die Grünen-Politikerin im April 1996 ins Landtagsparlament kam, übernahm sie in ihrer Fraktion das Wirtschaftsressort. „Das hat sich für mich als Glücksgriff erwiesen. Ich konnte das Handwerks- und das Umweltthema verknüpfen", sagte sie im Rückblick.[2] Traditionell sei den Grünen wenig Wirtschaftskompetenz zugeschrieben worden. Da kam es der Tübinger Abgeordneten zugute, dass sie selbst einen handwerklichen Beruf hat: „Das war vertrauensbildend, ich konnte auf den Podien immer sagen, ich kenne die Probleme in einem kleinen Betrieb."[3]

Sabine Schlager, am 29. November 1953 in Freiburg geboren, legte dort das Abitur ab und studierte an der Pädagogischen Hochschule der Stadt Biologie und Chemie für das Lehramt an Realschulen. In Reutlingen absolvierte sie ihr Referendariat und das zweite Staatsexamen. Dann erfolgte eine berufliche Umorientierung: sie machte ein Augenoptikerlehre und arbeitete in diesem Beruf von 1983 bis 1995 in Tübingen.

In den Jahren zwischen 1984 und 1989 gehörte sie dem Tübinger Gemeinderat an, seit 1994 ist sie im Kreistag. Nach der Legislaturperiode, die sie im Landtag aktiv war, kandidierte sie nicht mehr. Sie hatte ein Jahr zuvor einen neuen Job begonnen, als Geschäftsführerin der kommunalpolitischen Vereinigung der Grünen (GAR): „Ich hatte nie vor, Berufspolitikerin zu werden und im Mandat auf mein Rentenalter zuzusteuern."[4] Als ein „Highlight" ihrer parlamentarischen Arbeit sieht sie die Aufhebung der Berufsverbotspraxis, die sie zusammen mit Gerd Weimer (SPD) und zuletzt mit Unterstützung der FDP durchsetzte: „ein Jahrhundertereignis von der Opposition aus, denn sonst predigt man immer bloß."[5] Sie, die 2001 in ihrem Büro ein Schild mit dem Motto „Optimismus heißt nicht, die Probleme leugnen, sondern sie für lösbar erklären" hängen hatte, wird, wo auch immer sie sich „einmischt", dies mit hundertprozentigem Engagement tun.

---

1 Sabine Schlager in der Abgeordnetenkolumne des Schwäbischen Tagblatts, 20.04.2001.
2 Zit. nach Schwäbisches Tagblatt, 06.02.2001.
3 Ebd.
4 Zit. nach Schwäbisches Tagblatt, 08.01.2000.
5 Zit. nach Schwäbisches Tagblatt, 06.02.2001.

Fernuniversität Hagen und arbeitete zwischen 1999 und 2011 als freie Journalistin.

Sie ist Vorsitzende des CDU-Gemeindeverbands Niefern-Öschelbronn, Mitglied des Vorstands des CDU-Kreisverbands Enzkreis/Pforzheim, ebenda Mitglied im Kreisvorstand der Frauen Union sowie Mitglied des Bezirksvorstands der Frauen Union Nordbaden. Außerdem gehört sie dem Bezirksvorstand der CDU Nordbaden an sowie dem Gemeinderat von Niefern-Öschelbronn. Bei der Landtagswahl 2011 errang Viktoria Schmid das Direktmandat im Wahlkreis Enz. Sie ist stellvertretende Vorsitzende des Ausschusses für Schule, Jugend und Sport, Mitglied des Integrationsausschusses sowie sportpolitische Sprecherin und Spre-

Viktoria Schmid

Viktoria Schmid erblickte am 26. Januar 1969 in Bühl/Baden das Licht der Welt. Die CDU-Landtagsabgeordnete ist evangelisch, verheiratet und hat drei Kinder. Nach dem Abitur 1989 am Wirtschaftsgymnasium in Pforzheim absolvierte sie von 1989 bis 1992 eine kaufmännische Lehre in Mannheim. Später studierte sie Politik- und Verwaltungswissenschaften an der

cherin für Berufliche Schulen der CDU-Landtagsfraktion.

Darüber hinaus engagiert sie sich im Kuratorium der Landeszentrale für politische Bildung Baden-Württemberg.

Regina Schmidt-Kühner

Regina Schmidt-Kühner, Softwareentwicklerin und SPD-Frau, hatte 2001 im Wahlkreis Karlsruhe II das Direktmandat geholt und war bis 2006 Landtagsabgeordnete. Als Arbeitnehmerin aus der Wirtschaft und relativer Neuling im Parlamentsgeschäft fiel der Mutter von zwei fast erwachsenen Kindern auf, was andere als normal hinnahmen. Sie fand damals, dass das vernetzte Denken bei vielen ihrer Kollegen „noch ein bisschen unterentwickelt sei."[1] Seit über 35 Jahren ist sie politisch aktiv. Mit Parteiarbeit hatte sie zuvor wenig zu tun gehabt, obwohl sie seit Ende der siebziger Jahre den Sozialdemokraten angehört. Stattdessen hatte sie sich in der Studentenpolitik und bei den Naturfreunden engagiert. Zwischen 1985 und 1991 war sie Bundesjugendleiterin der Naturfreundejugend

Deutschlands und von 1992 bis 2006 Vorsitzende des Landesverbands Baden. Seit 2001 ist sie eine von drei Stellvertretern des Bundesvorsitzenden.

Irgendwann stellte sich ihr die Frage, ob sie weiter in der „Vorfeldarbeit" bleiben will, oder „auch mal richtig Einfluss" anstreben sollte. Ihr

erster parteipolitischer Versuch als Kandidatin für den Karlsruher Gemeinderat 1999 schlug fehl. Trotzdem stellte sie sich 2001 der Herausforderung mit der Landtagswahl und war selbst überrascht, dass es auf Anhieb mit dem Direktmandat geklappt hat. Hatte sie danach mehr Einfluss? „In der Opposition ist der Einfluss begrenzt", räumte sie 2001 ein. „Die Rituale erschweren es. Die Regierung will wohl nicht zugeben, dass man Ideen der Opposition aufgreifen könnte."² Regina Schmidt-Kühner war im Ausschuss für Umwelt und Verkehr sowie in dem für Wissenschaft, Forschung und Kunst vertreten. Für die Landtagswahl 2011 kandidierte sie wieder und schrieb dazu auf ihrer Homepage: „Mit einem lachenden und einem weinenden Auge ziehe ich die Bilanz aus der Landtagswahl. Nach 58 Jahren ist endlich der Wechsel zu einer Grün-Roten Landesregierung gelungen. Dies eröffnet ganz neue Gestaltungsmöglichkeiten, bei Themen wie Bildung, wie Erneuerbare Energien usw. Leider hat es für mich ganz knapp nicht zum Einzug in den Landtag gereicht, deshalb werden jetzt andere den Wechsel gestalten."³

Die geborene Göttingerin – am 7. April 1955 – machte in dieser Stadt das Abitur, bevor es sie ins Badische zog, wo sie an der Technischen Hochschule Karlsruhe Mathematik studierte. Seit 1987 arbeitet sie in der IT-Branche, unter anderem als Software-Entwicklerin.

Die Computerfachfrau ist Mitglied der IG Metall, der AWO, der Verkehrswacht, bei den Freunden des Naturkundemuseums, in der Händel-Gesellschaft, im Alternativen Gartenverein und weiteren Vereinigungen.

---

1 Zit. nach Stuttgarter Zeitung, 07.09.2001.

2 Ebd.
3 Zit. nach ihrer Homepage www.regina-schmidt-kuehner.de, Stand: Juni 2012.

Monika Schnaitmann

Monika Schnaitmann, eine Theologin, die sich von einer engagierten Christdemokratin in der Jungen Union während ihres Vikariats in Sindelfingen zu einer „linken" Grünen wandelte, um dann wieder in den Pfarrdienst zu wechseln. Anfang der 80er Jahre weigerte sie sich, einen Soldaten in Uniform zu trauen und bekam Schwierigkeiten in ihrer Kirche.¹ In dieser Zeit reifte ihr Entschluss, der Partei der Grünen beizutreten, was 1984 geschah. Von diesem Jahr bis 1992 gehörte sie dem Kreistag Tübingen an. Zwischen 1968 und 1972 war die am 10. Januar 1952 in Ulm Geborene aktives Mitglied der Jungen Union in Albstadt-Ebingen, wo sie 1971 das Wirtschaftsabitur ablegte. Von 1972 bis 1975 studierte sie an der Pädagogischen Hochschule Reutlingen und machte das erste Staatsexamen für das Lehramt an Grund- und Hauptschulen. Dann studierte sie bis 1981 evangelische Theologie in Tübingen und schloss mit dem ersten kirchlichen Examen ab. Es folgten bis 1983 das Vikariat in Sindelfingen und das zweite kirchliche Examen. Von 1987 an arbeitete sie als Seelsorgerin an einem Tübinger Alten- und Pflegeheim.

Mit der Annahme des Landtagsmandats im April 1992 wurde sie von der Kirche zwangsbeurlaubt. Die schulpolitische Sprecherin ihrer Fraktion bezog auch in ihrer Abgeordnetentätigkeit gerne klare Positionen, unabhängig davon, ob sie radikaler waren als beispielsweise die ihres Fraktionsvorsitzenden Fritz Kuhn: „Christ sein heißt für mich auch, Ecken und Kanten zu haben."[2] Bei der Nominierung zur Landtagswahl 1996 versagte ihr Kreisverband der souveränen Bildungspolitikerin die Kandidatur und stellte statt dessen Sabine Schlager auf.[3]

1997 wurden Monika Schnaitmann und Reinhard Bütikofer zu gleichberechtigten Vorsitzenden der Landes-Grünen gewählt. „Wir müssen ein sachliches Forum der Auseinandersetzung über strittige Themen bieten, den Leuten vor Ort Material an die Hand geben, mit anderen gesellschaftlichen Gruppen in Dialog treten" – so Monika Schnaitmann zu ihrer neuen Aufgabe.[4] Im Jahr 2001 kandidierte die Parteivorsitzende nochmals für den Landtag, allerdings nur wegen einer akuten personellen Notlage im Wahlkreis Heilbronn und ohne Aussicht auf ein Mandat.[5] Im Kontext des schlechten Wahlergebnisses der Grünen bei dieser Landtagswahl kritisierte Monika Schnaitmann die „diffusen Signale aus Berlin."[6] Auf Landesebene kam es nach der Grünen-Wahlniederlage zu Turbulenzen, die Monika Schnaitmann beim Landesparteitag eine Gegenkandidatin bescherten, die im Juni des Jahres 2001 prompt zur neuen Vorsitzenden gewählt wurde: Es handelte sich um die Landtagsabgeordnete Renate Thon.[7] Monika Schnaitmann nahm sich eine Auszeit und besann sich auf ihre Wurzeln. Seit 2003 arbeitet sie als Pfarrerin in Bodelshausen,[8] seit Herbst 2011 vertritt sie zusätzlich die Pfarrstelle der Gemeinden Hirschau und Weilheim.[9]

Die Mutter dreier erwachsener Kinder, die mit Vorliebe Krimis liest, gerne kocht, Sport für Mord hält, es aber genießt, auf den Spuren von Hermann Hesse im Tessin zu wandern, bezeichnete schon 2001 ihre Familie als „tragenden Grund". Politik sei zwar für sie zu einer Leidenschaft geworden, „aber nicht das Wichtigste im Leben."[10]

Unterrepräsentanz, als sie 1998 mit ihrer Familie vom hessischen Bensheim nach Eberbach am Neckar zog. „Baden-Württemberg, ländlicher Raum, das war ein Kulturschock", sagt die grüne Landtagsabgeordnete, „männlich-ländlich-konservativ und politisch tiefschwarz.'"[2] Deshalb engagiert sie sich für die Teilnahme von Frauen an kommunaler Politik. „Wir brauchen ihren Blick auf die Realität,

---

1 Stuttgarter Nachrichten, 31.08.1992.
2 Ebd.
3 Siehe S. 237 in diesem Band.
4 Zit. nach Schwäbisches Tagblatt, 05.06.1997.
5 Stuttgarter Zeitung, 04.12.2000.
6 Vgl.: Südwest-Presse, 03.04.2001.
7 Siehe S. 261 in diesem Band.
8 Vgl.: Staatsanzeiger, 26.04.2004.
9 Quelle: http://www.gemeinde.hirschau.elk-wue.de/cms/startseite/ansprechpartner/, Stand: Juni 2012.
10 Vgl.: Heilbronner Stimme, 15.02.2001.

Charlotte Schneidewind-Hartnagel

Die Frauenpolitikerin Charlotte Schneidewind-Hartnagel meint: „Das Private macht politisch, vor allem dann, wenn Frauen etwas verändern wollen."[1] Aber: „Wo sind die Frauen", fragt sie sich, wenn sie sich in Gemeinderäten, Stadtparlamenten und Kreistagen umschaut. Sehr deutlich wurde ihr deren ihre Kompetenz und Kreativität in der politischen Willensbildung."[3]

Seit April 2011 ist Charlotte Schneidewind-Hartnagel – geboren 1953 in Göttingen, verheiratet, ein Kind – Landtagsabgeordnete in Baden-Württemberg. Nach dem Abitur, 1973 am Alten Kurfürstlichen Gymnasium in

Bensheim, studierte sie Germanistik, Anglistik und Publizistik an der Georg-August-Universität in Göttingen. 1978 absolvierte sie ein Lektoratsvolontariat im Agora-Verlag, Akademie der Künste, in Berlin. Sie arbeitete für die FWS GmbH in Worpswede und für die Telecommunication Schöpp GmbH in Bensheim. Ab 1986 studierte sie Betriebswirtschaftslehre an der Fachhochschule des Landes Rheinland-Pfalz mit dem Standort Worms und schloss 1989 als Diplom-Betriebswirtin ab. 1990 arbeitete sie in der Pressestelle des Bundesverbands des Deutschen Güterfernverkehrs (BDF) in Frankfurt am Main, 1996 als Pressereferentin der Frauenbeauftragten in Bensheim. Seit 2000 ist sie freie Journalistin.

Charlotte Schneidewind-Hartnagel ist Gründungsmitglied und war von 1998 bis 2007 im Vorstand der Alternativen Grünen Liste. Seit 2005 gehört sie dem Kreisvorstand Odenwald-Kraichgau an, seit 2006 der Landesarbeitsgemeinschaft Frauen-Politik. 2009 kandidierte sie vergeblich für den Bundestag im Wahlkreis Rhein-Neckar auf Platz 13 der Landesliste. Im Mai 2011, kurz nachdem sie das Landtagsmandat errang, hätte sie in den Bundestag nachrücken können[4], entschied sich aber dagegen. Seit 2009 zählt sie zum Parteirat Baden-Württemberg, seit 2010 zur Programmkommission. Außerdem ist sie Mitglied des Bundesfrauenrats. Im Landtag ist sie Mitglied des Sozialausschusses sowie stellvertretende Vorsitzende und frauenpolitische Sprecherin der Grünen-Fraktion und setzt sich neben vielem anderen für den „chancengleichen Zugang für Frauen auf allen Ebenen in Politik, Wissenschaft und Wirtschaft ein".[5]

---

1   Zit. nach ihrer Homepage www.charlotte-schnei dewind.de, Stand: Juni 2012.
2   Ebd.
3   Ebd.
4   Vgl.: Stuttgarter Zeitung, 06.05.2011.
5   Zit. nach ihrer Homepage www.charlotte-schnei dewind.de, Stand: Juni 2012.

Barbara Schroeren-Boersch

Barbara Schroeren-Boersch übernahm im Juli 1990 für die Partei der Grünen das Landtagsmandat von Johanna Quis, mit der sie bei der Landtagswahl 1988 gemeinsam im Wahlkreis Freiburg I angetreten war[1]. Sie war während ihrer Amtszeit schulpolitische Sprecherin der Grünen-Landtagsfraktion, wobei sie sich besonders auf den Grund-, Haupt- und Sonderschulbereich konzentrierte. Ein anderer Arbeitsschwerpunkt von ihr waren Maßnahmen gegen um-

weltbedingte Gesundheitsschäden. Dabei kam ihr ihre berufliche Kompetenz zugute: Sie ist Krankenschwester von Beruf.

Barbara Schroeren-Boersch wurde am 18. Juli 1956 in Viersen geboren. Nach dem Abitur machte sie in ihrem Heimatort eine Ausbildung zur Krankenschwester und schloss 1977 mit dem Examen ab. In diesem Beruf arbeitete sie in Viersen, Düsseldorf und Müllheim/Baden. Ab 1983 kümmerte sie sich um die Erziehung ihrer Kinder. Sie lebt in Auggen im Kreis Freiburg und gestaltete in den Jahren ab 2006 Internetauftritte.[2]

Seit den siebziger Jahren ist sie bei Amnesty International engagiert. 1983 schloss sie sich den Grünen an, wo sie bis 1986 Orts- und Kreisvorstandsmitglied war. Sie war Mitglied der Aktion „Muttermilch – ein Menschenrecht" und arbeitete seit 1988 im Abgeordnetenbüro der Grünen in Müllheim/Baden mit.

Für die Legislaturperiode ab 1992 stellte ihr Wahlkreis in Freiburg sie nicht mehr als Kandidatin auf. Parteiinterne Querelen zwischen den sogenannten „Fundis" und den sogenannten „Realos", bei denen die einen die anderen als „Gesinnungsnostalgiker" beziehungsweise umgekehrt als „Polit-Yuppies" bezeichneten, führten zu einem Wechsel: In Freiburg West wurde statt Rosemarie Glaser[3] der damals als „Oberrealo"[4] bezeichnete, spätere Fraktionsvorsitzende der Landtags-Grünen und heutige Freiburger Oberbürgermeister, Dieter Salomon, nominiert und im Wahlkreis Freiburg Ost anstelle von Barbara Schroeren-Boersch der zum selben „Lager" gehörende Gymnasiallehrer Walter Witzel.

---

1 Siehe S. 222 in diesem Band.
2 Eigener Internetauftritt dafür unter www.chrisalsi.de, Stand: Juni 2012.
3 Siehe S. 169 in diesem Band.
4 Vgl.: Schwäbische Zeitung, 04.07.1991.

Katrin Schütz

Als Katrin Schütz im April 2006 zum ersten Mal für die CDU in den Landtag einzog, fand sich als Wahlspruch auf ihrer Homepage ein Zitat von Ewald Balser: „Die Welt lebt von Menschen, die mehr tun als ihre Pflicht."[1] Und weiter stand da: „Bürgernähe, Tatkraft und ein gutes Miteinander sind für mich verpflichtend. Mir sind Menschen wichtig und ich bin der Überzeugung, Werte machen unser Leben lebenswert."[2] Dass sie bereit ist, ihren Wertvorstellungen mehr Bedeutung beizumessen als etwa dem Fraktionszwang, bewies sie unter anderem bei der Aufhebung des Ladenschlusses an Werktagen im Jahr 2007. Als eine von zwei Abgeordneten der damaligen CDU/FDP-Regierung stimmte sie dagegen: „Längere Öffnungszeiten bedeuten höhere Kosten durch längeren Personaleinsatz, ohne dass der Umsatz wächst", sagte sie gegenüber den Badischen Neuesten Nachrichten im Interview. Und: „Ich handle aus Überzeugung und bin meinem Gewissen verpflichtet."[3]

Katrin Schütz, als ältestes von sieben Kindern am 20. März 1967 in Ettlingen geboren, ist katholisch und selbst Mutter zweier Söhne (geb. 1991 und 1994). Nach der Mittleren Reife in Karlsruhe lebte sie fünf Jahre in den USA.[4] Zurück in Deutschland machte sie eine Ausbildung als Damenschneiderin. Von 1988 bis 1991 arbeitete sie als Einkäuferin und Abteilungsleiterin, anschließend bis 2006 als Geschäftsführerin eines mittelständischen Einzelhandelsunternehmens.

Seit 2005 ist die Geschäftsfrau stellvertretende Kreisvorsitzende der Frauen Union Karlsruhe und seit 2009 Bezirksvorsitzende der Frauen Union Nordbaden. Seit 2009 gehört sie auch dem Landesvorstand der CDU Baden-Württemberg an.

Bei der Landtagswahl im Jahr 2011 errang sie wiederum das Direktmandat im Wahlkreis Karlsruhe II. Katrin

Schütz ist stellvertretende Vorsitzende im Ausschuss für Wissenschaft, Forschung und Kunst, Mitglied im Untersuchungsausschuss „EnBW-Deal", im Oberrheinrat sowie Vorsitzende im Ausschuss für Integration. Im Rahmen von Letztgenanntem setzte sie sich beispielsweise erfolgreich für die Fortführung des Filmprojekts „Der Baum biegt sich in jungen Jahren" ein, das die grün-rote Landesregierung streichen wollte. Gestaltet vom Karlsruher Zentrum für Kunst und Medientechnologie (ZKM) werden hier in türkischsprachigen Kurzfilmen junge Migranten vorgestellt, die Chancen des deutschen Bildungssystems erfolgreich genutzt haben.[5]

---

1 Ausdruck im Landtagsarchiv unter Parlamentarierinnendokumentation 2012.
2 Ebd.
3 Zit. nach Badische Neueste Nachrichten, 15.02.2007.
4 Siehe ihre Homepage www.katrin-schuetz.com, Stand: Juni 2012.
5 Vgl.: Website http://www02.zkm.de/agacyasi kenegilir/index.php sowie http://www9.landtag-bw.de/WP15/Drucksachen/1000/15_1789_d.pdf, Stand: Juni 2012.

Marianne Schultz-Hector

Die Frau, die von 1991 bis 1995 an der Spitze des Kultusministeriums stand, hat eine untypische Politik-Karriere gemacht. Doch die Stichworte ihrer Biografie – Literaturwissenschaftlerin, langjährige Hausfrau, Landesschulbeiratsvorsitzende, Kultusministerin – ergeben eine klare Linie von Interessen und Kompetenzen.

Marianne Schultz-Hector wurde am 4. Oktober 1929 in Saarbrücken geboren. Nach dem Abitur studierte sie Germanistik, Romanistik und Kunstgeschichte und schloss mit einer Promotion über „Lyrik um 1900" ab.

Nach ihrer Heirat war es für sie eine selbstverständliche Entscheidung, als Hausfrau und Mutter ganz für ihre Familie da zu sein. Als ihre Kinder in die Schule kamen, wurde sie in der Stuttgarter Jakobschule zur Klassenelternvertreterin gewählt. Ihre beiden Töchter mit Hilfe des elterlichen Mitspracherechts durch die Schulzeit zu begleiten, war damals die Motivation[1]. Da sie alles „perfekt" machen will, was sie angefangen hat[2], war es nur konsequent, dass sie im Gymnasium Katharinenstift in Stuttgart Vorsitzende des Gesamtelternbeirats wurde. Bis 1978 war sie

Mitglied des Landeselternbeirats und von 1980 bis 1984 Vorsitzende des Landesschulbeirats.

Die Bildungspolitik blieb ihr Schwerpunkt, als sie der CDU beitrat und im Bezirksbeirat Stuttgart-Süd anfing, sich in der Kommunalpolitik zu engagieren. Ihre politische Karriere ging steil bergauf: Von 1980 bis 1984 gehörte sie dem Gemeinderat der Stadt Stuttgart an. Seit 1984 war sie Mitglied des Landtags von Baden-Württemberg. 1988 avancierte sie zur Staatssekretärin im Ministerium für Kultus und Sport. Bei der Neuordnung des Kabinetts im Januar 1991 wurde sie zur Ministerin für Kultus und Sport ernannt. Es ist kein Geheimnis, dass damals die baden-württembergischen Lehrer jeder Couleur aufatmeten und sich eine moderatere und offenere Form der Bildungspolitik erhofften. Das taten sie nicht umsonst: Das Hauptinteresse von Marianne Schultz-Hector galt der „inneren Schulreform", mit der die pädagogischen Elemente in Bildung und Erziehung gestärkt werden sollten. Mit diesem Ziel nahm sie eine Lehrplanrevision in Angriff, sorgte für erweiterte Mitsprachemöglichkeiten von Eltern und Schülern, förderte den Dialog mit den Lehrern und organisierte größere schulische Freiräume. Sie schuf die Voraussetzungen für das freiwillige zehnte Schuljahr, machte den Weg für den schulfreien Samstag frei und setzte sich für den Aufbau einer Schülerbetreuung ein. Die Ministerin hatte bei all dem nicht den Ehrgeiz, modischen Entwicklungen hinterherzulaufen. Sie wollte „in schwieriger Zeit eine gute Schule gestalten", ihr Ideal war eine „humane und soziale Leistungsschule".[3] Ihre Aussage „wir unterrichten Kinder und nicht Fächer"[4] wurde zu einem geflügelten Wort in der Bildungspolitik. Am 27.05.1995 schrieb sie in der Zeitung Die Welt: „Eine funktionierende Erziehungspartnerschaft zwischen Eltern und Schule ist ein unverzichtbares Element guter Schulen und aus meiner Sicht der Schlüssel für eine wirksame Werte-Erziehung. ... Die von mir ins Leben gerufene ‚Aktion Schule im Gespräch' soll gerade diese Erziehergemeinschaft stärken – mit erfreulicher Resonanz. Sie war und ist ein bewusstes Zeichen des Dialogs. Wir benötigen – auf allen persönlichen und gesellschaftlichen Ebenen – eine lebendige Sprach- und Gesprächskultur, die Probleme sensibel aufgreift."

Im Juli 1995 trat Marianne Schultz-Hector von ihrem Ministerinnen-Amt zurück. Private Gründe gaben den Ausschlag. Sie hatte eineinhalb Jahre zuvor eine ihrer beiden Töchter bei einem tragischen Autounfall verloren und wollte mehr Zeit für deren Kinder, ihre Enkel, haben. Schon länger hatte sie erklärt, dass sie für die Landtagswahl im Jahr 1996 nicht mehr zur Verfügung stehen würde. Annette Schavan[5] wurde zu ihrer Nachfolgerin berufen.

Kurz vor ihrem 70. Geburtstag würdigte die Südwestpresse sie am 02.10.1999: „Persönlich setzte Marianne Schultz-Hector Zeichen mit ihrem leisen aber nachdrücklichen Politikstil, der fern aller sonst so üblichen Selbstdarstellungslust war." Auch als über 80-Jährige kümmert sie sich nach wie vor um die Zukunft von Kindern. So spendete sie etwa als einer der ersten „und großzügigsten"[6] der Stiftung Kinderland, einer Unterorganisation der Baden-Württemberg-Stiftung. Schon lange hatte sie sich eine Art Kinderakademie gewünscht, die etwas für jene Talente tut, „die sonst vielleicht unentdeckt bleiben."[7]

Literatur:
Expertenkreis „Erziehung gegen Gewalt": eine Gesprächsrunde mit Kultusministerin Dr. Marianne Schultz-Hector. Dokumentation. Hg.: Ministerium für Kultus und Sport Baden-Württemberg. Stuttgart 1993 (Informationsschrift der Reihe „Dokumentation Bildung", Nr. 16).
Brennpunkt Schule : VBE-Vertreterversammlung 1992 / Hg.: VEB Landesverband Baden-Württemberg. Reden von Erich Löffler, Marianne Schultz-Hector. Villingen-Schwenningen 1992 (VBE-Schrifenreihe B 5).

---

1 Vgl.: Stuttgarter Nachrichten, 16.02.1991.
2 Reutlinger General-Anzeiger, 11.02.1991.
3 Vgl.: Stuttgarter Zeitung, 04.10.1999.
4 Z. B. Pforzheimer Zeitung, 21.05.1994.
5 Siehe S. 382 in diesem Band.
6 Vgl.: Südkurier, 10.07.2010.
7 Ebd.

Lieselotte Schweikert

Am 15. Dezember 1998 rückte Lieselotte Schweikert für den ausgeschiedenen Abgeordneten Hans Freudenberg in den baden-württembergischen Landtag nach. Zu diesem Zeitpunkt konnte die FDP-Politikerin schon auf über 20 Jahre lange kommunalpolitische Erfahrung zurückblicken. Die Kurpfälzerin aus dem Wahlkreis Weinheim, die von sich sagt, dass sie die Dinge „frei heraus" anspricht[1], hatte sich intensiv mit Europa beschäftigt und wurde folgerichtig die europapolitische Sprecherin ihrer Fraktion. Außerdem war sie Stellvertreterin im Ständigen Ausschuss. Ihr Wahlkreis nominierte sie für die Landtagswahl 2001 erneut als Kandidatin, aber ihr Mandat wurde nicht bestätigt.

Lieselotte Schweikert, am 11. August 1937 in Duisburg geboren, lebt in Edingen-Neckarhausen. Sie ist verheiratet, hat zwei Söhne und zwei Enkel. Während ihrer Abgeordnetenzeit war die technische Zeichnerin bereits im Ruhestand. Die Ausbildung zu diesem Beruf absolvierte sie im elterlichen Ingenieurbüro für Baustatik nach der Volksschule in Edingen und dem Gymnasium in Heidelberg-Wieblingen. Sie hat ihren Beruf bis 1990 ausgeübt und ist seit 1997 in Rente.

Von 1975 bis 1984 war sie Schatzmeisterin des FDP-Ortsverbandes Edingen-Neckarhausen, ab 1994 stellvertretende, später, bis 2007 Ortsvorsitzende. Außerdem hatte sie ab 1976 den stellvertretenden Kreisvorsitz des FDP-Kreisverbandes Rhein-Neckar inne und war dort Schatzmeisterin. Sie gehörte den FDP-Landesfachausschüssen Europa-, Agrar-, Sozial-, Gesellschafts- und Jugendpolitik an. In den Jahren 1983 bis 1989 war sie Europabeauftragte des Landesverbands ihrer Partei. Seit 1980 war sie Gemeinderätin in ihrem Heimatort, seit 1984 dritte Bürgermeisterstellvertreterin sowie Rhein-Neckar-Kreisrätin. Zu ihrem weiteren Engagement zählten und zählen ihr stellvertretender Kreisvorsitz in der Europa-Union Rhein-Neckar sowie die Mitgliedschaft in 18 örtlichen und überörtlichen Vereinen. Als sie den Ortsvorsitz 2007 aus gesundheitlichen Gründen niederlegte, versprach sie: „Auch ohne Amt werde ich auch künftig stets ein offenes Ohr für die Belange meiner Parteifreunde haben und helfen, so gut ich kann."[2]

---

1 Zit. nach Mannheimer Morgen, 23.01.1999.
2 Zit. nach einer Pressemeldung der SPD (!) Rhein-Neckar im Netz unter http://www.spd-rn.de/index.php?nr=7145&menu=103, Stand: Juni 2012.

Rosely Schweizer

Als „neue Geheimwaffe"[1] des damaligen Ministerpräsidenten Teufel bezeichnete ein einschlägiges Boulevard-Blatt Rosely Schweizer bei ihrer ersten Landtagskandidatur 1992 im Wahlkreis Backnang. Die Hausfrau und Unternehmerin, Tochter des legendären Backpulver-Produzenten Rudolf August Oetker, errang auf Anhieb das Direktmandat für die CDU.

Rosely Schweizer wurde am 16. Juli 1940 in Hamburg geboren. Nach dem Abitur in Rendsburg absolvierte sie ein Wirtschaftsstudium in Innsbruck und schloss 1964 als Diplomvolkswirtin ab. Nach Süddeutschland kam sie über ihren Mann: sie heiratete den Lederfabrikanten Folkart Schweizer, mit dem sie seit 1965 in Murrhardt lebt. Nach 15 Jahren Familienpause – das Paar hat drei Kinder, geboren 1967, 1969 und 1972 – übernahm sie Aufgaben im Wirtschaftskonzern ihrer Familie. Sie war persönlich haftende Gesellschafterin der Firma Henkell & Söhnlein Sektkellereien KG in Wiesbaden und stellvertretende Aufsichtsratsvorsitzende sowie Mitglied im Aufsichtsrat der Firmen Louis Schweizer GmbH & Co. Lederfabrik in Murrhardt und der Meyer & Beck Handels KG in Berlin.

Rosely Schweizer gehört seit 1976 dem Vorstand des Deutschen Kinderschutzbundes e.V., Ortsverband Murrhardt an und ist seit 1987 Mitglied im Verband deutscher Unternehmerinnen e.V. Ab 1984 engagierte sie sich als Gemeinderätin in ihrem Wahlheimatort. Sie gehörte ab 1983 dem Sektionsvorstand und ab 1987 dem Bundesvorstand des Wirtschaftsrates der CDU an und wurde 1995 zur Landesvorsitzenden desselben gewählt. Zwischen 1987 und 1990 war sie Mitglied des Bundesfachausschusses Frauenpolitik, von April 1992 bis März 2001 war sie Parlamentarierin im Landtag von Baden-Württemberg. Die ausgewiesene Wirtschaftsfachfrau gehörte hier selbstverständlich dem Finanzausschuss an, war aber auch im Petitionsausschuss vertreten, in dem für Familie, Frauen, Weiterbildung und Kunst sowie im ständigen Ausschuss. Ihre Hauptfunktion im Landtag sah sie darin, „eine Brücke zwischen Wirtschaft und Politik zu bauen"[2]. Zur Wiederwahl stellte sie sich 2001 nicht mehr, weil sie viel von dem amerikanischen System hält, „auf Zeit in die Politik zu gehen"[3]. „Nur Politik" machte sie auch vorher nicht, denn Rosely Schweizer hält es für richtig und wichtig, dass Abgeordnete auch einem Beruf nachgehen: „Man behält den Bezug zur Basis".[4]

Eigentlich wollte sie sich mehr um ihre Familie, insbesondere ihre Enkelkinder kümmern. Doch als 2007 ihr Vater starb, stand sie plötzlich in dessen Nachfolge an der Spitze des Oetker-Beirats.[5] Damit zählte sie zu den einflussreichsten Frauen in der deutschen Wirtschaft. Denn zu dem Mischkonzern gehören über 400 Firmen. Im Januar 2010 gab sie den Beiratsvorsitz der Firmengruppe an ihren jüngeren Bruder ab, weil sie die unternehmensinterne Altersgrenze erreicht hatte.[6] Nach wie vor engagiert sie sich als Kuratoriumsvorsitzende der Käte-Ahlmann-Stiftung, einer Organisation, die Unternehmerinnen berät. Die Namensgeberin dieser Stiftung leitete nach dem Tod ihres Ehemanns ab 1931 eine Eisengießerei in Schleswig-Holstein – und sie war die Großmutter und ein Vorbild von Rosely Schweizer, die sich gerne klar ausdrückt, egal, ob es um Politik oder Wirtschaftsfragen geht. Ihrer Meinung nach haben Unternehmen „eine Bringschuld in der Gesellschaft". Firmenchefs dürften sich nicht beklagen, sondern müssten sich einbringen. Das sei so Tradition bei den Oetkers. Zumindest ein Familienmitglied sollte sich zeitlich befristet politisch engagieren.[7]

---

1 Vgl.: Dokumentation „Frauen im Parlament 2001/02", Landtagsarchiv von Baden-Württemberg.
2 Zit. nach Stuttgarter Zeitung, 28.02.2001.
3 Ebd.
4 Zit. nach Stuttgarter Nachrichten, 16.03.2001.
5 Vgl.: FAZ, 08.03.2007.
6 Vgl.: Stuttgarter Zeitung, 30.12.2009.
7 Ebd.

Hildegard Schwigon

Aufgewachsen im Stuttgarter Westen, hat sich Hildegard Schwigon immer „ganz und gar als Stuttgarterin gefühlt"[1]. Sie wurde am 26. Mai 1930 in dieser Stadt geboren. Nach dem Gymnasium besuchte sie eine Hauswirtschaftsschule. Anschließend arbeitete sie zwölf Jahre lang beim Sozial- und Jugendamt der Stadt Stuttgart. Nach ihrer Heirat 1960 kümmerte sie sich in erster Linie um ihre

Familie und arbeitete im Ingenieurbüro ihres Mannes mit.

Doch ihre Tätigkeit im Sozial- und Jugendamt wirkte nach. Im Deutschen Kinderschutzbund war sie verantwortlich für die „Aktion Kind im Krankenhaus" in Baden-Württemberg. Darüberhinaus war sie Mitglied im Deutschen Staatsbürgerinnenverband und seit 1967 Elternbeirätin. Außerdem engagierte sie sich in diversen kirchlichen Vereinen und Verbänden.

Anfang der siebziger Jahre schloss sie sich der CDU an, war Vorsitzende der Kreisfrauenvereinigung Stuttgart, Mitglied des Kreisvorstands Stuttgart und Bezirksbeirätin in Stuttgart-Vaihingen. 1976 wurde sie in den Landtag von Baden-Württemberg gewählt. Ihre parlamentarische Arbeit war sozialpolitisch orientiert. Bei der Nominierung zur Landtagswahl 1980 musste sie den Wahlkreis Stuttgart II an den Parteikollegen Mayer-Vorfelder abgeben, der „endlich einen sicheren Wahlkreis wollte"[2]. Hildegard Schwigons Reaktion: „Dass ich da rausgeflogen bin, heißt noch nicht, dass ich jetzt die Politik aufgebe" erklärte sie gegenüber den „Stuttgarter Nachrichten". „So wütend wie selten" war sie allerdings, als ein Fraktionskollege sie als Frauenbeauftragte von Baden-Württemberg ins Gespräch brachte. „Zuerst schmeißt man die Frauen raus aus den Parlamenten und dann kommt so etwas" empörte sich die Abgeordnete[3].

Sie konzentrierte sich auf die Kommunalpolitik und wurde 1980 in den Stuttgarter Gemeinderat gewählt. „Etwas verändern, etwas besser machen, das ist es, was zählt"[4], so umschrieb sie einmal ihre Motivation, sich vor allem um soziale Probleme zu kümmern. Sie arbeitete unter anderem im Sozial- und im Jugendwohlfahrtsausschuss des Gemeinderats mit, war aber auch im Kulturausschuss und im Theaterbeirat engagiert.

Sie hinterließ nicht nur bei ihren Kolleginnen und Kollegen im Rathaus eine schmerzhafte Lücke, als sie am 11. April 1989 einem Schlaganfall erlag.

1 Stuttgarter Zeitung, 13.04.1989.
2 Esslinger Zeitung, 17.07.1979.
3 Vgl.: Stuttgarter Nachrichten, 27.07.1979.
4 Stuttgarter Zeitung, 13.04.1989.

Edith Sitzmann

Eine „Abgeordnetenbändigerin" nannte sie die Stuttgarter Zeitung.[1] Da war sie im Mai 2011 als Fraktionsvorsitzende der Landtagsgrünen im Gespräch, ein Posten, den Edith Sitzmann prompt erhielt. Denn sie wird als „ruhig und vermittelnd" charakterisiert, als eine Frau, der „bei Landtagsauftritten die sachliche Analyse im Vordergrund" steht.[2]

Als Nachfolgerin von Dieter Salomon, der als Oberbürgermeister von Freiburg sein Mandat aufgab, kam Edith Sitzmann im August 2002 in den Landtag. Damals war sie in ihrer Fraktion zuständig für die Themen Aus- und Weiterbildung, Kultur und Arbeitsmarkt und ab 2004 als finanzpolitische Sprecherin aktiv. 2006 wurde ihr Mandat von den Wählerinnen und Wählern bestätigt. Ab da fungierte sie als stellvertretende Fraktionsvorsitzende sowie als wirtschafts- und arbeitsmarktpolitische Sprecherin. Fast vierzig Prozent der Stimmen konnte sie bei der Landtagswahl 2011 auf sich vereinigen und holte damit das Direktmandat im Wahlkreis Freiburg II.

Edith Sitzmann, geboren am 4. Januar 1963 in Regensburg, besuchte in dieser Stadt die Grundschule und das Wirtschaftsgymnasium. Nach dem Abitur 1982 studierte sie Geschichte und Kunstgeschichte an den Universitäten Regensburg, Heidelberg und Freiburg. 1989 erfolgte der Abschluss zur Magistra Artium. Bis 1991 arbeitete sie als Reiseleiterin.[3] Anschließend leitete sie zwei Jahre lang die Grünen-Kreisgeschäftsstelle in Freiburg, bevor sie bis 2001 als persönliche Referentin vom damaligen Landtagsabgeordneten Dieter Salomon tätig war. Als selbstständige Moderatorin, Trainerin und Beraterin unterstützt sie Nonprofit-Organisationen bei der Personal-, Organisations- und Teamentwicklung, wozu ihr wegen ihrer Parlamentarierinnentätigkeit wenig Zeit bleibt.[4] 1992 schloss sie sich den Grünen an. Von 1994 bis 1998 war sie Mitglied des Anstaltsbeirats der Justizvollzugsanstalt Freiburg. Von Juni 2009 bis Juli 2011 gehörte sie dem Freiburger Gemeinderat und der Verbandsversammlung des Regionalverbands Südlicher Oberrhein an. Edith Sitzmann ist verheiratet und Mitglied in diversen sozialen und kulturellen Vereinigungen.

Ein Jahr nach dem historischen Erfolg der Grünen bei der Landtagswahl sagte Edith Sitzmann über den Ministerpräsidenten: „Ich wünsche mir, dass Winfried Kretschmann 2016 noch einmal antritt." Der 63-Jährige treffe den Ton und den Nerv der Menschen im Südwesten. „Es gibt diejenigen, die sagen: Er ist gut, weil er ein Grüner ist. Und es gibt diejenigen, die sagen: Er ist gut, obwohl er ein Grüner ist."[5]

1 Stuttgarter Zeitung, 05.05.2011.
2 Ebd.
3 Vgl.: Stuttgarter Nachrichten, 06.03.2012.
4 Vgl.: ihre Homepage www.editz-sitzmann.de, Stand: Juni 2012.
5 Zit. nach Ludwigsburger Kreiszeitung, 23.03.2012.

Helga Solinger

Stil und vielseitige Bildung sind auffallende Charakteristika dieser Sozialdemokratin. Helga Solinger wurde am 28. November 1939 in Eisenach geboren. Nach dem Abitur in Heidelberg studierte sie von 1959 bis 1962 die Fächer Philosophie und Germanistik in den Städten Heidelberg, München und Berlin. Von 1960 bis 1962 nahm sie parallel dazu Schauspielunterricht in Berlin und machte dort auch das Abschlussdiplom. Bis 1969 war sie als Schauspielerin an mehreren deutschen Theatern beschäftigt. Dann entschloss sie sich zu einer Ausbildung ganz anderer Art: Von 1970 bis 1974 studierte sie an der Fachhochschule für Sozialwesen in Esslingen Sozialarbeit und schloss mit dem Fachhochschuldiplom ab. Anschließend war sie einige Jahre lang bei der Evangelischen Gesellschaft Stuttgart e.V. in der mobilen Jugendarbeit tätig. Von 1979 bis 1988 arbeitete sie bei der Klinik der offenen Tür, einer Klinik für Psychiatrie und Psychotherapie in Stuttgart.

Sie ist Mitglied der Gewerkschaft Verdi, der Arbeiterwohlfahrt, der Naturfreunde, der Deutschen Gesellschaft für Soziale Psychiatrie und von pro familia. Außerdem gehörte sie

einige Jahre der evangelischen Synode an – der kirchenpolitischen Gruppierung „offene Kirche" nahestehend – legte ihr Mandat aber im Februar 2001 nieder, aus Protest gegen Ablauf und Ergebnis der Bischofswahl.[1]

1971 trat Helga Solinger der SPD bei und war stellvertretende Kreisvorsitzende der SPD Stuttgart. Von 1975 bis 1984 gehörte sie dem Gemeinderat der Stadt Stuttgart an. 1984 zog sie als Abgeordnete in den Landtag von Baden-Württemberg ein, wo sie bis 1992 im Sozialausschuss den Vorsitz innehatte. Mit Beginn der großen Koalition, nach der Landtagswahl 1992, wurde sie Ministerin für Arbeit, Gesundheit und Sozialordnung, wo sie „mit ihrer Fachkompetenz viele beeindruckte", wie es im Ministerium hieß.[2] „Ihre Erfolge in diesem Amt waren unspektakulär, aber enorm wichtig nicht nur für viele Arbeitslose, Alte oder Menschen mit psychischen Problemen, sondern auch für die soziale Glaubwürdigkeit der Gesellschaft", attestierte ihr die Stuttgarter Zeitung.[3] Die für die SPD verlorene Landtagswahl 1996 ärgerte die Sozialministerin a. D. noch viele Jahre sehr: „und die Tatsache, dass die CDU danach eine Reihe von sozialen Projekten, die meine Handschrift trugen, wieder zurückgenommen hat – aus Geldmangel, aber auch, weil sie den Sinn und die Notwendigkeit nicht verstanden haben."[4] Aber die vier Jahre am Kabinettstisch sind ihr wichtig: „In einer solchen Position kann man wirklich etwas bewegen, nicht nur auf Landesebene. Über den Bundesrat lassen sich Initiativen starten – man muss es nur wollen."[5]

Von 1996 bis 2001 war Helga Solinger wieder eine ganz normale Parlamentarierin und Sprecherin ihrer Fraktion für Kunst und Kultur. Nach neun Jahren Gemeinderat und 17 Jahren Landtag entschloss sie sich im Alter von 61, mit der aktiven Politik aufzuhören. Gefragt, was nach dem 25. März 2001 komme, antwortete sie: „Im Hochschulrat in Hohenheim und in Esslingen werde ich weiter mitarbeiten – und auch in der Robert-Bosch-Stiftung, wo es um soziale Fragen geht. Das macht mir Spaß." Außerdem komme nun das Privatleben wieder zu seinem Rechte. Darauf freue sie sich ganz besonders.[6] Von Mitte 2004 bis Anfang 2012 engagierte sie sich außerdem als Vorstandsvorsitzende der evangelischen Telefonseelsorge Stuttgart.[7]

Helga Solinger lebt mit ihrem Mann, einem Gestaltungstherapeuten und ebenfalls ehemaligen Schauspieler, in Stuttgart.

---

1 Vgl.: Schwäbisches Tagblatt, 22.02.2001.
2 Zit. nach Stuttgarter Zeitung, 25.05.1996.
3 Ebd.
4 Zit. nach Stuttgarter Zeitung, 21.02.2001.
5 Ebd.
6 Ebd.
7 Vgl.: Schwäbische Zeitung, 25.08.2004.

Gisela Splett

Ein Zitat des amerikanischen Wirtschaftswissenschaftlers Kenneth E. Boulding ziert die Homepage von Gisela Splett: „Jeder, der glaubt, exponentielles Wachstum kann unendlich lange andauern in einer endlichen Welt ist entweder ein Verrückter oder ein Ökonom."[1] Das passt gut zu der Grünen-Politikerin und „ausgewiesenen Naturschützerin"[2], die sich seit Mai 2011 als Staatssekretärin „mit Kabinettsrang"[3] im Verkehrsministerium mit Infrastrukturprojekten beschäftigt.

Geboren am 20. Januar 1967 in Sindelfingen, ging sie in Böblingen und Holzgerlingen zur Schule und machte 1986 das Abitur. Es folgte das Studium der Geoökologie in Bayreuth, wel-

ches sie 1991 mit der Diplomprüfung abschloss. Anschließend arbeitete sie ein Jahr lang beim Norwegischen Waldforschungsinstitut. Seit 1992 ist sie als wissenschaftliche Angestellte in der Landesverwaltung (bei der Landesanstalt für Umweltschutz sowie im Regierungspräsidium Karlsruhe) tätig, wobei das Beschäftigungsverhältnis seit ihrer Wahl in den Landtag 2006 ruht. Zwischendurch, nämlich im Jahr 1999, promovierte sie an der Universität Karlsruhe.

Den Grünen trat Gisela Splitt 1997 bei. 1999 gehörte sie dem Kreisvorstand der Grünen in Karlsruhe an, von 1999 bis 2006 war sie Stadträtin in Karlsruhe. Im Landtag engagierte sie sich in der 14. Legislaturperiode als umwelt- und entwicklungspolitische Sprecherin ihrer Fraktion und war stellvertretende Vorsitzende im Umweltausschuss. Außerdem war sie Mitglied im Oberrheinrat, im Landesbeirat für Natur- und Umweltschutz sowie im Stiftungsrat des Naturschutzfonds. Auch ihre Vereinsmitgliedschaften sind stark ökologisch ausgerichtet wie der Verband für Geoökologie in Deutschland (VGöD), der Naturschutzbund Deutschland (NABU), der Bund für Umwelt und Naturschutz Deutschland (BUND), der Verkehrsclub Deutschland (VCD) und die Freunde des Naturkundemuseums Karlsruhe.

Ihr Landtagsmandat wurde bei der Wahl 2011 bestätigt und Gisela Splett zur Staatssekretärin im Ministerium für Verkehr und Infrastruktur Baden-Württemberg und zur Lärmschutzbeauftragten der Landesregierung ernannt. „Regieren macht Spaß, ist aber anstrengend", erklärte sie nach zwei Monaten im Amt humorvoll.[4] Die Erwartungen an die grün-rote Landesregierung sind hoch und manchen geht es nicht schnell genug. So beklagte der Allgemeine Deutsche Fahrrad-Club im März 2012 den viel zu langsamen Ausbau des Radwegenetzes.[5] Gisela Splett versprach in diesem Kontext, dass es grundsätzlich mehr Geld vom Land für die Radverkehrsförderung geben solle und sich die neue Abteilung „Nachhaltige Mobilität" im Verkehrsministerium darum kümmern werde, die Aktivitäten aller Beteiligten wie Kommunen und Fahrradclubs zu koordinieren.[6]

Gisela Splett lebt seit 1992 in Karlsruhe. Sie ist mit Uwe Görlitz verheiratet. Das Paar hat einen Sohn (geb. 1994) und eine Tochter (geb. 2004).

---

1 Auf ihrer Homepage www.gisela-splett.de, Stand: Juni 2012.
2 Zit. nach Badisches Tagblatt, 13.05.2011.
3 „Staatssekretäre mit Kabinettsrang" haben im Unterschied zu „politischen Staatssekretären" Stimmrecht im Ministerrat.
4 Zit. nach Stuttgarter Zeitung, 11.07.2011.
5 Vgl.: Stuttgarter Zeitung, 27.03.2012.
6 Ebd.

Eva Stanienda

Eine Wahlperiode lang, von April 1996 bis März 2001, war die Stuttgarter Ärztin und Kommunalpolitikerin Eva Stanienda baden-württembergische Landtagsabgeordnete der CDU-Fraktion. Sie trat als Nachfolgerin von Claudia Hübner an, die damals überraschend nicht mehr kandidierte.[1] Parallel zum Mandat weiterhin in ihrer Praxis arbeiten zu können, war Eva Stanienda ein Anliegen. In der CDU-Landtagsfraktion war sie unter anderem als gesundheits- und sportpolitische Sprecherin aktiv. Ihr Mandat wurde 2001 von den Wählerinnen und Wählern nicht mehr bestätigt, was vielleicht auch mit einer fragwürdigen Werbeaktion der Ärztin zusammenhing, die auf Landtagsbriefbogen Patienten aus ihrer Krankenkartei angeschrieben hatte, um Stimmen für sich zu gewinnen, was berufsethischen Grundsätzen widersprach und entsprechend in der Öffentlichkeit kritisiert wurde.[2]

Die gebürtige Bielefelderin (am 1. August 1937) studierte nach dem Abitur in Bonn Sprachen und Sport, wechselte dann aber zum Studium der Medizin nach München, Innsbruck und Freiburg. Nach der zweijährigen Medizinalassistententätigkeit erfolgte 1968 die Arzt-Approbation, ein Jahr später die Promotion. Anschließend machte sie eine Weiterbildung in Frauenheilkunde und Geburtshilfe. Es folgte eine elfjährige Familienpause: Eva Stanienda ist verheiratet und hat zwei Kinder. 1980 eröffnete sie ihre Praxis für Allgemeinmedizin in Stuttgart und war dort fünfundzwanzig Jahre[3] ohne Unterbrechungen tätig.

Sie war 18 Jahre lang stellvertretende Kreisvorsitzende der Stuttgarter CDU und langjähriges Mitglied im Bezirksbeirat Botnang und Sprecherin der CDU-Bezirksbeiratsfraktion. Von 1989 bis 1996 war sie Stadträtin.

Soziales Engagement und die Arbeit mit Menschen sind für die Medizinerin seit ihrer Kindheit wichtig. Sie sei von der Erziehung in einer konfessionellen Schule geprägt, erklärte die Katholikin. Christin zu sein heißt für Eva Stanienda unter anderem, Gewissensforschung zu betreiben und das eigene Verhalten ständig zu reflektieren.[4]

Sie gehört u. a. dem Deutschen Ärztinnenbund an, dem Sportärzteverband Baden-Württemberg, der Vertragsärztlichen Vereinigung, dem Hartmann-Bund, dem Deutschen Staatsbürgerinnenverband und dem Deutschen Kinderschutzbund. Von 2000 bis 2005 war sie Vorsitzende des baden-württembergischen Landesverbands von Donum Vitae.[5] 2008 wurde sie Vizepräsidentin des lange Zeit politisch umstrittenen Studienzentrums Weikersheim.[6] Aktuell ist sie bei der Senioren-Union in Ludwigsburg aktiv. Hier wird regelmäßig der „Politische Stammtisch mit Frau Dr. Eva Stanienda, MdL a. D."[7] angeboten, wobei diese „außer-Dienst"-Bezeichnung im Kontext von ehemaligen Parlamentariern gar nicht existiert.

Literatur:
Niehaus (vereh. Stanienda), Eva: Die Operationsergebnisse von 414 Patienten mit angeborenen Herzfehlern von 1953 bis 1965. Freiburg i. B., Med. F., Diss. 1969.

1 Siehe S. 186f. in diesem Band.
2 Z. B. in den Stuttgarter Nachrichten, 20.03.2001.
3 Vgl.: Wikipedia-Eintrag über sie: http://de.wikipedia.org/wiki/Eva_Stanienda, Stand: Juni 2012.
4 Vgl.: Südkurier, 22.06.2000.
5 Vgl.: Pressemitteilung von Donum Vitae im Netz unter http://www.donumvitae-bw.de/download/pm_angela_schmid.pdf, Stand: Juni 2012.
6 Vgl.: Ludwigsburger Kreiszeitung, 16.06.2008.
7 Vgl.: im Internet unter http://www.senioren-union-lb.de/index.php?ka=1&ska=1&idn=58, Stand: Juni 2012.

Monika Stolz

Die Ärztin und Diplom-Volkswirtin Monika Stolz, katholisch, ist verheiratet, hat vier Kinder und arbeitete neben ihren politischen Aktivitäten lange Zeit als Werksärztin bei der Firma Evo-Bus

GmbH in Ulm. Sie wohnt in Ulm-Unterweiler, „stadtnah und doch eng mit dem Umland verbunden", wie sie einmal sagte. „Der Rückhalt in der Familie, vielfältige Erfahrungen im Beruf – das sind für mich wichtige Voraussetzungen meiner politischen Tätigkeit," stand 2002 auf ihrer Homepage zu lesen. Da war die CDU-Politikerin seit einem Jahr Landtagsabgeordnete.[1]

Monika Stolz, am 24. März 1951 in Worms geboren, studierte nach dem Abitur in Freiburg Volkswirtschaftslehre und schloss 1974 mit dem Diplom ab. Anschließend arbeitete sie drei Jahre lang bei der Konrad-Adenauer-Stiftung. Von 1976 bis 1983 absolvierte sie ein weiteres Studium, nämlich das der Humanmedizin, in Gießen, Würzburg und Bonn und promovierte 1985 zum Dr. med. Danach war sie als Ärztin tätig.

Während ihres Engagements als Gemeinderätin in Ulm und als Ortschaftsrätin in Ulm-Unterweiler seit 1989 hatte sie von 1991 bis 1999 den Vorsitz der CDU-Gemeinderatsfraktion inne. Als Parlamentarierin im Landtag ab April 2001 gehörte Monika Stolz dem Wirtschafts- sowie dem Ausschuss für Wissenschaft, Forschung und Kunst an und war frauenpolitische Sprecherin ihrer Fraktion. Im Oktober 2005 wurde sie als Staatssekretärin ins Kultusministerium berufen. Als politische Beamtin gab sie „nicht leichten Herzens" ihre Stelle als Werksärztin auf.[2] Nur fünf Monate später, im Februar 2006, stieg sie zur Ministerin für Arbeit und Soziales auf. Sie wurde Nachfolgerin von Andreas Renner, der nach einem verbalen Ausfall gegen Landesbischof Fürst von dem Amt zurückgetreten war. Als „Geradeaus-Typ" beschrieb der Südkurier Monika Stolz damals, „eher nüchtern und stets freundlich."[3] Und sie bewies als Ministerin Mut zur eigenen Meinung, als sie „mit kühnem Schwung"[4] von der offiziellen Parteilinie der Südwest-CDU abwich und vorschlug, Schwerstdrogenabhängige auf Rezept mit Heroin zu versorgen. Die Stuttgarter Zeitung kommentierte damals: „Monika Stolz ist Ärztin. Ein gewisser Sachverstand ist ihr nicht abzusprechen. Wenn sie ihn nicht ohne weiteres der Parteiräson unterordnet, nötigt das Respekt ab."[5] Suchtexperten stärkten der Gesundheitsministerin den Rücken[6], aber die Landes-CDU verwarf ihre Drogenpolitik. Auf diesem Parteitag 2006 in Pforzheim zeigte sie Gefühle und brach in Tränen aus.[7] In der Presse war danach über Monika Stolz zu lesen: „Tun, was notwendig ist, wenn es Menschen hilft – so lässt sich ihre Haltung beschreiben. Damit machte sie sich aber zur Zielscheibe für Parteifreunde, denen es nicht allein um die Sache ging."[8] Drei Jahre später gab die Südwest-CDU ihren Widerstand gegen die kontrollierte Heroinabgabe übrigens auf. Der Grund war eine Bundesvorgabe: Bundestag und Bundesrat hatten den Weg für diese Art von Hilfe freigemacht.[9] Ein später Sieg für Monika Stolz.

Bei der Landtagswahl 2011 holte Monika Stolz wiederum das Direktmandat im Wahlkreis Ulm. Unter den veränderten Regierungsbedingungen ist sie nun wieder als einfache Abgeordnete aktiv und Mitglied im Ausschuss für Kultus, Jugend und Sport sowie in dem für Wissenschaft, Forschung und Kunst. Außerdem ist sie Vorsitzende des Beirats der Stiftung „Singen mit Kindern", Mitglied des Stiftungsrats der Stiftung „Kinderland Baden-Württemberg", des Vorstands der Familienbildungsstätte Ulm und des Vorstands der Veronika-Stiftung sowie Mitglied des Zentralkomitees der deutschen Katholiken.

Literatur:
Stolz, Monika: Immunologische Verlaufsuntersuchungen mit dem Leukozyten-Migration-Inhibitions-Test gegen tumorassoziierte Antigene beim Zervixkarzinom. Bonn, Univ., Diss., 1985.

---

1 Zitate bis hier von ihrer Homepage: www.dr-monika-stolz.de, Stand: 2002.
2 Vgl.: Südkurier, 01.10.2005.
3 Vgl.: Südkurier, 28.01.2006.
4 Vgl.: Stuttgarter Zeitung, 15.04.2006.
5 Ebd.
6 Vgl.: Stuttgarter Nachrichten, 23.10.2006.
7 Vgl.: Badisches Tagblatt, 30.10.2006.
8 Zit. Nach Stuttgarter Zeitung, 30.10.2006.
9 Vgl.: Südwestpresse, 15.09.2009.

Renate Thon

Integration bezeichnete sie einmal als ihre „Herzensangelegenheit". Aufgewachsen als Kind einer verwitweten Hilfsarbeiterin, sei ihr das soziale Gewissen und der Wunsch, die Rechte von Frauen zu stärken, quasi in die Wiege gelegt worden.[1] Renate Thon wurde am 18. Juli 1949 in Hornburg/Kreis Wolfenbüttel geboren. Nach dem Abitur am Kepler-Gymnasium in Pforzheim studierte sie von 1969 bis 1974 an der Pädagogischen Hochschule Karlsruhe. Dann nahm sich die Mutter zweier Kinder eine Er-

ziehungszeit und schloss 1976 mit der ersten Lehramtsprüfung ab. Sie arbeitete anschließend zwei Jahre als Grund- und Hauptschullehrerin in Pforzheim und im Enzkreis. 1979 entschied sie sich für eine Umschulung als Arbeitsvermittlerin und war in diesem Beruf ab 1980 beim Arbeitsamt Pforzheim tätig.

Dem Kreisverband der Grünen im Enzkreis gehört Renate Thon seit 1986 mit Unterbrechungen an. 1989 wurde sie in den Pforzheimer Gemeinderat gewählt und war dort Sprecherin ihrer Fraktion. Als Nachfolgerin von Rezzo Schlauch nominierte sie der Enzkreis 1995 zur Landtagskandidatin und sie errang das Mandat bei der Wahl 1996. Zu den Schwerpunkten ihrer parlamentarischen Arbeit gehörten die Arbeitsmarktpolitik, Ausländer, Aussiedler und Asylbewerber. Renate Thon war im Petitionsausschuss des Landtags und kritisierte hier die oftmals rigorose Haltung des Gremiums gegenüber Eingaben von Ausländern und Bürgerkriegsflüchtlingen: „Die Humanität bleibt dabei auf der Strecke" – so ihr Fazit.[2] Die Pforzheimerin verfehlte bei der Landtagswahl 2001 das Mandat, wurde aber Juli desselben Jahres an die Spitze der Landes-Grünen gewählt: gemeinsam mit Andreas Braun war sie bis 2003 Vorsitzende des Landesverbands ihrer Partei. Im Rückblick auf die fünf Jahre Abgeordnetentätigkeit nannte sie 2001 die vielen Gespräche mit Bürgern, die Arbeit vor Ort als besonders beeindruckend. Sehr nahe gegangen sei ihr auch die Entwicklung im Kosovo, die sie aus eigener Anschauung habe mitverfolgen können durch Reisen vor und nach dem Krieg.[3]

Zu den vielen Mitgliedschaften der Grünen-Politikerin gehören zum Beispiel die bei Verdi, Greenpeace, pro familia, Aidshilfe Pforzheim, Frauenhaus e.V. Pforzheim, AWO Pforzheim, VCD und ADFC. Seit 2004 ist sie wieder im Pforzheimer Gemeinderat vertreten.[4]

---

1 Vgl.: Stuttgarter Zeitung, 02.07.2001.
2 Zit. nach Pforzheimer Zeitung, 14.08.1997.
3 Vgl.; Leonberger Kreiszeitung, 02.06.2001.
4 Vgl.: „Stadtwiki Pforzheim-Enz" unter http://www.pfenz.de/wiki/Renate_Thon, Stand: Juni 2012.

Helga Ulmer

Die Stuttgarter SPD-Politikerin mit der Vorliebe für das schwäbische Idiom hat die kommunalpolitischen Geschicke ihrer Stadt über lange Jahre geprägt. Engagiert in der evangelischen Jugendarbeit und in Elternbeiräten kam die gelernte Bankkauffrau und

Mutter zweier erwachsener Töchter über die Arbeitsgemeinschaft Sozialdemokratischer Frauen in die Politik. Fünf Jahre amtierte sie als Bezirksbeirätin und zog schließlich 1980 in den Gemeinderat ein. 1985 wurde sie Fraktionsvorsitzende – die erste Frau im Stuttgarter Gemeinderat in dieser Position.

Helga Ulmer, am 8. Januar 1939 in Stuttgart geboren, besuchte hier das Gymnasium und die höhere Han-

delsschule. Darauf folgten Ausbildung und Tätigkeit als Bankkauffrau, von 1956 bis 1960 bei der damaligen Landesgirokasse. Die nächsten vier Jahre arbeitete sie als Jugendsekretärin der Evangelischen Landeskirche, wechselte dann bis 1975 zur Württembergischen Feuerversicherung in Stuttgart. Bis 1992 war sie bei einem Steuerberaterbüro tätig. Sie ist Mitglied der HBV, der AWO, bei pro familia und verschiedenen kulturellen Institutionen.

Bei der Wahl 1992 eroberte Helga Ulmer für die SPD im Wahlkreis Stuttgart IV – Bad Cannstatt eines der wenigen Direktmandate für den Landtag. Sie gehörte hier dem Finanzausschuss und dem für Familie, Frauen, Weiterbildung und Kunst an. Die SPD-Politikerin, die nach der Devise ihres Parteikollegen Erhard Eppler handelt „Das Schwerste ist die Glaubwürdigkeit",[1] fühlte sich im Landesparlament nicht wirklich wohl. Ihr politischer Einfluss, der im Stuttgarter Rathaus nicht zu unterschätzen war, relativierte sich hier.[2] Bei der Landtagswahl 1996 wurde ihr Mandat nicht bestätigt. Helga Ulmer, die für eine pragmatische Politik jenseits ideologischer Festlegungen stand und steht, war weiterhin in ihrer Stadt aktiv, etwa als Gemeinderätin bis 2004.

---

1 Vgl.: Stuttgarter Nachrichten, 11.08.1992.
2 Vgl.: Stuttgarter Zeitung, 07.01.1999.

Waltraud Ulshöfer

Schon in frühester Jugend drehte sich für Waltraud Ulshöfer – sie ist auf einem kleinen Hof im Taubertal aufgewachsen – „alles um Ökologie und mehr Menschlichkeit"[1]. Sie wurde am 20. Juli 1956 in Bad Mergentheim geboren. Nach dem Abitur studierte sie deutsche und englische Sprach- und Literaturwissenschaft in Heidelberg und Reading/Großbritannien. 1981 machte sie das erste Staatsexamen. Danach war sie ein Jahr lang als Dramaturgin an einem Stuttgarter Theater beschäftigt. Es folgten Referendariat und 1984 das zweite Staatsexamen. Sie war Dozentin für Deutsch als Fremdsprache und Englisch an der Volkshochschule Ludwigsburg.

Während ihrer Studienzeit war sie im „unikulturellen Bereich" aktiv.[2] Um die Integrations- und Bildungschancen für ausländische Kinder zu verbessern, hat sie mit ihrem damaligen Lebensgefährten zusammen eine „Förderinitiative für Immigrantenkinder" gegründet.

Sie war Vorsitzende des Ortsverbandes Tamm der Grünen, zu dessen Gründungsmitgliedern sie gehört. Von 1984 bis 1988 war sie Abgeordnete des Landtags von Baden-Württemberg. Sie widmete sich in ihrer parlamentarischen Arbeit neben Umweltfragen vor allem der Bildungspolitik. Danach arbeitet sie bis 2004 als Redakteurin in einem Schulbuchverlag.[3]

Waltraud Ulshöfer ist seit Juli 1991 mit dem Grünen-Politiker Fritz Kuhn verheiratet.[4] Die beiden haben zwei Söhne und leben in Berlin. Sie sagte 1996 von sich: „Neben dem politischen Engagement ist es mir immer wichtig gewesen, auch einige persönliche Ziele nicht ganz aufzugeben – zum Beispiel einen eigenen Beruf zu haben. Das ist mit Kind und einem Mann, der Politiker ist, nicht immer ganz einfach zu verwirklichen."[5] Demnächst zieht sie wieder nach Stuttgart, nachdem ihr Mann am 21.

Oktober 2012 zum ersten Grünen Oberbürgermeister einer Landeshauptstadt gewählt wurde.

Literatur:
Ulshöfer, Waltraud: Grüne Politik für die Bäuerinnen: „... und an wem bleibt's hangen? Bloß an den Frauen". Hrsg. von d. Grünen im Landtag von Baden-Württemberg. Stuttgart 1987.
Dies.: Hoffnungen werden politikfähig. Grüne Programme in Baden-Württemberg. In: H. Winne & W. Schwegler-Rohmeis: Grüner Weg durch schwarzes Land. Stuttgart 1989.

---

1   Vgl.: Stuttgarter Nachrichten, 20.02.1984.
2   Vgl.: Ludwigsburger Kreiszeitung, 21.03.1984.
3   Vgl.: Wikipedia unter http://de.wikipedia.org/wiki/Waltraud_Ulshöfer, Stand: Juni 2012.
4   Im Handbuch zum 9. Landtag von Baden-Württemberg nannte sie sich noch Ulshöfer-Eckstein.
5   Zit. nach Sonntag aktuell, 17.03.1996.

Brigitte Unger-Soyka

Unter dem SPD-Slogan „Aufbruch im Südwesten" trat Brigitte Unger-Soyka bei der Landtagswahl 1988 im Wahlkreis Heidelberg an und wurde gewählt. Vier Jahre zuvor hatte sie sich der SPD angeschlossen. Vier Jahre danach war sie Ministerin. Ihr zweites Landtagsmandat, 1992, war das Direktmandat. „Mir ist es bisher immer sehr gut gegangen", sagte sie damals gegenüber der Presse.[1] Sie habe eine schöne Kindheit und Jugend gehabt, den Mann geheiratet, den sie wollte, drei glückliche und gesunde Kinder bekommen – „das ist ein kleiner Wunder".

Brigitte Unger-Soyka wurde am 9. Januar 1949 in Friedrichshafen geboren. Nach dem Abitur machte sie an der Pädagogischen Hochschule Weingarten eine Ausbildung zur Grund- und Hauptschullehrerin. Daran schloss sich ein Studium der Sonderpädagogik in Heidelberg an. Zwischen 1979 und 1988 war sie Lehrerin an einer Sonderschule. Sie ist Mitglied der Gewerkschaft Erziehung und Wissenschaft (GEW) und gehörte der Heidelberger Friedensbewegung an.

Leicht hatte es die Ministerin für Frauen, Familie, Weiterbildung und Kunst nicht, an der in der Öffentlichkeit immer ihre Unbefangenheit und Freimütigkeit gelobt wurden, in ihrer vierjährigen Amtszeit während der großen Koalition in Baden-Württemberg. Das lag zum einen an der Ressort-Zusammensetzung ihres Ministeriums, die gerne als „Gemischtwarenladen"[2] und schlimmer bespöttelt wurde. (Die eigenen SPD-Genossinnen empfahlen damals als „Eselsbrücke", damit man sich den Namen überhaupt merken konnte, den Spruch „Für Frauen mit Familie ist Weiterbildung eine Kunst".) Ministerpräsident Erwin Teufel sah sich gleich zu Beginn ihrer Amtszeit genötigt festzustellen, dass es sich hier

weniger um ein „Frauenministerium" als vielmehr um das „Familienministerium" der Landesregierung handle. Die Ministerin allerdings betrachtete die Frauenförderung immer als eine ihrer vornehmsten Aufgaben und prompt kam es zwischen CDU und SPD zu Konflikten über die Ausgestaltung des Gleichstellungsgesetzes und ähnlichen Themen.[3] Zum anderen waren, was den Bereich Kunst anbelangt, die glanzvolle Ära Späthscher Kulturpolitik nur noch Reminiszenz und die Weichen längst auf Sparkurs eingestellt. Unter der Ägide der Cellospielerin und Opernliebhaberin musste es ans Eingemachte gehen: Theater und Museen sahen sich mit strengen Sparauflagen konfrontiert, Stellen wurden gestrichen, die Festspiele mussten Kürzungen hinnehmen. Murrend fügten sich die bisher Verwöhnten ins Unabänderliche. Teilweise mit heilsamen Resultaten wie bei den Württembergischen Staatstheatern: das Haus, wegen überzogener Etats in Verruf gekommen, führte modernes Management und eine eigenständige Betriebsführung ein und war 1996 konsolidiert.[4]

Zweifellos auf die Positivseite der Amtszeit von Brigitte Unger-Soyka fiel die Gründung der Medien- und Filmgesellschaft sowie die Novellierung des Kindergartengesetzes. Letzteres mit dem Ergebnis, dass das öffentliche Betreuungsangebot deutlich ausgebaut und die Umsetzung des Rechtsanspruchs auf einen Kindergartenplatz für jedes Kind vom dritten Lebensjahr an gesichert wurde.

Bei der Landtagswahl 1996 hatte die SPD große Stimmeneinbußen zu verzeichnen, womit die große Koalition im Land beendet war. Brigitte Unger-Soyka gehörte zu den persönlichen Verlierern der Wahl, da ihr Heidelberger Landtagsmandat nicht bestätigt wurde. Sie zog sich ins Privatleben zurück beziehungsweise beschied sich mit dem Vorsitz des Heidelberger SPD-Kreisverbands. 1999 wurde sie in das Bundesministerium für Familie, Senioren, Frauen und Jugend der SPD-Politikerin Christine Bergmann berufen. Im Rang einer Ministerialdirektorin war sie bis 2005 Abteilungsleiterin für Frauenpolitik in Berlin.

1 Zit. nach Reutlinger Generalanzeiger, 20.06.1992.
2 Z. B. als Titel in der FAZ vom 16.06.1992 „Ministerin mit Gemischtwarenladen".
3 Stuttgarter Zeitung, 13.01.1999.
4 Badisches Tagblatt, 21.02.1996.

Ilse Unold

Die leidenschaftliche Kommunalpolitikerin Ilse Unold gehörte von 1994 bis 2008 dem Stuttgarter Gemeinderat an. Ihre Schwerpunkte bildeten hier die Gesundheits- und Sozialpolitik. Im Oktober 2008 rückte die CDU-Frau für den ausgeschiedenen Abgeordneten Michael Föll in den Landtag nach. Sie vertrat ihre Fraktion als Mitglied im Finanzausschuss bis Ende dieser Wahlperiode im Frühling 2011.

Sie räumt ehrenamtlichem Engagement einen hohen Stellenwert ein, um „einer egoistischer werdenden Gesellschaft entgegenzuwirken".[1] So war sie zum Beispiel von 2007 bis 2011 als Kreisvorsitzende der Stuttgarter CDU-Senioren aktiv.

Ilse Unold, 1942 in Horb am Neckar geboren, besuchte die Schule in Rottenburg und in Ludwigshafen. Dem Abitur folgte ein Medizinstudium an den Universitäten Heidelberg und Tübingen. 1968 legte sie ihr Staatsexamen ab, bald darauf promovierte sie. Zwei Jahre später erhielt sie die Approbation und arbeitete von 1971 bis 1973 als Assistenzärztin in Stuttgart. Ab 1974 war sie als freie Medizinjournalistin tätig.

Ilse Unold ist evangelisch, seit 1971 verheiratet und Mutter zweier erwachsener Kinder.

1 Zitiert nach einer Pressemitteilung der Landeshauptstadt Stuttgart vom 10.08.2007.

Inge Utzt

Die Buchhändlerin Inge Utzt hatte bei der Landtagswahl 2001 das Direktmandat für die SPD im Wahlkreis Stuttgart IV geholt. Seit 1973 lebt die selbstständig Arbeitende in dieser Stadt. Ihr Buch-Antiquariat beschloss sie zu behalten: „Mein Beruf gibt mir viel Kraft – und Politik macht ja auch nicht immer Vergnügen."[1] Ihre Fraktion vertrat sie im Innenausschuss sowie im Ausschuss für Forschung, Wissenschaft und Kunst und ab Juli 2005 im Petitionsausschuss. Als Arbeitsschwerpunkte nannte sie damals „Integrationspolitik und Kultur".[2] Bei der Landtagswahl 2006 verpasste sie trotz eines verhältnismäßig guten Ergebnisses von 28,5 Prozent den Wiedereinzug ins Parlament.[3]

Geboren wurde die SPD-Frau am 23. Oktober 1944 in Strang/Bad Rothenfelde in Niedersachsen. In Bramsche machte sie die mittlere Reife und anschließend eine Ausbildung in einem Buchantiquariat. Es folgten Beschäftigungsverhältnisse in Antiquariaten der Städte Osnabrück, Bonn und Stuttgart. Seit 1981 betreibt sie ihr eigenes Geschäft in Stuttgart.

Hier war sie seit viele Jahre lang kommunalpolitisch aktiv: Von 1983 bis 1988 im Bezirksbeirat Stuttgart-Bad Cannstatt, von 1994 bis 2001 als Mitglied des Gemeinderats der Landeshauptstadt und gleichzeitig als Vorsitzende der Cannstatter SPD.

Zu ihren Mitgliedschaften gehören die bei der AWO, der Deutschen Schillergesellschaft und im Verband Deutscher Antiquare. Außerdem war sie Mitglied des Verwaltungsrats der Staatstheater Stuttgart, stellvertretende Vorsitzende des Fördervereins „Begegnungszentrum Altes Waschhaus" sowie Vorsitzende des Turnerbunds Bad Cannstatt.

Inge Utzt ist verheiratet und hat einen erwachsenen Sohn.

---

1 Zit. nach Esslinger Zeitung, 28.03.2001.
2 Vgl.: Dokumentation "Frauen im Parlament 2001/02", Landtagsarchiv von Baden-Württemberg.
3 Vgl.: Esslinger Zeitung, 19.10.2006.

Ute Vogt → siehe „Südwestdeutsche Parlamentarierinnen im Bundestag", S. 398f.

als Nachfolgerin für den ausgeschiedenen Abgeordneten Roman Herzog. In den Zeitungen gab es damals Diskussionen über ihre Doppelbelastung als Schulleiterin und Mandatsträgerin. Sie sah diese Kombination durchaus

Christa Vossschulte

„Wege entstehen dadurch, dass wir sie gehen" ist ein Leitsatz der CDU-Politikerin Christa Vossschulte, die am 23. Juni 1944 in Bayrischzell das Licht der Welt erblickte. Nach dem Abitur, das sie in Gießen absolvierte, studierte sie Anglistik und Germanistik in den Städten Marburg, Freiburg, London und München. 1970 legte sie das erste, 1972 das zweite Staatsexamen ab. Dann ging sie den Weg nach Baden-Württemberg: von 1972 bis 1974 als Studienassessorin in Heidenheim. Ab 1974 unterrichtete sie am Theodor-Heuss-Gymnasium in Esslingen a. N., wo sie 1989 Schulleiterin wurde und 2007 altersbedingt aufhörte.[1] Von 1982 bis 1989 war sie am Ministerium für Kultus und Sport als Referentin tätig.

1978 trat sie der CDU bei. Seit 1980 gehörte sie dem Vorstand des Stadtverbands Esslingen a. N. an. Im Oktober 1989 gelang ihr der Sprung in den Landtag von Baden-Württemberg

positiv. Es erschien ihr geradezu notwendig, dass Abgeordnete im Berufsleben stehen, um sich damit die Unabhängigkeit und die Nähe zum beruflichen Alltag bewahren zu können: „Meine Hinwendung zur Politik geschah in erster Linie aus dem Wunsch heraus, unser Bildungssystem und seine weltweit anerkannte Qualität zu stärken und auszubauen. Ich habe es nie bereut, dass ich bei der Übernahme des Landtagsmandats auf meine eigentliche Berufstätigkeit nicht verzichtet habe. Die tägliche Arbeit in der Schule, der enge Kontakt zu Schülern, Eltern und Lehrern hat mich oft vor Illusionen und dem berühmten Elfenbeinturm in der Politik bewahrt, und die vielen Gespräche im Wahlkreis mit der Bevölkerung haben den Blick geweitet und mich gelehrt, dass Bildungspolitik wichtig, aber nicht alles ist. Auch wenn die Belastung groß ist – auf meine Tätigkeit im Landtag, im Wahlkreis und in meiner Schule möchte ich nicht verzichten!"[2]

Von sich reden machte die Pädagogin, als sie sich bei der G-8-Diskussion als Fürsprecherin des Turbozugs zum Abitur engagierte. Nach Einführung der achtjährigen Gymnasialzeit wurde sie gefragt, ob sich die Einschätzung der Parlamentarierin mit derjenigen der Schulleiterin Vossschulte decke. Sie antwortet damals: „Der Einblick, den ich als Schulleiterin bekomme, verhilft natürlich der Politikerin zu einem fundierteren Urteil. (...) Natürlich muss sich der Lehrer etwas einfallen lassen, er muss häufiger die Methoden wechseln und einen lebendigen Unterricht machen. Wenn er das tut, dann geht das."[3]

In ihrer zweiundzwanzigjährigen Abgeordnetenzeit, in der sie vier Mal das Direktmandat des Wahlkreises Esslingen errang, gehörte Christa Vossschulte u. a. dem Petitionsausschuss an, dem für Schule, Jugend und Sport sowie dem für Wissenschaft, Forschung und Kunst. Sie war hochschulpolitische Sprecherin ihrer Fraktion, Mitglied des Stiftungsrats der Akademie für Technikfolgenabschätzung und Vorsitzende des Landesfachausschusses Wissenschaft und Forschung. Von Juni 2001 bis April 2011 war sie stellvertretende Landtagspräsidentin. Zur Landtagswahl 2011 trat sie nicht mehr an: „Der Entschluss ist mir nicht leicht gefallen, denn mit den Bürgerinnen und Bürgern Politik zu gestalten, hat mir über all die Jahre sehr viel Freude gemacht. (...) Aber nun ist es an der Zeit zu lernen, was Privatleben ist."[4] Als Vorsitzende des Stiftungsrat der Stiftung zur Förderung des Landesjugendorchesters Baden-Württemberg, als stellvertretende Vorsitzende im Rat der Stiftung „Zeit für Menschen" und in anderen Organisationen engagiert sie sich aber weiterhin.

Christa Vossschulte lebt in Esslingen.

---

1 Vgl.: Heilbronner Stimme, 06.02.2007.
2 Zit. nach Homepage der CDU-Landtagsfraktion: www.fraktion.cdu.org, Stand 2001.
3 Zit. nach Esslinger Zeitung, 21.01.2006.
4 Zit. nach Esslinger Zeitung, 21.01.2010.

Ingrid Walz → siehe „Südwestdeutsche Parlamentarierinnen im Bundestag", S. 400f.

Ruth Weckenmann

Die SPD-Frau Ruth Weckenmann hält es mit Marilyn French, die gesagt hat: „Wenn wir wollen, dass die Zukunft anders aussieht, müssen wir sie selbst machen, niemand wird uns dies abnehmen."

Die Familie von Ruth Weckenmann lebt schon seit Generationen in Stuttgart. Sie wurde hier am 3. Juni 1959 geboren. Nach dem Abitur studierte sie Verwaltungswissenschaften an der Universität Konstanz und schloss mit dem Diplom ab. Von 1988 bis 1998 war sie hauptamtlich beim DGB beschäftigt und zuletzt als stellvertretende Landesvorsitzende für die Bereiche Arbeitsmarkt, Frauen- und Familienpolitik, Alterssicherungsfragen und Medienpolitik zuständig. Nach der Geburt ihres Sohnes besuchte sie die Führungsakademie des Landes Baden-Württemberg und erarbeitete als Abschlussprojekt Vorschläge zur Teilung von Führungspositionen in der Landesverwaltung. Anschließend arbeitete sie bis Anfang 2001 beim Landesarbeitsamt Baden-Württemberg und war dort Leiterin der Stabsstelle für Arbeitsmarkt und Frauenpolitik.

1988 ist Ruth Weckenmann in die SPD eingetreten. Von 1995 bis 1999 gehörte sie dem SPD-Landesvorstand und dem SPD-Präsidium Baden-Württemberg an. Im März 2001 wurde sie in den Landtag gewählt. Zu dieser Arbeit sagte sie damals: „Für das Land Baden-Württemberg engagiere ich mich, weil ich aufgrund meiner jahrelangen Arbeit als Arbeitsmarktexpertin und in meinen vielen Gesprächen vor Ort, in Betrieben, mit Beschäftigten, mit Auszubildenden, mit Schülerinnen und Schülern, in Mütterzentren und bei vielen Frauenverbänden, deutlich den Reformbedarf im Land sehe. Positionen im Land werden zu oft nach Parteibuch und nicht nach Kompetenz zugeteilt. Neue Ideen scheitern an Sturheit und Engstirnigkeit."[1] Im Landtag war sie im Wirtschafts- und Ständiger Ausschuss vertreten. Sie war beschäftigungspolitische Sprecherin der SPD-Landtagsfraktion und im Fraktionsarbeitskreis Wirtschaftspolitik zuständig für die Beschäftigungspolitik. Im SPD-Fraktionsarbeitskreis für Recht und Verfassung kümmerte sie sich um Schuldnerberatung und Medienpolitik. Bei der Landtagswahl 2006 trat sie wieder an und verfehlte den Wiedereinzug ins Parlament um 200 Stimmen, was sie hart traf, weil sie sich leidenschaftlich gern als Abgeordnete engagierte.[2]

Inzwischen arbeitet die Verwaltungswissenschaftlerin als Leiterin des Stabes „Chancengleichheit am Arbeitsmarkt" bei der Regionaldirektion „Baden-Württemberg" der Bundesagentur für Arbeit.[3] Ehrenamtlich ist sie in zahlreichen Einrichtungen aktiv: als Elternbeirätin am Neuen Gymnasium Feuerbach, als Rundfunkrätin des SRW, als Vorsitzende des Hörfunkausschusses, als Vorstandsmitglied der Stiftung „Zeit für Menschen" (Samariterstiftung), als Kuratoriumsmitglied der Evangelischen Heimstiftung, als Vorstandsmitglied der AWO Stuttgart sowie als Mitglied Kuratorium Bad Boll. Sie meint dazu: „Es macht Spaß, sich ehrenamtlich zu engagieren. Unsere Gesellschaft wird durch das Engagement der Bürgerinnen und Bürger in der Nachbarschaft, in Kirchen, Vereinen, Bürgerinitiativen, Parteien und Gewerkschaften zusammengehalten."[4]

Ruth Weckenmann lebt mit ihrem Mann Rudolf Friedrich und dem gemeinsamen Sohn Maximilian in Stuttgart-Weilimdorf.

---

1 Zit. nach ihrer Homepage: www.ruth-weckenmann.de, Stand: 2001.
2 Vgl.: Südkurier, 01.04.2006.
3 Vgl.: Wikipedia-Artikel über sie unter http://de.wikipedia.org/wiki/Ruth_Weckenmann, Stand: Juni 2012.
4 Zit. nach ihrer Homepage www.ruth-weckenmann.de, Stand: Juni 2012.

Brigitte Wimmer → S. 404f.

Sabine Wölfle

Sabine Wölfle gehört seit April 2011 dem Landtag von Baden-Württemberg an. Sie hat das Zweitmandat des Wahlkreises Emmendingen errungen. Sie ist Mitglied im Ausschuss für Kultus, Jugend und Sport, in dem für Arbeit und Sozialordnung, Familie, Frauen und Senioren sowie im Ausschuss für Integration. Außerdem engagiert sie sich als Sprecherin der SPD-Landtagsfraktion für Frauen und Gleich-

als Pressereferentin in das Abgeordnetenbüro der SPD-Landtagsparlamentarierin Marianne Wonnay.[1]

Sie ist Mitglied der Arbeiterwohlfahrt Waldkirch, der Tafel Emmendingen, beim Kinderschutzbund, bei der „SolarRegio", bei „Schule mit Zukunft", im Naturschutzbund Deutschland, bei Lebenswerke e.V. Gutach und weiteren Organisationen.

Sabine Wölfle ist verheiratet und Mutter zweier Kinder.

---

1 Siehe S. 273 in diesem Band.

stellung, Menschen mit Behinderung, Sportpolitik, Sprachliche Bildung für Migrantinnen und Migranten.

Bereits 1986 trat sie der SPD bei. Politische Ämter hat sie seit 2004 inne, als sie Ortsvereinsvorsitzende in Waldkirch wurde. Seit 2007 ist sie hier stellvertretende Kreisvorsitzende und seit 2009 Stadträtin in Waldkirch. Dem SPD-Landesvorstand gehört sie seit 2007 an.

Sabine Wölfle wurde als Sabine Göbler am 21. Juni 1959 in Wuppertal geboren. Nach dem Schulbesuch absolvierte sie eine Ausbildung zur Reiseverkehrskauffrau. In diesem Beruf war sie im In- und Ausland bei Reiseveranstaltern und Fluggesellschaften tätig sowie in der Abteilungsleitung von Reisebüros. 2009 wechselte sie

Marianne Wonnay

„Kinderlärm ist Zukunftsmusik", lautet ein Satz, in dem das Engagement von Marianne Wonnay seine Wurzeln hat.[1] Die SPD-Politikerin gehörte von April 1992 bis April 2011 dem Landesparlament an. Zu Beginn ihrer Parlamentarierinnen-Karriere war sie frauenpolitische Sprecherin ihrer Fraktion und von 1996 bis 2006 familienpolitische Sprecherin. Familienpolitik ist auch ein wichtiger Schwerpunkt ihrer Arbeit. Viele Jahre lang war sie stellvertretende Fraktionsvorsitzende

der Landtags-SPD, ab Mai 2001 die einzige. In jenem Jahr hatte der damalige Fraktions-Chef Wolfgang Drexler die Fraktionsspitze radikal reduziert und die SPD-Abgeordneten entschieden sich für die Emmendingerin, die selbstbewusst dazu sagte „Ich bin eine Sympathieträgerin für meine Fraktion."[2]

Marianne Wonnay, am 26. September 1952 in Nordheim/Kreis Heilbronn geboren, machte in Vaihingen a. d. Enz das Abitur und anschließend eine Ausbildung zur Wirtschaftskorrespondentin. Von 1973 bis 1984 arbeitete sie als Sekretärin in Schwieberdingen und dann in Freiburg. Ab 1984 war die Mutter einer Tochter Hausfrau. 1988 schloss sie sich der SPD an. Ab 1990 war sie stellvertretende Vorsitzende des SPD-Ortsvereins Emmendingen-Mundingen. Sie gehörte dem SPD-Kreisvorstand an und war Kreisvorsitzende der Arbeitsgemeinschaft sozialdemokratischer Frauen. 1994 wurde sie zur Vorsitzenden des Arbeiter-Samariter-Bundes auf Landesebene gewählt, womit diesem Verband erstmals eine Frau vorstand.

Neue Kraft schöpft Marianne Wonnay beim Wandern durchs „herrliche Dreiländereck in Südbaden". Urlaub macht sie in Ligurien, weil dort "Meer, Berge, Kulturschätze und leckeres Essen eine wunderbare Verbindung eingehen."[3]

---

1 Vgl.: Homepage www.spd.landtag-bw.de, Stand 2001.
2 Zit. nach Badische Zeitung, 25.05.2001.
3 Vgl.: Homepage a. a. O., Stand: 2001.

Bemerkungen zum Deutschen Bundestag[1]

Nach dem Zusammenbruch der Demokratie im Jahre 1933 und der Zeit der nationalsozialistischen Diktatur gab es 1945 auch im parlamentarischen Sinne die „Stunde Null". Parteien, Gewerkschaften und gesellschaftliche Interessenverbände mussten ihre Arbeit erst wieder aufnehmen und entwickeln. 1948 trat auf Entscheidung der westlichen Besatzungsmächte und der westdeutschen Länder in Bonn der „Parlamentarische Rat" zusammen, der am 8. Mai 1949 das Grundgesetz beschloss und die Gründung der Bundesrepublik Deutschland ermöglichte. Im August wurde das Parlament gewählt und am 7. September 1949 fand die Konstituierende Sitzung des Deutschen Bundestags statt. Wenig später wurden Theodor Heuss zum Bundespräsidenten und Konrad Adenauer zum Bundeskanzler gewählt. Bonn wurde zur Hauptstadt der jungen Republik.

Bei der Schaffung des Grundgesetzes der Bundesrepublik Deutschland ging es darum, die verfassungsrechtliche Ordnung so zu gestalten, dass die Fehler der Weimarer Republik vermieden würden, ohne aber vollständig mit der bis dahin entwickelten deutschen Verfassungstradition zu brechen. Dies hat neben vielen eigenständigen, neuen Lösungen des Grundgesetzes vor allem dazu geführt, dass dem Bundestag eine zentrale Rolle im Staatsaufbau und in der politischen Willensbildung zugefallen ist. Auf ihn sollte sich die demokratische Legitimität konzentrieren, er sollte das primäre Organ sein, in dem sich die vom Volk ausgehende Staatsgewalt (Art. 20 GG) realisieren würde.[2] Damit ist mit dem Grundgesetz eine repräsentative Form der Demokratie und eine parlamentarische Regierungsform konstituiert, die keine plebiszitären Elemente vorsieht.

Geschichtlich haben Parlamente die Aufgabe, Regierungen zu wählen und zu unterstützen. Diese, an die englische Parlamentsgeschichte angelehnte Grundprämisse eines Parlaments, war auch bei der Entwicklung des Grundgesetzes Vorbild. Dabei wurde mit einer Tradition deutscher Parlamentsgeschichte gebrochen. Während im preußisch dominierten Deutschland des 19. Jahrhunderts die Parlamente nicht das Recht hatten, Regierungen zu bestellen wurde dem Bundestag durch den bereits genannten Artikel 20 GG dieses Recht übertragen[3]. Zu den wichtigsten Elementen im Bundestag sollten die Kontrollfunktionen gehören.

---

1 Ständig aktualisierte Informationen im Internet unter www.bundestag.de
2 Vgl.: Zeh, Wolfgang: Parlamentarismus. Historische Wurzeln – Moderne Entfaltung. 2. Auflage, Heidelberg 1983, S. 79.
3 Vgl.: Hartwich / Horn / Grosser / Scheffler: Politik im 20. Jahrhundert. Braunschweig 1984, S.231ff.

Als die zentrale Aufgabe des Parlaments kann damit die Kontrollfunktion des Bundestags gegenüber der Regierung genannt werden. Innerhalb des Parlamentsalltags entsteht jedoch häufig der Eindruck, dass diese Rolle insbesondere von der jeweiligen Opposition wahrgenommen wird. Parteien mit Parlamentsmehrheiten sahen sich aus diesem Grunde bisweilen Angriffen ausgesetzt, welche an die Autonomie des Parlamentes gegenüber der Regierung erinnerten, so wurde z. B. die CDU während der Amtszeit Adenauers als „Kanzlerwahlverein" betitelt. Die Autonomie des Parlaments gegenüber der Regierung zeigt sich allerdings innerhalb der Geschichte des Bundestages durchaus. So war beispielsweise bei der Auseinandersetzung um den Paragraphen 218 im Jahr 1991 oder um den Import embryonaler Stammzellen im Jahr 2002 erkennbar, dass die Parteien des Bundestages in sich auch heterogen argumentieren.

Ausdruck der Kontrolle des Bundestages gegenüber der Regierung sind u. a. Untersuchungsausschüsse. Diese Ausschüsse, die nach Art. 44 GG auf Antrag eines Viertels der Mitglieder zu gründen sind, orientieren sich bei der Untersuchung von Unregelmäßigkeiten an den Vorschriften des Strafprozesses. Zwar finden die Mehrheitsverhältnisse des Bundestages auch Repräsentanz in diesen Ausschüssen, dennoch ist ihr Stellenwert aufgrund öffentlicher Anteilnahme groß.

Als das vornehmste Recht des Bundestages gilt die Bewilligung von Finanzvorlagen. Die Regierung ist hierbei auf die Parlamentsmehrheit angewiesen. Die Debatten zu den jährlichen Haushalten gelten als die großen Debatten des Bundestages. Dies vor allem deshalb, weil durch Verlagerungen von finanziellen Mitteln auf bestimmte Bereiche die Regierungspolitik in den Haushaltsvorlagen ihren zahlenmäßigen Niederschlag findet. Daneben müssen alle Gesetzesvorhaben durch den Haushaltsausschuss des Bundestages auf die finanziellen Auswirkungen hin überprüft werden.

Neben Fragestunden, aktuellen Stunden sowie Anfragen an die Regierung, die diese beantworten muss, hat das Parlament weitere Mittel um die Regierung zu kontrollieren. Diese markieren die Autonomie des Bundestages.

Als „Ultima Ratio", also letztes Mittel, hat der Bundestag nach Art. 67 GG die Möglichkeit zum konstruktiven Misstrauensvotum. Dieses Votum bezeichnet die Abwahl des Kanzlers und damit den Sturz der Regierung. Allerdings ist das Misstrauensvotum gekoppelt an die gleichzeitige Neuwahl eines anderen Kanzlers.

Ein konstruktives Misstrauensvotum wurde innerhalb der Geschichte des Bundestages zweimal eingebracht. Während das am 27.04.1972 gegen Willy Brandt eingebrachte Misstrauensvotum scheiterte, markierte der Antrag am

Das Bundeshaus in Bonn, im Hintergrund das Abgeordneten-Hochhaus, im Volksmund „Langer Eugen" genannt.

1.10.1982 den Sturz von Helmut Schmidt und den Beginn der langjährigen Kanzlerschaft von Helmut Kohl.

Die entscheidenden Institutionen des Deutschen Bundestages sind das „Plenum" und die „Ausschüsse". Das Plenum ist der Ort, in dem die drei Lesungen eines Gesetzes stattfinden, sowie der Ort der großen außen- und innenpolitischen Debatten, die von Rundfunk und Fernsehen übertragen werden. Hier muss die Regierung öffentlich ihre Politik vertreten, und hier hat die Opposition Gelegenheit, öffentlich ihre Kritik und Alternativen zur Regierungspolitik vorzutragen. Nicht zuletzt ist das Bundestagsplenum der Ort politischer Profilierung für höchste Ämter. Sinn der Diskussionen ist die öffentliche Auseinandersetzung über die Grundlinien der Politik. Die Beratung über einzelne Gesetzgebungsvorhaben gerät dadurch bisweilen in den Hintergrund. Die entscheidenden Weichen für die im Plenum dann stattfindenden Abstimmungen werden in den Fraktionen und in den Ausschüssen des Bundestags gestellt.

Die Arbeit in den Ausschüssen, zur Gesetzgebung, Regierungs- und Verwaltungskontrolle ist für die Abgeordneten von zentraler Bedeutung. Mitgliedschaft oder gar Vorsitz in bedeutenden Ausschüssen (z. B. Auswärtiger Ausschuss,

Innen- oder Haushaltsausschuss) stärken das politische Gewicht der oder des Abgeordneten und geben die Möglichkeit zur Profilierung im Plenum und in der Öffentlichkeit „im Namen der Fraktion". Wie meist bei Angelegenheiten, die mit einer Profilierung in der Öffentlichkeit zu tun haben, dominieren auch hier die Männer. Eine erfreuliche Ausnahme war Anfang der 90er Jahre die Wahl von Rita Süssmuth zur Bundestagspräsidentin. Angela Merkel durfte als frisch gekürte CDU-Vorsitzende Anfang 2000 die zu diesem Zeitpunkt von Korruptionsverdacht erschütterte Partei wieder stabilisieren, aber noch nicht Kanzlerkandidatin ihrer Partei zur Bundestagswahl 2002 werden. Bei den vorgezogenen Neuwahlen 2005 sah es dann anders aus, so dass sie am 22. November 2005 vom Parlament zur ersten Kanzlerin Deutschlands gewählt wurde und mit ihren damals 51 Jahren jünger war als alle ihre Amtsvorgänger.

Der deutsche Bundestag setzt sich aus mindestens 656 Abgeordneten zusammen, von denen 328 in den Wahlkreisen, weitere 328 über die Landeslisten der Parteien gewählt werden. Die Zahl der Wahlkreise ist ab der 12. Wahlperiode entsprechend dem durch die deutsche Einheit vergrößerten Wahlgebiet von 248 auf 328 erhöht worden. Doch hat der Bundestag das Bundeswahlgesetz auf Vorschlag der Wahlkreiskommission mittlerweile geändert, so dass er seit der 15. Wahlperiode im Herbst 2002 nur noch 598 Mitglieder umfassen sollte. Gleichzeitig mit dieser Verkleinerung erfolgte auch ein Neuzuschnitt der Wahlkreise, um sie der unterschiedlichen Bevölkerungsentwicklung anzupassen. Allerdings kann sich die Zahl der über die Landeslisten der Parteien gewählten Abgeordneten durch so genannte Überhangmandate erhöhen. Diese entstehen, wenn eine Partei in den Wahlkreisen eines Bundeslandes durch Erststimmen mehr Direktmandate für den Bundestag erzielt, als ihr dort eigentlich Abgeordnete zustehen. Die Zahl der Abgeordneten eines Bundeslandes im Bundestag soll sich hauptsächlich durch den Zweitstimmenanteil einer Partei bemessen. Ein Abgeordneter, der in seinem Wahlkreis direkt gewählt wurde, darf aber in jedem Fall in den Bundestag einziehen. Er hat ein Überhangmandat, also einen zusätzlichen und bisher nicht für andere Parteien ausgeglichenen Sitz.

Im Jahr 2008 stoppte das Bundesverfassungsgericht das bundesdeutsche Wahlrecht. Es führe zu willkürlichen Ergebnissen und verkehre den Wählerwillen ins Gegenteil, erklärten die obersten Richter in Karlsruhe.[4] Die Paradoxie liegt im sogenannten „negativen Stimmgewicht". In bestimmten Konstellatio-

---

4   Vgl.: Die Zeit, 04.07.2008.

Der Deutsche Bundestag im Reichstagsgebäude

nen konnte eine Partei beim Wahlausgang mit mehr Sitzen im Bundestag rechnen, wenn sie weniger Zweitstimmen bekommt oder umgekehrt weniger Sitze bei zu vielen Zweitstimmen. 2011 schließlich setzte die schwarz-gelbe Koalition eine Wahlrechtsreform durch. So sollte u. a. die bisher mögliche Verbindung von Landeslisten einer Partei abgeschafft werden, damit Zweitstimmen, die eine Partei in einem Bundesland erhält, nicht mehr mit denen in einem anderen Land verrechnet werden können. Die Opposition samt zahlreichen Bürgern klagten gegen die Reform. Anlass boten wiederum die Überhangmandate, von denen in der Regel die großen Parteien profitieren, was nicht mit den Grundsätzen der Wahlrechtsgleichheit und der Chancengleichheit der Parteien vereinbar sei. Das sahen die Richter in den roten Roben genauso und erklärten das neue Bundestagswahlrecht im Juli 2012 für verfassungswidrig. Bis zur Bundestagswahl 2013 muss nun ein neues Gesetz geschaffen werden.

Immer wieder waren die innerdeutschen Beziehungen ein bedeutsames Thema im Deutschen Bundestag. Die Anfang der 70er Jahre in der sozialliberalen Koalition unter Willy Brandt abgeschlossenen Ostverträge hatten wesentliche Verbesserungen in diesem Verhältnis geschaffen. Mit der friedlichen „Revolution" und dem Fall der Berliner Mauer am 9. November 1989 war der Wunsch nach grundsätzlicher politischer Veränderung in der DDR nicht mehr aufzuhalten. Kooperation auf allen parlamentarischen Ebenen, vor allem die Arbeit an den Einigungsverträgen und am „Zwei-plus-Vier-Vertrag", der im Sommer 1990 den Weg Deutschlands zur vollen Souveränität bereitete[5], bildeten den Rahmen für die Einheit beider deutscher Staaten. Am 31. August 1990 wurde der Einigungsvertrag unterzeichnet und wenig später vom Deutschen Bundestag und der am 18. März des Jahres erstmals frei gewählten Volkskammer der DDR gebilligt. Damit war festgelegt, dass die DDR am 3. Oktober 1990 dem Geltungsbereich des Grundgesetzes der Bundesrepublik Deutschland beitritt. Ein Höhepunkt in der parlamentarischen Geschichte Deutschlands waren sicher die Wahlen am 2. Dezember 1990 zum ersten gesamtdeutschen Bundestag. Ab der 12. Wahlperiode arbeiteten Politikerinnen und Politiker aus Ost und West zusammen und die Grenzen in den Köpfen schwanden allmählich. Bei der Bundestagswahl im September 1998 war die Tatsache, dass es sich zum dritten Mal um eine gesamtdeutsche Wahl handelte, schon zur Normalität geworden. Der gemeinsame Wählerwille brachte erstmals nach sechzehn Jahren einen Regierungswechsel in der Bundesrepublik Deutschland: Bundeskanzler der rot-grünen Koalition wurde Gerhard Schröder. 2005 sah es schon wieder anders aus: Bundeskanzlerin Merkel stand an der Spitze eines schwarz-roten Bündnisses und seit 2009 regieren CDU und FDP zwar nicht immer harmonisch, aber wieder miteinander.

1991 beschloss die Mehrheit der Bundestagsabgeordneten, dass Berlin Hauptstadt und Sitz des Parlaments sowie der Regierung ist. Im selben Jahr entschied der Ältestenrat des Bundestags, dass der historische Wallot-Bau für die parlamentarische Arbeit wieder hergestellt und genutzt werden soll. Den Auftrag zum Umbau des Reichstagsgebäudes, das wie kaum ein anderes Bauwerk die wechselvolle Geschichte Deutschlands seit der Gründung des Kaiserreichs widerspiegelt, erhielt der britische Architekt Norman Foster. Am 19. April 1999 fand im „Bundestag im Reichstagsgebäude" die Eröffnungs-Plenarsitzung statt. Weithin sichtbares Symbol des Gebäudes ist die Glaskuppel. Den Mittelpunkt bildet der neue, rundum verglaste Plenarsaal.

---

5 Wesentliche Voraussetzung für die Überwindung der deutschen Teilung war die Zustimmung der Alliierten Siegermächte des Zweiten Weltkriegs. Mit der Unterzeichnung des „Zwei-plus-Vier-Vertrags" durch die USA, Großbritannien, Frankreich und die Sowjetunion am 12.09.1990 in Moskau hatte Deutschland wieder die volle Souveränität über seine inneren und äußeren Angelegenheiten.

Die südwestdeutschen Parlamentarierinnen im Deutschen Bundestag von 1949 bis 2012

Brigitte Adler

Zweiundzwanzig Jahre lang war die Reallehrerin Brigitte Adler Parlamentarierin. Von 1980 bis 1987 gehörte sie dem Landtag von Baden-Württemberg an, von 1987 bis 2002 saß sie im Bundestag. Bei der Bundestagswahl 2002 kandidierte sie erneut, verfehlte aber aufgrund eines zu schlechten Listenplatzes den Wiedereinzug.[1] Der SPD trat sie 1970 bei und war zunächst auf kommunalpolitischer Ebene aktiv. In den Jahren 1975 bis 1984 sammelte sie als Gemeinderätin in Mauer bei Heidelberg kommunalpolitische Erfahrungen. Ab 1981 war sie Mitglied im Landesvorstand der SPD Baden-Württemberg, von 1983 bis 1987 stand sie an der Spitze der Arbeitsgemeinschaft sozialdemokratischer Frauen (AsF) im hiesigen Bundesland.

Während der sieben Jahre im Landtag befasste sie sich mit den unterschiedlichsten Themen, vom Verkehrswesen über Umweltpolitik bis hin zu frauenspezifischen Fragestellungen. Sie gehörte dem Wirtschafts- und dem Petitionsausschuss an. Dieses vielseitige Engagement setzte sie im Bundestag fort. Hier war sie unter anderem Mitglied im Ausschuss für wirtschaftliche Zusammenarbeit und Entwicklung, dessen stellvertretenden Vorsitz sie inne hatte und war Mitglied im Unterausschuss Vereinte Nationen des Auswärtigen Ausschusses. Stellvertretendes Mitglied war sie im Ausschuss für Verbraucherschutz, Ernährung und Landwirtschaft sowie im Auswärtigen Ausschuss und in der Enquete-Kommission „Globalisierung der Weltwirtschaft – Herausforderungen und Antworten". Außerdem gehörte sie in Berlin ehrenamtlich dem Verwaltungsrat beim Deutschen Entwicklungsdienst an.

Brigitte Adler wurde am 22. Juni 1944 in Drangstedt (Kreis Wesermünde) geboren. Die mittlere Reife absolvierte sie in Wertheim. Danach ließ sie sich zur Bankkauffrau ausbilden und arbeitete fünf Jahre in diesem Beruf. Über den zweiten Bildungsweg kam sie an die Pädagogische Hochschule Heidelberg und studierte im Grund- und Hauptschullehrerbereich. Am Reallehrerinstitut Weingarten-Tettnang schloss sich eine Reallehrerausbildung an. Diesen Beruf übte sie in den Städten Radolfzell, Neckargemünd und Heidelberg-Rohrbach sowie bei der Stiftung Rehabilitation in Heidelberg aus.

Sie war Mitglied der Gewerkschaft Erziehung und Wissenschaft (GEW), der Arbeiterwohlfahrt, im Bund für Umwelt und Naturschutz Deutschland e.V. (BUND), im Deutschen Vogelschutzbund, im Kinderschutzbund, im Verein Frauen helfen Frauen e.V., in der Poliohilfe Kenia, in der Europa-Union, bei pro familia, bei Amnesty International und im Marie-Schlei-Förderverein.

Brigitte Adler lebte in Tauberbischofsheim. Am 25. Oktober 2004 ist sie gerade mal sechzigjährig verstorben.

---

1 Stuttgarter Zeitung, 24.09.2002.

Kerstin Andreae

Die Wirtschaftsfachfrau Kerstin Andreae trat 1990 in die Partei Die Grünen ein. Von der Verbandsgründung 1991 bis 1993 gehörte sie dem Landesvorstand der Grün-Alternativen Jugend Baden-Württemberg an. Zwischen 1992 und 1999 war sie Mitglied des Kreisvorstands der Grünen in Freiburg im Breisgau und von 1999 bis 2001 im Landesvorstand der Grünen in Baden-Württemberg. Kommunalpolitische Erfahrungen sammelte sie zwischen 1999 und 2002 in Freiburg. 2002 zog sie über die Landesliste in

den Bundestag ein. Ihr Mandat wurde 2005 und 2009 bestätigt. Während der ersten vier Jahre gehörte sie dem Finanzausschuss an, war dort Obfrau der Grünen und kommunalpolitische Sprecherin. Seit 2007 fungiert sie als Wirtschaftspolitische Sprecherin ihrer Fraktion im Bundestag. Aktuell ist sie unter anderem stellvertretendes Mitglied im Ausschuss für wirtschaftliche Zusammenarbeit und Entwicklung sowie in dem für Wirtschaft und Technologie.

Auf ihrer Homepage schreibt Kerstin Andreae: „Grüne Wirtschaftspolitik ist seit jeher von dem Gedanken der Verbindung von Ökologie und Ökonomie geprägt. Wir setzen damit aber auch auf den Wettbewerb der besten Ideen und Lösungen. Dahinter steht die Überzeugung, dass funktionierende Märkte und diskriminierungsfreier Wettbewerb sinnvolle und effiziente Verfahren für die Lösungen gesellschaftlicher Probleme und ökonomischer und ökologischer Herausforderungen darstellen."[1]

Nachdem Fitz Kuhn als Oberbürgermeisterkandidat der Landeshauptstadt Stuttgart von seinem Amt als stellvertretender Vorsitzender der Bundesgrünen zurücktrat, folgte ihm Kerstin Andreae im Februar 2012 als Fraktionsvize. Ihr eher schwaches Abstimmungsergebnis mit 41 von 58 Stimmen erklärt der Spiegel damit, dass die Grünen-Politikerin eindeutig dem Realo-Flügel zugeordnet wird.[2]

Geboren am 21. Oktober 1968 in Schramberg studierte Kerstin Andreae nach dem Abitur 1988 Politische Wissenschaft und Volkswirtschaftslehre an der Albert-Ludwigs-Universität in Freiburg und schloss 1996 als Diplomvolkswirtin ab. Danach war sie bei der Firma „mediKUR – Agentur für Gesundheits- und Kurtechnologie" in Hamm tätig. 1998 arbeitete sie als Pressereferentin und Wahlkampfkoordinatorin für Wilfried Telkämper. Anschließend wechselte sie als Projektmanagerin an das Sozialwissenschaftliche Frauenforschungsinstitut der Evangelischen Fachhochschule Freiburg. Von 2001 bis 2002 war sie Mitarbeiterin bei dem Projektentwickler „Das Grüne Emissionshaus".

Kerstin Andreae hat drei Kinder, den Sohn Mauritz aus erster Ehe, sowie Emma und Paul aus ihrer 2009 mit Volker Ratzmann geschlossenen Ehe. Der ehemalige Fraktionsvorsitzende von Bündnis 90/Die Grünen im Abgeordnetenhaus von Berlin arbeitet seit März 2012 als Bund-Länder-Koordinator der baden-württembergischen Landesvertretung in Berlin.

---

1 Zit. nach Homepage http://www.gruene-bundestag.de/fraktion/abgeordnete/abgeordnete/andreae.html, Stand: Juli 2012.
2 Vgl.: Spiegel-online/Politik, Artikel vom 29.02.2012.

Brigitte Baumeister

Zu den neuen Gesichtern im ersten gesamtdeutschen Bundestag gehörte damals die Mathematikerin Brigitte Baumeister (geb. Jauch) aus dem Wahlkreis Böblingen. Am 19. Oktober 1946 in Stuttgart geboren, wuchs sie in dieser Stadt auf und studierte an der Universität Stuttgart Mathematik. Nach dem Diplom arbeitete sie zuerst als Assistentin am Institut für Informatik, dann als Lehrbeauftragte an der Fachhochschule (FH) für Technik in Stuttgart und an der FH für medizinische Informatik in Heilbronn. Nach verschiedenen Projekten bei der Firma IBM war sie als Systemanalytikerin in der Firma ihres Mannes beschäftigt. Sie lebt mit ihrem Mann, Rolf Baumeister, in Böblingen und hat zwei Kinder.

1980 trat Brigitte Baumeister der CDU bei. Von 1989 bis 1990 gehörte sie dem Stadtrat Böblingen an und von 1990 bis 1994 dem Kreistag Böblingen. Zwischen 1981 und 1987 war sie Mitglied des CDU-Stadtverbandsvorstandes Böblingen, ab 1984 war sie Mitglied des Kreisvorstandes Böblingen und des Bezirksvorstandes Nord-Württemberg, davon seit 1991 als stellvertretende Bezirksvorsitzende. Von 1984 bis 1991 war sie Kreisvorsitzende der Frauenunion im Kreis Böblingen. 1990 wurde sie zum ersten Mal in den Bundestag gewählt. Ihre Arbeitsschwerpunkte dort waren die Bereiche Arbeit und Soziales. Sie war Mitglied im Ausschuss für Arbeit und Sozialordnung und stellvertretendes Mitglied im Ausschuss für Bildung, Forschung und Technikfolgenabschätzung.

Ihre Karriere in der Partei verlief rasant. Bereits 1991 wurde sie Parlamentarische Geschäftsführerin der CDU/CSU-Bundestagsfraktion – bis 2000. Hier betreute sie vor allem den Umbau des Reichstags, die Planung und Fertigstellung der Bürohäuser für die Abgeordneten und die Bundestagsverwaltung in Berlin. Als Umzugsbeauftragte der CDU/CSU-

Fraktion hatte sie im Sommer 1999 den Umzug von Bonn nach Berlin zu organisieren und zu beaufsichtigen. In den Jahren 1992 bis 1998 war die Diplommathematikerin Bundesschatzmeisterin der CDU Deutschlands, ab 1998 war sie Mitglied des Bundesvorstands.

Im Jahr 2000 geriet die Karriere-Frau im Zusammenhang mit der CDU-Spendenaffäre in die Schlagzeilen. Die Süddeutsche schrieb am 14.02.2000 unter dem Titel „Eine Frau, zwei Männer, drei Versionen": „Aus der Spendenaffäre ist längst ein Drama geworden, das auch Züge einer Politgroteske trägt. Mit einer Heftigkeit, als ginge es um Sein oder Nichtsein, streiten Rechtsanwälte und Granden der CDU darüber, ob eine Spende des Waffenhändlers Karlheinz Schreiber von 100.000 Mark Ende September 1994 oder doch erst im Oktober 1994 im Tresor der Schatzmeisterin gelandet sind. Künftigen Geschichtsforschern wird es nicht leicht fallen, den Sinn dieser Auseinandersetzung auf Anhieb zu verstehen." Weniger beachtet wurde ihr Waffen-Lobbyismus: „Die Christdemokratin setzte sich für Lieferungen in Krisengebiete wie Taiwan, Indonesien oder Chile ein und machte sich besonders auffällig für den Thyssen-Konzern stark. ... Die Dokumente liefern tiefe Einblicke in das heimliche Schieben und Drücken der Helfer großer Unternehmen. Seit vielen Jahrzehnten warnen renommierte Verfassungsrechtler, dass die Demokratie von heimlichen Verführern bedroht wird."[1]

Im Jahr 2004 veröffentlichte Brigitte Baumeister ihre Autobiografie „Welchen Preis hat die Macht?". Wirklich Neues zur Spendenaffäre, die viel Raum einnimmt, konnten die Rezensenten nicht finden: „Denn das Buch ist die Rechtfertigungsschrift einer Frau, die in der Spendenaffäre fast als einzige den Preis der Macht bezahlt hat, ohne sie jemals wirklich ausüben zu dürfen: Mit ihrer politischen Karriere, ihrer beruflichen Existenz, ihrer Würde und ihrer Gesundheit. Als sie 2002 zum letzten Mal im innerparteilichen Machtkampf antritt und vergeblich versucht, von der CDU für Bundestagwahl nominiert zu werden, notiert sie: ‚In der Tat, ich hatte nicht mehr die Kraft für einen würdevolleren Abgang besessen, aber ich besaß auch nicht mehr den Willen.' Brigitte Baumeister Buch ist in Wahrheit der Versuch, wieder die Herrschaft über das öffentliche Bild ihrer Person zu gewinnen – und ihre eigene Wahrnehmung. Man kann zweifeln, dass ihr das allein mit diesem Buch gelingt. Manchmal ist der weiteste Weg der zu sich selbst."[2]

Literatur:
Baumeister, Brigitte: Welchen Preis hat die Macht? Eine Frau zwischen Kohl und Schäuble – Die Ex-Schatzmeisterin und die schwarzen Kassen der CDU. Heyne Verlag, München 2004.

1 Süddeutsche Zeitung, 02.03.2001.
2 Vgl.: Spiegel-online/Politik, Artikel vom 26.02.2004 „Die Abrechnung der Schatzmeisterin".

Vorstandsarbeit verweigert hatte, obwohl sie darauf verweisen konnte, dass sie zugunsten ihrer politischen Tätigkeit nur noch einen halben Lehrauftrag hatte.

Trotz ihres Rücktritts gehörte sie bei der Bundestagswahl im März

Marieluise Beck

Marieluise Beck, am 25. Juni 1952 in Bramsche bei Osnabrück geboren, kommt aus einem Elternhaus, das sie als „protestantisch-bürgerlich"[1] beschreibt. Sie machte 1970 in Osnabrück Abitur und studierte dann in Bielefeld und Heidelberg die Fächerkombination Deutsch, Geschichte und Gemeinschaftskunde. Während ihrer Studienzeit engagierte sie sich im damaligen Sozialdemokratischen Hochschulbund (SHB). Nach dem Studium war sie in der Konrad-Adenauer-Realschule in Pforzheim als Lehrerin tätig.

Im März 1980 schloss sie sich den Grünen an und wurde noch im selben Jahr Vorsitzende der baden-württembergischen Landesorganisation. Von diesem Posten trat sie im Juni 1982 wieder zurück, nachdem die Parteibasis ihr aus Sorge vor einer „Professionalisierung" der Vorstandsmitglieder eine Aufwandsentschädigung für ihre

1983 zu den Spitzenkandidaten ihrer Partei, die in diesem Jahr zum ersten Mal in den Bundestag kam. Zusammen mit Petra Kelly und Otto Schily bildete Marieluise Beck-Oberdorf den „FraktionssprecherInnenrat" der Grünen im Bundestag. Auch wenn die basisdemokratischen Vorstellungen der Grünen in der Partei selbst immer wieder Anlass zu heftigen Auseinandersetzungen gaben, konnten die Befürworter einer ständigen Ämterrotation im April 1985 eine komplette Neuwahl des Fraktionssprecherrates durchsetzen. Marieluise Beck-Oberdorf schied am 14. April 1985 aus dem Bundestag aus, wurde aber ab 1987 über die Landesliste Bremen wieder Mitglied. In der anschließenden Wahlperiode ist sie nicht verzeichnet, aber seit 1994 ist sie wieder Bundestagsabgeordnete über die Landesliste Bremen. Von 1998 bis 2002 war sie Ausländerbeauftragte der Bundesregierung, von 2002 bis 2005 Parlamentarische Staatssekretärin bei der Bundesministerin für Familie, Senioren, Frauen und Jugend und gleichzeitig Beauftragte der Bundesregierung für Migration, Flüchtlinge und Integration.

Sie gehört dem Präsidium der Deutsch-Israelischen Gesellschaft an und ist Mitglied der Gesellschaft für bedrohte Völker sowie im Bund für Umwelt und Naturschutz.

Marieluise Beck hieß während ihrer ersten, 1973 geschlossene Ehe und noch bis Ende der achtziger Jahre Marieluise Beck-Oberdorf. 2006 heiratete sie ihren langjährigen Lebensgefährten Ralf Fücks, mit dem sie zwei Töchter hat.

Literatur:
Beck-Oberdorf, M.: Wehrt euch gegen die Bedrohung – wir wollen leben. In: Schlachtfeld Europa. Hg.: Die Grünen Baden-Württemberg. Stuttgart 1981.

---

1 Frankfurter Allgemeine Zeitung, 08.06.1983.

Birgitt Bender

Die Juristin Birgitt Bender engagierte sich dreizehn Jahre lang als Abgeordnete der Grünen im Landtag. Als erste Grünen-Politikerin erhielt sie 1998 das Bundesverdienstkreuz.[1] Sie genießt das Privileg, die erste weibliche Fraktionsvorsitzende im Landtag von Baden-Württemberg gewesen zu sein: von 1988 bis 1990, dann löste Rezzo Schlauch sie ab und sie amtierte danach als Stellvertreterin, später von Fritz Kuhn. Zuvor war sie fast vier Jahre lang parlamentarische Beraterin der Grünen für Frauen- und Rechts-

politik im hiesigen Landtag. Auf ihre politische Vergangenheit zurückblickend spricht sie von einem „für Grüne ungewöhnlichen Weg direkt in die Politik"[2] und meint damit, nicht über außerparteiliche Organisationsarbeit zu den Grünen gekommen zu sein.

Birgitt Bender wurde am 28. Dezember 1956 in Düsseldorf geboren. Nach dem Abitur studierte sie Rechts- und Politikwissenschaften in Köln, Genf und ab 1978 in Freiburg, wo sie 1980 ihr erstes Staatsexamen ablegte. In Berlin absolvierte sie das Referendariat und das zweite Staatsexamen. Von 1983 bis Anfang 1984 lebte sie in den USA und arbeitete bei einer Rechtsanwältin und Abgeordneten in San Francisco.

Während ihres Studiums in Freiburg wirkte sie in einer „Dritte-Welt"-Solidaritätsgruppe mit. In der Zeit ihres juristischen Referendariats lebte sie in der Frauenetage eines besetzten Hauses und engagierte sich in einem Lesbenprojekt. In dieser Periode wuchs wohl auch die Entscheidung, sich im Bereich der Frauenpolitik in institutionellem Rahmen zu engagieren. 1988 wurde sie zum ersten Mal als Abgeordnete der Grünen in den Landtag von Baden-Württemberg gewählt. Zuletzt hat sie in ihrem Wahlkreis Stuttgart I mehr als 22 Prozent der Stimmen geholt. Bei der Landtagswahl 2001 wollte sie nicht mehr antreten, sondern sich eine kreative Pause gönnen. Sie hält es sich zugute, den Landes-Grünen jenseits der Ökologie ein „sozialpolitisches Profil" gegeben und den „pragmatischen Kurs" festigen geholfen zu haben. Dass sie Gefallen an der Macht findet, hält sie für normal: „Sonst wäre ich falsch in der Politik."[3]

Sie war viele Jahre im Landesvorstand von Bündnis 90/Die Grünen, ist seit 2001 stellvertretende ehrenamtliche Landesvorsitzende des Paritätischen Wohlfahrtsverbandes Baden-Württemberg (DPWV) und arbeitete immer wieder als Lehrbeauftrage an Fachhochschulen, etwa an der Fachhochschule für öffentliche Verwaltung in Ludwigsburg.

Birgitt Bender lebt offensichtlich gern in Stuttgart. Denn als sie Mitte 2000 als schleswig-holsteinische Justiz-Frauen-Familienministerin angefragt wurde, hat sie abgelehnt: Diese „Art von Job-hopping, wo ich die Kultur, die Sprache, das politische Milieu nicht kenne", habe ihr nicht behagt.[4] Aber dann wurde Berlin der zweite Lebensmittelpunkt. Die profilierte Politikerin wurde als Bundestagskandidatin für die Wahl 2002 nominiert und errang das Zweitmandat im Wahlkreis Stuttgart II, welches 2005 und 2009 bestätigt wurde. Sie ist Mitglied im Bundestagsausschuss für Gesundheit und Sprecherin der Fraktion Bündnis 90/Die Grünen für Gesundheitspolitik.

---

1 Voraussetzung für Volksvertreter/innen das

Bundesverdienstkreuz zu erhalten ist, mindestens zwei Legislaturperioden als Abgeordnete gearbeitet und das 40. Lebensjahr erreicht zu haben.
2 Vgl.: Südkurier, 21.10.1988.
3 Zit. nach Südkurier, 08.03.2001.
4 Ebd.

Karin Binder

Ihr gewerkschaftliches Engagement führte Karin Binder in die Politik, erst in die SPD, inzwischen als Mitglied der Partei Die Linke, für die seit 2005 im Bundestag sitzt. Kämpferische Töne finden sich auf ihrer Homepage: „Mein Ziel ist die Verbesserung der Lebens- und Arbeitsbedingungen für alle Menschen. Ich trete ein für kostenfreie Bildung, eine umfassende Gesundheitsversorgung und Existenz sichernde Renten für alle. Ich kämpfe gegen den Raubbau an unseren Sozialsystemen! Armutsgesetze à la Hartz-IV müssen weg! Schluss mit Niedriglöhnen und der Benachteiligung von Frauen und Mädchen. Gleicher Lohn für gleiche Arbeit – gleicher Lohn für Männer und Frauen!"[1]

Am 28. August 1957 in Stuttgart geboren und hier aufgewachsen, absolvierte sie nach der Mittleren Reife eine Ausbildung zur Kauffrau und bildete sich über ein Abendstudium zur Handelsfachwirtin weiter. Zwanzig Jahre lang arbeitete sie als Angestellte beim Deutschen Bücherbund, einem späteren Bertelsmann-Unternehmen, in der Verwaltung und Organisation. Seit 1976 ist Karin Binder Gewerkschaftsmitglied, anfangs in der HBV, und hatte diverse Funktionen im Orts-, Bezirks- und Fachgruppenvorstand sowie in der Tarifkommission inne. Sie war dreizehn Jahre Betriebsrätin und zeitweise freigestellte Betriebsratsvorsitzende, zuletzt Gewerkschaftssekretärin. Von 1975 bis 1998 gehörte sie der SPD an und war von 1990 bis 1992 Stadträtin in Stuttgart.

Zwischen 2000 und 2003 lebte sie aus privaten Gründen am Bodensee, wo sie in Konstanz am Aufbau des Verdi-Kreisverbands beteiligt und im „Netzwerk gegen Rechts" aktiv war. 2003 zog sie nach Karlsruhe um und engagierte sich als Vorsitzende der DGB-Region Mittelbaden. Sie schloss sich 2005 der damaligen Linkspartei und WASG an, die seit Mitte 2007 „Die Linke" heißt. Im Bundestag ist Karin Binder Parlamentarische Geschäftsführerin ihrer Fraktion und Mitglied im Ausschuss für Ernährung, Landwirtschaft und Verbraucherschutz sowie stellvertretendes Mitglied im Ausschuss für Gesundheit. Als thematischen Schwerpunkte nennt sie hier den gesundheitlichen Verbraucherschutz und Ernährung.[2]

Zu ihren weiteren Mitgliedschaften zählen der VVN, Amnesty International, Greenpeace, die Aidshilfe und der Mieterverein.

Karin Binder lebt in Karlsruhe in einer Lebensgemeinschaft. Sie hat zwei Kinder.

---

1 Zit. nach ihrer Homepage www.karin-binder.de, Stand: Juli 2012.
2 Ebd.

Hildegard Bleyler

Ein bewegtes Leben hatte Hildegard Bleyler. Sie wurde am 12. November 1899 in Altkirch im Elsass geboren. 1918 machte sie Abitur. Bis Kriegsende war sie dann im vaterländischen Hilfsdienst in Brüssel tätig. Ihre Familie zog nach der Ausweisung aus dem Elsass nach Baden. In den Städten München, Köln, Berlin und Freiburg studierte sie Rechts- und Staatswissenschaften, Philosophie und Psychologie. Sie arbeitete als Werkstudentin und war sozialfürsorgerisch tätig. 1923 promovierte sie über die Arbeitsplatzsituationen von Frauen in Süddeutschland. Danach war sie

Dozentin an sozialen Frauenschulen, hauptamtlich in Oberschlesien, später nebenamtlich in Reichenberg im Sudetenland und in Freiburg. Zwischen 1938 und Kriegsende war sie in der Arbeitsverwaltung tätig, zuletzt als Referentin für Berufsberatung im Landesarbeitsamt des Sudetenlandes. Im Flüchtlingsstrom des Sommers 1945 verschlug es sie wieder nach Süddeutschland. Ab Mai 1946 wohnte sie in Freiburg und arbeitete für einige Zeit als Referentin im badischen Landesarbeitsamt, später dann als Leiterin der Abteilung Frauenvermittlung und Berufsberatung beim Arbeitsamt Freiburg.

Vor 1933 war sie Mitglied der Zentrums-Partei. Nach der NS-Zeit wurde sie Mitglied des engeren Landesvorstands der CDU Südbaden, des Vorstandes der Landesfrauenvereinigung der CDU Südbaden und der Bundesvereinigung der Frauen der CDU. In den Jahren von 1953 bis 1961 hatte sie ein Bundestagsmandat inne, nachdem sie 1949 schon in der Bundesversammlung aktiv war.

Die Bundestagsprotokolle zeigen, dass ihr inhaltlicher Schwerpunkt in der parlamentarischen Tätigkeit ähnlich gelagert war wie der ihrer beruflichen Tätigkeit. Sie beschäftigte sich mit dem Themenkomplex Arbeitsvermittlung.

Hildegard Bleyler lebte zuletzt in Freiburg. Sie ist am 6. Februar 1984 verstorben.

Agnieszka Brugger (geb. Malczak)

„Jung, weiblich, grün – Agnieszka Brugger" lautet die Überschrift eines Porträts im Internet-Angebot des Deutschen Bundestags.[1] Momentan ist die Studentin die jüngste weibliche Abgeordnete in diesem Haus. 2009 ist sie über die Landesliste Baden-Württemberg für Bündnis 90/Die Grünen ins Parlament eingezogen. Kandidiert hatte sie im oberschwäbischen Wahlkreis Ravensburg. Sie ist Mitglied im Verteidigungsausschuss und abrüstungspolitische Sprecherin ihrer Fraktion.

Im Alter von vier Jahren, kurz vor dem Mauerfall, kam sie als Agnieszka Malczak, geboren am 28. Februar 1985 im polnischen Legnica, mit ihren Eltern, Anhängern der Solidarność-Bewegung, nach Deutschland. In Dortmund besuchte sie das Gymnasium. Seit 2004 studiert sie die Fächerkombination Politikwissenschaft, Öffentliches Recht und Philosophie an der Eberhard-Karls-Universität in Tübingen; von 2006 bis 2010 war sie Stipendiatin der Heinrich Böll Stiftung.

Sie engagierte sich in der Hochschulpolitik, im Allgemeinen Studierendenausschuss und schloss sich 2004 der Partei Bündnis 90/Die Grünen an. Von November 2005 bis Mai 2008 gehörte sie dem Tübinger Kreisvorstand ihrer Partei an, von Juni 2007 bis Dezember 2009 war sie Landesvorsitzende der Grünen Jugend Baden-Württemberg. Seit November 2009 ist sie Mitglied im Parteirat und damit auch im Landesvorstand von Bündnis 90/Die Grünen Baden-Württemberg.

Ihr Magisterstudium, in dem sie sich „intensiv mit Friedenspolitik und internationalen Beziehungen" beschäftigt, will sie neben dem Mandat beenden.[2] Im Dezember 2011 hat sie geheiratet und heißt seitdem Agnieszka Brugger.

„'Ich bin sehr sensibel für Ungerechtigkeiten', so Brugger über Brugger. Es habe sie geärgert, dass sich zu wenige Politikerinnen und Politiker für die Anliegen junger Menschen eingesetzt hätten. ‚Irgendwann habe ich dann festgestellt, dass das Gemeckere nichts bringt, dass man sich selbst engagieren muss, wenn man etwas verändern will.'"[3]

---

[1] Ausdruck des Bundestags-Porträts im Landtagsarchiv unter „Frauen im Parlament, 2012".
[2] Zit. nach ihrer Homepage www.agnieszka-brugger.de, Stand: Juli 2012.
[3] Zit. aus dem o. g. Porträt.

Marion Caspers-Merk

Aus der Gegend von Lörrach im „Dreiländereck" kommt die Politikwissenschaftlerin mit der umfangreichen kommunalpolitischen Erfahrung, die sie als SPD-Bundestagsabgeordnete von Dezember 1990 bis Herbst 2009 in der Bundespolitik umsetzte. Dabei verstand sie sich zu Beginn ihrer Amtszeit als Anwältin der Region: „Wir am Oberrhein haben die Chance, ein Stück erlebtes Europa vorwegzunehmen, indem wir zu einer eigenen Region zusammenwachsen und eine eigene Identität entwickeln."[1] Ihre Arbeitsschwerpunkte im Parlament waren anfangs die Umwelt- und die Fremdenverkehrspolitik sowie alle kommunalpolitisch relevanten Bundesthemen, später die Gesundheitspolitik.

Seit 1972 gehört sie der SPD an, war von 1975 bis 1986 im Vorstand und Vorsitzende des Ortsvereins March und 1981 Gründungs- und Vorstandsmitglied der Sozialdemokratischen Gemeinschaft für Kommunalpolitik (SGK) Breisgau-Hochschwarzwald, deren stellvertretenden Landesvorsitz sie von 1991 bis 1998 inne hatte sowie den stellvertretenden Vorsitz auf Bundesebene zwi-

schen 1996 und 2002. Von 1993 bis 1996 war sie im Kreisvorstand Lörrach. Von 2005 bis 2007 gehörte sie dem SPD-Parteipräsidium an.

Sie ist unter anderem Mitglied der IG Bergbau, Chemie, Energie, des BUND e.V., des Deutschen Roten Kreuzes und der Naturfreunde Lörrach.

Im Bundestag war Marion Caspers-Merk in der 12. Wahlperiode Sprecherin der SPD-Fraktion in der Enquete-Kommission „Schutz des Menschen und der Umwelt", in der 13. Wahlperiode Vorsitzende der Enquete-Kommission „Schutz des Menschen und der Umwelt – Ziele und Rahmenbedingungen einer nachhaltig zukunftsverträglichen Entwicklung". Von 1997 bis 2002 gehörte sie dem Vorstand der SPD-Fraktion, war von 1998 bis 2001 Mitglied im Ältestenrat des Deutschen Bundestages sowie von 1994 bis 2005 Vorsitzende der deutsch-irischen Parlamentariergruppe. Von 2001 bis 2002 engagierte sie sich als Drogenbeauftragte der Bundesregierung. Nach der Bundestagswahl 2002 wurde sie im Oktober 2002 als Parlamentarische Staatssekretärin bei der Bundesministerin für Gesundheit und Soziale Sicherung in die von Bundeskanzler Gerhard Schröder geführte Bundesregierung berufen. Nach der Bundestagswahl 2005 wurde sie am 23. November 2005 in der dann von Bundeskanzlerin Angela Merkel geleiteten Bundesregierung zur Parlamentarischen Staatssekretärin bei der Bundesministerin für Gesundheit ernannt. Die ersten zwei Male gelangte Marion

Casper-Merk über die Landesliste in den Bundestag, danach errang sie im Wahlkreis Lörrach-Müllheim immer das Direktmandat. Bei der Bundestagswahl 2009 kandidierte sie nicht mehr.

Marion Caspers erblickte am 24. April 1955 in Mannheim das Licht der Welt. Sie ist evangelisch und die älteste von vier Geschwistern. Im Jahre 1974 zog sie für das Studium der Politikwissenschaft, Germanistik und Geschichte nach Freiburg im Breisgau. Nach einem Gastspiel an der Freien Universität zu Berlin erlangte sie 1980 in Freiburg den Titel „Magister Artium". Eine „schicksalhafte Begegnung mit einem Kommilitonen"[2] führte dazu, dass Marion Caspers-Merk seit 1976 einen Doppelnamen trägt. Nach dem Examen arbeitete sie als wissenschaftliche Mitarbeiterin an einem Forschungsinstitut und wirkte als Dozentin in der Erwachsenenbildung. Sie war Lehrbeauftragte an der Fachhochschule für öffentliche Verwaltung in Kehl und an der Evangelischen und Katholischen Fachhochschule für Sozialwesen in Freiburg. Seit dem Wintersemester 2009/2010 arbeitet sie als Dozentin für „Health Care Management" an der Dualen Hochschule Baden-Württemberg. Außerdem ist sie für die „Berlin Consultant Group" tätig, zu deren Kundenkreis Kliniken, Krankenhäuser, Gesundheitsministerien in Osteuropa aber auch internationale Organisationen gehören.[3]

Marion Caspers-Merk lebt in einem Dorf im Markgräflerland, wo sie mit ihrem Mann zusammen ein altes Bauernhaus restauriert hat.

Literaturauswahl:
Caspers-Merk, Marion: Schritt für Schritt – Prävention durch Bewegung. Die Präventionskampagne des Bundesgesundheitsministeriums, in: Kerstin Plehwe (Hg.): Die Kampagnenmacher. Die neuen Instrumente und Strategien erfolgreicher Stakeholder-Dialoge, 2008, S. 191–211.

Dies.: Der Ausbau eines solidarischen Krankenversicherungssystems und die Finanzierung sozialer Sicherungssysteme unter Demographie-Aspekten. Diskussionsbeiträge Friedrich-Ebert-Stiftung, 2007.

Dies.: The general setting for environmental policy in the Federal Republic of Germany: global action, central regulation, local action, in: Environmental policy toward the year 2000, S. 45–67, erschienen 1994.

---

1 Basler Zeitung, 28.03.1991.
2 So beschrieben auf ihrer Homepage: www.marion-caspers-merk.de, Stand: 2002.
3 Laut ihrer Homepage www.caspers-merk.de, Stand: Juli 2012.

Herta Däubler-Gmelin

Herta Däubler-Gmelin kommt ihren eigenen Worten nach aus einer Familie von „konservativ schwäbischer Tradition"[1]. Am 12. August 1943 in Pressburg (Bratislava/Slowenien) geboren, hat sie Kindheit und Jugend in Tübingen verbracht. Nachdem sie 1962 das Abitur gemacht hatte, studierte sie in Berlin Rechtswissenschaft und Volkswirtschaft. Engagiert im Allgemeinen Studierendenausschuss (AStA), hat sie den Beginn der Studentenunruhen in Berlin hautnah miterlebt. Von 1968 bis 1972 arbeitete sie als Gerichtsreferendarin, 1974 legte sie das zweite Staatsexamen ab. Nach ihrer Promotion war sie als Rechtsanwältin in Stuttgart tätig.

1965 schloss sie sich der SPD an. Von 1971 bis 1972 war sie Vorsitzende des SPD-Kreisverbandes Tübingen, außerdem engagierte sie sich in der „Arbeitsgemeinschaft sozialdemokratischer Juristen", deren stellvertretende Bundesvorsitzende sie wurde. Von 1971 bis 1976 war sie außerdem Vorsitzende der „Arbeitsgemeinschaft sozialdemokratischer Frauen" (AsF) in Baden-Württemberg. Sie gehörte dem Landesvorstand der SPD Baden-Württemberg an, seit 1976 als Präsidiumsmitglied. 1972 kam sie als jüngste Frau in den Bundestag und war dort von 1976 bis 1980 stellvertretende Vorsitzende des Rechtsausschusses. Von 1988 bis 1993 hatte sie den stellvertretenden Parteivorsitz inne und leitete zum Beispiel den sachpolitischen Arbeitskreis „Gleichstellung der Frau".

In ihrer Parteifraktion zum linken Flügel tendierend, hat sie sich auch mit Fragen des Verbraucherschutzes und der Staatshaftung, vor allem aber mit Problemen des Frauenrechts – von der Reform des Paragraphen 218 bis hin zur Frauenarbeitslosigkeit – befasst.

Nachdem Herta Däubler-Gmelin im Frühjahr 1993 von der SPD-Spitze für die Nachfolge des im Juli 1993 ausscheidenden Vizepräsidenten des Bundesverfassungsgerichts in Karlsruhe, Ernst-Gottfried Mahrenholz, nominiert wurde, kandidierte sie nicht mehr für den stellvertretenden Fraktionsvorsitz. Der Nominierungsvorschlag als Bundesverfassungsrichterin stieß bei der CDU/CSU auf entschiedene Ablehnung. Die „SPD-Frau sei zu politisch"[2], war der am häufigsten gebracht Einwand gegen ihre Nominierung. Der Streit um die

Neubesetzung des Bundesverfassungsgerichts eskalierte zu einer neunmonatigen parteipolitischen Kraftprobe, die politische Beobachter als „unqualifiziert und peinlich" bewerteten. Am 17.12.1993 erklärte Herta Däubler-Gmelin, die Aufrechterhaltung ihrer Nominierung sei weder dem Bundesverfassungsgericht noch ihr länger zuzumuten, zumal absehbar sei, dass die Union ihre „Blockade" und das „unwürdige Gezerre" wohl bis zu den Bundestagswahlen 1994 hinziehen wolle.[3] Sie schlug Jutta Limbach vor.

Auf dem Landesparteitag der baden-württembergischen SPD wurde sie im März 1994 erneut zur Spitzenkandidatin für die Bundestagswahl im Oktober nominiert und im August von Rudolf Scharping als Justizministerin in sein Schattenkabinett geholt. Von 1994 – nach der Bundestagswahl – bis 1998 war sie Vorsitzende der Arbeitsgruppe Rechtspolitik und Justitiarin der SPD-Fraktion. Im Bundestagswahlkampf 1998 war sie im Wahlkampfteam von Gerhard Schröder für den Bereich Recht und Verfassung zuständig. Nach der gewonnenen Wahl am 27. September wurde sie schließlich am 27. Oktober 1998 Bundesministerin der Justiz. Während ihrer Amtszeit verwirklichte sie die Reform der Juristenausbildung, die seitdem „stärker an der Praxis und an den Bedürfnissen der Anwaltschaft ausgerichtet ist."[4] Sie setzte sich vehement für eine Novellierung des Zivilprozessrechts ein Auch das 2001 beschlossene Lebenspartnerschaftsgesetz, das homosexuellen Paaren neue Rechte verschaffte, kam mit der energischen Fürsprache von Herta Däubler-Gmelin zustande.

Bei einer Wahlkampfveranstaltung im September 2002 soll die in ihrer Heimat gerne als „Schwertgosch" titulierte Ministerin das Vorgehen des US-amerikanischen Präsidenten im Irak-Krieg mit dem Verhalten von Hitler verglichen haben, was so hohe Wellen schlug, dass sie nach der Wahl Bundeskanzler Schröder mitteilte, nicht mehr für das Ministerinnenamt zur Verfügung zu stehen.

Als einfache Parlamentarierin war sie von 2002 bis 2005 Vorsitzende des Ausschusses für Verbraucherschutz, Ernährung und Landwirtschaft und von 2005 bis 2009 Vorsitzende des Ausschusses für Menschenrechte und humanitäre Hilfe. Zwischen 2008 und 2009 amtierte sie als Vorsitzende des Rechtsausschusses der Parlamentarischen Versammlung im Europarat. Zur Bundestagswahl 2009 kandidierte sie nicht mehr.

Seit dem Sommersemester 1992 hält Herta Däubler-Gmelin regelmäßig Lehrveranstaltungen zu Themen aus dem Bereich „Recht und Politik" am Otto-Suhr-Institut der Freien Universität Berlin. Durch einstimmigen Beschluss des Akademischen Senats der FU Berlin vom 25.11.1995 wurde sie zur Honorarprofessorin ernannt.

Neben ihrer Lehrtätigkeit und ihrer publizistischen Arbeit ist sie weiterhin politisch aktiv. So steht sie etwa an der Spitze der Bürgerinitiative „Mehr Demokratie" und hat aktuell eine Verfassungsbeschwerde gegen den Euro-Rettungsschirm ESM eingereicht.[5]

Herta Däubler-Gmelin ist seit 1969 mit dem Arbeits- und Wirtschaftsrechtswissenschaftler Wolfgang Däubler verheiratet und hat zwei Kinder, Monika, 1972, und Peter, 1974 geboren.

Literaturauswahl:
Däubler-Gmelin, Herta (Hg.): Entwicklung in Afrika: Fortschritt oder Rückschritt? Hrsg. v. OSI-Club, Verein der Freundinnen und Freunde des Otto-Suhr-Instituts e. V., Berlin 2011.
Däubler-Gmelin, Herta / Speck, Dieter: Sexueller Missbrauch – die Einsamkeit der Opfer – die Hilflosigkeit der Justiz. München 1997.
Däubler-Gmelin, Herta (Hg.): Gestalten und dienen. Fortschritt mit Vernunft. Festschrift zum 70. Geburtstag von Hans-Jochen Vogel. Baden-Baden 1996.
Däubler-Gmelin, Herta: Verbrechensbekämpfung, Strafrecht und Strafverfolgung – wo bleibt das Opfer? Vortrag vor dem Gesprächskreis Politik und Wissenschaft des Forschungsinstitutes der Friedrich-Ebert-Stiftung am 17. März 1994 in Bonn. Hrsg. von der Friedrich-Ebert-Stiftung – Forschungsinstitut. Bonn 1994.
Däubler-Gmelin, H./Pfarr, Heide M./Weg, M. (Hg.): Mehr als nur gleicher Lohn! Handbuch zur beruflichen Förderung von Frauen. Hamburg 1985.
Däubler-Gmelin, H. / Faerber-Husemann, Renate: § 218 – Der tägliche Kampf um die Reform. Bonn 1987.
Däubler-Gmelin, Herta: Frauenarbeitslosigkeit oder Reserve zurück an den Herd. Reinbek 1977.
Dies.: Der neue Trend – ein Weg in die falsche Richtung. In: Huber, Antje (Hg.), Verdient die Nachtigall Lob, wenn sie singt? Stuttgart 1984, S.194–209.
Meyer, Birgit: Herta Däubler-Gmelin – „Ich habe schon meinen eigenen Kopf". In: dies.: Frauen im Männerbund. Frankfurt M./New York 1997, S. 136–162.

1 Vgl.: Lepsius, Renate: Frauenpolitk als Beruf. Gespräche mit SPD-Parlamentarierinnen. Hamburg 1987, S. 271.
2 Z. B. Süddeutsche Zeitung, 24.03.1993 mit Fragezeichen: „nicht die künftige Verfassungsrichterin, sondern ihr Nominierungsverfahren ist zu rügen".
3 Zit. nach ihrer Homepage: www.daeubler-gmelin.de, Stand 2002.
4 Vgl.: FAZ, 05.09.2002.
5 Vgl.: Stuttgarter Zeitung, 02.07.2012.

Emmy Diemer-Nicolaus

Emmy Diemer-Nicolaus gehörte zu den großen Politikerinnen der bundesrepublikanischen Nachkriegsgeschichte. Am 31. Januar 1910 in Gießen geboren – die Mutter Hausfrau, der Vater Architekt und bis 1933 Stadtverordneter und Fraktionsführer eines „Bürgerblocks" im Gießener Stadtrat – sah sie nach Besuch der höheren Töchterschule und mit knapp zwanzig Jahren bereits verheiratet, eigentlich den Weg der Hausfrau und Mutter vor sich. Doch dann verunglückte ihr Mann tödlich, und sie musste für sich und ihre kleine Tochter sorgen. Sie holte das Abitur nach und studierte an der Universität Gießen Volks- und Betriebswirtschaft sowie Rechts- und Staatswissenschaften. Ihre Studien hat sie mit der Promotion zum Dr. jur. und mit einem Diplom als Versicherungstechnikerin abgeschlossen. Die NS-Zeit hinderte sie daran, als Richterin oder Anwältin zu arbeiten. So war sie bei der IG-Farben und später bei der Württembergischen Feuerversicherung in Stuttgart beschäftigt, wo sie sich vor allem mit Haftpflichtprozessen auseinanderzusetzen hatte.

1946 konnte sie ihre Zulassung als Rechtsanwältin erreichen. Im gleichen Jahr trat sie in die FDP ein. „Bei den Liberalen fand ich die bodenständige Demokratie, den Geist des Ausgleichs und der Toleranz, die im Schwabenland Tradition sind."[1] 1946 wurde sie in den Stuttgarter Gemeinderat gewählt, dem sie vier Jahre lang angehörte. Die Stuttgarter verdanken ihr, der Architektentochter, übrigens den Wiederaufbau des Neuen Schlosses, für den sie sich in den Nachkriegsjahren vehement einsetzte.[2] Von 1950 bis 1952 war Emmy Diemer-Nicolaus Abgeordnete des Landtags von Württemberg-Baden, danach in der Verfassunggebenden Landesversammlung und später Mitglied des Landtags von Baden-Württemberg. Zu ihren Arbeitsgebieten im Landtag gehörten vor allem rechts- und finanzpolitische Themen, Steuerfragen sowie die Jugend- und Sportpolitik. Als sie 1957 in den Bundestag gewählt wurde, legte sie ihr Landtagsmandat nieder.

Im Alter von 92 Jahren sagte die damals immer noch topfitte alte Dame rückblickend, dass ihr das Klima im Landtag besser gefallen habe als im Bundestag wegen der süddeutschen Mentalität: „Dieser Menschenschlag zeichnet sich dadurch aus, dass man Verständnis für den anderen hat, tolerant ist und den Einzelnen nicht nach seiner Partei schätzt, sondern nach seinen menschlichen Qualitäten und nach seinem fachlichen Können."[3] Kritisch merkte sie in demselben Gespräch an, dass sie die zunehmende Zahl von Berufspolitikern schädlich finde, da die Abgeordneten so zu abhängig von ihren Fraktionen würden. Damals, zu ihrer Zeit im Landtag habe es keinen Fraktionszwang und auch keine Berufspolitiker gegeben: „Wir hatten alle einen ganz soliden bürgerlichen Beruf im Hintergrund."[4]

Dem Deutschen Bundestag gehörte Emmy Diemer-Nicolaus bis 1972 an. Viele Jahre lang war sie stellvertretende Vorsitzende im Rechtsausschuss. Sie war Mitglied der Großen Strafrechtskommission, in der sie sich für die Idee der Resozialisierung straffällig Gewordener einsetzte, die den alten Rache- und Sühne-Gedanken ersetzen sollte. Sie forderte „einen Ausbau der sozial-therapeutischen Anstalten und für arbeitende Strafgefangene eine angemessene Bezahlung ihrer Leistungen, um den Unterhalt für die Familien zu sichern, das Opfer der Straftat zu entschädigen und eine Rückzahlung von Schulden zu ermög-

Emmy Diemer-Nicolaus lebte in Stuttgart-Vaihingen. Am 1. Januar 2008, kurz vor ihrem 98. Geburtstag, ist sie gestorben. „Am Beginn dieses Jahrhunderts zur ‚höheren Tochter' geboren, wurde Emmy Diemer-Nicolaus mit großer Energie und Intelligenz zur einflussreichen Strafrechtsexpertin der Liberalen. Damit hat sie im wahrsten Sinne des Wortes die Grenzen des weiblichen Geschlechts zu ihrer Zeit überschritten."[6]

Literatur:
Fels, Orla-Maria: Eine leidenschaftliche Verteidigerin des Rechtsstaates – Emmy Diemer-Nicolaus. In: Funcke, Lieselotte (Hg.), Frei sein, um andere frei zu machen. Stuttgart 1984, S.194–201.
Meyer, Birgit: Emmy Diemer-Nicolaus – „Es gibt keine spezielle Politik für Frauen". In: Dies.: Frauen im Männerbund. Frankfurt M. / New York 1997, S. 163–190.

lichen."[5] Einen entscheidenden Anteil hatte sie an der Reform des Ehe- und Scheidungsrechts, das heute anstelle des Schuldprinzips vom Zerrüttungsprinzip ausgeht. Sie dachte dabei vor allem an die bessere Absicherung des sozial schwächeren Partners. Dieser Versorgungsausgleich wurde allerdings vor kurzem reformiert, weil sich die Gesellschaft seitdem gewandelt hat.

Der europäischen Einigung galten weitere Aktivitäten von Emmy Diemer-Nicolaus. Sie war Mitglied der Beratenden Versammlung des Europarates und der Westeuropäischen Union, Delegierte bei den Europäischen Liberalen und Demokraten (ELD) und wirkte in der Liberalen Internationalen mit.

1 Vgl.: Fels, Orla-Maria, a. a. O., S. 196.
2 Vgl.: Stuttgarter Nachrichten, 09.01.2008.
3 Zit. nach Stuttgarter Zeitung, 24.04.2002.
4 Ebd.
5 Vgl.: Fels, Orla-Maria, a. a. O., S. 196.
6 Meyer, Birgit: Frauen im Männerbund, a. a. O., S. 190.

Marliese Dobberthien

Die Frauenpolitik ist ein zentraler Bereich der gesellschaftspolitischen und beruflichen Aktivitäten von Marliese Dobberthien. Sie wurde am 22. Mai 1947 in Lübeck geboren, wuchs in dieser Stadt auf und machte dort 1966 das Abitur. Es folgte ein Werksemester beim evangelischen Studienwerk Villigst, dessen Stipendiatin sie wurde. Sie studierte Sozialwissenschaft, politische Wissenschaft und Erziehungswissenschaft in Bochum und Hamburg. Auslandsstudienaufenthalte führten sie nach Brasilien und Israel. An der Universität Hamburg promovierte sie in Rechtssoziologie und war dort als Lehrbeauftragte tätig. Ab 1976 war sie Leiterin der Abteilung Frauen, später auch der Abteilung Medien, beim Deutschen Gewerkschaftsbund des Landesbezirks Baden-Württemberg.

Sie ist Mitglied von Verdi, der Arbeiterwohlfahrt, der Naturfreunde, des Vereins alleinerziehender Mütter und Väter (VAMV) und des Verbandes alleinerziehender Frauen (VAF). Sie war Rundfunkrätin und Mitglied des Verwaltungsausschusses des baden-württembergischen Landesarbeitsamtes. Außerdem war sie Vorsitzende des baden-württembergischen DGB-Landesfrauenausschusses und Mitglied im DGB-Landesbezirksvorstand. Lange Jahre gehörte sie dem Vorstand der baden-württembergischen Verbraucherzentrale an. Darüber hinaus war sie im Vorstand des Landesfrauenrats und Mitglied im Kuratorium für Frauenfragen.

1972 schloss sie sich der SPD an, wurde stellvertretende SPD-Kreisvorsitzende in Göppingen und schließlich stellvertretende Vorsitzende des baden-württembergischen Medienbeirats der SPD. Am 1. Juli 1987 kam sie als Nachfolgerin für die verstorbene Abgeordnete Ruth Zutt[1] in den Bundestag. In erster Linie kümmerte sie sich um frauenpolitische Fragestellungen. Nach gut einem Jahr, am 29. August 1988, schied sie wieder aus und wurde Staatsrätin in Hamburg, wo sie die Leitstelle „Gleichstellung der Frau" leitete. Von 1990 bis 1998 war sie wieder im Bundestag, vertrat jetzt aber den Wahlkreis Hamburg-Altona. Von 1996 bis 2008 war sie Vorsitzende der Verbraucherzentrale Hamburg, seit 2008 ist sie Rundfunkrätin beim Norddeutschen Rundfunk.[2] Außerdem leitet sie seit vielen Jahren das Gestüt Altmarkhof in Norddeutschland.[3]

So vielseitig engagiert die Sozialwissenschaftlerin ist, so vielseitig und zahlreich sind auch ihre Publikationen, von denen hier nur der kleinste Ausschnitt genannt werden kann.

Marliese Dobberthien hat eine Tochter.

Literaturauswahl:
Dobberthien, Marliese: Inhaltsanalytische Untersuchung weiblicher Rollenaskriptionen im Ehe- und Familienrecht, dargestellt am Beispiel von höchstrichterlichen Entscheidungen, Lehrbüchern u. Kommentaren. Hamburg, Univ., Fachbereich Philosophie u. Sozialwiss., Diss., 1978.
Dies.: Zur Geschichte der Frauenbewegung. In: Pelagea (1978), Heft 7/8, S. 23ff.
Dies.: Eine bessere Welt für Kinder. Arbeitsmaterialien. Hrsg. v. DGB-Landesbezirk Baden-Württemberg, Stuttgart 1979.
Dies.: Analyse und Dokumentation zum § 218 StB, dargestellt am Beispiel Baden-Württemberg. Hrsg. v. DGB-Landesbezirk Baden-Württemberg, Stuttgart 1979.
Dies.: Teleheimarbeit: elektronische Heimarbeit – Gefahr oder Chance? Hrsg. v. DGB-Landesbezirk Baden-Württemberg. Stuttgart 1985.
Dies.: Neue Technologien und Arbeitsbedingungen, zu den Auswirkungen neuer Technologien auf Arbeitsplätze, Arbeitsschutz, Arbeitszeit und soziale Sicherung der Frau. In: Frauen und neue Technologien. Hrsg. v. d. Niedersächsischen Landeszentrale für politische Bildung, Hannover 1986.

1 Siehe S. 407 in diesem Band.
2 Vgl.: Wikipedia-Artikel über sie, Stand: Juli 2012.
3 Vgl.: http://www.altmarkhof.com/, Stand: Juli 2012.

Clara Döhring

Zu den aktiven Frauen Stuttgarts, die sich nach dem Zweiten Weltkrieg bemühten, Institutionen aufzubauen, mit denen sich die dringlichsten existentiellen Probleme einfacher lösen ließen, gehörte die damalige Gewerkschaftssekretärin Clara Döhring. Sie wurde am 13. März 1899 in Saalfeld/Thüringen geboren, besuchte die Mädchen-Bürgerschule und machte anschließend eine Ausbildung zur Kontoristin in einem Fabrikbetrieb. Sie trat früh der Gewerkschaftsbewegung bei und war seit 1918 Mitglied der SPD. Durch ihren Mann kam sie in die schwäbische Metropole und arbeitete von 1920 bis 1930 als Angestellte im Hauptvorstand des Metallarbeiterverbandes in Stuttgart. Früh erkannte sie die drohende Gefahr durch die Nazis und engagierte sich in der Internationalen Frauenliga für Frieden und Freiheit (IFFF) in Stuttgart – bis zu deren Verbot 1933. Nach dem

Tod ihres Mannes nahm sie 1936 eine Sachbearbeiterinnenstelle bei der Allgemeinen Ortskrankenkasse Stuttgart an, wo man ihr 1945 die Funktion einer Personalreferentin übertrug. Im Februar 1945 wurde sie von der Gestapo verhaftet, nach ein paar Tagen jedoch wieder freigelassen und unter Kontrolle gestellt. Zu der beabsichtigten Verhandlung vor dem Sondergericht kam es infolge des Einmarsches der Alliierten nicht mehr. Ihre Wohnung in Stuttgart fiel Bomben zum Opfer.[1]

Nach dem Krieg bemühte sie sich unter anderem darum, die Frauen für die Mitarbeit im öffentlichen Leben zu gewinnen. Dieser Aufgabe konnte sie sich als Frauensekretärin des DGB im Landesbezirk Baden-Württemberg ab 1948 und in zahlreichen ehrenamtlichen Posten intensiv widmen.

In einer Wahlkampfrede im Juli 1949 wandte sich Clara Döhring gegen diejenigen, die Politik als „Männersache" betrachteten. Die katastrophalen Zustände im Nachkriegsdeutschland könnten erst behoben werden, wenn mehr Frauen Einfluss auf die Politik nähmen. Frauen sollten sich nicht auf „das Gebiet der Fürsorge und Wohlfahrt" beschränken lassen. Schließlich gehe es auch um die Neuformulierung des Bürgerlichen Gesetzbuchs und damit um die „Rechtsstellung der Frau für alle Zukunft". Frauen stellten schließlich die Mehrheit der Bevölkerung. In ihrem eigenen Interesse und in dem ihrer Kinder müssten sie sich stärker am politischen Geschehen beteiligen.[2]

Clara Döhring wurde 1949 in den ersten Deutschen Bundestag gewählt, dem sie auch in den folgenden Legislaturperioden bis 1965 angehörte. Sie engagierte sich dort vor allem in den Ausschüssen für Sozialpolitik und für gesamtdeutsche und Berliner Fragen und setzte sich für zahlreiche sozialpolitische und arbeitsrechtliche Verbesserungen ein, etwa für gleiche Löhne bei gleicher Arbeit sowie für eine Reformierung der Sozial- und Familiengesetzgebung ein. Eines ihrer Ziele war die vorzeitige Altersrente für Frauen. Es ist auch ihrer Hartnäckigkeit zu verdanken, dass diese Forderung durchgesetzt wurde.

1948 wurde sie Mitglied des Deutschen Rates der Europabewegung. Von 1949 bis zum Offenburger Parteitag 1968, auf dem sie nicht mehr kandidierte, gehörte sie dem Landesbezirksvorstand der SPD Südwest an.

Clara Döhring verstarb am 7. Juni 1987.

Literatur:
Notz, Gisela: Clara Döhring. In: Dies.: Frauen in der Mannschaft. Sozialdemokratinnen im Parlamentarischen Rat und im Deutschen Bundestag 1948/49–1957. Bonn 2003, S. 190–205.

---

1 Vgl.: Gisela Notz, a. a. O., S. 191.
2 Ebd., S. 194.

gin ab. Von 1975 bis 1979 arbeitete sie zunächst im Schuldienst in Niedersachsen, anschließend wechselte sie nach Baden-Württemberg. Dort war sie zuletzt Rektorin an der Grund- und Hauptschule mit Werkrealschule Kollnau in Waldkirch.

Elvira Drobinski-Weiß

Aus dem hohen Norden in den tiefen Süden hat es die Diplompädagogin Elvira Drobinski-Weiß verschlagen. Sie erblickte am 26. Juni 1951 auf Norderney das Licht der Welt. Nach dem Abitur an der Liebfrauenschule in Oldenburg studierte sie von 1971 bis 1977 Pädagogik an der Carl-von-Ossietzky-Universität in Oldenburg. Sie schloss mit der ersten und zweiten Staatsprüfung für das Lehramt an Grund- und Hauptschulen und als Diplompädago-

Elvira Drobinski-Weiß ist katholisch und verheiratet. Sie ist Mitglied in der AWO Offenburg im Verein „Gegen Vergessen – für Demokratie" und in verschiedenen örtlichen Vereinen. Sie ist Trägerin des „Ordine della Stella della Solidarietà Italiana".

Der SPD trat sie bereits 1976 bei. Sie war stellvertretende Kreisvorsitzende in Rottweil und Emmendingen und von 2001 bis 2007 Vorsitzende des SPD-Kreisverbandes Ortenau. 2009 wurde sie als Vorsitzende des SPD-Kreisverbandes Ortenau wiedergewählt. Elvira Drobinski-Weiß war als erste Frau Gemeinderätin in Bahlingen (Kaiserstuhl). In der SPD Baden-Württemberg ist sie stellvertretende Landesvorsitzende seit 2005. Außerdem ist sie Vorsitzende des Umweltbeirates der SPD Baden-Württemberg.

Im Mai 2004 rückte sie für den verstorbenen Abgeordneten Matthias Weisheit in den Bundestag nach. Seitdem vertritt sie hier den Wahlkreis Offenburg. Elvira Drobinski-Weiß ist verbraucherpolitische Sprecherin der SPD-Bundestagsfraktion, Mitglied im Bundestagsausschuss für Ernährung, Landwirtschaft und Verbraucherschutz sowie stellvertretendes Mitglied in dem für Tourismus.

Uschi Eid

Die Grünen-Politikerin Uschi Eid wurde am 18. Mai 1949 in Landau (Pfalz) geboren. Nach dem Abitur studierte sie von 1969 bis 1976 Haushaltswissenschaft an der Universität Hohenheim und schloss 1975 als Diplomhaushaltswissenschaftlerin ab. Dazwischen, 1973, studierte sie ein Jahr an der Universität Wageningen in den Niederlanden Wohnökologie. An der Oregon State University in USA folgte ein einjähriges Postgraduiertenstudium. Zwischen 1976 und 1984 war sie wissenschaftliche Angestellte am Institut für Haushalts- und Konsumökonomik der Universität Hohenheim.

1980 schloss sie sich den Grünen an. Im April 1985 rückte sie für einen ausgeschiedenen Abgeordneten in den Bundestag nach. Ihr Arbeitsschwerpunkt dort war ähnlich gelagert wie ihr schon vorher praktiziertes gesellschaftspolitisches Engagement. Sinnvolle Entwicklungshilfeprojekte sind ihr ein besonderes Anliegen. Ihre Parlamentarierinnentätigkeit endete vorläufig, als die Grünen bei der Bundestagswahl 1990 an der Fünf-Prozent-Klausel scheiterten. Uschi Eid nutzte die Zeit, um mit einer Arbeit über die Haushaltsführung von Behinderten zu promovieren[1]. 1994 kürten die Südwest-Grünen Uschi Eid wieder zur Bundestagskandidatin. Im Falle einer rot-grünen Regierung peilte die zielstrebige Nürtingerin ein Amt im Entwicklungsministerium an.[2] Sie schaffte den Sprung in den Bundestag – aber auf Seiten der Opposition. Sie war in dieser Wahlperiode stellvertretende Vorsitzende im Ausschuss für wirtschaftliche Zusammenarbeit und entwicklungspolitische Sprecherin ihrer Fraktion. Nach der nächsten Bundestagswahl war es dann aber soweit: Am 27.10.1998 wurde Uschi Eid Parlamentarische Staatssekretärin im SPD-Bundesministerium für wirtschaftliche Zusammenarbeit und Entwicklung. Anfang der 90er Jahre verbrachte sie im Auftrag der deutschen Ausgleichsbank und der Gesellschaft für technische Zusammenarbeit einige Zeit in Eritrea, wo sie ihre Liebe zu Afrika entdeckte. Deshalb war es genau die richtige Aufgabe für sie, dass der damalige Bundeskanzler Gerhard Schröder sie am 2. Oktober 2001 zu seiner persönlichen Beauftragten für die Erarbeitung eines Aktionsplanes der G8 ernannt hatte, der die neue Partnerschaft für Afrikas Entwicklung (NEPAD), eine gemeinsame Initiative von 15 afrikanischen Staats- und Regierungschefs, unterstützen sollte. Bis November 2005 war sie G8-Afrika-Beauftragte. Ab März 2004 war Uschi Eid Mitglied und Vize-Vorsitzende des Beratungsausschusses des Generalsekretärs der Vereinten Nationen zu Wasser und sanitärer Grundversorgung. Im Bundestag gehörte sie zwischen 2005 und 2009 dem Auswärtigen Ausschuss und dem Unterausschuss für Auswärtige Kulturpolitik an und war Sprecherin der Fraktion Bündnis 90/Die Grünen für Auswärtige Kulturpolitik sowie Vorsitzende der Parlamentariergruppe für die Beziehungen zu Ägypten.

Im November 2009 ging sie in den Ruhestand, ist aber als Beraterin der Fachhochschule Osnabrück zum Thema Nachhaltigkeit im Wassersektor tätig und engagiert sich seit 2010 ehrenamtlich im „Rat für Nachhaltige Entwicklung". „Welt-online" schrieb zu Uschi Eids Abschied aus dem Bundestag: „Sie war Berufspolitikerin und war es doch nicht. Nicht vollkommen in der Kunst, sich zu inszenieren, vorsichtig, zurückhaltend, und doch überzeugt von ihrer Wirkung und durchaus selbstbewusst."[3]

---
1 Thema Vgl.: Süddeutsche, 28.12.2001.
2 Vgl.: Stuttgarter Nachrichten 27.04.1994.
3 Vgl.: Welt-online vom 15.09.2009, Ausdruck im Landtagsarchiv, in der Parlamentarierinnendokumentation 2012.

Marga Elser

"Wir brauchen eine Politik der Wahrheit, der klaren Führung und der sozialen Gerechtigkeit. Das heißt, dass im Mittelpunkt der Mensch und seine Lebensbedürfnisse und nicht das Kapital und seine Vermehrungsbedürfnisse stehen" – Marga Elser in ihrer Vorstellungsrede anlässlich der Nominierungskonferenz ihres Wahlkreises Aalen-Heidenheim am 24.10.1997 für die Bundestagswahl 1998.

Aus einer alten Lorcher Familie stammt die ostälblerische Betriebswirtin, die in ihrem Idiom diese Herkunft auch gerne zeigt. Am 30. März 1945 wurde sie als Marga Scheuing in diesem Städtchen geboren. Nach Grundschule und Progymnasium machte sie von 1959 bis 1962 eine kaufmännische Lehre, war anschließend Sachbearbeiterin und Sekretärin, baute eine Weinwerbegemeinschaft auf, war Abteilungs- und Ausbildungsleiterin, Messe- und Ausstellungsbeauftragte im In- und Ausland. Berufsbegleitend studierte sie sechs Semester Wirtschaftswissenschaften an der Verwaltungs- und Wirtschaftsakademie Baden-Württemberg und schloss mit dem Diplom „Betriebswirt VWA" ab.

Marga Elser war langjähriges Mitglied in Prüfungsausschüssen bei den Industrie- und Handelskammern Ostwürttemberg und Heilbronn und Mitglied der Arbeitsgemeinschaft Schule/Wirtschaft in der Region Ostwürttemberg. Sie gehört der Gewerkschaft Handel, Banken und Versicherungen (HBV) an, der Gustav Heinemann Initiative, der SGK, den „Künstlern für die Sozis", dem Verein „Frauen helfen Frauen", der AWO, Greenpeace, dem Naturschutzbund Deutschland, dem Förderverein „Internationales Musik- und Kulturzentrum Schloss Kapfenburg" und Medico International. Sie ist Gründungsmitglied des Vereins „Friedens- und Begegnungsstätte Mutlangen", war dort fünf Jahre im Vorstand – im Kontext ihrer engagierten Mitarbeit in

der Friedensbewegung von 1982 bis 1987, mit zahlreichen Redeauftritten bei Großdemonstrationen in Schwäbisch Gmünd.

1972 ist Marga Elser der SPD beigetreten. Von 1980 bis 1988 war sie erste Vorsitzende des SPD-Ortsvereins Lorch, danach lange Vorstandsmitglied. Von 1987 bis Juli 2001 war sie Kreisvorsitzende der SPD im Ostalbkreis. In den Jahren 1973 bis 1981 engagierte sie sich als Kreisvorsitzende der Arbeitsgemeinschaft sozialdemokratischer Frauen (AsF), von 1976 bis 1980 war sie Mitglied des Landesvorstandes der AsF und leitete dort verschiedene Arbeitsgruppen. Sie war ab 1991 SGK-, und ab 2002 ASG-Landesvorstandsmitglied. Zu ihren weiteren regionalpolitischen Aktivitäten gehört das Gemeinderatsmandat in Lorch zwischen 1980 und 1998, wo sie die letzten neun Jahre den SPD-Fraktionsvorsitz innehatte. Sie kandidierte 1990 und 1994 zum Bundestag, 1998 ist ihr der Sprung gelungen. Bis 2005 gehörte sie dem Bundestag an. Sie war dort während er 14. Legislaturperiode stellvertretendes Mitglied im Finanzausschuss, in der Ältestenratskommission für innere Angelegenheiten und stellvertretende Vorsitzende der Parlamentariergruppe für die Beziehungen zu den Staaten West- u. Zentralafrikas. Als Mitglied im Ausschuss für Gesundheit beschäftigte sie sich schwerpunktmäßig um die Qualitätssicherung in der Pflege. In der 15. Legislaturperiode gehörte sie dem Innenausschuss an. Sie ist stellvertretende Landesvorsitzende der Arbeitsgemeinschaft „SPD 60 plus Baden-Württemberg".

Im August 2000 wurde die Bundestagsabgeordnete das Opfer einer missglückten Kiefernoperation, die sie fast das Leben gekostet hätte. Ihr war der Beatmungsschlauch in die Speise- statt in die Luftröhre eingeführt worden, was einen Magenriss, Lungenversagen und Hirninfarkt mit Komafolge auslöste. Acht Monate später stand sie erstmals wieder vor dem Mikrofon im Bundestag im Rahmen einer Debatte zur Pflegeversicherung.[1]

Marga Elser lebt nach wie vor in Lorch, gemeinsam mit ihrem Mann Wilfried Elser.[2] Die beiden haben zwei erwachsene Söhne, Paul (1966 geb.) und Wilfried jun. (1969 geb.).

---

1 Vgl.: Mannheimer Morgen, 15.03.2001.
2 Nach Auskunft von Wilfried Elser besteht keine verwandtschaftliche Beziehung zu dem Widerstandskämpfer Georg Elser aus Königsbronn bei Heidenheim. (Dok. in „Frauen im Parlament, 2001/02", Landtagsarchiv Baden-Württemberg.)

Brigitte Erler

Brigitte Erler (geb. Tschakert), am 5. Mai 1943 in Berlin geboren, stammt aus einer ihren Worten nach konservativen katholischen Familie[1]. Zu Beginn ihres Studiums in Berlin 1961 befand sie sich als stellvertretende RCDS-Vorsitzende in der politischen Nähe der CDU. Der Beginn der Studentenunruhen setzte einen Umdenkungsprozess in Gang. 1970 ist sie wegen der „elementaren Überzeugung", nicht auf der Seite der Privilegierten stehen zu wollen[2], der SPD beigetreten. Ihre Studienfächerkombination bestand aus Geschichte, Latein und Politologie. Außer in Berlin studierte sie auch in Marburg und in Freiburg. 1969 machte sie das zweite Staatsexamen für das Lehramt am Gymnasium, ging aber nicht in den Schuldienst, sondern war von 1970 bis 1972 als wissenschaftliche Mitarbeiterin bei der Studiengruppe für Systemforschung und bei der Verwaltung des Bundestags in Bonn tätig. 1973 arbeitete sie für verschiedene Bundestagsabgeordnete und trat 1974 als Referentin in das Bundesministerium für wirtschaftliche Zusammenarbeit ein, wo sie das erste Mal mit Entwicklungshilfeprojekten konfrontiert wurde.

Über die Landesliste Baden-Württemberg kam sie 1976 in den Bundestag. In ihrer Arbeit als Abgeordnete, von 1976 bis 1980 und von Dezember 1982 bis März 1983, setzte sie sich besonders für Fragen der Entwicklungshilfe ein. Als sie danach wieder im Ministerium tätig war und zur Überprüfung und Beurteilung von Entwicklungshilfeprojekten zahlreiche Dienstreisen nach Afrika und Asien unternahm, musste sie am Beispiel von Bangladesch feststellen, dass die deutsche Entwicklungshilfe dort „beinahe kriminell"[3] sei. Sie kündigte daraufhin ihre Stellung. Sie publizierte ihre Erfahrungen als Entwicklungshilfepolitikerin und hielt zahlreiche Vorträge mit dem Tenor, dass es den Menschen in der Dritten Welt ohne Entwicklungshilfe besser ginge.

Im Mai 1985 übernahm sie für einige Jahre als Generalsekretärin der deutschen Sektion von Amnesty International eine neue wichtige Aufgabe. Diese Arbeit war für sie der Versuch, in vielen Einzelfällen Gutes zu tun, ohne den Anspruch zu haben, die Strukturen der Welt zu verbessern.[4] Die Publizistin engagiert sich gegen Rassismus, sie gehört dem Vorstand der „Aktion Courage e.V. – SOS Rassismus" an.[5]

Brigitte Erler ist mit Gernot Erler[6] verheiratet und hat eine Tochter.

Literatur:
Erler, Brigitte: Die Entwicklung von Hilfsmitteln für die Dokumentation von Vorgängen. Hrsg. v. der Studiengruppe für Systemforschung e.V. Heidelberg. Bericht Nr. 101. München-Pullach/Berlin 1971.
Dies.: Tödliche Hilfe. Bericht von meiner letzten Dienstreise in Sachen Entwicklungshilfe. 12. Aufl., Köln 1990.

---

1 Vgl.: Frankfurter Allgemeine Zeitung, 06.05.1986.
2 Ebd.
3 Munzinger Archiv / Internat. Biograph. Archiv.
4 Vgl.: Die Zeit, 05.04.1985.
5 Unter www.aktioncourage.org/wir-ueber-uns/der-vorstand, Stand: Juli 2012.
6 Gernot Erler war ab 1987 SPD-MdB für Freiburg i. Br.

Dora Flinner

Dora Flinner, am 19. Februar 1940 in Heilbronn geboren, machte nach der Volksschule eine praktische Berufsausbildung als Bäuerin. Als solche war sie im kleinbäuerlichen Familienbetrieb tätig.

Die Politisierung der konservativen Frau, deren Leben sich bis dahin zwischen Familie, Ackerland, Gottesdienst und Bibelstunde abgespielt hatte, begann Ende der siebziger Jahre. Damals plante die Daimler-Benz AG bei Dora Flinners Heimatort Boxberg auf 600 Hektar Land eine Teststrecke für Kraftfahrzeuge zu bauen.

Dora Flinner weigerte sich genauso wie viele andere Landwirte, für dieses „flächenfressende"[1] Vorhaben Land zu verkaufen. Die Betroffenen sowie Natur- und Umweltschützer schlossen sich 1979 in der „Bundschuh-Genossenschaft" zusammen[2], um sich zur Wehr zu setzen. Dora Flinner, Mitglied im Landfrauenverein Boxberg, wurde zur stellvertretenden Vorsitzenden dieser Initiative gewählt.

Dora Flinner wurde parteipolitisch „grün" (1984), ohne dass sich deshalb ihr Wertesystem verschoben hätte.[3] Sie war ab 1980 Ortschaftsrätin in Boxberg-Bobstadt und Gemeinderätin in Boxberg. 1987 legte sie ihr Mandat nieder.

Im Januar 1987 zog sie in den Bundestag ein. Im Frühjahr desselben Jahres verwarf das Bundesverfassungsgericht das 300-Millionen-Mark-Projekt auf Boxberger Boden. In ihrer Bundestagtätigkeit, die mit dem Ende der Wahlperiode vorbei war, setzte sie sich vor allem gegen Umweltsünden durch Wachstumszwänge und für eine alternative Landwirtschaftspolitik ein.

Dora Flinner ist verheiratet und Mutter dreier Töchter.

---

1 Südwestumschau, Januar 1986.
2 Unter dem Zeichen des Bundschuh waren schwäbische Bauern 1525 gegen ihre Herren in den Krieg gezogen.
3 Brockhaus, R.: Bonner Menschen und Meinungen. In: Hofmann, Eberhard: Die Kehrseite der Macht. Wuppertal 1988, S.62–69.

Gisela Frick

„Die Probleme der Gegenwart dürfen nicht ohne Rücksicht auf die Zukunft gelöst werden" ist ein Leitsatz für die FDP-Politikerin Gisela Frick.[1] Sie ist am 23. September 1946 in Köln als Gisela Schulzke geboren worden – römisch-katholisch – und dort aufgewachsen, hat 1965 an der Kaiserin-Augusta-Schule das Abitur gemacht und das Studium der Rechts- und Staatswissenschaften begonnen, das sie 1969 mit der ersten Staatsprüfung in Bonn und 1972 mit der zweiten Staatsprüfung in Stuttgart abschloss.

In Stuttgart lernte sie ihren Mann kennen und heiratete ihn kurz nach Studienabschluss. Von 1973 bis 1975 war sie in der baden-württembergischen Steuerverwaltung tätig, wechselte dann an die Ludwigsburger Fachhochschule für Finanzen, wo sie ab 1979 eine Professur für Steuer- und Verfassungsrecht innehatte.

1988 ist sie der FDP beigetreten, 1994 wurde sie zum ersten Mal in den Bundestag gewählt und war bis 1998 finanz- und steuerpolitische Sprecherin der FDP-Bundestagsfraktion. Ihr Mandat wurde 1998 bestätigt. Bis zu ihrem Ausscheiden im Herbst 2002 war sie stellvertretendes Mitglied im Finanz- und im Innenausschuss sowie Obfrau und Sprecherin im Sonderausschuss „Maßstäbe-/Finanzausgleichsgesetz" der FDP. Sie gehört dem deutschen Juristinnenbund an.

Im Mai 1996 war sie nach der Landtagswahl in Baden-Württemberg, die eine CDU-FDP-Koalition an die Regierung brachte, designierte Justizministerin, trat ihr Amt aber nicht an, weil sofort eine Debatte entstand über mögliche Loyalitätskonflikte wegen der Anwaltstätigkeit ihres Mannes. Der Steuer- und Strafrechtsexperte Dr. Jörg Frick vertrat zu dieser Zeit in mehreren Verfahren prominente Mandanten gegen das Land Baden-Württemberg, zum Beispiel die Tennisspielerin Steffi Graf.

Gisela Frick, die seit längerem geschieden ist, hat zwei erwachsene Kinder. Zu ihren Hobbys zählt sie Lesen und mit der Familie und Freunden zu verreisen.[2]

---

1 Zit. nach ihrer Homepage: www.gisela-frick.de, Stand: 2002.
2 Vgl.: Homepage, a. a. O.

Rita Fromm

Rita Fromm, FDP-Politikerin, erlebte als Bundestagsabgeordnete die letzte Regierung der sozialliberalen Koalition mit. Sie wurde am 1. Mai 1944 in Josephshof, Kreis Schlochau/Pommern geboren. Nach der Realschule machte sie eine Ausbildung als Industriekauffrau und war in Industrie und Großhandel tätig. Nebenbei war sie nach ihrer Qualifikation als staatlich lizenzierte Übungsleiterin für Tennis auch in diesem Bereich aktiv. Seit 1976 lebt sie in Karlsruhe.

1977 schloss sie sich der FDP an. Sie gehörte dem erweiterten Kreisvorstand der Karlsruher Liberalen an, war Delegierte zu den Landesparteitagen, arbeitete in Fachausschüssen auf Landesebene mit und wurde 1980 in den Bundestag gewählt, dem sie bis 1983 angehörte. Dort wirkte sie

im Innerdeutschen Ausschuss, im Sportausschuss und in den Fraktionsarbeitskreisen Außen-, Deutschland- und Sicherheitspolitik mit.

Seit ihrem Ausscheiden aus dem Bundestag arbeitet sie als freiberufliche Dozentin in der Erwachsenenbildung. Es gibt einige Publikationen und Vorträge zu frauenpolitischen Themen von ihr, in denen sie historische Phänomene aufarbeitet, aber auch einem ihrer Interessensschwerpunkte nachkommt: der Gleichberechtigung.

Rita Fromm gehört der Bundesvereinigung Liberale Frauen e. V. an, war langjähriges Vorstandsmitglied der Europa-Union Karlsruhe und engagiert sich aktuell in diesen Vereinen und Vereinigungen: Femmes Pamina Frauen, Weiße-Rose-Stiftung, Förderverein Erinnerungsstätte Rastatt, Historischer Verein Durlach und in der Deutsch-Estnische Gesellschaft.[1]

Seit 1989 ist sie Gemeinderätin in Karlsruhe und seit 2008 Fraktionsvorsitzende.[2]

Rita Fromm ist seit 1968 mit dem Ingenieur Detlef Fromm verheiratet.

Literaturauswahl:
Fromm, Rita: Soldatin – ein Beruf wie jeder andere? In: Frei sein, um andere frei zu machen. Hg.: Lieselotte Funcke. Stuttgart 1984.
Dies.: Auf dem langen Weg zur Gleichberechtigung – ein Streifzug (I). Vom Brief zum politischen Manifest. Die vergessenen Frauen. In: Neue Bonner Depesche Nr. 2/3, 1988.
Dies.: Auf dem langen Weg zur Gleichberechtigung – ein Streifzug (II). Von der Idee zur politischen Forderung. Die verachteten Frauen. In: Neue Bonner Depesche Nr. 4, 1988.
„Wir wollen unser Theil verdienen". Auszüge aus Briefen, Protokollen, Denkschriften und Reden zur Geschichte der Frauenerwerbsarbeit aus dem 19. und beginnenden 20. Jahrhundert. Dokumentation der Lesung zum Begleitprogramm der Ausstellung Mädchen machen Nägel mit Köpf(ch)en des Büro. Zusammengestellt von Rita Fromm. Hrsg. v. Gertrud Megele. Östringen 1992.

---

[1] Laut ihrer Homepage: www.ritafromm.de, Stand: Juli 2012.
[2] Vgl.: http://www1.karlsruhe.de/Gemeinderat/FDP-Fraktion/index.php?seite=rita-fromm, Stand: Juli 2012.

Tanja Gönner

Die CDU-Frau mit dem scharfen Verstand und dem schnellen Mundwerk hat eine rasante Politkarriere mit noch flotterem Abstieg hinter sich. Tanja Gönner, geboren am 23. Juli 1969 in Sigmaringen, ist katholisch und Single-Frau. Die Grundschulzeit verbrachte sie in Bingen, die Gymnasiumszeit samt Abitur an der Liebfrauenschule in Sigmaringen. Von 1989 bis 1992 absolvierte sie eine Ausbildung im gehobenen Justizdienst als Diplomrechtspflegerin. Es folgte von 1993 bis 1997 das Studium der Rechtswissenschaften in Tübingen mit dem ersten Staatsexamen. Zwischen 1997 und 1999 machte sie ihr Referendariat am Landgericht Ravensburg und schloss mit dem Assessorexamen ab. Parallel arbeitete sie von 1992 bis 1995 in einem Betriebsberatungsbüro und von 1996 bis 1999 in einer Rechtsanwaltskanzlei. Anschließend war sie bis 2004 Partnerin in einer Anwaltskanzlei in Bad Saulgau.

1986 trat Tanja Gönner in die Junge Union ein, ein Jahr später in die CDU. Von 1987 bis 1992 amtierte sie als Geschäftsführerin der Jungen Union im Kreis Sigmaringen, ab 1992 im Bezirksverband Württemberg-Hohenzollern als nebenamtliche Bezirksgeschäftsführerin. Von 1994 an war sie Mitglied im Landesvorstand und ab 1996 im JU-Bundesvorstand. 1998 wurde sie zur stellvertretenden Bundesvorsitzenden der Jungen Union Deutschlands gewählt und beendete ihre aktive Laufbahn bei der Jungen Union schließlich 2002. Seit 2000 ist sie Mitglied des Bundesvorstands der CDU, seit 2001 Vorsitzende des CDU-Kreisverbands Sigmaringen und seit 2005 Mitglied des CDU-Landesvorstands.

Im August 2002 nominierte sie ihre Partei als Bundestagskandidatin im Wahlkreis Zollernalb-Sigmaringen. „Die Parteisoldatin Tanja Gönner setzt sich durch" titelte damals die Schwäbische Zeitung.[1] Sie errang das Mandat als direkt gewählte Abgeordnete, war im Umweltausschuss aktiv, befasste sich mit Abfallwirtschaft sowie allgemeinem Umweltrecht[2], gehörte dem Deutschen Bundestag aber nur bis Juli 2004 an. Denn zu diesem Zeitpunkt berief der damalige Ministerpräsident Erwin Teufel die knapp 35-jährige Rechtsanwältin überraschend zur Sozialministerin von Baden-Württemberg, woraufhin sie ihr Mandat zurückgab. Sie hatte bis dahin zwar kein besonderes sozialpolitisches Profil gezeigt, sollte aber wohl einfach frischen Wind in die Landesregierung bringen. Parallel wurde sie zur Behindertenbeauftragten der Landesregierung ernannt und war daraufhin zeitweise das jüngste Mitglied im Bundesrat.[3]

Im Oktober 2004 entschied Erwin Teufel, sich auf dem Landesparteitag im darauffolgenden Februar nicht mehr zum CDU-Spitzenkandidaten für die Landtagswahl 2006 küren zu lassen. Gleichzeitig kündigte er an, im April 2005 zurückzutreten, um dem künftigen Spitzenkandidaten seiner Partei den Weg zu ebnen.[4] Das führte zu Spekulationen um Tanja Gönners politische Zukunft. Denn ihre Beziehung zum nachfolgenden Ministerpräsidenten Günther Oettinger galt „als verbesserbar".[5] Doch sie wurde von ihm im April 2005 zur Umweltministerin berufen. Winfried Kretschmann, zu dieser Zeit Fraktionsvorsitzender der Grünen im Landtag, kommentierte die Kabinettsumbesetzung harsch:

„Das Umweltministerium wird zur Besenkammer für eine Ministerin, die Oettinger eigentlich nicht mehr will – das ist ein verheerenden Signal für die Umweltpolitik im Land."[6] Doch nach zwei Jahren Amtszeit bescheinigte ihr die Presse, dass sie „das Thema Umwelt aus dem Tabubereich der Union" geholt habe.[7] Die Stiftung Ökologie ernannte sie gar zur „Ökologia 2007", ein Ehrentitel, den im Jahr zuvor die Vorsitzende des Bunds für Umwelt und Naturschutz Deutschland erhielt.[8] Zwar setzte sie sich für eine Verlängerung der Laufzeiten von Atomkraftwerken ein, sprach aber immerhin von einer „Übergangstechnologie"[9] und engagierte sich gleichzeitig für den Ausbau der Windkraft.[10] Tanja Gönners größter Coup als Umweltministerin war, dass sie im Land ein bundesweit beachtetes Gesetz durchbrachte. Alle Häuslebauer hier sind seitdem verpflichtet, ein Fünftel der Wärme über erneuerbare Energien zu beziehen und seit 2010 müssen Altbauten, deren Heizungen erneuert werden, zehn Prozent der Wärme aus regenerativen Energien beziehen.[11]

Im Februar 2010 ernannte sie Stefan Mappus, der im selben Monat als Nachfolger des nach Brüssel berufenen Günther Oettinger vom baden-württembergischen Landtag zum neuen Ministerpräsidenten gewählt worden war, zusätzlich zur Verkehrsministerin. Die Ressorts Umwelt und Verkehr waren zusammengelegt worden, was Tanja Gönners Position innerhalb der Landesregierung stärkte. Dadurch geriet sie allerdings auch in die Rolle, sich bei den von Heiner Geißler moderierten „Schlichtungsgesprächen" zu „Stuttgart 21" im Herbst 2010 als leidenschaftliche Befürworterin zu präsentieren. Bei der darauffolgenden Landtagswahl im März 2011 fegte dieses und andere Themen bekanntlich die CDU-FDP-Regierungskoalition hinweg. Tanja Gönner, die bei der Wahl das Direktmandat im Wahlkreis Sigmaringen gewann, geriet in den Strudel der Niederlage. Sie hatte zuvor „mit Mappus die Machtachse im Stuttgarter Kabinett" gebildet. „Manche in der Partei sagten, Gönner sei der kluge Kopf, Mappus der starke Arm. Beide eint ein Vertrauensverhältnis. Nun allerdings ist Tanja Gönner entzaubert."[12] In der Opposition kandidierte sie gegen Peter Hauk um den Fraktionsvorsitz im Landtag und unterlag deutlich. Ein halbes Jahr später verlor sie das Duell um den Vorsitz des einflussreichen CDU-Bezirks Württemberg-Hohenzollern. „Die CDU erneuert sich lieber ohne Tanja Gönner" überschrieb die Stuttgarter Zeitung ihren Bericht dazu.[13]

Im Juli 2012 startete Tanja Gönner schließlich eine neue Karriere: Sie rückte an die Spitze der staatlichen Entwicklungsorganisation GIZ[14] und verließ die landespolitische Bühne.

1 Vgl.: Schwäbische Zeitung, 17.08.2002.
2 Vgl.: FAZ, 15.07.2004.
3 Vgl.: Wikipedia-Artikel über Tanja Gönner, Stand: Juli 2012.
4 Vgl.: Welt-online, 25.10.2004, unter www.welt.de/politik/article348450/Im-Wortlaut-Teufels-Ruecktrittserklaerung.html, Stand: Juli 2012.
5 So drückte es die Heilbronner Stimme am 01.02.2005 aus.
6 Zit. nach Schwäbische Zeitung, 28.04.2005.
7 Vgl.: Südkurier, 16.03.2007.
8 Vgl.: Stuttgarter Zeitung, 14.07.2007.
9 Vgl.: Stuttgarter Zeitung, 28.06.2007.
10 Vgl.: Heilbronner Stimme, 14.08.2009.
11 Vgl.: Süddeutsche Zeitung, 28.09.2009.
12 Vgl.: Stuttgarter Zeitung, 30.03.2011.
13 Vgl.: Stuttgarter Zeitung, 24.10.2011.
14 In der GIZ waren zum 1. Januar 2011 die Gesellschaft für Technische Zusammenarbeit, der Deutsche Entwicklungsdienst und die Weiterbildungsorganisation Inwent aufgegangen. Sie ist ein Bundesunternehmen und unterstützt die Bundesregierung in der internationalen Entwicklungszusammenarbeit. Vgl.: Handelsblatt, 23.04.2012.

Renate Gradistanac

Renate Gradistanac wurde am 27. Juni 1950 in Backnang als Renate Höffler geboren. Sie ist mit dem serbischstämmigen Künstler Georg Gradistanac verheiratet und hat zwei Töchter.

Nach der Höheren Handelsschule in Böblingen besuchte Renate Gradistanac die Berufsfachschule für Gymnastiklehrerinnen Kiedaisch in

Stuttgart, wo sie auch als Assistentin arbeitete, bevor sie als Gymnastiklehrerin an die Grund- und Hauptschule in Nagold wechselte.

Sie ist Gründungsmitglied und langjährige Vorsitzende des Vereins „Frauen helfen Frauen", gehört dem Frauenhaus Kreis Calw und der IG Metall an. 16 Jahre lang war sie Elternvertreterin und von 1994 bis 1999 Vorsitzende des Kreiselternbeirats Calw.

1989 erfolgte der Eintritt in die SPD und von da an bis 1999 war sie auch Gemeinderätin in Wildberg. Von 1991 bis 1997 war sie stellvertretende Kreisvorsitzende in Calw, zwischen 1994 und 2002 Kreisrätin im Kreis Calw, ab 1993 stellvertretende Kreisvorsitzende der Arbeitsgemeinschaft Sozialdemokratischer Frauen (ASF) in Calw und von 1995 bis 2003 gehörte sie dem Landesvorstand der ASF an.

1998 kam Renate Gradistanac über die Landesliste in den Bundestag. Ihr Mandat wurde 2002 und 2005 bestätigt. 2009 trat sie nicht mehr an. Im Bundestag war sie im Ausschuss für Familie, Senioren, Frauen und Jugend vertreten, in dem für Tourismus sowie stellvertretendes Mitglied in dem für Gesundheit. Darüber hinaus gehörte sie der Enquete-Kommission „Zukunft des Bürgerschaftlichen Engagements" an. Ab Januar 2005 war sie stellvertretende Sprecherin der Arbeitsgruppe Tourismus und ab November 2005 auch der Arbeitsgruppe Familie, Senioren, Frauen und Jugend der SPD-Bundestagsfraktion. Im Oktober 2009 verließ sie die SPD. In ihrer Pressemeldung stand lapidar: „Mein Parteiaustritt ist ein logischer Schritt – er markiert den Schlusspunkt nach 20 Jahren aktiver politischer Arbeit."[1]

---

[1] Zit. nach Regionews-calw: http://regionews-cw. de/schluss-mit-politik-rEnate-gradistanac-tritt- aus-der-spd-aus-7178/, Stand: Juli 2012.

Annemarie Griesinger

Sie war die Jüngste von sechs Geschwistern und wuchs mit fünf Brüdern auf. Ihre Familie hat Annemarie Griesinger, geboren am 21. April 1924 in Markgröningen, stark geprägt. Der Vater war evangelischer Theologe und Studienprofessor am dortigen Lehrerinnenseminar. 1942 machte sie an der Aufbauschule in Markgröningen das Abitur und leistete danach Arbeits- und Kriegshilfsdienst in Südbaden ab. Bis Kriegsende war sie dann als DRK-Schwesternhelferin in verschiedenen Lazaretten tätig. Nach einem zweijährigen Arbeits- und Studienaufenthalt in der Schweiz besuchte sie die Soziale Frauenschule des Schwäbischen Frauenvereins in Stuttgart, die sie als Jugend- und Wirtschaftsfürsorgerin abschloss. Anschließend wurde sie Berufsberaterin bei den Arbeitsämtern Ludwigsburg und Schwäbisch Hall. Nach ihrer Heirat war sie von 1953 bis 1955 Mitarbeiterin an der Evangelischen Bauernschule Hohebuch und von 1956 bis 1964 als Kreisfürsorgerin beim Landratsamt Ludwigsburg tätig.

Politik war ihrer Familie nicht fremd. Vater Hermann Roemer gehörte zu den Mitbegründern der CDU nach dem Krieg. Heinz Griesinger, der Mann, den sie 1953 heiratete, leitete im Kreis Ludwigsburg die Junge Union. 1956 trat Annemarie Griesinger der Nachwuchsorganisation der Christdemokraten bei, 1958 der CDU. Von 1956 bis 1959 war sie Vorstandsmitglied der Jungen Union von Nordwürttemberg sowie viele Jahre stellvertretende Vorsitzende der CDU Nordwürttemberg und der CDU-Frauenvereinigung Nordwürttemberg. Bis 1983 war sie Mitglied des CDU-Bundesvorstands und der CDU-Frauenvereinigung auf Bundesebene.

1964 rückte Annemarie Griesinger in den Bundestag nach. Wilhelm Hahn war Kultusminister im Südwesten geworden und hatte deswegen das Bundesparlament verlassen. Es heißt, sie sei „so stürmisch durch die

Flure des ehrwürdigen Bundeshauses gefegt, dass sich einige Mannsbilder der hohen Politik schon vom Luftzug einen Schnupfen geholt haben."[1] 1969 gewann sie als einzige Kandidatin im gesamten Bundesgebiet für die CDU einen vorherigen SPD-Wahlkreis (Ludwigsburg). Im selben Jahr wurde sie stellvertretende Vorsitzende der CDU/CSU-Bundestagsfraktion. Sie kümmerte sich im Petitionsausschuss um die Anliegen vieler Bürger im Alltag, im Ausschuss für Ernährung, Landwirtschaft und Forsten vordringlich um die soziale Besserstellung der bäuerlichen Familie und um die Erhaltung des Bäuerinnenprogramms. Im Sportausschuss setzte sie sich für den Ausbau des Behindertensports sowie des Frauensports ein.

Nach den Landtagswahlen in Baden-Württemberg vom 23. April 1972 wechselte sie in die Landespolitik. Der damalige Ministerpräsident Filbinger berief sie in sein Kabinett als Ministerin für Arbeit, Gesundheit und Sozialordnung des Landes Baden-Württemberg. Sie war damit die erste Frau in Baden-Württemberg, die ein Ministeramt innehatte. Dieses Amt schien wie für sie geschaffen. Hier konnte sie sich einbringen und etwas bewirken. So schuf sie unter anderem zusammen mit den freien Wohlfahrtsverbänden die Sozial- und Diakoniestationen als flächendeckendes Angebot, das Modell „Mutter und Kind", also das Erziehungsgeld für Mütter ohne Jobs, den Ausbau der Krankenhäuser und Pflegeheime, sowie ein flächendeckendes Netz von Behinderten-Werkstätten und Berufsbildungswerken. Von 1976 bis 1984 gehörte sie als direkt gewählte Abgeordnete des Wahlkreises Vaihingen/Enz dem Landtag von Baden-Württemberg an.

Im Rahmen der Kabinettsumbildung nach den Landtagswahlen im März 1980 musste sie ihren Posten räumen. Ministerpräsident Lothar Späth vergab das Amt aus innerparteilichem Kalkül anderweitig. Annemarie Griesinger wirkte ab da als Ministerin für Bundesratsangelegenheiten und Bevollmächtigte des Landes Baden-Württemberg in Bonn sowie Europa-Beauftragte der Landesregierung. Sie nutzte diese Chance, viele Menschen in der Landesvertretung in Bonn zusammenzuführen, auf nationaler und internationaler Ebene über Parteigrenzen hinweg.

1984 kandidierte sie nicht mehr für den Landtag, weil sie Jüngeren Platz machen wollte. Im vorparlamentarischen Raum blieb sie nach wie vor aktiv.

Von 1980 bis 1990 war Annemarie Griesinger Landesvorsitzende der Europa-Union in Baden-Württemberg und Präsidiumsmitglied der Europa-Union Deutschland, sowie von 1980 bis 1991 Präsidentin des Landeskomitees des Deutschen Rates der Europäischen Bewegung. Mehrere Jahre lang war sie Landesvorsitzende des Vereins des Deutschtum im Ausland (VDA) und Verwaltungsratsvorsitzende auf Bundesebene. Sie war lange Jahre Präsidiumsmitglied des Deutschen Roten Kreuzes und Vorstandsmitglied der Rote Kreuz-Schwesternschaft, der Johanniter-Schwestern und außerdem im Stiftungsrat des Diakonissen-Mutterhauses in Stuttgart sowie im Verwaltungsrat der Johannesanstalten in Mosbach. Seit Gründung des Landesverbandes der Rheumaliga Baden-Württemberg war sie deren Schirmherrin. Sie war Vorstandsmitglied im Deutschen Verein für öffentliche und private Fürsorge. Der Großteil ihrer Arbeitskraft gehörte viele Jahre lang der Lebenshilfe für geistig Behinderte, deren Bundesvorsitzende sie ab 1984 war. Von 1998 bis 2003 war sie im Rundfunkrat des SWR aktiv. Der damalige Intendant Peter Voß schrieb später über sie: „Frau Griesinger ist ein Gesamtkunstwerk, oder um in der Sprache des Medienakteurs zu reden: ein Vollprogramm."[2]

Die an der Esslinger Hochschule dozierende Wissenschaftlerin für Frauenpolitik, Birgit Meyer, konstatierte schon 1997 etwas bis heute eher Ungewöhnliches an der Biografie der Frau, die „die Volkspartei lebte"[3]: „Sie (Annemarie Griesinger, Anm. d. Verf.) habe ‚unwahrscheinlich Glück gehabt' mit ihrem Mann, gesteht sie wie eine bescheidene schwäbische Hausfrau. Und doch entsteht der Eindruck, Annemarie Griesinger sei eine der wenigen Politikerinnen, denen es gelungen zu sein scheint, beide – für ein normales Frauenleben sehr stark auseinanderdriftenden Pole: Beruf und Familie, ideal zu verbinden. ... Annemarie Griesinger lebt, so könnte man es zusammenfassend formulieren, eine traditionelle Partnerschaft mit überlieferten und akzeptierten Rollenvorstellungen ganz untraditionell, auf eigene, erst im 20. Jahrhundert möglich gewordenen Weise."[4]

Als fröhlich, bodenständig und resolut beschreiben sie alle, die mit ihr zu tun hatten. Ihr Spitzname „Feschtles-Marie" habe keinen spöttischen Klang gehabt, sondern drückte Anerkennung für ihre Teilnahme aus.[5] „Die Begegnung mit Menschen hatte für Griesinger auch jenseits der Politik etwas Existenzielles. ‚Mir sind in meinem Leben immer wieder Engel begegnet', berichtete sie. Oft in Form von ‚weisen Frauen' wie die Diakonisse Elsbeth Gärtner, welche sie für ihre karitative Arbeit lobte, für ihre häufigen Kraftausdrücke (‚Zum Donnerwetter') jedoch tadelte. Den Rat der frommen Schwester, ‚Sagen Sie doch lieber heidenei!', hat Griesinger beherzigt: ‚So bin ich in Bonn als Frau Heidenei verabschiedet worden und nicht als Frau Donnerwetter.'"[6]

Die bis zuletzt umtriebige Annemarie Griesinger starb am 20. Februar 2012 im Alter von 87 Jahren während eines Freizeitaufenthalts in Bad Urach.

Literatur:
Griesinger, Annemarie: Der Humor darf nicht zu kurz kommen! In: Ein Leben für die Politik? Briefe an jüngere Mitbürger. Freiburg i. Br. 1988.
Dies. / Hohnecker, Martin (Hg.): Heidenei, Frau Minister! Lachen ist die beste Politik. Hohenheim 2006.
„Heidenei!" Annemarie Griesinger zum 80. Geburtstag. Eine Festschrift hrsg. v. Robert Antretter, Günther H. Oettinger, Erwin Teufel, Gustav Wabro, Matthias Wissmann. Stuttgart 2004.[7]
Meyer, Birgit: Annemarie Griesinger – „Ich hatte nie Emanzipationsprobleme". In: dies.: Frauen im Männerbund. Frankfurt M./New York 1997, S. 55–81.

1 Vgl.: Stuttgarter Zeitung, 04.02.2006.
2 Zit. nach www.annemarie-griesinger.de/framesets/11_4_voss.htm, Stand: Juli 2012.
3 Überschrift der Stuttgarter Nachrichten im Nachruf vom 22.02.2012.
4 Meyer, Birgit: Annemarie Griesinger, a. a. O., S. 81.
5 Vgl.: Stuttgarter Nachrichten, 22.02.2012.
6 Ebd.
7 Die Festschrift ist als PDF mit und ohne Bilder aus dem Netz herunterladbar unter: http://www.annemarie-griesinger.de/pdf.htm, Stand: Juli 2012.

Rita Grießhaber

Rita Grießhaber wurde am 27. Mai 1950 in Bad Dürrheim geboren. Nach dem Wirtschaftsgymnasium in Villingen studierte sie von 1970 bis 1976 Erziehungswissenschaften mit dem Schwerpunkt Sozialpädagogik in Tübingen und Berlin mit dem Abschluss Diplompädagogin. Ein Jahr lang war sie dann in einem Berliner Kinderheim beschäftigt. Von 1977 bis 1979 machte sie am Institut für Bibliothekarsausbildung in Berlin noch eine Ausbildung zur Bibliothekarin, Fachrichtung Öffentliche Bibliotheken, ebenfalls mit Diplomabschluss. In diesem Beruf arbeitete sie von 1980 bis 1982 an einer Zweigstelle der Berliner Stadtbücherei Neukölln.

Sie war 1971 an der Stern-Aktion gegen den Paragraphen 218 Beteiligt und 1978 Mitbegründerin des Frauenbildungs-, -forschungs- und -informationszentrums Berlin (FFBIZ).

1991 schloss sich Rita Grießhaber den Grünen an. Von 1989 bis 1994 war sie Stadträtin in Freiburg mit den Schwerpunkten Finanzen, Frauen, Kinder, Soziales und Kultur. Sie war Mitglied im Landesvorstand Bündnis 90/Die Grünen Baden-Württemberg von 1993 bis 1994 und von 1998 bis 2003.

Rita Grießhaber engagierte sich zwischen 1994 und 2002 als Bundestagsabgeordnete von Bündnis 90/Die Grünen für den Schwarzwald-Baar-Kreis. Sie war Mitglied der Kinderkommission des Deutschen Bundestages und frauenpolitische Sprecherin ihrer Fraktion. In der 13. Legislaturperiode verantwortete sie auch den bündnisgrünen Gesetzentwurf zum Paragraphen 218. Ihr Schwerpunktthema war die Vereinbarkeit von Beruf und Familie. Außerdem hat sie für die Fraktion einen Entwurf zur Neugestaltung des Kinderschaftsrechts erarbeitet. Sie war außerdem stellvertretendes Mitglied im Verteidigungsausschuss sowie in der Kommission zur Wahrnehmung der Belange der Kinder. Seit 1998 war sie Mitglied im Auswärtigen Ausschuss und in der Parlamentarischen Versammlung in der OSZE (Organization for Security and Cooperation in Europe). Sie arbeitete schwerpunktmäßig zu den Themen Vereinte Nationen, auswärtige Kulturpolitik und zu Ländern wie USA, Iran und Maghreb. Als Mitglied im Unterausschuss Vereinte Nationen des Auswärtigen Ausschusses sagte sie in einem Redebeitrag vom 8.11.2000: „Meiner Ansicht nach braucht die Auseinandersetzung mit dem Erbe totalitärer Regime und bewaffneter Konflikte auch eine Dimension der Schuldbewältigung. Lassen Sie mich aus einem Papier der Deutschen Bischofskonferenz zitieren, in welchem auf die Bedeutung der ‚Konfliktnachsorge' als Teil einer Konfliktvorbeugung hingewiesen wird. Dort heißt es: ‚Es gibt keinen Frieden ohne Versöhnung und keine Versöhnung ohne Wahrheit und Gerechtigkeit.'"[1]

Rita Grießhaber ist verheiratet und hat einen Sohn.

---

[1] Zit. nach ihrer Homepage www.renate-griessha ber.de, Stand 2002.

Annette Groth

Die Linke-Politikerin Annette Groth steht auf einem protestantischen Fundament. Aufgewachsen ist sie in Gadderbaum bei Bielefeld, wo sie am 16. Mai 1954 das Licht der Welt erblickte. Als Kind lebte sie mit ihren Eltern zwei Jahre in Namibia, da ihr Vater dort Pfarrer und Präses der weißen Kirche war. Von dieser Zeit sagt sie heute: „Damals ist bei mir der Grundstein für einen ausgeprägten Gerechtigkeitssinn gelegt worden, denn es war die Zeit schlimmster Apartheid, die ich als Kind dort erlebte. Mein Vater war ein großes Vorbild für mich, denn er kämpfte gegen die Apartheid in der Kirche, die auch dort damals leider Alltag war. Mein Vater sagte mir, dass man Respekt vor anderen Menschen haben und deren Lebensformen achten muss. Er lud seine afrikanischen Kollegen in unser Haus ein – was unter den damaligen Verhältnissen nicht nur unüblich, sondern auch heftig kritisiert wurde, auch von Kirchenleuten".[1]

Nach dem Abitur studierte Annette Groth ab 1974 an der Freien Universität Berlin Entwicklungssoziologie, Volks- und Betriebswirtschaftslehre sowie Internationale Politik und schloss als Diplom-Soziologin ab. Anschließend war sie von 1981 bis 1984 als wissenschaftliche Mitarbeiterin am europäischen Forschungsinstitut in Rotterdam tätig. Danach arbeitete die Soziologin bis 1987 in der Geschäftsstelle der Evangelischen Studentengemeinde Stuttgart als Ökumene-Referentin und beim Diakonischen Werk der Evangelischen Kirche in Deutschland (EKD). Zwischen 1992 und 1997 war sie UN-Kommissarin für Flüchtlinge (United Nations High Commissioner for Refugees, UNHCR) in Genf und dann zwei Jahre lang Direktorin der Ecumenical Coalition on Third World Tourism (ECTWT). Sie ist Herausgeberin der Vierteljahreszeitschrift „CONTOURS" in Barbados.

Parteipolitisch aktiv ist Annette Groth seit 2005. Damals trat sie in

Stuttgart in die WASG ein, die sich im Herbst 2004 als Partei gegründet hatte, wurde in den Landesvorstand Baden-Württemberg gewählt, war deren Sprecherin und erlebte in dieser Funktion zwei Jahre später, im Juni 2007, die Fusion der WASG mit der PDS zur Partei Die Linke. Danach begann sie in der Bundestagsfraktion Die Linke als wissenschaftliche Mitarbeiterin zu arbeiten – verantwortlich für Europa- und Länderpolitik.

2009 wurde Annette Groth über die Landesliste selbst in den Bundestag gewählt. Sie ist menschenrechtspolitische Sprecherin ihrer Fraktion, Mitglied im Ausschuss für Menschenrechte und humanitäre Hilfe sowie im Ausschuss für wirtschaftliche Zusammenarbeit und Entwicklung und zusätzlich stellvertretendes Mitglied im Auswärtigen Ausschuss sowie im Ausschuss für die Angelegenheiten der Europäischen Union. Darüber hinaus ist sie Vorsitzende der deutsch-griechischen Parlamentariergruppe.

---

1   Zit. nach dem Porträt über sie in der Reihe „Wege in die Politik" des Deutschen Bundestags, Ausdruck im Landtagsarchiv unter „Frauen im Parlament 2012".

Ingeborg Häckel

Ingeborg Häckel wurde am 8. Januar 1937 in Saalfeld an der Saale geboren. Nach der Volksschule machte sie eine dreijährige Lehre mit dem Abschluss „Gebrauchswerber" in der DDR. 1956 übersiedelte sie in die Bundesrepublik, besuchte die Handelsschule und die Abendoberschule in Heidelberg und machte in London ihr Englischexamen. Von 1959 bis 1972 arbeitete sie als Chefsekretärin, ab 1973 als Pressereferentin und Redakteurin. Sie leitete die Abteilung Öffentlichkeitsarbeit der Industrie-

und Handelskammer Rhein-Neckar in Mannheim und war Dozentin an der Akademie für Wirtschaft und Technik der Volkshochschule Heidelberg.

1962 schloss sie sich in Mannheim der Jungen Union und der CDU an. Sie gehörte später dem Landesvorstand der Jungen Union an, war ab 1971 in der Frauenvereinigung der CDU und zeitweise Mitglied des Landesvorstands Nordbaden und des Landesvorstands Baden-Württemberg. In der 7. Wahlperiode rückte Ingeborg Häckel am 28. September 1976 für den ausgeschiedenen Abgeordneten Kurt Härzschel in den Bundestag nach, kandidierte für die darauffolgende Wahlperiode aber nicht mehr. Somit war sie 81 Tage lang Bundestagsabgeordnete.[1]

gendwann eine solche ‚Quotenfrau' zu sein. Aber ich habe einsehen müssen, dass eine stärkere Beteiligung von Frauen an politischen Entscheidungsprozessen ohne die ‚Krücke' Quote nicht zu erreichen ist; Experimente mit Kann- und Soll-Bestimmungen waren in der Geschichte der Partei immer wieder gescheitert, das Hoffen auf Einsicht und Überzeugung der Männer erwies sich oft als vergeblich. Im Gegenteil mussten Frauen erleben, dass sich die ‚Männerquote' in der politischen Geschichte

---

[1] Vgl.: Heilbronner Stimme, 25.09.1976.

Gerlinde Hämmerle

Die SPD-Politikerin meinte 1988 zur Quotenregelung ihrer Partei: „Ich selbst war lange Zeit entschiedene Gegnerin der Quote und wehrte mich gegen den Gedanken, vielleicht irgendwann eine solche ‚Quotenfrau' der Bundesrepublik lange Zeit bei 90 Prozent einpendelte."[1]

Gertrude Hämmerle wurde am 5. Juni 1940 in Wolfach im Schwarzwald geboren. Nach dem Gymnasium besuchte sie eine Frauenfachschule, dann eine berufspädagogische Hochschule, wo sie die Lehrbefähigung für das Lehramt an beruflichen Schulen erwarb. Sie war 25 Jahre im Schuldienst, von 1985 bis 1987 als Studiendirektorin und noch einige Jahre als stellvertretende Schulleiterin an der Helene-Lange-Schule in Karlsruhe.

In ihrem gesellschaftspolitischen Engagement fällt vor allem die Mitarbeit bei der Arbeiterwohlfahrt auf: Sie war stellvertretende Bundesvorsitzende der AWO und Mitglied des Bezirksvorstands der AWO Baden. Außerdem gehörte sie dem ZDF-Fernsehrat und dem Zentralen Familienrat des Familienbundes deutscher Katholiken an. Neben anderen lokalen Vereinen ist sie in der Gewerkschaft Erziehung und Wissenschaft (GEW) und bei den Naturfreunden.

1967 trat sie der SPD bei, war von 1976 bis 1986 Ortsvereinsvorsitzende und ab 1971 Mitglied des Kreisvorstands Karlsruhe-Stadt. In den Jahren 1975 bis 1977 war sie Mitglied des SPD-Parteirats. Von 1983 bis 1987 gehörte sie zum SPD-Landesvorstand, ab 1985 zum Präsidium des Landesvorstands Baden-Württemberg. Zwischen 1971 und 1987 war sie im Gemeinderat der Stadt Karlsruhe aktiv, wobei sie von 1982 bis 1987 den Gemeinderatsfraktionsvorsitz innehatte. Seit 1982 ist sie Mitglied in der Sozialdemokratischen Gemeinschaft für Kommunalpolitik in der Bundesrepublik Deutschland e.V. 1987 wurde sie zum ersten Mal in den Bundestag gewählt, wo sie seit 1988 dem Fraktionsvorstand der SPD angehörte. Neben sozial- und frauenpolitischen Themen war die Aussiedlerpolitik einer ihrer Arbeitsschwerpunkte. Von 1988 bis 1990 stand sie der Arbeitsgruppe Aussiedler vor. Ab 1991 war sie Parlamentarische Geschäftsführerin. Im Juli 1994 legte sie ihr Bundestagsmandat nieder, da sie als Regierungspräsidentin nach Karlsruhe berufen worden war. Sie wirkte in dieser Position bis zum Beginn des Rentenalters im Juni 2005, also auch weit nach Ablösung des CDU-SPD-Regierungsbündnisses durch die CDU-FDP-Koalition von 1996. Gerlinde Hämmerle leitete damit als erste Frau einen der vier baden-württembergischen Regierungsbezirke, der von der Fläche her der kleinste, aber mit 2,6 Millionen Einwohnern am zweitdichtesten besiedelt ist. Zu ihrem 60. Geburtstag im Juni 2000 gab es viel Lob für die „Präsidentin zum Anfassen", auch seitens der CDU durch den damaligen Innenminister Thomas Schäuble: „Wo Sie auftreten, erobern Sie die Herzen im Sturm."[2]

---

1 Sozialdemokratischer Pressedienst, 43. Jg., 01.09.1988.
2 Beide Zitate aus Badische Neueste Nachrichten, 06.06.2000.

Heike Hänsel

Einsatz für Menschenrechte, Friedensarbeit und Hilfe für Entwicklungsländer – diese Themen bewegten die Bundestagsabgeordnete der Linken, Heike Hänsel, schon immer. Sie kam am 1. Januar 1966 in Stuttgart zur Welt und machte 1985 ihr Abitur am Gymnasium Romäusring in Villingen. Fasziniert von den Ideen der Befreiungstheologie begann sie 1985 in Tübingen Katholische Theologie zu studieren. An der Universität engagierte sie sich für Flüchtlinge und knüpfte Kontakt zur Friedensbewegung. Drei Jahre später brach sie das Studium ab: „Zu wenig Berufsaussichten für Frauen, zu dogmatisch", erklärt sie. Als „gläubigen Menschen" bezeichnet sie sich dennoch.[1] 1990 wechselte Heike Hänsel an die Universität Gießen, um dort Ernährungswissenschaften zu studieren. Ihr Motiv: Dieses Wissen in der Entwicklungshilfe sinnvoll anzuwenden. Ihre Diplomarbeit schrieb sie über die Ernährungssituation von Frauen in den Slums von Jakarta. Ein Jahr, von November 1993 bis November 1994, forschte sie im Rahmen eines gemeinsamen Projekts der früheren Deutschen Gesellschaft für Technische Zusammenarbeit (GTZ) und der Universität Jakarta in der indonesischen Hauptstadt.[2]

Nach dem Diplomabschluss 1997 konzentrierte sie sich auf die Friedensarbeit in der „Gesellschaft Kultur des Friedens". Bereits während ihres Studiums war sie im Rahmen dieser Initiative an Friedensaktionen in Kolumbien, im Iran und auf dem Balkan beteiligt. Jetzt übernahm sie als Hauptamtliche die Öffentlichkeitsarbeit und engagierte sich weiterhin in Projekten für Kriegsflüchtlinge auf dem Balkan. 1997 und 2001 war sie zudem als Wahlbeobachterin für die OSZE in Bosnien-Herzegowina und im Kosovo im Einsatz. Im selben Jahr wurde Hänsel auch Mitglied bei Attac, wo sie sich zunächst im Koordinierungskreis engagierte, dann von

2004 bis 2005 auch für die EU-AG als Sprecherin fungierte.[3]

Heike Hänsel ist in Stuttgart im Friedensnetz Baden-Württemberg und in Tübingen im Friedensplenum/Antikriegsbündnis Tübingen e.V. aktiv. 2002 begann sie, sich kommunalpolitisch zu engagieren und kandidierte als Parteilose für die PDS bei der Kommunalwahl. 2005 trat die ledige und kinderlose Hänsel für die – zu diesem Zeitpunkt „Linkspartei.PDS" heißende Partei – zur Bundestagswahl an. Mit Erfolg. 2009 wurde ihr Mandat bestätigt. Sie fungiert als entwicklungspolitische Sprecherin der Linksfraktion und ist Mitglied im Ausschuss für wirtschaftliche Zusammenarbeit und Entwicklung.

Als wichtiges Ziel nennt sie die Stärkung der Vereinten Nationen: „Wir brauchen eine starke UNO, in der alle Länder gleichberechtigt entscheiden können und in der das Primat der Politik dominiert." Derzeit gelte das Primat der Finanzwirtschaft. Die Tatsache, dass „eigentlich nicht demokratisch legitimierte Organisationen wie die G8/G20-Staaten" mit vielen globalisierungs- und entwicklungspolitischen Fragen befasst seien, bezeichnet sie als eine „Selbstmandatierung der Wirtschaft". Und sie gibt nicht auf, denn Politik sei kein Beruf, sondern ein Lebensinhalt.[4]

---

1 Zit. nach dem Porträt über sie in der Reihe „Wege in die Politik" des Deutschen Bundestags, Ausdruck im Landtagsarchiv unter „Frauen im Parlament 2012".
2 Ebd.
3 Ebd.
4 Ebd.

Liesel Hartenstein

Als „Politikerin aus Verantwortungsgefühl" bezeichnete sich die langjährige SPD-Bundestagsabgeordnete einmal[1]. Liesel Hartenstein (geb. Rössler) wurde am 20. September 1928 in Steinehaig im Kreis Crailsheim geboren. Nach der Volksschule besuchte sie die Aufbauschule Markgröningen, später die Aufbauschule Saulgau und nach Kriegsende das Mädchengymnasium Schwäbisch Hall, wo sie 1949 Abitur machte. In den Jahren 1949 bis 1958 studierte sie die Fächer Germanistik, Geschichte, Philosophie, Französisch und Kunstgeschichte an der Universität Tübingen und an der ehemals Technischen Hochschule Stuttgart. 1958 schloss sie mit Promotion ab und arbeitete bis 1964 als freiberufliche Journalistin für verschiedene Zeitungen und den Süddeutschen Rundfunk. Sie ist Autorin einer Geschichte des Bucheinbands, hat an der Herausgabe des „Kladderadatsch" mitgearbeitet, Beiträge für Sammelwerke, für die Zeitschrift „Germanistik" u. a. geschrieben. Ab 1964 unterrichtete sie am Mörike-Gymnasium in Stuttgart und war Angestellte der Schulstiftung Evangelisches Töchterinstitut.

Sie ist Mitglied der Arbeiterwohlfahrt, des Deutschen Roten Kreuzes, des Bundes für Umwelt und Naturschutz Deutschland e. V. (BUND), von Verdi und weiterer Verbände.

1968 begann ihre politische Karriere mit der Wahl in den Esslinger Gemeinderat, wo sie später SPD-Fraktionsvorsitzende wurde. 1971 schloss sie sich der SPD an, wurde Mitglied des SPD-Kreisvorstandes Esslingen, 1975 dann stellvertretende Kreisvorsitzende. Sie gehörte dem SPD-Landesvorstand Baden-Württemberg an. 1973 wurde sie in den Landesvorstand der Arbeitsgemeinschaft sozialdemokratischer Frauen (AsF) Baden-Württembergs gewählt, dessen stellvertretende Landesvorsitzende sie 1975 wurde. Von 1971 bis 1973 war sie im Esslinger Kreistag.

Bundestagsabgeordnete war sie 22 Jahre lang, ab 1976, unter anderem als stellvertretende Vorsitzende des Ausschusses für Umwelt, Naturschutz und Reaktorsicherheit, im Innenausschuss und im Ausschuss für Ernährung, Landwirtschaft und Forsten arbeitend. Sie gehörte zu jenen, die das Parlament davon überzeugten, dass für alleinerziehende Frauen, die in den 70ern noch als „ledige Mütter" diffamiert wurden, Unterhalsvorschusskassen eingerichtet werden müssen. Für Frauenförderprogramme, eine familienfreundlicherer Arbeitswelt, Chancengleichheit für Kinder oder die Quote in den SPD-Gremien leistete die beharrliche Schwäbin im Bundestag und in der Partei Überzeugungsarbeit. Nicht umsonst charakterisiert sie sich als jemanden, der „Streit im positiven Sinne zu schätzen weiß".[2] Auch in die Umweltpolitik investierte sie viel Energie: ab 1987 als stellvertretende Vorsitzende der Enquete-Kommission „Vorsorge zum Schutz der Erdatmosphäre". Wie die Familienpolitik bedeutet das Ziel bei diesem Engage-

ment schließlich eine Verbesserung der Lebensqualität.[3]

Liesel Hartenstein ist mit dem Verleger Eberhard Hartenstein verheiratet und hat zwei Kinder. Sie lebt in Leinfelden.

Literatur:
Hartenstein, Liesel (Hg.): Braucht Europa seine Bauern noch? Über die Zukunft der Landwirtschaft Baden-Baden 1997.
Dies. / Schmidt, Ralf: Planet ohne Wälder? Plädoyer für eine neue Waldpolitik. Bonn/Heidelberg 1996.
Dies. (Hg.): Facsimile-Querschnitt durch den Kladderadatsch. Eingel. v. Hans Rothfels. Bern 1965.
Dies.: Geschriebenes zu kleiden. Die Aufgabe des Buchbinders zu allen Zeiten. Festschrift zum 75-jähr. Bestehen des Hauses Sigloch. Historischer Teil von Liesel Hartenstein. Stuttgart 1959.

---

1 Brigitte, 04.06.1976.
2 Südkurier, 13.05.1998.
3 Ebd.

Renate Hellwig

Achtzehn Jahre lang war die kritische CDU-Politikerin mit den interessanten Publikationen zur Frauenpolitik Bundestagsabgeordnete. In der Einleitung zu „Unterwegs zur Partnerschaft" schrieb sie: „Wir CDU-Frauen können und wollen uns damit nicht abfinden, dass es immer noch viel zu wenig Frauen sind, die sich aktiv politisch engagieren. Wir wollen hier ganz praktisch unsere Arbeit und die unserer Vorgängerinnen aufzeigen und hoffen darauf, dass dadurch möglichst viele Frauen den Drang, ja geradezu die Verpflichtung spüren, der Politik in ihrem persönlichen Leben mehr Bedeutung zu geben. ... Die ganze Demokratie wird in ihrer vollen Blüte erst verwirklicht sein, wenn

Frauen in gleichem Maße wie Männer nicht nur zur Wahl gehen, sondern Mitglieder in den Parteien sind und etwa die Hälfte der Parlamentarier in den Gemeinderäten, Landtagen und Bundestagen stellen."[1]

Renate Hellwig wurde am 19. Februar 1940 in Beuthen/Oberschlesien als Tochter eines selbstständigen Goldschmieds und seiner mit im Geschäft arbeitenden Ehefrau geboren und hat einen jüngeren Bruder. Sie ist evangelisch. Bei Kriegsende musste die Familie fliehen, weshalb Renate Hellwig den größten Teil ihrer Kindheit und Jugend in München verbrachte. Nach dem Abitur (1959) studierte sie bis 1964 in München und Berlin Rechts- und Wirtschaftswissenschaften. 1967 legte sie das Assessorexamen ab und promovierte zum Dr. jur. Nach einem Praktikum bei der Europäischen Gemeinschaft in Brüssel wurde sie 1969 Beamtin im Bundesarbeits- und Sozialministerium. Im gleichen Jahr wechselte sie als Referentin für Öffentlichkeitsarbeit in das baden-württembergische Kultusministerium nach Stuttgart.

1970 schloss sie sich der CDU an. Zwei Jahre später wurde sie baden-württembergische Landtagsabgeordnete und im gleichen Jahr Bezirksvorsitzende der nordwürttembergischen Frauenvereinigung. Bis 1975 war sie hochschulpolitische Sprecherin der CDU-Landtagsfraktion. 1973 übertrug ihr die Landes-CDU den Vorsitz einer Parteikommission, die ein „Grundsatzprogramm zur Stellung der Frau in der Gesellschaft" zu entwerfen hatte.

1975 gab sie ihre Stuttgarter Ämter auf und wechselte als Staatssekretärin in das Ministerium für Soziales, Gesundheit und Umwelt des Landes Rheinland-Pfalz. 1980 bewarb sie sich erfolgreich um ein Bundestagsmandat und gab mit Beginn der Legislaturperiode ihr Amt in Mainz auf. Sie engagierte sich im Bundestag vor allem in der Forschungs-, Wirtschafts- und Frauenpolitik. Von 1975 bis 1989 gehörte sie dem Bundesvorstand der CDU-Frauenvereinigung und ab 1985 dem der CDU. 1982 wurde sie stellvertretende Vorsitzende der „Zukunftskommission Jugend" der CDU. Von 1983 bis 1994 war sie Vorsitzende der Europakommission beziehungsweise des EG-Ausschusses des Deutschen Bundestags. Ihr Bundestagsmandat wurde bei den vorgezogenen Bundestagswahlen im März 1983 bestätigt, wie auch bei den Wahlen 1987, 1990 und 1994. 1998 verlor die Juristin ihr Direktmandat im Wahlkreis Neckar-Zaber an die SPD und musste von der Bundespolitik Abschied nehmen.

Ihr Traum, noch EU-Kommissarin zu werden, erfüllte sich nicht. Schon 1987 hatte sie in einem Interview mit dem „Deutschen Allgemeinen Sonntagsblatt" ernüchtert festgestellt: „Mit Profil eckt man an". Auch die mangelnde Solidarität in der CDU – auch und gerade unter den Frauen – waren für sie immer wieder ein Kritikpunkt. Sie zog das Resümee: „Am besten kann ich mich auf mich selbst verlassen". Seit ihrem Rückzug aus der Politik lebt Renate Hellwig in München und ist als Rechtsanwältin tätig.[2]

Literatur:
Hellwig, Renate: Auslegung und Anwendung des Begriffs Unzuverlässigkeit im Gewerberecht. Diss. Universität München 1967.
Dies.: Frauen verändern die Politik. Eine gesellschaftspolitische Streitschrift. Bonn 1975.
Dies. (Hg.): Die Christdemokratinnen. Unterwegs zur Partnerschaft. Stuttgart 1984.
Dies. (Hg.): Der Deutsche Bundestag und Europa. München/Landsberg am Lech 1993.
Dies.: Das Problem der Vereinbarkeit von Familie und Beruf. Köln 1990.
Meyer, Birgit: Renate Hellwig – „Politik ist eine Sucht wie das Rauchen". In: dies.: Frauen im Männerbund. Frankfurt M./New York 1997, S. 82–109.

---

1 Die Christdemokratinnen, s. o., S.15.
2 Letzter Abschnitt samt Zitaten aus dem Internet–Auftritt der Konrad-Adenauer-Stiftung unter dem Stichwort „Personen", Stand: Juli 2012.

Hannegret Hönes

Die Journalistin Hannegret Hönes wurde am 16. Januar 1946 in Mollnitz a.d. Elbe geboren. 1967 machte sie in Calw Abitur. Nach einem Zeitungsvolontariat arbeitete sie von 1969 bis 1976 bei der „Sindelfinger Kreiszeitung" und dem Wochenblatt „Christ und Welt" mit. Von 1976 bis 1979 lebte sie mit ihrer Familie in Kenia und arbeitete dort neben einer Lehrtätigkeit an der Universität Nairobi und am Goethe-Institut in Entwicklungshilfeorganisationen und Selbsthilfegruppen mit.

Sie schloss sich 1979 den Grünen an, baute einen Ortsverband auf, engagierte sich bei Kommunalwahlen. Sie war Pressesprecherin im Kreisverband und rückte 1981 in den Landesvorstand Baden-Württemberg auf. 1985 kam sie durch das damalige Rotationsprinzip ihrer Partei in den Bundestag und wurde Fraktionssprecherin. Sie vertrat ihre Fraktion im Unterausschuss Umwelt und stellvertretend im Landwirtschaftsausschuss. Als ihren wichtigsten Arbeitsbereich sah sie die „Ökologie im weitesten Sinne"[1] an. Davon zeugen auch die zahlreichen Anfragen und Vorlagen, die sie zu diesem Themenkomplex einbrachte. Darüber hinaus war sie auch im Bereich der Frauenpolitik sehr aktiv. Ihre Forderung, das Familienministerium zu entflechten und ein eigenes Frauenministerium einzurichten, ließ sich damals nicht umsetzen. Seit der Bundestagswahl 1987 ist sie nicht mehr im Bundesparlament.

Hannegret Hönes ist verheiratet und Mutter zweier Söhne.

Literatur:
Hönes, Hannegret / Küppers, Peter: Unternehmen Umwelt. Hrsg. v. Öko-Institut e. v., 1998.

---

1 Das Parlament, 20.11.1985.

chen. 1996 gründete sie gemeinsam mit anderen den Förderverein Zentrale Stelle e. V. und unterstützte acht Jahre lang als Vorstandsmitglied diese in Deutschland einzigartige Behörde ehrenamtlich.

Ingrid Hönlinger, geboren am 17. August 1964 in Ludwigsburg, legte in dieser Stadt 1983 ihr Abitur am Friedrich-Schiller-Gymnasium ab.

Dann studierte sie zwei Jahre lang in Passau Jura, bevor sie an die Albert-Ludwigs-Universität in Freiburg im Breisgau wechselte, an der sie 1989 ihr erstes juristisches Staatsexamen machte. Von 1989 bis 1992 folgte das Referendariat am Landgericht in Heilbronn. 1992 schloss sie mit dem zweiten juristischen Staats-

Ingrid Hönlinger

Die Einhaltung der Bürger- und Menschenrechte betrachtet die grüne Rechtsanwältin Ingrid Hönlinger als ihr „politisches und menschliches Herzensanliegen".[1] In diesem Bereich begann ihr politisches Engagement. So ist sie etwa seit 1985 aktives Mitglied bei Amnesty International. In ihrer Heimatstadt Ludwigsburg gibt es seit 1958 die Zentrale Stelle der Landesjustizverwaltungen zur Aufklärung nationalsozialistischer Gewaltverbre-

examen ab. Auslandspraktika führten sie nach London, Straßburg und Brüssel. Seit 1992 arbeitet sie als selbstständige Rechtsanwältin, seit 2001 in der eigenen Kanzlei. Ingrid Hönlinger, römisch-katholisch, ist mit dem Mediator Siegfried Rapp verheiratet.

Seit 2005 engagiert sie sich als Vorstandssprecherin der Grünen im Ortsverband Ludwigsburg sowie als Basisdelegierte für den Länderrat. In demselben Jahr kandidierte sie vergeblich für ein Bundestagsmandat im Wahlkreis Ludwigsburg. Seit 2006 gehört sie dem Kreisvorstand in Ludwigsburg an. Bei der Bundestagswahl 2009 stand sie auf Platz neun der Grünen-Landesliste und zog in den Bundestag ein. Ingrid Hönlinger ist Mitglied im Rechtsausschuss sowie in dessen Unterausschuss Europarecht. Als demokratiepolitische Sprecherin der grünen Bundestagsfraktion möchte sie sich „für die Stärkung der direkten Demokratie, die Förderung des bürgerschaftlichen Engagements und mehr Transparenz in der Politik einsetzen. Denn unsere Demokratie lebt von der Einmischung aller Bürgerinnen und Bürger."[2]

---

1 Zit. nach ihrer Homepage http://ingrid-hoenlinger.de, Stand: Juli 2012.
2 Ebd.

Birgit Homburger

„Leben heißt handeln"[1] lautet die Maxime der umtriebigen FDP-Politikerin Birgit Homburger. Am 11. April 1965 in Singen geboren, hat sie eine steile parteipolitische Karriere zu verzeichnen: 1982 trat sie in die FDP ein, 1984 wurde sie Mitglied der Jungen Liberalen. Zwei Jahre später war sie bereits Landesvorsitzende derselben. Im Januar 1991 gab sie diese Funktion auf, da sie im September 1990 Bundesvorsitzende des ersten gesamtdeutschen Verbandes der Jungen Liberalen geworden war. Über die Landesliste Baden-Württemberg hat sie seit Dezember 1990 ein Bundestagsmandat inne, zunächst über den Wahlkreis Ulm, seit 1998 für den Wahlkreis Konstanz. Als politische Schwerpunkte ihrer parlamentarischen Arbeit sah sie anfangs den Umweltbereich sowie die Bereiche Mittelstand, Handwerk und Technologie. Sie war umweltpolitische, später verteidigungspolitische Sprecherin und sogar zeitweise für den Bürokratieabbau zuständig.[2] Momentan ist sie im Bundestag Mitglied im Auswärtigen Ausschuss sowie in dem für Wirtschaft und Technologie. Außerdem gehört sie dem Gemeinsamen Ausschuss von Bundesrat und Bundestag

an. Im Januar 1997 wurde sie ins Präsidium des FDP-Landesvorstands gewählt, war ab da Stellvertreterin und ist seit 2004 Landesvorsitzende der FDP Baden-Württemberg. Außerdem gehörte sie von 1993 bis 2001 als Beisitzerin dem FDP-Bundesvorstand an und von 2001 bis 2011 war sie Beisitzerin im Präsidium der FDP. Zu den Bundestagswahlen 2002, 2005 und 2009 kürte ihre Partei sie jeweils zur baden-württembergischen FDP-Spitzenkandidatin. Seit Mai 2011 hat sie das Amt der stellvertretende FDP-Bundesvorsitzenden inne.

Birgit Homburger ist in einer Handwerkerfamilie in Hilzingen aufgewachsen. „Hinstehen können, Position beziehen – diese Eigenschaften, da ist sich Birgit Homburger ganz sicher, hat sie aus ihrem Elternhaus mitbekommen. Bodenständigkeit noch dazu, zumal sie schon früh im elterlichen Betrieb, einer Schreinerei mit angegliedertem Bestattungsinstitut mitgearbeitet hat."[3] Nach dem Abitur in Singen studierte sie von 1984 bis 1989 Verwaltungswissenschaften an der Universität Konstanz. Sie schloss als Diplomverwaltungswissenschaftlerin ab und arbeitete in der mittelständischen Wirtschaft im Personalbereich als Projektreferentin der Geschäftsleitung. Sie ist Mitglied in mehreren Sportvereinen – kickte schon gerne, als Fußball bei Frauen noch unpopulär war – sowie in verschiedenen gesellschaftlichen Organisationen.

1991 heiratete die Katholikin den evangelischen Pfarrersohn und Zahnarzt Sigmar Schnutenhaus. „Das private Umfeld außerhalb der Politik ist mir unheimlich wichtig"[4], gibt die vielbeschäftigte Politikerin unumwunden zu, die als ihre größte Stärke sieht, „Dinge mit Entschlossenheit und Durchhaltevermögen anzupacken"[5].

---

1 Zit. nach ihrer Homepage: www.homburger.de, Stand: 2002.
2 Vgl.: FAZ, 03.01.2010.
3 Zit. nach Südwest-Presse, 09.01.1997.
4 Ebd.
5 Zit. nach Homepage, a. a. O., Stand: 2002.

Margarete Hütter

Margarete Hütter (geb. Jahn) wurde am 26. März 1909 in Berlin geboren. Nach dem Besuch der Volksschule und eines Lyzeums (Mittlere Reife) studierte sie Fremdsprachen in England, Frankreich und den USA. Anschließend war sie als Sekretärin und Fremdsprachenkorrespondentin in Berlin, London und Paris tätig. Sie war in der demokratischen Jugendbewegung aktiv und seit 1929 in England Mitglied politischer Debattiervereine.

1933 heiratete sie Jean Hütter, einen Dozenten für Neuere Geschichte im Elsass, wodurch sie die französische Staatsbürgerschaft erhielt. Im Zweiten Weltkrieg trat ihr Mann als Offizier in die deutsche Wehrmacht ein und beantragte für sich und seine Frau die Einbürgerung, die 1943 vorgenommen wurde. Das Ehepaar Hütter trat in die NSDAP ein. Margarete Hütter war von 1943 bis 1945 Mitglied der NSDAP und von 1941 bis 1945 förderndes Mitglied der NS-Frauenschaft[1]. Ihr Mann gilt seit September 1944 als vermisst.[2] Sie musste wie viele anderen Frauen allein für ihre zwei Kinder sorgen, zuerst als Kellnerin, später besann sie sich auf ihre Fremdsprachenkenntnisse.[3]

Nach dem Krieg nahm sie eine Stellung als Sekretärin, später als Chefdolmetscherin beim Leiter der amerikanischen Militärregierung für Württemberg-Baden, Oberst W. Dawson, an. Aus dieser Stellung musste sie wegen ihrer ehemaligen Parteizugehörigkeit ausscheiden. Es gelang ihr aber, 1947 als Referentin für amerikanische Fragen in Stuttgart im „Deutschen Büro für Friedensfragen" angestellt zu werden.

1948 schloss sie sich der FDP/DVP an. Zu den Bundestagswahlen 1949 wurde sie als Kandidatin aufgestellt und rückte dann auf der Ergänzungsliste der FDP an die Stelle von Theodor Heuss, der zum Bundespräsidenten gewählt wurde. Französische Behörden beanstandeten daraufhin ihre Abgeordnetentätigkeit und wiesen darauf hin, dass sie nach wie vor Französin sei. Das Innenministerium von Württemberg-Baden entschied jedoch, dass der Einbürgerungsantrag seinerzeit freiwillig und Margarete Hütter von der zuständigen Behörde in einem Einzelverfahren rechtsgültig eingebürgert worden sei.

Bei den Wahlen zum 2. Bundestag verzichtete sie auf eine neuerliche Kandidatur. Seit Oktober 1953 gehörte sie dem Auswärtigen Dienst an und war im Auswärtigen Amt in Bonn, an der Botschaft in Washington und am Generalkonsulat New Orleans tätig. Von 1955 bis 1957 war sie erneut Mitglied des Bundestags (auf der FDP-Ergänzungsliste als Nachfolgerin von Karl Georg Pfleiderer, der als Botschafter für Belgrad ernannt worden war). Ab 1957 trat sie wieder in den Auswärtigen Dienst ein. Seit Anfang 1968 war sie beim Generalkonsulat San Francisco als Stellvertreterin des Leiters tätig und führte die Amtsbezeichnung Generalkonsulin. Im Januar 1972 erteilte die Regierung von El Salvador ihr das Agrément als Botschafterin in San Salvador. Sie war damit die erste Botschafterin der Bundesrepublik. Altershalber wurde sie 1978 abgelöst. Margarete Hütter verstarb am 25. November 2003 in Bonn-Bad Godesberg.

---

1 Persönlichkeitendokumentation: Archiv der Sozialen Demokratie, Bonn/Bad Godesberg.
2 Schumacher, Martin: M. d. B. 1946–1961, a. a. O., S. 178.
3 Vgl.: Das Parlament, 14.07.2003.

Karin Jeltsch

Die CDU-Politikerin Karin Jeltsch (geb. Schütze) war eine Wahlperiode lang, von 1990 bis 1994 im Bundesparlament. Sie schloss sich 1974 der CDU an, war bis 1978 Vorstandsmitglied im Orts- und Gemeindeverband Hemmingen-Hannover, von 1980 bis

1984 Vorstandsmitglied im Stadt- und Kreisverband Müllheim/Breisgau und ab 1989 Kreisvorsitzende der CDU Alb Donau Ulm. Ab 1985 war sie Bezirksvorsitzende der CDU-Frauen-Union Württemberg-Hohenzollern und stellvertretende Vorsitzende auf Landesebene und außerdem Mitglied des Fachausschusses Frauenpolitik auf Bundes- und Landesebene. Bis Ende 1993 gehörte sie dem CDU-Landesvorstand an. Als Schwerpunkte ihrer parlamentarischen Arbeit bezeichnete Karin Jeltsch die in den Ausschüssen. Sie war im Petitionsausschuss und im Ausschuss für wirtschaftliche Zusammenarbeit. Zu letzterem sagte sie: „Entwicklungshilfe ist neu zu gewichten nach den Kriterien, die nicht nur die Hilfsbedürftigkeit und soziale Lage in den Entwicklungsländern berücksichtigen, sondern auch die Beachtung von Menschenrechten, Demokratieverständnis, Begrenzung von Rüstungsausgaben und Schutz der Umwelt voraussetzen. Träger und Hauptnutzer darf nicht in erster Linie der Staat sein, sondern die Menschen selbst."[1]

Karin Jeltsch wurde am 13. März 1935 in Angermünde/Uckermark geboren. Nach der Mittleren Reife in Hannover machte sie eine Ausbildung zur Bürokauffrau und eine berufsbegleitende Weiterbildung bei der Industrie- und Handelskammer und dem Deutschen Hausfrauenverband. Nach ihrer Heirat 1962 war sie Hausfrau und Ausbilderin für hauswirtschaftliche Auszubildende. Sie hat zwei Kinder, fand aber noch Gelegenheit, im mittelständischen Betrieb ihres Mannes mitzuarbeiten und engagierte sich im Elternbeirat. Ab 1978 war sie Betriebsleiterin eines Hotels. Zu ihren Mitgliedschaften zählen u. a. die im Industrie- und Handelskammer-Prüfungsausschuss, beim Deutschen Roten Kreuz beim Deutschen Kinderschutzbund.

---

1 Vgl.: Dokumentation, „Parlamentarierinnen aus dem deutschen Südwesten, 2002", Archiv des Landtags von Baden-Württemberg.

Hedwig Jochmus

Hedwig Jochmus war immer stolz darauf, dass sie „gerade noch aus dem vorigen Jahrhundert" stammt[1]: sie wurde am 22. Juni 1899 in Kassel geboren. Nach dem Abitur 1918 arbeitete sie zunächst in einer Kasseler Munitionsfabrik, kam dann aber in ein Pensionat in Tutzing am Starnberger See. 1919 begann sie in Marburg mit einem Studium für das Lehrfach in Naturwissenschaften, wechselte dann durch väterlichen Druck zum

Fach Chemie, das sie in Halle studierte. Nach dem Examen arbeitete sie im landwirtschaftlichen Institut der Universität an einem Nährstoffaufnahmeversuch mit und entschloss sich dann, doch noch zu promovieren (1926). Anschließend bekam sie eine Stelle bei der IG Farbenindustrie AG in Ludwigshafen. Sie war dort in verschiedenen Arbeitsbereichen tätig und mit dieser Qualifikation immer die einzige Frau.

1945 gehörte sie zu den Frauen „der ersten Stunde". Sie schloss sich der CDU an und wurde Vorsitzende des Heidelberger Frauenbeirats, des Landesfrauenbeirats Nordbaden und Vertreterin für Nordbaden im Bundesfrauenausschuss. Innerhalb der Industriegewerkschaft Chemie, deren Mitglied sie wurde, war sie Mitbegründerin des Bundes angestellter Akademiker und mehrere Jahre Vertreterin der Frauen der IG Chemie im Kreisfrauenausschuss des DGB Ludwigshafen.

1953 wurde sie in den Bundestag gewählt, dem sie bis 1957 angehörte. Sie arbeitete dort in den Sozialausschüssen, im Petitionsausschuss und im Ausschuss für gewerblichen Rechtsschutz mit. Interfraktionell brachte sie mit den Kolleginnen der im Bundestag vertretenen Parteien einen Antrag zur Novellierung des Lebensmittelgesetzes ein.

Von 1958 bis 1960 war sie bei der BASF beschäftigt und wurde dann in den baden-württembergischen Landtag gewählt, dessen einzige CDU-Abgeordnete sie zu diesem Zeitpunkt war. Sie konzentrierte sich dort auf Gesundheitsprobleme und war in zahlreichen Kommissionen und Ausschüssen aktiv, wie beispielsweise als Vorsitzende des Petitionsausschusses. Bei der Einrichtung der Landeszentrale für politische Bildung war sie die Vorsitzende eines interfraktionellen Arbeitskreises.

1969 ist sie auf eigenen Wunsch aus dem Parlament ausgeschieden, war aber noch einige Jahre in verschiedenen Partei- und Vereinsämtern aktiv. 1977 zog sie ins Heidelberger Augustinum. Dort war sie dann Vorsitzende des Stiftsbeirats und stellvertretende Sprecherin für sämtliche Stiftsbeiräte im Kollegium Augustinum, München. Dabei arbeitete sie mit dem Vorstand der Interessengemeinschaft der Bewohner von Altenheimen, Altenwohnheimen und ähnlichen Organisationen zusammen.

Sie war schon fast 90 Jahre alt, als sie sagte, sie blicke zurück „auf ein Leben, das reich an Erlebnissen und menschlichen Begegnungen war, mit der schönen Erfahrung, dass man immer wieder, wenn ein Arbeitsfeld zu Ende ist, ein neues findet"[2]. Am 25. Juli 1993 ist sie in Heidelberg gestorben.

---

1 Vgl.: Dokumentation „Parlamentarierinnen aus dem deutschen Südwesten, 2002", Archiv des Landtags von Baden-Württemberg.
2 Ebd.

Pia Kaiser

Pia Kaiser wurde am 26. Mai 1912 in Schwäbisch Gmünd geboren. Sie war katholisch. Nach der Volksschule machte sie eine dreijährige kaufmännische Lehre, besuchte die Handelsschule und beendete die Ausbildung mit der Abschlussprüfung. Dann arbeitete sie ein Jahr als kaufmännische Angestellte, bevor sie für zwei Jahre nach Luzern ging, um dort die soziale Frauenschule zu besuchen. Ab Mai 1934 arbeitete sie in ihrem ursprünglichen Beruf bei der Firma Dr. Walter und Schmitt, Gold- und Silberscheideanstalt in Schwäbisch Gmünd.

Nach dem Krieg war sie ab 1947 Betriebsratsvorsitzende. 1947 wird sie als Arbeitsrichterin genannt, 1956 als Landesarbeitsrichterin.[1] Seit Mai

1946 gehörte sie der CDU an, war Mitglied des Ortsgruppen- und Kreisvorstandes Schwäbisch Gmünd sowie des Landesfrauenausschusses und Landes-Sozialausschusses der CDU-Nordwürttemberg. 1953 kandidierte sie auf der Landesliste Baden-Württemberg für den Bundestag.[2] Im

letzten Viertel dieser Wahlperiode, im September 1956, rückte sie für den Abgeordneten Eugen Maucher in den Bundestag nach – bis 1957.
Pia Kaiser verstarb am 07. Juni 1968.

---

1 Vgl.: Schumacher, Martin: M.d.B. 1946-1961, a. a. O., S. 193.
2 Ebd.

dem Gesundheitsausschuss an. Danach war Monika Knoche Mitglied im Ausschuss für Gesundheit sowie stellvertretendes Mitglied in dem für wirtschaftliche Zusammenarbeit und Entwicklung und im Ausschuss für die Angelegenheiten der Europäischen Union. Außerdem gehörte sie der Enquete-Kommission „Recht und Ethik der modernen Medizin" an. In dieser Funktion sagte sie bei der Debatte und Abstimmung zum Stammzellenimport am 30.01.2002: „Sagen wir

Monika Knoche

Sie gehört zu den wenigen Politikern, die nach einem Parteiwechsel wieder in ein wichtiges politisches Amt gewählt werden. Monika Knoche (geb. Runne) wurde am 24. September 1954 in Kirrlach geboren. Nach der Realschule absolvierte sie den mittleren Fernmeldedienst und arbeitete in verschiedenen Bereichen.
1979 schloss sie sich den Grünen an. Zehn Jahre lang, zwischen 1985 und 1995, war sie als Stadträtin in Karlsruhe aktiv, ab 1991 als Fraktionsvorsitzende. Ab diesem Jahr war sie auch im Länderrat der Grünen. Von 1994 bis 2002 saß sie als Abgeordnete der Grünen im Bundestag. In der 13. Wahlperiode gehörte sie

doch in dem internationalen Konzert: Wir als Souverän verzichten auf den Aufbau eines Forschungszweiges, der zwangsläufig auf der Indienstsetzung und der Instrumentalisierung des ungeborenen In-Vitro-Embryos basiert. Sagen wir das! Viele unserer europäischen Nachbarn wären froh, wenn sie ein solches Grundgesetz hätten, das an erster Stelle sagt: 'Die Würde des Menschen ist unantastbar'."[1]

Von 1998 bis 2002 engagierte sie sich als Gesundheitsexpertin und Drogenpolitische Sprecherin von Bündnis 90/Die Grünen im Bundestag. Für eine weitere Kandidatur stand sie aufgrund der rot-grünen Zustimmung zum Afghanistaneinsatz 2002 unter Bundeskanzler Schröder nicht mehr zur Verfügung. Nach ihrem Ausscheiden aus dem Bundestag arbeitete die Mutter zweier Söhne bei der Bundesverwaltung als Gewerkschaftssekretärin im Vorstand von Verdi.

Im Juni 2007 trat Monika Knoche der Partei Die Linke bei. Schon zuvor war sie – offensichtlich parteilos – bei der Bundestagswahl 2005 über die linke Landesliste Sachsen wieder in den Bundestag eingezogen. Sie amtierte als stellvertretende Fraktionsvorsitzende der Fraktion Die Linke sowie als Leiterin des Arbeitskreises „Internationale Politik". Außerdem war sie Mitglied im Auswärtigen Ausschuss. Bei der Bundestagswahl 2009 kam sie in Sachsen auf den wenig aussichtsreichen Listenplatz 9 und verpasste so ein weiteres Bundestagsmandat. Im Vorfeld sagte sie zu ihrer Nominierung gegenüber der taz: „Die Linkspartei war das Versprechen, dass sie wirklich etwas Neues wird. Bis jetzt besteht sie aber noch viel zu sehr aus Flügeln und Strömungen. Die Fraktionierung ist eine alte Krankheit der Linken. Und das Personalangebot ist für Frauen unattraktiv."[2]

---

[1] Zit. nach www.zeit.de/reden, Stand 2002.
[2] Zit. nach taz, 17.06.2009.

Angelika Köster-Lossack

Die Südasienexpertin Angelika Köster-Lossack wurde am 17. März 1947 in Emmerich, Kreis Rees geboren. Nach dem Besuch der Grundschule in Emmerich und des Elly-Heuss-Knapp-Gymnasiums in Duisburg studierte sie Indologie, Ethnologie und Soziologie am Südasien-Institut der Universität Heidelberg. Daran schloss sich ein einjähriger Studienaufenthalt in Israel an. Als Lehrbeauftragte arbeitete sie ab 1974 an der Universität Heidelberg und der University of Maryland – European Division und ab 1986 an der Fachhochschule für Sozialwesen in Mannheim.

Sie ist Mitglied im Verband baden-württembergischer Wissenschaftle-

nete. In der 13. Wahlperiode war sie im Ausschuss für die Angelegenheiten der EU und in der Enquete-Kommission „Sogenannte Sekten und Psychogruppen". Danach gehörte sie dem Ausschuss für wirtschaftliche Zusammenarbeit und Entwicklung an und war stellvertretendes Mitglied im Petitionsausschuss. Nach ihrem Ausscheiden aus dem Bundestag leitete sie bis Februar 2005 das Südasien-Büro der Heinrich-Böll-Stiftung in Lahore, Pakistan.

Angelika Köster-Lossack ist verheiratet und hat einen erwachsenen Sohn.

rinnen, Gründungsmitglied von WISE (Women's International Studies Europe), Vorstandsmitglied der Deutsch-Indischen Gesellschaft (Sektion Heidelberg), Mitglied der Gesellschaft für bedrohte Völker, des Freundeskreises Heidelberg-Rehovot, Gründungsmitglied des HIFI (Heidelberger Institut für Interdisziplinäre Frauenforschung) und Gründungsmitglied und Vorstandsfrau des Internationalen Frauenzentrums Heidelberg.

Ab 1984 war Angelika Köster-Kossack Mitglied der Grün-Alternativen Liste/Heidelberg (GAL) und von 1986 bis 1989 Gemeinderätin der GAL in Heidelberg. 1990 trat sie den Grünen bei und ist Mitglied im Kreisvorstand Heidelberg.

Von 1994 bis 2002 war die Dozentin für Soziologie Bundestagsabgeord-

Sylvia Kotting-Uhl

Als die Partei der Grünen gegründet wurde, bekam Sylvia Kotting-Uhl ihr erstes von zwei Kindern und zog mit ihrem Partner auf's Land. Sie wollten sich „weitgehend selbst versorgen und im Einklang mit der Natur leben."[1] Diese Vorstellung erschien ihr angesichts des Waldsterbens, der Reaktorkatastrophe von Tschernobyl und des Ozonlochs irgendwann nicht mehr sinnvoll. Statt sich abzugrenzen beschloss sie nun, sich dort zu beteiligen und einzubringen, wo ihrer Meinung nach neue Wege für alle gesucht werden – in der Politik der Grünen. „Was mich von Anfang an fasziniert hat an grüner Programmatik ist der ganzheitliche Blick, das Wissen um die Vernetztheit aller Proble-

me und deren Lösungen. Deshalb ist die Ökologie für mich zwar der grüne Kern, aber untrennbar verbunden mit sozialer und globaler Gerechtigkeit", erklärt sie zu dieser Lebensentscheidung.[2]

Nach dem Abitur studierte die am 29. Dezember 1952 in Karlsruhe Geborene Germanistik, Anglistik und Kunstgeschichte in Heidelberg, Edinburgh und Zaragoza. Anschließend arbeitete sie als Dramaturgin bei der Badischen Landesbühne. Es folgte die Zeit des „alternativen Landlebens", während der sie eine Kinderwerkstatt leitete. Später arbeitete sie als Dozentin bei freien Bildungsträgern.

Sylvia Kotting-Uhl ist Mitglied beim Bund für Umwelt und Naturschutz, beim WWF, bei der Europa-Union, bei Amnesty International, beim Institut Solidarische Moderne und in verschiedenen kulturellen und sozialen Einrichtungen Baden-Württembergs.

1989 trat sie den Grünen bei. Von 1995 bis 1999 gehörte Sylvia Kotting-Uhl dem Landesvorstand Baden-Württemberg an und war von 2003 bis 2005 Landesvorsitzende. 2005 errang sie über die Landesliste ein Bundestagsmandat, das 2009 bestätigt wurde. In der aktuellen 17. Wahlperiode ist sie Sprecherin für Atompolitik der Fraktion Bündnis 90/Die Grünen und im Ausschuss für Bildung, Naturschutz und Technikfolgenabschätzung aktiv.

---

1 Zit. nach www.gruene-bundestag.de/fraktion/abgeordnete/abgeordnete/kotting-uhl.html, Stand: Juli 2012.
2 Ebd.

Nicolette Kressl

Nicolette Kressl, am 29. Oktober 1958 in Heilbronn geboren, besuchte nach dem Abitur die Berufspädagogische Hochschule Stuttgart. Ihr zweites Staatsexamen zur Gewerbeschullehrerin legte sie nach dem Referendariat in Mannheim ab. Sie unterrichtete an einer gewerblichen Berufsschule im Fach „Technologie für Bäcker/innen und Konditoren/Konditorinnen" und war Dozentin bei der Industrie- und Handelskammer im Bereich „Weiterbildung zum Fachwirt."

1984 schloss sich Nicolette Kressl der SPD an und stieg zügig auf in der Partei. So war sie war von 1988 bis 1999 und von 2001 bis 2005 Mitglied im Landesvorstand und im Präsidium der SPD Baden-Württemberg von 1995 bis 1999 sowie von 2001 bis 2005. Ab 1994 hatte sie ein Bundestagsmandat inne. Ihre Arbeitsschwerpunkte hier waren die Finanz- und Steuerpolitik. 2002 wurde sie zur stellvertretenden Vorsitzende der SPD-Fraktion für die Bereiche Familie, Senioren, Frauen und Jugend und Bildung und Forschung gewählt. Dieses Amt hatte sie bis 2007 inne, nämlich bis zu ihrer Ernennung als Staatssekretärin im Bundesministerium der Finanzen in der Großen Koalition des ersten Kabinetts von Bundeskanzlerin Angela Merkel. Nach der Bundestagswahl 2009 und dem folgenden Regierungskoalitionswechsel hin zu Schwarz-Gelb schied Nicolette Kressl im Oktober 2009 aus dem Amt. Zwischen 2002 und 2007 gehörte sie außerdem dem Vermittlungsausschuss von Bundestag und Bundesrat sowie dem Gemeinsamen Ausschuss an. Im November 2009 wählte die SPD-Bundestagsfraktion sie zu ihrer finanzpolitischen Sprecherin. Zum Juni 2012 legte die Finanzfachfrau ihr Bundestagsmandat nieder, weil sie als Regierungspräsidentin nach Karlsruhe berufen wurde.

Ob sie im Badischen wohl ihr ehemaliges Berliner Zweitzuhause vermisst? Nicole Kressl wohnte viele

Jahre lang gemeinsam mit ihren Fraktionskolleginnen Lydia Westrich und Barbara Hendricks in einer Frauen-WG. Gekocht wurde nicht allzu oft in der großen Altbau-Wohnung im Berliner Bezirk Tiergarten, dafür umso mehr diskutiert.[1]

Nicolette Kressl ist Mitglied beim BUND, den Naturfreunden, der Verbraucherzentrale Baden-Württemberg, der Gewerkschaft Erziehung und Wissenschaft (GEW), im Stiftungsvorstand der AWO Baden-Württemberg sowie im Stiftungsvorstand der Lebenshilfe Rastatt/Murgtal und Mitherausgeberin der Zeitschrift „Berliner Republik".

---

1 Vgl.: Berliner Zeitung, 16.08.2005

Ursula Krips

Ursula Krips wurde am 15. Februar 1933 in Mannheim geboren. Sie studierte in Mannheim, Heidelberg und Köln Wirtschafts- und Sozialwissenschaften. 1955 schloss sie mit der Diplomprüfung für Kaufleute ab und promovierte 1958 zum Dr. rer. pol. Zwischen 1958 und 1962 war sie Referentin am Wirtschaftswissenschaftlichen Institut der Gewerkschaften in

„Jung sein und Frau sein, ist keine Qualifikation", erklärte die damals 32-jährige Wirtschaftswissenschaftlerin Ursula Krips, als sie 1965 im Wahlkreis Stuttgart III für den Bundestag kandidierte. Aber: „Ich habe hart gearbeitet und vor (SPD-)Ortsvereinen ständig über mein Fachgebiet geredet."[1]

Köln. „Die seit 1955 mit dem Dr. rer. pol. Gerhard Krips kinderlos verheiratete Jung-Genossin holte sich das letzte Rüstzeug für ihre Parlamentsarbeit beim politischen Gegner – im Bonner Wirtschaftsministerium unter Ludwig Erhard und Kurt Schmücker, wo sie seit April 1962 als BAT-2-Angestellte in der Grundsatzabteilung tätig ist",

345

schrieb Der Spiegel im September 1965 über sie. Und weiter (im sprachlichen Duktus der sechziger Jahre): „Doch schon vorher segelte die Dame Krips auf Linkskurs. Mit einem Anfangsgehalt von 600 Mark wurde sie gleich nach ihrem Studium (...) vom Wirtschaftswissenschaftlichen Institut der Gewerkschaften (WWI) engagiert. Als WWI-Referentin oblag ihr auch, Gewerkschaftsbosse für die Mitbestimmung in Aufsichtsräten zu drillen. Bald fiel sie, talentiert in Fragen der Konjunktur- und Wachstumspolitik, dem damaligen WWI-Mitarbeiter und SPD-Wirtschaftspapst Heinrich Deist auf. Deist, bei dem Frau Krips nach eigenem Bekunden ‚das politische Denken gelernt' hat, wollte die fachliche und politische Qualifikation seiner Schülerin auch nach ihrer Abwanderung ins Erhard-Ministerium eines Tages, ‚so oder so', der sozialdemokratischen Bundestagsfraktion nutzbar machen: Sie sollte entweder wissenschaftliche Assistentin werden oder gleich Fraktionsmitglied. Die Wahl-Chance bot sich, als für einen der Stuttgarter Wahlkreise ein weiblicher SPD-Kandidat gesucht wurde und des baden-württembergischen Parteivorsitzenden Dr. Alex Möller geübter Blick für junge Begabungen auf die Krips fiel. Deist hatte ihm die Bekanntschaft vermittelt."[2]

Zuletzt war Ursula Krips im Bundeswirtschaftsministerium, bevor sie 1965 über die SPD-Landesliste in den Bundestag gewählt wurde, als Regierungsrätin tätig.

Im Bundestag nannte man sie als zu dieser Zeit jüngste Parlamentarierin „Miss Bundestag".[3] Ursula Krips arbeitete u. a. im Ausschuss für Wirtschafts- und Mittelstandsfragen und im Finanzausschuss. Im Januar 1969 legte sie ihr Mandat laut Südkurier vom 08.02.1969 mit der Begründung nieder, man könne nicht zugleich wissenschaftlich spezialisierte Parlamentsarbeit leisten und dazu noch im Wahlkreis höchste Aktivität entfalten.

---

1 Zit. nach Der Spiegel, 15.09.1965, Heft 38.
2 Ebd.
3 Vgl.: Südkurier, 08.02.1969.

Ute Kumpf

Die ehemalige Gewerkschaftssekretärin Ute Kumpf kann auf viele Jahre Bundestagserfahrung zurückblicken. Dreimal hintereinander holte sie das Direktmandat im Wahlkreis Stuttgart II. Bei der Wahl 2009 allerdings zog sie über die Landesliste in den Bundestag ein.

Am 4. Dezember 1947 in Lenting geboren, wuchs Ute Kumpf in der

Nähe von Ingolstadt auf, wo ihre Eltern eine Gastwirtschaft mit Metzgerei betrieben. Nach dem Abitur in Ingolstadt folgte von 1967 bis 1975 ein Volkswirtschaftsstudium an der Universität Heidelberg und der technischen Hochschule Karlsruhe mit dem Abschluss Dipl. rer. pol. Zwischen 1975 und 1983 arbeitete sie als wissenschaftliche Angestellte an der

Universität Karlsruhe bei der Zentralen Studienberatungsstelle. Der Liebe wegen zog sie dann nach Stuttgart: sie heiratete (später) den Künstler Sieger Ragg und in diese Zeit fällt die Geburt der gemeinsamen Tochter Sarah. In den Jahren bis 1987 war sie gutachterlich tätig als freie Mitarbeiterin bei verschiedenen Projekten, u. a. der Hans-Böckler-Stiftung. Zu ihren Projekten gehörte die Untersuchung der „Auswirkungen der GlAsFaserverkabelung im mittleren Neckarraum" und die Organisation des Kongresses „Zukunft der Arbeit", 1986 sowie die der Technologie-Konferenz für den DGB-Landesbezirk Baden-Württemberg, 1987.

Von 1987 bis 1990 war Ute Kumpf DGB-Kreisvorsitzende von Calw, anschließend bis 1998 Bezirkssekretärin der IG Metall Bezirksleitung Stuttgart. Hier war sie Pressesprecherin und zuständig für interne wie externe Öffentlichkeitsarbeit sowie für Frauenarbeit und Frauenpolitik.

1972 führte sie ihre Sympathie für die Entspannungspolitik Willy Brandts zuerst zu den Jusos, 1973 in die SPD. Stichworte wie „Demokratie wagen", „Feindbilder abbauen" und die Ostpolitik[1] motivierten sie für ihr parteipolitisches Engagement, das sie damals noch in Karlsruhe einbrachte. Sie leistete Stadtteilarbeit mit den Schwerpunkten Mieterinitiativen, Altstadtsanierung, Einsatz für ein Bürger- und Jugendzentrum und war nach wie vor bei den Jusos auf Landes- und Bundesebene aktiv.

Von 1975 bis 1980 war Ute Kumpf Gemeinderätin in Karlsruhe, u. a. im Planungsausschuss, Stadtentwicklungsausschuss und in der Regionalverbandsversammlung Mittlerer Oberrhein. Zwischen 1994 und 1998 war sie Regionalrätin vom Verband Region Stuttgart, hier Mitglied im

Wirtschafts- und Verwaltungsausschuss und Sprecherin für den Bereich Wirtschaft. Von 1997 bis 2004 war sie Kreisvorsitzende der Stuttgarter SPD – als erste Frau in diesem Amt. Von 1994 bis 1998 und von 2004 bis 2009 gehörte sie der Regionalversammlung Verband Region Stuttgart an. Im Jahr 2004 kandidierte Ute Kumpf in Stuttgart gegen den Amtsinhaber Wolfgang Schuster als Oberbürgermeisterin. Zwar unterlag sie, das aber mit immerhin 45,2 Prozent der Stimmen.

Zuvor war ihr bereits 1998 der Sprung in den Bundestag gelungen. Die SPD-Frau war schon in vielen Ausschüssen aktiv. Zwischen 2002 und 2010 war sie Parlamentarische Geschäftsführerin der SPD-Fraktion, seit 2003 ist sie Sprecherin der SPD-Arbeitsgruppe Bürgerschaftliches Engagement. Seit 2009 engagiert sie sich als stellvertretende Vorsitzende im Unterausschuss Bürgerschaftlichen Engagement und ist Mitglied im Ausschuss für Verkehr, Bau und Stadtentwicklung.

Auf ihrer Homepage steht zu lesen: „Wir können unsere Zukunft nur gemeinsam gestalten – davon bin ich überzeugt! Ob Elterninitiativen oder Feuerwehr, Sport oder Kultur, Bürgerverein oder Kirchengemeinde – Bürgerschaftliches Engagement ist für mich unverzichtbar und Voraussetzung für eine lebenswerte und solidarische Gesellschaft. Aber Vorsicht: Bürgerschaftliches Engagement darf nicht als Ausfallbürge für leere Kassen benutzt werden. Durch bürgerschaftliches Engagement werden zahlreiche Angebote und Dienstleistungen überhaupt erst möglich. Sie ergänzen staatliche Angebote, ersetzen sie aber nicht. Denn Bürgerschaftliches Engagement ist eigensinnig. Politisches Handeln darf diesen Eigensinn nicht zerstören, sondern muss ihn weiter ermöglichen."[2]

---

1 Vgl.: Stuttgarter Wochenblatt, 30.04.1997.
2 Zit. nach ihrer Homepage www.ute-kumpf.de, Stand: Juli 2012.

Sibylle Laurischk

„Die Zukunftsfähigkeit unserer Gesellschaft hängt von der Gleichstellung von Frauen und Männern ab", sagt die FDP-Frau Sibylle Laurischk, Mitbegründerin der „Berliner Erklärung".[1] 2011 haben Bundestagsparlamentarierinnen eine interfraktionelle Initiative gegründet. Das „Frauen-All-Parteien-Bündnis" ist sich einig, dass eine gesetzliche Quote für Frauen in Aufsichtsräten notwendig sei. Im Sommer 2012 wurde die „Berliner

Erklärung", eine Petition, die man im Netz unterstützen kann, der Presse vorgestellt. Die Hannoversche Allgemeine Zeitung staunte, dass auch die FDP mit im Boot sitzt: „Dass sich Abgeordnete der Anti-Quoten-Partei

FDP beteiligen, ist eine kleine Revolution. (...) Die Juristin Laurischk ist eine Quotenbefürworterin der späten Stunde. Bei der Wirtschaftsprüfungsgesellschaft KPMG lernte sie das Leben ‚unter lauter Männern' kennen. Aber erst im Bundestag, dem sie seit zehn Jahren angehört, habe sie erkannt, dass eine Verpflichtung zur Frauenförderung notwendig ist. Die FDP ist eine Männerdomäne: Gerade einmal 23 Prozent der Parteimitglieder sind Frauen; in der Fraktionsspitze gibt es eine Frau."[2]

Sibylle Laurischk, geboren am 12. Dezember 1954 in Offenburg, ist evangelisch, geschieden und hat drei Kinder. Nach dem Abitur 1973 in Offenburg studierte sie bis 1978 Jura an der Universität Heidelberg, 1978 erfolgte ihr erstes und 1980 ihr zweites Staatsexamen. Von 1981 bis 1984 arbeitete sie bei der erwähnten Wirtschaftsprüfungsgesellschaft. Seit 1985 ist sie als selbstständige Rechtsanwältin in Offenburg aktiv.

1990 schloss sie sich der FDP an. Seit 1998 ist sie stellvertretende Bezirksvorsitzende der FDP Südbaden, seit Februar 2003 Vorsitzende des FDP-Kreisverbandes Ortenaukreis und seit 2003 stellvertretende Vorsitzende der Liberalen Frauen Baden-Württemberg. Seit 1994 fungiert sie zudem als Stadträtin in Offenburg und hat seit 1999 den Fraktionsvorsitz inne. Parallel engagierte sie sich zwischen 2004 und 2009 als Kreisrätin im Ortenaukreis und von 2006 bis 2008 als Vorsitzende des Bundesverbandes der Liberalen Frauen.

Dem Bundestages gehört sie seit 2002 an. Aktuell hat sie den Vorsitz im Ausschuss für Familie, Senioren, Frauen und Jugend inne und ist stellvertretendes Mitglied im Rechtsausschuss sowie im Unterausschuss „Bürgerliches Engagement". Bei der Bundestagswahl 2013 will die Rechtsanwältin nicht mehr kandidieren.[3]

1 Zit. nach www.berlinererklaerung.de, Stand: Juli 2012.
2 Hannoversche Allgemeine Zeitung, 04.07.2012.
3 Das hat sie laut Wikipedia-Artikel über sie am 12.02.2012 verkündet.

Ellen Lauterbach

Die biografischen Hinweise, die von Ellen Lauterbach zur Verfügung stehen, sind ein Spiegel der deutschen Kriegs- und Nachkriegsgeschichte. Ellen Lauterbach wurde am 7. Juli 1923 in Kassel geboren. Nach der Mittleren Reife besuchte sie die Höhere Handelsschule. Von 1941 bis 1945 arbeitete sie beim Deutschen Kurzwellensender in Berlin. Im April 1945 wurde sie nach Bad Mergentheim zwangsevakuiert. Von 1945 bis 1950 arbeitete sie als „Personnel Manager" bei der US Armee in Bad Mergentheim und anschließend beim US-Generalkonsulat in Stuttgart. Von 1955 bis 1963 war sie Lehrlingsausbildungsleiterin der Firma Kaufhalle GmbH in Köln und ab 1963 Dozentin an der Ausbildungsstätte für Führungskräfte der Kaufhof AG in Neckargemünd. Zur Information und Weiterbildung unternahm sie zahlreiche Reisen, u. a. nach Südostasien, Ostafrika, in den Nahen Osten, nach den Karibischen Inseln und in die USA.

Sie gehörte der Arbeiterwohlfahrt an, war Mitglied im Landesausschuss des Frauenwerks der Evangelischen Landeskirche Baden und Vorstandsmitglied im Landesverband Baden-Württemberg der Deutschen Gesellschaft für die Vereinten Nationen.

1961 ist sie der SPD beigetreten, war zweite Ortsvereinsvorsitzende in Bammental, Mitglied des Kreisvorstandes Heidelberg-Land, stellvertretende Vorsitzende des Unterbezirks Heidelberg und Mitglied des SPD-Landesfrauenausschusses in Baden-Württemberg.

Von 1969 bis 1972 war sie Bundestagsabgeordnete und engagierte sich, wie aus den Bundestagsprotokollen hervorgeht, vor allem im Bereich der Entwicklungshilfe und der Gesundheitspolitik. 1972 zog Ellen Lauterbach ihre Bundestagskandidatur wieder zurück. Der Spiegel kommentierte damals: „Und die Sozialdemokratin Ellen Lauterbach. die noch vor vier Wochen eine Anzeigenaktion mit dem Motto ‚Mehr Frauen ins Parlament' initiierte. wurde von ihren Parteifreunden mit einem aussichtslosen 33. Listenplatz in Baden-Württemberg bedacht. Resigniert zog die Volksvertreterin ihre Kandidatur zurück. Wenn die Frau zur Konkurrenz wird, werden alte Vorurteile wach."[1]

Ellen Lauterbach verstarb am 19. Mai 2011 in Heidelberg.

---

[1] Der Spiegel, 02.10.1972, Heft 41.

Renate Lepsius

„Als Sozialdemokraten werden wir es nicht zulassen, dass zwischen Öffentlichkeit und Privatheit, deren Spannungsverhältnis ein unaufhebbares Merkmal aller industriellen Gesellschaften ist, ein tiefer Graben liegt. Wollen wir Staatsbürger, nicht Untertanen, dann ist die Überbrückung dieser Spannung eine Lebensnotwendigkeit. Wir haben zwar viele Organisationen, die darauf warten, mit Leben gefüllt zu werden, doch ist der Grad der Teilnahme daran noch gering."[1] Diese Worte sprach Renate Lepsius (geb. Meyer) auf dem SPD-Parteitag 1964 in Karlsruhe. Acht Jahre später war sie Bundestagsabgeordnete und erlebte und gestaltete die sozialliberale Ära mit. 1987 resümierte sie, dass der

Erwartungshorizont der Wählerinnen an die Parlamentarierinnen so hoch gewesen sei, dass viele in ihrer Enttäuschung über das Nicht-Erreichte das Erreichte kaum noch gesehen hätten. „Denn die Verwirklichung hoher Ziele

macht viele kleine, vor allem pragmatische Schritte notwendig"[2]. Die Geschichte der SPD-Frauen und ihrer Politik dieser Zeit ist in den „Gesprächen mit SPD-Parlamentarierinnen" anschaulich nachvollziehbar[3].

Renate Lepsius wurde am 21. Juni 1927 in Berlin geboren. Sie hat eine Zwillingsschwester und einen älteren Bruder. Ihr Vater war Oberstudiendirektor, die Mutter Familienfrau, beide waren Mitglieder der Demokratischen Partei, die Familie gehörte „zum politisch-intellektuell aufgeschlossenen Bildungsbürgertums Berlins".[4] 1945 machte Renate Lepsius ihr Notabitur in Berlin, ab 1947 studierte sie an den Universitäten von Berlin, Freiburg und London die Fächer Geschichte, Literatur und Staatswissenschaften. 1953 promovierte sie mit einem außenpolitischen Thema zum Dr. phil. und arbeitete anschließend bis 1958 als Referentin in kulturpolitischen Organisationen in Bonn. Während dieser Zeit war sie auch Betriebsrätin. Nach ihrer Eheschließung 1958 mit dem Soziologen Rainer Mario Lepsius, den sie 1951 in England an der London School of Economics kennengelernt hat[5], war sie neben ihrer Hausfrauentätigkeit in zunehmendem Maße publizistisch und ehrenamtlich tätig. Sie zog mit ihm nach München, wo er sich habilitierte.

1956 schloss sich Renate Lepsius der SPD an. Von 1965 bis 1973 war sie Mitglied des SPD-Landesvorstands Baden-Württemberg, ab 1968 auch des SPD-Parteirats. Von 1972 bis 1983 und von 1984 bis 1987 gehörte sie dem Bundesparlament an. Sie wurde Mitglied im Ausschuss für Arbeit und Sozialordnung sowie im Rechtsausschuss und befasste sich in den folgenden Jahren vor allem mit der Reform des Scheidungsrechts. Sie trat mit Nachdruck für die Ablösung des Schuldprinzips durch das Zerrüttungsprinzip ein und kümmerte sich auch um die Probleme der Scheidungsfolgen, insbesondere der Altersversorgung geschiedener Ehepartner. „Oft, und oft ohne bösen Willen, werden Urheber und Gestalter eines Gesetzeswerkes verkannt, vergessen, vereinnahmt. Und Frauen als Subjekte einer Rechtsgeschichte hervorheben zu können, ist bei uns sowieso ein relativ junges historisches Phänomen. Insofern (...) der Hinweis, dass ohne Renate Lepsius, ohne ihren intellektuellen und enorm persönlichen Einsatz, der Versorgungsausgleich nicht in dieser Form an das Ehereformgesetz gekoppelt und durchgesetzt worden wäre."[6]

Nachdem sich Renate Lepsius im Alter von 60 Jahren entschieden hatte, nicht mehr im Bundesparlament zu arbeiten, zog sie sich auch von allen sonstigen Parteiämtern zurück und verlegte sich ganz auf ein frühes Wunschgebiet: die Kunst und ihre Förderung. Sie war bis 1999 ehrenamtliche Vorsitzende des Kunstfördervereins Weinheim und dort sehr engagiert.[7] Am 28. Juni 2004 ist sie in Weinheim gestorben.

Literatur:
Lepsius, Renate (Hg.): Frauenpolitik als Beruf. Gespräche mit SPD-Parlamentarierinnen. Hamburg 1987.
Meyer, Birgit: Renate Lepsius – „Also, ich war nie in dem Sinne ein Kumpel". In: Dies.: Frauen im Männerbund. Frankfurt M./New York 1997, S. 110–135.

---

1 Aus: Frau und Politik, Vortrag von Renate Lepsius, gehalten auf dem SPD-Parteitag im November 1964 in Karlsruhe.
2 Lepsius, Renate: Frauenpolitik ... a. a. O., S.7.
3 Ebd.
4 Meyer, Birgit: Renate Lepsius, a. a. O., S. 111.
5 Ebd., S. 114
6 Ebd., S. 126
7 Ebd., S. 135

als Grund- und Hauptschullehrerin ab. Danach war sie als Reallehrerin für Mathematik und Physik tätig. Es folgte ein Stipendium der Stiftung Volkswagenwerk für Mathematikprojekte in den Ländern England, USA und Schweden. Anschließend machte sie eine praktische Berufsausbildung zur Altenpflegerin. Als Mathematik- und Physiklehrerin arbeitete sie in verschiedenen Schularten und war am Mathematikwerk Kahle/Lörcher für Realschulen beteiligt. Auch in ihrem zweiten Beruf als Altenpflegerin war sie in Alten- und Pflegeheimen und in der Gerontopsychiatrie tätig. Seit 1988 ist sie Unterrichtsschwester für Alten- und Krankenpflege.

Christa Lörcher war zunächst Mitglied der GEW, dann der ÖTV bzw.

Christa Lörcher

Engagement für die für die Schwächeren in der Gesellschaft, für Menschen, die benachteiligt sind und ungerecht behandelt werden, kennzeichnet Christa Lörchers Leben. Sie wurde am 24. Juni 1941 in Mewe/Kreis Dierschau als Christa Treumann geboren. Nach dem Abitur 1959 studierte sie zuerst an der Universität Tübingen, dann an der Pädagogischen Hochschule Esslingen und schloss

Verdi. Sie engagiert sich im Kinderschutzbund, in der Arbeiterwohlfahrt und bei den Naturfreunden.

1970 trat sie der SPD bei, war stellvertretende Kreisvorsitzende und seit 1989 Mitglied des Kreistages, auch dort als stellvertretende Fraktionsvorsitzende. Im September 1993 rückte sie für den ausgeschiedenen Abgeordneten Wolfgang Roth in den Bundestag nach. Unter anderem war sie Mitglied im Ausschuss für Familie, Senioren, Frauen und Jugend und in der Enquete-Kommission „Demographischer Wandel" sowie stellvertretendes Mitglied im Ausschuss für Ernährung, Landwirtschaft und Forsten. Die Diätenerhöhung 1995 lehnte sie für sich ab und spendete sie dem Kinderschutzbund.[1]

Später war sie u. a. beratendes Mitglied im Ausschuss für Familie, Senioren, Frauen und Jugend. Denn ab dem 15. November 2001 war Christa Lörcher fraktionslos. Der Grund für ihren Fraktionsaustritt war der militärische Einsatz der Bundeswehr an der Seite der Amerikaner in Afghanistan. Sie schrieb ihrem ehemaligen Fraktionsvorsitzenden Peter Struck am 14.11.2001 in einem Brief: „Militärische Mittel lösen Konflikte nicht, sondern sie verschärfen und vergrößern Elend, Hass und Solidarisierung auf der anderen Seite; dies befürchte ich in der jetzigen Situation bei den Einsätzen in Afghanistan besonders. Die finanziellen Ressourcen, die für Militäreinsätze gebraucht werden, sind gewaltig; mit den von den USA initiierten und anderen Bündnispartnern unterstützten Militärschlägen werden viele Unschuldige getroffen, und zivile Infrastruktur – soweit vorhanden – wird zerstört. Das kann und werde ich nicht mittragen. ... Außen- und Sicherheitspolitik war für mich als Sozialdemokratin in erster Linie immer Friedenspolitik; dies sehe ich durch den Einsatz militärischer Mittel, wie jetzt auch von der Bundesregierung vorgesehen, verletzt. Das wiegt für mich schwerer als das selbstverständliche Vertrauen in unsere bisherige sozialdemokratisch geführte Regierung, die ich in vielen Bereichen gern und intensiv mittrage. Ich wünsche mir und uns allen, dass Pazifismus in der SPD, gerade auch bei vorhandenen Bündnispartnerschaften und der immer wichtiger werdenden internationalen Zusammenarbeit, noch einen Platz hat."[2]

Christa Lörcher behielt ihr Bundestagsmandat bis zum Ende der Legislaturperiode bei. Für ihre konsequente Aufrichtigkeit wurde sie 2002 mit der Clara-Immerwahr-Auszeichnung, dem Friedenspreis der Internationalen Ärzte für die Verhütung des Atomkrieges (IPPNW) gewürdigt.[3] Bis heute ist Christa Lörcher aktives Mitglied der SPD und engagiert sich im Schwarzwald-Baar-Kreis. Nicht umsonst nannte die taz sie in einer Porträtüberschrift „Eine Gewissenhafte".[4]

1 Vgl.: Südkurier, 10.12.2011.
2 Zit. nach ihrer Homepage: www.christaloercher.de, Stand: 2002.
3 Vgl.: Südkurier, 10.12.2011.
4 Vgl.: taz, 13.10.2003.

Sigrun Löwisch

Sigrun Löwisch (geb. Majer) ist am 8. November 1942 in Swinemünde an der Ostsee geboren und in Ruchsen/Baden, Heidelberg, Wernfeld/Unterfranken und Esslingen aufgewachsen. Seit vielen Jahren lebt sie in Freiburg-Lehen. Sie ist evangelisch, mit dem ehemaligen Rektor der Universität Freiburg, Manfred Löwisch, verheiratet und hat vier Kinder.

An die Mittlere Reife schloss sie eine Ausbildung zur Arzthelferin an und war bis zur Geburt ihres ersten Kindes in diesem Beruf tätig.

1968 trat sie der CDU bei und engagierte sich unter anderem als Ortsvorsitzende und stellvertretende Kreisvorsitzende, wobei sie von 1971 bis 1976 selbst Kreisvorsitzende in Freiburg war. Außerdem ist sie seit 1971 Ortschaftsrätin und war von 1989 bis 2008 Ortsvorsteherin in Freiburg-Lehen. Von 1975 bis 1991 war sie auch Stadträtin in Freiburg.

In den Jahren zwischen 1976 und 1991 war sie Vorstandsmitglied des Deutschen Familienverbandes Freiburg und von 1984 bis 1991 gehörte sie dem Staatsgerichtshof Baden-Württemberg an.

Sigrun Löwisch verfügte also über reichlich kommunal- und gesellschaftspolitische Erfahrung, als sie im Oktober 1991 für den ausgeschiedenen Freiburger Abgeordneten Conrad Schroeder in den Bundestag nachrückte. Sie gehörte dort dem Ausschuss für Gesundheit an und war stellvertretendes Mitglied in dem für Arbeit und Sozialordnung sowie in der Enquete-Kommission „Sogenannte Sekten und Psychogruppen". Ihr Mandat wurde in der darauffolgenden 13. Wahlperiode bestätigt, in der 14., ab September 1998, war sie nicht mehr im Bundestag vertreten.

Karin Maag

Die Stuttgarterin Karin Maag eroberte bei der Bundestagswahl 2009 für die CDU das Direktmandat im Wahlkreis Stuttgart II, der viele Jahre fest in SPD-Hand lag. Im Bundesparlament engagiert sich die Rechtsanwältin als Mitglied im Ausschuss für Gesundheit sowie als stellvertretendes Mitglied im Haushaltsausschuss und in dem für Familie, Senioren, Frauen und Jugend.

In der Landeshauptstadt erblickte sie am 13.06.1962 das Licht der Welt. Hier machte sie am Evangelischen Mörike-Gymnasium ihr Abitur. Bis 1990 erfolgte das Studium der Rechtswissenschaften an der Eberhard-Karls-Universität in Tübingen. Das erste und zweite Staatsexamen schloss sie jeweils mit Prädikat ab. Anschließend arbeitete sie ein Jahr lang als Rechtsanwältin in der Stuttgarter Kanzlei Bürkle und Partner.

1991 wechselte Karin Maag in das Rechtsamt der Stadt Stuttgart, zuletzt war die Juristin dort stellvertretende Amtsleiterin. Von 2003 bis 2007 war sie Stadtdirektorin und leitete das Büro des Oberbürgermeisters Wolfgang Schuster. Stadtbekannt wurde sie, als sie sich für das Amt des Bürgermeisters für Recht, Sicherheit und Ordnung bewarb. Sie unterlag in der fraktionsinternen Nominierung dem damaligen Stuttgarter Polizeipräsidenten Martin Schairer. 2007 wechselte Maag als Ministerialdirigentin an die Spitze der Verwaltungsabteilung des Landtags von Baden-Württemberg.

Zu ihrem ehrenamtlichen Engagement zählt Karin Maag das im Verein „Mutter und Kind (MUK) – Wir bauen ein Haus – Hilfen für Mütter und Kinder". Außerdem gehört sie dem Kuratorium der Stiftung „Erinnerung, Verantwortung und Zukunft" an sowie dem der Theodor-Heuss-Stiftung und ist aktives Mitglied in weiteren Verbänden und Vereinen.

Karin Maag trat 1989 der CDU bei. Von 1999 bis 2004 war sie Mitglied im Bezirksbeirat Stuttgart-Möhringen, von 2003 bis 2007 Vorsitzende der Bezirksgruppe Möhringen. Seit 2000 gehört sie dem Kreisvorstand der CDU Stuttgart an und ist stellvertretende Vorsitzende der Frauen Union Stuttgart.

Karin Maag ist mit Axel Maag verheiratet, den sie zu Studentenzeiten in Tübingen kennengelernt hat.

Katja Mast

Die SPD-Parlamentarierin Katja Mast hat, seit sie 2005 zum ersten Mal über die Landesliste in den Bundestag einzog, ein originelles Projekt am Laufen. Weil Politik mehr Dialog braucht, initiierte sie den „Jungen Rat für Mast": Jugendliche jeglichen Bildungshintergrunds aus ihrem Wahlkreis Pforzheim beraten sie in der Arbeitsmarkt-, Bildungs- und Sozialpolitik. „Das bringt Begeisterung für Demokratie und Lebendigkeit in meine Politik", erklärt die ehemalige Referentin für Personalstrategie. Und fügt hinzu: „Erst kürzlich hat mir ein Lehrer bestätigt: ,Durch den Jungen Rat für Mast haben die Schüler bis heute Politik aktiv verfolgt und nachvollzogen. Sie lesen engagiert Zeitung und informieren sich eigenständig. Das ist ein nachhaltiger Effekt!' Im letzten Schuljahr ist es mir und meinem Team gelungen, den ,Jungen Rat für Mast' bundesweit bekannter zu machen. Denn Nachahmer finden wir nur, wenn wir das Projekt vorstellen."[1]

In der SPD-Bundestagsfraktion fungiert Katja Mast als stellvertretende Sprecherin für Arbeit und Soziales. Sie vertritt ihre Fraktion als Mitglied

im Ausschuss für Arbeit und Soziales sowie als stellvertretendes Mitglied im Ausschuss für Finanzen.

Katja Mast, am 4. Februar 1971 in Offenburg geboren, legte in dieser Stad auch ihr Abitur ab, nachdem sie von der Hauptschule ins Wirtschaftsgymnasium gewechselt war. Danach absolvierte sie bis 1992 eine Ausbildung zur Bankkauffrau bei der Sparkasse Offenburg-Oberkirch. Anschließend studierte sie die Fächerkombination Biologie, Politologie, Geographie und Pädagogik an der Ruprecht-Karls-Universität Heidelberg und war zwischen 1995 und 1999 Stipendiatin der Friedrich-Ebert-Stiftung. 1999 legte sie dann das erste Staatsexamen für das Lehramt an Gymnasien ab. Ihr beruflicher Weg führte Katja Mast als Projekt- und stellvertretende Bereichsleiterin ans Institut für Organisationskommunikation (IFOK) nach Bensheim und Berlin, wo sie von 1999 bis 2003 arbeitete. Im Anschluss war sie bis 2005 Referentin beim Personalvorstand der Deutschen Bahn AG.

Seit 1990 engagiert sich Katja Mast in der SPD. So war sie u. a. Juso-Vorsitzende in Offenburg, stellvertretende Landesvorsitzende der Jusos Baden-Württemberg, mehrfach Mitglied der Bundesversammlung, hatte diverse Delegiertenmandate inne, war stellvertretende SPD-Kreisvorsitzende im Enzkreis und langjähriges Mitglied der Antragskommission der SPD Baden-Württemberg.

Katja Masts Bundestagsmandat wurde 2009 bestätigt. Im Oktober 2011 wählte man sie auf dem SPD-Landesparteitag in Baden-Württemberg zur Generalsekretärin. Katja Mast ist verheiratet.

1 Zit. nach ihrer Homepage www.katja-mast.de, Stand: Juli 2012.

Hilde Mattheis

Sie sei „der linke Außenposten der Landes-SPD" heißt es von ihr, eine Frau, die weder Angst vor dramatischen Worten noch vor pointierten Positionen habe: Hilde Mattheis, seit 2002 Bundestagsabgeordnete.[1] Von Fraktionszwang hält sie wenig. Unter der Kanzlerschaft von Gerhard Schröder stimmte sie schon mal gegen ein Gesetz, wenn es ihr unsozial erschien. Und gegen die „Agenda 2010" wetterte sie bereits, als diese noch als neues Evangelium ihrer Partei galt. Als Ulrich Maurer die SPD gen Die Linke verließ, munkelte man, dass sie ihm bald folgen würde. Damals wehrte sie sich mit der schönen rhetorischen Frage: „Warum soll ich die Kopie wählen, wenn ich das Original haben kann?"[2]

Hilde Mattheis, römisch-katholisch, verheiratet und Mutter zweier erwachsener Töchter, kam am 6. Oktober 1954 in Finnentrop als Hilde Gudelius zur Welt. Nach ihrem Studium an einer Pädagogischen Hochschule war sie als Lehrerin an Grund- und Hauptschulen tätig. Sie ist Mitglied beim Arbeiter-Samariter-Bund Ulm, der Arbeiterwohlfahrt, dem BUND, der GEW, der Aidshilfe, der Drogenhilfe,

bei den Naturfreunden, beim Verein „Gegen Vergessen – für Demokratie" und beim Dokumentationszentrum Oberer Kuhlberg.

Der SPD trat sie 1986 bei. Seit 1995 engagiert sie sich im SPD-Landesvorstand Baden-Württemberg, seit 1997 als stellvertretende Landesvorsitzende. Von 1999 bis 2007 war sie AsF-Landesvorsitzende, seit 2005 gehört sie dem SPD-Parteivorstand an. Hilde Mattheis gehört im Bundestag dem Ausschuss für Gesundheit an, sie ist stellvertretende Sprecherin der Arbeitsgruppe Gesundheit und Berichterstatterin für die Bereiche Pflege, Psychiatrie, Armut und Gesundheit sowie Sprecherin der Arbeitsgruppe Verteilungsgerechtigkeit.

Im Herbst 2009 startete die Südwest-SPD eine Mitglieder-Befragung, wer sie künftig führen solle. Hilde Mattheis war neben dem jetzigen Finanzminister Nils Schmid und dem Fraktionsvorsitzenden im Landtag, Claus Schmiedel, eine von drei Kandidaten für die Nachfolge von Ute Vogt[3] als Vorsitzende des SPD-Landesverbands Baden Württemberg. Just zu diesem Zeitpunkt sorgte Hilde Mattheis wieder für Empörung in ihrer Partei, indem sie sich öffentlich gegen das umstrittene Bahnprojekt „Stuttgart 21" wandte.[4] Zum Landesvorsitzenden wählte man Nils Schmid. Hilde Mattheis aber wurde im November 2011 Vorsitzende des Forums Demokratische Linke 21, einer seit dem Jahr 2000 bestehenden Gruppierung innerhalb der SPD.

---
1 Zit. nach Sonntag aktuell, 16.09.2007.
2 Zit. nach ebd.
3 Siehe S. 398 in diesem Band.
4 Vgl.: Südwest Presse, 19.11.2009.

Conny Mayer

Conny Mayer, ehemalige CDU-Bundestagsabgeordnete, führt inzwischen den Doppelnamen Mayer-Bonde. Sie hat nach ihrer Parlamentarierinnenzeit den Grünen-Politiker Alexander Bonde geheiratet, der mittlerweile bekanntlich baden-württembergischer Minister für den ländlichen Raum und Verbraucherschutz ist. Das Paar hat drei kleine Kinder und wohnt in Baiersbronn.

Conny Mayer, am 18. Januar 1972 geboren, studierte nach dem Abitur, 1991 am Wirtschaftsgymnasium der Freudenstadter Eduard-Spranger-Schule, bis 1997 Politische Wissenschaft und Betriebswirtschaftslehre an der Universität des Saarlandes in Saarbrücken und an der Universität Mannheim. An Letzterer promovierte sie 2004 zur Dr. rer. soc.

Während des Studiums und danach arbeitete sie lange freiberuflich, etwa von 1992 bis 2001 als freie Journalistin des Schwarzwälder Boten in Oberndorf, von 1997 bis 1998 als wissenschaftliche Assistentin im Büro des Bundestagsabgeordneten Hans-Joachim Fuchtel, anschließend bis 2001 als freie Mitarbeiterin in der Marketingabteilung des Tourismus-Verbands Baden-Württemberg und der Tourismus Akademie in Freudenstadt. Parallel hatte sie von 1999 an ein Jahr lang eine Tätigkeit in der Entwicklungszusammenarbeit bei „Catholic Welfare and Development" in Kapstadt/Südafrika. Von 2001 bis 2002 war sie schließlich City-Managerin und Geschäftsführerin des Offenburg Marketing e.V. in eben dieser Stadt sowie im Wintersemester 2002/2003 Lehrbeauftragte an der Hochschule für öffentliche Verwaltung in Kehl.

Conny Mayer engagierte sich in der Jungen Union, von 1991 bis 1999 als Vorsitzende des JU-Gemeindeverbands Baiersbronn und von 1993 bis 1997 als Beisitzerin im Bezirksvorstand der JU Nordbaden. Aktiv in der CDU war sie von 1999 bis 2003 als

Vorsitzende des CDU-Gemeindeverbands. Seit 1993 ist sie Mitglied im Kreisvorstand der CDU Freudenstadt, ab 2003 war sie Bezirksvorsitzende der Frauenunion Nordbaden und ab 1999 Beisitzerin im Bezirksvorstand der CDU Nordbaden. Von 1994 bis 2003 gehörte sie im Landkreis Freudenstadt dem Kreisrat an. 2002 zog Conny Mayer über die Landesliste in den Bundestag ein. Bei der Wahl 2005 unterlag sie als Direktkandidatin im Wahlkreis Freiburg Gernot Erler von der SPD und schied aus dem Bundestag aus.

Seit 2007 lehrt Conny Mayer-Bonde in Karlsruhe als Professorin für Public Relations, Marketing und Touristik an der privaten Karlshochschule International University. 2009 wurde sie zur CDU-Kreisvorsitzenden in Freudenstadt gewählt. Die Hochschuldozentin und dreifache Mutter setzt sich für die bessere Vereinbarkeit von Familie und Beruf ein.[1]

---

1 Vgl.: Das vierminütige Porträt mit dem Titel „Was macht eigentlich Prof. Dr. Conny Mayer-Bonde?" von TV Südbaden vom 22.10.2011 unter: http://blog.karlshochschule.de/2011/10/22/was-macht-eigentlich-prof-dr-conny-mayer-bonde/, Stand: Juli 2012.

Hedwig Meermann

„Man muss sich vertragen, dann macht man etwas Vernünftiges. Das war eigentlich immer mein Motto in der Politik."[1] Hedwig Meermann wurde am 7. August 1913 als Hedwig Schmitt in Essen geboren. Hier machte sie Abitur und besuchte eine Handelsschule. 1933 ging sie für ein Jahr nach Lyon, so dass sie den Beginn der nationalsozialistischen Diktatur in Deutschland von außen betrachten konnte, sich über Zeitungen informierte und in Frankreich oft politische Versammlungen besuchte. Wieder in Deutschland, gelang es ihr, sich aus sämtlichen aufoktroyierten Organisationen herauszuhalten, aber sie litt unter der Isoliertheit und der fehlenden Möglichkeit, sich zu engagieren und kreativ zu betätigen. Von 1934 bis 1943 arbeitete sie als Sekretärin und Sachbearbeiterin bei verschiedenen Firmen und Wirtschaftsverbänden. 1944 zog sie nach Tuttlingen, wo sie ihr Leben lang wohnen blieb. Hier arbeitete sie von 1945 bis 1948 als Dolmetscherin für die Stadt. 1949 wechselte sie zu den Tuttlinger Chiron-Werken. Ein Jahr später verabschiedete sie sich wegen familiärer Pflichten: Sie hatte zwischenzeitlich geheiratet und einen Sohn bekom-

men. Ihr Mann war Bezirksleiter der Bausparkasse Schwäbisch Hall.[2]

Danach war Hedwig Meermann neben ihrem Familienleben vor allem politisch tätig. Bereits 1946 war sie der SPD beigetreten. Seit 1950 arbeitete sie während der Sitzungen des Europarates in Straßburg als Sekretärin der SPD-Delegation und seit 1954 in der gleichen Tätigkeit bei der Westeuropäischen Union. Von 1953 bis 1966 war sie Mitglied des Gemeinderates der Stadt Tuttlingen, von 1958 bis 1961 Mitglied des SPD-Landesvorstandes und von 1959 bis 1961 Mitglied des Kreistages und Vorsitzende der SPD-Kreistagsfraktion.

Von 1961 bis 1976 war sie Bundestagsabgeordnete. Ein Schwerpunkt ihrer dortigen Tätigkeit war die Arbeit im Ausschuss für Wohnungs- und Städtebau. Mit der Großen Koalition ab 1966 konnten viele reformpolitische Überlegungen, an denen sie mitgearbeitet hat, gesetzlich festgeschrieben werden. „Von 1972 bis 1977 fungierte sie als Präsidentin der Parlamentarischen Gesellschaft e.V. in Bonn. Nach Angaben von vielen war sie zugleich eine der selbstbewussten und verbindlich-eleganten Damen des Parlaments und stets eine Brückenbauerin zu den anderen Fraktionen und zu den Wählern. Ihr lag mehr das Gespräch in der Parlamentarischen Gesellschaft als der Streit im Plenum. Hedwig Meermann war auch aktiv in der Interparlamentarischen Union (IPU), von 1968 bis 1972 war sie Präsidentin der Kulturkommission der IPU und seit 1977 Ehrenmitglied der deutschen Delegation zur IPU."[3]

Nach ihrem Ausscheiden aus dem Bundestag engagierte sich Hedwig Meermann bis 1981 in den wohnungspolitischen Gremien der SPD. 1977 war sie Gründungsmitglied der Vereinigung ehemaliger Mitglieder des Deutschen Bundestages und des Europäischen Parlaments e.V. und von 1977 bis 1991 Vorstandsmitglied dieser Vereinigung.[4]

Hedwig Meermann starb am 9. April 2000 in Tuttlingen.

Literatur:
Meermann, Hedwig: Aufzeichnungen zur Geschichte der Vereinigung ehemaliger Mitglieder des

Deutschen Bundestages und des Europäischen Parlaments e. V., o. O., ca. 1988.

---

1 Einige Informationen über Hedwig Meermann stammen aus einem unveröffentlichten Manuskript von Renate Lepsius (1986), das diese mir 1992 freundlicherweise zur Verfügung stellte.
2 Quelle: Online-Artikel über sie beim Archiv der sozialen Demokratie (AdsD).
3 Zit. aus dem Online-Artikel über sie beim Archiv der sozialen Demokratie (AdsD).
4 Quelle: ebd.

Emmy Meyer-Laule

Emmy Meyer-Laule stammt aus einer alten, wohlhabenden Bauernfamilie mit Gastwirtschaft und eigener Metzgerei[1] in Wehr (Baden). Hier wurde sie am 20. Februar 1899 geboren. Nach der Grundschule besuchte sie bis zum 17. Lebensjahr eine Klosterschule in der Schweiz. Der Erste Weltkrieg zeigte ihr, wie weitgehend die sozialen Verhältnisse im Widerspruch zu den dort vermittelten christlichen Idealen standen. Sie trat nach dem Krieg in die SPD ein, „weil sie in ihr die Forderungen der Menschlichkeit vertreten sah."[2]

1919 heiratet sie als Zwanzigjährige Arthur Meyer und zog mit dem Schulprofessor nach Müllheim an die französische Grenze. Das Paar bekam ein Jahr später die Tochter Annemie. Da ihr Mann DDP-Mitglied war, gingen die zwei in Wahlkampfzeiten getrennt zu Veranstaltungen ihrer Parteien und trafen sich abends zum gemeinsamen Diskurs wieder daheim.[3]

Während der NS-Zeit hatte die Familie unter den Schikanen der Machthaber zu leiden. Es gab nächtliche Hausdurchsuchungen und sie wurden von der Gestapo überwacht. Arthur Meyer wurde erst aus dem Schuldienst entfernt, dann wieder eingestellt und nach Mannheim zwangsversetzt. Dennoch gelang es dem Paar sich hier wieder einen – vorwiegend jüdischen – Freundeskreis aufzubauen. „Es war Emmy Meyer-Laules

Intelligenz, ihrem Geschick und ihrer sozialistischen Gesinnung zu verdanken, dass sie trotz aller Gefahren, Menschen jüdischer Herkunft helfen konnte, sei es die Emigration mit vorzubereiten, sei es deren Hab und Gut und verbotene Bücher in Sicherheit zu bringen."[4]

1945 war Emmy Meyer-Laule sofort wieder als Funktionärin innerhalb der SPD aktiv. Sie wurde Mitglied des Landesfrauenvorstands der SPD und leitete die Frauengruppe in Heidelberg. Von 1949 bis 1961 war sie Bundestagsabgeordnete. 1949 wurde sie über die Landesliste von Württemberg-Baden, danach über die von Baden-Württemberg ins Bundesparlament gewählt. Hier hatte sie unter anderem von 1953 bis 1957 den stellvertretenden Vorsitz im Ausschuss für Besatzungsfolgen inne.[5] Sie setzte sich für die verschiedensten sozialen Belange im Sinne von Gleichberechtigung, Toleranz und Humanismus ein. So kämpfte sie im Bundestag zum Beispiel für die Rechte der Kriegsbeschädigten, der Sozialrentner, der Erwerbslosen und der durch die Besatzungsmächte zu Schaden Gekommenen. Die Frauen ermunterte sie, politische Verantwortung zu übernehmen. Große Verdienste erwarb sie sich durch ihre Reden gegen die Todesstrafe.[6]

Nach drei Legislaturperioden verzichtete sie auf eine weitere Kandidatur, um sich um ihre Familie, vor allem um die Enkel zu kümmern. Am 15. März 1985 ist sie 86-jährig in Heidelberg verstorben. In der Todesanzeige schrieben ihre Angehörigen: „Ein erfülltes mutiges Leben war sanft zu Ende gegangen."[7]

Literatur:
Notz, Gisela: Emmy Meyer-Laule. In: Dies.: Frauen in der Mannschaft. Sozialdemokratinnen im Parlamentarischen Rat und im Deutschen Bundestag 1948/49–1957. Bonn 2003, S. 374 – 387.

---

1 Vgl.: Gisela Notz, a. a. O., S. 374.
2 Persönlichkeitsdokumentation, Archiv der Sozialen Demokratie, Bonn/Bad Godesberg.
3 Vgl.: Gisela Notz, a. a. O., S. 376.
4 Ebd.
5 Vgl.: Schumacher, Martin: M.d.B, a. a. O., S. 3811.
6 Vgl.: Gisela Notz, a. a. O., S. 374.
7 Zit. nach ebd., S. 386.

Beate Müller-Gemmeke

Zwanzig Jahre kommunalpolitische Erfahrung brachte Beate Müller-Gemmeke mit, als sie 2009 über die Landesliste der Grünen für den Wahlkreis Reutlingen in den Bundestag einzog. Hier vertritt sie die grüne Bundestagfraktion als Sprecherin für Arbeitnehmerrechte im Ausschuss für Arbeit und Soziales. Ihr Motto: „Ich verbinde politisches Engagement mit Freude am Leben und diskutiere schrecklich gern, aber sachlich."[1]

Die Diplom-Sozialpädagogin ist verheiratet und hat zwei erwachsene Söhne. Geboren am 07. Oktober 1960, besuchte sie bis 1978 das Gymnasium in Böblingen. Anschließend machte sie bis 1982 eine Ausbildung zur Erzieherin in Tübingen und erwarb

parallel 1981 die Fachhochschulreife. Im Tübinger Verein für Sozialtherapie absolvierte sie ihr Anerkennungsjahr, bevor sie von 1984 bis 1988 an der Reutlinger Fachhochschule Sozialpädagogik mit Diplomabschluss studierte. Bis 1990 arbeitete sie im Talheimer Verlag in Mössingen. Daraufhin widmete sie sich bis 1996 vorwiegend ihrer Familie. Von 1997 bis 2002 war sie Kreisgeschäftsführerin der Grünen in Reutlingen. Seit 2002 arbeitet sie als selbstständige Sozialpädagogin im Projektmanagement und in der ESF-Begleitung bei Trägern der aktiven Arbeitspolitik.[2]

Ehrenamtlich engagierte sich Beate Müller-Gemmeke von 1998 bis 2002 als Elternbeirätin in Kindergarten und Schule. Seit 2003 ist sie als erste Vorsitzende des Fördervereins offene Jugendarbeit in Pliezhausen aktiv, seit 2004 als Mitglied im Förderverein Rappertshofen, seit 2008 als Fördermitglied im Förderverein Zukunft Adler Meidelstetten e.V. sowie seit 2009 Patin bei „save me – eine stadt sagt ja".

1989 wurde Beate Müller-Gemmeke zum ersten Mal in den Ortschafts- und Gemeinderat von Pliezhausen gewählt, dem sie nach wie vor angehört. Der Grünen-Partei schloss sie sich allerdings erst 1997 an. Seit 1998 gehört sie dem Kreisvorstand im Kreisverband Reutlingen an, von 2002 bis 2009 war sie Basisvertreterin im Bundesfinanzrat von Bündnis 90/Die Grünen, von 2003 bis 2009 Mitglied im Landesvorstand der Grünen, auch hier schon mit den Schwerpunkten Arbeitsmarkt- und Sozialpolitik. Zwischen 2004 und 2009 engagierte sie sich als Kreisrätin im Landkreis Reutlingen und war Mitglied im Verwaltungs- und Kulturausschuss. Von 2007 bis 2009 gehörte sie dem Sprecherteam der LAG Wirtschaft,

Finanzen und Soziales an, seit 2009 ist sie Sprecherin von „GewerkschaftsGrün".

---

1 Zit. nach http://blog.gruene-bw.de, Stand: Juli 2012.
2 ESF: Der Europäische Sozialfonds, der mit Gründung der Europäischen Wirtschaftsgemeinschaft 1957 ins Leben gerufen wurde. Seit dieser Zeit verbessert er die Beschäftigungschancen, unterstützt die Menschen durch Ausbildung und Qualifizierung und trägt zum Abbau von Benachteiligungen auf dem Arbeitsmarkt bei. Ziel der Europäischen Union ist es, dass alle Menschen eine berufliche Perspektive erhalten. Jeder Mitgliedstaat und jede Region entwickelt dabei im Rahmen eines Operationellen Programms eine eigene Strategie. (Information der Bundesregierung)

Doris Odendahl

dann als Sachbearbeiterin mit dem Schwerpunkt Verkauf, Personal- und Rechnungswesen tätig. 1967 machte sie sich selbständig und leitete ein eigenes Textil- und Modegeschäft mit Filialen. Nebenbei qualifizierte sie sich

Doris Odendahl kommt aus einem Elternhaus mit sozialdemokratischer Tradition, einem „typischen Arbeiterhaus", wie sie sagt[1]. Sie wurde am 30. Juni 1933 in Stuttgart geboren. Der Vater, Schlosser von Beruf, war damit einverstanden, dass die wissbegierige Tochter das Gymnasium besuchte. Doch nach seinem Tod war der Traum vom Studium aus ökonomischen Gründen ausgeträumt. So machte sie nach dem Gymnasium eine Ausbildung zur Kauffrau. Sie war

über Management-Training weiter. Ab 1981 arbeitete sie als Sachbearbeiterin für Organisation in einem Wirtschaftsberatungsinstitut.

Sie ist Mitglied von Verdi und der Arbeiterwohlfahrt.

1969 trat Doris Odendahl der SPD bei. Von 1971 bis 1983 war sie Stadträtin in Böblingen. Zwischen 1980 und 1983 wirkte sie im Landesvorstand der Arbeitsgemeinschaft sozialdemokratischer Frauen mit. Von 1981 bis 1989 war sie Vorsitzende im

Kreisverband Böblingen. 1983 wurde sie erstmals in den Bundestag gewählt, wo sie lange Jahre aktiv war. 1998 verzichtete sie auf eine weitere Kandidatur. Sie arbeitete als Mitglied im Ausschuss für Bildung und Wissenschaft und als stellvertretendes Mitglied im Wirtschaftsausschuss. Ab 1996 hatte sie den Vorsitz im Ausschuss für Bildung, Wissenschaft, Forschung, Technologie und Technikfolgenabschätzung inne. Für die Fraktion arbeitete sie in der Arbeitsgruppe Bildung und Wissenschaft mit den Schwerpunktthemen: Berufliche Bildung und Ausbildungsförderungsgesetz (BAFöG), „Gleichstellung der Frau". Sie gehörte den Arbeitsgruppen „Selbständige", „Verbraucherfragen", „Kunst und Kultur" und „USA" an und war ab 1988 bildungspolitische Sprecherin ihrer Fraktion.

Die Bildungspolitikerin blieb auch nach dem Abschied vom Bundestag ihrem Thema treu: 1997 wurde sie zur Vorsitzenden des deutschen Volkshochschulverbandes gewählt – ein Amt, das sie bis 2002 innehatte. 1999 gehörte sie zu den Gründern des Wissenschaftsforums der SPD in Baden-Württemberg und war dessen Vorsitzende.

Doris Odendahl ist verwitwet, ihre 1953 geborene Tochter verstarb 2001.

---

1   Das Parlament, 12.04.1986

Jutta Oesterle-Schwerin

„Brauchen wir überhaupt einen Bundespräsidenten, eine Art Ersatzkönig, einen guten Menschen, der die Ideologie eines Volkes vorspiegelt, wo die Interessen eines Konzernchefs und seiner Verkäuferin doch niemals dieselben, sondern unvereinbar sind?"[1] Jutta Oesterle-Schwerin irritiert gern, rührt an Gewohntem.

Jutta Oesterle-Schwerin, am 25. Februar 1941 in Jerusalem geboren, hat die bundesdeutsche und die israelische Staatsangehörigkeit. Ihr Vater, Architekt, Jude, Kommunist und ihre Mutter, Fotografin und Kommunistin (beide hatten am Bauhaus in Dessau studiert), entschlossen sich 1934, Deutschland zu verlassen und kamen 1935 nach Palästina. Ihre Hoffnung, unter besseren politischen Verhältnissen irgendwann wieder nach Deutschland zurückzukehren, „blieb ein Wunschtraum, den erst die Tochter Jahrzehnte später verwirklichen sollte".[2] Nach dem Schulbesuch in Israel studierte sie in Stuttgart an der Staatlichen Akademie der bildenden Künste und machte 1969 ihren Abschluss als Innenarchitektin. Während ihrer Studienzeit engagierte sie sich im Sozialistischen Deutschen Studentenbund (SDS) und in der Ostermarschbewegung sowie in den Solidaritätsbewegungen für Südafrika und Vietnam. 1969, mittlerweile mit dem SDS-Mitglied Oesterle verheiratet, zog sie nach Ulm, gründete nach der Geburt ihres Sohnes (1970) den ersten Kinderladen am Ort, half mit beim Aufbau eines Frauenzentrums und arbeitete nebenbei als freiberufliche Innenarchitektin. 1974 kam ihre Tochter zur Welt. Nach der Trennung von ihrem Mann, 1978, gründete sie ein „sozusagen richtiges" Architekturbüro, in dem sie bis zu ihrem Einzug in den Bundestag, 1987, arbeitete.[3] Seit Ende der 70er Jahre decken sich bei Jutta Oesterle-Schwerin ihre politischen Schwerpunkte immer mehr mit ihrer Lebensweise: Seit der Scheidung lebt sie in lesbischen Beziehungen und entschloss sich damals die Diskriminierung von Homosexualität in der Gesellschaft offen politisch zu bekämpfen. „Sie hat damit eine Lebensweise gewählt, die für sie zur konsequentesten Form der Verweigerung gesellschaftlicher Normen und patriarchaler Zumutungen gehörte."[4]

1974 trat sie der SPD bei und wurde in den Gemeinderat gewählt. 1980 verließ sie die SPD wegen des NATO-Doppelbeschlusses und schloss sich 1983 den Grünen an, weil diese für sie „das Bündnis von Linken und Ökologen verkörperten, wobei die traditionellen Linken gelernt hätten, den blinden Fortschrittsglauben abzulegen"[5]. Von 1984 bis 1987 war sie Mitglied der Grünen-Fraktion im Ulmer Gemeinderat. 1987 kam sie über die Landesliste in den Bundestag, dem sie bis 1990 angehörte. Ab Februar 1989 war sie dort Fraktionssprecherin. Sie war Mitglied des Ausschusses für Raumordnung, Bauwesen und Städtebau und auch oder gerade in ihrer parlamentarischen Arbeit zu fantasievollen Aktionen bereit: Zu einem Hearing im Wohnungsausschuss brachte sie aus Ulm eine von der Wohnungsnot unmittelbar betroffene Personengruppe ihres Wahlkreises mit, sogenannte Nichtsesshafte, die mit eigenen Worten auf ihre Lage aufmerksam machten.

„Selber, und vor allem kontinuierlich, etwas tun, sich nicht heraus-

halten, Sand ins Getriebe werfen. Betroffenheit zeigen und Betroffene mobilisieren"[6], ist ihr gesellschaftspolitisches Motto. Bis 2008 arbeitete Jutta Schwerin als freie Architektin in Berlin.[7] 2012 erschien ihre autobiografische Erzählung „Ricardas Tochter – Leben zwischen Deutschland und Israel".

Literatur:
Schwerin, Jutta: Ricardas Tochter – Leben zwischen Deutschland und Israel. Spector Books, Leipzig 2012.
Oesterle-Schwerin, Jutta: Mit Kindern wohnen. Die ganze Wohnung kindergerecht eingerichtet. Wiesbaden/Berlin 1976.
Dies.: Grundriss Einraumwohnung. Planen. Einrichten. Wohnen. Stuttgart 1973.
Luise Pusch: Ein Streit um Worte? Eine Lesbe macht Skandal im deutschen Bundestag. In: Women in German yearbook, Bd. 10, 1995, hrsg. v. Jeanette Clausen und Sara Friedrichsmeyer. S. 239–266.
Meyer, Birgit: Jutta Oesterle-Schwerin – „Wenn wir uns anpassen, dann verlieren wir uns." In: dies.: Frauen im Männerbund. Frankfurt M./New York 1997, S. 233–253.

1 Deutsche Volkszeitung, 05.05.1989.
2 Meyer, Birgit: Jutta Oesterle-Schwerin, a. a. O., S. 234
3 Ebd.
4 Ebd.
5 Deutsche Volkszeitung, 05.05.1989.
6 Ebd.
7 Laut Wikipedia-Artikel über sie, Stand: Juli 2012.

Christa Reetz

Christa Reetz (geb. Eckstein) wurde am 16. November 1922 in Arnstadt/Thüringen geboren. Sie verließ das Gymnasium vorzeitig, um Geld zu verdienen. 1938 absolvierte sie ein halbes Jahr eine private Dolmetscherschule für Russisch in Leipzig, finanziell von einem Onkel unterstützt. Anschließend machte sie in Berlin das Abitur nach. Sie hatte eine Stelle beim Deutschen Nachrichtenbüro und bildete sich nebenher zur Pressestenografin weiter. Nach dem Krieg arbeitete sie bis 1953 bei „Kroners Pressedienst"[1],

einer kleinen französisch lizensierten Nachrichtenagentur in Baden-Baden. Nachdem diese nicht mehr existierte, erledigte sie – mittlerweile verheiratet und Mutter von bald fünf Kindern – bis in die 60er Jahre von zuhause aus die Vermittlungs-, Presse- und Stenografenarbeiten für einen in Paris lebenden Journalisten. 1964 nahm sie eine Stelle in der Anzeigenabteilung von Burda an und lernte nebenher den Umgang mit Computern. Ab Anfang der 70er Jahre bis zu ihrer, auf eigenen Wunsch vorgezogenen Pensionierung 1981, arbeitete sie als Programmiererin bei der Biologischen Fakultät der Universität Freiburg.

Sie war Mitglied der Bürgerinitiative Umweltschutz in Offenburg und der Badisch-Elsässischen Bürgerinitiative (Mitglied der Verhandlungsdelegation), im Verein „Frauen helfen Frauen" im Ortenaukreis und im Komitee „Solidarität mit Solidarnosc" und ist wie viele Menschen der Ökologie- und Frauenbewegung Parteien gegenüber eher kritisch eingestellt.

Nachdem sie 1980 als unabhängige Kandidatin auf der Liste der Grünen in den Offenburger Stadtrat einzog, entschloss sich Christa Reetz dann doch 1981 der Partei der Grünen beizutreten. Sie wollte mit der frühen Rente mehr Zeit für ihr Engagement in Bürgerinitiativen haben und wurde zur hauptberuflichen Politikerin. 1983 kam sie über die Landesliste in den Bundestag, gehörte hier dem Post- und Fernmeldeausschuss an und war stellvertretendes Mitglied im Rechtsausschuss. Bei der Debatte zum Volkszählungsgesetz argumentierte sie gegen den Versuch des Staates, mittels perfekter Datenerhebung und Erfassung den gläsernen Bürger herzustellen und forderte statt dessen mehr Informations- und Mitwirkungsmöglichkeiten für die jeweils von politischen Entscheidungen Betroffenen: „Nicht der Staat muss alles von den Bürgern wissen, sondern die Bürger müssen alles vom Staat wissen."[2] 1985 schied Christa Reetz infolge des Rotationsprinzips nach zwei Jahren aus der Bundestagsfraktion aus.

Ab da engagierte sie sich stark im geschäftsführenden Vorstand des Bundesverbandes Bürgerinitiativen Umweltschutz e.V. (BBU). In einem Brief an Birgit Meyer schrieb sie am 14.01.1993 nachdenklich: „Mein Leben ist zwar seit zwanzig Jahren durch und durch öffentlich-politisch bestimmt, aber die parlamentarische Tätigkeit bei den Grünen ist dabei ganz unwesentlich. Ehrlich gesagt, bedaure ich fast, dass ich mir dieses Kleid angezogen habe."[3]

Christa Reetz lebte in Offenburg, wo sie am 21. Juni 2009 gestorben ist.

Literatur:
Meyer, Birgit: Christa Reetz – „Engagement ja – aber keine Partei. Nur keine Partei wieder!" In: dies.: Frauen im Männerbund. Frankfurt M./New York 1997, S. 211–232

1 Vgl.: Meyer, Birgit: Christa Reetz, a. a. O., S. 215.
2 Bundestagsprotokolle, 10. WP, 28.02.1985. Zit. nach Meyer, Birgit, a. a. O., S. 225.
3 Meyer, Birgit, a. a. O., S. 219.

Karin Rehbock-Zureich

Karin Rehbock-Zureich (geb. Zureich) ist am 29. November 1946 in Donaueschingen geboren. Sie lebt in Jestetten, ist verwitwet und hat zwei Kinder.

Nach dem Abitur 1966 absolvierte sie ein Studium an der Pädagogischen Hochschule Freiburg und arbeitete ab 1969 als Lehrerin an Grund- und Hauptschulen. Sie ist Mitglied in der GEW, im BUND, im Verkehrs-Club Deutschland (VCD), im Verein „Gegen Vergessen – Für Demokratie", in der AWO und in Germanwatch.

1978 trat sie der SPD bei. Sie übernahm 1987 den Ortsvereinsvorsitz in Jestetten und 1990 den stellvertretenden Vorsitz im Kreisverband Waldshut. Ebenfalls in diesem Jahr wurde sie Kreisvorsitzende der AsF und ist seit 1994 Mitglied des Kreistags. Auf Landesebene gehört sie seit 1990 dem Landesvorstand Baden-Württemberg der „Sozialdemokratischen Gemeinschaft für Kommunalpolitik" (SGK) an und war von 1995 bis 1999 Mitglied im SPD-Landesvorstand.

Über die Landesliste wurde sie 1994 erstmals in den Bundestages gewählt. Hier gehörte sie dem Ausschuss für Verkehr, Bau- und Wohnungswesen an, war stellvertretendes Mitglied im Ausschuss für die Angelegenheiten der Europäischen Union und von 2002 bis 2005 stellvertretende Vorsitzende der deutsch-schweizerischen Parlamentariergruppe. Von 1998 bis 2005 war sie stellvertretende verkehrspolitische Sprecherin ihrer Fraktion. Karin Rehbock-Zureich sagte 2002 von sich: „Die Wurzeln meiner politischen Arbeit liegen in der Kommunalpolitik. (...) Als Mitglied im Arbeitskreis Kommunalpolitik der SPD-Bundestagsfraktion ist es mir ein Anliegen, die Auswirkungen der Bundespolitik z. B. auf unsere Region deutlich zu machen und die Belange der Kommunen darzulegen."[1] Außer diesem Engagement und dem in der Verkehrspolitik gibt es noch ein anderes Thema, das ihr am Herzen liegt: „Daneben sind die Menschenrechte ein wichtiger Aspekt meiner politischen Arbeit. So unterstütze ich beispielsweise die ‚urgent actions' von Amnesty International."[2]

2005 verzichtete Karin Rehbock-Zureich auf eine weitere Bundestagskandidatur. Ihr Parteigenosse Alfred Winkler würdigte sie bei einer Veranstaltung fünf Jahre später: Ihr Einsatz als Bundestagsabgeordnete für den Wahlkreis sei beispielhaft gewesen. „Sie handelt nach den Prinzipien ‚einmischen, mitmachen und machen statt machen lassen'."[3]

---

1 Zit. nach ihrer Homepage: www.rehbockzureich.de, Stand 2002.
2 Ebd.
3 Zit. nach Südkurier, 19.02.2010.

Birgit Reinemund

Die Tierärztin aus Mannheim, Birgit Reinemund, ist „Liberale aus Überzeugung". Als sie 2009 erfolgreich für den Bundestag kandidierte, wurde sie zugleich FDP-Stimmenkönigin. Denn sie erhielt im Wahlkreis Mannheim beachtliche 15 Prozent der Zweit- und 8,9 Prozent der Erststimmen. Die Abgeordnete erzielte damit in Mannheim das beste FDP-Ergebnis seit Bestehen der Bundesrepublik.[1] Die Neuparlamentarierin machte im Bundestag rasch Karriere. Seit November 2010 ist Birgit Reinemund kommunalpolitische Sprecherin der FDP-Bundestagsfraktion. Im Juli 2011 wurde sie zur Vorsitzenden des Finanzausschusses des Bundestages gewählt.

Birgit Reinemund, geboren am 6. Juni 1959 in Mannheim, besuchte in dieser Stadt das Liselotte-Gymnasium. Nach dem Abitur 1978 studierte sie Veterinärmedizin an der Justus-Liebig-Universität in Gießen und machte ein Auslandssemester in Australien und Neuseeland. 1984 legte sie das Staatsexamen ab. Nach ihrer Promotion 1988 führte sie neun Jahre lang eine eigene Kleintierpraxis in Mannheim. Im Anschluss an eine parallel verlaufende betriebswirtschaftliche Weiterbildung stieg sie

1998 als Mitinhaberin in eine Firma für Messtechnik ein, um bald darauf die kaufmännische Geschäftsführung zu übernehmen. 2002 entschied sie sich, der FDP beizutreten, um etwas zu verändern: „Ich war damit beschäftigt, mir eine solide Existenz aufzubauen, aber ich merkte bald, dass ich achtzig Prozent meiner Arbeitszeit im Unternehmen dafür aufwenden musste, die steuerlichen Gestaltungsmöglichkeiten zu prüfen, staatliche Berichtspflichten und Bürokratie zu bedienen. Ich fand, daran müsse sich unbedingt etwas ändern, und mir wurde klar, dass dies nur durch die Änderung der politischen Rahmenbedingungen möglich wäre."[2]

2004 wurde Birgit Reinemund in den FDP-Kreisvorstand Mannheim gewählt und als Kandidatin für die Bundestagswahl 2005 vorgeschlagen. Damals verfehlte sie den Einzug ins Bundesparlament. 2006 wurde sie Kreisvorsitzende des Kreisverbands Mannheim. Seit 2005 gehört sie dem Bezirksvorstand Kurpfalz, seit 2006 dem Landesvorstand an. Sie ist Mitglied in den Landesfachausschüssen Wirtschaft, Agrar und Verbraucherschutz sowie Frauen. Außerdem engagiert sie sich seit 2009 als Stadträtin in ihrer Heimatstadt.

Birgit Reinemund ist Mitglied bei den Liberalen Frauen, der Liberalen Initiative Mittelstand, dem Verband Liberaler Kommunalpolitiker und bei der Arbeiterwohlfahrt.

Die verheiratete Politikerin genießt es, in ihrer knapp bemessenen Freizeit mit ihrem Mann ausgedehnte Waldspaziergänge zu machen.[3]

---

1 Quelle: das Porträt über sie in der Reihe „Wege in die Politik" des Deutschen Bundestags, Ausdruck im Landtagsarchiv unter „Frauen im Parlament, 2012".
2 Zit. nach dem o. g. Bundestagsporträt über sie.
3 Vgl.: ihre Homepage www.birgit-reinemund.de, Stand: Juli 2012.

Erika Reinhardt

Für Erika Reinhardt (geb. Deim) begann die aktive Politik nach der Familienphase. Nach sechsjähriger Aktivität im Stuttgarter Gemeinderat, wo die sozial engagierte CDU-Politikerin in zahlreichen Ausschüssen Kommunalpolitik mitgestaltete, hatte sie von 1990 bis 2002 ein Bundestagsmandat inne.

Erika Reinhardt, am 30. Januar 1932 in Freistadt/Österreich geboren, machte nach dem Gymnasium eine dreijährige Fachausbildung zur Diplom-Säuglings- und Kinderkrankenschwester in Wien. Nach einem einjährigen Auslandsaufenthalt in Rom arbeitete sie im Kinderkrankenhaus in Linz/Österreich. Durch ihre Heirat, 1957 mit dem Stuttgarter Kaufmann Herbert Reinhardt, kam sie in diese Stadt. Sie widmete sich in den nächsten Jahren ihrer Familie – sie hat zwei Töchter – entfaltete aber daneben zahlreiche gesellschaftspolitische Aktivitäten, beispielsweise als langjährige Elternbeiratsvorsitzende an einem Gymnasium von 1970 bis 1978.

1978 trat sie der CDU bei. Von 1985 bis 1990 war sie Vorsitzende der Kommunalpolitischen Vereinigung des Kreisverbandes Stuttgart, Mitglied der Mittelstandsvereinigung der CDU. Zwischen 1975 und 1984 gehörte sie dem Bezirksbeirat Wangen an, ab 1980 als Fraktionssprecherin. Während ihrer Zeit als Stuttgarter Stadträtin von 1984 bis 1990 war sie Sprecherin im Sozialausschuss und stellvertretende Fraktionssprecherin. Ab 1997 war sie Landesvorsitzende der Senioren-Union Baden-Württemberg und stellvertretende Vorsitzende auf Bundesebene. Heute ist sie Ehrenvorsitzende der Senioren-Union des Bundeslands und Mitglied im Exekutivkomitee der Europäischen Seniorenunion (ESU).[1]

Im Bundesparlament war sie immer in den Bereichen Familie, Senioren sowie für wirtschaftliche Zusammenarbeit aktiv. In der 14. Wahlperiode gehörte sie dem Ausschuss für wirtschaftliche Zusammenarbeit und Entwicklung an, war Schriftführerin und stellvertretendes Mitglied im Ausschuss für Familie, Senioren, Frauen und Jugend. 2002 wollte sie nicht mehr für den Bundestag kandidieren.

Erika Reinhardt gehört verschiedenen Sozial- und Kulturvereinen an. 1992 gründete sie in Stuttgart den Fördervereins KEKS e.V. (Kreis für Eltern von Kindern mit Speiseröhrenmissbildungen) und übernahm den Vorsitz. Im September 2000 erfolgte die Gründung einer Stiftung für Kinder mit Speiseröhrenmissbildungen mit dem Namen „Oesophagus-Stiftung". Ab 2001 war sie Vorsitzende der Kommission Bevölkerungsfragen bei der Deutschen Gesellschaft für die Vereinten Nationen e.V.

Die CDU-Politikerin hat die Ehrennadel des Landes Baden-Württemberg und die Ehrenmedaille in Silber der Stadt Stuttgart verliehen bekommen. Als Erika Reinhardt in Stuttgart ihren 70. Geburtstag feierte, wurde ihr wie so oft ihre Herzlichkeit bei gleichzeitiger Beharrlichkeit attestiert. Sie habe „viel Arbeit im Kleinen geleistet, aber nie den Blick für das Große verloren."[2]

---

1 Vgl.: Südwest Presse, 31.03.2012.
2 Zit. nach Stuttgarter Zeitung, 05.02.2002.

Paula Riede

Paula Riede wurde am 19. Dezember 1923 in Schömberg im Kreis Balingen geboren. Nach dem Abitur studierte sie in Tübingen und schloss mit einer Promotion über den Weinbau in Nordwürttemberg ab. Danach arbeitete sie auf einem Weingut an der Rebenzüchtung und im Bereich der Weinchemie. Sie war Mitglied der Qualitätswein-Prüfungskommission.

1964 trat sie der CDU bei, wurde Vorsitzende der CDU-Bezirksfrauenvereinigung Nordwürttemberg und Mitglied des Landes- und Bundesvorstands der CDU-Frauenvereinigung.

Ab 1968 war sie im Gemeinderat, ab 1971 im Kreistag. Ihre Bundestagstätigkeit erstreckte sich auf den Zeitraum von 1972 bis 1976 sowie von Mai 1977 bis 1980. Als Mitglied des Petitionsausschusses war sie in der Bevölkerung unter dem ehrenden Spitznamen „Notrufsäule der Nation" bekannt[1]. Die langjährige Kreisrätin der CDU im Rems-Murr-Kreis machte diesem Namen im Dezember 1984 wieder Ehre, als sie forderte, dass neben Bundes- und Landtag auch der Kreistag einen Petitionsausschuss haben müsse, um die Anliegen der Bürger besser abdecken zu können.

Sie sah und sieht ihr politisches Wirken in erster Linie als Aufgabe und Verpflichtung zum Dienst für den Mitmenschen. Sie setzte sich für die Schadensregulierung von Unfallbetroffenen ein und konnte oft im Grenzbereich versicherungsrechtlicher Regelungen Kulanzentscheidungen erreichen.

Zu Paula Riedes 86. Geburtstag schrieb die Stuttgarter Zeitung in ihrer Fellbacher Ausgabe am 19.12.2009: „Schon als Bundestagsabgeordnete ‚Riede – Oeffingen' erlangte die resolute Frau aus dem Schwäbischen einigen Bekanntheitsgrad – auch wegen ihrer beliebten Weinproben. Bundesweit berühmt wurde sie aber als Bürger-Anwältin. Nachdem sie ihr Mandat im damals noch Bonner Parlament verloren hatte, rief der bekannte Verleger Hubert Burda an und schlug ihr ein Geschäft vor. Burda wollte ihr ein Büro in Bonn einrichten, an das sich Menschen in Not wenden: ‚Und wir berichten dann in der Bunte über diese Fälle.' Am 2. Januar 1977 trat Paula Riede ihren Dienst am Bundeskanzlerplatz in Bonn an. ‚6000 Briefe in Säcken und Körben warteten dort schon auf mich, dazu zwei Sekretärinnen.' Sie habe gelesen, diktiert und telefoniert und erfolgreich viele Fälle gelöst. ‚Ich habe mich vor niemandem gefürchtet, und mein Glück war, dass ich bei den Behörden schon gut bekannt war.' Im Mai 1977 zog Paula Riede als Nachrückerin für den ehemaligen Kanzler Ludwig Erhardt wieder in den Bundestag ein. Abends nach den Sitzungen arbeitete sie ihre Fälle als Bürger-Anwältin ab: ‚Und sonntags bin ich noch geschwind heim, um meine drei Kinder zu zählen.' Jede Woche wurde die Geschichte eines Falles in der Presse veröffentlicht. Die Auflage des Blatts stieg in der Zeit auf das Doppelte. ‚Der Stern wollte mich sogar abwerben.'"

Literatur:
Riede, Paula: Das Weinbaugebiet östlich des unteren Neckars zwischen Marbach und Gundelsheim. Diss. Universität Tübingen, 1947.
Klenk, Ernst / Nagy, Josef / Riede, Paula: Künstliche Beregnung von Rebkulturen. Mitteilungen der Württembergischen Lehr- und Versuchsanstalt für Wein- und Obstbau Weinsberg. (1948), Heft 1.
Weitbrecht, Susanne: Interview mit Dr. Paula Riede vom 17.02.2004. Universität Tübingen. Als PDF im Netz unter www.uni-tuebingen.de/frauenstudium/daten/zeitzeuginnen/interview_paula-riede.pdf und als Ausdruck im Landtagsarchiv unter „Frauen im Parlament", 2012.

1 Vgl.: Süddeutscher Rundfunk, Chronik Baden-Württemberg, 22.12.1984.

Julie Rösch

Julie Rösch (geb. Schmidt) wurde am 23. Oktober 1902 in Stuttgart geboren. Nach dem Besuch einer Mädchenoberrealschule in Stuttgart und einer Haushaltungsschule war sie als Erzieherin und Sekretärin und später als Lehrschwester in der Kinderheimanstalt Ludwigsburg tätig. Sie arbeitete seit 1933 im evangelischen Gemeindedienst und in der Evangelischen Frauenhilfe in Württemberg mit. Als ihre Familie 1943 in Stuttgart ausgebombt wurde, zog sie nach Tübingen. Nach Kriegsende engagierte sie sich stark für das Müttererholungswerk in Württemberg-Hohenzollern. Sie unternahm zahlreiche Vortragsreisen für die Evangelische Frauenhilfe in der französisch besetzten Zone.

Als Mitglied der CDU war sie im Landesvorstand dieser Partei und stellvertretende Vorsitzende des Landesfrauenausschusses. Von 1949 bis 1961 war sie Bundestagsabgeordnete, wo sie sich in erster Linie mit Finanzen und Haushaltsplanungen auseinandersetzte.

Julie Rösch starb am 12. Mai 1984 in Stuttgart.

Karin Roth

Politik ist für die langjährige SPD-Bundestagsabgeordnete Karin Roth „die Kunst des Möglichen ohne auf seine Grundwerte zu verzichten".[1]

Karin Roth wurde am 6. Februar 1949 in Erkenbrechtsweiler im heutigen Landkreis Esslingen geboren. Nach dem Besuch der Volksschule

begann sie 1963 eine Ausbildung bei der Deutschen Bundespost, wo sie bis 1971 als Verwaltungsangestellte tätig war. 1972 erwarb sie auf dem Zweiten Bildungsweg an der Akademie der Arbeit in Frankfurt am Main die Fachhochschulreife. Anschließend begann sie an der Fachhochschule in Frankfurt/Main ein Studium der Sozialarbeit, das sie 1978 als graduierte Sozialarbeiterin beendete.

Zeitgleich war sie von 1973 bis 1979 als Assistentin beim Hauptvorstand der Deutschen Postgewerkschaft und später als Abteilungsleiterin für Jugend und Frauenpolitik beim Deutschen Gewerkschaftsbund Rheinland-Pfalz in Mainz tätig.

Von 1979 bis 1993 arbeitete sie als Referentin beim Vorstand der IG Metall in Frankfurt/Main. Dort war sie zunächst in der Abteilung Frauen beschäftigt und wechselte 1984 in die Abteilung Grundsatzfragen, wo sie für Energie- und Umweltpolitik zuständig war.

Von 1993 bis 1994 war sie stellvertretende Vorsitzende und ab Februar 1994 Vorsitzende des DGB-Landesbezirks Nordmark.

Im April 1998 wurde Karin Roth als Senatorin für Arbeit, Gesundheit und Soziales in den von Ortwin Runde geführten Senat der Freien und Hansestadt Hamburg berufen. Nachdem die Rot-Grüne Koalition bei der Bürgerschaftswahl 2001 ihre Mehrheit verloren hatte, schied Karin Roth im Oktober 2001 aus dem Amt.

Der SPD trat Karin Roth bereits 1972 bei. Willy Brandt war ihr Vorbild.[2] 2002 zog sie über die baden-württembergische SPD-Landesliste ins Bundesparlament ein. Ihr Mandat wurde 2005 und 2009 bestätigt.

Von November 2005 bis Oktober 2009 war Karin Roth Parlamentarische Staatssekretärin beim Bundesminister für Verkehr, Bau und Stadtentwicklung. Sie war zuständig für die Bereiche Bauen, energetische Gebäudesanierung, für Wohnungspolitik sowie für Binnen-, Seeschifffahrt und Meerespolitik. Seit November 2009 ist sie Mitglied im Ausschuss für wirtschaftliche Zusammenarbeit und Entwicklung sowie Sprecherin der SPD-Bundestagsfraktion im Unterausschuss Gesundheit in Entwicklungsländern.

Im Bereich der Entwicklungspolitik ist Karin Roth unter anderem für die internationale soziale Gestaltung der Globalisierung – einschließlich der europäischen Entwicklungspolitik und wirtschaftlichen Zusammenarbeit – zuständig. Schwerpunkte ihrer Arbeit liegen im Rereich sowie der Durchsetzung international verbindlicher Arbeits- und Sozialstandards, die Bekämpfung der Kinderarbeit und Kindersterblichkeit sowie die Gleichberechtigung von Frauen in Entwicklungsländern.

Auf Karin Roths Homepage steht zu lesen: „Politik ist, wie Willy Brandt sagt, dazu da, den Menschen zu helfen. Ich füge hinzu, nur wer sich engagiert, kann mitgestalten und verändern. Deshalb mache ich Politik."[3]

---

1 Zit. nach ihrer Homepage www.karin-roth.de, Stand: Juli 2012.
2 Ebd.
3 Ebd.

Ortrun Schätzle

Die CDU-Politikerin Ortrun Schätzle (geb. Klienert), die sich 1987 vergeblich um ein Bundestagsmandat bemüht hatte, rückte im August 1989 für den nach der Europawahl ausgeschiedenen Abgeordneten Honor Funk in den Bundestag nach. Der Einstieg in Bonn sei ihr problemlos gelungen, resümierte sie nach einem Jahr. Ihre Erfahrungen aus der Basisarbeit und aus der Kommunalpolitik hätten sich ausgezahlt[1]. Als Mitglied im Petitionsausschuss, im Ausschuss Arbeit und Sozialordnung und als stellvertretendes Mitglied im Ausschuss Jugend, Familie, Arbeit und Gesundheit hätte sie ein Arbeitsfeld, in dem sie sich „für die drängenden Anliegen aller Alters- und Berufsschichten stark machen" könne[2].

Ortrun Schätzle, am 20. April 1934 in Hornberg/Schwarzwald geboren, studierte nach dem Abitur in Villingen und zweijährigen Praktika am Berufspädagogischen Institut Frankfurt am Main und schloss 1958 mit der Staatsprüfung für das Lehramt an Berufs- und Fachschulen ab. Bis 1979 war sie als Lehrerin tätig, erst in Frankfurt, später in Villingen. Sie war Referentin in der katholischen Erwachsenenbildung, als Mutter dreier

Kinder langjährige Elternbeirätin und Pfarrgemeinderätin. Darüberhinaus war sie in weiteren Verbänden aktiv, unter anderem als Mitglied der katholischen Frauengemeinschaft Deutschlands (kfd), des Deutschen Frauenringes (DFR), des Kinderschutzbundes und als Mitglied des Caritasvorstandes Kreis Lörrach.

1975 schloss sie sich der CDU an. In den Jahren von 1976 bis 1981 sammelte sie kommunalpolitische Erfahrungen als Stadträtin in St. Georgen im Schwarzwald. 1981 zog sie um nach Schopfheim im Wiesental. Ab 1989 war sie dort Vorsitzende des CDU-Stadtverbandes. In den Jahren zwischen 1982 und 1990 engagierte sie sich als Kreisvorsitzende der Frauen-Union Lörrach, von 1983 bis 1993 als Bezirksvorsitzende der Frauen-Union Südbaden. Ab 1983 gehörte sie dem CDU-Bezirksvorstand an und ab 1985 dem CDU-Landesvorstand.

In ihrer letzten Wahlperiode ab Herbst 1994 war sie Mitglied im Ausschuss für Familie, Senioren, Frauen und Jugend und in der Enquete-Kommission „Sogenannte Sekten und Psychogruppen" sowie stellvertretendes Mitglied im Ausschuss für Arbeit und Sozialordnung und in dem für die Angelegenheiten der EU. 1998 kandidierte die damals 64-jährige nicht mehr für den Bundestag, weil sie einer jüngeren Nachfolgerin Platz machen wollte und sowieso „eine Verfechterin der begrenzten Wiederwahl von Abgeordneten" sei.[3] Ortrun Schätzle ist Ehrenvorsitzende der Frauenunion Südbaden.[4]

---

1 Pressemitteilung der Pressereferentin von O. Schätzle, September 1990.
2 Ebd.
3 Zit. nach Badischer Zeitung, 28.12.1996.
4 Homepage www.fu-suedbaden.de, Stand: Juli 2012.

Marta Schanzenbach

Aus einem einkommensschwachen, kulturell aber sehr aufgeschlossenem Elternhaus stammend, wurde die am 7. Februar 1907 in Gegenbach/Baden geborene Marta Schanzenbach (geb. Lehmann) früh politisch aktiv, um für soziale Gerechtigkeit zu kämpfen. Noch während ihrer Mittelschulzeit war sie in Gengenbach Mitbegründerin der Sozialistischen Arbeiterjugend (SAJ). Sie wurde Vorsitzende ihrer Gruppe, Kreisvorsitzende des Schwarzwaldkreises und 1926 Mitglied des Landesvorstands. Von 1925 bis 1927 arbeitete sie als Verkäuferin im Konsum ihrer Heimatstadt. Über Kontakte mit SPD-Genossen entschied sie sich für das Berufsziel einer Fürsorgerin. Sie absolvierte in verschiedenen sozialen Einrichtungen in Karlsruhe und Mannheim Praktika, machte 1928 ihr Examen als Kinderpflegerin und zog dann nach Berlin, wo sie sich zur Jugendwohlfahrtspflegerin weiterqualifizierte. Nach dem Staatsexamen arbeitete sie als Jugend- und Familienfürsorgerin im Jugendamt Prenzlauer Berg. Ab 1933 hatte sie Berufsverbot und die finanzielle Situation gestaltete sich schwierig, da auch der Mann, den sie 1933 geheiratet hatte, aus politischen Gründen oft ohne Arbeit war, und das Ehepaar in den dreißiger Jahren zwei Kinder bekam. 1941 zog sie auf Wunsch ihres Mannes, der inzwischen eingezogen worden war und seit 1944 als vermisst gilt, mit den Kindern wieder zurück nach Gengenbach. Dort bekam sie trotz ihrer allgemein bekannten Gegnerschaft zum Nationalsozialismus 1943 eine Stelle als Fürsorgerin und kümmerte sich um Kriegsbeschädigte, Kriegshinterbliebene, Evakuierte und Heimatvertriebene.

Nach dem Krieg gründete sie mit politisch Gleichgesinnten recht schnell einen SPD-Ortsverband in Gengenbach und organisierte dort die Arbeiterwohlfahrt (AWO). Sie beteiligte sich an der Gründung des südbadischen Landesverband der AWO, dessen Vorsitzende sie bis 1976 war. Sie wurde noch 1945 Mitglied des Landesvorstands der SPD in Baden und war von 1953 bis 1959 Mitglied des Kreistages. 1949 wurde sie in den Bundestag gewählt, dem sie bis 1972 angehörte, wobei sie in den Jahren 1958 bis 1966 Mitglied des Parteivorstands und des Parteipräsidiums der SPD war. Sie war innerhalb des Parteivorstands Vorsitzende der Ausschüsse für Frauenfragen, des Ausschusses für Kriegsopfer und Kriegsbeschädigte und des sozialpolitischen Ausschusses. Sie engagierte sich während ihrer Abgeordnetentätigkeit in den Themenkomplexen, die schon immer ihre politische Tätigkeit und ihren beruflichen Werdegang bestimmten.

Am 3. Juni 1997 ist sie neunzigjährig in Offenburg gestorben. Ihre Geburtsstadt Gengenbach ernannte sie zur Ehrenbürgerin. Noch zu Lebzeiten wurde ein AWO-Seniorenzentrum in Offenburg nach ihr benannt; zudem erhielten das Gymnasium in Gengenbach im Oktober 2005 und eine nahe gelegene Straße ihren Namen.[1]

Literatur:
Tebbel, Renate: Marta Schanzenbach (1907–1997). Eine Frau der ersten Stunde. Freiburg i. Br. 2010.
Marquardt; Regine: Das Ja zur Politik. Frauen im Deutschen Bundestag 1949-1961. Ausgewählte Biographien. Opladen 1999.
Marta Schanzenbach – Das Glück, helfen zu können. In: Renate Lepsius: Frauenpolitik als Beruf. Gespräche mit SPD-Parlamentarierinnen. Hamburg 1987, S.13–32.

[1] Vgl.: Wikipedia-Artikel über sie, Stand: Juli 2012.

Annette Schavan

Scharfer Verstand, glänzende Rhetorik, verbunden mit Gelassenheit: Nachdem Annette Schavan von Ministerpräsident Erwin Teufel im Sommer 1995 für das Amt der Kultusministerin[1] nach Baden-Württemberg geholt worden war, erwarb sie sich bei Kollegen und Pädagogen schnell einen klar konturierten Ruf. Es gab viel frischen Wind an den Schulen zwischen Neckar und Bodensee, nachdem die am 10. Juni 1955 in Jüchen (Kreis Neuss) am Rhein geborene Politikerin ihr Amt angetreten hatte. Annette Schavan flexibilisierte die Einschulung, führte eine erste Fremdsprache schon in der Grundschule ein und öffnete einen kürzeren Weg zum Abitur – das umstrittene „G 8", das mittlerweile wieder zurückgefahren wird. Die Ministerin machte sich mit Überzeugung und Leidenschaft ans Umgestalten. Sie ging neue Wege bei der Integration behinderter Kinder und versuchte, kreative Arbeitszeitmodelle für Lehrer zu schaffen, um wachsenden Schülerzahlen in Zeiten knapper Kassen gerecht zu werden. Grundschüler sollten einen festen Zeitrahmen im täglichen Schulaufenthalt bekommen,

damit ihre Eltern Beruf und Familie besser unter einen Hut bekommen. 2005, am Ende ihrer Amtszeit, setzte sie sich für einen Modellversuch mit deutschem Islamunterricht für muslimische Kinder an baden-württembergischen Schulen ein. Zuvor sorgte sie allerdings auch für das Kopftuchverbot für Lehrerinnen, während sie im Ordensgewand von unterrichtenden Nonnen keine politische Botschaft zu erkennen vermochte.[2]

Annette Schavan, aus einer Handwerker- und Angestelltenfamilie stammend[3], machte in Neuss am Nelly-Sachs-Gymnasium 1974 das Abitur. Im Anschluss studierte sie Erziehungswissenschaft, Philosophie und Katholische Theologie und promovierte 1980 mit einer Arbeit über Gewissensbildung zum Dr. phil. Von 1980 bis 1984 war sie als wissenschaftliche Referentin bei der Bischöflichen Studienförderung Cusanuswerk tätig, dann bis 1987 als Abteilungsleiterin für außerschulische Bildung im Generalvikariat in Aachen und nahm zwei Jahre die Aufgaben einer Bundesgeschäftsführerin der Frauen-Union der CDU wahr. Danach leitete sie als erste Frau sieben Jahre lang (bis 1995) das Cusanuswerk, ein bundesweit tätiges Institut der Begabtenförderung.

„Kommunalpolitik ist nicht die unterste Stufe der Politik. Kommunalpolitik ist das Fundament der politischen Kultur."[4] – Diese Überzeugung prägte ihr politisches Selbstverständnis, nachdem sie von Mitte der 70er bis Mitte der 80er Jahre in der Kommunalpolitik in Neuss tätig war.

Die ehemalige Ministerin für Kultus, Jugend und Sport in Baden-Württemberg gehört zum Landesvorstand der baden-württembergischen CDU und wurde im November 1998 beim Bundesparteitag zur stellvertretenden Vorsitzenden der CDU Deutschlands gewählt. Ein Jahr lang – bis Januar 2002 – amtierte sie als Präsidentin der Kultusministerkonferenz[5].

Von April 2001 bis September 2005 war ist sie direkt gewählte Landtagsabgeordnete des Wahlkreises Bietigheim-Bissingen. Als Ministerpräsident Erwin Teufel im Oktober 2004 ankündigte, sein Amt im April 2005, also ein Jahr vor der anstehenden Landtagswahl, aufzugeben, griff Annette Schavan „nach der Macht im Männerclub"[6]. Sie kandidierte parteiintern gegen den Fraktionschef Günther Oettinger um das Ministerpräsidentenamt. Der Spiegel schrieb damals, dass sie sich auf ihre kühle Art gut schlage, aber auch Feinde schaffe. Denn: „Schavan hat sich nicht an die Regeln gehalten, vor allem nicht an die wichtigste, dass die Macht im Land vererbt wird und dass Probleme dabei unter Funktionären gelöst werden. Sie hat eine Mitgliederbefragung durchgesetzt: 79.270 CDU-Gefolgsleute können (...) abstimmen, wer (...) neuer Regierungschef in Stuttgart werden soll. Ein Novum in der Partei- und Landesgeschichte, was in Baden-Württemberg dasselbe ist."[7] Teufels Wunschkandidatin unterlag, wenn auch mit einem respektablen Ergebnis, und Oettinger übernahm ein halbes Jahr später sein Amt.

Kurz darauf war die Bildungspolitikerin auf dem Sprung nach Berlin. Sie kandidierte bei der vorgezogenen Bundestagswahl 2005 im Wahlkreis Ulm und errang wie auch 2009 das Direktmandat ins Bundesparlament. Nach ihrer Abschiedsrede im baden-württembergischen Landtag zollte ihr die damalige Schulpolitikerin der Grünen, Renate Rastätter[8], Respekt. Sie empfand es als „Glückskarte, die Ministerin zu haben, die die höchsten Anforderungen stellt" und gab zu: „Sie waren eine große Herausforderung für mich."[9] Seit November 2005 ist Annette Schavan Bundesministerin für Bildung und Forschung.

Außerdem wirkte sie als Vizepräsidentin des Katholischen Deutschen Frauenbundes und von 1994 bis 2005 als Vizepräsidentin des Zentralkomitees der Deutschen Katholiken, dessen Präsidium sie seit 1997 angehört. Seit Januar 2012 ist sie Vorsitzende der Gemeinsamen Wissenschaftskonferenz.[10]

Literatur:
Schavan, Annette: Person und Gewissen. Studien zu Voraussetzungen, Notwendigkeit und Erfordernissen heutiger Gewissensbildung. Frankfurt 1980. (zugl. Diss.).
Dies. & Welte, Bernhard (Hg.): Person und Verantwortung. Zur Bedeutung und Begründung von Personalität. Düsseldorf 1980.
Dies. (Hg.): Dialog statt Dialogverweigerung. Impulse für eine zukunftsfähige Kirche. 2. Aufl. Kevelaer 1995.
Dies.: Schule der Zukunft. Bildungsperspektiven für das 21. Jahrhundert. Freiburg 1998.
Böckenförde, Ernst-Wolfgang & Schavan, Annette (Hg.): Salz der Erde. Christliche Spiritualität in der Welt von heute. Ostfildern 1999.
Dies. (Hg.): Keine Wissenschaft für sich. Essays zur gesellschaftlichen Relevanz von Forschung. Hamburg 2008.
Dies.: Gott ist größer, als wir glauben: Visionen für Kirche und Welt. Hrsg. v. Volker Resing, Leipzig 2010.

---

1 Als Nachfolgerin für Marianne Schultz-Hector, S. 246 in diesem Band.
2 Vgl.: Stuttgarter Nachrichten, 18.10.2004.
3 Vgl.: Sonntag aktuell, 11.07.1999.
4 Zit. nach ihrer Homepage: www.annette-schavan.de, Stand 2002.

5 Am 16.01.2002 erfolgte die Übergabe der einjährigen Präsidentschaft an die thüringische Wissenschaftsministerin Dagmar Schipanski.
6 Der Spiegel, 29.11.2004.
7 Ebd.
8 Siehe S. 225 in diesem Band.
9 Zit. nach Stuttgarter Zeitung, 29.07.2005.
10 Die Gemeinsame Wissenschaftskonferenz (GWK) ist die Nachfolgeorganisation der früheren Bund-Länder-Kommission für Bildungsplanung und Forschungsförderung. Sie wurde im Zuge der Föderalismusreform gegründet und hat am 1. Januar 2008 ihre Arbeit aufgenommen. Sie koordiniert die gemeinsame Wissenschaftsförderung von Bund und Ländern.

Angela Schmid

Ein gutes Jahr lang vertrat die Juristin Angela Schmid aus Stuttgart die CDU im Bundestag. Im Juli 2004 rückte sie über die Landesliste für die ausgeschiedene Abgeordnete Tanja Gönner[1] nach. Sie war Mitglied im Ausschuss für Familie, Senioren, Frauen und Jugend sowie Mitglied im Petitionsausschuss. Ihr Antrieb, Politikerin zu sein, sei „aktiv ein lebenswertes Umfeld mitzugestalten", verriet Angela Schmid den Stuttgarter Nachrichten vor den Bundestagswahlen 2005.[2] Den Wiedereinzug ins Parlament im Herbst 2005 schaffte sie nicht. Sie unterlag der SPD-Kandidatin Ute Kumpf[3] im Wahlkreis Stuttgart II.

Angela Schmid kam als Angela Schlumm am 1. August 1943 in Nordhausen zur Welt. Nach dem Abitur, 1964 Abitur im St. Michael in Paderborn, studierte sie Rechtswissenschaften an der Ludwig-Maximilians-Universität München.

Die verheiratete Mutter dreier Kinder engagierte sich zuvor über zehn Jahre hinweg als Elternbeiratsvorsitzende. Von 1996 bis 2000 war sie im Stuttgarter Gesamtelternbeirat Vorsitzende für 126 Schulen. Außerdem gehörte sie zwischen 1999 und 2004

dem Gemeinderat der Landeshauptstadt Stuttgart an.

Seit Ende 2005 ist die Katholikin Vorsitzende von Donum Vitae in Baden-Württemberg. Außerdem gehört sie dem Kuratorium der Bundesstiftung „Mutter und Kind" sowie dem Stiftungsrat der Landesstiftung „Familie in Not" an.

---

1 Siehe S. 313 in diesem Band.
2 Zit. nach Stuttgarter Nachrichten, 10.09.2005.
3 Siehe S. 346 in diesem Band.

Rita Schwarzelühr-Sutter

Die selbstständige Unternehmensberaterin Rita Schwarzelühr-Sutter erblickte am 13. Oktober 1962 in Waldshut das Licht der Welt und wohnt heute mit ihrem Mann und den zwei Söhnen in Lauchringen. Nach dem Abitur, 1982 am Hochrhein-Gymnasium Waldshut, studierte sie von 1983 bis 1989 Wirtschaftswissenschaften in Freiburg sowie in Zürich und schloss als Diplom-Betriebswirtin an der Universität Zürich ab.

Anschließend arbeitete sie von 1992 bis 1996 als Marketing-Assistentin. Über die Anti-Atomkraftbewegung im Grenzgebiet Deutschland-Schweiz kam sie zur Politik und in die Kommunalparlamente. Aus dieser Bewegung entspringt auch das Leitprinzip ihrer politischen Arbeit: „Nachhaltigkeit im gesellschaftlichen, wirtschaftlichen und politischen Handeln".[1] In den Jahren von 1997 bis 2005 beriet Rita Schwarzelühr-Sutter ihre Vorgängerin, die SPD-Bundestagsabgeordnete Karin Rehbock-Zureich.[2] Als diese Platz für Jüngere machen wollte, entschied Rita Schwarzelühr-Sutter in Absprache mit ihrer Familie, für das Bundestagsmandat zu kandidieren – mit Erfolg. Bei den darauffolgenden

Bundestagswahlen im September 2009 hat sie ihre Wiederwahl knapp verfehlt und anschließend als selbständige Unternehmensberaterin für Unternehmen der Verkehrsbranche gearbeitet. Im Oktober 2010 verstarb völlig überraschend der Bundestagsabgeordnete und Träger des Alternativen Nobelpreises Hermann

Scheer. Sein Mandat hat Rita Schwarzelühr-Sutter als Nachrückerin über die Landesliste Baden-Württemberg übernommen und ist nunmehr seit Oktober 2010 wieder Mitglied des Deutschen Bundestages. Sie ist im Ausschuss für Wirtschaft und Technologie aktiv.

Rita Schwarzelühr-Sutter ist Mitglied bei Verdi, AWO, KLAR – Kein Leben mit atomaren Risiken, Hospizdienst, Gegen Vergessen Für Demokratie e. V. und EUROSOLAR – Europäische Vereinigung für Erneuerbare Energien e. V.

1994 schloss sie sich der SPD an. Seit 1999 ist sie stellvertretende Vorsitzende der AsF im Kreisverband Waldshut und seit 2001 Vorsitzende des SPD-Kreisverbands Waldshut. Sie gehört seit 1999 dem Gemeinderat Lauchringen an, seit 2004 dem Kreistag im Landkreis Waldshut. Seit 2005 ist sie Mitglied des Regionalverbandes Hochrhein-Bodensee.

---

1 Zit. nach ihrer Homepage www.schwarzelühr-sutter.de, Stand: Juli 2012.
2 Siehe S. 371 in diesem Band.

Ursula Seiler-Albring

Die Diplomsoziologin Ursula Seiler-Albring (geb. Albring) ist 1969 in der Zeit des gesellschaftlichen Umbruchs zur FDP gestoßen. „Das große Vorbild für sie während ihrer Studentenzeit war der damalige US-Präsident John F. Kennedy. Seine patriotische Parole: ‚Und frage nicht, was dein Land für dich tun kann, sondern frage, was du für dein Land tun kannst', ging damals um die Welt und ließ zahllose Menschen aufhorchen."[1]

Am 19. Juli 1943 in Saarbrücken geboren, studierte Ursula Seiler-Albring nach dem Abitur (1963) neben Soziologie die Fächer Politische Wissenschaften, Psychologie und Staatsrecht in den Städten Göttingen, Tübingen und Berlin. Von 1969 bis 1972 war sie als Personal- und Organisationsreferentin in der Stahlindustrie in Nordrhein-Westfalen tätig und von 1972 bis 1973 in der König-Brauerei in Duisburg.

Durch ihren Mann, einen Diplomkaufmann, den sie 1969 heiratete, kam sie 1977 schließlich nach Baden-Württemberg, dorthin „wo der schwäbische Liberalismus knorrige Wurzeln schlägt"[2]. 1970 wurde der Sohn Florian, 1973 die Tochter Katharina geboren. Zuvor zwang die berufliche Tätigkeit des Mannes die Familie zu mehreren Wohnortwechseln. „Diese Umzüge werfen nicht nur für die Organisation der Kinderbetreuung, sondern vor allem für die politische Wegplanung von Ursula Seiler-Albring immer wieder erhebliche Schwierigkeiten auf."³

So war Ursula Seiler-Albring von 1970 bis 1974 Bürgermitglied in der Stadtratsfraktion der FDP in Düsseldorf. Von 1975 bis 1977 war sie stellvertretende Kreisvorsitzende im Kreisverband Mainz-Bingen und Mitglied im Landesfrauenbeirat Rheinland-Pfalz. Danach lebte die Familie Seiler zehn Jahre lang in Berglen-Ödernhardt in Baden-Württemberg. Hier wurde Ursula Seiler-Albring Ortsvorsitzende im Ortsverband Berglen und ab 1980 stellvertretende Kreisvorsitzende im Kreisverband Rems-Murr und Mitglied im Bezirksvorstand Mittlerer Neckar. 1983 wurde sie das erste Mal in den Bundestag gewählt, war Mitglied im Haushaltsausschuss und verbraucherpolitische Sprecherin ihrer Fraktion. Wichtige Themen waren ihr die Entwicklungshilfepolitik und immer wieder die Finanzierung des Staatshaushaltes, wobei sie gegen Steuererhöhungen eintrat und die notwendige Verbindung von sozialer Sicherung mit einer gut florierenden Wirtschaft betonte. Von 1988 bis Januar 1991 war sie parlamentarische Geschäftsführerin der FDP-Bundestagsfraktion. Im Januar 1991 wurde sie als Staatssekretärin ins Auswärtige Amt berufen und war hier bis 1994 aktiv. Seit der 13. Wahlperiode, beginnend im Herbst 1994, ist sie nicht mehr im Bundestag vertreten.

Von Mai 1995 bis 1999 vertrat sie die Bundesrepublik Deutschland als Botschafterin in Wien, von 1999 bis 2003 in Sofia/Bulgarien und anschließend bis 2006 in Budapest. Seit Mai 2006 ist Ursula Seiler-Albring Präsidentin des Instituts für Auslandsbeziehungen e.V. (ifa).

Literatur:
Seiler-Albring, Ursula: Das Ladenschlussgesetz – ein liberaler Evergreen? In: Frei sein, um andere frei zu machen. Hrg.: Liselotte Funcke. Stuttgart 1984.
Meyer, Birgit: Ursula Seiler-Albring – „Ja, ich möchte Minister werden!" In: dies.: Frauen im Männerbund. Frankfurt M./New York 1997, S. 191–210

1 Meyer, Birgit: Ursula Seiler-Albring, a. a. O., S. 197.
2 Stuttgarter Zeitung, 23.03.1983.
3 Meyer, Birgit, a. a. O., S. 208.

Petra Selg

„Wenn man etwas verändern will, muss man in eine Partei eintreten."[1] Davon ist Petra Selg überzeugt, seit sie sich 1996 den Grünen anschloss. Die Grünen-Politikern, geboren am 23. März 1961 in Rielasingen, ist evangelisch, verheiratet und hat drei erwachsene Kinder.

Nach dem Realschulabschluss absolvierte sie im Zentrum für Psychiatrie Weißenau eine Ausbildung zur staatlich geprüften Krankenschwester. Bis 2002 arbeitete sie in diesem Beruf, davon acht Jahre als Stationsleiterin. Zwischen 1996 und 2002 war sie Personalratsvorsitzende des Spitalfonds Markdorf.

Petra Selg ist Mitglied und aktiv in Vereinen und Verbänden wie Ver-di, der DLRG, bei Greenpeace, im Allgemeiner Deutschen Fahrradclub (ADFC), in Sportvereinen sowie in verschiedenen sozialen Organisationen.

Von 1997 bis 2002 war Petra Selg im Ortsvorstand in Friedrichshafen und im Kreisvorstand im Bodenseekreis sowie in den Jahren von 1999 bis 2002 Stadträtin in Friedrichshafen. In ihrer Zeit als Parlamentarierin des Deutschen Bundestages zwischen 2002 und 2005 engagierte sich Petra Selg als erste pflegepolitische Sprecherin der Fraktion Bündnis 90/Die Grünen und war Mitglied im Ausschuss Gesundheit und Soziale Sicherung sowie stellvertretendes Mitglied in den Ausschüssen Haushalt und Tourismus.

Bei der Bundestagswahl 2005 kandidierte sie wieder, doch fehlten ihr hundert Stimmen für einen Wiedereinzug ins Parlament.

Im Dezember 2005 wurde sie gemeinsam mit Andreas Braun an die

„Doppelspitze" des Landesverbands der Baden-Württemberg-Grünen gewählt. Von 2006 bis 2009 hatte die grüne Landeschefin dann Daniel Mouratidis an ihrer Seite, bevor beide abgelöst wurden.

---

1 Zit. nach „Interview mit Petra Selg zu 30 Jahre GRÜNE Baden-Württemberg" auf YouTube vom 29.09.2009, 3 Min., Stand: Juli 2012.

Judith Skudelny

Judith Skudelny wurde am 2. Oktober 1975 in Stuttgart geboren und wuchs in Leinfelden-Echterdingen auf. Nach dem Abitur 1995 studierte sie Rechtswissenschaften in Tübingen und schloss 1999 mit dem ersten Staatsexamen ab. Danach war sie ein Jahr lang persönliche Referentin bei dem baden-württembergischen Landtagsabgeordneten Ulrich Noll (FDP). Nach ihrem zweiten Staatsexamen wurde sie 2003 als Rechtsanwältin zugelassen und ist seitdem in diesem Beruf mit den Schwerpunkten Sanierungs- und Insolvenzrecht tätig. Im Jahr 2005 wurde Judith Skudelny als Insolvenzverwalterin bestellt und ist seit 2009 Partnerin in einer Kanzlei.

Politisch begann sie sich 1993 zu engagieren, zunächst bei den Jungen Liberalen, seit 1998 als Mitglied der FDP. Seit 2004 gehört sie dem Gemeinderat Leinfelden-Echterdingen. Im Jahr 2009 wurde sie über die FDP-Landesliste in den Bundestag gewählt. Hier ist sie Mitglied im Ausschuss für Umwelt, Naturschutz und Reaktorsicherheit sowie in der Enquete-Kommission „Wachstum, Wohlstand, Lebensqualität – Wege zu nachhaltigem Wirtschaften und gesellschaftlichem Fortschritt in der Sozialen Marktwirtschaft". Seit März 2012 ist sie außerdem Schatzmeisterin der Bundesvereinigung Liberale Frauen e. V.

Judith Skudelny ist verheiratet und Mutter eines Sohnes und einer Tochter. Ihr vier Monate altes Baby brachte die Abgeordnete kurzerhand mit zur konstituierenden Sitzung des 17. Deutschen Bundestages. Anlässlich dieser Aktion wurde sie von der FAZ gefragt: „Und wie schaffen Sie es, Ihre Rollen als Insolvenzanwältin, als Abgeordnete, als Ehefrau und als Mutter zweier Kinder unter einen Hut zu bekommen?" Sie antwortete: „Natürlich muss man sich selbst zurücknehmen. Meine Anwaltstätigkeit habe ich auf das Minimum zurückgeschraubt. Hauptsächlich konzentriere ich mich natürlich auf die Politik. Das ist jetzt mein Hauptberuf. Was die Familie angeht, habe ich das Problem wie jede Frau, die arbeitet. Es ist eben eine Mehrfachbelastung. Mein Mann hilft aktiv mit, und außerdem habe ich das große Glück, dass meine Familie mich stark unterstützt. Es bedarf weiterhin guter Organisation. Aber die Zeit, die wir gemeinsam haben, nutzen wir sehr produktiv. Das bedeutet, wir sitzen dann nicht vor dem Fernseher rum, sondern unternehmen gemeinsam etwas."[1]

---

1 Zit. nach FAZ, 28.10.2009.

Dorothea Störr-Ritter

Die Rechtsanwältin Dorothea Störr-Ritter (geb. Störr) aus Waldkirch schaffte im Herbst 1998 über die CDU-Landesliste den Sprung in den Bundestag. Am ersten Sitzungstag wurde sie zur stellvertretenden Vorsitzenden der Landesgruppe Baden-Württemberg der CDU/CSU-Fraktion gewählt. Im Bundesparlament gehörte sie dem Ausschuss für Arbeit und Sozialordnung und dem für Familie, Senioren, Frauen und Jugend an und war stellvertretendes Mitglied in der Kommission zur Wahrnehmung der Belange der Kinder und im Finanzausschuss.

Wie 1998 unterlag sie bei den Bundestagswahlen 2002 und 2005 als Direktkandidatin im Bundestagswahlkreis Lörrach-Müllheim der SPD-Kandidatin Marion Caspers-Merk[1]. Als Nachrückerin für den Abgeordneten Heinz Seiffert gehörte Dorothea Störr-Ritter ab dem 18. Juli 2005 wiederum für einige Wochen dem Bundestag an. Aufgrund der Überhangmandate der CDU Baden-Württemberg verfehlte sie bei der Bundestagswahl 2005 ihre Wiederwahl.[2]

Dorothea Störr-Ritter ist am 27. August 1955 in Freiburg im Breisgau geboren. Sie ist römisch-katholisch,

verheiratet mit Hans Ritter und hat zwei Töchter.

Nach dem Abitur 1974 in Waldkirch studierte sie zwischen 1976 und 1982 Rechtswissenschaften an der Ludwig-Maximilians-Universität München und der Universität Konstanz. Ihr Referendariat machte sie am Landgericht Rottweil, 1982 erfolgte ihr zweites juristisches Staatsexamen. Sie war als Rechtsanwältin in Kanzleien in Waldkirch, Stuttgart, Freiburg und Todtnau tätig.

Dorothea Störr-Ritter engagierte sich von 2002 bis 2008 als Präsidentin des Bundes der Selbständigen in Baden-Württemberg und von 2006 bis Beginn des Jahres 2008 zusätzlich als Präsidentin des Bundesverbandes der Selbständigen e.V. (BDS). Außerdem gehört sie der Katholischen Frauengemeinschaft Deutschlands an, ist aktives Mitglied im Ski-Club Kandel in Waldkirch und Mitglied im Schwarzwaldverein.

1994, erst vier Jahre vor ihrem Bundestagsmandat, war ihr Eintritt in die CDU erfolgt. Von 1995 bis 1998 war sie stellvertretende Vorsitzende des CDU-Kreisverbandes Emmendingen, ab 2001 stellvertretende Vorsitzende des CDU-Bezirksverbandes Südbaden, von 1999 bis 2003 Beisitzerin im Bundesvorstand der Frauen Union, von 2001 bis 2003 Kreisvorsitzende des CDU Kreisverbandes Lörrach, von 2002 bis 2005 Landesgeschäftsführerin der CDU Baden-Württemberg und von 2003 bis 2005 Mitglied mit beratender Stimme im Präsidium und im Landesvorstand der CDU Baden-Württemberg.

Im Dezember 2007 wurde Dorothea Störr-Ritter vom Kreistag des Landkreises Breisgau-Hochschwarzwald zur ersten Landrätin von Baden-Württemberg gewählt. In der Stuttgarter Zeitung stand damals zu lesen: „Die frischgebackene Landrätin selbst will erst durch das große Medieninteresse bemerkt haben, wie aufregend es ist, dass nun, ganz am Rande Baden-Württembergs, auch einmal eine Frau auf dem Sessel des Landrats sitzen darf. Wenn es aber denn so sei, dann empfinde sie es schon als Ehre, dass ausgerechnet sie diesen Durchbruch geschafft habe, versicherte

Störr-Ritter dieser Tage gegenüber Journalisten. Dass es das bisher nicht gab, sei doch ‚wirklich nicht mehr zeitgemäß' gewesen."[3]

---

1 Siehe S. 292 in diesem Band.
2 Laut Wikipedia-Artikel über sie, Stand: Juli 2012.
3 Stuttgarter Zeitung, 18.12.2007.

Gertrud Strohbach

Den Namen, unter dem Gertrud Strohbach in die Annalen der Parlamentsgeschichte eingegangen ist, trug sie nur eine kurze Zeit in ihrem Leben. Sie wurde als Gertrud Schneck am 31. Dezember 1911 in Stuttgart geboren und ist die Tochter des langjährigen Abgeordneten und Vorsitzenden der KPD-Fraktion im Württembergischen Landtag, Karl Schneck und seiner Frau Emma. Bis zur 9. Klasse besuchte sie die Mittelschule und arbeitete ab 1927 als Büroangestellte. In dieser Zeit trat sie dem Kommunistischen Jugendverband Deutschlands (KJVD) und der Gewerkschaft (ZdA) bei.[1] 1929 wechselte sie nach Halle an der Saale als Redaktionssekretärin der Tageszeitung „Klassenkampf". Ein Jahr später schloss sie sich der KPD an. Ende 1931 kam sie zurück nach Stuttgart und war ab da Mitarbeiterin des Organisationssekretariats der KPD Württemberg und gehörte der Landesleitung „Rote Sporteinheit" an. 1932 erfolgte die Heirat, die mit dem Namen Strohbach verbunden ist.

Mit Beginn der NS-Zeit war Gertrud Strohbach wie ihre Genossinnen und Genossen der Verfolgung und

dem Terror ausgesetzt. Von März bis September 1933 war sie im damaligen Stuttgarter Frauengefängnis in der Weimarstraße inhaftiert, anschließend kam sie in das sogenannte „Frauen-Schutzhaft-Lager" Gotteszell[2] bei Schwäbisch Gmünd.[3]

Nach dem Krieg arbeitete Gertrud Strohbach am Wiederaufbau der KPD in Stuttgart mit. Ab 1946 war sie Redaktionssekretärin der Zeitschrift „Das Neue Wort". Sie engagierte sich im überparteilichen Stuttgarter Frauenausschuss. Ab 1948 leitete sie die Bezirks-Frauenkommission der KPD, später die Abteilung Agitation. Von Ende 1950 bis 1951 war sie Stadträtin in Stuttgart, bevor sie dann im Mai 1951 Bundestagsabgeordnete der KPD-Fraktion wurde. Im September 1953 schied sie wieder aus und übersiedelte Ende des Jahres in die DDR. Sie lebte in Berlin, wo sie am 12. Juli 2002 neunzigjährig gestorben ist.

Gertrud Strohbach hatte sich 1947 scheiden lassen. Ihre beiden Kinder aus dieser Ehe – eine Tochter, die 1939 und ein Sohn, der 1942 zur Welt kam – nahm sie mit in die DDR. In Berlin (Ost) heiratete sie 1954 den früheren KPD-Landesvorsitzenden Robert Leibbrand[4], der zwei Jahre zuvor übergesiedelt war und dessen Namen sie seitdem trug. Ab 1963 war sie verwitwet. In der DDR arbeitete sie unter anderem im „Ausschuss für Deutsche Einheit". Ihr Spezialgebiet war hierbei „Frauen in Beruf und Gesellschaft – die Entwicklung in den beiden deutschen Staaten".

---

1 Die meisten Information stammen aus einem Lebenslauf, den die Autorin über Alfred Hausser am 06.03.2002 von der VVN-Baden-Württemberg erhielt. (Landtagsarchiv, Dokumentation „Frauen im Parlament 2001/02").
2 Wird heute noch als Frauengefängnis genutzt.
3 In einem Telefonat am 06.03.2002 wünschte Gudrun Leibbrand ausdrücklich, dass nur die von ihr schriftlich genannten und telefonisch ergänzten Daten in der vorherigen Auflage dieses Buchs erscheinen und keine ihrer Kommentare, Einschätzungen, Lebensumstände etc., woran sich die Autorin natürlich auch bei der 3. Auflage hält.
4 Robert Leibbrand (1901–1963) war auch Mitglied im Landtag von Württemberg-Baden und zwischen 1949 und 1950 Bundestagsabgeordneter der KPD.

Luise Teubner

„Über dem Frühstückstisch, zuhause in Offenburg, ist mit einer Stecknadel ein Zeitungsfoto festgemacht. ... Das Bild zeigt Töpfer, Wallmann und Weimar, letztere gesenkten Blicks, ersterer eine Hand in dramatischer Gestik vor den Kopf schlagen. Das Bild ist schon ziemlich vergilbt. Sehr wach aber noch meine Erinnerung an die Dramatik und Spannung jener Tage, als der seit Dezember 1987 brodelnde Skandal um täglich neue mit unbekanntem Ziel verschobene Fässer ... und um Schmiergeldzahlungen in zweistelliger Millionenhöhe einem ebenso plötzlichen wie unglaublichen Höhepunkt zustrebte – um dann, so scheint es heute, in buchstäblich meterhohen Bergen von Akten begraben zu werde. Und ich frage mich als ‚einfaches' Mitglied der grünen Bundestagsfraktion, das von der Arbeit des Untersuchungsausschuss nicht mehr mitbekommt als jede normale Bonner oder Offenburger Bürgerin: Was ist hier eigentlich passiert?"[1] Dieser Abschnitt, im Juli 1988 von Luise Teubner verfasst, vermittelt einen guten Eindruck von Stil und Temperament der Grünen-Politikerin.

Luise Teubner ist am 3. November 1951 in Ratingen bei Düsseldorf geboren. Nach dem Abitur (1970) studierte sie bis 1975 an der Universität Freiburg die Fächer Soziologie, Philosophie, Germanistik und Geschichte. Sie schloss mit dem Staatsexamen in Deutsch und Geschichte ab und machte anschließend eine zweijährige Referendarausbildung an den Kaufmännischen Schulen Lahr. Seitdem ist sie dort als Studienrätin tätig, aktuell am Integrierten Beruflichen Gymnasium.[2] Bereits als Studentin engagierte sie sich politisch, arbeitete in einer Dritte-Welt-Gruppe mit und bei verschiedenen Initiativen der Anti-Atom- und der Friedensbewegung.

Sie ist Mitglied des Bundes für Umwelt und Naturschutz Deutschland e.V. (BUND), der Gesellschaft für bedrohte Völker und der Gewerkschaft Erziehung und Wissenschaft (GEW).

1984 schloss sie sich den Grünen an. Zwischen 1984 und 1987 war sie im Gemeinderat von Lahr Fraktionssprecherin ihrer Partei. Von 1987 bis 1990 war sie Bundestagsabgeordnete, wo sie sich mit Verkehrs- über Gesundheits- zur Wirtschaftspolitik in einem breiten Themenspektrum engagierte.

Literatur:
Stratmann, E., Teubner, L., Busch, M. & Damm, W.: Das grüne Energiewende-Szenario 2010. Köln 1989.
Teubner, Luise 1993: Geschlecht und Wissenschaft. Geschlechterhierarchie und/oder Geschlechterdifferenz. In: Informatik und Gesellschaft, 3/1993, S. 19–22.

---

1 Von Luise Teubner in: Die Grünen, Nr.28, 16.07.1988.
2 Vgl.: Badische Zeitung, 09.07.2011. Hier wird unter dem Titel „Migrationshintergrund – na und?" über ein Schulprojekt von Luise Teubner am Integrierten Beruflichen Gymnasium in Lahr berichtet.

Christa Vennegerts

Die Wirtschaftsfachfrau der Grünen im Bundestag, Christa Vennegerts, wurde am 4. August 1951 in Meppen/Ems, dem, wie sie einmal sagte, „Underdog des Nordens"[1] geboren, wo sie auch die Fachhochschulreife erlangte und anschließend eine Banklehre machte. Sie war als Revisorin bei Großbanken tätig und studierte dann in Stuttgart Betriebswirtschaft. Ab 1981 war sie als Ausbilderin beim Berufsfortbildungswerk des DGB in Ludwigsburg und anschließend Dozentin und Ausbildungsberaterin an der Württembergischen Sparkassenakademie in Neuhausen tätig.

Eine Karriere vom Bankenbereich zu den Grünen: 1984 schloss sich Christa Vennegerts der Grünen-Partei an, wurde in den Gemeinderat und in den Kreistag von Böblingen gewählt und war 1985 Oberbürgermeisterkandidatin der Grünen in Böblingen. 1987 zog sie in den Bundestag ein, wo sie ihre beruflichen Erfahrungen als Sprecherin des Haushaltsausschusses, im Rechnungsprüfungs-, im Wirtschafts- und – nach den Entwicklungen in der ehemaligen DDR und dem daraus resultierenden Handlungsbedarf – auch im Treuhandanstalt-Ausschuss umsetzen konnte. In ihrer Fraktion, deren Sprecherin sie bis 1989 war, war sie zuständig für das Sachgebiet „Rüstungsexporte". Das Scheitern der Grünen an der Fünf-Prozent-Klausel bei der Bundestagswahl 1990 beendete ihre Abgeordnetentätigkeit.

Im Oktober 1991 wurde Christa Vennegerts Vizepräsidentin des Thüringer Landesrechnungshofes. Ab Oktober 1995 arbeitete sie als erste grüne Regierungspräsidentin Nordrhein-Westfalens in Detmold. Im Frühjahr 2001 musste sie aus gesundheitlichen ihr Amt aufgeben und ist den vorzeitigen Ruhestand gegangen. Am 5. März 2010 ist sie in Berlin gestorben. In einem Nachruf ihrer Parteikollegen hieß es: „Sie war eine Wegbereiterin".[2]

1 Zit. nach: Schwäbisches Tagblatt, 09.11.1990.
2 Zit. nach Neue Westfälische, 17.03.2010.

Antje Vogel-Sperl

Die Diplom-Chemikerin Antje Vogel-Sperl, am 22. November 1956 in Bayreuth geboren, besuchte in dieser Stadt das Gymnasium und ging nach dem Abitur 1976 zum Chemiestudium nach Stuttgart. Hier promovierte sie 1987 zum Dr. rer. nat. Während ihrer Promotionszeit arbeitete sie von 1984 bis 1986 als wissenschaftliche Angestellte am Institut für Organische Chemie, Biochemie und Isotopenforschung der Universität Stuttgart. Anschließend war sie von 1987 bis 1991 im Bereich der Chemischen Informatik tätig. Ihre ersten parlamentarisch-politischen Erfahrungen sammelte sie 2002 als persönliche Mitarbeiterin von Winfried Kretschmann, dem damaligen Fraktionsvorsitzenden der Partei „Bündnis 90/Die Grünen" im Landtag von Baden-Württemberg.

Beigetreten war Antje Vogel-Sperl der Grünen-Partei schon 1997. Ab 1999 gehörte sie dem Landesvorstand der Grünen in Baden-Württemberg an. Von 2000 bis 2002 war sie Sprecherin der Landesarbeitsgemeinschaft Ökologie, von 1999 bis 2002 Kreisrätin im Rems-Murr-Kreis. 2002 kandidierte sie im Wahlkreis Esslingen und gelangte über die Grünen-Landesliste ins Bundesparlament. Hier war sie stellvertretende Koordinatorin des Arbeitskreises II der Fraktion Bündnis 90/Die Grünen. Bei der Bundestagswahl 2005 konnte sie ihr Mandat nicht verteidigen.

Antje Vogel-Sperl ist Mitglied beim BUND. Sie ist evangelisch, verheiratet und hat zwei Kinder.

Ute Vogt

Sie galt als Nachwuchshoffnung der SPD. Kanzler Gerhard Schröder bezeichnete Ute Vogt einst als „Führungsreserve erster Klasse."[1] Als die damals 36-Jährige in Baden-Württemberg bei der Landtagswahl 2001 Ministerpräsident Erwin Teufel herausforderte, wurde sie zum Medienstar: Hier eine junge Frau, dort ein älterer Mann. Ute Vogt gelang natürlich kein Regierungswechsel, aber durchaus ein Achtungserfolg, weil die SPD mit 33,3 Prozent der Stimmen ihr bestes Landesergebnis seit 1972 erzielen konnte. 2006 als Spitzenkandidatin gegen Amtsinhaber Günther Oettinger wurde es schwieriger, Themen und ein verändertes Image im Landtagswahlkampf zu platzieren. Mit 25,2 Prozent der Stimmen fuhr die SPD bei dieser Wahl ihr zweitschlechtestes Ergebnis seit 1952 ein.

Geboren am 3. Oktober 1964 in Heidelberg (die Mutter Verkäuferin, der Vater Industriekaufmann)[2], aufgewachsen in Wiesloch/Rhein-Neckar-Kreis, katholisch – erste Messdienerin in Wiesloch – studierte Ute Vogt nach dem Abitur am Wieslocher Wirtschaftsgymnasium Rechtswissenschaften an der Universität Heidelberg und an der Hochschule für Verwaltungswissenschaften in Speyer. Nach ihrer Referendarstätigkeit, unter anderem beim Regierungspräsidium Karlsruhe, der Stadtverwaltung Heidelberg und einer Rechtsanwaltskanzlei, schloss sie mit dem zweiten juristischen Staatsexamen ab und war selbstständige Rechtsanwältin in Pforzheim.

Ab 1983 war sie für die Jusos aktiv, von 1984 bis 1989 als Juso-Vorsitzende in Wiesloch – mit starker Affinität zu Oskar Lafontaine, von dem sie nach seinem überraschenden Abgang „grenzenlos enttäuscht" war – wegen ihm ist sie 1984 in die SPD eingetreten.[3] Von 1991 bis 1994 war sie Sprecherin der baden-württembergischen Jusos, zwischen 1989 bis 1994 Stadträtin in Wiesloch. 1994 zog sie über die Landesliste in den Bundestag ein.

1995 wurde sie zur stellvertretenden Landesvorsitzenden der SPD Baden-Württemberg gewählt. 1998 errang sie das Direktmandat im Wahlkreis Pforzheim für den Bundestag. Als erste Frau übernahm sie den Vorsitz im Innenausschuss. 1999 kürte man sie zur SPD-Landesvorsitzenden in Baden-Württemberg, ein Amt, das sie bis 2009 innehatte. Seit 2003 gehört sie dem Präsidium der SPD an, seit 2007 dem Parteivorstand. Von November 2002 bis November 2005 war Ute Vogt Parlamentarische Staatssekretärin beim Bundesminister des Innern. Dann nahm Abschied von Berlin, weil sie im Wahlkreis Stuttgart I für den Landtag kandidierte.

Ute Vogt fährt gerne Mountainbike und Motorrad, war früher bekennender Single und lebte viele Jahre für die Politik. Nach der Landtagswahl 2006 übernahm sie den Vorsitz ihrer Fraktion und damit das Amt der Oppositionsführerin. Immer wieder stand sie innerparteilich in der Kritik. So schrieb Die Zeit am 20.09.2007 unmittelbar vor dem SPD-Landesparteitag: „An ihrer politischen Witterungsfähigkeit, ihrer Grundsatzfestigkeit und öffentlichen Strahlkraft zweifelt manch einer in der Partei schon lange." Dennoch wurde sie einen Tag später mit 77,4 Prozent als Landesvorsitzende bestätigt. Kurz darauf erklärte sie, wegen mangelnden Rückhalts nicht mehr für den Fraktionsvorsitz im Landtag kandidieren zu wollen.[4] Anfang 2008 wurde Claus Schmiedel zu ihrem Nachfolger gewählt. Im Herbst desselben Jahres entschied sie sich entgegen früherer Aussagen, wieder für den Bundestag anzutreten. Als Reaktion auf das schlechte Ergebnis der Südwest-SPD bei der Bundestagswahl 2009 sowie ihr eigenes Abschneiden im Wahlkreis Stuttgart I[5] erklärte sie am 30. September 2009, nicht mehr für den Landesvorsitz der SPD kandidieren zu wollen. Auf dem Landesparteitag im November wurde Nils Schmid zu ihrem Nachfolger gewählt. Als Bundestagsabgeordnete ist Ute Vogt momentan Mitglied im Ausschuss für Umwelt, Naturschutz und Reaktorsicherheit sowie stellvertretendes Mitglied im Rechtsausschuss.

Auf die Frage der Süddeutschen Zeitung: „Was raten Sie Frauen, die Karriere in der Politik machen wollen?", antwortete Ute Vogt: „Sie sollen sich auf keinen Fall zurückzuhalten. Wir neigen dazu, bescheiden zu sein und zu sagen: ‚Ach, das ist mir nicht so wichtig.' Doch Männer verstehen es falsch, wenn Frauen auf die Insignien der Macht freiwillig verzichten. Es wird als mangelndes Interesse oder als Schwäche interpretiert."[6]

Literatur:
Vogt, Ute / Rühmkorf, Eva: Wir sind die Besseren. München 2002.
Vogt, Ute: Nichts genaues weiß man nicht – Politikberatung aus den Erfahrungen der Praxis. In: Dagger / Greiner / Leinert / Meliß / Menzel: Politikberatung in Deutschland. VS-Verlag für Sozialwissenschaften 2004.
Braun, Stephan / Vogt, Ute (Hg.): Die Wochenzeitung

„Junge Freiheit." Kritische Analysen zu Programmatik, Inhalten, Autoren und Kunden. Wiesbaden 2007.

1 Vgl.: Rückblickendes Interview mit Ute Vogt in der Süddeutschen vom 27.11.2009.
2 Vgl.: Südkurier, 21.02.2001.
3 Vgl.: Stuttgarter Zeitung, 27.11.2000.
4 Vgl.: FAZ, 11.10.2007.
5 Bei der Bundestagswahl 2009 erreichte sie im Bundestagswahlkreis Stuttgart I mit 18,0 % der Erststimmen nur den dritten Platz nach dem Grünen-Kandidaten Cem Özdemir, der auf 29,9 % der Erststimmen kam. Sie kehrte über die Landesliste in den Bundestag zurück, während Stefan Kaufmann von der CDU mit 34,4 % das Direktmandat erreichte.
6 Zit. nach Süddeutsche Zeitung, 27.11.2009.

Ingrid Walz

Die Stuttgarter Politikerin Ingrid Walz wurde am 11. Juni 1936 in dieser Stadt geboren. Nach dem Besuch von Volks- und Handelsschule absolvierte sie eine kaufmännische Lehre. Sie arbeitete als Sekretärin, als Geschäftsführerin und als parlamentarische Beraterin. 1984 machte sie sich für einige Zeit als Galeristin und Inhaberin eines Büros für Kunstberatung selbstständig.

Sie hatte verschiedene Ehrenämter in sozialen und jugendpolitischen Einrichtungen inne. Sie ist Mitbegründerin der Baden-Württembergischen Kunststiftung und der Fördervereine „alte Oper" und „Erhaltung des Wilhelma-Theaters" und war langjährige Vorsitzende des Fördervereins Bildender Künstler in Stuttgart und Mitglied des Kuratoriums der Landesgirokasse Stuttgart.

Ihrer politische Laufbahn begann bei den Deutschen Jungdemokraten Stuttgarts, deren Kreisvorsitzende sie von 1967 bis 1968 war. Von 1976 bis 1978 war sie dann Kreisvorsitzende des FDP-Kreisverbands Stuttgart. 1976 wurde sie in den Landtag von Baden-Württemberg gewählt. Damit war nach zwanzigjähriger Pause zum ersten Mal wieder eine Frau in der FDP-Landtagsfraktion vertreten. Dem

Gesundheitswesen und der Sozialpolitik galt ihr Hauptaugenmerk. Ab 1984 war sie stellvertretende Landesvorsitzende des FDP-Landesverbands Baden-Württemberg. In diesem Jahr wechselte sie von der Landes- in die Kommunalpolitik. Sie engagierte sich von 1984 bis zu ihrem Nachrücken in den Bundestag, im Januar 1989, als Gemeinderätin der Stadt Stuttgart und hatte den Vorsitz ihrer Fraktion inne. Sie war altenpolitische Sprecherin der FDP-Bundestagsfraktion. Als ihr Bundestagsmandat im Dezember 1990 bestätigt wurde, erklärte sie, dass sie sich für eine Pflegeversicherung und für eine bessere Ausbildung im Altenpflegebereich einsetzen werde. In ihrem zweiten Arbeitsschwerpunkt, der Entwicklungspolitik, wollte sie sich vor allem um Energiefragen in der Dritten Welt kümmern und um Hilfsprojekte, die speziell Frauen zugute kommen sollen.[1] In dieser Wahlperiode war sie entwicklungspolitische Sprecherin ihrer Fraktion. Ein Thema, dem sie treu geblieben ist. Auch nach ihrem Ausscheiden aus der Bundespolitik 1994 engagiert sie sich in diesem Bereich, als aktives Mitglied der Deutschen Stiftung Weltbevölkerung. In ihrer Heimatstadt Stuttgart gehört sie zu den Gründerinnen der Kulturellen Deutsch-Türkischen Frauenvereinigung.

Im Mai 2000 erhielt sie die Verdienstmedaille des Landes Baden-Württemberg. Ingrid Walz ist verheiratet und hat eine Tochter. Zu ihrem 70. Geburtstag schrieb die Stuttgarter Zeitung: „Von den siebziger bis in die neunziger Jahre des vorigen Jahrhunderts ist Ingrid Walz die Vorzeigefrau der Stuttgarter Liberalen gewesen: politisch und persönlich ambitioniert, streitbar nach innen und außen, eine bekannte Größe in der Stuttgarter Szene."[2]

---

1 Vgl.: Stuttgarter Zeitung, 04.12.1990.
2 Vgl.: Stuttgarter Zeitung, 09.06.2006.

Konstanze Wegner

Konstanze Wegner (geb. Overhoff) wurde am 27. Februar 1938 in Frankfurt / Main geboren. Nach dem Abitur in Mannheim studierte sie von 1957 bis 1964 die Fächer Alte und Neue Geschichte, Philosophie und Anglistik an den Universitäten Heidelberg, Berlin und Tübingen. 1964 promovierte sie in Neuer Geschichte. Von 1965 bis 1970 war sie Hausfrau und freie Mitarbeiterin beim Bayerischen, beim Süddeutschen und beim Hessischen Rundfunk. Von 1970 bis 1977 arbeitete sie an einem parteigeschichtlichen Editionsprojekt der Universität Mannheim mit. Daneben publizierte sie noch zu verschiedenen anderen Themen.

Sie ist Mitglied der Gewerkschaft Erziehung und Wissenschaft (GEW), der Arbeiterwohlfahrt, der Naturfreunde, bei pro familia, im Deutschen Kinderschutzbund, bei Amnesty International sowie in zahlreichen lokalen, sozialen und kulturellen Vereinen.

1970 schloss sich die Historikerin der SPD an und war von 1975 bis 1980 Bezirksbeirätin in Mannheim, von 1980 bis 1988 im Mannheimer Gemeinderat, von 1978 bis 1996 Mitglied des Kreisvorstandes der SPD Mannheim. Zwischen 1979 und 1983 und wieder ab 1987 gehört sie dem Landesvorstand der SPD Baden-Württemberg an. In der Arbeitsgemeinschaft sozialdemokratischer Frauen (AsF) Baden-Württembergs zählte sie von 1981 bis 1984 ebenfalls zum Landesvorstand. Im August 1988 rückte sie für die ausgeschiedene Marliese Dobberthien[1] in den Bundestag nach. Ihr Mandat wurde 1990, 1994 und 1998 bestätigt. Konstanze Wegner gehörte ab 1990 dem Vorstand ihrer Fraktion an. Sie war Mitglied im Haushaltsausschuss sowie stellvertretendes Mitglied im Ausschuss für Arbeit und Sozialordnung. Als sie in den Bundestag kam, war es nicht unbedingt ihr Plan „zu den Erbsenzählern"[2], also dem für die Ausgabenseite zuständigen Haushaltsausschuss zu kommen, doch lernte sie schnell dieses mächtige Gremium des Parlaments zu schätzen. „Im Haushaltsausschuss herrscht strenge Ordnung. Neulinge sitzen am Ende des langen Tisches und wandern mit den Jahren nach oben. Wegner ist inzwischen am Kopfende angekommen. Als Berichterstatterin für Arbeit und Soziales verantwortet sie einen Etat von rund 160 Milliarden Mark, den mit Abstand größten."[3]

Zur Bundestagswahl 2002 wollte sie, obwohl sie gerne Abgeordnete war, nicht mehr kandidieren.[4] Von 2003 bis 2009 war Konstanze Wegner baden-württembergische Landesvorsitzende der Arbeitsgemeinschaft SPD 60plus.

Konstanze Wegner ist mit dem Verlagsbuchhändler Dr. Michael Wegner verheiratet und hat zwei erwachsene Kinder. Sie lebt in Mannheim.

Literatur:
Wegner, Konstanze: Theodor Barth und die freisinnige Vereinigung. Studien zur Geschichte des Linksliberalismus im wilhelminischen Deutschland (1893-1910). Tübingen 1968 (zugl. Diss.)
Linksliberalismus in der Weimarer Republik. Die Führungsgremien der Deutschen Demokratischen Partei u. d. Dt. Staatspartei 1918 – 1933. Eingeleitet von Lothar Albertin. Bearb. von Konstanze Wegner in Verbindung mit Lothar Albertin. Düsseldorf 1980.

---

1 Siehe S. 300 in diesem Band.
2 O-Ton Konstanze Wegner, zit. nach Mannheimer Morgen, 08.05.2001.
3 Ebd.
4 Ebd.

der EU-Komission „European Studies Program (ESP)" an der Universität Tübingen.

Im Alter von 18 Jahren trat sie 1984 der CDU bei. Von 1985 bis 1989 war sie Mitglied im Landesvorstand der Jungen Union Baden-Württemberg, wobei sie ab 1986 das Amt der stellvertretenden Vorsitzenden innehatte. Von 1985 bis 2005 gehörte sie dem Kreisvorstand der CDU Zollernalb an, ab 1993 als stellvertretende Vorsitzende. Seit 1991 ist sie Mitglied und seit 2003 stellvertretende Vorsitzende im Landesvorstand der CDU Baden-Württemberg. Außerdem engagiert sie sich seit 1995 als Landesvorsitzende der Frauenunion Baden-Württemberg sowie seit Oktober 2011 als stellvertretende Bundesvorsitzende der Frauen Union Deutschlands.

Annette Widmann-Mauz

Die CDU-Politikerin Annette Widmann-Mauz ist seit über zwanzig Jahren im Bundesparlament aktiv. Sie wurde am 13. Juni 1966 in Tübingen geboren und ist römisch-katholisch. Nach dem Gymnasium in Balingen studierte sie an der Eberhard-Karls-Universität Tübingen Politik und Rechtswissenschaften und arbeitete von 1993 bis 1998 für das Projekt

1998 zog Annette Widmann-Mauz über die CDU-Landesliste in den Bundestag ein. Bei den Wahlen 2002, 2005 und 2009 errang sie jeweils das Direktmandat im Wahlkreis Tübingen. Seit Oktober 2009 ist sie parlamentarische Staatssekretärin beim Bundesminister für Gesundheit.

Von 2000 bis 2009 war sie Mitglied im Vorstand der CDU/CSU-Bundestagsfraktion und bekleidete dabei folgende Positionen: von 2005 bis 2009 war sie Vorsitzende der Arbeitsgruppe Gesundheit, von 2002 bis 2009 gesundheitspolitische Sprecherin, von 2001 bis 2002 Beauftragte für Verbraucherschutz und Lebensmittelsicherheit und von 2000 bis 2005 Vorsitzende der Gruppe der Frauen. In der 16. Legislaturperiode gehörte sie dem parlamentarischen Beirat zu Fragen der Ethik an. Seit 2008 ist Annette Widmann-Mauz stellvertretende Vorsitzende des Bundesfachausschusses „Arbeit & Soziales" der CDU Deutschlands.

Sozial engagiert sich Annette Widmann-Mauz außerdem etwa als Schirmherrin der Initiative „Kinder brauchen Frieden" e.V. in Hechingen und im „Arche Noah – Förderverein Betreutes Wohnen dauerbeatmeter Kinder" e. V. in Tübingen. Sie ist Mitglied der Eugen-Bolz-Stiftung e.V. in Rottenburg, von Donum Vitae e.V. in Bonn, der Irma-West-Gemeinschaft e.V. in Hechingen, des Fördervereins „Schwäbischer Dialekt" e.V. sowie Schirmherrin des Bundesverbands Niere e.V. in Mainz.

Zusammen mit ihrem Mann Martin Mauz, der auf der Schwäbischen Alb einen ökologisch-landwirtschaftlichen Betrieb bewirtschaftet,[1] wohnt Annette Widmann-Mauz in Balingen.

---

1 Laut ihrer Homepage www.widmann-mauz.de, Stand: Juli 2012.

Brigitte Wimmer

„Vom Setzkasten weg in die Politik" – so bringt Brigitte Wimmer ihre Kurzvita auf den Punkt.[1]

Brigitte Wimmer wurde am 22. Mai 1946 als Brigitte Feuchtmüller in Bad Mergentheim geboren. Nach dem Besuch der Volksschule in Niederstetten absolvierte sie als eine der ersten Frauen eine Schriftsetzerlehre in Bad Mergentheim und war in diesem Beruf bis 1984 in Karlsruhe tätig. Brigitte Wimmer ist mit dem Lehrer Günther Wimmer verheiratet und hat zwei erwachsene Kinder.

Sie ist Mitglied bei Verdi, bei den Naturfreunden, der Arbeiterwohlfahrt, dem Arbeiter-Samariter-Bund, dem

Kinderschutzbund und bei Amnesty International.

1970 trat sie der SPD bei, wurde stellvertretende Ortsvereinsvorsitzende in Karlsruhe-Rüppurr und Mitglied des SPD-Kreisvorstands. Von 1987 bis 1995 war sie stellvertretende Landesvorsitzende der SPD Baden-Württemberg. Für den Wahlkreis Karlsruhe West war sie zwischen 1984 und 1996 Parlamentarierin im Landtag von Baden-Württemberg und stellvertretende Vorsitzende ihrer Fraktion. Hier hat sie sich vor allem in der Bildungs-

politik einen Namen gemacht, aber auch in der Frauenpolitik und in ihrem Engagement für die Kinder-Enquete-Kommission. Sie war im Ausschuss für Jugend, Schule und Sport. Ihr Amt als stellvertretende SPD-Fraktionsvorsitzende legte sie im Januar 1994 zur Zeit der Großen Koalition in Baden-Württemberg nieder. Grund war, dass die den Lehrern versprochene Deputatsverkürzung von der CDU/SPD-Regierung nicht entsprechend umgesetzt wurde. 1996 wurde ihr Landtagsmandat nicht mehr bestätigt. Die SPD konnte sich nicht als Regierungspartei halten. Für Brigitte Wimmer, die bereits im Februar 1995 das Amt der Generalsekretärin der SPD Baden-Württemberg (bis 1997) übernommen hatte, war das wie für ihre Partei eine herbe Niederlage.

Im Juni 1997 legte die SPD-Politikerin diese ehrenamtliche Tätigkeit nieder, weil sie sich einer neuen Aufgabe stellen wollte, dem der Bundestagsabgeordneten für Karlsruhe: Bei der Bundestagswahl im Herbst 1998 errang sie das Direktmandat und 2002 wieder. Sie war Mitglied im Ausschuss für Bildung, Forschung und Technikfolgenabschätzung und stellvertretendes Mitglied in dem für Menschenrechte und humanitäre Hilfe sowie im Haushaltsausschuss.

Brigitte Wimmer gehört seit Juli 2007 zum Sprecherteam des Karlsruher Arbeitskreises „Mit Recht gegen Rassismus".[2]

---

1 Heilbronner Stimme, 23.03.1995.
2 Laut Wikipedia-Artikel über sie, Stand: Juli 2012.

Roswitha Wisniewski

Die bislang einzige baden-württembergische Professorin im Deutschen Bundestag heißt Roswitha Wisniewski. Sie wurde am 23. September 1926 in Stolp/Pommern (heute Słupsk, Polen) geboren. Wisniewski besuchte zunächst die katholische Grundschule und das Lessing-Gymnasium in Stolp, ehe ihre Familie 1945 vertrieben wurde. Das Abitur legte Wisniewski 1946 in Berlin ab. Hier studierte sie von 1946 bis 1948 die Fächer Germanistik und Latein an der Humboldt-Universität im Osten der Stadt, nach deren Gründung an der Freien Universität in West-Berlin. 1953 erfolgte ihre Promotion, 1960 ihre Habilitation. Von 1952 bis 1960 war sie Assistentin an der FU Berlin, lehrte dort von 1960 bis 1965 als Privatdozentin und von 1965 bis 1967 als apl. Professorin. Von 1965 bis 1967 arbeitete sie als Gastprofessorin und Leiterin im Departement für deutsche Sprache und Literatur an der Universität Kairo. Ab 1967 war sie als ordentliche Professorin für Germanistik an der Universität Heidelberg aktiv. Sie ist seit langem emeritiert. Es gibt zahlreiche Veröffentlichungen von ihr aus den Gebieten der älteren deutschen Sprache, der Literatur und der Politik.

Sie war viele Jahre Präsidentin der Deutsch-Ägyptischen Gesellschaft Bonn-Kairo und Vorsitzende des Hochschulausschusses im Deutschen Akademikerinnenbund (DAB).

1972 schloss sie sich der CDU an, war Bezirksvorsitzende der CDU-Frauenvereinigung im Bezirk Nordbaden, stellvertretende Landesvorsitzende der CDU-Frauenvereinigung Baden-Württemberg und Mitglied des Bezirksvorstands der CDU Nordbaden. Von 1976 bis 1994 gehörte Roswitha Wisniewski dem Deutschen Bundestag an und engagierte sich in einem breiten Themenspektrum, unter anderem zu hochschulpolitischen, frauenpolitischen und außenpolitischen Fragestellungen. Sie war Vorsitzende der Deutsch-Ägyptischen Parlamentariergruppe sowie des Untersuchungsausschusses „Wiedergutmachung nationalsozialistischen Unrechts." 1994 trat die damals 68-jährige, die das Direktmandat des Wahlkreises Mannheim II innehatte, nicht mehr an. Roswitha Wisniewski erhielt 1985 das Bundesverdienstkreuz I. Klasse. Sie lebt in Heidelberg.

Literatur:
Wisniewski, Roswitha: Die Anfänge der christlich-bürgerlichen Frauenbewegung. In: Renate Hellwig (Hg.): Die Christdemokratinnen. Unterwegs zur Partnerschaft. Stuttgart 1984.
Dies.: Marxismus. Einführung und Kritik. Heidelberg 1976.
Wisniewski, Roswitha / Kunst, Hermann (Hg.): Handbuch für Frauenfragen. Zur Stellung der Frau in der Gegenwart. Informationen – Analysen – Meinungen. Stuttgart/Bonn 1988.
Geist und Zeit. Wirkungen des Mittelalters in Literatur und Sprache. Festschrift für Roswitha Wisniewski zu ihrem 65. Geburtstag. Frankfurt a. M. / Bern / New York / Paris 1991.
Wisniewski, Roswitha: Das frühmittelhochdeutsche Hohe Lied, sog. St. Trudperter Hohes Lied mit dem Text der Klosterneuburger Handschrift. Frankfurt a. M. / Bern / New York / Paris / Wien 1995.

Ruth Zutt

„In einer Demokratie leben heißt, sich hineinbegeben ins Gemenge", so die Meinung von Ruth Zutt[1] (geb. Hebel). Verständlich, dass sie schon in jungen Jahren politisch aktiv wurde. Am 11. Juli 1928 in Speyer geboren, studierte sie nach dem Abitur von 1948 bis 1953 die Fächer Volkswirtschaft, Soziologie und Politische Wissenschaften in Heidelberg und Paris. 1953 machte sie in Heidelberg das Diplomexamen. Sie war eine der Gründerinnen des Sozialistischen Deutschen Studentenbundes (SDS) in Heidelberg und ein Semester lang dessen Vorsitzende. Von 1954 bis 1959 arbeitete sie bei der Schiffswerft Braun KG, Speyer, und bei einem Wirtschaftskorrespondenten in Paris. Von 1973 bis 1977 war sie ehrenamtliche Verwaltungsrichterin.

1970 schloss sie sich der SPD an. Von 1977 bis 1983 war sie Mitglied des Landesvorstands der SPD Baden-Württemberg und von 1978 bis 1983 Vorsitzende der Arbeitsgemeinschaft sozialdemokratischer Frauen (AsF) Baden-Württemberg. In den Jahren von 1971 bis 1980 gehörte sie dem Heidelberger Stadtrat an. 1980 wurde sie erstmals in den Bundestag gewählt. Sie arbeitete zuerst im Ausschuss für Ernährung, Landwirtschaft und Forsten, wechselte dann in den Haushaltsausschuss, wo sie Berichterstatterin für Landwirtschaft und Justiz wurde. Als Mitglied im Unterausschuss Humanitäre Hilfe lag ein Hauptgewicht ihrer Arbeit auf den Gebieten Menschenrecht und Minderheiten, weshalb sie sich auch in der Parlamentarischen Vereinigung für Euro-Arabische Zusammenarbeit engagierte.

Ruth Zutt war mit dem Rechtsanwalt Jürg Zutt verheiratet und hat zwei Töchter. Sie ist am 29. Juni 1987 gestorben. Ihre Nachfolgerin im Bundesparlament wurde entsprechend der SPD-Landesliste Marliese Dobberthien[2].

„Die Badische Zeitung beschrieb einmal das Lebensmotto der ‚Frau vom Philosophenweg' (Ruth Zutts Heidelberger Wohnsitz): ‚Politik betreiben und dennoch sensibel bleiben.' Ihr Anspruch sei es gewesen, schrieb das Blatt im September 1985 weiter, zu beweisen, dass man Politik betreiben könne. ‚Darunter versteht sie: sich um den einzelnen zu kümmern, sich in ihn einzufühlen, zu versuchen, ihm zu helfen. Eine teure Sache für einen Politiker, denn es raubt viel seiner kostbaren Zeit und zudem: Wer erfährt denn davon, außer demjenigen, um den man sich gerade bemüht. Es ist ihr bewusst: Eine ‚sehr unökonomische Art, Politik zu machen', sei es. Allerdings: Ruth Zutt hat auch mehr Zeit, sich beharrlich um das Schicksal einzelner Menschen zu kümmern, als solche Kollegen in ihrer großen Fraktion, die eine Hauptrolle spielen. Um ‚die großen Themen' muss sie sich nicht kümmern, kann sie sich auch nicht kümmern, dafür sitzt sie zu weit hinten. Und weil sie eben auch noch leise redet, ohne Pauken und Trompeten, ist sie unter den vielen kaum zu hören."[3]

---

1 Parlament, 22.02.1986.
2 Siehe S. 300 in diesem Band.
3 Zit. nach AdsD – Archiv der sozialen Demokratie – Online-Artikel über sie.

Bemerkungen zum Europäischen Parlament[1]

Als Europa nach dem Ende des 2. Weltkriegs in Schutt und Asche lag, sah es zunächst nicht so aus, als würde sich am hergebrachten System der Nationalstaaten etwas ändern. Mit der Teilung Europas in Ost und West ergaben sich jedoch neue Interessenkonstellationen und Impulse zur Einigung zumindest in Westeuropa. Den Anstoß zur Gründung der Europäischen Gemeinschaft gab der französische Außenminister Robert Schuman. Inspiriert von Jean Monnet, schlug er 1950 vor, die Kohle- und Stahlindustrie Frankreichs und Deutschlands zusammenzulegen und einer gemeinsamen Verwaltung zu unterstellen. Diese Gruppierung sollte auch anderen europäischen Staaten offen stehen. „Wer nicht mehr frei über Energie und Stahl verfügt, kann keinen Krieg mehr erklären"[2], lautete Schumans Argumentation, mit der er sechs Nationen (Belgien, Deutschland, Frankreich, Italien, Luxemburg und die Niederlande) 1951 an einen Tisch brachte. Diese beschlossen, im Rahmen der Europäischen Gemeinschaft für Kohle und Stahl, ihre Schwerindustrie – und Schlüsselindustrie für die Rüstung – gemeinsam zu organisieren: Den Ursprung Europas kann man also auch als Friedensinitiative interpretieren. Im Jahr 1952 nahm die Europäische Gemeinschaft für Kohle und Stahl (EGKS, Montan-Union) ihre Arbeit auf.

Dieselben sechs Staaten unterzeichneten 1957 in Rom die Gründungsurkunde der Europäischen Wirtschaftsgemeinschaft (EWG). Sie hatten einerseits das Ziel, den Ausbau ihrer Industrien voranzutreiben und eine wirtschaftliche Interessengemeinschaft zu bilden. Andererseits verband sich mit diesem Schritt auch die Vision einer politischen Zusammenarbeit und weiteren Einigung Europas. Ebenfalls wurde 1957 in Rom der Vertrag über die Europäische Atomgemeinschaft unterschrieben.

Als die Gemeinsame Versammlung der drei europäischen Gemeinschaften – die Europäische Gemeinschaft für Kohle und Stahl (Montanunion), die Euratom und die Europäische Wirtschaftsgemeinschaft – 1958 zusammentrat, nannten die Abgeordneten ihre Institution „Europäisches Parlament", eine Bezeichnung, die 1987 gemäß der Einheitlichen Europäischen Akte festgeschrieben wurde. Die Verträge der drei Gemeinschaften sprachen hingegen von einer Versammlung, ein Begriff, der bewusst gewählt war, denn sie war nicht mit

---

[1] Informationen im Internet z. B. unter www.europarl.europa.eu und unter www.europarl.de, Stand: August 2012.
[2] Zit. nach: Die Europäische Union. Politik und Organisation. Hrsg. v. Presse- und Informationsamt der Bundesregierung. 1. Aufl. Mai 2001, S. 106.

einem staatlichen Parlament vergleichbar, wenngleich sie eine Option in diese Richtung enthielt.

Die von den aus den einzelstaatlichen Parlamenten entsandten Abgeordneten selbstgewählte Bezeichnung als Europäisches Parlament signalisierte das Ziel, dem sie sich von Anfang an verschrieben hatten: eine bundesstaatlich organisierte Europäische Union mit einem Parlament, das sowohl in der Legitimation durch Direktwahl als auch in den Kompetenzen dem einer parlamentarischen Demokratie entspricht. Lange Zeit kam dem Europäischen Parlament nur annähernd eine vergleichbare Funktion zu. Zentrale Entscheidungs- und Gesetzgebungsbefugnisse lagen beim Rat, der sich aus den Ministern oder Staatssekretären der nationalen Ministerien zusammensetzt. Seine Entscheidungen waren von Interessen der Einzelstaaten geprägt, ein Grund für die häufig langwierigen Entscheidungsprozesse. Das Parlament konnte zwar am Entscheidungsprozess beratend teilnehmen und die Entscheidungen kontrollieren. Letztlich war aber die Position des Rates ausschlaggebend und die Kontrolle konnte nur im Rahmen der Rechtsordnung über die Klage vor dem Europäischen Gerichtshof oder über den Finanzhaushalt tatsächlich ausgeübt werden.

Der EWG-Vertrag (ab November 1993 EG-Vertrag genannt) hatte von den oben erwähnten drei Verträgen für den europäischen Einigungsprozess die größte Bedeutung. In Artikel 2 EG-Vertrag wurde neben einer harmonischen Entwicklung des Wirtschaftslebens und der Verbesserung der Lebensverhältnisse auch die Vertiefung der Beziehungen zwischen den Mitgliedstaaten vertraglich verankert.[3]

Aus der ursprünglichen Sechsergemeinschaft entstand durch den Beitritt Großbritanniens, Dänemarks und Irlands (1973), Griechenlands (1981), Spaniens und Portugals (1986) sowie Österreichs, Finnlands und Schwedens (1995) in verschiedenen Etappen bis Mitte der 90er Jahre vor dem Millenniumswechsel eine Gemeinschaft der Fünfzehn.

Als Wirtschaftsgemeinschaft gegründet, wuchs die Europäische Gemeinschaft allmählich in eine politische Rolle hinein. Ein bedeutsamer Schritt auf diesem Weg war der Vertrag von Maastricht vom Februar 1992, mit dem die damalige Zwölfergemeinschaft die Europäische Union gründete. Dieser Vertrag versuchte unter anderem, die Bürger durch die Einführung der Unionsbürgerschaft (z. B. auf Pässen, die ab da ausgestellt wurden, nachvollziehbar) näher an

---

3 Zit. nach: Die Europäische Union. Politik und Organisation. Hrsg. v. Presse- und Informationsamt der Bundesregierung. 1. Aufl. Mai 2001, S. 106.

Historisches Foto vom Verwaltungsgebäude des Europäischen Parlaments in Luxemburg

Historisches Foto vom Sitzungsgebäude des Europäisches Parlements in Straßburg

Europa heranzubringen. Er regelte das Zusammenwirken der Staaten und Regionen, setzte die Rahmenbedingungen für die Wirtschafts- und Währungsunion, schaffte die Grundlagen für eine gemeinsame Außen- und Sicherheitspolitik und legte den Grundstein für eine Zusammenarbeit im Bereich der Innen- und Justizpolitik.

Dieser Weg wurde durch den Vertrag von Amsterdam (am 2.10.1997 in Amsterdam unterzeichnet und am 01.05.1999 in Kraft getreten) fortgeführt. Er hat die Beschäftigungspolitik und die Bürgerrechte zu zentralen Anliegen der Europäischen Union gemacht und die Voraussetzungen geschaffen, die letzten Hindernisse für eine uneingeschränkte Freizügigkeit zu beseitigen. Entscheidungsverfahren in der EU wurden vereinfacht und: das Europäische Parlament wurde gestärkt.

Das Europäische Parlament hat sich mit seiner vertraglich definierten beschränkten Rolle nie zufrieden gegeben, sondern von Beginn an nach einem größerem Gewicht im institutionellen Gefüge der Europäischen Gemeinschaft gestrebt. Die allmählichen Erweiterungen der Haushaltsrechte (1975), die Straffung der internen Organisation und die damit verbundene bessere Nutzung bestehender Rechte haben die Position des Europäischen Parlaments zwar laufend gestärkt, trotz erster Ansätze fehlte ihm jedoch noch immer ein förmliches Mitentscheidungsrecht über die EG-Gesetzgebung. Außerdem wurde die Forderung nach höherem Einfluss auf die Legislative und nach der Mitbestimmung bei der Benennung der Kommissionsmitglieder gestellt, die von den Regierungen der einzelnen Staaten ernannt werden.

Um seinen Forderungen mehr Nachdruck zu verleihen und gleichzeitig einen wichtigen Schritt in Richtung einer Europäischen Union zu tun, bemühte sich das Europäische Parlament lange um eine demokratische Legitimation und hatte Erfolg: Seit 1979 wird das Europäische Parlament direkt von der Bevölkerung der Europäischen Gemeinschaft gewählt und kann sich berechtigterweise als Vertretung der Völker bezeichnen.

Das Europäische Parlament zählte bei den ersten Wahlen 410 Abgeordnete. Wegen der Mitgliedsländer-Erweiterungen[4] sind es inzwischen (seit 2009) 754 Abgeordnete, die zahllosen Parteien angehören, sich aber bis auf einige Ausnahmen zu sieben Fraktionen (s. S. 415) zusammengeschlossen haben. Das Parlament wählt einen Präsidenten, dem vierzehn ebenfalls vom Plenum

---

4 2004 traten Polen, Ungarn, Tschechien, Estland, Lettland, Litauen, die Slowakei, Slowenien, Malta und Zypern bei. Seit Januar 2007, mit dem Beitritt von Rumänien und Bulgarien, ist die Zahl der Mitgliedsstaaten auf 27 gestiegen.

Noch ein historisches Foto vom Verwaltungsgebäude des Europäischen Parlaments in Luxemburg aus einer anderen Perspektive.

gewählte Vizepräsidenten zur Seite stehen. Zusammen mit fünf auch vom Plenum gewählten Quästoren, die mit Verwaltungs- und Finanzfragen betraut sind, bilden sie das Präsidium. Dessen Amtszeit beträgt jeweils eine halbe Legislaturperiode, also zweieinhalb Jahre. In der Regel werden zur Organisation der parlamentarischen Arbeit die Fraktionsvorsitzenden zu den Sitzungen des dann „Erweiterten Präsidiums" hinzugezogen. Das Europäische Parlament hat zur Zeit 20 ständige Ausschüsse, deren Zusammensetzung den politischen Kräfteverhältnissen im Parlament entspricht. Hier erstellen die Europa-Abgeordneten Legislativvorschläge und Initiativberichte, sie reichen Änderungsanträge dazu ein und stimmen darüber ab. Sie prüfen die Vorschläge der Kommission und des Rates und verfassen gegebenenfalls einen Bericht, der im Plenum vorgestellt wird. Die Ausschüsse treten ein bis zwei Mal im Monat in Brüssel zusammen, wodurch die Kontakte zu Kommission und Rat erleichtert werden. Die Plenarsitzungen finden dagegen jeweils in Straßburg statt. Das Generalsekretariat, also die Verwaltung des Europäischen Parlaments, hat seinen Sitz in Luxemburg.

Die erste Direktwahl der Abgeordneten wurde am 20.09.1976 beschlossen und fand im Juni 1979 zum ersten Mal statt. Die Wahlbeteiligung lag durchschnittlich bei 60 Prozent (Italien 85,5 Prozent, Bundesrepublik Deutschland 65,9 Prozent). Damals waren 8 Prozent der Europa-Abgeordneten Frauen. Von Wahl zu Wahl erhöhte sich ihr Anteil. Seit der des Jahres 2009 sind 36 Prozent Parlamentarierinnen.

Interessant ist die Reaktion der europäischen Wählerinnen auf die erste Direktwahl: Bei einer Befragung waren acht von zehn Frauen in der Europäischen Gemeinschaft davon überzeugt, dass das Europäische Parlament für eine Neudiskussion der Frauenfrage das geeignete Forum bieten könnte. Die Frauen sahen in Europa eine größere Chance sich durchzusetzen als auf nationaler Ebene. Zwei Drittel der befragten Europäerinnen wünschten sich eine grenzüberschreitende Zusammenarbeit zwischen den Frauen aus den verschiedenen Ländern, um ihre Anliegen und Rechte besser artikulieren zu können. Dazu trägt sicherlich bei, dass im Paragraph 119 des EG-Vertrages die arbeitsrechtliche Gleichstellung von Mann und Frau festgehalten ist. Der Gang vor den Europäischen Gerichtshof unter Berufung auf den Paragraphen 119 kann durchaus wirkungsvoll sein, da europäisches Recht für die Einzelstaaten bindend ist. „Das Rechtsinstrumentarium der EG kann, weil es einklagbar ist, durchaus ein Motor für die Gleichberechtigungspolitik der Frau sein."[5] Ein Beispiel für die effekti-

---

5 Hörbiger, H.: Europas Frauen fordern mehr: Die soziale Dimension des EG-Binnenmarktes am Beispiel der spezifischen Auswirkungen auf Frauen. Hrsg. v. der Hans-Böckler-Stiftung, Marburg 1990. S. 49.

ve Nutzung dieser Möglichkeit zeigt sich in der Geschichte bundesdeutschen Rechts. Wegen der fehlenden Auswirkungen des im Grundgesetz festgehaltenen Gleichstellungsgebots, den Art. 3 GG, auf den privaten Rechtsverkehr ist durch das arbeitsrechtliche EG-Anpassungsgesetz von 1980 das Verbot der Benachteiligung im Arbeitsleben (§ 611 BGB) begründet worden. (Die Möglichkeit für Frauen, in der Bundesrepublik Deutschland bei der Bundeswehr den „Dienst an der Waffe" zu verrichten, wurde beispielsweise von einer Deutschen beim Europäischen Gerichtshof erstritten.)

Bemerkenswert ist, dass bei den Wahlen zum europäischen Parlament in allen Staaten mehr Frauen gewählt werden als bei Wahlen in andere Parlamente[6]. Abgesehen von den Gründen, die auch in der Nominierungspraxis zu finden sind, gibt dies Anlass zur Hoffnung auf eine solche offensivere Nutzung europäischen Rechts im Sinne der Frauen.

Die Fraktionen im Europäischen Parlament sind 2012 die folgenden: Die beiden größten heißen „Fraktion der Europäischen Volkspartei (Christdemokraten) (EVP)" sowie „Fraktion der Progressiven Allianz der Sozialisten und Demokraten im Europäischen Parlament (S&D)". Dann gibt es die „Fraktion der Allianz der Liberalen und Demokraten für Europa (ALDE)", die „Fraktion der Grünen/Freie Europäische Allianz (Grüne/EFA)", die „Fraktion Europäische Konservative und Reformisten (ECR)", die „Konföderale Fraktion der Vereinigten Europäischen Linken/Nordische Grüne Linke (GUE/NGL)", die Fraktion „Europa der Freiheit und der Demokratie (EFD)" sowie „Fraktionslose Mitglieder (NA)".

Mit Inkrafttreten des Amsterdamer Vertrags 1999 gewannen die Volksvertreter in Straßburg an Einfluss. Beispielsweise war das Parlament ab da zustimmungsberechtigt, was die Ernennung der Mitglieder in die Europäische Kommission beziehungsweise deren Präsidenten anbelangt. Als Erster musste sich damals der von den Staats- und Regierungschefs designierte Präsident Romano Prodi im Mai 1999 dem Votum des Straßburger Parlaments stellen; genauso später dann die weiteren 19 Kommissions-Mitglieder, die von den Union-Mitgliedstaaten in Einvernehmen mit dem damals noch künftigen Präsidenten nominiert worden waren. (Die Kommission vertritt als unabhängiges Organ die gemeinsamen europäischen Interessen gegenüber den Mitgliedstaaten. Sie ist der Motor des gesetzgeberischen Prozesses und vertritt die Gemeinschaft nach außen hin, z. B. im Rahmen der Welthandelsorganisation.) Die neue Macht beschränkte sich jedoch nicht nur auf die Ernennung der EU-Kommission, bei der

---

6 Randzio-Plath, Christa: Das Europa-Parlament – Eine Chance zu mehr Demokratie –. In: Gegenwartsfragen. Heft 42/1980, hrsg. v. Amt für staatsbürgerliche Bildung in Schleswig-Holstein.

die Europa-Abgeordneten praktisch ein Vetorecht besitzen, mit dem sie schon im Vorfeld, vor der offiziellen Nominierung der Kandidaten, Druck auf die Regierungen ausüben konnten. Im Unterschied zur früheren Zeiten, in denen das Parlament mit seiner rein beratenden Funktion oder im sogenannten „Verfahren der Zusammenarbeit" vom Ministerrat am Ende des langwierigen Hin und Her zwischen Rat, Kommission und Parlament von den nationalen Regierungen letztlich doch überstimmt werden konnte, war das Europäische Parlament nun in den meisten Fällen neben dem Rat gleichberechtigt. Es konnte letztlich durch sein Votum die Verabschiedung eines EU-Gesetzes, über das sich die Regierungen einig waren, verhindern.

Der Vertrag von Nizza, am 26.02.2001 unterzeichnet, war seit seinem Inkrafttreten 2003 bis zum Vertrag von Lissabon 2009 die Rechtsgrundlage der EU. Der Vertrag regelte das institutionelle Gefüge der EU nach der Osterweiterung, unter anderem die neue Zusammensetzung des Parlaments. Des Weiteren wurde am Ende der Vertragsverhandlungen von Nizza eine „Erklärung zur Zukunft der Union" angenommen. Mit dieser Erklärung wurde ein Prozess eingeleitet, um die Vertragsgrundlagen der Union mit dem Ziel größerer demokratischer Legitimation, Transparenz und Effizienz grundlegend zu reformieren. Dieser Prozess mündete 2004 im „Vertrag über eine Verfassung für Europa", der von den Staats- und Regierungschefs beschlossen wurde. Der eigenartig anmutende Titel ist der Sorge in Großbritannien und in den skandinavischen EU-Staaten geschuldet, die EU könnte durch eine „Verfassung" staatsähnliche Züge erhalten. Dieser neue Verfassungsvertrag musste, wie bei Vertragsänderungen üblich, von den Parlamenten aller EU-Länder ratifiziert werden. In den beiden Gründerstaaten der Gemeinschaft Frankreich und in den Niederlanden sollte der Vertrag zusätzlich durch ein Referendum legitimiert werden. In beiden Staaten sprach sich im Frühsommer 2003 eine knappe Mehrheit der Bevölkerung gegen den Verfassungsvertrag aus, so dass er politisch gesehen tot war. Die EU verordnete sich eine „Denkpause", in der sie den Mitgliedstaaten die Möglichkeit geben wollte, auf nationalen Ebenen intensiver, als dies bislang geschehen ist, über den Vertrag zu diskutieren.[7] Unter der deutschen Ratspräsidentschaft gelang es schließlich, dem Vertrag neues Leben einzuhauchen, so dass er am 13.12.2007 unterzeichnet werden konnte. „Inhaltlich war er in weiten Teilen identisch mit dem Verfassungsvertrag von 2004; auf der symboli-

---

7   Vgl.: Wo steht Europa? Die Europäische Union nach Lissabon. Politik & Unterricht – Zeitschrift für die Praxis der politischen Bildung, 1/2012, hrsg. v. der Landeszentrale für politische Bildung Baden-Württemberg, Stuttgart 2012, S. 8.

schen Ebene wurde er jedoch deutlich abgespeckt: Man hat alle staatsähnlichen Symbole wie die EU-Flagge, die Hymne (‚Ode an die Freude'), den Europatag (9. Mai) und auch den Leitspruch der EU (‚In Vielfalt geeint') wieder gestrichen; trotzdem wird natürlich bei öffentlichen Anlässen in Deutschland und anderen EU-Staaten die Europaflagge gehisst und die ‚Europa-Hymne' gespielt. Aber auch der Vertrag von Lissabon wäre fast gescheitert, weil sich die irische Bevölkerung im ersten Referendum gegen den Vertrag ausgesprochen hat; bei einer erneuten Abstimmung votierte dann eine Mehrheit für den EU-Vertrag, nachdem die anderen EU-Staaten den Iren kleinere Zugeständnisse gemacht hatten. Die europäische ‚Verfassungsdebatte' dauerte also fast ein Jahrzehnt und stand immer wieder kurz vor dem Scheitern."[8]

Seit dem 1. Dezember 2009 bildet der Vertrag von Lissabon die Rechtsgrundlage der Europäischen Union. Dieser Vertrag stärkt noch einmal erheblich die Rechte des Europäischen Parlaments: Das Mitentscheidungsverfahren ist das gängige oder auch „ordentliche Gesetzgebungsverfahren" geworden, das Rat und Parlament gleichberechtigt Gesetze beschließen lässt. Gesetze ohne Mitsprache des Parlaments sind damit die Ausnahme. Auch bei internationalen Handelsabkommen muss das Parlament jetzt zustimmen. „Das Parlament hat seine neue Macht auch gleich eingesetzt und das sogenannte SWIFT-Abkommen, das den Austausch von Kontodaten mit den USA regelt, in einer ersten Abstimmung Anfang 2010 zu Fall gebracht, weil aus seiner Sicht der Datenschutz nicht ausreichend war. Nach entsprechenden Nachbesserungen stimmte das Straßburger Parlament in der zweiten Abstimmung im Juli 2010 schließlich zu."[9]

Neu ist auch, dass ein Ratspräsident den Vorsitz im Europäischen Rat der Staats- und Regierungschefs übernimmt. Er wird für zweieinhalb Jahre gewählt und führt die Geschäfte. Bislang wechselte die Ratspräsidentschaft alle sechs Monate. Der Ratspräsident soll für mehr Kontinuität in der EU-Politik sorgen. Außerdem hat die EU nun eine Art Außenminister, einen „Hohen Vertreter für die Außen- und Sicherheitspolitik", wie er offiziell heißt. Er ist zugleich Vizepräsident der Europäischen Kommission und leitet den Rat der Außenminister. Er vertritt die Union gegenüber Drittländern und führt die außenpolitischen Beschlüsse der EU aus und ist zugleich Chef eines diplomatischen Dienstes der EU. Die EU verfügt künftig über eigene Außenvertretungen – neben den Bot-

---

8 Zit. nach „Wo steht Europa?", a. a. O., S. 8.
9 Zit. nach „Wo steht Europa?", a. a. O., S. 9.

schaften der einzelnen Mitgliedstaaten. Als weiteres demokratisches Element wird die „Europäische Bürgerinitiative" als direkte Möglichkeit für Bürgerbeteiligung eingeführt und die Europäische Grundrechtecharta wird verbindlich. Einige Politikfelder, die in den bisherigen EU-Verträgen nicht als gemeinsame Politikfelder geregelt waren, sind durch den Lissabonner Vertrag hinzugekommen. Dazu gehören die intensive Zusammenarbeit bei der Bekämpfung von Terrorismus und Kriminalität, die Zusammenarbeit in Zivil- und Strafsachen sowie die Klima- und Energiepolitik. Erstmals regelt der Vertrag, dass ein Mitgliedstaat aus der Europäischen Union austreten kann.

„Alles in allem gilt der Vertrag von Lissabon als pragmatische Lösung, die für längere Zeit die rechtliche Grundlage der EU hätte sein können. Dann kam jedoch die Staatsschuldenkrise mit Macht auf die europäische Tagesordnung und setzte den Vertrag einem Stresstest aus. Dieser – noch anhaltende – Test hat gezeigt, dass die EU für die Krise nicht gut gerüstet ist. Nun hat sich die Diskussion deutlich gewandelt und seit 2010 ist die Europäische Union zusammen mit den europäischen Regierungen eigentlich täglich damit beschäftigt, durch immer neue ‚Rettungsschirme' und Anpassungen des Vertrags die EU und den Euro wieder wetterfest zu machen. Dieser Prozess wird die Europäer für die nächsten Jahre beschäftigen, die europaweite Solidarität testen und das Nachdenken über die Zukunft Europas bestimmen."[10]

---

10 Zit. nach „Wo steht Europa?", a. a. O., S. 10.

Die südwestdeutschen Parlamentarierinnen im Europäischen Parlament von 1979 bis 2012

Franziska Brantner

Im Juni 2009 wurde die Politologin Franziska Brantner als knapp 30-Jährige ins Europaparlament gewählt. Im Mai des darauffolgenden Jahres brachte sie eine Tochter zur Welt. Jetzt pendelt die grüne Abgeordnete zwischen ihrer Freiburger Wohnung – wenn sie in Straßburg zu Sitzungen muss – Brüssel natürlich, der Heidelberger Wohnung ihres Wahlkreises sowie der in Tübingen.[1] Denn sie ist mit dem Tübinger Oberbürgermeister Boris Palmer verheiratet. Viel herumgekommen ist die polyglotte Frau schon immer, die Französisch, Englisch und Spanisch beherrscht und über Grundkenntnisse in Hebräisch verfügt.

Geboren am 24. August 1979 in Lörrach, legte Franziska Brantner das Abitur am Deutsch-Französischen Gymnasium in Freiburg ab. Dann zog es sie in die Ferne. Ein Jahr lang arbeitete sie für die Heinrich-Böll-Stiftung in Tel Aviv und Washington D.C., bevor sie in Paris an der Sciences Po und in New York an der Columbia University Politikwissenschaften und Volkswirtschaft studierte und einen Master- und Diplomabschluss in „Internationale Beziehungen" machte. Von 2006 bis 2007 war sie wissenschaftliche Mitarbeiterin am European Studies Centre St. Antony's College in Oxford. Mit reichlich internationalen Erfahrungen kam sie zurück in die Region Rhein-Neckar-Pfalz, um an der Universität Mannheim über „Die Reformfähigkeit der Vereinten Nationen" zu promovieren (Abschluss September 2010). Sie beriet den United Nations Development Fund for

Women (Unifem, jetzt UN Women), die Frauenrechtsorganisation der Vereinten Nationen, in Brüssel und Paris. „Dabei ging es vor allem um die Gestaltung eines Aktionsplans, der alle Mitgliedstaaten der EU zur Teilhabe von Frauen und zur Berücksichtigung des Geschlechterverhältnisses in der Friedens- und Sicherheitspolitik verpflichtet."[2] Außerdem engagierte sie sich von 2000 bis 2005 bei der Frauenrechtskommission der Vereinten Nationen „für eine Verankerung der Frauenrechte weltweit, gegen rückwärts gewandte Traditionalisten und religiöse Fundamentalisten aller Couleur. In diesem Sinne habe ich dann auch die Kampagne für eine starke Antidiskriminierungsrichtlinie der EU im Mai 2008 mit ins Leben gerufen."[3] Bis zu ihrer Wahl arbeitete sie überdies für die Bertelsmann Stiftung in Brüssel zu den Themen europäische Antworten auf die Finanz- und Wirtschaftskrise und Europäische Außenpolitik. Sie ist Mitautorin einer Studie zur EU-Menschenrechtspolitik in der UN für den European Council on Foreign Relations.

Franziska Brantner setzte sich nach eigenem Bekunden schon während ihrer Schulzeit in Freiburg für einen Jugendgemeinderat und ein Kulturzentrum ein.[4] So kam sie zur Grünen Jugend in Freiburg und arbeitete später im Landes- und Bundesvorstand der Grünen mit. Sie ist Mitglied der Friedens- und Sicherheitspolitischen Kommission der Bundespartei und Mitautorin des Programms zur Europawahl 2009. Im Europäischen Parlament ist sie Koordinatorin im Ausschuss für Auswärtige Angelegenheiten für ihre Fraktion. Da sie auch eine Ausbildung als Mediatorin absolviert hat, weiß sie zum Beispiel auch beim Thema zivile Konfliktbewältigung genau, „was Sache ist".[5] Zu den Schwerpunkten ihrer Arbeit zählen die Themen Energiewende, mehr Demokratie in Europa und Frauenpolitik.

Im Juli 2012 wurde Franziska Brandtner von ihrer Partei für den Wahlkreis Heidelberg als Kandidatin für die Bundestagswahl 2013 gewählt.[6] Sollte sie in den Deutschen Bundestag einziehen, müsste sie mit Kind und Kindermädchen nur noch zwischen Tübingen, Heidelberg und Berlin pendeln.

---

1 Quelle: Interview von fudder.de mit Franziska Brandtner vom 29.03.2011, Stand: Juli 2012.
2 Zit. nach ihrer Homepage www.franziska-brantner.eu, Stand: Juli 2012.
3 Ebd.
4 Ebd.
5 Ebd.
6 Pressemitteilung des Kreisverbands Bündnis 90 / Die Grünen Heidelberg vom 18.07.2012.

Evelyne Gebhard

Die leidenschaftliche Europa-Politikerin Evelyne Gebhard ist sowohl mit der deutschen als auch mit der französischen Kultur tief vertraut. Sie ist am 19. Januar 1954 in Paris geboren und dort aufgewachsen. Nach dem Abitur 1972 am Lycée Lamartine studierte sie 1977 Sprachwissenschaften unter Einbeziehung von Politik- und Wirtschaftswissenschaft an der Universität Paris VII (Sorbonne Nouvelle) sowie an den Universitäten Tübingen und Stuttgart. Der Studienabschluss erfolgte mit der Licence ès Lettres in Paris. Ab 1977 arbeitete sie als freiberufliche Übersetzerin und hielt Vorträge im In- und Ausland, mit den Schwerpunkten Gleichstellung, Bürgerrechte, Bio- und Gentechnologie. Für die Friedrich-Ebert-Stiftung machte sie Experteneinsätze in Südamerika und Afrika.

1975 schloss sich Evelyne Gebhardt der SPD an, hatte verschiedene Funktionen auf Ortsvereins- und Kreisebene inne und machte Basis- und Zielgruppenarbeit. Von 1989 bis 2009 gehörte sie dem SPD-Landesvorstand Baden-Württemberg an und war Vorsitzende des Beirats Europa der Landes-SPD. Von 2009 an war sie zwei Jahre lang Mitglied des SPD-Bundesvorstands. Außerdem fungiert sie seit 1992 als stellvertretende Bundesvorsitzende der Arbeitsgemeinschaft Sozialdemokratischer Frauen (AsF). Nach vielen Jahren ehrenamtlichen Engagements in der SPD und Übersetzungsarbeit vom Französischen ins Deutsche entschied sie sich 1993 dafür, die Politik zum Beruf zu machen und so Ideen in Realität zu übersetzen.[1]

Seit 1994 ist sie Mitglied des Europäischen Parlaments. Unter anderem arbeitete sie als Koordinatorin der SPE-Fraktion im Ausschuss für Humangenetik und anderer neuer Technologien moderner Medizin, dem sogenannten „Bioethik-Ausschuss". Sie war Fraktionssprecherin der Sozialdemokraten und Sozialisten für Bioethik. Seit 2004 ist sie Koordinatorin der sozialdemokratischen Fraktion im Ausschuss für Binnenmarkt und Verbraucherschutz und stellvertretendes Mitglied im Innenausschuss. Zu ihren Arbeitsschwerpunkten zählen neben der Bioethik der Binnenmarkt, der Verbraucherschutz und die Bürgerrechte. Sie ist federführende Berichterstatterin des Europäischen Parlaments für die europäische Dienstleistungsrichtlinie. Seit 2004 ist sie Mitglied der Delegation des Europäischen Parlaments für die parlamentarischen Beziehungen zur Volksrepublik China. Evelyne Gebhardt war zwei Mal, 2005 und 2006 „Europäerin des Jahres" und steht auf der Liste der zehn wichtigsten Deutschen bei den Institutionen der Europäischen Union in Brüssel und Straßburg.

„Europa ist mehr als eine Wirtschaftsgemeinschaft, es ist eine Bürgergesellschaft." Und für die lohne es sich, sich einzusetzen, meinte die Parlamentarierin kurz vor ihrer Wiederwahl im Juni 2009.[2]

1997 wurde Evelyne Gebhardt in die Akademie für Ethik in der Medizin (mit Sitz an der Universität Göttingen) und zwei Jahre später in ein deutsch-französisches Moderationsgremium zum Schutz von Kindern aus gescheiterten Partnerschaften berufen (1999–2007), letzteres durch die Justizministerinnen Elisabeth Guigou und Herta Däubler-Gmelin. Sie war Vorstandsmitglied der europäischen Frauenorganisation Grain de Sel (mit Sitz in Paris), gehört dem Verein „Gegen Vergessen – Für Demokratie e.V." an und war von 1987 bis 1993 stellvertretende Bundesvorsitzende des Marie-Schlei-Vereins. Zwischen 1997 und 2007 hatte sie Leitungsfunktionen bei den Deutschen Evangelischen Kirchentagen und beim Ökumenischen Kirchentag in Berlin inne. Seit 2005 ist sie Mitglied der überparteilichen Europa-Union Deutschland (EUD) und seit 2006 stellvertretende Landesvorsitzende der Europa-Union Baden-Württemberg (EUD-BW).

Der Hauptwohnsitz von Evelyne Gebhardt und ihrem Mann, dem Journalisten Hans-Peter Gebhardt, liegt in Mulfingen bei Künzelsau im Hohenlohekreis. Als Hobbys nennt sie Bücherlesen und mit Freunden zu diskutieren.[3] Vielleicht aber ist ihre größte Leidenschaft, europäische Politik mitzugestalten.

Literatur:
Gebhardt, Evelyne: Das Kommunalwahlrecht für UnionsbürgerInnen. Hrsg. v. den SPD-Abgeordneten im Europäischen Parlament. Bonn 1995.

---

1 Zitat von Evelyne Gebhard aus: profile. The Non-Legal Lawmaker. In: the Parliament magazine Nr. 131, 2002/14/01, S. 17.
2 Zit. nach Schwäbische Zeitung, 03.06.2009.
3 Zitat von Evelyne Gebhard aus: profile. The Non-Legal Lawmaker. In: the Parliament magazine Nr. 131, 2002/14/01, S. 18.

Ingeborg Gräßle

Die Heidenheimer CDU-Abgeordnete Inge Gräßle, von 1996 bis 2004 im baden-württembergischen Landtag vertreten, stellte damals nach einem Jahr parlamentarischer Arbeit fest: die Beharrungskraft der Behörden sei groß, die Macht des einzelnen Abgeordneten allzu begrenzt.[1] Inge Gräßle war Präsidiumsmitglied und im Sozialausschuss aktiv und von 2001 bis 2004 stellvertretende Vorsitzende der CDU-Landtagsfraktion.

Die promovierte Journalistin, praktizierende Katholikin[2], ledig, wurde am 2. März 1961 in Heidenheim-Großkuchen geboren. Nach dem Abitur, Volontariat und Redakteurstätigkeit in Augsburg, Illertissen und Neu-Ulm bei der Augsburger Allgemeinen Zeitung, studierte sie in Stuttgart und Paris die Fächer Romanistik, Geschichte und Politikwissenschaft und schloss 1989 mit dem Magister Artium ab. Als freie Journalistin arbeitete sie für das Ulmer Schwabenradio. 1990 war sie im Bonner Konrad-Adenauer-Haus in der Öffentlichkeitsarbeit beschäftigt. An der FU Berlin erfolgte 1994 ihre Promotion zum Dr. phil. mit einer Arbeit über den deutsch-französischen Fernsehkulturkanal ARTE. Ab 1995 leitete sie die Presse- und Öffentlichkeitsarbeit der Stadt Rüsselsheim, war dann wegen ihrer Abgeordnetentätigkeit beurlaubt.

Inge Gräßle, 1976 der CDU beigetreten, ist seit 1999 Mitglied des Kreistages Heidenheim, stellvertretende Landesvorsitzende der Frauen-Union Baden-Württemberg sowie Mitglied im Landesvorstand der CDU Baden-Württemberg. Seit 2001 ist sie stellvertretende Bezirksvorsitzende der CDU-Nordwürttemberg und Kreisvorsitzende der CDU Heidenheim. Außerdem gehört sie dem Verein „Frauen helfen Frauen", dem Kinderschutzbund, dem VdK und dem DRK an.

2004 wurde Inge Gräßle ins Europäische Parlament gewählt. Hier ist sie Mitglied im Haushalts- und Haushaltskontrollausschuss, seit 2007 parlamentarische Geschäftsführerin der CDU/CSU-Gruppe im Europäischen Parlament, Sprecherin der EVP-Fraktion im Haushaltskontrollausschuss, ständige Berichterstatterin für die Reform der Haushaltsordnung sowie Mitglied der interparlamentarischen Delegation des Europäischen Parlaments für die Beziehungen zu den Andenstaaten (Bolivien, Ecuador, Kolumbien, Peru, Venezuela). Vor der Europa-Wahl 2009, in der ihr Mandat bestätigt wurde, erklärte die Haushaltsexpertin: „Das Europaparlament arbeitet ausgesprochen sachorientiert."[3] Da die EU keine Regierung hat, gibt es im Europaparlament weder eine Regierungsfraktion noch eine Opposition wie auf nationaler Ebene und somit auch keine klaren Trennungslinien zwischen den Parteiengruppen.

Die Linien verlaufen hier inzwischen anders, wie sich dieser Notiz aus der Südwest Presse vom 28.01.2012 entnehmen lässt: „Im Europarlament werden die Wahlämter alle zweieinhalb Jahre neu besetzt. Den ersten Wechsel gab es an der Parlamentsspitze: Der deutsche Sozialdemokrat Martin Schulz löst den polnischen Christdemokraten Jerzy Buzek in dieser Funktion ab. Schulz Amtszeit dauert zweieinhalb Jahre – bis zur nächsten Europawahl 2014. Bei den Vizepräsidenten wurde der Chef der CDU-Landesgruppe Baden-Württemberg, Rainer Wieland, bestätigt. Die ersten vier Stellvertreter des sozialistischen Präsidenten gehören seiner eigenen Fraktion an und kommen alle aus Südeuropa. ‚Selbstredend hatten die Abgeordneten aus den nördlichen Nettozahlerländern keine Chance, in wichtige Positionen gewählt zu werden', kritisiert Größle. Sie selbst wurde als Parlamentarische Geschäftsführerin bestätigt. Auch als Koordinatorin der EVP-Fraktion im Haushaltskontrollausschuss wurde sie wieder gewählt. ‚Ich freue mich auf die Herausforderung, dem Missmanagement und Betrug mit EU-Mitteln weiter den Kampf anzusagen', sagt Größle."

Literatur:
Größle, Inge: Der europäische Fernseh-Kulturkanal ARTE: deutsch-französische Medienpolitik zwischen europäischem Anspruch und nationaler Wirklichkeit. Frankfurt a. M. 1995.
Dies.: Deutsch-französische Studien zur Industriegesellschaft / Centre d'Information et de Recherche sur l'Allemagne Contemporaine (CIRAC), Paris; zugl.: Berlin, Freie Univ., Diss., 1993 u. d. T.: Deutsche und französische Medienpolitik.

---

1 Vgl.: Südwest Presse, 05.08.1997.
2 Vgl.: ihre Homepage www.ju-giengen.de/inge, Stand: 2001.
3 Zit. nach Sonntag aktuell, 15.03.2009.

Renate Heinisch

Auf vielen gesellschaftspolitischen Ebenen aktiv ist die selbstständige Apothekerin Renate Heinisch aus Boxberg. Eine Legislaturperiode lang, von 1994 bis 1999, engagierte sie sich als CDU-Abgeordnete im Europäischen Parlament. Hier war sie Mitglied im Ausschuss für Kultur, Jugend, Bildung und Medien, stellvertretendes Mitglied im Ausschuss für Forschung, Technologie und Energie, in dem für die Rechte der Frauen sowie im Petitionsausschuss. Sie gehörte der Delegation EU-Litauen an und war stellvertretendes Mitglied der Delegation Lateinamerika sowie stellvertretende Vorsitzende der Arbeitsgruppe Bioethik der (CDU-) EVP-Fraktion. Bei der Europawahl 1999 wurde ihr Mandat nicht bestätigt.

Renate Heinisch, geboren am 15. Dezember 1937 in Boxberg, besuchte hier die Volksschule und legte 1956 am Deutschorden Gymnasium Bad Mergentheim das Abitur ab. In Wien und Würzburg studierte sie Pharmazie und schloss mit dem Dr. rer. nat. in Biopharmazie an der Universität Würzburg ab. Bis 1970 hatte sie – vor und nach der Promotion – verschiedene wissenschaftliche Aufgaben an den Universitäten Mainz, Konstanz und der ETH Zürich wahrgenommen. Anschließend arbeitet sie zwei Jahre lang in der pharmazeutischen Industrie bei der Firma Mack in Illertissen, bevor sie gemeinsam mit ihrem Mann Eberhard Heinisch 1972 die Stadtapotheke in Boxberg übernahm.[1] Renate Heinisch ist evangelisch und hat mit Ihrem Mann drei Kinder.

Von 1987 bis 1993 wirkte sie als Vorsitzende des Landeselternbeirats Baden-Württemberg. Sie musste aufhören, weil keines ihrer Kinder mehr eine staatliche Schule besuchte.[2] Kurzentschlossen gründete sie den „Elternverein Baden-Württemberg e. V." und warb als Schriftleiterin von „Schule im Blickpunkt", der Zeitschrift des Landeselternbeirats BW, redaktionell für ihre Initiative. Das kam beim Landeselternbeirat verständlicherweise „bei aller Sympathie" nicht so gut an.³ Von 1999 bis 2004 engagierte sich Renate Heinisch als Kreisrätin im Main-Tauber-Kreis. Bis 2005 gehörte sie dem Bezirksvorstand der CDU-Nordwürttemberg an. Sie war im Bezirksfachausschuss Bildungspolitik und Forschung sowie im Bundesfachausschuss Bildungspolitik und Weiterbildung.

Inzwischen ist sie auf bundes- und europäischer Ebene für Senioren aktiv, seit Oktober 2000 als Mitglied im Bundesvorstand der Senioren-Union sowie für BAGSO: „Renate Heinisch wurde für weitere fünf Jahre von der Bundesregierung für die Bundesarbeitsgemeinschaft der Senioren-Organisationen (BAGSO) in den Europäischen Wirtschafts- und Sozialausschuss (EWSA) berufen. Am 20. Oktober begann die Mandatsperiode 2010 bis 2015 des EWSA. Seine vorrangige Aufgabe besteht darin, das Europäische Parlament, die Europäische Kommission und den Ministerrat durch sachkundige Stellungnahmen zu Legislativvorschlägen und politischen Maßnahmen der EU in einer Vielzahl von Bereichen zu beraten. ‚In den nächsten 5 Jahren werde ich im EWSA und in Europa in dem Bereich aktives, gesundes, lebensfrohes und würdiges Altern intensiv mitwirken. Als noch aktive Apothekerin und mit Erfahrung in der Pharmazeutischen Industrie, der Pharmazeutischen Forschung und dem Bereich lebensbegleitendes Lernen kann ich aus vielen Blickwinkeln die großen Herausforderung des demographischen Wandels innovativ durch lebensbegleitende Strategien mitgestalten', so Renate Heinisch."⁴

---

1 Nach ihrer Homepage www.renate-heinisch.de, Stand: August 2012.
2 Vgl.: Stuttgarter Nachrichten, 13.04.1993.
3 Vgl.: Schwäbische Zeitung, Ausgabe Ulm, 28.05.1993.
4 Zit. aus Südwest Presse, 28.10.2010.

Elisabeth Jeggle

Elisabeth Jeggle, Bäuerin und Meisterin der ländlichen und städtischen Hauswirtschaft aus Stafflangen bei Biberach ist seit 1999 Europa-Abgeordnete in der Fraktion der Europäischen Volkspartei (Christdemokraten) und europäischer Demokraten, kurz: EVP-CD.

Sie ist am 21. Juli 1947 in Untermarchtal/Alb-Donau-Kreis geboren, katholisch, verheiratet mit dem Landwirt Max Jeggle und hat vier erwachsene Kinder.

1964 schloss sie die Schule mit der Mittleren Reife ab und machte ab 1967 eine Ausbildung zur Hauswirtschafterin. Anschließend arbeitete sie bei den genossenschaftlichen Dienstleistungsunternehmen WLZ in Ludwigsburg und Biberach im Bereich Landwirtschaft. Ab 1968 war sie Bäuerin auf dem landwirtschaftlichen Betrieb ihres Mannes. 1978 legte sie die Meisterprüfung der städtischen Hauswirtschaft, 1979 die der ländlichen Hauswirtschaft ab und bildete ab da Lehrlinge im eigenen Betrieb aus.

Neun Jahre lang engagierte sie sich als Elternbeiratsvorsitzende einer katholischen Grund-, Haupt- und

Realschule und Vorsitzende des Landesschulwerkes der Diözese Rottenburg-Stuttgart sowie als Vorsitzende der Landfrauen im Bezirk Biberach und als Ausschussmitglied im Kreisbauernverband Biberach. Seit 2001 ist sie Vorsitzende der Stiftung Katholische Freie Schulen der Diözese Rottenburg-Stuttgart und seit 2008 Präsidentin des Fördervereins Unità Dei Cristiani e. V.

Ihr Eintritt in die CDU erfolgte 1987. Von 1994 bis 2011 war Elisabeth Jeggle stellvertretende Kreisvorsitzende der CDU Biberach und gehörte von da an zehn Jahr lang dem Bundesfachausschuss Agrarpolitik an. 1993 wurde sie stellvertretende Bezirksvorsitzende der CDU Württemberg-Hohenzollern und von 1995 bis 2007 war sie Mitglied des Landesvorstands der CDU Baden-Württemberg. Seit 2006 ist sie Vorsitzende des Bezirksagrarausschusses und seit 2007 stellvertretende Vorsitzende des Landesagrarausschusses.

Im Europäischen Parlament ist die landwirtschaftliche Fachfrau natürlich Mitglied im Ausschuss für Landwirtschaft und ländliche Entwicklung. Außerdem gehört sie dem Unterausschuss für Menschenrecht an und ist stellvertretende Vorsitzende der Delegation für Beziehungen der EU zu Kanada sowie Vizepräsidentin der Intergroup „Animal Welfare" (Tierschutz). Seit 2004 ist sie stellvertretende Vorsitzende der CDU/CSU-Gruppe im Europäischen Parlament und von 2004 bis 2009 war sie Mitglied des Vorstands der EVP-Fraktion.

Die Frage einer Journalistin, ob die Europäische Union ein Vorzeigeprojekt sei, in dem alles richtig laufe und das dennoch nicht geschätzt werde, verneint Elisabeth Jeggle. „Die Krise, die jetzt den Euro-Skeptikern Auftrieb gebe, sei auch hausgemacht. ‚Wir haben einen Wirtschaftsraum geschaffen, aber den politischen Rahmen vernachlässigt.' Das falle den Politikern – und somit auch den Bürgern – jetzt auf die Füße. Zudem sei nicht klar gesagt worden, dass die nationalen Regierungen Macht abgeben müssten, damit die EU funktionieren könne. ‚Die Menschen wurden nicht in die harte Realität mitgenommen', kritisiert die Europaabgeordnete. ‚Wenn sie die EU wahrgenommen haben, dann auf Urlaubsreisen.' Trotz aller Versäumnisse glaubt Elisabeth Jeggle fest an die Zukunft der europäischen Idee – vorausgesetzt, es tut sich was: ‚Die EU braucht keine Erweiterung mehr, aber sie muss endlich ein Dach bekommen, um das Haus zusammenzuhalten', ist sie überzeugt. Natürlich müssten die nationalen Parlamente einen Teil ihrer Kompetenzen an die europäische Union abgeben. Sonst seien Fehlentwicklungen in den Mitgliedsstaaten wie die überdimensionierten Straßenbauprojekte in den neuen Bundesländern oder in Spanien nicht zu verhindern. ‚Dort, wo es sinnvoll ist, muss das europäische Parlament mehr politische Befugnisse bekommen, um durchgreifen zu können', fordert Jeggle."[1]

---

1 Zit. nach Schwäbische Zeitung, 24.07.2012.

Silvana Koch-Mehrin

„Sie macht als Politikerin Karriere, indem sie ihre Partei und vor allem sich vermarktet. Silvana Koch-Mehrin findet diesen Verzicht auf Inhalte pragmatisch." So beschrieb die FAZ die FDP-Frau in einem Porträt vom 20.12.2008.

Mit Baden-Württemberg verbindet die Unternehmensberaterin nicht viel mehr, als dass sie Mitglied im FDP-Kreisverband Karlsruhe ist und hier ihren Wahlkreis für das Europaparlament hat, dem sie seit 2004 angehört. Silvana Koch-Mehrin, am 17. November 1970 in Wuppertal geboren, wuchs als Diplomatentochter in Marokko und dem Sudan heran[1] und verbrachte ihre Schulzeit in Köln, wo sie 1990 das Abitur ablegte. Anschließend studierte sie bis 1995 Geschichte und Volkswirtschaftslehre in Hamburg, Straßburg, Heidelberg. 1998 erfolgte ihre Promotion mit der

Arbeit „Historische Währungsunion". Der Doktortitel wurde ihr im Jahr 2011 wegen Plagiatsvorwürfen von der Universität Heidelberg entzogen. Silvana Koch-Mehrin hat drei Töchter und lebt in Brüssel. Hier gründete sie 1999 mit anderen zusammen eine Unternehmensberatung beziehungs-

weise „Lobbyagentur"[2] und arbeitete als Geschäftsführerin. Parallel hatte sie von 2000 bis 2004 einen Lehrauftrag an den United Business Institutes in Brüssel inne.

Von 1994 bis 1995 war sie stellvertretende Bundesvorsitzende der Jungen Liberalen und von 1999 bis 2003 Vorsitzende der – mit 150 Mitgliedern[3] politisch nicht allzu bedeutenden – FDP Auslandsgruppe Europa.

Zwischen 2004 und 2011 gehörte sie dem Präsidium der FDP an und von 1999 bis 2011 dem Bundesvorstand der Liberalen. Mit ihr als Spitzenkandidatin kehrte die FDP bei der Europawahl 2004 nach zehnjähriger Abwesenheit in das Europäische Parlament zurück. Silvana Koch-Mehrin wurde zur Vorsitzenden der FDP-Delegation innerhalb der Fraktion Allianz der Liberalen und Demokraten für Europa (ALDE) sowie zur ersten stellvertretenden ALDE-Fraktionsvorsitzenden gewählt. Sie war unter anderem Mitglied im Haushaltsausschuss des Parlaments. Nach ihrer Wiederwahl 2009 wurde sie Mitglied im Petitionsausschuss und – mit denkbar knappem Abstimmungsergebnis – einer der vierzehn Vizepräsidenten des Europäischen Parlaments. Zuvor war sie in die Schlagzeilen geraten, weil ihr die CDU-Gruppe im Brüsseler Abgeordnetenhaus vorgeworfen hatte, sie würde „bei der inhaltlichen Arbeit in den Ausschüssen durch Abwesenheit und Arbeitsscheu glänzen"[4], was sie letztendlich nie entkräften konnte. Im Gegenteil, zwei Jahre später, im August 2011, der gleiche Vorwurf von Medienseite: „Nach Recherchen des ARD-Politikmagazins Panorama hat die EU-Abgeordnete Silvana Koch-Mehrin (FDP) in diesem und auch im vergangenen Jahr alle Sitzungen des Petitionsausschusses des Europäischen Parlamentes geschwänzt. Zuletzt nahm sie im November 2009 an einer Sitzung des regelmäßig tagenden Ausschusses teil. (...) Der Verfassungsrechtler Prof. Dr. Hans Meyer kritisiert: ‚Das Verhalten, das Frau Koch-Mehrin an den Tag legt, ist für niemanden akzeptabel und schadet ihrer eigenen Partei und dem Europaparlament. Man kann ihr nur raten, entweder wieder zur Arbeit zurückzukehren oder aber aus dem Parlament auszuscheiden.'"[5]

Im Mai 2011 erklärte Silvana Koch-Mehrin wegen der Plagiatsvorwürfe ihren Rücktritt als Leiterin der FDP-Delegation, als Parlamentsvizepräsidentin und als Mitglied des FDP-Parteipräsidiums. Einen Monat später wurde sie auf Antrag der ALDE-Fraktion zum Mitglied im Ausschuss für Industrie, Forschung und Energie benannt. Dagegen protestierte die Allianz der großen Wissenschaftsorganisationen in Deutschland, denn „Plagiate seien kein Kavaliersdelikt".[6] Inzwischen gehört das ehemalige „Gesicht der FDP"[7] dem Ausschuss für die Rechte der Frau und die Gleichstellung der Geschlechter an und ist Mitglied der Delegation für die Beziehungen zur Schweiz und zu Norwegen, im Gemischten Parlamentarischen Ausschuss EU-Island und im Gemischten Parlamentarischen Ausschuss Europäischer Wirtschaftsraum.

Literatur:
Koch-Mehrin, Silvana: Historische Währungsunion zwischen Wirtschaft und Politik: die Lateinische Münzunion 1865 – 1927. Baden-Baden 2001.
Dies. unter Mitarbeit von Susanne Schumacher: Schwestern: Streitschrift für einen neuen Feminismus. Berlin 2007.
Koch-Mehrin, Silvana.: Eine Liberale für Europa: Leben und Karriere der FDP-Politikerin. FastBook Publishing 2009.

---

1 Laut Wikipedia-Artikel über sie, Stand: August 2012.
2 Vgl.: FAZ, 20.12.2008.
3 Ebd.
4 Vgl.: Die Welt, 05.06.2009.
5 Zit. nach http://daserste.ndr.de/panorama/aktuell/kochmehrin139.html, Stand: August 2012.
6 Zit. nach stern.de vom 25.06.2011, Stand: August 2012.
7 Die Südwest Presse etwa titelte am 05.01.2009 „FDP setzt auf ‚das Gesicht'".

Heide Rühle

Die Psychologin Heide Rühle gehört dem Europaparlament seit 1999 in der Fraktion der Grünen / Europäische Freie Allianz an.

Sie ist am 5. November 1948 in Heilbronn geboren, verheiratet und hat zwei erwachsene Kinder (1976 und 1978 geboren). In Tübingen studierte sie Psychologie. Sie ist Mitglied des Bunds für Umwelt- und Naturschutz Deutschland (BUND), der Gewerkschaft Handel, Banken und Versicherungen (HBV) sowie der Mitgliederversammlung der Heinrich-

Böll-Stiftung und ehemaliges Mitglied von deren Aufsichtsrat. Seit 2003 gehört sie dem Bundesvorstand der überparteilichen Europa-Union an.

1984 schloss sich Heide Rühle den Grünen im Kreisverband Böblingen an. Von 1987 bis 1990 war sie Landesvorsitzende der Grünen von Baden-Württemberg, zwischen 1990 und 1991 Bundesvorstandssprecherin. Nach der ersten Strukturreform der Partei stieg sie Anfang 1991 zur Politischen Geschäftsführerin der Grünen (beziehungsweise von Bündnis 90/Die Grünen, nach der Vereinigung der beiden Parteien im selben Jahr) auf, ein Amt, das sie bis Dezember 1998 innehatte. 1999 zog sie folgendes Resümee dazu: „In dieser Zeit habe ich 15 Bundesversammlungen und zahlreiche Länderrate organisiert, zwei Bundestags- und eine Europawahl mit gestaltet. Meine Hauptanliegen als Bundesgeschäftsführerin waren die bessere Vernetzung der Bundesebene mit den Ländern und der kommunalen Ebene, die Gewinnung neuer Mitglieder durch Mitgliederwerbekampagnen und die Unterstützung politisch aktiver Frauen auf Landesebene."[1]

Als Spitzenkandidatin der Grünen für die Europawahl 1999 sagte Heide Rühle zu ihren politischen Schwerpunkten: „Ich verstehe mich als Generalistin, meine besonderen Stärken liegen aber sicher in meiner Verankerung in der Partei. Ich werde mich in viel stärkerem Maße für die Verbindung von europäischer und Bundes-, Länder- und kommunaler Politik einsetzen. Die Kenntnisse über europäische Politik sind umgekehrt proportional zu ihrer Bedeutung. Und dieser Widerspruch wächst mit jedem Jahr. Mit den Amsterdamer Verträgen und seit der Einführung des Euro ist fast kein Politikbereich ohne Berücksichtigung der europäischen Ebene gestaltbar. Über die Hälfte aller innenpolitischen Entscheidungen sind auch von Brüssel abhängig. Es fehlt aber eine differenzierte europäische Öffentlichkeit als Gegengewicht und Kontrolle dieser Machtverschiebung. Das Europaparlament hat nach Ratifizierung von Amsterdam einen Gewichtszuwachs, der muss sich aber auch durch vermehrte Öffentlichkeitsarbeit niederschlagen. Dazu will ich in erster Linie beitragen."²

Sie erhielt das Mandat für die 5. Wahlperiode im Europaparlament und fand Gefallen an der Arbeit in einem Parlament, das über Sprach- und Fraktionsgrenzen hinaus diskutiert und gestaltet. „In Deutschland bestehe ein großer Fraktionszwang, in Straßburg dagegen gelte es, bunte Koalitionen zu schmieden."³ Ihr Mandat wurde 2004 und 2009 bestätigt. Heide Rühle war von 1999 bis 2004 Mitglied im Haushalts- und Haushaltskontrollausschuss (BUDG und CONT) und anschließend bis 2009 Mitglied im Ausschuss für Binnenmarkt und Verbraucherschutz (IMCO) sowie im Wirtschafts- und Währungsausschuss (ECON). Seit 2009 gehört sie dem Ausschuss für Binnenmarkt und Verbraucherschutz (IMCO) an. Außerdem ist sie Mitglied der Delegation im Gemischten Parlamentarischen Ausschuss EU-Kroatien. Ausschussarbeit in Brüssel schätzt Heide Rühle besonders, weil sie dort „direkt in die Gesetzgebung eingebunden ist", wie sie sagt. „Wir können zwar keine Gesetzesanträge einbringen, haben aber auch als Abgeordnete kleiner Fraktionen direkten Einfluss auf den Inhalt."⁴

---

1 Zit. nach: „www.gruene.de/archiv/wahl/ep wahl99/Kandidat/ruehle.htm", Stand: 2001.
2 Ebd.
3 Vgl.: FAZ, 26.07.2005.
4 Zit. nach bwWoche, 19.03.2007.

Heinke Salisch

„Es geht nicht um irgendein Europa, sondern um ein soziales Europa."¹ Heinke Salisch, langjährige Europa-Abgeordnete der SPD, traf diese Aussage im Europawahlkampf 1989. Von Oktober 1995 bis Dezember 2003 bestimmte sie als Bürgermeisterin die Geschicke der Stadt Karlsruhe mit. Im Mittelpunkt ihrer Arbeit stand das Baudezernat, aber auch Forst und der Zoo gehörten zu ihren Aufgabenfeldern.

Sie wurde am 14. August 1941 in Grevenbroich geboren. In Mainz studierte sie angewandte Sprachwissenschaften und schloss 1965 als Diplom-Dolmetscherin ab. Bis 1979 arbeitete sie als freiberufliche Konferenzdolmetscherin für europäische und weltweite Organisationen.

1969 trat sie der SPD bei. In Karlsruhe, wo sie ab Mai 1988 SPD-Kreisvorsitzende und von 1971 bis 1988 Stadträtin war, ist sie als selbstbewusste eigenständig denkende Frau bekannt, die sich nicht unbedingt dem Fraktionszwang unterwarf, wenn sie anderer Meinung war. In dieser Stadt, die man ihrer Ansicht nach „kennen und lieben"² muss, war sie 1978 zum ersten Mal Oberbürgermeisterkandidatin. Doch sie unterlag dem CDU-

Gegenkandidaten Otto Dullenkopf und musste nach Sonderauszählungen feststellen, dass es die Frauen waren, die sie nicht gewählt hatten[3].

Bei den ersten europäischen Direktwahlen im Juni 1979 wurde Heinke Salisch in das Europaparlament gewählt und bei den darauf folgenden Wahlen 1984, 1989 und 1994 bestätigt. Ab 1988 gehörte sie dem Vorstand der Sozialdemokratischen Partei Europas (SPE) an. Zwischen 1986 und 1990 war sie Koordinatorin ihrer Fraktion in den Untersuchungsausschüssen des Europäischen Parlaments zur Drogenproblematik und organisierten Kriminalität in Europa. Von 1989 bis 1994 war sie als Vorstandmitglied ihrer Fraktion zuständig für Industriebeziehungen. Ab Juli 1994 arbeitete sie als Koordinatorin im Ausschuss für Grundfreiheiten und innere Angelegenheiten, mit den Schwerpunkten innere Sicherheit und internationale organisierte Kriminalität.

1994 kandidierte sie wieder für den Karlsruher OB-Posten, dieses Mal gegen Amtsinhaber Gerhard Seiler. Zur Oberbürgermeisterin reichte es nicht, aber sie wurde am 17. Oktober 1995 vom Karlsruher Gemeinderat zur Bau-Dezernentin gewählt und war damit die erste Frau mit einem Bürgermeisteramt in dieser Stadt. Mit Amtsantritt gab sie dann im Januar 1996 ihr Mandat im Europa-Parlament auf. 1998 wollte sie es noch einmal wissen: Als Oberbürgermeister Seiler aus Altersgründen nicht mehr antrat, kandidierte sie zum dritten Mal für dieses Amt, doch wurde der CDU-Gegenkandidat Heinz Fendrich gewählt und die Frau, die als ihre größten Stärken „Fantasie und Durchsetzungsbereitschaft"[4] nennt, wirkte weiterhin als Bau-Bürgermeisterin der Stadt.

Heinke Salisch ist verwitwet und hat zwei Söhne.

Literatur:
Salisch, Heinke: Beschäftigungs- und Sozialpolitik in der Europäischen Gemeinschaft. Hrsg. v. der Gruppe d. SPD-Abgeordneten in d. Sozialist. Fraktion d. Europäischen Parlaments. Bonn 1984.

---

1 Zit. nach: Esslinger Zeitung, 20.05.1989.

2 Zit. nach: Mannheimer Morgen, 29.03.1978.
3 Vgl.: Stuttgarter Nachrichten, 11.04.1978.
4 Zit. nach: „www.ka-news.de/profil/heinkesalisch.shtml"

Diemut Theato

Die Dolmetscherin und Übersetzerin Diemut Theato rückte am 7. Oktober 1987 für den zurückgetretenen Abgeordneten Wilhelm Hahn in das Europäische Parlament nach. Ihr Mandat wurde in den drei darauffolgenden Wahlen bestätigt. Bis 2004 war sie Europa-Abgeordnete der CDU.

Diemut Theato wurde am 13. April 1937 in Kleinröhrsdorf bei Dresden geboren. Sie ist evangelisch, verwitwet und hat zwei Kinder.

Nach dem Abitur 1956 in Berlin (West) folgte ein einjähriger Englandaufenthalt mit Studium und Examen für Ausländer an der Universität Cambridge. Am Dolmetscher-Institut der Universität Heidelberg studierte sie anschließend die Sprachen Englisch und Portugiesisch, mit dem Sachfach Jura und Studienaufenthalten in England, Portugal, Frankreich. 1960 schloss sie mit dem Diplom-Examen ab. Anschließend arbeitete sie ein Jahr lang als Dolmetscherin und Übersetzerin in einem Industriebetrieb sowie als Leiterin von In-Company-Training-Kursen für Englisch und Französisch. Nach ihrer Heirat und der Geburt ihrer beiden Kinder war sie als freiberufliche Übersetzerin und Konferenzorganisatorin tätig.

Ihr parteipolitisches Engagement für die CDU führte sie in die Frauen-Union Rhein-Neckar, zu deren Kreisvorsitzenden sie 1977 gewählt wurde. Von 1979 bis 1987 war sie Mitglied des CDU-Landesvorstandes der Frauen-Union Baden-Württemberg. Von 1981 bis 2001 fungierte sie als stellvertretende Kreisvorsitzende der CDU Rhein-Neckar. Zwischen 1981 und 1989 gehörte sie dem Bezirksvorstand der CDU Nordbaden an. Von 1981 bis 1992 war sie in der Kommission „Erziehung" der Frauensektion Europa der CDU/CSU (EFU) aktiv. In den Jahren 1985 bis 1990 war sie Kreisvorsitzende der Europa-Union Rhein-Neckar. Ab 1989 war sie Mitglied des Landesvorstandes der CDU Baden-Württemberg, ab 1991 als stellvertretende Landesvorsitzende. Auf kommunalpolitischer Ebene engagierte sie sich von 1975 bis 1987 im Ortschaftsrat von Waldhilsbach, davon zwischen 1980 und 1987 als Ortsvorsteherin.

Diemut Theato war von 1980 bis 2001 Vorsitzende des DRK-Ortsvereins Waldhilsbach und Mitglied im Verwaltungsausschuss der Sozialstation Neckargemünd. Von 1991 bis

2007 war sie Vorsitzende des Deutschen Roten Kreuzes Kreisverband Rhein-Neckar/Heidelberg. Durch ihre Initiative hier wurde beispielsweise eine Partnerschaftsvereinbarung des

DRK mit der Frauen- und Kinderklinik in Temsvar/Rumänien abgeschlossen.[1]

Im Europäischen Parlament gehörte Diemut Theato zum Vorstand der EVP-Fraktion und war Mitglied der Delegation im Gemischten Parlamentarischen Ausschuss EU-Rumänien. Sie war stellvertretendes Mitglied im Haushaltsausschuss und ab 1994 Vorsitzende im Ausschuss für Haushaltskontrolle. Im Rahmen dieser letztgenannten Tätigkeit erhielt sie im Jahr 2000 den „Steuerpreis 2000" („Taxpayers Association of Europe Award") vom europäischen Steuerzahlerbund und sagte in ihrer Rede zur Verleihung: „Die europäischen Steuergelder sollen zum weiteren Ausbau unseres Europäischen Einigungswerks zweckdienlich ausgegeben werden und nicht auf die Konten von international operierenden Betrügern fließen. Ebenso wird der CoCo-Bu unter meinem Vorsitz weiterhin auf die ordnungsgemäße und wirtschaftliche Verausgabung der EU-Mittel mit scharfen Blick achten und Verschwendung versuchen einen Riegel vorzuschieben. Wir wollen, dass die gemeinschaftliche Haushaltskasse stimmt und Europa im Sinne Konrad Adenauers zu einem gemeinsamen Haus für alle Europäer wird, ein Haus der Freiheit, das gut und verantwortungsvoll bewirtschaftet wird!"[2]

Ihr Engagement für ein europäisches Haus ist weit über ihren Wahlkreis hinaus bekannt. Diemut Theato hat ihren Wohnsitz in Neckargemünd-Waldhilsbach. 1995 wurde sie mit dem Bundesverdienstkreuz am Bande geehrt. Im gleichen Jahr erhielt sie die Ehrendoktorwürde der Universität Urbino/Italien (Dott. H.C.), 1998 die der West-Universität Timisoara/Rumänien (Dr. h.c.).

Literatur:
Graf, Rainer / Theato, Diemut: Das europäische Parlament und der Haushalt der Europäischen Gemeinschaft. Baden-Baden 1994.

1 Vgl.: Mannheimer Morgen, 12.12.1995
2 Zit. nach „ www.taxpayers-europe.com/html/theatod.html"

Beate Weber

Beate Weber war die erste Oberbürgermeisterin in Baden-Württemberg. Im Oktober 1990 wurde die Sozialdemokratin zur Verwaltungschefin von Heidelberg gewählt.[1] Sie sagt über sich selbst, dass sie hartnäckig und durchsetzungsfähig, aber auch tolerant sei. Im Zusammenhang mit ihrem neuen Amt meinte sie damals gegenüber der Frankfurter Allgemeinen Zeitung, dass die Verwaltung ihre Überheblichkeit ablegen müsse. Obrigkeitsstaatliche Züge passten nicht zu einem Dienstleistungsbetrieb, der vom Geld der Bürger unterhalten werde. Sie werde für mehr öffentliche Diskussionen über die Stadtentwicklung von Heidelberg sorgen[2]. 1998 wurde sie wiedergewählt, 2006 stellte sie sich nicht mehr zur Wahl. In ihre Amtszeit und ihr politisches Wirken fallen der damals beispielhafte Aufbau von stadtteilnahen Bürgerbüros und eine Rahmenplanung mit starker Bürgerbeteiligung für die Stadt und alle Stadtteile. Sie setzte sich für den Ausbau des Öffentlichen Personennahverkehrs in der Stadt (Straßenbahnen, Nachtbusse und Frauennachttaxi-System) und Region (S-Bahn Rhein-Neckar ab 2003) sowie Radfahrstreifen auf Hauptverkehrsstraßen ein.[3] Auch den Ausbau von Kinderbetreuung, Senioren- und Jugendarbeit, Schule und Erziehung trieb Beate Weber in ihrer Amtszeit voran. Selbst die bürgerliche Opposition im Gemeinderat lobte ihre Projekte im Bereich des Umwelt- und Klimaschutzes sowie der Kultur.[4] Für ihr umweltpolitisches Engagement wurde sie 2007 mit dem Deutschen Umweltpreis ausgezeichnet.[5]

Die lebhafte Politikerin wurde am 12. Dezember 1943 in Reichenberg im Riesengebirge geboren. Die frühen Kindheitsjahre verbrachte sie in Heidelberg, die Schulzeit in Mülheim, Essen und Dortmund. Nach dem Abitur studierte sie von 1963 bis 1966 am Dolmetscherinstitut der Universität Heidelberg Russisch und Englisch und von 1966 bis 1968 an der Pädagogischen Hochschule Heidelberg Englisch und Soziologie und schloss dort mit dem Examen in diesen beiden Fächern ab. Anschließend war sie elf Jahre lang im Schuldienst tätig, davon acht Jahre an einer Grundschule und drei Jahre an einer internationalen Gesamtschule. Aus dieser Zeit rührt ihre Mitgliedschaft in der Gewerkschaft Erziehung und Wissenschaft (GEW) und in der Arbeiterwohlfahrt.

Ab 1975 war sie stellvertretende Vorsitzende des Parteirats der SPD und Mitglied der Kommission Umwelt und Energie beim Parteivorstand der SPD. In Heidelberg war sie von 1975 bis 1985 Stadträtin und deshalb mit den Möglichkeiten und Grenzen der Kommunalpolitik in dieser Stadt vertraut.

1979 wurde sie in das Europäische Parlament gewählt, wo sie viel an politischem Profil erwarb. Ihre Kandidatur damals begründete sie mit den Worten, dass das politische Schicksal Europas zu wichtig sei, um es nur alten Männern zu überlassen[6]. 1984 wurde sie wieder gewählt und war von da an Vorsitzende des Ausschusses für Umweltfragen, Volksgesundheit und Verbraucherschutz. Bei dieser Arbeit gewann sie über Parteigrenzen hinweg Respekt. Mit der Übernahme ihrer Funktion als Oberbürgermeisterin der Neckarstadt gab sie ihren Sitz im Europaparlament auf.

Beate Weber, seit langem geschieden, hat eine Tochter aus erster Ehe und offensichtlich wieder geheiratet. Denn das Bundesverdienstkreuz für ihr „nationales und internationales Engagement" nahm sie im April 2012 als Beate Weber-Schuerholz entgegen.[7]

Literatur:
Weber, Beate: Alternative Politikberatung – die Herausforderung. In: Öko-Politik – aber wie? Frankfurt am Main 1983.
Bangemann / Bieber / Klepsch / Weber (Hg.): Die Abgeordneten Europas. Baden-Baden 1984.
Weber, Beate: Umwelt und europäische Wirtschaft. In: Das europäische Wirtschaftsrecht vor den Herausforderungen der Zukunft. Baden-Baden 1985.
Dies.: Ökologische Umgestaltung der Wirtschaft als internationale Aufgabe. In: Ökologie und Sozialismus. o. O. 1986.
Gündling, L. / Weber, Beate (Hg.): Dicke Luft in Europa. o. O. 1988.
Weber, Beate: Die EG-Umweltpolitik. Hrsg. v. der Gruppe d. SPD-Abgeordneten in d. Sozialist. Fraktion d. Europ. Parlaments. Reihe: Materialien zu Europa. Bonn 1989.
Weber, Beate / Roth-Behrendt, Dagmar / Rothe, Mechthild: Die EG-Verbraucherpolitik. Hrsg. v. der Gruppe der SPD-Abgeordneten in der Sozialistischen Fraktion des Europäischen Parlaments. Bonn 1990.
Weber, Beate: Im Wurzelwerk der Demokratie. Ausgewählte Reden einer Oberbürgermeisterin 1990–2006. Heidelberg 2006.
Scheidle, Ilona: Heidelbergerinnen, die Geschichte schrieben. Frauenporträts aus fünf Jahrhunderten. Heidelberg 2006, S. 168–185.

---

1 Es ist eine baden-württembergische und bayerische Besonderheit, dass hier Bürgermeister

nicht von den Stadtparlamenten, sondern direkt von den Bürgerinnen und Bürgern gewählt werden.

2 Vgl.: Frankfurter Allgemeine Zeitung, 27.10.1990.
3 Laut Wikipedia-Artikel über sie, Stand: Juli 2012.
4 Ebd.
5 Deutsche Bundesstiftung Umwelt, Artikel unter www.dbu.de/123artikel27093_.html, Stand: Juli 2012.
6 Vgl.: Frankfurter Allgemeine Zeitung, 27.10.1990.
7 Zit. nach www.baden-wuerttemberg.de/de/Meldungen/283276.html, Stand: Juli 2012.

Literatur[1]

Baden-Württemberg. Eine kleine politische Landeskunde. Hrsg. v. der Landeszentrale für politische Bildung. 6., vollständig überarbeitete Aufl., Stuttgart 2008.

Baden-Württemberg. Eine kleine politische Landeskunde. Jubiläumsausgabe 2002 zum 50-jährigen Bestehen des Landes Baden-Württemberg. Hrsg. v. der Landeszentrale für politische Bildung Baden-Württemberg. Stuttgart 2002.

Bebel, August: Die Frau und der Sozialismus. Stuttgart 1883.

Bradler, Günther / Quarthal, Franz: Von der Ständeversammlung zum demokratischen Parlament. Die Geschichte der Volksvertretungen in Baden-Württemberg. Hrsg. v. der Landeszentrale für politische Bildung. Stuttgart 1982.

Bremme, Gabriele: Die politische Rolle der Frau in Deutschland. Göttingen 1956.

Brüssow, Gaby: Frauenpolitik. Zum Verhältnis von Frauen und Politik am Beispiel von Frauenorganisationen der Parteien SPD und DIE GRÜNEN. New York/München/Berlin 1996.

Brunsbach, Sandra: Machen Frauen den Unterschied? Parlamentarierinnen als Repräsentantinnen frauenspezifischer Interessen im Deutschen Bundestag. In: Zeitschrift für Parlamentsfragen, 2011, Band 42, Heft 1, S. 3–24.

Butler, Judith: Das Unbehagen der Geschlechter. Frankfurt a. M. 1991.

Dies.: Die Macht der Geschlechternormen und die Grenzen des Menschlichen. Frankfurt a. M. 2011.

Calließ, Jörg (Hg.): Frauen und Geschichte. Fragen an eine feministische Perspektive in der historischen Orientierung. Loccum 1987 (Dokumentation einer Tagung der Evangelischen Akademie Loccum vom 7. bis 9. März 1986).

Corbin, Alain / Farge, Arlette / Perrot, Michelle u. a.: Geschlecht und Geschichte. Ist eine weibliche Geschichtsschreibung möglich? Frankfurt am Main 1989.

---

[1] Publikationen der beschriebenen Parlamentarierinnen bzw. Literatur über sie sind unter der Biografie der jeweiligen Abgeordneten zu finden und hier in diesem eher allgemein gehaltenen Literaturverzeichnis nur in einigen wenigen Fällen nochmals extra aufgeführt. Fast die gesamte landesgeschichtliche Literatur in Bezug auf Baden-Württemberg ist ebenfalls ausgespart, weil der Zugang zur „Landesbibliographie Baden-Württemberg" (ab 1986) unter www.statistik.baden-wuerttemberg.de/LABI/home.asp vorausgesetzt wird. Im übrigen erhebt weder dieses Literaturverzeichnis Anspruch auf Vollständigkeit, noch lässt sich dies im Hinblick auf die Literaturangaben von und über die Parlamentarierinnen sagen. Es handelt sich jeweils um Hinweise.

Delille, Angela / Grohn, Andrea (Hg.): Perlonzeit. Wie die Frauen ihr Wirtschaftswunder erlebten. Berlin 1988, 3. Auflage.

Die badischen Landtagsabgeordneten 1905–1929. Bearb. von Alfred Rapp. Hg.: Badischer Landtag. Karlsruhe 1929.

Die Frauenfrage in Deutschland. Bibliographie. Neue Folge. Band 4: 1985. Hg.: Institut Frau und Gesellschaft. Bearb. v. Gisela Ticheloven. München 1989.

Dietze, Gabriele (Hg.): Die Überwindung der Sprachlosigkeit. Texte aus der Frauenbewegung. Frankfurt / M. 1979.

Dreischer, Stephan: Das Europäische Parlament und seine Funktionen. Eine Erfolgsgeschichte aus der Perspektive von Abgeordneten. Baden-Baden 2006.

Edinger, Michael (Hg.): Politik als Beruf. Deutsche Vereinigung für Politische Wissenschaft. Wiesbaden 2011.

Edinger, Michael/Holfert, Claudia: Frauen im Parlament – Eroberung einer Männerbastion? Politischer Werdegang, Verbleibchancen und Aufstiegs perspektiven von Parlamentarierinnen im vereinten Deutschland. In: Gesellschaft, Wirtschaft, Politik. Jg. 54, 2005, Nr. 1, S. 29–40.

Europa 2000. Mit Beiträgen von Ralf Dahrendorf, Peter Glotz, Alfred Grosser, Pavel Kohout, Hans Peter Stihl und Hans Tietmeyer. Hrsg. v. Präsidenten des Landtags von Baden-Württemberg. Stuttgart 1996.

Falter, Jürgen W.: Hitlers Wähler. München 1991.

Falter, Jürgen W.: Politische Konsequenzen von Massenarbeitslosigkeit. Neue Daten zu kontroversen Thesen über die Radikalisierung der Wählerschaft am Ende der Weimarer Republik. In: Politische Vierteljahresschrift 25. Jg., Heft 23, 1984.

Falter, Jürgen/Lindenberger, Thomas/Schumann, Siegfried: Wahlen und Abstimmungen in der Weimarer Republik. Materialien zum Wahlverhalten 1919–1933. München 1986.

Frauenlexikon. Traditionen, Fakten, Perspektiven. Hg.: Anneliese Lissner, Rita Süssmuth, Karin Walter. Freiburg/Basel/Wien o. Zt.

Frederiksen, E. (Hg.): Die Frauenfrage in Deutschland 1865–1915. Stuttgart 1981.

Fuelles, Mechthild: Frauen in Partei und Parlament. Köln 1969.

Funcke, Lieselotte (Hg.): Die Liberalen. Frei sein, um andere frei zu machen. Stuttgart 1984.

Gerhard, Ute: Frauenbewegung und Feminismus. Eine Geschichte seit 1789. München 2009.

Dies.: Unerhört. Die Geschichte der deutschen Frauenbewegung. Reinbek 1990.

Gerhard, U. / Schlüpmann, H. (Hg.): Die Radikalen in der alten Frauenbewegung. Feministische Studien 1/1984.

Grebing, Helga (Hg.): Lehrstücke in Solidarität. Briefe und Biographien deutscher Sozialisten 1945–1949. Stuttgart 1983.
Greiffenhagen, Martin und Sylvia: Ein schwieriges Vaterland. Zur politischen Kultur im vereinigten Deutschland. München 1993.
Greven-Aschoff, B.: Die bürgerliche Frauenbewegung in Deutschland 1894–1933. Göttingen 1981.
Güll, Reinhard: Von Klara Zetkin zu Angela Merkel. In: Stat. Monatsheft Baden-Württemberg. 2006, Nr. 4, S. 32–34.
Handbuch des Bundestags der Bundesrepublik Deutschland: 2.–17. Wahlperiode (1953–2009).
Handbuch des Landtags von Baden-Württemberg: 2.–15. Wahlperiode (1956–2011).
Handbuch des Landtags von Württemberg-Hohenzollern, 1950.
Handbuch des Reichstags, Wahlperioden 1920–1933.
Handbuch für den Württemberg-Badischen Landtag, 1947.
Handbuch zur Frauenarbeit. Hg.: Bundesvorstand der Arbeitsgemeinschaft sozialdemokratischer Frauen (AsF). Marburg 1987.
Haunfelder, Bernd: Reichstagsabgeordnete der Deutschen Zentrumspartie 1871–1933. Biographisches Handbuch und historische Photographien. Düsseldorf 1999.
Heidtke, Birgit/Rössler, Christina: Margarethas Töchter. Eine Stadtgeschichte der Frauen von 1800 bis 1950 am Beispiel Freiburgs. Freiburg i. Br. 1995.
Hellwig, Renate (Hg.): Unterwegs zur Partnerschaft. Die Christdemokratinnen. Stuttgart 1984.
Hervé, F. (Hg.): Geschichte der deutschen Frauenbewegung. Köln 1982.
Hoecker, Beate: Frauen in der Politik. Eine soziologische Studie. Opladen 1987.
Dies.: 50 Jahre Frauen in der Politik: späte Erfolge, aber nicht am Ziel. In: Aus Politik und Zeitgeschichte, Heft 24–25/2008, S. 10–17.
Dies.: Politische Partizipation von Frauen. Ein einführendes Studienbuch. Opladen 1995.
Dies.: Politische Repräsentation von Frauen in den Mitgliedstaaten der Europäischen Union im Vergleich. In: Zeitschrift für Parlamentsfragen, 2011, Band 42, Heft 1, S. 50–65.
Hofmann-Göttig, Joachim: Emanzipation mit dem Stimmzettel. 70 Jahre Frauenwahlrecht in Deutschland. Bonn 1986.
Holtkamp, Lars/Schnittke, Sonja/Wiechmann, Elke: Die Stagnation der parlamentarischen Frauenrepräsentanz – Erklärungsansätze am Beispiel deutscher

Großstädte. In: Zeitschrift für Parlamentsfragen, 2011, Band 42, Heft 1, S. 35 – 49.
Huber, Antje (Hg.): Die Sozialdemokratinnen. Verdient die Nachtigall Lob, wenn sie singt? Stuttgart 1984.
Köhle-Hezinger, Christel (Hg.): Frauen und Nation. Hrsg. v. „Frauen & Geschichte Baden-Württemberg". Tübingen 1996.
Knorr, Birgit/Wehling, Rosemarie (Hg.): Frauen im deutschen Südwesten. Hrsg. v. der Landeszentrale für politische Bildung Baden-Württemberg. Stuttgart 1993.
Kühnel, Frank-Roland: Landtagsabgeordnete und Wahlkreise in Baden-Württemberg seit 1946. Von der Vorläufigen Volksvertretung Württemberg-Badens bis zum 13. Landtag von Baden-Württemberg 2002. Hrsg. v. Landtag von Baden-Württemberg. Stuttgart 2002.
Ders.: Landtage, Abgeordnete und Wahlkreise in Baden-Württemberg 1946 bis 2009. Von der Vorläufigen Volksvertretung Württemberg-Badens bis zum 14. Landtag von Baden-Württemberg. Hrsg. v. Landtag von Baden-Württemberg. Stuttgart 2009.
Landtag von Baden-Württemberg. Ein Leitfaden zu Aufgaben und Geschichte des Landtags. Hrsg. v. Landtag von Baden-Württemberg, 12. Aktualisierte und erweiterte Auflage, Stuttgart 2004.
Lange, Helene/Bäumer, Gertrud (Hg.): Handbuch der Frauenbewegung. I. Teil. Berlin 1901. Nachdruck Weinheim/Basel 1980.
Lauterer, Heide-Marie: Parlamentarierinnen in Deutschland. 1918/19 – 1949. Königstein/Taunus 2002, zugleich Habil.-Schrift, Univ. Heidelberg, 2001.
Lenz, Marlene/Strecker, Gabriele: Der Weg der Frau in die Politik. 6. erw. u. überarb. Aufl., Melle 1988.
Lenz, Sonja: sprache – macht – geschlecht. Vom „Vergnügen, unsere Frauen reden zu hören": Das politische Agieren der ersten weiblichen Abgeordneten im Württembergischen Landtag 1919 bis 1933. Unveröffentlichte Magisterarbeit in Zeitgeschichte/Allgemeine Rhetorik an der Universität Tübingen 1998. In Kopienform im Landtagsarchiv von Baden-Württemberg.
Lepsius, Renate: Frauenpolitik als Beruf. Gespräche mit SPD-Parlamentarierinnen. Hamburg 1987.
Lion, H.: Zur Soziologie der Frauenbewegung. Berlin 1926.
Magin, Raphael: Die geringere Hälfte. Erscheinungsformen, Entwicklungen und Ursachen der Unterrepräsentation von Frauen in deutschen Parlamenten. Diss., Universität Konstanz, 2010.

Marquardt; Regine: Das Ja zur Politik. Frauen im Deutschen Bundestag 1949 – 1961. Ausgewählte Biographien. Opladen 1999.

Martiny, Anke: Wer nicht kämpft, hat schon verloren. Frauen und der Mut zur Macht. Reinbek 1986.

Maurer, Andreas/Nickel, Dietmar (Hg.): Das Europäische Parlament. Supranationalität, Repräsentation und Legitimation. Baden-Baden 2005.

Maurer, Andreas/Wessels, Wolfgang: Das Europäische Parlament nach Amsterdam und Nizza: Akteur, Arena oder Alibi? Baden-Baden 2003.

MdR. Biographisches Handbuch der Reichstage. Bearb. von Max Schwarz. Hannover 1965.

Meyer, Birgit: Frauen im Männerbund. Politikerinnen in Führungspositionen von der Nachkriegszeit bis heute. Frankfurt/New York 1997.

Neuschl, Sylvia: Geschichte der USPD in Württemberg oder Über die Unmöglichkeit einig zu bleiben. Esslingen a. N. 1983.

Notz, Gisela: Frauen in der Mannschaft. Sozialdemokratinnen im Parlamentarischen Rat und im Deutschen Bundestag 1948/49–1957. Dietz Verlag, Bonn 2003.

Panitz, K.: Wie wählen die Frauen? In: Die Neue Zeit. Wochenschrift der Deutschen Sozialdemokratie. 39. Jg. 1921.

Parlamentarierinnen im Deutschen Bundestag 1949–1993. Hrsg. vom Wissenschaftlichen Dienst des Deutschen Bundestags. Nr. 122 Materialien. Bonn 1993.

Peterson, Brian: The Politics of Working-Class Women in the Weimar Republic. In: Central European History 2. 1977.

Die Protokolle der Reichstagsfraktion und des Fraktionsvorstands der Deutschen Zentrumspartei 1926–1933. Bearb. von Rudolf Morsey. Mainz 1969.

Raberg, Frank: Biographisches Handbuch der württembergischen Landtagsabgeordneten 1815–1933, i. A. der Kommission für geschichtliche Landeskunde in Baden-Württemberg. Stuttgart 2001.

Randzio-Plath, Christa: Frauenmacht – Ausweg aus der Krise. Köln 1987.

Rossanda, Rossana: Einmischung. Gespräche mit Frauen über ihr Verhältnis zu Politik, Freiheit, Gleichheit, Brüderlichkeit, Demokratie, Faschismus, Widerstand, Staat, Partei, Revolution, Feminismus. Frankfurt/Main 1981 (2. Aufl.).

Schadt, Jörg/Schmierer, Wolfgang (Hg.): Die SPD in Baden-Württemberg und ihre Geschichte. Von den Anfängen der Arbeiterbewegung bis heute. (Schriftenreihe der Landeszentrale für politische Bildung, Baden-Württemberg). Stuttgart 1979.

Schadt, Jörg/Weber, Hermann: Politik für Mannheim. 100 Jahre SPD-Gemeinderatsfraktion. o. O. 1978.
Schaeffer-Hegel, Barbara/Kopp-Degethoff, Heidi (Hg.): Vater Staat und seine Frauen. Studien zur politischen Kultur. Pfaffenweiler 1989.
Schenk, Herrad: Die feministische Herausforderung. 150 Jahre Frauenbewegung in Deutschland. München 1980.
Schmid-Burgk, Sonja (Hg.): Ein Leben für die Politik? Briefe an jüngere Mitbürger. Freiburg i. Br. 1988.
Schnabel, Thomas: Geschichte von Baden-Württemberg 1900–1952. Stuttgart/Berlin/Köln 2000.
Ders.: Geschichte von Baden-Württemberg 1952–2002. Stuttgart/Berlin/Köln 2002.
Schröder, Wilhelm Heinz: Sozialdemokratische Parlamentarier in den deutschen Reichs- und Landtagen 1867–1933. Biographien, Chronik, Wahldokumentation. Ein Handbuch. Düsseldorf 1995.
Schumacher, Martin (Hg.): M. d. B. Volksvertretung im Wiederaufbau 1946–1961. Bundestagskandidaten und Mitglieder der westzonalen Vorparlamente. Eine biographische Dokumentation. Düsseldorf 2000.
Ders.: M. d. L. Das Ende der Parlamente 1933 und die Abgeordneten der Landtage und Bürgerschaften der Weimarer Republik in der Zeit des Nationalsozialismus. Politische Verfolgung, Emigration und Ausbürgerung 1933-1945. Ein biographischer Index. Düsseldorf 1995.
Ders.: M. d. R. Die Reichstagsabgeordneten der Weimarer Republik in der Zeit des Nationalsozialismus. Politische Verfolgung, Emigration und Ausbürgerung 1933–1945. Eine biographische Dokumentation. Düsseldorf 1991.
Schwarzer, Alice/Bruns, Tissy/Louis, Chantal (Hg.): Damenwahl: Vom Kampf um das Wahlrecht bis zur ersten Kanzlerin. Köln 2008.
Sander, Susanne: Karrieren und Barrieren – Landtagspolitikerinnen der BRD in der Nachkriegszeit von 1946 bis 1960. Königstein/Taunus 2004, zugleich Diss., Univ. Marburg, 2003.
Sichtermann, Barbara: Weiblichkeit. Texte aus dem zweiten Jahrzehnt der Frauenbewegung. Frankfurt/Main 1989.
Süchting-Hänger, Andrea: Das „Gewissen der Nation". Nationales Engagement und politische Handeln konservativer Frauenorganisationen 1900 bis 1937. Schriften des Bundesarchivs Band 59. 2002.
Uhrig-Lammersen, Marion (Hg.): Das war's! Was Abgeordnete so alles (üb-)erleben. Berlin 2009.

Verhandlungen der Beratenden Landesversammlung des Landes Baden 1946–1947.
Verhandlungen der Beratenden Landesversammlung von Württemberg-Hohenzollern 1946–1947.
Verhandlungen der Verfassunggebenden Landesversammlung für Württemberg-Baden, 1946.
Verhandlungen der Verfassunggebenden Landesversammlung von Baden-Württemberg 1952–1953.
Verhandlungen der Vorläufigen Volksvertretung für Württemberg-Baden, 1946.
Verhandlungen des Badischen Landtags, 1920–1933.
Verhandlungen des Badischen Landtags 1947–1952.
Verhandlungen des Landtags für Württemberg-Hohenzollern, 1947–1952.
Verhandlungen des Landtags von Baden-Württemberg, 1. bis 10. Wahlperiode 1953–1988.
Verhandlungen des Reichstags, 1920–1933.
Verhandlungen des Württemberg-Badischen Landtags, 1. u. 2. Wahlperiode 1946–1952.
Weber, Reinhold/Wehling, Hans-Georg (Hg.): Baden-Württemberg. Gesellschaft, Geschichte, Politik. Schriften zur politischen Landeskunde Baden-Württembergs, Band 34, hrsg. von der Landeszentrale für politische Bildung Baden-Württemberg, Stuttgart 2006.
Wehling, Hans-Georg/Hauser-Hauswirth, Angelika/Sepainter, Fred Ludwig (Hg.): Baden-Württemberg. Vielfalt und Stärke der Regionen. Im Auftrag der Landeszentrale für politische Bildung Baden-Württemberg. Leinfelden-Echterdingen 2002.
Weik, Josef: Der Landtag von Baden-Württemberg und seine Abgeordneten von 1946 bis 2003. 7. Fortgeschriebene und umfangreich ergänzte Auflage von Günther Bradler und Luzia Stephani. Hrsg. v. Landtag von Baden-Württemberg, Stuttgart 2003.
Wickert, Christl (Hg.): Frauenwahlrecht in Deutschland und England. o. O. 1989.
Wickert, Christl: Unsere Erwählten: sozialdemokratische Frauen im Deutschen Reichstag und im Preußischen Landtag 1919 bis 1933. 2 Bde. Göttingen 1986.
Wieland, Karin (Hg.): Die weiblichen Abgeordneten der verfassunggebenden Deutschen Nationalversammlung Weimar 1919. Technische Universität Berlin 1988.

Index

Übersichten der Parlamentarierinnen nach Partei- und Parlamentszugehörigkeit sowie chronologisch (Wahlperioden und Herkunft während der Abgeordnetenzeit) und alphabetisch

Verzeichnis nach Parteizugehörigkeit

Bündnis 90 / Die Grünen
Altpeter, Katrin 137
Andreae, Kerstin 282
Aras, Muhterem 139
Bauer, Theresia 141
Beck, Marieluise 286
Bender, Birgitt 287
Böhlen, Beate 148
Boser, Sandra 150
Brantner Dr., Franziska 419
Brugger, Agnieszka (geb. Malczak) 291
Dederer, Heike (ab 2005 CDU) 160
Eid Dr., Uschi 304
Erdrich-Sommer, Marianne 164
Flinner, Dora 309
Glaser, Rosemarie 169
Grießhaber, Rita 320
Günther, Stephanie 174
Häffner, Petra 177
Hönes, Hannegret 331
Hönlinger, Ingrid 332
Jäger, Marianne 188
Knoche, Monika (ab 2007 DIE LINKE) 340
Köster-Lossack Dr., Angelika 341
Kotting-Uhl, Sylvia 342
Lindlohr, Andrea 201
Lösch, Brigitte 203
Mielich, Bärbl 211
Mordo, Elsbeth 212
Müller-Gemmeke, Beate 364
Muscheler-Frohne, Christine 213
Neuenhaus, Ilka 218
Quis, Johanna 223
Rastätter, Renate 225
Reetz, Christa 369
Renz, Annemie 228
Rühle, Heide 430

Schlager, Sabine 237
Schnaitmann, Monika 240
Schneidewind-Hartnagel, Charlotte 242
Schroeren-Boersch, Barbara 243
Selg, Petra 389
Sitzmann, Edith 253
Splett Dr., Gisela 256
Teubner, Maria Luise 395
Thon, Renate 261
Ulshöfer, Waltraud 264
Vennegerts, Christa 396
Vogel-Sperl Dr., Antje 397

CDU
Baumeister, Brigitte 284
Blank, Ingrid 146
Bleyler Dr., Hildegard 290
Bormann, Monika 149
Brenner Dr., Carmina 153
Brunnemer, Elke 154
Campenhausen, Juliane Freiin von 102
Dederer, Heike (ab 2005,
  vorher Bündnis 90 / Die Grünen) 160
Doell, Paula 162
Engeser Dr., Marianne 163
Friedemann Dr., Maria (geb.Fritzle) 105
Gönner, Tanja 313
Größle Dr., Ingeborg 423
Griesinger, Annemarie 317
Gurr-Hirsch, Friedlinde 175
Häckel, Ingeborg 323
Hanke, Annemarie 179
Heinisch Dr., Renate 425
Hellwig Dr., Renate 329
Hübner Dr., Claudia 186
Jeggle, Elisabeth 426
Jeltsch, Karin 336
Jochmus Dr., Hedwig 337
Kaiser, Pia 339
Kelber Dr., Edith 114
Konrad Dr., Berta 191
Krueger, Andrea 192

Kuri, Ursula   193
Kurtz, Sabine   194
Lazarus, Ursula   198
Lichy, Johanna   199
Löwisch, Sigrun   355
Maag, Karin   356
Maurer, Marianne   206
Mayer Dr., Conny   360
Meister-Scheufelen Dr., Gisela   207
Menzinger, Toni   209
Netzhammer, Veronika   216
Raiser, Maria   224
Reinhardt, Erika   374
Riede Dr., Paula   375
Rist, Luise   87
Roeger, Stefanie   231
Rösch, Julie   377
Razavi, Nicole   226
Schäfer-Wiegand, Barbara   235
Schätzle, Ortrun   379
Schavan Dr., Annette   383
Scherer, Maria   117
Schlatter, Dora   118
Schmid, Angela   385
Schmid, Viktoria   238
Schneider Dr., Luitgard   121
Schütz, Katrin   245
Schultz-Hector Dr., Marianne   246
Schweizer, Rosely   250
Schwigon, Hildegard   251
Stanienda Dr., Eva   258
Störr-Ritter, Dorothea   391
Stolz Dr., Monika   259
Theato, Diemut   434
Unold Dr., Ilse   267
Vossschulte, Christa   269
Walch, Anna   124
Widmann-Mauz, Annette   403
Wisniewski Prof. Dr., Roswitha   406

DDP
Eberhardt, Elisabeth   75
Ehni, Ella   76
Kauffmann, Thekla   78
Keinath, Maria   81
Müller-Payer, Ella   83
Planck, Mathilde   84
Platenius, Helene   56
Schloß, Marie   60
Straub, Johanna   61
Weber, Marianne   65

Willig, Eugenie   94

DNV
Richter, Johanna   57

DP
Teutsch Dr., Hildegard   123

DVP
Bernays Dr., Marie   49
Heyd, Elisabeth   76

FDP
Arnold Dr., Birgit   140
Berroth, Heiderose   145
Chef, Monika   159
Diemer-Nicolaus Dr., Emmy   297
Fauser, Beate   166
Fischer-Bosch Dr., Margarete   103
Frick, Gisela   310
Fromm, Rita   311
Götting, Renate   171
Hartnagel, Anna Auguste   181
Heuss-Knapp, Elly   110
Homburger, Birgit   333
Hütter, Margarete   335
Koch-Mehrin, Silvana   428
Laurischk, Sibylle   348
Natusch, Doris   215
Reinemund Dr., Birgit   372
Schweikert, Lieselotte   248
Seiler-Albring, Ursula   387
Skudelny, Judith   390
Walz, Ingrid   400

KPD
Buchmann, Erika   156
Falck, Ursula   103
Frühschütz, Gertrud   106
Langendorf, Antonie   114
Seifried, Katharina   122
Strohbach, Gertrud   393
Unger, Frieda   63
Walter, Maria   92
Zetkin, Clara   39
Ziegler, Anna   42

DIE LINKE
Binder, Karin   289
Brugger, Agnieszka (geb. Malczak)   291
Groth, Annette   322

Hänsel, Heike   326
Knoche, Monika (ab 2007, vorher
   bei Bündnis 90 / Die Grünen)   340

Republikaner
Offermanns, Liane   220

SPD
Adler, Brigitte   281
Altpeter, Katrin   137
Berkmann, Else   143
Blase, Therese   51
Blos, Anna   33
Bregenzer, Carla   151
Brückner, Mathilde   73
Bühler, Lieselotte   157
Caspers-Merk, Marion   292
Däubler-Gmelin Dr., Herta   294
Dobberthien Dr., Marliese   300
Döhring, Clara   301
Döhring, Sophie   75
Drobinski-Weiß, Elvira   303
Elser, Marga   306
Erler, Brigitte   308
Fischer, Kunigunde   52
Fohler, Sabine   167
Gebhardt, Evelyne   421
Giesemann, Marta   168
Gradistanac, Renate   315
Grünstein, Rosa   172
Haag, Anna   107
Hämmerle, Gerlinde   324
Haller-Haid, Rita   178
Hartenstein Dr., Liesel   327
Heberer, Helen   183
Hiller, Emilie   77
Haußmann, Ursula   182
Hollay, Edeltraud   184
Kamm, Rosa   113
Kipfer, Birgit   189
Kräuter, Luise   53
Kressl, Nicolette   344
Krips Dr., Ursula   345
Kumpf, Ute   346
Landgraf, Hanne   196
Lauterbach, Ellen   350
Lepsius Dr., Renate   351
Lörcher, Christa,
   seit 15.11.2001 fraktionslos   353
Mast, Katja   357

Mattheis, Hilde   358
Maurer, Lena   205
Meermann, Hedwig   361
Metzger Dr., Gertrud   116
Meyer-Laule, Emmy   363
Nill, Elisabeth   219
Odendahl, Doris   366
Oesterle-Schwerin, Jutta   367
Queitsch, Margot   221
Regenscheidt, Sofie   57
Rehbock-Zureich, Karin   371
Restle, Stefie   229
Rolland, Gabi   232
Roth, Karin   377
Rudolf, Christine   233
Salisch, Heinke   432
Schanzenbach, Marta   381
Schlayer von Puttkamer Dr., Gerda   118
Schmidt, Franziska   119
Schmidt-Kühner, Regina   239
Schradin, Laura   89
Solinger, Helga   254
Trautwein, Edith   62
Ulmer, Helga   262
Unger-Soyka, Brigitte   265
Utzt, Inge   268
Vogt, Ute   398
Vorhölzer, Fanny   92
Weber, Beate   436
Weckenmann, Ruth   271
Wegner Dr., Konstanze   401
Wimmer, Brigitte   404
Wölfle, Sabine   272
Wonnay, Marianne   273
Zetkin, Clara   39
Zutt, Ruth   407

WBB
Klotz, Klara   82

Zentrum
Beyerle, Maria   101
Kühnert, Mathilde   82
Otto, Mathilde   54
Philipp, Clara   35
Rigel, Maria   58
Siebert, Klara   37
Soden, Amélie von   91

Chronologisches Verzeichnis der Parlamentarierinnen

Abkürzungen:

BL	Badischer Landtag (1919–1933)	VLVB	Verfassunggebende Landesversammlung von Baden
BLVB	Beratende Landesversammlung Baden	VLVBW	Verfassunggebende Landesversammlung v. Baden-Württemberg (1952–1953)
BLVWH	Beratende Landesversammlung für Württemberg-Hohenzollern (1946–1947)	VLVWB	Verfassunggebende Landesversammlung für Württemberg-Baden (1946)
BT	Bundestag		
BVL	Badische Verfassunggebende Landesversammlung (1919)	VLWH	Verfassunggebende Landesversammlung für Württemberg-Hohenzollern
D	Direktmandat		
EL	Ergänzungsliste	VVWB	Vorläufige Volksvertretung von Württemberg-Baden
EP	Europa-Parlament	WBL	Württemberg-Badischer Landtag
LB	Landtag von Baden (1946–1952)	WK	Wahlkreis
LL	Landesliste	WL	Württembergischer Landtag (1919–1933)
LBW	Landtag von Baden-Württemberg (ab 1953)	WN	Weimarer Nationalversammlung (1919–1920)
LWH	Landtag von Württemberg Hohenzollern (1947–1952)	WVL	Württembergische Verfassunggebende Landesversammlung (1919) u. Württembergischer Landtag bis 1920
LWB	Landtag von Württemberg-Baden (1946–1952)		
LWV	Landeswahlvorschlag	Z	Zweitmandat
RT	Reichstag		

Deutscher Reichstag 1919–1933
Name, Vorname   Seite
Wahlperioden, Wahlkreis

Blos, Anna   33
WN Jan. 1919 – Juni 1920, WK Württemberg
Philipp, Klara   35
3. RT April 1926 – Mai 1928, WK Baden
Siebert, Klara   37
BVL 1919 u. 1. BL1919–1921, WK 3 Karlsruhe Bezirk
2. BL 1921–1925, WK 5 Karlsruhe Kreis
3. BL 1925–1929, WK 13 Karlsruhe Stadt
4. BL 1929–1933, WK 13 Karlsruhe Stadt
7. RT Juli 1932–Nov. 1932, WK Baden
8. RT Nov. 1932 – März 1933, WK Baden
Zetkin, Clara   39
WVL 1919–1920, LL
1. RT Juni 1920 – Mai1924, WK Chemnitz-Zwickau
2. RT Mai 1924 – Dez. 1924, WK Hessen-Nassau
3. RT Dez. 1924 – Mai 1928, Reichswahlvorschlag
4. RT 1928–1930, WK Württemberg
5. RT 1930–1932, WK Württemberg
6. RT 1932, WK Württemberg
7. RT 1932–1933, WK Württemberg
8. RT bis März 1933, WK Württemberg
Ziegler, Anna   42
1. RT Juni 1920 – Mai 1924, WK Württemberg

Badischer Landtag 1919–1933
Name, Vorname   Seite
Wahlperioden[1], Wahlkreis

Bernays Dr., Marie   49
2. BL 1921–1925, LWV
Beyerle, Maria   101
BVL 1919 u. 1. BL 1919–1921, WK 1 Konstanz Bezirk
2. BL 1921–1925, WK 1 Konstanz Kreis
3. BL Juli 1926 – Feb. 1928, LL
LB 1947–1952, LL Konstanz
Blase, Therese   51
BVL 1919 u. 1. BL1919–1921, WK 4 Mannheim Bezirk
2. BL 1921–1925, WK 6 Mannheim Kreis
3. BL 1925–1929, WK 18 Mannheim Stadt
4. BL 1929 – Mai 1930, WK 18 Mannheim Stadt
Fischer, Kunigunde   52
BVL 1919 u. 1. BL1919–1921, WK 3 Karlsruhe Bezirk
2. BL 1921–1925, WK 5 Karlsruhe Kreis
3. BL 1925–1929, WK 13 Karlsruhe Stadt
4. BL 1929–1933, WK 13 Karlsruhe Stadt
Kräuter, Luise   53
BVL 1919, WK 2 Freiburg Bezirk
Langendorf, Antonie   114
4. BL 1929–1933, WK 18 Mannheim Stadt
VVWB, Mannheim
VLVWB 1946, WK Mannheim-Land
1. WBL 1947–1950, WK Mannheim-Land
Otto, Mathilde   54
BVL 1919 u. 1. BL 1919 – Jan. 1920, WK 2 Freiburg Bezirk
Platenius, Helene   56
1. BL Feb. – Nov. 1920, WK 2 Freiburg Bezirk
Regenscheidt, Sofie   57
BVL 1919 u. 1. BL1919–1921, WK 1 Konstanz Bezirk

---

1   Wahlperioden und Wahlkreise zum Badischen Landtag zum Teil aus: Becht, Hans-Peter, Biografisches Handbuch der Badischen Landtagsabgeordneten zwischen 1815 und 1933 – noch nicht publiziert – wovon mir der Autor freundlicherweise Auszüge zur Verfügung stellte.

Richter, Johanna 57
2. BL 1921–1925, LWV
3. BL 1925–1929, LWV
4. BL 1929–1933, WK 13 Karlsruhe Stadt
Rigel, Maria 58
BVL 1919 u. 1. BL1919–1921, WK 4 Mannheim Bezirk
2. BL 1921–1925, WK 6 Mannheim Kreis
3. BL 1925–1929, WK 18 Mannheim Stadt
4. BL 1929–1933, WK 18 Mannheim Stadt
Schloß, Marie 60
1. BL Okt. 1919–1921, WK 1 Konstanz Bezirk
Siebert, Klara 37
BVL 1919 u. 1. BL1919–1921, WK 3 Karlsruhe Bezirk
2. BL 1921–1925, WK 5 Karlsruhe Kreis
3. BL 1925–1929, WK 13 Karlsruhe Stadt
4. BL 1929–1933, WK 13 Karlsruhe Stadt
7. RT Juli 1932 – Nov. 1932, WK Baden
8. RT Nov. 1932 – März 1933, WK Baden
Straub, Johanna 61
2. BL 1921–1925, LWV
3. BL 1925–1929, LWV
Trautwein, Edith 62
3. BL April 1928–1929, LWV
Unger, Frieda 63
2. BL 1921–1925, LWV
Weber, Marianne 65
BVL u. 1. BL Jan. bis Okt. 1919, WK 4 Mannheim Bezirk

Württembergischer Landtag 1919–1933
Name, Vorname   Seite
Wahlperioden[2], Wahlkreis

Brückner, Mathilde 73
WVL 1919–1920, LL
4. WL ab 21.12.1932–1933, LL
Döhring, Sophie 75
3. WL 1928–1932 Bezirksliste Groß-Stuttgart,
4. WL 1932–1933, ebd.
Eberhardt, Elisabeth 75
2. WL, ab 6.11.1926, Bezirksliste Groß-Stuttgart
Ehni, Ella 76
1. WL 1920–1924, WK Württemberg I
Heyd, Elisabeth 76
2. WL ab 30.11.1926
Hiller, Emilie 77
WVL 1919–1920, LL
1. WL 1920–1924, LL
2. WL 1924–1928, LL
3. WL 1928–1932, LL
4. WL 1932–1933, LL
5. WL 1933, LL
Kauffmann, Thekla 78
WVL 1919–1920, LL
Keinath, Maria 81
WVL 1919–1920, LL
Klotz, Klara 82
1. WL 1920–1924, LL
3. WL, ab 10.11.1931, LL
Kühnert, Mathilde 82
WVL 1919–1920, LL
Müller-Payer, Ella 83
WVL 1919–1920, LL
Planck, Mathilde 84
WVL 1919–1920, LL
1. WL 1920–1924, LL
2. WL 1924–1928, LL
Rist, Luise 87
WVL 1919–1920, LL
1. WL 1920–1924, LL
2. WL 1924–1928, LL
3. WL 1928–1932, LL
4. WL 1932–1933, LL

---

2   Wahlperioden und Wahlkreise zum Württembergischen Landtag zum Teil aus: Raberg, Frank: Biographisches Handbuch, a. a. O.

Schradin, Laura 89
  WVL 1919–1920, LL
Soden, Amélie von 91
  WVL 1919 – 02.06.1920, LL
Vorhölzer, Fanny 92
  WVL 1919–1920, LL
Walter, Maria 92
  4. WL 1932–1933, Wahlverband Groß-Stuttgart
Willig, Eugenie 94
  WVL 1919–1920, LL
Zetkin, Clara 39
  WVL 1919–1920, LL
  1. RT 1920–1924, WK Chemnitz-Zwickau
  2. RT Mai – Dez. 1924, WK Hessen-Nassau
  3. RT Dez. 1924 – 1928, Reichswahlvorschlag
  4. RT 1928–1930, WK Württemberg
  5. RT 1930–1932, WK Württemberg
  6. RT 1932, WK Württemberg
  7. RT 1932–1933, WK Württemberg
  8. RT bis 31.03.1933, WK Württemberg

**Landtage 1946–1952
(Süd-) Baden:**
Name, Vorname Seite
  Wahlperioden[3], Wahlkreis und/oder
  geografische Herkunft

Beyerle, Maria 101
  BVL 1919 u. 1. BL1919–1921, WK 1 Konstanz
  2. BL 1921–1925, WK 1 Konstanz
  3. BL Juli 1926 – Feb. 1928, LL
  LB 1947–1952, LL Konstanz
Falck, Ursula 103
  LB Juni 1951–1952, LL
Kelber Dr., Edith 114
  BLVB 1946–1947, Seelbach
Schlayer von Puttkamer Dr., Gerda 118
  BLVB 1946–1947, WK Freiburg
  LB 1947–1952, WK Emmendingen
Seifried, Katharina 122
  BLVB 1946–1947, Zell i. W.
  LB 1947 – Juni 1951, Zell i. W.

Teutsch Dr., Hildegard 123
  LB 1947–1951, LL

Württemberg-Baden:
Name, Vorname Seite
  Wahlperioden, Wahlkreis und/oder
  geografische Herkunft

Campenhausen, Juliane Freiin von 102
  1. LWB 1946-1950, LL
Diemer-Nicolaus, Emmy 297
  2. WBL 1950–1952, Stuttgart
  1. LBW 1952–1956, LL Stuttgart
  2. LBW 1956 – Okt. 1957, WK Stuttgart (Z)
  3. BT 1957–1961, LL Stuttgart
  4. BT 1961–1965, LL Stuttgart
  5. BT 1965–1969, LL Stuttgart
  6. BT 1969–1972, LL Stuttgart
Friedemann Dr., Maria 105
  VLVWB 1946, LL
  1. LWB 1946 – Feb. 1949, LL
Frühschutz, Gertrud 106
  VVWB 1946, Stuttgart
  VLVWB 1946, WK Stuttgart
  1. LWB 1946–1950, WK Stuttgart
Giesemann, Marta 168
  2. LWB 1950–1952, LL
  1. LBW 1952M–1956, LL Leonberg
Haag, Anna 107
  VLVWB 1946, Stuttgart
  1. LWB 1946–1950, WK Stuttgart
Hartnagel, Anna Auguste 181
  1. LWB Okt. 1949–1950, WK Heidelberg
  2. LWB 1950–1952, LL Heidelberg
  1. LBW Nov. 1954–1956, LL Heidelberg
Heuss-Knapp, Elly 110
  1. LWB 1946 – Sept. 1949, LL
Kamm, Rosa 113
  VLVWB 1946, LL
Langendorf, Antonie 114
  4. BL 1929–1933, WK 18 Mannheim Stadt
  VVWB, Mannheim
  VLVWB 1946, WK Mannheim-Land
  1. WBL 1947–1950, WK Mannheim-Land

---

3 Wahlperioden und Wahlkreise zu den Landtagen 1946 bis 1952 zum Teil aus: Kühnel, Frank-Roland: Landtagsabgeordnete und Wahlkreise, a. a. O.

Maurer, Lena 205
1. LWB Aug. 1949-1950, WK Mannheim
2. LWB 1950-1952, WK Mannheim-Stadt
1. LBW 1952-1956, WK Mannheim-Stadt 2
2. LBW 1956-1960, WK Mannheim II (D)
3. LBW 1960-1964, WK Mannheim II (D)
4. LBW 1964-1968, WK Mannheim II (D)
Raiser, Maria 224
VLVWB 1946, WK Stuttgart
1. LWB Aug. 1949-1950, WK Stuttgart
2. LWB 1950-1952, WK Stuttgart
1. LBW 1952-1956, LL
Restle, Stefie 229
2. LWB 1950-1952, WK Stuttgart
1. LBW 1952-1956, WK Stuttgart IV
2. LBW 1956-1960, WK Stuttgart IV (D)
3. LBW 1960-1964, WK Stuttgart IV (D)
4. LBW 1964-1968, WK Stuttgart IV (D)
Scherer, Maria 117
2. LWB ab Feb. 1952, LL
Schmidt, Franziska 119
1. LWB 1946-1950, LL Heilbronn
2. LWB 1950-1952, LL Heilbronn
Walch, Anna 124
VLVWB 1946, LL Karlsruhe

Württemberg-Hohenzollern:
Name, Vorname Seite
Wahlperioden, Wahlkreis und/oder geografische Herkunft

Fischer-Bosch Dr., Margarete 103
LWH Mai 1950-1952, Tübingen
Metzger Dr., Gertrud 116
BLWH 1946-1947, Rottweil
LWH Dez. 1947-1952, Rottweil
Schlatter, Dora 118
BLWH 1946-1947, Tübingen
Schneider Dr., Luitgard 121
BLWH 1946-1947, Reutlingen

Landtage 1952-2011
Name, Vorname Seite
Wahlperioden[4], Wahlkreis und/oder geografische Herkunft

Adler, Brigitte 281
7. LBW 1976-1980, WK Sinsheim (Z)
8. LBW 1980-1984, WK Sinsheim (Z)
11. BT 1987-1990, LL Tauberbischofsheim
12. BT 1990-1994, LL Tauberbischofsheim
13. BT 1994-1998, LL Tauberbischofsheim
14. BT 1998-, LL Tauberbischofsheim
Altpeter, Katrin 137
13. LBW 2001-2006, WK Waiblingen (Z)
14. LBW 2006-2011, WK Waiblingen (Z)
15. LBW 2011-, WK Waiblingen (Z)
Aras, Muhterem 138
15. LBW 2011-, WK Stuttgart I (D)
Arnold Dr., Birgit 140
14. LBW 2006-2011, WK Weinheim (Z)
Bauer, Theresia 141
13. LBW 2001-2006, WK Heidelberg (Z)
14. LBW 2006-2011, WK Heidelberg (Z)
15. LBW 2011-, WK Heidelberg (D)
Bender, Birgitt 287
10. LBW 1988-1992, WK Stuttgart I (Z)
11. LBW 1992-1996, WK Stuttgart I (Z)
12. LBW 1996-2001, WK Stuttgart I (Z)
15. BT 2002-2005, WK Stuttgart II (Z)
16. BT 2005-2009, WK Stuttgart II (Z)
17. BT 2009-, WK Stuttgart II (Z)
Berkmann, Else 143
3. LBW 1960-1964, WK Stuttgart I (D)
4. LBW 1964-1968, WK Stuttgart I (D)
Berroth, Heiderose 145
12. LBW 1996-2001, WK Leonberg (Z)
13. LBW 2001-2006, WK Leonberg (Z)
14. LBW 2006-2011, WK Leonberg (Z)
Blank, Ingrid 146
11. LBW April 1995 WK Leonberg (Z)
1996, WK Karlsruhe I (D)
12. LBW 1996 WK Leonberg (Z)
2001, WK Karlsruhe I (D)

---

4 Wahlperioden und Wahlkreise zum Landtag von Baden-Württemberg zum Teil aus: Kühnel, Frank-Roland, a. a. O.

Böhlen, Beate 148
15. LBW 2011-, WK Baden-Baden (Z)
Bormann, Monika 149
14. LBW 2006-2011, WK Tübingen
Boser, Sandra 150
15. LBW 2011-, WK Lahr (Z)
Bregenzer, Carla 151
11. LBW 1992-1996, WK Kirchheim (Z)
12. LBW 1996-2001, WK Kirchheim (Z)
13. LBW 2001-2006, WK Kirchheim (Z)
14. LBW 2006 - April 2008, WK Kirchheim (Z)
Brenner Dr., Carmina 153
12. LBW 1996-2001, WK Freudenstadt (D)
13. LBW 2001-2006, WK Freudenstadt (D)
14. LBW 2006 - Sept. 2007
Brunnemer, Elke 154
13. LBW 2001-2006, WK Sinsheim (D)
14. LBW 2006-2011, WK Sinsheim (D)
15. LBW 2011-, WK Sinsheim (D)
Buchmann, Erika 156
VLVBW 1952 u.
1. LBW 1952-1956, LL Stuttgart
Bühler, Lieselotte 157
7. LBW 1976-1980, WK Stuttgart IV (Z)
8. LBW 1980-1984, WK Stuttgart IV (Z)
9. LBW 1984-1988, WK Stuttgart IV (Z)
10. LBW 1988-1992, WK Stuttgart IV (Z)
Chef, Monika 159
14. LBW 2006-2011, WK Bietigheim-Bissingen (Z)
Dederer, Heike 160
13. LBW 2001-2006, WK Bietigheim-Bissingen (Z)
Diemer-Nicolaus Dr., Emmy 297
2. WBL 1950-1952, Stuttgart
1. LBW 1952-1956, LL Stuttgart
2. LBW 1956-Okt. 1957, WK Stuttgart (Z)
3. BT 1957-1961, LL Stuttgart
4. BT 1961-1965, LL Stuttgart
5. BT 1965-1969, LL Stuttgart
6. BT 1969-1972, LL Stuttgart
Doell, Paula 162
1. LBW Juli 1955-1956, WK Kehl-Achern
2. LBW Okt. 1957-1960, WK Offenburg
Engeser Dr., Marianne 163
15. LBW Sept. 2011-, WK Pforzheim

Erdrich-Sommer, Marianne 164
12. LBW 1996-2001, WK Kirchheim (Z)
Fauser, Beate 166
12. LBW 1996-2001, Calw (Z)
13. LBW 2001-2006, Calw (Z)
14. LBW 2006-2011, Calw (Z)
Fohler, Sabine 167
14. LBW Mai 2008-2011, WK Kirchheim
Giesemann, Marta 168
2. LWB 1950-1952, LL
1. LBW 1952-1956, LL Leonberg
Glaser, Rosemarie 169
10. LBW 1988-1992, WK Freiburg-West (Z)
Gönner, Tanja 313
15. BT 2002-Juli 2004, WK Zollernalb-Sigmaringen
15. LBW 2011-, WK Sigmaringen (D)
Götting, Renate 171
13. LBW Sept. 2004-2006, WK Hechingen-Münsingen (Z)
Grälle Dr., Inge 423
12. LBW 1996-2001, WK Heidenheim (D)
13. LBW 2001-Juli 2004, WK Heideheim (D)
6. EP 2004-2009
7. EP 2009-
Griesinger, Annemarie 317
4. BT Nov. 1964-1965, LL Markgröningen
5. BT 1965-1969, LL Markgröningen
6. BT 1969-Sept.1972, WK Ludwigsburg
7. LBW 1976-1980, WK Vaihingen/Enz (D)
8. LBW 1980-1984, WK Vaihingen/Enz (D)
Grünstein, Rosa 172
12. LBW Jan. 2000-2001, WK Schwetzingen (Z)
13. LBW 2001-2006, WK Schwetzingen (Z)
14. LBW 2006-2011, WK Schwetzingen (Z)
15. LBW 2011-, WK Schwetzingen (Z)
Günther, Stephanie 174
12. LBW 1996-2001, WK Breisgau (Z)

Gurr-Hirsch, Friedlinde 175
  13. LBW 2001–2006, WK Eppingen (D)
  14. LBW 2006–2011, WK Eppingen (D)
  15. LBW 2011–, WK Eppingen (D)
Häffner, Petra 177
  15. LBW 2011–, WK Schorndorf (Z)
Haller-Haid, Rita 178
  13. LBW 2001–2006, WK Tübingen (Z)
  14. LBW 2006–2011, WK Tübingen (Z)
  15. LBW 2011–, WK Tübingen (Z)
Hanke, Annemarie 179
  10. LBW Mai 1988–Feb. 1992, WK Nürtingen (D)
Hartnagel, Anna Auguste 181
  1. LWB Okt. 1949–1950, WK Heidelberg
  2. LWB 1950–1952, LL Heidelberg
  1. LBW Nov. 1954–1956, LL Heidelberg
Haußmann, Ursula 182
  12. LBW Nov. 1997–2001, WK Aalen (Z)
  13. LBW 2001–2006, WK Aalen (Z)
  14. LBW 2006–2011, WK Aalen (Z)
Heberer, Helen 183
  14. LBW 2006–2011, WK Mannheim II (Z)
  15. LBW 2011–, WK Mannheim II (Z)
Hellwig Dr., Renate 329
  6. LBW 1972–1976, WK Stuttgart 4 (Z)
  9. BT 1980–1983, WK Neckar-Zaber
  10. BT 1983–1987, WK Neckar-Zaber
  11. BT 1987–1990, WK Neckar-Zaber
  12. BT 1990–1994, WK Neckar-Zaber
  13. BT 1994–1998, WK Neckar-Zaber
Hollay, Edeltraud 184
  13. LBW Okt. 2005–2006, WK Stuttgart III
Hübner Dr., Claudia 186
  11. LBW 1992–1996, Stuttgart I (D)
Jäger, Marianne 188
  12. LBW Mai 2000–2001, WK Böblingen (Z)
Jochmus Dr., Hedwig 337
  2. BT 1953–1957, LL Heidelberg
  3. LBW 1960–1964, WK Heidelberg (Z)
  4. LBW 1964–1968, WK Heidelberg (D)
Kipfer, Birgit 189
  10. LBW 1988–1992, WK Leonberg (Z)
  11. LBW 1992–1996, WK Leonberg (Z)
  12. LBW 1996–2001, WK Leonberg (Z)
  13. LBW 2001–2006, WK Leonberg (Z)
  14. LBW 2006–Dez. 2009, WK Leonberg (Z)

Konrad Dr., Berta 191
  2. LBW 1956–1960, WK Mannheim (D)
Krueger, Andrea 192
  14. LBW 2006–2011, WK Stuttgart I (D)
Kuri, Ursula 193
  12. LBW 1996–2001, WK Freiburg II (D)
Kurtz, Sabine 194
  14. LBW 2006–2011, WK Leonberg (D)
  15. LBW 2011–, WK Leonberg (D)
Landgraf, Hanne 196
  4. LBW März 1966–1968, WK Karlsruhe I
  5. LBW 1968–1972, WK Karlsruhe I
  6. LBW 1972–1976, WK Karlsruhe I (Z)
Lazarus, Ursula 198
  11. LBW 1992–1996, WK Baden-Baden (D)
  12. LBW 1996–2001, WK Baden-Baden (D)
  13. LBW 2001–2006, WK Baden-Baden (D)
  14. LBW 2006–2011, WK Baden-Baden (D)
Lichy, Johanna 199
  12. LBW 1996–2001, WK Heilbronn (D)
  13. LBW 2001–2006, WK Heilbronn (D)
  14. LBW 2006–2011, WK Heilbronn (D)
Lindlohr, Andrea 201
  15. LBW 2011–, WK Esslingen (Z)
Lösch, Brigitte 203
  13. LBW 2001–2006, WK Stuttgart I (Z)
  14. LBW 2006–2011, WK Stuttgart I (Z)
  15. LBW 2011–, WK Stuttgart IV (Z)
Maurer, Lena 205
  1. LWB Aug. 1949–1950, WK Mannheim
  2. LWB 1950–1952, WK Mannheim-Stadt
  1. LBW 1952–1956, WK Mannheim-Stadt 2
  2. LBW 1956–1960, WK Mannheim II (D)
  3. LBW 1960–1964, WK Mannheim II (D)
  4. LBW 1964–1968, WK Mannheim II (D)
Maurer, Marianne 206
  2. LBW 1956–1960, WK Stuttgart III (D)
Meister-Scheufelen Dr., Gisela 207
  12. LBW 1996–März 2000, WK Kirchheim (D)
Menzinger, Toni 209
  5. LBW Aug. 1970–1972, WK Karlsruhe II (D)
  6. LBW 1972–1976, WK Karlsruhe II (D)
  7. LBW 1976–1980, WK Karlsruhe II (D)

Mielich, Bärbl 211
14. LBW 2006–2011, WK Breisgau (Z)
15. LBW 2011–, WK Breisgau (Z)
Mordo, Elsbeth 212
8. LBW 1980–1984, WK Stuttgart II (Z)
Muscheler-Frohne, Christine 213
10. LBW 1984–1988, WK Tübingen (Z)
Natusch, Doris 215
8. LBW April 1983–1984, WK Bietigheim-Bissingen (Z)
Netzhammer, Veronika 216
12. LBW 1996–2001, WK Singen (D)
13. LBW 2001–2006, WK Singen (D)
14. LBW 2006–2011, WK Singen (D)
Neuenhaus, Ilka 218
14. LBW Mai 2007–2011, WK Tübingen
Nill, Elisabeth 219
6. LBW 1972–1976, WK Freudenstadt (Z)
7. LBW 1976–1980, WK Esslingen (Z)
8. LBW 1980–1984, WK Esslingen (Z)
9. LBW 1984–1988, WK Esslingen (Z)
Offermanns, Liane 220
11. LBW 1992–1996, WK Rottweil (Z)
Queitsch, Margot 221
13. LBW 2001–2006, Freiburg II (D)
14. LBW 2006–2011, Freiburg II (Z)
Quis, Johanna 222
10. LBW 1988–Juli 1990, WK Freiburg I (Z)
Raiser, Maria 224
VLVWB 1946, WK Stuttgart
1. LWB Aug. 1949–1950, WK Stuttgart
2. LWB 1950–1952, WK Stuttgart
1. LBW 1952–1956, LL
Rastätter, Renate 225
12. LBW 1996–2001, WK Karlsruhe I (Z)
13. LBW 2001–2006, WK Karlsruhe I (Z)
14. LBW 2006–2011, WK Karlsruhe I (Z)
Razavi, Nicole 226
14. LBW 2006–2011, WK Geislingen (D)
15. LBW 2011–, WK Geislingen (D)
Renz, Annemie 228
12. LBW 1996–2001, WK Reutlingen (Z)
Restle, Stefie 229
2. LWB 1950–1952, WK Stuttgart
1. LBW 1952–1956, WK Stuttgart IV
2. LBW 1956–1960, WK Stuttgart IV (D)
3. LBW 1960–1964, WK Stuttgart IV (D)
4. LBW 1964–1968, WK Stuttgart IV (D

Roeger, Stefanie 230
4. LBW 1964–1968, WK Stuttgart II (Z)
Rolland, Gabi 232
15. LBW 2011–WK Freiburg II (Z)
Rudolf, Christine 233
12. LBW Juni 1996–2001, WK Bietigheim-Bissingen (Z)
13. LBW 2001–2006, WK Bietigheim-Bissingen (Z)
14. LBW 2006–2011, WK Bietigheim-Bissingen (Z)
Schäfer-Wiegand, Barbara 235
7. LBW Feb. 1979–1980, WK Karlsruhe
8. LBW 1980–1984, WK Karlsruhe (D)
9. LBW 1984–1988, WK Karlsruhe (D)
10. LBW 1988–1992, WK Karlsruhe (D)
11. LBW 1992–April 1995, WK Karlsruhe (D)
Schavan Dr., Annette 382
13. LBW 2001–Sept. 2005, WK Bietigheim-Bissingen (D)
16. BT 2005–2009, WK Ulm (D)
17. BT 2009–, WK Ulm (D)
Schlager, Sabine 237
12. LBW 1996–2001, WK Tübingen (Z)
Schmid, Viktoria 238
15. LBW 2011–, WK Enz (D)
Schmidt-Kühner, Regina 239
13. LBW 2001–2006, WK Karlsruhe II (D)
Schnaitmann, Monika 240
11. LBW 1992–1996, WK Tübingen (Z)
Schneidewind-Hartnagel, Charlotte 242
15. LBW 2011–, WK Sinsheim (Z)
Schroeren-Boersch, Barbara 243
10. LBW Juli 1990–1992, WK Freiburg I (Z)
Schütz, Katrin 245
14. LBW 2006–2011, WK Karlsruhe II (D)
15. LBW 2011–, WK Karlsruhe II (D)
Schultz-Hector Dr., Marianne 246
9. LBW 1984–1988, WK Stuttgart III (D)
10. LBW 1988–1992, WK Stuttgart III (D)
11. LBW 1992–1996, WK Stuttgart III (D)
Schweikert, Lieselotte 248
12. LBW Dez. 1998–2001, WK Weinheim (Z)
Schweizer, Rosely 250
11. LBW 1992–1996, WK Backnang (D)
12. LBW 1996–2001, WK Backnang (D)

Schwigon, Hildegard 251
   7. LBW 1976–1980, WK Stuttgart II (D)
Sitzmann, Edith 253
   13. LBW Aug. 2002–2006, WK Freiburg II
   14. LBW 2006–2011, WK Freiburg II (Z)
   15. LBW 2011–, WK Freiburg II (D)
Solinger, Helga 254
   9. LBW 1984–1988, WK Stuttgart II (Z)
   10. LBW 1988–1992, WK Stuttgart II (Z)
   11. LBW 1992–1996, WK Stuttgart II (Z)
   12. 1996–2001, WK Stuttgart II (Z)
Splett Dr., Gisela 256
   14. LBW 2006–2011, WK Karlsruhe I (Z)
   15. LBW 2011–, WK Karlsruhe I (Z)
Stanienda Dr., Eva 258
   12. LBW 1996–2001, WK Stuttgart I (D)
Stolz Dr., Monika 259
   13. LBW 2001–2006, WK Ulm (D)
   14. LBW 2006–2011, WK Ulm (D)
   15. LBW 2011–, WK Ulm (D)
Thon, Renate 261
   12. LBW 1996–2001, WK Enz (Z)
Ulmer, Helga 262
   11. LBW 1992–1996, WK Stuttgart IV (D)
Ulshöfer, Waltraud 264
   9. LBW 1984–1988, WK Bietigheim-Bissingen (Z)
Unger-Soyka, Brigitte 265
   10. LBW 1988–1992, WK Heidelberg (Z)
   11. LBW 1992–1996, WK Heidelberg (D)
Unold Dr., Ilse 267
   14. LBW Okt. 2008–2011, WK Stuttgart IV
Utzt, Inge 268
   13. LBW 2001–2006, WK Stuttgart IV (D)
Vogt, Ute 398
   13. BT 1994–1998, LL Pforzheim
   14. BT 1998–2002, WK Pforzheim (D)
   14. LBW 2006–Sept. 2009, LK Bretten (Z)
   17. BT 2009–, WK Stuttgart I (Z)
Vossschulte, Christa 269
   10. LBW Okt. 1989–1992, WK Esslingen (D)
   11. LBW 1992–1996, WK Esslingen (D)
   12. LBW 1996–2001, WK Esslingen (D)
   13. LBW 2001–2006, WK Esslingen (D)
   14. LBW 2006–2011, WK Esslingen (D)
Walz, Ingrid 400
   7. LBW 1976–1980, WK Stuttgart I (Z)
   8. LBW 1980–1984, WK Stuttgart I (Z)
   11. BT Jan. 1989–1990, LL Stuttgart
   12. BT 1990–1994, LL Stuttgart
Weckenmann, Ruth 271
   13. LBW 2001–2006, WK Stuttgart II (Z)
Wimmer, Brigitte 404
   9. LBW 1984–1988, WK Karlsruhe II (Z)
   10. LBW 1988–1992, WK Karlsruhe II (Z)
   11. LBW 1992–1996, WK Karlsruhe II (Z)
   14. BT 1998–2002, WK Karlsruhe Stadt (D)
   15. BT 2002–2005, WK Karlsruhe Stadt (D)
Wölfle, Sabine 272
   15. LBW 2011–, WK Emmendingen (Z)
Wonnay, Marianne 273
   11. LBW 1992–1996, WK Emmendingen (Z)
   12. LBW 1996–2001, WK Emmendingen (Z)
   13. LBW 2001–2006, WK Emmendingen (Z)
   14. LBW 2006–2011, WK Emmendingen (Z)

Deutscher Bundestag
Name, Vorname Seite
   Wahlperioden, Wahlkreis und/oder geografische Herkunft

Adler, Brigitte 281
   8. LBW 1980–1984, WK Sinsheim (Z)
   9. LBW 1984–Feb. 1987, WK Sinsheim (Z)
   11. BT 1987–1990, LL Tauberbischofsheim
   12. BT 1990–1994, LL Tauberbischofsheim
   13. BT 1994–1998, LL Tauberbischofsheim
   14. BT 1998–2002, LL Tauberbischofsheim
Andreae, Kerstin 282
   15. BT 2002–2005, LL Freiburg
   16. BT 2005–2009, LL Freiburg
   17. BT 2009–, LL Freiburg
Baumeister, Brigitte 284
   12. BT 1990–1994, WK Böblingen
   13. BT 1994–1998, WK Böblingen
   14. BT 1998–2002, WK Böblingen

Beck, Marieluise 286
10. BT 1983–April 1985, LL Pforzheim
11. BT 1987–1990, LL Bremen
13. BT 1994–1998, LL Bremen
14. BT 1998–2002, LL Bremen
15. BT 2002–2005, LL Bremen
16. BT 2005–2009, LL Bremen
17. BT 2009–, LL Bremen
Bender, Birgitt 287
10. LBW 1988–1992, WK Stuttgart I (Z)
11. LBW 1992–1996, WK Stuttgart I (Z)
12. LBW 1996–2001, WK Stuttgart I (Z)
15. BT 2002–2005, WK Stuttgart II (Z)
16. BT 2005–2009, WK Stuttgart II (Z)
17. BT 2009–, WK Stuttgart II (Z)
Binder, Karin 289
16. BT 2005–2009, LL Karlsruhe
17. BT 2009–, LL Karlsruhe
Bleyler Dr., Hildegard 290
2. BT 1953–1957, LL Freiburg
3. BT 1957–1961, LL Freiburg
Brugger, Agnieszka (geb. Malczak) 291
17. BT Okt. 2009–, LL Ravensburg
Caspers-Merk, Marion 292
12. BT 1990–1994, LL Efringen-Kirchen
13. BT 1994–1998, LL Lörrach
14. BT 1998–2002, WK Lörrach-Müllheim
15. BT 2002–2005, WK Lörrach-Müllheim
16. BT 2005–2009, WK Lörrach-Müllheim
Däubler-Gmelin Dr., Herta 294
7. BT 1972–1976, LL Honkling/Gschwend
8. BT 1976–1980, LL Backnang
9. BT 1980–1983, LL Tübingen
10. BT 1983–1987, LL Tübingen
11. BT 1987–1990, LL Tübingen
12. BT 1990–1994, LL Tübingen
13. BT 1994–1998 LL Tübingen
14. BT 1998–2002, WK Tübingen
15. BT 2002–2005, LL Tübingen
16. BT 2005–2009, LL Tübingen
Diemer-Nicolaus Dr., Emmy 297
2. WBL 1950–1952, Stuttgart
1. LBW 1952–1956, LL Stuttgart
2. LBW 1956–Okt. 1957, WK Stuttgart (Z)
3. BT 1957–1961, LL Stuttgart
4. BT 1961–1965, LL Stuttgart
5. BT 1965–1969, LL Stuttgart
6. BT 1969–1972, LL Stuttgart
Dobberthien Dr., Marliese 300
11. BT Juli 1987–Aug. 1988, LL Göppingen

12. BT 1990–1994, WK Hamburg-Altona
13. BT 1994–1998, WK Hamburg-Altona
Döhring, Clara 301
1. BT 1949–1952, WK Stuttgart I
2. BT 1953–1957, LL Stuttgart
3. BT 1957–1961, LL Stuttgart
4. BT 1961–1965, WK Stuttgart I
Drobinski-Weiß, Elvira 303
15. BT Mai 2004–2005, LL Offenburg
16. BT 2005–2009, LL Offenburg
17. BT 2009–, LL Offenburg
Eid Dr., Uschi 304
10. BT April 1985–1987, LL Stuttgart
11. BT 1987–1990, LL Nürtingen
13. BT 1994–1998, LL Nürtingen
14. BT 1998–2002, LL Nürtingen
15. BT 2002–2005, LL Nürtingen
16. BT 2005–2009, LL Nürtingen
Elser, Marga 306
14. BT 1998–2002, LL Aalen
15. BT 2002–2005, LL Aalen
Erler, Brigitte 308
8. BT 1976–1980, LL Donaueschingen
Flinner, Dora 309
11. BT 1987–1990, LL Boxberg-Bobstadt
Frick, Gisela 310
13. BT 1994–1998, LL Stuttgart
14. BT 1998–2002, LL Stuttgart
Fromm, Rita 311
9. BT 1980–1983, LL Karlsruhe
Gönner, Tanja 313
15. BT 2002–Juli 2004, WK Zollernalb-Sigmaringen
15. LBW 20110– Juni 2012, WK Sigmaringen (D)
Gradistanac, Renate 315
14. BT 1998–2002, LL Nagold
15. BT 2002–2005, LL Nagold
16. BT 2005–2009, LL Nagold
Griesinger, Annemarie 317
4. BT Nov. 1964–1965, LL Markgröningen
5. BT 1965–1969, LL Markgröningen
6. BT1969–Sept.1972, WK Ludwigsburg
7. LBW 1976–1980, WK Vaihingen/Enz (D)
8. LBW 1980–1984, WK Vaihingen/Enz (D)
Grießhaber, Rita 320
13. BT 1994–1998, LL Villingen-Schwenningen

14. BT 1998–2002, LL Villingen-Schwenningen
Groth, Annette 322
17. BT 2009–, LL Pforzheim
Häckel, Ingeborg 323
7. BT Sept. 1976–1976, LL Dossenheim
Hämmerle, Gerlinde 324
11. BT 1987–1990, LL Karlsruhe
12. BT 1990–Juli 1994, LL Karlsruhe
Hänsel, Heike 326
16. BT 2005–2009, LL Tübingen
17. BT 2009–, LL Tübingen
Hartenstein Dr., Liesel 327
8. BT 1976–1980, LL Leinfelden-Echterdingen
9. BT 1980–1983, LL Leinfelden-Echterdingen
10. BT 1983–1987, LL Leinfelden-Echterdingen
11. BT 1987–1990, LL Calw
12. BT 1990–1994, LL Calw
13. BT 1994–1998, LL Calw
Hellwig Dr., Renate 329
6. LBW 1972–1976, WK Stuttgart 4 (Z)
9. BT 1980–1983, WK Neckar-Zaber
10. BT 1983–1987, WK Neckar-Zaber
11. BT 1987–1990, WK Neckar-Zaber
12. BT 1990–1994, WK Neckar-Zaber
13. BT 1994–1998, WK Neckar-Zaber
Hönes, Hannegret 331
10. BT April 1985–1987, LL Remshalden
Hönlinger, Ingrid 332
17. BT 2009–, LL Ludwigsburg
Homburger, Birgit 333
12. BT 1990–1994, LL Ulm
13. BT 1994–1998, LL Hilzingen/Hegau
14. BT 1998–2002, LL Hilzingen/Hegau
15. BT 2002–2005, LL Hilzingen/Hegau
16. BT 2005–2009, LL Hilzingen/Hegau
17. BT 2009–, LL Hilzingen/Hegau
Hütter, Margarete 335
1. BT Sept. 1949–1953, LL Stuttgart
2. BT Sept. 1955–1957, LL Stuttgart
Jeltsch, Karin 336
12. BT 1990–1994, LL Ulm
Jochmus Dr. Hedwig 337
2. BT 1953–1957, LL Heidelberg
3. LBW 1960–1964, WK Heidelberg (Z)
4. LBW 1964–1968, WK Heidelberg (D)

Kaiser, Pia 339
2. BT Sept. 1956–1957, LL Schwäbisch Gmünd
Knoche, Monika 340
13. BT 1994–1998, LL Karlsruhe
14. BT 1998–2002, LL Karlsruhe
16. BT 2005–2009, LL Sachsen
Köster-Lossack Dr., Angelika 341
13. BT 1994–1998, LL Heidelberg
14. BT 1998–2002, LL Heidelberg
Kotting-Uhl, Sylvia 342
16. BT 2005–2009, LL Karlsruhe
17. BT 2009–, LL Karlsruhe
Kressl, Nicolette 344
13. BT 1994–1998, LL Baden-Baden
14. BT 1998–2002, LL Baden-Baden
15. BT 2002–2005, LL Rastatt
16. BT 2005–2009, LL Rastatt
17. BT 2009–Mai 2012, LL Rastatt
Krips Dr., Ursula 345
5. BT 1965–Jan. 1969, LL Stuttgart-Möhringen
Kumpf, Ute 346
14. BT 1998–2002, WK Stuttgart II (D)
15. BT 2002–2005, WK Stuttgart II (D)
16. BT 2005–2009, WK Stuttgart II (D)
17. BT 2009–, LL Stuttgart
Laurischk, Sibylle 348
15. BT 2002–2005, LL Offenburg
16. BT 2005–2009, LL Offenburg
17. BT 2009–, LL Offenburg
Lauterbach, Ellen 350
6. BT 1969–1972, LL Bammental
Lepsius Dr., Renate 351
7. BT 1972–1976, LL Baden-Baden
8. BT 1976–1980, LL Baden-Baden
9. BT 1980–1983, LL Weinheim
10. BT April 1984–1987, LL Weinheim
Lörcher, Christa 353
12. BT Sept. 1993–1994, LL Villingen-Schwenningen
13. BT 1994–1998, LL VS
14. BT 1998–2002, LL VS
Löwisch, Sigrun 355
12. BT Okt. 1991–1994, LL Freiburg
13. BT 1994–1998, WK Freiburg
Maag, Karin 356
17. BT Okt. 2009–, WK Stuttgart II (D)
Mast, Katja 357
16. BT 2005–2009, LL Pforzheim
17. BT 2009–, LL Pforzheim

Mattheis, Hilde 358
15. BT 2002–2005, LL Ulm
16. BT 2005–2009, LL Ulm
17. BT 2009–, LL Ulm
Mayer Dr., Conny 360
15. BT 2002–2005, LL Baiersbronn
Meermann, Hedwig 361
4. BT 1961–1965, LL Tuttlingen
5. BT 1965–1969, LL Tuttlingen
6. BT 1969–1972, LL Tuttlingen
7. BT 1972–1976, LL Tuttlingen
Meyer-Laule, Emmy 363
1. BT 1949–1952, EL Heidelberg-Rohrbach
2. BT 1953–1957, LL Heidelberg
3. BT 1957–1961, LL Heidelberg
Müller-Gemmeke, Beate 364
17. BT 2009–, LL Reutlingen
Odendahl, Doris 366
10. BT 1983–1987, LL Sindelfingen
11. BT 1987–1990, LL Sindelfingen
12. BT 1990–1994, LL Sindelfingen
13. BT 1994–1998, LL Sindelfingen
Oesterle-Schwerin, Jutta 367
11. BT 1987–1990, LL Ulm
Reetz, Christa 369
10. BT 1983-April 1985, LL Offenburg
Rehbock-Zureich, Karin 371
13. BT 1994–1998, LL Jestetten
14. BT 1998–2002, LL Waldshut
15. BT 2002–2005, LL Waldshut
Reinemund Dr., Birgit 372
17. BT 2009–, LL Mannheim
Reinhardt, Erika 374
12. BT 1990–1994, WK Stuttgart II
13. BT 1994–1998, WK Stuttgart II
14. BT 1998–2002, LL Stuttgart
Riede Dr., Paula 375
7. BT 1972–1976, LL Oeffingen
8. BT Mai 1977–1980, LL Fellbach-Oeffingen
Rösch, Julie 377
1. BT 1949–1953, EL Tübingen
2. BT 1953–1957, LL Tübingen
3. BT 1957–1961, LL Tübingen
Roth, Karin 377
15. BT 2002–2005, LL Esslingen
16. BT 2005–2009, LL Esslingen
17. BT 2009–, LL Esslingen
Schätzle, Ortrun 379
11. BT Aug. 1989–1990, WK Lörrach-Müllheim
12. BT 1990–1994, WK Lörrach-Müllheim
13. BT 1994–1998, WK Lörrach-Müllheim
Schanzenbach, Marta 381
1. BT 1949–1952, EL Gengenbach-Nollen
2. BT 1953–1957, LL Gengenbach-Nollen
3. BT 1957–1961, LL Gengenbach
4. BT 1961–1965, LL Gengenbach
5. BT 1965–1969, LL Gengenbach
6. BT 1969–1972, LL Gengenbach
Schavan Dr., Annette 382
13. LBW 2001–Sept. 2005, WK Bietigheim-Bissingen (D)
16. BT 2005–2009, WK Ulm (D)
17. BT 2009–, WK Ulm (D)
Schmid, Angela 385
15. BT Juli 2004–2005, LL Stuttgart
Schwarzelühr-Sutter, Rita 386
16. BT 2005–2009, LL Waldshut
17. BT Okt. 2010–, LL Waldshut
Seiler-Albring, Ursula 387
10. BT 1983–1987, LL Berglen-Ödernhardt
11. BT 1987–1990, LL Berglen-Ödernhardt
12. BT 1990–1994, LL Berglen-Ödernhardt
Selg, Petra 389
15. BT 2002–2005, LL Friedrichshafen
Skudelny, Judith 390
17. BT 2009–, LL Nürtingen
Störr-Ritter, Dorothea 391
14. BT 1998–2002, LL Waldkirch
15. BT Juli 2005-2005
Strohbach, Gertrud 393
1. BT Mai 1951–Sept. 1953, LL Stuttgart
Teubner, Maria Luise 394
11. BT 1987–1990, LL Offenburg
Vennegerts, Christa 396
11. BT 1987–1990, LL Böblingen
Vogel-Sperl Dr., Antje 397
15. BT 2002–2005, LL Esslingen a.N.
Vogt, Ute 398
13. BT 1994–1998, LL Pforzheim
14. BT 1998–2002, WK Pforzheim (D)
15. BT 2002–2005, LK Bretten (Z)
16. LBW 2006– Sept. 2009, WK Stuttgart I (Z)
17. BT Okt. 2009–, LL Stuttgart
Walz, Ingrid 400
7. LBW 1976–1980, WK Stuttgart I (Z)

8. LBW 1980–1984, WK Stuttgart I (Z)
11. BT Jan. 1989–1990, LL Stuttgart
12. BT 1990–1994, LL Stuttgart
Wegner Dr., Konstanze 401
11. BT Aug. 1988–1990, LL Mannheim
12. BT 1990–1994, LL Mannheim
13. BT 1994–1998, LL Mannheim
14. BT 1998–2002, WK Mannheim II (D)
Widmann-Mauz, Annette 403
14. BT 1998–2002, LL Tübingen
15. BT 2002–2005, WK Tübingen (D)
16. BT 2005–2009, WK Tübingen (D)
17. BT 2009–, WK Tübingen (D)
Wimmer, Brigitte 404
9. LBW 1984–1988, WK Karlsruhe II (Z)
10. LBW 1988–1992, WK Karlsruhe II (Z)
11. LBW 1992–1996, WK Karlsruhe II (Z)
14. BT 1998–2002, WK Karlsruhe Stadt (D)
15. BT 2002–2005, WK Karlsruhe Stadt (D)
Wisniewski Prof. Dr., Roswitha 406
8. BT 1976–1980, LL Schwetzingen
9. BT 1980–1983, LL Heidelberg-Ziegelhausen
10. BT 1983–1987, WK Mannheim II
11. BT 1987–1990, WK Mannheim II
12. BT 1990–1994, WK Mannheim II
Zutt, Ruth 407
9. BT 1980–1983, LL Heidelberg
10. BT 1983– Juni 1987, LL Heidelberg

Europäisches Parlament
Name, Vorname   Seite
Wahlperioden, Wahlkreis und/oder geografische Herkunft

Brantner Dr., Franziska 419
7. EP 2009–, Ludwigshafen
Gebhardt, Evelyne 421
4. EP 1994–1999,Stuttgart
5. EP 1999–2004, Künzelsau
6. EP 2004–2009, Mulfingen
7. EP 2009–, Mulfingen
Gräßle Dr., Ingeborg 423
12. LBW 1996–2001, Heidenheim
13. LBW 2001–Juli 2004, Heidenheim
6. EP 2004–2009, Heidenheim
7. EP 2009–, Heidenheim
Heinisch Dr., Renate 425
4. EP 1994–1999, Boxberg
Jeggle, Elisabeth 426
5. EP 1999–2004, Biberach a.d.R.
6. EP 2004–2009, Biberach a.d.R.
7. EP 2009–, Biberach a.d.R.
Koch-Mehrin, Silvana 428
6. EP 2004–2009, Karlsruhe
7. EP 2009–, Karlsruhe
Rühle, Heide 430
5. EP 1999–2004, Stuttgart
6. EP 2004–2009, Stuttgart
7. EP 2009–, Stuttgart
Salisch, Heinke 432
1. EP 1979–1984, Karlsruhe
2. EP 1984–1989, Karlsruhe
3. EP 1989–1994, Karlsruhe
4. EP 1994 bis Jan. 1996, Karlsruhe
Theato, Diemut 434
2. EP seit 1987, Neckargemünd
3. EP 1989–1994, Neckargemünd
4. EP 1994–1999, Neckargemünd
5. EP 1999–2004, Neckargemünd
Weber, Beate 436
1. EP 1979–1984, Heidelberg
2. EP 1984–1989, Heidelberg
3. EP 1989–Herbst 1990, Heidelberg

Alphabetisches Verzeichnis der Parlamentarierinnen

Adler, Brigitte 281
Altpeter, Katrin 137
Andreae, Kerstin 282
Aras, Muhterem 138
Arnold Dr., Birgit 140

Bauer, Theresia 141
Baumeister, Brigitte 284
Beck, Marieluise 286
Bender, Birgitt 287
Berkmann, Else 143
Bernays Dr., Marie 49
Berroth, Heiderose 145
Beyerle, Maria 101
Binder, Karin 289
Blank, Ingrid 146
Blase, Therese 51
Bleyler Dr., Hildegard 290
Blos, Anna 33
Böhlen, Beate 148
Bormann, Monika 149
Boser, Sandra 150
Brantner Dr., Franziska 419
Bregenzer, Carla 151
Brenner Dr., Carmina 153
Brückner, Mathilde 73
Brugger, Agnieszka (geb. Malczak) 291
Brunnemer, Elke 154
Buchmann, Erika 156
Bühler, Lieselotte 157

Campenhausen, Juliane Freiin von 102
Caspers-Merk, Marion 292
Chef, Monika 159

Däubler-Gmelin Dr., Herta 294
Dederer, Heike 160
Diemer-Nicolaus Dr., Emmy 297
Dobberthien Dr., Marliese 300
Doell, Paula 162
Döhring, Clara 301
Döhring, Sophie 75
Drobinski-Weiß, Elvira 303

Eberhardt, Elisabeth 75
Ehni, Ella 76
Eid Dr., Uschi 304

Elser, Marga 306
Engeser Dr., Marianne 163
Erdrich-Sommer, Marianne 164
Erler, Brigitte 308

Falck, Ursula 103
Fauser, Beate 166
Fischer-Bosch Dr., Margarete 103
Fischer, Kunigunde 52
Flinner, Dora 309
Fohler, Sabine 167
Frick, Gisela 310
Friedemann Dr., Maria (geb. Fritzle) 105
Fromm, Rita 311
Frühschütz, Gertrud 106

Gebhardt, Evelyne 421
Giesemann, Marta 168
Glaser, Rosemarie 169
Gönner, Tanja 313
Götting, Renate 171
Gradistanac, Renate 315
Gräßle Dr., Ingeborg 423
Griesinger, Annemarie 317
Grießhaber, Rita 320
Groth, Annette 322
Grünstein, Rosa 172
Günther, Stephanie 174
Gurr-Hirsch, Friedlinde 175

Haag, Anna 107
Häckel, Ingeborg 323
Häffner, Petra 177
Hämmerle, Gerlinde 324
Hänsel, Heike 326
Haller-Haid, Rita 178
Hanke, Annemarie 179
Hartenstein Dr., Liesel 327
Hartnagel, Anna Auguste 181
Haußmann, Ursula 182
Heberer, Helen 183
Heinisch Dr., Renate 425
Hellwig Dr., Renate 329
Heuss-Knapp, Elly 110
Heyd, Elisabeth 76
Hiller, Emilie 77
Hönes, Hannegret 331

Hönlinger, Ingrid 332
Hollay, Edeltraud 184
Homburger, Birgit 333
Hübner Dr., Claudia 186
Hütter, Margarete 335

Jäger, Marianne 188
Jeggle, Elisabeth 426
Jeltsch, Karin 336
Jochmus Dr., Hedwig 337

Kaiser, Pia 339
Kamm, Rosa 113
Kauffmann, Thekla 78
Keinath, Maria 81
Kelber Dr., Edith 114
Kipfer, Birgit 189
Klotz, Klara 82
Knoche, Monika 340
Koch-Mehrin, Silvana 428
Köster-Lossack Dr., Angelika 341
Konrad Dr., Berta 191
Kotting-Uhl, Sylvia 342
Kräuter, Luise 53
Kressl, Nicolette 344
Krips Dr., Ursula 345
Krueger, Andrea 192
Kühnert, Mathilde 82
Kumpf, Ute 346
Kuri, Ursula 193
Kurtz, Sabine 194

Landgraf, Hanne 196
Langendorf, Antonie 114
Laurischk, Sibylle 348
Lauterbach, Ellen 350
Lazarus, Ursula 198
Lepsius Dr., Renate 351
Lichy, Johanna 199
Lindlohr, Andrea 201
Lörcher, Christa 353
Lösch, Brigitte 203
Löwisch, Sigrun 355

Maag, Karin 356
Mast, Katja 357
Mattheis, Hilde 358
Maurer, Lena 205
Maurer, Marianne 206
Mayer Dr., Conny 360

Meermann, Hedwig 361
Meister-Scheufelen Dr., Gisela 207
Menzinger, Toni 209
Metzger Dr., Gertrud 116
Meyer-Laule, Emmy 363
Mielich, Bärbl 211
Mordo, Elsbeth 212
Müller-Gemmeke, Beate 364
Müller-Payer, Ella 83
Muscheler-Frohne, Christine 213

Natusch, Doris 215
Netzhammer, Veronika 216
Neuenhaus, Ilka 218
Nill, Elisabeth 219

Odendahl, Doris 366
Oesterle-Schwerin, Jutta 367
Offermanns, Liane 220
Otto, Mathilde 54

Philipp, Klara 35
Planck, Mathilde 84
Platenius, Helene 56

Queitsch, Margot 221
Quis, Johanna 222

Raiser, Maria 224
Rastätter, Renate 225
Razavi, Nicole 226
Reetz, Christa 369
Regenscheidt, Sofie 57
Rehbock-Zureich, Karin 371
Reinemund Dr., Birgit 372
Reinhardt, Erika 374
Renz, Annemie 228
Restle, Stefie 229
Richter, Johanna 57
Riede Dr., Paula 375
Rigel, Maria 58
Rist, Luise 87
Roeger, Stefanie 231
Rösch, Julie 377
Rolland, Gabi 232
Roth, Karin 377
Rudolf, Christine 233
Rühle, Heide 430

Salisch, Heinke 432
Schäfer-Wiegand, Barbara 235
Schätzle, Ortrun 379
Schanzenbach, Marta 381
Schavan Dr., Annette 382
Scherer, Maria 117
Schlager, Sabine 237
Schlatter, Dora 118
Schlayer von Puttkamer Dr., Gerda 118
Schloß, Marie 60
Schmid, Angela 385
Schmid, Viktoria 238
Schmidt, Franziska 119
Schmidt-Kühner, Regina 239
Schnaitmann, Monika 240
Schneider Dr., Luitgard 121
Schneidewind-Hartnagel, Charlotte 242
Schradin, Laura 89
Schroeren-Boersch, Barbara 243
Schütz, Katrin 245
Schultz-Hector Dr., Marianne 246
Schwarzelühr-Sutter, Rita 386
Schweikert, Lieselotte 248
Schweizer, Rosely 250
Schwigon, Hildegard 251
Seifried, Katharina 122
Seiler-Albring, Ursula 387
Selg, Petra 389
Siebert, Klara 37
Sitzmann, Edith 253
Skudelny, Judith 390
Soden, Amélie von 91
Solinger, Helga 254
Splett Dr., Gisela 256
Stanienda Dr., Eva 258
Störr-Ritter, Dorothea 391
Stolz Dr., Monika 259
Straub, Johanna 61
Strohbach, Gertrud 393

Teubner, Maria Luise 394
Teutsch Dr., Hildegard 123
Theato, Diemut 434
Thon, Renate 261
Trautwein, Edith 62

Ulmer, Helga 262
Ulshöfer, Waltraud 264
Unger, Frieda 63
Unger-Soyka, Brigitte 265
Unold Dr., Ilse 267
Utzt, Inge 268

Vennegerts, Christa 396
Vogel-Sperl Dr., Antje 397
Vogt, Ute 398
Vorhölzer, Fanny 92
Vossschulte, Christa 269

Walch, Anna 124
Walter, Maria 92
Walz, Ingrid 400
Weber, Beate 436
Weber, Marianne 65
Weckenmann, Ruth 271
Wegner Dr., Konstanze 401
Widmann-Mauz, Annette 403
Willig, Eugenie 94
Wimmer, Brigitte 404
Wisniewski Prof. Dr., Roswitha 406
Wölfle, Sabine 272
Wonnay, Marianne 273

Zetkin, Clara 39
Ziegler, Anna 42
Zutt, Ruth 407

Fotonachweis

Bündnis 90/Die Grünen, Landesverband Baden-Württemberg
Seiten: 332, 389

CDU-Kreisgeschäftsstelle Stuttgart
Seite: 385

CDU-Landesverband Baden-Württemberg
Seite: 200

Deutscher Bundestag, Bildarchive Berlin / Bonn
Seiten: 279, 281, 284, 286, 293, 299, 300, 310, 316, 321, 324, 328, 329, 334, 339, 340, 342, 347, 353, 355, 359, 366, 371, 373, 380, 383, 388, 395, 396, 400, 402, 406, 408

Deutscher Caritasverband, Archiv
Seite: 54

Die BAGSO (Die Bundesarbeitsgemeinschaft der Senioren-Organisationen)
Seite: 425

Die Linke, Bundestagsfraktion
Seiten: 289, 322, 326

dpa Stuttgart
Seiten: 45, 277, 411 (beide), 413

FDP-Bundestagsfraktion
Seite: 349

Generallandesarchiv Karlsruhe (GLA)
Seiten: 37, 45, 49, 51, 52, 57, 59, 61, 63, 101

Hauptstaatsarchiv Stuttgart
Seiten: 70, 71

Haus der Geschichte Baden-Württemberg
Seite: 111

Landesmedienzentrum Baden-Württemberg, Stuttgart
Seiten: 40, 96, 97 (beide), 99, 128 (beide), 134 (beide), 147, 153, 160, 162, 165, 170, 180, 191, 193, 198, 209, 213, 214, 215, 219, 220, 223, 224, 237, 239, 241, 249, 252, 255, 258, 261, 263, 268

Landratsamt Breisgau-Hochschwarzwald
Seite: 392

Landtag von Baden-Württemberg
Seiten: 65, 73, 77, 85 , 87, 101, 105, 108, 121, 129, 130, 134 (beide), 137, 139, 140, 141, 145, 147, 148, 149, 151, 152, 153, 154, 158, 159, 163, 166, 167, 173, 174, 175, 177, 178, 182, 183, 185, 186, 188, 189, 192, 195, 203, 207, 211, 217, 218, 222, 225, 227, 228, 229, 232, 235, 238, 245, 247, 250, 253, 256, 259, 266, 267, 269, 271, 273, 274, 313, 317, 433, 436

Mannheimer Morgen, Lokalarchiv
Seite: 205

Pressefotos der Parlamentarierinnen von deren Homepages
Seiten: 287, 291, 343, 344, 356, 357, 365, 378, 386, 390, 398, 403, 419, 421, 423, 427, 429, 431

Pressestelle Bündnis 90/Die Grünen-Fraktion, Landtag von Baden-Württemberg
Seiten: 132, 202, 228, 242, 244

Pressestelle CDU-Fraktion, Landtag von Baden-Württemberg
Seiten: 132, 235

Presse- und Informationsamt der Bundesregierung / Bundesbildstelle
Seite: 295

Rat für nachhaltige Entwicklung, Pressefoto
Seite: 305

Robert Bosch GmbH Stuttgart, Unternehmensarchiv
Seite: 103

SPD-Bundestagsfraktion
Seite: 303

SPD-Landesverband Baden-Württemberg
Seiten: 33, 132

Staatsministerium Baden-Württemberg
Seite: 136

Ullstein Bilderdienst
Seiten: 27, 28, 31

VVN Bund der Antifaschisten, Freiburg
Seite: 122

VVN Bund der Antifaschisten, Stuttgart
Seiten: 106, 114, 156

Die weiteren Fotos stammen entweder aus Privatbesitz oder die ursprünglichen Quellen sind in der 3. Auflage nicht mehr eindeutig zuordenbar.